集積の経済学
都市、産業立地、グローバル化

ECONOMICS OF AGGLOMERATION
Cities, Industrial Location, and Globalization

藤田昌久 / ジャック・F・ティス
Masahisa Fujita / Jacques-François Thisse

德永澄憲 / 太田充 [訳]

東洋経済新報社

Original Title
ECONOMICS OF AGGLOMERATION, Second Edition
by Masahisa Fujita and Jacques-François Thisse
Copyright © 2002, 2013, by Masahisa Fujita and Jacques-François Thisse

Japanese translation published by arrangement with Cambridge University Press through The English Agency (Japan) Ltd.
All Rights Reserved.

日本語版への原著者序文

　本書は，空間経済学の理論を基礎から最先端を含めて体系的に書き上げたものである．特に，様々な空間規模における経済集積の出現という空間経済学の中心テーマが，共通の一般的な枠組みの下に統一的に究明されている．2002年に初版が出版されて以来，空間経済学の分野においてさらに著しい発展が見られたが，この第2版はそれらの最新の成果を取り入れて全面的に改訂したものである．本書が，ペンシルベニア大学で Ph.D. を取得され空間経済学の発展に大きく貢献されてきた徳永澄憲氏と太田充氏により翻訳されて出版されることは，我々2人にとってこのうえない喜びである．両氏は，素晴らしく正確で，かつ読みやすい日本語に訳してくださったのに加えて，原著に残っていた大小のあらゆる誤りをも取り除いてくださった．

　空間経済学は，距離や輸送費が重要な役割を果たす空間経済システムの包括的な理論と実証研究を目指す，経済学の若い学問領域である．従来，地理的空間における経済学として，経済立地論，都市経済学，地域経済学，国際貿易理論などが，それぞれ個別に発展してきた．空間経済学は，それらの個別分野の成果を包括しつつ，都市や産業の集積形成のミクロ経済理論を中心として，地理的空間における一般理論の構築を目指すものである．この空間経済学の発展にとって，1990年代初めからのヨーロッパの地域統合が与えた学問的刺激の役割が大きい．従来それぞれの国の内部で1つのまとまりをもって発展してきた地域経済システムが，ヨーロッパ統合に伴うボーダーレス化によって，ヨーロッパ全体の新たな空間経済システムとして大きく再構成されることが予想される．しかしながら，統合の進化とともに形成されていくであろうヨーロッパ全体の新しい空間経済システムを考えるには，それまでの都市経済学，地域経済学，国際貿易理論などの個別分野を統合し，より包括的な理論を構築する必要がある．この空間経済学の構築は，1990年代初めより，ポール・クルーグマンを中心とする米国のグループ，アンソニー・ベナブルズとジャック・ティスを中心とするヨーロッパのグループ，および藤田昌久，田渕隆俊，濱口伸明と森知也などを中心とする日本のグループの，三者を中核とする国際的な共同研究を通じて精力的に遂行され，急速に経済学者一般の注目を集めるに至った．特

に，2008年のノーベル経済学賞は，空間経済学の構築において先駆的な貢献を果たしたポール・クルーグマンに授与された．

運輸交通と情報通信技術の革新的な発展を背景として，国際経済のボーダーレス化が一層進展し，また都市や特定地域における産業集積の果たす役割がますます重要になると思われるこの21世紀において，空間経済学は，一国内の都市・地域経済のみならず，多数の国を含む国際地域経済の理論と実証研究の両面，さらには政策立案において，大きく貢献していくことが期待されている．一方，未解明の興味深い新たなる課題も多く，それらの研究も含め，空間経済学は今後さらに発展していくことが期待されている．本書が日本における空間経済学の教育と研究に少しでも役立つことができれば望外の喜びである．なお，本訳書が，東洋経済新報社より出版されるに当たって，同社出版局の茅根恭子氏にひとかたならぬお世話をいただいた．ここに，心から御礼申し上げる次第である．

2016年5月

藤田昌久

ジャック・F・ティス

第2版への序文

　我々がこの本の第1版を完成させて以来ずっと，経済地理学と都市経済学の分野は速いペースで成長してきた．新しく洞察に満ちた成果が豊富に得られたことで，初版を更新する必要性が生まれた．この状況を考えて，ケンブリッジ大学出版局のスコット・パリは，第2版を準備する機会を私たちに快く提供して下さった．その修正は小さなものではない．本の全般的な構成は同じように維持したが，どの章も程度の差はあるが書き直すことになった．その結果，同分野の急速な進化を反映して，我々の本はより包括的なものになっている．しかし，最近の多数の貢献は，長く，洗練された計量経済学の発展で時々失われてきた，いくつかの基本的な原則に依拠し続けているという事実を強調したい．

　これらの原理を理解することが，我々の分野の進歩のために必要である．さらに，こうした原理により，一見すると別の問題が，単に異なる空間規模で動いている同じものに過ぎないことがわかる．実証的な研究との関係は多くの場所で強調されているが，本書の重点は依然として，空間経済理論に関するものである．以下では，第2版における主要な変更を強調することにとどめておく．

　「空間経済学の基礎」（第Ⅰ部）で扱っている多くの題材が第1版からのものだが，その中の4つの章ではかなりの量の新たな題材を扱っている．また，それらは，我々が強調したい一般原則が，広範囲にわたる問題にどのように適用が可能かを示すことを期待して改訂している．「大都市圏の構造」（第Ⅱ部）は，大きな進展が過去10年の間に起こらなかったので，あまり変更しなかった．我々は，そこに提示された題材と新しい文献の要素の関係を強調している．いくつかの節は，より読みやすくするために書き直した．

　対照的に，「要素移動と産業立地」（第Ⅲ部）はほぼ完全に書き換えている．これは，大部分の動きが直近の10年間に起こったところである．この部は，明示的に新たな視点を開いて，予測の新しい組み合わせをもたらした開発に焦点を当てている．第8章は労働者の移動に焦点を当てている．基本的な核－周辺モデルに加えて，ポテンシャル関数アプローチ，核－周辺モデルの厚生分析，地域開発での土地の役割，産業の共集積および空間的発展の逆U字型曲線のような新しい問題について非

常に詳しく議論する．

　第9章は新規の章である．それは，最近10年の間に研究されている経済地理学における問題や方法論的進歩をカバーしている．古典的トピックを再訪し，かつ，新たなトピックを探求するために，独占的競争の，線形および代替弾力性一定（CES）モデルの両方を使用する．特に，自国市場効果の完全で体系的な分析を提供する．さらに，資本は移動が自由だが労働の移動が難しいという設定で，賃金構造の内生的決定と同様に，異質な企業の場合に取り組む．最後に，独占的競争とマーシャルの外部性を組み合わせた，産業クラスターの出現を研究する．

　最後の部，「都市システム，地域成長，および企業の多国籍化」（第IV部）で，いくつかの題材を第10章に加えた一方，第11章は基本的に新規のものである．第10章は，都市の数と規模は輸送費の水準に応じてどのように変化するかについての議論を補足した．対照的に，第11章は第1版のものより広範囲の問題を扱っている．地域的成長についての節は，波及の困難な革新，すなわち，新しい製品やサービスが，それらが開発されている以外の地域で生産されることを妨げる，技術移転への障壁に焦点を当てている．章の残りの部分は，コンテナ化および新たな情報通信技術の開発と同様に，市場統合によって強められる，企業の国際的なフラグメンテーションも研究する．統一的枠組みを用いて，均質な企業が，外国市場でビジネスを行う際に，異なる戦略をどのように実行するかについて示している．

謝辞

　この本の第2版の作成にあたって，我々は同僚や友人によるコメントや論評から多くの恩恵を受けた．Steven Brakman, Gilles Duranton, Carl Gaigné, Florian Mayneris, 村田安寧, Antonella Nocco, 太田充, 尾山大輔, Dominique Peeters, 田渕隆俊, 髙塚創, 徳永澄憲, Eric Toulemonde, Philip Ushchev, Dao-Zhi Zeng（曽道智），Yves Zenou および Evgeny Zhelobodko の諸氏に感謝している．我々は，新たな章をすべて読み，いくつかの提案をしてくださった後閑利隆氏に特に感謝している．また初版のレビューを書いた人たち，特に，Ed Glaeser および Bob Helsley に感謝している．彼らの批判は，この第2版の進展に非常に役立った．ここ数年の間，我々は，Marcus Berliant, Ronald Davis, Vernon Henderson および David Weinstein と，この本で扱っている話題に関して非常に洞察に満ちた議論を行った．École nationale des ponts et chaussées（パリ），New Economic School（モスクワ），浙江大学（中国）でクラスに出席した学生から，我々は多くのコメントを受けている．最後に，我々は，すべての図を描いてくれた，中村有希氏の素晴らしい仕事に謝意を表したい．

集積の経済学　**目次**

日本語版への原著者序文　i

第2版への序文　iii

謝辞　v

第1章　集積と経済理論——————3

1.1　はじめに　3

1.2　輸送費は依然として重要か　7

1.3　都市：過去と未来　9

1.4　なぜ経済集積を観察するのか　12

1.5　空間と経済学との関係　22

1.6　本書の計画　30

第I部　空間経済学の基礎

第2章　空間経済における価格メカニズムの崩壊——————35

2.1　はじめに　35

2.2　配置問題　39

2.3　空間不可能性定理　41

2.4　異質的な空間と外部性　56

2.5　どのように空間経済をモデル化するか　61

2.6　結論　64

　　　補論：M企業とM立地点を持つ2次の配置問題　65

第3章　チューネン・モデルと地代形成　──────69

- 3.1　はじめに　69
- 3.2　分割可能な経済活動の立地　73
- 3.3　都市の地代　90
- 3.4　結論　112

第4章　収穫逓増と輸送費：
　　　　空間経済における基本的なトレードオフ──115

- 4.1　はじめに　115
- 4.2　外部的な収穫逓増のミクロ経済学的基礎　122
- 4.3　規模の経済の下における都市のサイズ　133
- 4.4　都市間交易　145
- 4.5　競争と市場の空間構成　158
- 4.6　結論　169

第5章　都市と公共部門 ─────────────173

- 5.1　はじめに　173
- 5.2　公共財としての都市　177
- 5.3　政治的決定の下での都市の数と規模　195
- 5.4　結論　206
-   　　補論　208

第Ⅱ部　大都市圏の構造

第6章　コミュニケーションの外部性の下での
　　　　都市空間構造 ───────────────217

- 6.1　はじめに　217
- 6.2　集積と空間的外部性　224

- 6.3 企業と労働者の空間的相互依存による都市形成　236
- 6.4 単一中心都市　242
- 6.5 多核都市　253
- 6.6 都市における雇用の分散　260
- 6.7 結論　261
  - 補論　263

第7章　不完全競争の下での都心の形成 ─── 269

- 7.1 はじめに　269
- 7.2 独占的競争の下でのダウンタウンの形成　274
- 7.3 寡占と企業の集積　287
- 7.4 消費者のサーチと店舗の集積　300
- 7.5 投入センターの形成　308
- 7.6 結論　316
  - 補論　317

第Ⅲ部　要素移動と産業立地

第8章　独占的競争下の産業集積 ─── 323

- 8.1 はじめに　323
- 8.2 核‐周辺モデル　329
- 8.3 核‐周辺モデルの厚生分析　357
- 8.4 都市より成る地域と企業および消費者の集積　364
- 8.5 空間的発展の逆U字型曲線　374
- 8.6 川上および川下産業の共集積　379
- 8.7 結論　386
  - 補論　388

x　目次

第9章　市場規模と産業クラスター ― 391

9.1　はじめに　391

9.2　独占的競争の下での交易　396

9.3　自国市場効果　404

9.4　異質的企業　411

9.5　一般均衡における自国市場効果　416

9.6　産業クラスター　423

9.7　結論　430

第Ⅳ部　都市システム，地域成長，および企業の多国籍化

第10章　フォン・チューネンへの回帰：空間経済における都市の出現 ― 435

10.1　はじめに　435

10.2　多様性に対する選好の下での都市の形成　439

10.3　中間財部門と最終財部門の共集積　451

10.4　都市システムの出現と構造　466

10.5　結論　473

　　　補論　475

第11章　グローバル化，成長，およびサプライチェーンのフラグメンテーション ― 477

11.1　はじめに　477

11.2　地域の成長と知識のスピルオーバー　485

11.3　集積と成長　495

11.4　グローバル化とオフショアリング　506

11.5　企業の空間的フラグメンテーション　513

11.6　多国籍化における多様な戦略　521

11.7　結論　525

参考文献　529

訳者あとがき　555

事項索引　559

人名索引　573

集積の経済学

たとえそれがどんなに原始的な社会であろうとも，定住民の社会はすべて，その構成員に集会の中心地を，或は会合の場所をと言ってもよいが，その場所を提供する必要を感じるものである．神に対する礼拝を行なうこと，市場を開くこと，政治集会や裁判集会を開くこと，これらのことは，それに参加する希望または義務を有する人々を受け容れるべく定められた，場所の選定を，必然的に迫るものである（アンリ・ピレンヌ著『中世都市：社会経済史的試論』，佐々木克巳訳，創文社歴史学叢書，1970年，48頁）．

第 1 章　集積と経済理論

1.1　はじめに

　本書は，人口と富の空間的な分布において，様々な山と谷が存在する主な経済的な理由を明らかにしようとしている．経済活動は，ピンの頭に集中しているわけでも，特徴のない平野に均等に広がっているわけでもない．それどころか，それらは場所，地域と国家にわたって非常に不均等に分布しており，時間と場所とともに変化する等高線を形作っている．太陽系において惑星や衛星といった少数の天体に質量が集中しているように，経済活動も比較的少数の都市や産業クラスターに集中している．そのうえ，大小の惑星が同時に存在するように，大小の都市や居住地が企業と家計の様々な組み合わせの下に存在している．普遍的なものであるが，それらの現象は依然として一般理論を求めている．

　ところで，有史以来の強大な力であった距離の圧制はもはや存在しない世界に我々は現在住んでいる，と一般に信じられている．19世紀中盤以来の交通費用のめざましく着実な低下，保護貿易制度の衰退，より最近では，通信費用が限りなくゼロに近づいていることと相まって，経済主体が互いに近くに立地する必要性から解放されて，我々の経済は「距離の死滅」の時代に入りつつあると言われている．もしそうであれば，集積力は消滅し，立地間の違いは徐々に小さくなるだろう．別の言い方をすれば，技術とグローバリゼーションの影響が合わさって，伝統的な経済活動の地理は時代遅れなものとなり，山あり谷ありの過去の世界は奇跡的に「フラット」になるであろう．

　しかしながら，近年の**新経済地理学**（new economic geography: NEG）と都市経済学における実証的，理論的研究は非常に異なった現実を示している．天然資源への近接の重要性がかなり低下したことにより，企業と家計はより自由に立地することができるようになったが，これは，距離と立地が経済活動から消えたということを意味しない．それどころか，世界の経済地理は，今までは自然的要因の影にあった新しい力の方向に向かっており，それらの新しい力は「フラットな世界」とかけ

離れた,多くの不均等性を持った世界を形成しつつある.例えば,通信技術の進歩は金融の中心を時代遅れにするという単純化された見解は,いつまでも集中が進行するという正反対の見解と同じくらい,間違っている.輸送費と通信費の大きな低下は,それらの新しい力を顕在化させ,高い生産性を持った現在の大都市を出現させた.本書を通じて,それらの新しい力を理解することになる.

文明が誕生して以来,人類の活動と生活水準は,大陸間および地域間の両者において,不均一な分布をしている.著名な歴史家の Braudel (1979, 39) によると,「世界経済」は,空間の3つのタイプの組み合わせより成っている.

> 中心ないし核は,最も進歩し多様性のあるものすべてを含んでいる.その隣は,それらを部分的に共有しながら恩恵を受けている,「次点者」のゾーンである.対して,広大な周辺は,その分散した人口とともに,後進性,時代遅れ,および他者による搾取を意味する.

経済活動は川や港といった自然の地形によって空間的にある程度集中するものであるが,活動の集積(あるいは分散)を生み出す経済のメカニズムが,より本質的なものであるということを我々は主張したい.本書で議論されるように,それらの経済メカニズムの大部分は,様々な形の**収穫逓増** (increasing returns) と,異なるタイプの**移動費用** (mobility costs) の間の,基本的な**トレードオフ** (trade-off) に依存する.それは,異なるタイプの規模の経済と,人々や商品ないし情報の移動によって発生する費用に当てはまる.さらに,このトレードオフは,すべての空間規模(都市,地域,国家,大陸)において有効であり,したがって,価値のある分析的なツールとなる.

集積を,一般的な用語として用いることは便利であるが,経済集積の概念は,非常に異なった現実の世界の状況に言及していることに注意しておかなければならない.[1] まず,最大規模のものとしては,南北問題に対応する地球規模での「核−周辺構造」がある.高所得国家の大部分は北半球の比較的小さな3つの核地域に集中しており,その地域から離れるとともに1人当たりの生産性が減少していっている.

経済成長は常に,地理的に不均等で,非常に局地化していたし,今でもそうであ

---

1) ただし,用語としての「集積」は「集中」ほど曖昧ではない.実際,後者は異なった経済現象についての説明に広く使用されている.

る．このことは，特に19世紀のヨーロッパにおける核-周辺構造の出現によく示されている（Bairoch, 1997）．1800年から1913年まで，ヨーロッパ諸国は高い成長率を経験した．その経済発展の最初の時点では，経済水準はどこもほぼ同じであり，ヨーロッパ平均の約10%以内に収まっていた．しかしながらヨーロッパの国々は，産業革命およびそれとともに起きた輸送費の減少によって，大きく違った影響を受けた．実際，国際的な差は次第に広がり，1913年には最も豊かな国と最も貧しい国の間のGDPの比率は4対1に達した．1800年から1913年までに，ヨーロッパ全体の1人当たり平均のGDPは2.5倍を少し超えるまでに徐々に増えたが，その間，標準偏差は24から229へと急速に増大した．言い換えると，ヨーロッパ諸国の間の格差は逓増的に増加した．変動係数は，1800年の0.12から，1913年の0.42へと増大した．しかし，いつものことであるが，そのような集計レベルでみると，国々の間の強い差異は隠されてしまう．例えば，その間にイギリスの1人当たりのGDPは4倍を超えて増加したが，バルカン諸国（ブルガリア，ギリシャとセルビア）ではかろうじて50%増えたのみである．

このような現象のより最近の例は，20世紀の最後の20年間における世界の生産活動の発展において示されている．我々は，3つの最大の地域ブロック，すなわち欧州連合（EU），北米自由貿易地域（NAFTA）および東アジアに注目してみよう．[2] 地球的規模では，1980年には，EU-15は世界GDPの29%，NAFTAは27%，東アジアは14%を占めており，したがって，これら3つのブロックは，世界GDPの70%を生産した．20年後に，EU-15のシェアは25%に低下し，その一方で，NAFTAは35%，東アジアは23%に増加した．したがって，2000年には，これら3つのブロックは，全体として，世界GDPの83%を占めている．これは，1980年よりもはるかに大きなシェアである．この期間を通じて，輸送費と通信費の著しい低下による，さらなる集積と世界経済の急速な成長が見られ，国際分業が促進された．特に，東アジアは世界の製造業の中心地として浮上した（例えば，2008年には，東アジアは世界のデジタル・カメラとハードディスク・ドライブの100%，パソコンの99.8%，携帯電話の71.5%を生産した）．

国家レベルにおいては，少数の大都市が自国のGDPのかなりのシェアを生産する．例えば，韓国では，首都圏（国の面積の11.8%をカバーし，人口の48.6%を含

---

[2] ここで東アジアは，中国，インドネシア，日本，香港，韓国，マレーシア，フィリピン，シンガポール，タイ，台湾で構成されている．

んでいる）は2008年に全国のGDPの47.8％を生産した．フランスでは，パリ大都市圏（国の面積の2.2％およびその人口の18.2％を占める）はGDPの28.3％を生産した．同様に，ブラジル（面積が世界で5番目に大きい国）では，GDPの33.9％が，2.9％の面積と21.6％の人口を持つサンパウロ州で生産された．EU-15においては，2000年に，38番目までの大都市で，労働の27％を占め，GDPの29％を生産した．

規模や活動の非常に大きな多様性が，地域や都市レベルでも存在する．多くの中規模の都市がそうであるが，都市は非常に少数の産業に特化する可能性がある．しかしながら，ニューヨークや東京のような大都市では，直接関係ない多くの産業が併存しており，高度に多様化している．一方，技術や情報による強い結びつきを持つ企業により形成された産業地域（シリコンバレーやイタリアのより伝統的な産業の集積地区）や企業城下町（例として，豊田市）は多様な地域特化を現している．

ずっと細かい空間領域に目を移すと，集積は都市内部における大きな商業地区として現れている（ロンドンのソーホー，パリのモンパルナス，東京の銀座を思い浮かべてほしい）．最も小さいレベルでは，レストラン，映画館や同種の商品を売る店が同じ通りとはいわないまでも，ごく近くに集まっており，あるいはその集まりが大きなショッピング・モールを形成する．このような現象を理解することは効果的な都市政策の立案のためには不可欠である．それらの様々なタイプの集積を区別するのは，その人が研究を行う際に選ぶ，**空間規模**（spatial scale），すなわち基準とされる空間単位である．

そのような消費と生産の強い地理的な集中の背後にある経済的理由を正確に研究することが，本書の目的である．この目的を達成するために，本書では現代ミクロ経済学の概念と手法に訴える．しかし，ここで留意すべきは，実際のクラスターは異なった地理的スケールで現れ，それらのクラスターが存在する理由には個々に異なった内容が含まれている．したがって，唯一のモデルですべての異なったタイプの経済集積を説明しようとするのは不可能なことである．これは，「空間規模」が問題の本質にとって重要であることを昔から知っている地理学者にとっては，驚くべきことではない．ある空間規模で正しいことが，他の空間規模では必ずしも正しくはない——いわゆる生態学的誤謬である．この点で，Martin（1999, 387）は，「同じモデルを用いて経済活動が，国際，地域，都市，地区など様々に異なった空間規模で集積する傾向にあることを説明しようとする」経済学者の傾向について，正しく批判している．

例えば，地域間レベルと都市内レベルで発生するそれぞれの問題を研究するためには，本書では，特定の空間の特徴を集約している，異なったモデルを開発する．その理由は，異なる空間規模で作用する力のシステムの性質やバランスが同じである必要はないからである．つまり，Anas, Arnott, and Small（1998, 1440）によれば，「異なった距離のスケールで起こる異なったパターンは，異なったタイプの集積の経済に影響されており，各々は特定の空間的近接領域において働く特定の相互作用のメカニズムに基づいている」．

しかしながら，本書で明らかにされるように，異なるモデルに取り組むからといって，別個の集積の形成を支配するいくつかの一般的な原則を引き出すことの妨げにはならない．本書の主眼は，いくつかの基本的なアイデアと概念が，必要とされている一般的な立地論の基礎に眠っているということを示すことである．

特に，分析の空間規模に関係なく，1つの主要な一般原則が成立する．つまり，経済集積の出現は，空間的不平等の出現と関係している．そのような不平等は，しばしば，様々な政治的団体や行政区，あるいは社会的，宗教的ないし民族的グループが地理的に集中しているとき，それらの間の強い緊迫した関係の発端となる．したがって，経済活動と生活水準の空間的不平等がどのように起こるか理解することは，経済学者，地域科学者と地理学者にとって基本的な課題である．

1.2 輸送費は依然として重要か

もともと，輸送は貿易と結びついている．貿易は人間の最古の活動の1つであるから，商品の輸送はあらゆる社会の基本的要素である．人々は手の届く範囲内で生産されない商品も消費したいので，貿易が生まれる．例えば，シルクロードは，高い価値のある商品が長い距離を越えて輸送された，良い例である．

輸送部門は，産業革命の間に最も驚くべき変化を遂げた．Bairoch（1997, volume 2, p.26）によると，「全体として，1800年から1910年の間に，輸送の実質的な（加重）平均価格は10分の1に低下したと推定することができる」．例えば，穀物のトン・キロメータ当たりの陸上輸送費用は，産業革命の前には，穀物の4kgないし5kgの平均価格と同じであったが，1910年には，長距離鉄道輸送のおかげで，この費用は穀物0.1kgの平均価格に低下した．農業の技術革新によってもたらされた穀物価格の低下を考慮すると，輸送費用の低下はさらに大きくなり，50分の1近くにもなる（Bairoch, 1997, chap.4）．したがって，経済モデルにおいて，今も輸

送費用に配慮する必要があるのかとの疑問が湧くのは当然である．

　我々の答えは，非常に異なる2つの議論から構成される．1番目に，空間が意味を持つためには輸送費が正でなければならないが，このことから，輸送費が減少するとき，立地の重要性が低くなると推測するべきではない．全く逆に，NEGや都市経済学は，経済活動が自然的な立地条件に拘束される必要が少なくなることにより，輸送費が低いほどは，立地の間の小さな違いに企業がより敏感になることを示している．その結果，立地間の小さな違いが経済活動の空間分布に大きな影響を与える可能性が生まれる．これは，輸送費ゼロの下では理解できない．

　2番目に，輸送（または交易ないし出荷）費用は，貿易や移送におけるすべての障害を算入するべく，十分に広範に定義されなければならない．Spulber（2007）はそれらを「4つのT」と呼んでいる．(i) **輸送費用**（Transport costs）それ自体——現在においても，商品は消費する場所に到着しなければならない．多くのサービスは交易不能であり，様々な交換にはフェイス・トゥ・フェイスの接触が必要である．(ii) **時間費用**（Time costs）——インターネットやビデオ会議があるにもかかわらず，分散した活動や製造施設の下では，依然としてコミュニケーションの障害があり，市場条件の変化への反応を遅らせる．また，特定の種類の商品は，出荷に要する時間に高い価値を持つ．(iii) **取引費用**（Transaction costs）——慣習，商習慣や政治的・法的な環境の違いにより，遠くで取引をすることには費用がかかる．(iv) **関税**（Tariff）および，汚染防止基準や反ダンピング訴訟手続における様々な違い，さらには膨大な規制——これらは，いまだに，貿易や対外投資を制限している．

　さらに，卸売業者と小売業者による販売費用も，輸送費に加えてもいいかもしれない．Anderson and van Wincoop（2004）は，先進国にとっては，平均貿易費用が製品の生産費用の170%に相当すると見積もっている．貿易費用は，国内費用による55%のマークアップ率と国際的費用による74%のマークアップ率で構成されている（$1.55 \times 1.74 = 2.7$）．そのうち，国際的費用は，輸送費による21%のマークアップ率と国境関係の費用による44%のマークアップ率に分割される（$1.21 \times 1.44 = 1.74$）．このような結果は，トン・マイル当たりの平均移動費用（2001年のドル換算の下で）が，1890年には18.5セントだったのに対して，今日では2.3セントであるとする，Glaeser and Kohlhase（2004）と整合的でないように見える．しかしながら，Glaeser and Kohlhaseがアメリカ国内の輸送部門だけに焦点を当てているのに対して，Anderson and van Wincoopは非常に広範な観点から分析していること

を強調しておかなければならない．さらに，商品全体における取引費用の分散は大きい．実際，ある品物を送ることにはほとんど費用がかからないが，ある商品の取引には非常に高い費用を要する．

明らかに，4つのTの相対的な重要性は，部門ごとに，活動ごとに，また，商品ごとに，非常に違っている．したがって，どのように輸送費用が変化してきているかを理解するためには，4つの構成要素の相対的な変化を把握する必要がある．いずれにしても，輸送費の恒常的な減少とともに企業間の競争は激化してきており，それとともに，企業が柔軟性を追求している世界の中で，ロジスティックスはますます重要な問題となってきている．したがって，場所を越えて行われる交換の固有の属性である輸送費用は，貿易の流れの形成や経済活動の立地にとって，依然として中核的に重要である．

非常に小さな空間規模における話であるが，通勤は，一般的に考えられているよりもはるかに高い費用を伴っている．1日に20kmの通勤では，1年当たりで数千ユーロもかかる（Glaeser, 2011）．そうは言っても，様々な種類の輸送費の水準を決定するそれぞれの要素の歴史的な変化を理解することの重要性を認めるが，本書では，それらの費用と輸送産業をブラックボックスとして扱うことにとどめておく．[3]

1.3 都市：過去と未来

おそらく，都市化は地理的な不均一の最も極端な形を表している．実際，人間の居住地と土地利用の集中度合いが場所によって非常に違うということは，少し周りを見回しただけでもわかる．特に，人口密度が非常に高い地域として**都市**（cities）がある．[4]

歴史的には，都市は約7000年前に世界各地で，農業の生産性向上の結果として出現した．都市の存在は，世界的に共通の現象であり，19世紀におけるヨーロッパの特定地域での突然の都市の成長に先立って，何世紀もの間その重要性がゆっくりと，

---

[3] 交通経済学と，NEGや都市経済学との間の，より強い関係が求められている．交通経済学の現在の到達点は，de Palma et al. (2011) によって提供されている．

[4] 本書を通じて，**都市**（city）という用語は都市域全体を指す．都市，都市圏，都市域は同じ意味で用いられている．

だが，確実に増大していった．技術進歩は，農業の余剰を生み出すために必要であったし，それなしで都市が，過去においても現在においても存在するとは考えられない．技術進歩と同時に，専門化した活動への分業という，社会・経済構造における変化が必要であった．この点に関して，町や都市の出現における最も重要な要因として「収穫逓増」に注視することは，経済学者，地理学者，歴史家の間で広範な合意があるようである．都市の存在が，貿易，産業と政府の効率性を上昇させたことを史実は示しており，人口が分散していては到達不可能な水準にまで引き上げられた．アダム・スミスが挙げた，生き残るために様々な活動に取り組まなければならなかったスコットランド高地の農民の例は，この主張の妥当性を反対の見方から示している．いったん収穫逓増の影響が認識されると，都市は個々人の決定を拡大する「経済的増幅器」とみなすことができる．

出所は分散しており，必ずしも信頼できるものばかりではないため比較は難しいが，産業革命で始まった，都市革命の存在を示すデータがだいぶ集まってきている．ヨーロッパでは，都市に住む人口の割合は1300年の10％から1800年の12％へと，非常にゆっくりと増加した（Bairoch, 1988）．しかし，その割合は1850年にはおよそ20％，1900年に38％，1950年に52％，そして現在ではほとんど75％であり，このように都市人口は爆発的な成長を示している．アメリカでは，都市化の割合は1800年の5％に始まって，1950年に60％を超え，今ではほぼ77％である．日本では都市化の割合は1800年に約15％，1950年に50％，今では約78％である．世界の都市人口の割合は，1950年の30％から1995年の45％に増加した．国連人口基金によると，「2008年に，世界は，目に見えないが，重大なマイルストーンに達した．歴史上初めて，人類の人口の半分以上の33億人が都市で生活している」．さらに，巨大都市への集中がますます強くなってきている．1950年では，人口1000万人を超える都市は，ニューヨークと大ロンドンの2つしかなかった．1995年では，15の都市がこの範疇に属する．2012年では，1000万の人口を超える都市が26もあり，最上位5都市はアジアにある．最も大きいのは東京都市圏で，3700万人が住んでおり，2位のジャカルタを1100万人も上回る．

最初の町は，農業の生産性向上の結果として，世界の様々な地域に出現した．いったん，これが達成されると，社会的分業の効果が認識されるようになり，人々の地理的な集中とともに，それはより細分化された．規模の経済は，ビジネス活動，あるいは，公共財やサービス（裁判所，病院や大学）の供給などにおいて，都市化の過程の背後に，何らかの形で常に見出すことができる．産業化以前の都市は，そ

こに住む大地主と商人や職人の活動によって支配されていた．例えば，Cantillon (1755) によると，都市の起源は土地所有の集中にあるとみなされている．地主が，自分の地所から離れて「快適な生活を享受できる」場所に住めるようにした．そこには，地主の需要を満たすために，交易不能な消費財やサービスを生産する職人や，遠隔地で生産された高級品を仕入れて運ぶ，商人が呼び込まれた．しかしながら，産業化以前の都市は，とりわけ，周囲の田園地帯のための市場とサービスの提供者でもあった．

都市は増加し，それらの発展は産業革命とともに大きな変化を遂げた．工場レベルでの規模の経済が，都市化の過程のこの新局面において，基本的な役割を果たした．工業都市は，典型的には，分業を活用するために，生産手段が同じ立地の下に集められている場所である．当初，これらの新しい町は労働者と生産手段の所有者の両方で構成された．しかしながら，資本の所有者は，金融と政治の両方の中心でもあった大都市の便利さを求めて，次第に，町を去るようになった（地主はその前に去った）．都市境界のむこうには，ルイス・マンフォードがそう呼んだ，「見えない都市 (invisible city)」が広がっている．それは，輸送と通信の劇的な進歩を通じて，見える都市が，消費，文化および生活様式において，最も小さな村にさえ及ぼしている影響を象徴している．

今日の大都市の姿は，事業の特化と多様化，消費財と生産要素の選択における範囲の拡大や，様々なコミュニケーションの外部性など，豊かな因果関係の結果である．脱工業化都市は（ロンドン，ミラノ，パリなどのように，それらは以前から大きな役割を果たしていたかもしれないが），サービスの成長と，最近では，通信ネットワークにおける結節点としての役割と関係している．それは，工業都市よりもさらに多様化しており，したがって，産業部門ごとのショックに対して影響されにくい．最後に，それは，ほとんどの技術的，社会的な革新の源である．企業内の規模の経済は依然として役割を果たしているが，脱工業化都市の収穫逓増は，おそらく，どこか他に，金銭的ないし技術的外部性の形で見出される．

我々の分析で導き出されたひとつの一般的な原理は，輸送費の減少と経済活動の集中の度合いとの関係についてであるが，それは多くの人々の直感に反しているかもしれない．すなわち，集積は，輸送費がある臨界閾値を下回ることによって，はじめて実現されるということである．もっとも，輸送費のさらなる減少は，要素費用の地域間格差によって，ある種の活動の分散を引き起こすかもしれないが．さらに，技術の発展は，新しいタイプの革新的な活動を生み出し続けるが，そのような

活動は集積することによって大きな便益を得るので，発展した豊かな地域に集中する傾向にある．その結果，国家や地域の貧富は，多様性に富んだ大都市圏の存在や，繁栄し競争力のある産業のクラスターの発達にますます左右されると考えられる．Lucas（1988, 39）はそのことを次のようにうまく述べている．「もし他の人々の近くにいるためでなければ，何のために人々はマンハッタンやシカゴの中心街の家賃を支払うのだろう」．しかし，ロバート・ルーカスは，なぜ人々が他の人々のそばにいたがるかについては説明しなかった．経済学者，地域科学者および地理学者は，企業や家計が，住宅費や通勤費用が高い大都市圏になぜ集中するのかを説明しなければならない．

　本書では，以上に述べた様々なタイプの経済集積の主な形成原因について分析する．以下の節で議論されるように，その主な原因には，規模に関しての収穫逓増，外部性，さらに，一般的あるいは戦略的な相互依存性を伴う不完全競争が含まれる．こうして並べただけでも，集積の経済学は，経済理論で遭遇するほとんどの困難に満ちていることがわかるであろう．そのうえ，この本の多くの章で明らかになるように，集積のモデルには**補完効果**（complementarity effects）と**代替効果**（substitution effects）の両方が関係している．長い間，経済学者たちは，補完効果を取り扱うことに難渋してきた．特に，それは一般競争均衡の枠組みにおいて，ほとんど考慮されることがなかった．なぜそうだったのかを明らかにするために，空間経済と経済理論の間の関係のかなり複雑な歴史を振り返ってみる．空間的な要素は，著名な経済学者たちに全く無視されてきたわけではないが，経済学の教科書においてはほとんど言及されてこなかった．したがって，この社会生活において重要な構成要素である空間が，なぜ長い間無視されてきたか，についての疑問を解決するのは興味深いことである．

1.4　なぜ経済集積を観察するのか

　空間経済の組織化と集積の出現を支配する，主要な原理を理解するには，長い時間がかかった．まず，現実に観察された経済活動の空間配置は，消費者や企業同士が，互いに押したり引っ張ったりする，相反する力の複雑なバランスの結果である．これらの力は，集中する力（つまり求心力）と分散する力（遠心力）の，2つの主な部類に体系づけることができるだろう．この見方は，経済地理学のごく初期の段階に言われていたことと一致している．例えば，著名なフランスの地理学者ヴィダ

ル・ド・ラ・ブラーシュ（Vidal de la Blache）は，彼の死後の1921年に出版された『人文地理学原理（*Principes de geógraphie humaine*）』において，発展の度合いにかかわらず，すべての社会は「個人は，分業の利点を得るためには集まらなければならないが，様々な困難が多くの個人が集まるのを制限する」という同じジレンマに直面する，と主張している．具体的には，人間活動の立地は，近接の必要性とクラウディング・アウト効果の間の相互作用として見ることができる．つまり，各主体は，互いの，あるいは，ある場所への近接から利益を得るが，土地や緑の環境のような稀少資源の使用において，より厳しい競争に直面する．結果として，生産と消費は，立地において相互依存している．消費パターンは消費者所得の空間分布によって決定されるが，しかし，それは生産の立地分布に依存し，その逆もまた真である．

1.4.1　集積と収穫逓増

収穫逓増について考える最も自然な方法は，企業は，生産を始める前に，設備または工場を建造しなければならないことを認識することである．これは，間接費と固定費を引き起こす．そして，通常，それは大量生産に関係している．言い換えれば，標準的な立地論では，規模の経済は，企業にとっては内部にある．

貿易理論は，空間の広がりに最大限の配慮をしている経済学の部門であると期待されるかもしれない．なぜなら，商品が輸送される条件の変化や生産要素の移動のしやすさの変化は，産業の立地や需要の地理的分布，さらには貿易のパターンに影響すると考えられるからである．しかし，現実は全く逆である．新古典派の貿易理論は，各国を面積がない「点」として取り扱い，輸送費の影響にはほとんど注意を払ってこなかった．そうはいっても，この分野における何人かの著名な研究者は，立地と貿易は密接に関係する主題であると，長く主張してきたことも事実である．例えば，Ohlin（1933; 1968, 97）は国際貿易理論は立地論とは別物であるという通念に異議を申し立て，次のように述べている．[5]

---

[5]　貿易と立地論が表裏一体であることは，スウェーデン王立科学アカデミーの1977年ノーベル経済学賞発表の際の以下のプレス・リリース中において，はっきりと認識されている．「オリーンは，地域間（国内）貿易と国際貿易の間の類似点と相違点，および国際貿易と産業立地の間の関係も示した」．

国際貿易理論は，財の輸送の難しさと生産要素の移動の難しさは同等に重要であるとする，一般的立地論との関連でしか，また，その一部としてしか理解することはできない．

天然資源や，もっと一般的に生産要素は，空間において均一に分布しているわけではなく，この不均一性に立脚してほとんどの貿易理論が作られてきた．標準的な貿易モデルは，規模に関する収穫一定，かつ，各要素の限界生産性が逓減するという条件下で，2つの国において，同一の技術の下で2つの生産要素（労働と資本）によって2財が生産される，と設定する．さらに，生産要素が空間的に移動できず，財は費用なしである国から他の国へ移動できると仮定する．そうすると，このモデルは賦与された生産要素の割合がそれほど変わらないときには，生産要素の価格は平準化されることを示す．

同様に，地域経済学は，新古典派貿易モデルの国内モデルへの変型版によって長い間支配されてきた．各地域において同じ1つの財が生産され，（少なくとも）1つの生産要素が地域間を自由に移動すると仮定する．そうすると，資本は，豊富な地域から足りない地域へ，資本レントが地域間で同じになるまで，あるいは地域間の賃金の違いが労働者の移動を促して，労働者の賃金が地域間で平準化されるまで，流れ続ける．生産関数が1次同次であり，各要素において限界生産性が逓減するので，移動可能な要素の限界生産性は，資本・労働比率にのみに依存する．したがって，この移動可能な生産要素が，低収益の地域から高収益の地域に，すべての地域で資本・労働比率が均等になるまで移動するという結論が得られる．別の言い方をすれば，1つの生産要素が完全に移動可能でありさえすれば，地域間の市場において賃金と資本レントが均等になることを保証するために十分だということである．[6]

したがって，費用のかからない貿易や，1つの生産要素の完全移動性は，様々な

---

[6] 最近，資本が必ずしも豊かな地域から貧しい地域に移動するというわけではないという主張がなされた（Lucas, 1990）．また，現代経済において，地域間における賃金格差が持続的に存在することが，頻繁に見られるようである（Magrini, 2004）．この点に関して，1人当たり所得が，国家間で，あるいは同じ国内の地域間でさえ，収束するだろうという命題について，決定的な実証的証拠はない．

1.4 なぜ経済集積を観察するのか

地点で労働収入の収束を保証するのに十分であるということになる．Mills (1972a, 4) は，天然資源の空間分布の均一性を前提とし，収穫一定で完全競争という特徴を持つ，この奇妙な「都市なしの世界」を次のようにうまく記述している．

各エーカーの土地において同数の人々が住み，同じ組み合わせの生産活動が行われる．この結果が成立するために決定的に重要なことは，収穫一定の仮定が，各々の生産活動が効率を損なうことなく任意の水準で行われることを許容していることである．さらに，すべての土地は同じ生産性を持っているのであるから，均衡においてはすべての地点で限界生産物の価値が均一であることが求められ，したがって，地代はすべての場所で同一となる．その結果，均衡においては，直接あるいは間接的に消費者の需要を満たすのに必要なすべての投入と産出活動が，消費者の住んでいるごく近くで行われることになる．このように，それぞれの狭い地域は自給自足で充足され，人々や商品の移動・運搬は発生しない．

そのような経済空間は究極の自給自足を意味する．賦与された資源の分布が一様な場合，人はそれぞれ自分の消費のために生産し，経済はロビンソン・クルーソーのような経済に退化する．より正確には，各立地は自給自足になる．例外として，国際貿易の新古典派理論でのように，天然資源の地理的分布が不均一である場合に，立地間の貿易が生じる．これは，収穫一定下の完全競争パラダイムは，大きな経済集積の出現および成長に対処することができないことを示唆している．

輸送費がゼロである極端な仮定の下では，すべての生産を少数の設備に集中することは明らかに望ましい．設備数は，現状の技術の下での生産設備の最適規模と，市場の規模との比率により決まる．そうすることによって，規模の経済のすべての利益を享受できるようになる．反対に，規模に関する収穫が一定か逓減する場合，顧客に近接して生産を分散させることは，生産効率を低下させずに輸送費を減少させるので，企業の利益になる．このケースでは，移動しない生産要素の異なる賦存のみが，空間経済で観察される顕著な違いを説明し，地域間交易と国際貿易の必要性を説明することになる．

Diamond (1997) によると，栄養豊富な食用になる植物と農業や輸送活動において人を助けるために家畜化できる野生動物との空間的な違いが，文明の夜明けにおいて，なぜ限られた少数の地域のみが食糧生産の独立したセンターになったかを，説明している．本書では，天然資源の（不均一な）分布，気候の違いや海岸や河川

への近接性などを,「第1の自然地理」と呼ぶ．それに対して,「第1の自然」を改良するための人間の行動の結果として現れるものを,「第2の自然ないし内生地理」と呼ぶ．第1の自然地理は,少数の地域での文明の出現を説明するうえでは妥当であるが,人間活動の大きな集積や大規模な貿易の流れを含む,第2の自然ないし内生地理の主な説明としては,不十分と言える．

市場に供給（から調達）する場合,企業は,既存の遠方の工場から（へ）運ぶか,新規の近くの工場から（へ）運ぶかのどちらかを選択できる．輸送費用が高く,工場レベルでの規模に関する収穫逓増が存在する場合,その選択は重要である．このように,収穫逓増と輸送費用は,空間経済の説明を目指す場合,考えなくてはならない2つの基本的な要素である．最近も含めてそれは何度も再発見されたものであるが,これらの2つの力の間のトレードオフは,Launhardt（[1885]1993）, Lösch（1940 [1954]）やHoover（1948）のような初期の立地理論家によって成された業績の中心にあった．

簡単な例で,この基本的な考え方を説明できる．政策策定者は,特定の財を提供する施設の立地を1カ所ないし2カ所に決定する必要があり,その消費者は2つの異なる場所に均等に分布していると仮定する．施設がどちらかの場所に建設される場合,その場所の住民は,費用なしで供給を受けることができる．しかし,別の場所からそれらを供給すると,Tドルの配送費を必要とする．施設を建設するための費用は,各々の場所でFドルとする．政策策定者が建設費と配達費の合計を最小にしようとする場合,$2F$が$F+T$より小さい場合に限り,つまりTがFより大きいならば,施設を両方の場所に建設する方を選ぶ．そうでない場合には,1つの施設をどちらかに建設し,そこから両方の場所に供給する方が安上がりとなる．言い換えれば,高い運送費は供給施設の分散を促進するが,低い運送費はそれらの空間的集中を促進する．[7]

より具体的な例として,産業革命以前には,鉄鋼業において,企業は非常に小さな規模で競争力を持つことができた．高い輸送費用のために市場は狭く,非常に小さな規模で操業することを容易にした．状況は19世紀の前半を過ぎて変化した．企業の最小規模は,専用機械の使用のために拡大し,より多くの労働者を必要とする

---

[7] 古代エジプトのデルタ地帯における州都の空間的パターンで観察された驚くべき規則性は,収穫逓増の最初の例である穀物の中央貯蔵施設と,10マイル（約16キロメートル）を超えると非常に高くなる,穀物の輸送費の間のトレードオフの結果であると思われる．

ようになった．企業規模のこの拡大は，輸送費用の大きな減少のためにもたらされた市場領域の拡大によって可能となった．これらの変化の間の相互作用が，規模の増加と企業数の段階的な減少をもたらした．例えば，ベルギーの鉄鋼企業の場合には，1845年に1社当たりの平均従業員は26人だったが，それは1930年には446人に達した（Bairoch, 1997）．

1.4.2 集積と外部性

Marshall (1890; 1920, chap.10) 以来，外部性は，ロックイン効果のような現象を生むので，経済集積の形成にとって，本質的に重要であるとみなされてきた．

> 製造業の立地が一度決まると，長くそこにとどまる傾向にある．熟練を要する同じ職業の隣人同士から互いに得る利益には，膨大なものがある．職業上の秘伝は秘密ではなくなり，あたかも空気のごとく広まり，また，子供たちは無意識のうちに多くを学ぶ．よい仕事は正当に高い評価を得，機械類や製造方法や業務組織における発明や改良の利点は，直ちに議論される．もし，誰かが新しいアイデアを思いついたら，他の誰かに取り上げられ，彼ら自身の提案と結合して，それがまた新たなアイデアの元となるのである（Marshall, 1920, 224）．

マーシャルによれば，クラスターの形成に関連する外部性として，以下に示すものが含まれる．(i) 特化した投入財供給者の存在，(ii) 類似の専門化された労働者の大きなプールへのアクセス，そして，(iii) 情報の交換とフェイス・トゥ・フェイスのコミュニケーションにもとづく，新しいアイデアの創出．それらすべてが一緒となって，各企業にとっては**外部経済**（external economy）と呼ばれる，その地域全体としての規模の経済を形成する．[8]

このように，かなり漠然としたものであるにもかかわらず，マーシャルの外部性の概念は，経済活動の立地についての経済学や地域科学の文献で，多く使われてきた．なぜなら，それは，多様な活動と高度な特化から利益を得ようとして企業や労働者が集まってきて，その結果さらにその数が増えるという，「雪だるま効果」を通じて集積が形成されるという考えを表現しているからである．しかし，後ほど明らかになるように，同じような累積プロセスは，収穫逓増と独占的競争を組み合わ

---

[8] 4.2節でマーシャルの外部性の概念を明確にする試みを行う．

せたモデルで，金銭的外部性の相互作用の下でも見られることに注意されたい．[9]

実際，外部性の概念は，非常に多様な状況を説明するために用いられてきた．現在では，Scitovsky (1954) による定義に従って「技術的外部性」（スピルオーバーとも呼ばれている）と「金銭的外部性」の，2種類の外部性に分けて考えるのが普通である．前者は，個人の効用や企業の生産関数に直接作用する過程を通じて実現する，市場を介さない相互作用の効果を意味し，それらは狭いところで起こる．対照的に，金銭的外部性は，市場相互作用の副産物である．それらは，価格メカニズムを介した取引を通じて，企業や消費者ないし労働者に影響を及ぼす．金銭的外部性は不完全競争の下で意味をなす．すなわち，主体の決定が価格に影響するときに，それが他者の厚生にも影響を与えるということである．

マーシャルの外部性の主な特徴は，それらが同じ地理的領域に属する主体のみに影響を与えるということである．それらは他の領域に広がらない．あるいは，より正確には，遠くの領域に与える影響は無視できると考えてもよい．Anas et al. (1998) によれば，都市は技術的外部性に満ちあふれている．同じことが特定地域の生産システムにも言える．実際，個人や企業の競争力の多くの部分は，彼らの創造性に根ざしており，したがって，経済活動は芸術や科学と同じように創造性に満ちている．創造性にとって特に関連深いのは「コミュニケーションの外部性」である．このアイデアは，Lucas (1988, 38) が「ニューヨークの衣料品店街，金融街，ダイヤモンド街，広告業街などは，コロンビア大学やニューヨーク大学と同じぐらいに，知的センターである」と書いたときの，彼の見解と一致する．それゆえに，都市や高度に特化した産業地区やサイエンスパークのような，限られた空間的規模の地理的なクラスターを説明するために，技術的外部性に訴えることは，妥当なことであると思われる．さらに，モデル上の観点からは，技術的外部性は，競争パラダイムと両立できるという，さらなる利点を有している．ある程度までは，この両

---

[9] これは，初期の開発理論家が様々な関連する概念を使用して提唱した考えの，復活に対応している．関連する概念として，例えば，Rosenstein-Rodan (1943) の「ビッグプッシュ (big push)」，Perroux (1955) の「成長の極 (growth poles)」，Myrdal (1957) の「累積的因果関係 (circular and cumulative causation)」，および Hirschman (1958) の「後方‒前方連関関係 (backward and forward linkages)」(1958) などがある．より最近では，Kaldor (1985) の「動学的規模の経済 (dynamic economies of scale)」，Arthur (1994, chap.1) の「正のフィードバック (positive feedbacks)」，また，Matsuyama (1995) の「補完性 (complementarities)」などの，多様な概念がさらに提唱されている．

立性が，なぜ技術的外部性が都市経済学（Mills, 1967; Henderson, 1974）と成長理論（Romer, 1986; Lucas, 1988）の先駆者によって研究されたのかを説明している．

生産における近接性の利点によく似た利点が，消費活動側にもある．ある種の行動は必然的に集団性を伴う．例えば，他の人と議論をしたりアイデアを交換するなかに喜びを見いだすという傾向にみられるように，他者とかかわろうという性向は，人間の基本的な特質である．距離はそのような相互作用にとって障害となり，そのため，都市は社会的な接触を進展させるには理想的な場である．この方向に沿ってZenou（2009）は，既成市街地は，しばしば，集団の行動を支配する協調性や社会的地位への欲求といった，社会的規範の発達の基盤であると主張している．しかしながら，計量経済学の見地からは，そのような外部効果を確認することは難しく，また，因果関係を評価するのは，多くの場合難しい（Manski, 2000）．したがって，集団行動の役割は，誇張されるべきではない．

技術的外部性は，地理学者や空間を研究する者によってその役割や重要性が強調されてきた．しかし多くの場合，それは，市場の外で行われる複雑な相互作用の重要な役割を表すためのブラックボックスとして使われてきた．ミクロ空間における相互作用の研究は，非常に盛んな研究領域である（Ioannides, 2012）．しかし，それらの努力にもかかわらず，そのようなプロセスに関与している力や，どのような相互作用によって，都市モデルにとって重要である全体的な外部効果が生まれるかについて，我々はまだごくわずかしか知らない．対照的に，金銭的外部性は市場を媒介とする経済的な相互作用に焦点を合わせているために，それらの原因はより明確である．特に，規模に関する収穫逓増の度合い，企業の市場での独占力の大きさ，商品輸送の難易度，生産要素の移動しやすさのような，経済の基本的なパラメータの値によって，金銭的外部性の影響度を明らかにすることができる．

アメリカの「サンベルト地帯」やヨーロッパのいわゆる「青いバナナ」（ロンドンから北イタリアに延び，ドイツ西部とベネルクス3国の一部を貫通する地帯）のような，非常に広い地理的な範囲における集積は，直接的で物理的な接触では十分に説明しきれないと考えるのが妥当と思われる．これは，企業と消費者と労働者の市場を媒介とした関係の下における，不完全競争から生じる金銭的外部性の領域である．このような外部性は，経済活動の集積を説明するために最近開発された，独占的競争モデルの核心を成している．

どのような外部性であるにしても，価格は商品やサービスの社会的な価値を完全

には反映していない．したがって，一般的には，市場の結果は効率的ではない．ほとんどの都市と集積はあまりにも大きすぎるのではないか，というのが経済学者の間での一般的な感覚である．発展途上国の多くのメガロポリスにおいて見られる大きな暗澹（あんたん）たるスラムの存在は，市場至上主義は，度を超えて大きい集積の中に人間の過度の集中を世界中で生み出している，という印象を与えている．同様に，工業化された国におけるほとんどの地域政策の議論において，空間的集中が行き過ぎていると，暗黙に仮定されている．この点について，Hotelling（1929, 57）は80年以上も前に，今でもそうだと思われる，都市と経済活動の空間的組織に関する経済学者の一般的な通念を代表して，「我々の都市は不経済に大きくなり，そこでの業務地区は過度に集中している」と述べている．しかし，本書において，ことはそれほど単純ではないことがわかる．都市的な外部性は必ずしも否定的なものではないし，収穫逓増は地理的な集中の便益をもたらす強い力になりうる．したがって，政府が地域や都市政策を策定するうえで，集積を減少すべく乗り出すべきだなどと決めてかかることはできない．[10]

　先に進む前に，注意が必要である．何世紀もの間，大規模な居住地に住む人々のために必要とされた多くの活動は，強い**集積の不経済**（agglomeration diseconomies）に悩まされた．ローマ，北京，江戸，ロンドンやパリのような少数の例外は別として，病気，ゴミや犯罪は，都市の成長を阻害した．通勤費の目覚ましい減少の他にも，科学・産業革命によってもたらされた技術の進歩と医療の革新は，都市の規模に伴う費用を大幅に低減した．例えば，病気の原因の理解と，それに伴う衛生施設は，多くの人々に清潔な水を供給できるようにするうえできわめて重要であった．同じことは，公衆衛生の革命についても言える．それにより，多くの人々が人口密集地域に住めるようになった．都市の規模に伴う大幅な費用削減により，前述した規模の経済の正の効果を発揮できるようになった．言い換えれば，都市を成長させ繁栄させているのは，集積の経済だけではなく，都市規模に伴う費用の削減でもある．

---

10) 都市には最適規模があるという考えは，古くは，少なくともプラトンに遡る．彼によると，理想都市には5040人の市民が居住する．その数には，女性，子供，奴隷，および外国人は含まれていない．したがって，居住者の総数はずっと大きなものになる（このことを指摘して頂いた，ヨーゴ・パパジョウジオ（Yorgos Papageorgiou）に感謝する）．

1.4.3 空間経済学の先駆者としてのチューネン

ここで，今まで経済学者は，経済集積を説明するほとんどの要因は遥か昔にヨハン・ハインリヒ・フォン・チューネンによってすでに研究されていたということについて，ほとんど無知であったことを指摘しておきたい.[11] 製造業を営む企業が大都市（特に首都）に立地するのが望ましいのかどうかという問題に答えるために，Thünen（[1826]1966）はまず分散力の記述から始めている．

1. 原材料は，輸送費用が高くなるために，地方の町よりも高価となる．2. 製造された商品は，地方の消費者に配送するときに，輸送費用がかかる．3. すべての必需品，とりわけ薪は，大きな町ではさらに高価である．同様に，アパートや住宅の家賃は次の2つの理由で高い．(1)原材料は遠くから運ばねばならないために，建設費用は高くなる．(2)小さな町では安価で買えるはずの土地が，法外な値になる．大きな町では，燃料や住宅費と同じように食料品の価格も高いので，貨幣で表された賃金は，小さな町よりもずっと高くなる．これが，製造費用を大きく押し上げている（英語版，pp.286-7）.

このリストは驚くほど包括的である．特に，大都市における高い地代の生産費用への影響について，はっきりと詳細に述べられている．

チューネンは次に，産業集積をもたらす求心力について以下のように述べている．

1. 大規模な製造工場だけが労働力を削減する機械や装置を導入することで利益を得ることができ，それらの装置は肉体労働を削減し，より安く，より効率的な生産をもたらす．……2. 製造工場の規模は，生産物に対する需要量に依存する．……4. これらすべての理由のために，製造業の多くの部門において，大規模な工場は首都においてのみ存続できる．しかし，生産における分業の程度は製造工場の規模に密接に関係する（アダム・スミスが示しているように，分業の程度は

---

11) 『孤立国（*The Isolated State*）』の第Ⅱ部の2節を見よ．この節には，1826年から1842年の間にチューネンによって書かれ，1863年にハーマン・シューマッハ（Hermann Schumacher）によって編集された，立地論における遺稿の要約が含まれている．より詳細については，Fujita（2012）を参照されたい．

労働の生産性と規模の経済に計り知れない影響をもたらす）．このことは，機械生産の効率性を考えない場合でも，なぜ大きな工場における1人当たりの労働生産性は，小さな工場に比べて，はるかに高いのかを説明している．……5. 首都は極めて有能なビジネスマン，職人や労働者ならびに学者や公務員を引き付けるので，地方に勝る重要な利点を持つことができる．……7. 機械を生産するのには機械を使い，それらは多くの異なった工場や工房の生産物そのものであるので，大きな町でのように，工場と工房が十分に接近して集まっており，互いにみんなで協力し合える状態においてのみ機械は効率的に生産される．……経済理論はこれまで，この要因を十分に評価できずにいた．この要因が，なぜ工場が一般的に一緒になって立地しているのかを説明するし，また，他のすべての条件が適当であると見えるときにさえ，孤立した場所への工場の設立が，しばしば失敗している理由を説明している．（英語版，pp. 287-90）．

チューネンによる集積要因の1，2と4を組み合わせたものは，核-周辺構造の出現についてのポール・クルーグマンの「基本理論」に一致することに注目されたい（第8章参照）．さらに，産業間の投入関係や技術のスピルオーバーに関係する最後の要因7をあわせて考えると，生産あるいは小売りの集積の出現に関して，別の基本的な説明が得られる（第7章，8章と9章参照）．最後に，求心力5で示されているように，チューネンは，大都市は熟練者を引き付ける磁石であると考えた．

チューネンのこの研究は，ドイツにおける産業革命の初期におけるものであるにもかかわらず，工業化社会における経済地理を説明するうえで，これよりも優れたものを想像するのは難しいほどである．

1.5 空間と経済学との関係

経済学の教科書で，たとえ空間が言及されていたとしても，それが重要な主題として研究されていることはめったにない．これは，Krugman (1995) によると，経済学者が収穫逓増と不完全競争の両方を含んだモデルを持っていなかったことによる．実際，空間経済を形成するうえにおいてこの2つが基本的要素であることは，ハロルド・ホテリング (Harold Hotelling)，アウグスト・レッシュ (August Lösch)，ウォルター・アイザード (Walter Isard)，チャリング・クープマンス (Tjalling Koopmans)，エドガー・フーヴァー (Edgar Hoover)，メルヴィン・グ

リーンハット（Melvin Greenhut）らの先駆的な研究によって示されてきた.[12] 本書の全体にわたって，「地理（geography）」の代わりに，「空間（space）」という言葉を用いる．前者は，物理的決定論的な考えに，我々が同意していることを示唆する可能性があるためである．全く逆に，我々の主要な論点の1つは，ある場所は，自然地理的な要因にほとんど負うことなく，他の場所よりもうまくやっているということである．

1.5.1 空間と競争パラダイム

60年以上前，Isard（1949）が一般均衡分析を批判的に検討した際，彼の念頭にあったのは主として，1939年に刊行されたジョン・ヒックス（Hicks）の『価値と資本』であった．ヒックスは自身を「無次元の不思議の国」に閉じ込めたと，アイザードは結論づけた．彼はさらにその論点を，ヨーゼフ・シュンペーターと交わした会話を思い出して，自著の477ページにおいて詳しく説明している．シュンペーターはヒックスを擁護して，「輸送費は生産費用に暗黙的に含まれており，したがって，ヒックスの分析は十分に一般的である」と述べた．それに対してアイザードは次のように答えている．

> 生産理論において，……ある生産費用を明示的に取り扱い，一方では他の費用を，それがもたらす分析上の困難を避けるために，暗黙的にしか取り扱わないということは正当化できない．よりバランスのとれた理論のためには，生産者が互いに離れていることによる交通と空間費用の特異な効果について，考慮されるべきである．ヒックスやその他の人々はそれですませようと思ったかもしれないが，暗黙的に取り扱うことによって回避するにはあまりにも重要である．

我々はアイザードが正しかったと思っている.[13]

---

12) 空間経済学の理論の史的概観に関しては，Ponsard（1983）を参照されたい．
13) ここでアイザードが，「生産者が互いに離れていることによる交通と空間費用の特異な効果」でもって，何を言っていたかは明確ではない．しかし，同じ論文でアイザードは，完全競争を支持して独占的競争モデルに批判的なヒックスに対して苦言を呈していることから考えると，その「特異な効果」には，空間的な費用を価格理論に持ち込むことになる独占的要素が含まれていると推測される．

実際，完全競争にもとづく一般均衡モデルが，空間経済の働きを十分に反映させられるほど十分に包括的であるかどうか，という議論については長い歴史がある．一方では，一般均衡理論家は，空間の問題は各財をその物理的特性のみならずそれが使用される場所（および時期）により区別することにより，解決できると主張した．つまり，財をそのようにうまく定義しさえすれば，経済理論の中で空間（時間）を本質的に忘れることができると考えた．実際，Arrow and Debreu（1954）の独創的な論文の中で，この方法により，空間（時間）が取り扱われた．

他方，レッシュ，アイザードをはじめとする数名の学者に支持された別の見地からすれば，問題はそれほど単純なことではない．彼らによると，経済活動の地理的分布に及ぼす空間の本質的な影響をとらえるためには，標準的な一般均衡理論で用いられているものとは根本的に異なった，新しいモデルを必要とする．特に，クープマンスが『経済科学の現状についての3つの評論』の中で主張しているように，空間の最も本質的な効果は，我々の関心が複数の経済活動の立地に向かったとき，つまり，経済活動の空間的分布そのものが変数であるときに，明らかになる．これについて，Koopmans（1957, 154）はこう続けている．

> 人間，住居，工場，装置や交通などにおける不可分性の問題を認識することなしには，最も小さな村に至るまで，都市の立地の問題を理解することは不可能である．

したがって，収穫逓増は，公的あるいは私的における個々の活動の水準において，また，都市が出現するための集積全体にとって，必要である．都市形成において収穫逓増が決定的に重要であるということが，なぜ都市形成の問題が経済学の主流派の中で，それほど長く無視されてきたかを説明している．それでも，規模に関する収穫逓増の一般均衡モデルへの導入は，長い間興味を持たれてきた．それらの試みが興味深いことを否定するわけではないが，Sraffa（1926）が提起した「価格を受容することは，規模に関する収穫逓増とどの程度まで両立しうるのか？」という問題に答えていないので，それらの試みは大部分において不十分なままであると言える．平均生産費用を最小化する企業規模が，市場規模に比べて「大きい」と仮定しよう．その場合，価格受容均衡において，各々が非効率的に小さい規模で操業している「多くの」企業が存在することは，ありえない．なぜなら，各企業は，産出を増大して利潤を増やそうとするからである．したがって，市場は，効率的な規模で

操業する「数少ない」企業のみを参加させることができる．しかし，わずかな企業しか操業していないのであれば，各企業は，自身の企業規模を生かして自分の利益となるように価格に影響を及ぼすことができる，と理解しているはずである．そうだとすると，企業が与えられた価格を受容するという仮説を，いかにして正当化できるのであろうか．

標準的な一般均衡理論の，空間経済にとっての包括性に関する長い論争において，Starrett（1978）は根本的な貢献をした．本質的な問いは，競争的価格メカニズムによって，経済集積の内生的な形成と交易の大きな流れを説明できるかどうかということである．それをテストするための最もよい方法は，外生的な比較優位の存在しない空間を考え，そこにおいて経済主体が自由にその立地点を選べる場合を想定することである．その場合，もし経済主体の何らかの集積が起こるならば，それは内生的な経済的な力のために違いない．Starrettは，もし空間が均質で，かつ，輸送に費用がかかる場合，いかなる競争的均衡においても輸送は一切起こりえないことを示した．別の言い方をすれば，経済は，分離した小さな個別の立地グループの集まりに退化してしまい，同一グループ内でしか交易は行われない．したがって，完全競争価格のメカニズムだけでは，都市の形成と交易の問題を同時に取り扱うことはできない．この事実は，空間経済モデルの構築において，根本的な意味を持っている．つまり，もし，目的が経済集積の形成を説明する理論を作ることであるなら，そのような理論は標準的な一般競争理論と異なるものでなくてはならない．

競争均衡パラダイムが，空間経済の的を射た基礎理論とはならないとしたら，どんな理論が考えられるだろうか．答えは，競争的パラダイムに取って替わるものは，空間競争の一般理論でなければならないとする，以下のアイザードによる2番目の主要な洞察にある．[14]

空間的関係においてほぼ必ず存在する独占的要素のために，独占的競争の広義の一般理論が，立地と空間経済の一般理論を成すと考えることができる．(Isard, 1949, 504-5)．

---

[14] 後に，アイザード自身は，自分が提唱した不完全競争の空間モデルの展開を試みなかった．彼は，代わりに，競争一般均衡モデルの「空間化」に注力した．

1.5.2 都市経済学

確かに，多くの著名な経済学者たちは，一時的であるにせよ，この空間という問題に注目してきた．特に，Samuelson (1983) は，この分野の創設者であるチューネンを，最も偉大な経済学者の 1 人として位置づけている．Thünen ([1826] 1966) は，産業化以前のドイツの典型的な都市の周りの，農業活動のパターンを説明する経済理論を探求した．あとでわかるように，彼の理論は，完全に分割可能な経済活動の土地利用の研究において，大変有用である．実際，彼のモデルの基礎をなす原理は極めて一般的であり，チューネンを，**限界分析** (marginalism) の創設者であるとみなすことができる (Samuelson, 1983)．さらに，Ekelund and Hébert (1999, 246) は「たぐいまれな優れた才能と巧みな手腕で，チューネンは，論理的演繹と実証的実験を融合した，現代的意味での経済『モデル』を事実上発明した」とまで主張している．加えて，空間経済学の発展におけるチューネンの分析の重要性は，空間が経済的な財であると同時に経済活動の受け皿であるという，空間の二面性を明確に認識している点にある．かくして，彼の理論は後世におけるいくつかの寄与よりも，より有意義で包括的なものになっている．

経済思想における記念碑的貢献であるにもかかわらず，チューネンの理論は100年以上の間さしたる注目を集めることもなく埋もれたままであった．なぜそうなったのであろうか．Ekelund and Hébert (1999, 245) によると，その理由は D. リカードの業績と影響にある．

D. リカード (David Ricardo) の経済学は，空間理論の歴史において負の転換点をもたらした．位置の違いを土地の肥沃度の違いに置き換えることによって，リカードは経済分析の中で空間について考えることを事実上排除した．また，輸送費を他の費用と区別できないものにした．さらに，以前には空間的な考慮が主流を占めていた国際貿易理論において，比較費用を中心的な要因として用いた．リカードの方法と分析における革新の影響は，結果的に空間を経済学の主流から追い出すことになった．そのため，その後長きにわたって，空間は，英国正統派における演繹経済モデルの主流から外れた扱いを受けることとなったのである．

Blaug (1985, chap.14) は，空間理論が無視されたのは，チューネンの理論が十分明瞭でなかったからと考えている．確かに，2 つの作物に関する特殊なケースに

おける，チューネンのアイデアを理論的に明快に取り扱うのは，Launhardt (1885, chap.30) まで待たなければならなかった．任意の数の作物に関する最初のモデルは，Dunn (1954) によるものである．

そのような歴史の不幸な気まぐれはさておき，チューネンの土地利用理論は，重要な問題を残している．つまり，チューネンの孤立国においてなぜ都市は存在するのか，という問題である．前に議論され，チューネン自身が強調したように，市場の設定や製品生産において収穫逓増が働くときに，都市が発生する可能性が大きい．換言すれば，チューネンの孤立国において何が起こっているかを完全に理解するためには，チューネンの土地利用モデルにはない「何か」に訴えなければならないということである．

チューネンの土地利用モデルと Solow (1956) の経済成長モデルの間には興味深い類似点がある．どちらも規模に関する収穫一定と完全競争を仮定している．チューネンのモデルの中で都市は説明できないように，成長の主な要因である技術進歩は，ロバート・ソローの外生的成長モデルでは説明できない．この困難は Romer (1992, 85-6) の以下の文章に要約されている．

逆説的ではあるが……，根拠を提示したとされる競争的理論は，個々の経済主体の私利追求の結果としていかにして技術変化が起こるのかについての，どのような説明とも矛盾している．定義から，国のすべての産出は，資本か労働の収益として支払われるはずで，技術進歩をもたらす活動に支払うために残るものはないはずである……．凸性と完全競争の仮定は，新しい技術の蓄積を成長過程の中心と位置づけたが，同時に，経済分析ではこの過程について説明できないことも示した．

別の言い方をすれば，チューネン・モデルで都市形成を説明するのは，新古典派成長モデルの枠組みで技術進歩を説明するのと同様の無理があるということである．

この限界にもかかわらず，チューネンの土地利用モデルは，最近の空間経済学の発達においてその妥当性が証明された．アイザードによる示唆にしたがって，Alonso (1964) は，チューネン・モデルにおける「都市」を雇用センターである「中心業務地区 (Central Business District: CBD)」で置き替えることにより，チューネン理論の中心的概念である付け値曲線を，都市的土地利用の場合へと拡張することに成功した．都市経済学は，都市の内部構造を説明することを目的としている．

すなわち，(i) 土地は，どのようにして工場，オフィス，住居，インフラストラクチャに配分されるのか．そして，(ii) なぜ都市には，1つまたは複数の CBD が存在するのか．「新しい都市経済」として1970年代に知られるようになった分野の基本概念は，経済主体と経済活動の両方を空間全体に配分する，土地市場である．Alonso (1964)，Mills (1967) と Muth (1969) は，この分野の創始者といえるであろう．その後，都市経済学は急速に進歩してきた．この成功の理由は，その標準的なモデルが，競争パラダイムに依拠できるということにある．

1.5.3 空間競争理論

空間と規模の経済を組み合わせることは，経済理論にとって深い意味を持つ．生産において収穫逓増が働く場合には，経済には少数の企業しか存在しえないし，それらの企業は**不完全競争**（imperfect competition）の関係にあるはずである．Kaldor (1935) は，生産において規模の経済があるとすれば，空間は特別な形の不完全競争をもたらすと主張した．つまり，消費者は輸送費を考慮に入れて最も安い価格で買える企業から買うので，各企業は，産業全体における企業の合計数とは関係なく，近くにあるいくつかの企業と直接競争するだけである．空間競争の本質は寡占的であり，それゆえに相互的意思決定の枠組みのなかで研究されるべきである．これは Hotelling (1929) の先駆的な研究，「競争における安定性」における中心的な主張である．しかし，そのような主張は，経済学者が，少数の間の競争を研究するためのゲーム理論の威力に十分に気づくようになるまでは，無視されてきた．ゲーム理論の応用の価値と重要性は，与えられた市場における企業および消費者を差別化するうえにおいて，様々な要因を導入する点で，本来の地理的な解釈よりも優れているとして1980年代に注目を浴びるようになった．正確には，ホテリングが提案した空間的枠組みは，経済的，政治的，社会的な多くの領域における主体間の異質性と多様性に関わる問題に対処するための，強力な比喩としての役割を果たせることがわかった．Hotelling (1929, 54) の言葉によると，「距離とは，我々が例としてそれを使用しているように，特性の大きな集合を表す比喩的な用語に過ぎない」．例としては，産業組織論で顧客をめぐって競合する企業の製品の仕様や，政治学で票を争っている党による政綱の選択があげられる．

しかし，話はまだ終わりではない．産業組織論による立地理論への貢献のほとんどは，部分均衡モデルを用いて行われている．寡占競争を含む包括的な一般均衡モデルはまだ存在しないし，当分の間それは無理かもしれない．しかしながら，特殊

ではあるが，不完全競争を含むいくつかの具体的なモデルが開発されてきており，それらは全体として，空間経済の働きについての我々の理解を大きく深めてきている．

1.5.4 新経済地理学（NEG）

最も単純な形式では，空間は経済主体と活動の物理的な基底とみなすことができる．この空間構造においては，典型的には，各主体はグラフのいずれかの頂点に立地しており，財は頂点を結ぶ弧に沿って流れる．このようなアプローチの原型は，基準とする単位が**国家**（nation）である，国際貿易の理論である．ただし，国家は政治的な概念であり，地域的な差異を無視しているため，経済的には必ずしも妥当性がない．したがって，長い間，貿易理論においては，空間的な側面として国境だけが考えられてきた．アダム・スミスによって疑問視されなかったこの前提は，おそらく，イギリスの国内市場は大陸よりも統合されていたことから，イギリスの経済学者によって採用された．さらに驚くべきことに，少なくとも基本モデルにおいては，貿易は輸送費なしで行われることになっている．より具体的には，輸送費用は，貿易財の場合にはゼロであり，貿易不能財の場合には無限大であるとの，暗黙の合意がある．おそらく，イギリスの経済学者は，イギリス経済の基礎であり，比較的安価だった（植民地を含む）海洋貿易にそのアイデアの基礎をおいたのであろう．この伝統は，輸送費用が産業革命以来さらに大きく低下してきていることを理由に，国際経済学では継続されてきた．

1990年代になってはじめて，クルーグマンをはじめ何人かの貿易理論家は，「それとは知らずに地理学をやっていた」ことに気づき，空間の問題に注意を向けるようになった．[15] 空間へのこの関心の増加には，国境の効力を失わせる先駆けとなったEU-15やNAFTAのような，国家経済の地域ブロックへの統合が部分的な引き金となった．それ以来，貿易理論の研究者は，独占的競争と収穫逓増の両方を含むモデルを使用することにより，空間経済学の推進に大きく貢献した．NEGが**新貿易理論**（Helpman and Krugman, 1985）で開発されたものと異なる基本的な特徴は，少なくとも1つの生産要素の地域間移動が可能なことである．資本と労働が空

---

[15] 1970年代に，もう1人の著名な貿易理論家であるR.G.リプシー（R.G. Lipsey）は，イートン（B.C. Eaton）とともに，空間経済学の理論開発に大きく貢献をした（例えば，Eaton and Lipsey, 1977, 1997を参照されたい）．

間内にどのように分布するかが，経済活動の地域間の分布と空間不平等の度合いを決定する．生産要素が均等に分布している場合，生産のグローバルなパターンは対称的であり，空間の不平等は存在しない．そうでない場合には，一部の地域での活動のシェア拡大とともに，地域格差が生じる．NEGは，このような，恒久的でかなり大きな空間的不平等について，本格的な一般均衡モデルによって詳細に説明することを目的とする，経済学における最初の専門分野である．

経済学者による空間経済学への貢献は，長い間，専門家の小さな集団に限られていた．経済地理学への一般的な貢献は，主流派の経済理論とあまり関係がなかった．しかしながら，クルーグマンの研究は，空間を経済理論の舞台の周辺から中央に引き入れることに成功し，その結果，新旧の様々なアイデアを理論的かつ実証的により厳密に検討できるようになった．NEGは，貿易理論に密接に関連しているとともに，産業組織論にも非常に関係している．したがって，独占的競争と産業組織論の復活の数年後に，同理論から多くのアイデアと概念を借りている，NEGの急上昇が起こったことは，全く意外ではない．NEGは新しい成長理論とも強い関連があり，多くの研究者は，都市を成長のエンジンとみなしている．したがって，NEGは，質の高い研究の新しい大きな流れの発展と，統一的な分野の段階的な出現に貢献したといえる．

しかし，NEGにおいては，すべてが真新しいとは必ずしも言えない．正確に言えば，すでに，地域科学，都市経済学や立地論の分野において，いくつかの高品質の研究成果があげられていたからだ．しかし，公正を期すなら，Henderson (1974)，Ogawa and Fujita (1980)，Papageorgiou and Thisse (1985) や Fujita (1988) のような初期の貢献は，クルーグマンによって成し遂げられたほどの一般的な知名度と興味を引いていなかった，と言っておくべきだろう．NEGの下で開発されたものと同様に，それらの研究も，この本でカバーされる．そうすることで，我々は，小さなものから大きなものまで含めて，経済集積の統一理論のための題材を提供できることを願っている．

1.6 本書の計画

本書がどのように構成されているか述べる前に，次の点を改めて強調したい．この本は，両者の大きな部分を包含しているが，NEGあるいは都市経済学そのものについてではない．むしろ本書は，様々な空間規模における経済集積の出現という

1つの明確に定義された問題を説明することを目指している．この目的のために，現代経済理論の様々な分野から，概念と結果を自由に拝借している．例えば，産業組織論と貿易理論に由来するものを使用している．この点を考えて，各章は詳しくはあるが，専門的ではない序論（「はじめに」）から始まっている．各章の「はじめに」を読んでいただければ，読者は，後続の節における，ミクロ経済モデルの専門的分析をすべて読まなくても，主要な結果をおおよそ理解できるであろう．

本書の全体構成は，前節までに述べたことを反映したものとなっている．各章はなるべく独立性を保つべく意図されている．しかしながら，読者が本書を読むうえで，「集積の経済」を生かせることを願っている．本書は4部から構成される．第I部では空間経済学の基礎について論じる．まず，経済地理学を研究するためには，旧来の競争パラダイムでは不十分であることを示す．次に，地代の形成，都市システムの形成，地理的に離れた企業間の競争の性質や，地方公共財の供給と資金調達などの，様々なテーマについて考える．第II部では，大都市圏の構造，および，類似の生産物を売る企業のクラスター形成について説明する．第III部では，異なった地理的スケールに移り，産業の立地における生産要素の移動性の影響の問題について検討する．特に，企業の地域間での分布における，技術的および金銭的外部性の役割について研究する．実証分野で最近多くの注目を集めているトピックである，市場規模の役割についても検討する．最後の第IV部では，新しい問題に光を投げかけるために，本書で得られた様々な結果の，いくつかの総合化を試みる．同じ理由で，研究の新しい方向を示唆できればと望んでいる．まず，均質な空間において都市システムが出現することを説明するために，土地利用と，製品市場での独占的競争が組み合わせられることを学ぶ．次に，経済主体の将来予測行動を入れて，集積と経済成長との関係について分析する．最後に，交通とコミュニケーション費用を組み合わせることによって，企業が国や地域を超えてビジネスを行う方法への，グローバル化の影響を調べる．

本書の際立った特徴の1つは，現代経済学の他の分野における最近の発展との，強い関連である．最初に，自らの利益を追求する企業や消費者ないし労働者から始める．したがって，我々のアプローチはミクロ経済学にもとづいている．しかしながら，たとえはっきりと本来の経済地理学に訴えないとしても，多くのアイデアや結果を，Jovanovic (2009) や Storper (2013) と共有することを言明しておく．次に，NEG は新貿易理論と密接な関係があるが，産業組織論とも強い関係がある．特に，経済地理と各地域の経済的な盛衰動向は，企業が自らの活動を空間的にいか

に組織するかに，ますます依存しているように見える．同様に，現代の成長理論は，経済発展の過程で都市の重要性を強調している．この本の初版以来これまで，都市経済学と NEG の両方において，高品質の実証研究の大きな発展があったが，それらはグレイザーやヘンダーソンによる先駆的な貢献までさかのぼることができる．[16] このような実証研究の発展にもかかわらず，この本の焦点は依然として経済理論にある．我々はこれについて釈明は行わない．なぜなら，優れた理論より役立つものはないからである．それでも，多くの個所において，本書で示された結果と最近の実証研究の間の関係を強調している．さらに，本書の中で取り上げているトピックは，我々の嗜好を反映したものである．したがって，この分野へ貢献して下さった方で，我々の選んだメニューを好まない方々には，ここでお詫びを申し上げておきたい．最後に，文献に関する一連の注釈では，我々は，空間経済学における主要なアイデアの発展を追うべく努めている．

---

16) Combes et al. (2012) は，ここ10年間で達成されたことを要約している．

第Ⅰ部　空間経済学の基礎

第2章 空間経済における価格メカニズムの崩壊

2.1 はじめに

　この章を始めるに当たって,「第1章で示した空間経済の主たる特徴を理解するうえで,完全競争パラダイムがどの程度役に立つのか」という問いをたてることは自然である.実際,経済学者が経済問題の市場特性を研究したいときには,一般競争均衡モデルが常にベンチマークとなる.先に進む前にぜひ読者に確認してもらいたいことは,このモデルにおいては,すべての取引が匿名的であるということである.すなわち,それぞれの経済主体が生産や消費の決定をするときに必要な情報は,それぞれの財の価格のみであり,しかも各主体はそれらの価格を所与とみなすのである.つまり,競争均衡では,価格は企業が利潤を最大にし,消費者が効用を最大にするために知る必要があるすべての情報を彼らに提供する.

　最もエレガントで一般的な競争均衡モデルは,明らかにケネス・アロー,ジェラール・ドブリューとライオネル・マッケンジーが開発したモデルである.このモデルによれば,経済は経済主体(企業と家計)と財(サービスを含む)によって形成される.各企業はその生産可能集合によって特徴づけられ,各生産集合は技術的に可能な投入産出関係を表している.家計は選好関係や初期保有資源,および企業利潤の分け前によって特徴づけられる.消費者の選好と企業の技術がともに凸であるとき,次の条件を満たす価格システム(1財に1価格),各企業の生産計画,および各家計の消費バンドルが存在する.

i. 各財に対する需要と供給は等しい
ii. 各企業は生産可能集合の下で利潤を最大化する
iii. 各家計は初期賦存量と企業利潤の分け前の値によって決められた予算制約の下で効用を最大化する.言い換えれば,各主体が均衡価格の下で最も選好された行動を選ぶとき,すべての市場は清算している.

このモデルでは，各財は物理的な特徴によってだけでなく，それが利用される場所によっても区別される．[1] つまり，異なる場所で取引される同じ財は異なる経済財として取り扱われ，したがって，異なる場所で利用可能な同じ財は異なる価格で供給されることになる．さらに，この分析枠組みでは，立地選択は財選択の一部分とみなされる．このアプローチは，市場の空間的相互依存関係を他の相互依存関係と同じ方法で一般均衡の中に統合する．したがって，アロー＝ドブリュー型モデルによれば，空間的市場関係を取り扱うための特別な経済理論は必要でないということになる．

しかしながら，実際はそれほど単純ではない．2.3節で説明するように，強い空間的異質性を仮定しない限り，競争均衡モデルは経済集積を生み出すことができない．より正確には，Starrett (1978) に従い，次のことを明らかにする．アロー＝ドブリュー型モデルにおいて（次の段落で明確にされる意味において）同質的な空間を仮定すると，空間的競争均衡においては，経済全体の総輸送費は必ずゼロでなければならない．したがって，地域的特化や都市の形成，さらには地域間交易を説明できない．言い換えれば，競争均衡モデルそれ自体を，空間経済の基礎的モデルとして用いることができないのである．なぜなら，本書において我々は，特徴のない空間においてさえも経済主体を集積へと導く内生的な経済メカニズムの解明に興味をもっているからである．実際，Lösch (1940, 105) は，次のように言っている．

> 我々は，いかなる種類の自然的または政治的不平等の結果ではなく，純粋に経済上の力——あるものは集中に向けて働き，他のものは分散に向けて働く力——の相互作用によって生じる市場空間を考える必要がある．第1のグループは特化と大規模生産の優位であり，第2は，輸送費用と多様な生産の優位である．

同様に，Hoover (1948, 3) も次のように論じている．

> 初期に空間的差異が全くないとしても，すなわち天然資源が地球全体に均等に分布しているとしても，地域特化のパターンと経済活動の集中が経済的，社会的，および政治的原理にもとづいて必然的に生じる．

---

[1] この考えは，部分均衡の枠組みでは Hotelling (1929) が，一般均衡の枠組みでは Allais (1943, 809) が提唱している．

2.1 はじめに

　ディビッド・スターレットの結論は，本書における我々の目的に対して重要な含意を持っている．実際，どんな経済主体も土地を使っているということを認めれば，すべての経済主体が同じ地点にともに立地することはできない．その結果として，競争的市場および同質的な空間の仮定と矛盾しない唯一の均衡状態は，分散した各々の立地点がすべて自給自足経済となることである．したがって，同質的な空間における競争的経済の下で，経済活動の分布に関して現実的で妥当性のある結論を導出することは，不可能である．

　もちろん，現実においては，空間は同質的ではない．したがって，新古典派の国際貿易理論が示すように，資源の地理的分布が一様でないことから交易が発生するかもしれない．さらに，第3章で説明するチューネン・モデルのように，ある所与の場所でしか財の交換を行うことができないという理由からも交易は生じるかもしれない．しかし，天然資源やアメニティの不平等な分布は現実的には妥当な仮定であるにしても，それが集積と交易の唯一の説明であるというのは，理論としては弱いと思われる．特に，生産要素の空間的分布は，外生的に与えられるのではなく，内生的に決められるべきものである．同様に，市場の立地形成は仮定されるのではなく，説明されるべきものである．

　ここにおいて，すべての市場を同時に均衡させる価格の存在を証明するために，Arrow and Debreu (1954) や彼らの後継者が導入した主要な仮定に関して議論しておくことは重要である．彼らは消費者選好や消費集合に関して凸性を，さらに企業の生産集合に関しても凸性を仮定する．これらの仮定はそれ自身制約的であるが，空間経済の文脈においては全く支持できない．特に，凸性の仮定は，それぞれの消費者（生産者）が同時にすべての異なる地点で消費（生産）活動を行いたいと望むという意味を含んでいる．しかし，実際はそうではないから，より現実的な空間経済の一般均衡モデルにおいては，何らかの根本的な非凸性が含まれているべきである．

　もし非常に多数の（連続体としての）消費者が存在するならば，選好の凸性の仮定は競争均衡の存在にとっては必ずしも必要ではない．そうだとしても，選好の凸性の仮定は住宅に対する消費者の選択に関する実際の行動によって否定されている，ということを指摘することは価値がある．Mirrlees (1972) が指摘したように，選好に対して凸性を仮定することは，消費者が数多くの財を少しずつ購入すること，特に多くの異なる場所で住宅を少しずつ購入することを意味する．だが，実際にはこのようなことを消費者は行わない．

各消費者は少数の場所（典型的には1つの場所）に住むから，住居選択はまた，消費者の初期賦存物のあるもの，特に労働力や技能は，その住居のある場所においてのみ利用できるということを暗に意味する．財が場所によって区別されているから，消費者の賦存物は立地とともに変化し，したがって消費バンドルとともに変化する．これは，需要関数に複雑に影響を与える財間の代替パターンをもたらす．

技術に凸性を仮定することは，より根本的に問題となる．[2] 生産集合が凸であるという仮定は，生産がどのような規模であっても収穫逓増でないことを示している．そうだとすると，企業の操業を異なる立地点でより小さい単位に分散することで，輸送費が節約できる一方，同じ所与の投入から得られる総産出量は減少しない．もし天然資源の分布が一様であるならば，経済は各個人が自分自身の消費量を自分で生産することになり，結局，経済はいわゆる**裏庭資本主義**（backyard capitalism）に行きつくことになる．また，企業の数が与えられている場合でも，各企業は多くの立地点の各々で小さな工場を選好することになる．この点も，現実世界で見られることとは異なっている．したがって，収穫逓増の存在は生産活動の地理的分布を説明するうえで本質的に重要なことである．

競争均衡はそれ自身多数の企業の存在を必要としないが，経済主体が価格受容者であるという行動上の仮定を正当化するうえで必要とされると思われる．たとえ経済の規模が大きい場合でも，よって企業の総数が多くなっても，消費の地理的ばらつきとともに生産も散らばり，それぞれの域内市場も「小さく」なる．したがって，収穫逓増と地理的に分散した消費の組み合わせでは，多くの企業が各々の市場で競争するという仮定を支持できなくなる．もし立地点により財を区別するというアロー＝ドブリューの提案に戻るならば，多くの市場はおそらく数少ない企業によって構成され，その結果として企業は競争的に行動しないであろう．

以上の予備的考察を背景として，本章は，次のように構成されている．まず，2.2節で，空間経済の競争的な仮定によって引き起こされる根本的な問題点を，1つの単純な例によって示す．次に，2.3節で，いわゆる**空間不可能性定理**（spatial impossible theorem）を証明することにより，この例が導く結論の頑健さを示す．この定理によれば，同質的な空間においては，立地点をまたぐ交易を含む競争均衡

---

2) より正確に言えば，競争均衡の存在の証明には，経済の生産集合の凸性のみ仮定し，各企業の生産集合の凸性は仮定しない．後者は前者の十分条件である（Debreu, 1959, chap.6）．しかしながら，これは，ここで指摘した困難性の性質に影響しない．

は存在しない．上記で説明した批判と異なり，この否定的な結論は，理論に内在するものであり，それだけにより本質的である．一方，2.4節において，(i) 空間が異質であり，(ii) 生産に空間的外部性が存在するときには，交易を伴う競争均衡は存在しうることを議論する．続いて2.5節では，空間不可能性定理が引き起こす困難性をうまく回避することができる様々なモデルを紹介する．最後の2.6節で，この章の結論をまとめる．

2.2 配置問題

最初に，Koopmans and Beckmann (1957) が提案した2次の配置問題を議論する．M個の企業がM個の立地点に割り当てられると仮定する．**2次の配置問題** (quadratic assignment problem) は，次の仮定によって定義される．各企業は分割できない．さらに，各立地点には唯一の企業が操業するに十分な1単位の土地しかなく，したがって，1企業しか立地できない．すなわち，各企業はただ1つの立地点に配置されなければならないし，各立地点に立地できるのはたった1つの企業だけである．各企業は，1単位の土地と他の企業が生産した一定量の様々な財を利用して，一定量のある財を生産する．さらに，各企業が利用する技術は選択された立地点によって影響されないと仮定する．最後に，ある立地点から他の立地点への財の輸送には，正の費用がかかる．

問題の本質を例示するために，2つの企業，$i=1,2$と，2つの立地点，$r=A,B$の単純な場合を想定する．一般性を損なうことなしに，企業1は立地点Aに，企業2は立地点Bに配置されると仮定する．企業iは，それ自身の立地に関係なく，財iをq_i単位生産し，他の企業$j \neq i$から財jをq_j単位購入する．なお，企業iはその立地点に依存することなく，問題とする2地点以外で行う活動から$a_i > 0$の収入を受け取るとする．最後に，財iは生産点から他方の立地点まで，1単位当たり$t_i > 0$の費用で輸送業者に運ばれる．

この配置の達成可能性を検討するために，アロー＝ドブリューの提案にしたがって，立地点AとBにおける同じ財を2つの異なる商品として扱う．p_{ir}は立地点rにおける財iの価格であり，R_rは立地点rにおける土地1単位当たり企業が支払うべき地代とする．そうすると，立地点Aにおける企業1の利潤は次のように定義される．

$$\pi_{1A} = a_1 + p_{1A}q_1 - p_{2A}q_2 - R_A$$

ここで，企業 i は当該地域以外への販売から固定的な収入 a_i を受け取る．同様に，立地点 B における企業 2 の利潤も定義できる．もしこの価格システムが前述の配置を分権的に支持するとすれば，Samuelson (1952) が示したように，均衡価格 p_{ir} は，次の条件を満たさなければならない．

$$p_{1B}=p_{1A}+t_1>p_{1A} \tag{2.1}$$
$$p_{2A}=p_{2B}+t_2>p_{2B} \tag{2.2}$$

言い換えれば，立地点 $B(A)$ における財 1 (2) の価格は，生産拠点 $A(B)$ におけるその財の価格にそれぞれの輸送費 $t_1(t_2)$ を加えたものに等しくなる．

次に，企業 1 と企業 2 が，立地点 A と立地点 B でそれぞれ自身の利潤を最大にするような 1 組の地代 R_A と R_B を見つけることは不可能であるということを示す．一般性を損なうことなしに，$R_A \geq R_B$ と仮定する．そうすると，もし企業がすべての価格を所与のものとして競争的に行動するとするならば，企業 1 が立地点 A ではなく立地点 B で操業することによってより高い利潤を得ることは容易にわかる．実際，企業 1 が立地点 B で操業するならば，利潤は次式で得られる．

$$\pi_{1B}=a_1+p_{1B}q_1-p_{2B}q_2-R_B$$

(2.1)式と(2.2)式から，次式が得られる．

$$\pi_{1B}-\pi_{1A}=(p_{1B}-p_{1A})q_1-(p_{2B}-p_{2A})q_2+R_A-R_B=t_1q_1+t_2q_2+R_A-R_B>0 \tag{2.3}$$

したがって，企業 1 は常に現在の立地点 A から他の立地点 B に移動する誘因を持つ．言い換えれば，すべての立地点が同一の外生的な特性を持つときには，企業のどのような実行可能な配置パターンも 2 次の配置問題における競争均衡として支持できないのである．この驚くべき結論を得るに当たって，自分自身の立地点の移動が財の価格や地代に影響を与えないということを，各企業が信じていると仮定していることに留意してほしい．読者は，特に 2 つの企業の場合はこの仮定が非現実的であると考えるかもしれないが，この仮定は競争均衡の核心である．

読者は，この否定的な結論が 2 つの立地点と 2 つの企業という設定によるものと信じているかもしれないが，答えは否である．均衡の不存在は，企業の観点からすべての立地点が等しい外部条件を持つ場合に，任意の数の企業と立地点を持つ 2 次の配置問題において証明することができる（その証明については，この章末の付録を参照されたい）．またある読者は，この否定的な結果が，2 次配置問題の特殊性，特に各企業がある一定の土地を購入するという仮定によって引き起こされていると考えるかもしれない．そこで，次節において，競争的価格メカニズムのこのような機能不全は，この仮定が一般的な空間経済において保持されているので 2 次の配置

2.3 空間不可能性定理

この節における主要な結果の証明に関して見通しを得るために，(2.3)式と同様にして立地点 B から立地点 A への企業 2 の移動の誘因を計算すると，次式を得る．

$$\pi_{2A} - \pi_{2B} = t_2 q_2 + t_1 q_1 + R_B - R_A \tag{2.4}$$

(2.3)式に(2.4)式を加えると，$2(t_2 q_2 + t_1 q_1)$ が得られる．これは，移動に対する企業の誘因の合計が，総輸送費用の2倍に等しいことを示している．競争均衡が存在するためには，この合計が非正でなければならないから，この均衡では輸送は生じえないのである．これは，立地点を変える誘因が総輸送費用と同じ程度の大きさであり，したがって，競争均衡と正の輸送費用は同質な空間経済では両立しがたいということを示唆している．

この節の目的は，いわゆる空間不可能性定理というこの命題が，一般的な設定においても成り立つことを示すことである．比較を容易にするために，一般均衡理論の標準的な表記法を採用する．しかしながら，論点をより明白にするために，財と価格を立地点によって明示的に区別するとともに，土地と輸送サービスを他の財から区別して考える．

2.3.1 同質的な空間経済における競争均衡

多数の企業と家計がともに立地できる2地域 A と B によって成り立つ空間経済を想定する．各地域 $r(=A,B)$ は，同じ正の量の土地 S を賦存する．土地と輸送サービスを除く n 個の財が存在し，各財は輸送サービスを使うことによって，ある地域から他の地域へと輸送される．M 個の企業と N 個の家計が存在し，また，便宜上 M と N はそれぞれ企業と家計の集合をも表すものとする．静学モデルの定義によって，企業と家計は，均衡立地点を選択する前にはどこにも立地点が定まっていないので，活動を行いたい地域を費用ゼロで選択できる．企業 $f \in M$ が地域 $r(=A,B)$ に立地するとき，この企業の生産計画は，n 財の投入・産出ベクトル $\boldsymbol{y}_{fr}$（産出は正，投入は負）と地域 r で使用する土地の正の量 s_{fr} によって示される．企業の生産集合は $Y_{fr} \subset R^{n+1}$ によって与えられる．この集合は企業が設立された地域で異なるかもしれない．家計 $h \in N$ は同じ地域 $r(=A,B)$ に居住し働く．そして，その消費計画は，n 財のベクトル $\boldsymbol{x}_{hr}$（要素が正の値をとる場合は家計が

その財を需要することを意味し，要素が負の値をとる場合は家計がその財，例えば労働，の供給者であることを意味する）および地域 r で使用する土地の正の量 s_{hr} によって与えられる．家計の消費集合は $X_{hr} \subset R^{n+1}$ によって与えられる．家計 h は X_{hr} において定義される効用関数 U_{hr} を持つが，これは家計が立地する地域によって変化するかもしれない．財の初期賦存量 ω_h と土地賦存量 $\bar{s}_h = (\bar{s}_{hA}, \bar{s}_{hB})$，および立地を別々の属性とみなすので，各財（例えば，労働）の同じ賦存量は，消費者が居住し働くどの地域でも利用できると仮定する．一方，土地賦存量は移動不可能であると仮定する．

各地域内の輸送には費用がかからないが，ある地域から他の地域への財の輸送には，資源を必要とする．一般性を損なうことなしに，2地域間の輸送は，利潤最大化の輸送業者（または仲買人）によってなされる，とする．この輸送業者は，ある地域において財をそこでの市場価格で購入し，投入財として各地域の財と土地を利用して各地域に輸送し，到着地域において対応する市場価格でその財を売却する．輸送業者は，地域 A と B の各地域で購入した非負の土地 s_{tr} と投入財の（非正の）ベクトル $\boldsymbol{y}_{tr} \in R^n$ を使って，地域 A から B への財の（非負の）輸送計画 $\boldsymbol{E}_{AB} \in R^n$ を，また地域 B から A への財の（非負の）輸送計画 $\boldsymbol{E}_{BA} \in R^n$ を実行する．輸送業者の実行可能な輸送計画の集合は $Z_t \subset R^{4n+2}$ によって表される．

地域 $r(=A, B)$ に立地する企業の集合を M_r，家計の集合を N_r と定義すると，$M = M_A \cup M_B$ および $N = N_A \cup N_B$ となる．したがって，**配分**（allocation）は，地域 $r(=A, B)$ に居住している家計の集合 N_r と企業の集合 M_r，N 個の消費計画 $(\boldsymbol{x}_{hr}, s_{hr})$，$M$ 個の生産計画 $(\boldsymbol{y}_{fr}, s_{fr})$，および2つの輸送計画 $\boldsymbol{E}_{AB}, \boldsymbol{E}_{BA}$ と関連した投入財ベクトル $\boldsymbol{y}_{tA}, \boldsymbol{y}_{tB}$ と土地購入 s_{tA}, s_{tB} によって定義される．したがって，配分は，各家計の立地と消費活動，各企業の立地と生産活動，および輸送業者によって行われる輸送活動から成る．

実行可能である配分は，次の物的なバランス条件を満たさなければならない．

i. 地域 A の財に関して，

$$\sum_{h \in N_A} \boldsymbol{x}_{hA} + \boldsymbol{E}_{AB} - \boldsymbol{y}_{tA} = \sum_{h \in N_A} \boldsymbol{\omega}_h + \sum_{f \in M_A} \boldsymbol{y}_{fA} + \boldsymbol{E}_{BA} \tag{2.5}$$

ii. 地域 B の財に関して，

$$\sum_{h \in N_B} \boldsymbol{x}_{hB} + \boldsymbol{E}_{BA} - \boldsymbol{y}_{tB} = \sum_{h \in N_B} \boldsymbol{\omega}_h + \sum_{f \in M_B} \boldsymbol{y}_{fB} + \boldsymbol{E}_{AB} \tag{2.6}$$

iii. 地域$r(=A,B)$の土地に関して，

$$\sum_{h \in N_r} s_{hr} + \sum_{f \in M_r} s_{fr} + s_{tr} \leq \sum_{h \in N_r} \tilde{s}_{hr} \equiv S \tag{2.7}$$

ここで，$(\boldsymbol{x}_{hr}, s_{hr}) \in X_{hr}$, $(\boldsymbol{y}_{fr}, s_{fr}) \in Y_{fr}$, および $(\boldsymbol{E}_{AB}, \boldsymbol{E}_{BA}, \boldsymbol{y}_{tA}, \boldsymbol{y}_{tB}, s_{tA}, s_{tB}) \in Z_t$ [3]

最後に，財に対する2地域での価格ベクトル $\boldsymbol{p}_A$ と $\boldsymbol{p}_B$ および地代パターン (R_A, R_B) によって与えられる価格システム，および上記の実行可能性を満たす配分が，以下の4つの条件を満たすとき，経済は**競争均衡** (competitive equilibrium) にある，と定義する．

i. すべての市場は各地域 r で清算されている．すなわち，(2.5)式から(2.7)式を満たす．

ii. 各企業 $f \in M_r$ は，選択した立地点と生産計画によって，利潤を最大化している．つまり，すべての $(\hat{\boldsymbol{y}}_{fs}, \hat{s}_{fs}) \in Y_{fs}$, 地域 $s = A, B$ に対して，

$$\pi_{fr} \equiv \boldsymbol{p}_r \cdot \boldsymbol{y}_{fr} - R_r s_{fr} \geq \boldsymbol{p}_s \cdot \hat{\boldsymbol{y}}_{fs} - R_s \hat{s}_{fs}$$

が成立する．

iii. 各家計 $h \in N_r$ は，選択した立地点と予算制約に従う消費計画によって，効用を最大化している．つまり，次式の予算制約

$$\boldsymbol{p}_s \cdot \hat{\boldsymbol{x}}_{hs} + R_s \hat{s}_{hs} \leq \boldsymbol{p}_s \cdot \boldsymbol{\omega}_h + \sum_{r \in \{A,B\}} R_r \tilde{s}_{hr} + \sum_{r \in \{A,B\}} \sum_{f \in M_r} \theta_{hf} \pi_{fr} + \theta_{ht} \pi_t$$

を満たすすべての $(\hat{\boldsymbol{x}}_{hs}, \hat{s}_{hs}) \in X_{hs}$, 地域 $s = A, B$ に対して，

$$U_{hr}(\boldsymbol{x}_{hr}, s_{hr}) \geq U_{hs}(\hat{\boldsymbol{x}}_{hs}, \hat{s}_{hs})$$

が成立する．

ここで，θ_{hf} は企業 f の利潤に対する家計 h のシェアであり，θ_{ht} は輸送業者の利潤 π_t に対する家計 h のシェアである．

iv. 輸送業者は，実行可能な輸送計画の集合 $Z_t \subset R^{4n+2}$ の下で，次式で定義された利潤を最大化している．

$$\pi_t = (\boldsymbol{p}_B - \boldsymbol{p}_A) \cdot \boldsymbol{E}_{AB} + (\boldsymbol{p}_A - \boldsymbol{p}_B) \cdot \boldsymbol{E}_{BA} + \boldsymbol{p}_A \cdot \boldsymbol{y}_{tA} + \boldsymbol{p}_B \cdot \boldsymbol{y}_{tB} - R_A s_{tA} - R_B s_{tB} \tag{2.8}$$

それらは完全に分割可能でないから，経済主体は遍在していなく，それゆえに，

---

[3] (2.5)式と(2.6)式の等号を不等号に置き換えても，結果に影響しない．一方，(2.7)式の不等号は本質的である．

「アドレス」を選択しなければならない．空間が**同質**（homogeneous）であるとは，次の2つの条件が満たされているときであるとする．(i) 各家計hの効用関数U_hと消費集合X_hは，居住する地域に関係なく同じであり，(ii) 各企業fの生産集合Y_fは企業fによって選択される地域から独立である．言い換えれば，各家計と各生産者は，どちらの地域に対しても先験的に固有の選好を持たないという意味で「パテ」型である．自然的条件の違いを考慮しないということは，それを重要でないと思っているわけではない．2.1節「はじめに」で示したように，我々の意図は内生的な違いが現出してくるメカニズムを明らかにすることであるから，この仮定を導入する．この仮定に関しては，2.2.4項でより詳細に議論する．

空間不可能性定理の導出を次の3段階で行う．

第1段階 地域Aに立地している企業fの利潤は，次式で表される．

$$\pi_{fA} = \boldsymbol{p}_A \cdot \boldsymbol{y}_{fA} - R_A s_{fA}$$

空間は同質であると仮定されているので，同じ生産計画$(\boldsymbol{y}_{fA}, s_{fA})$は，地域$B$でも技術的に可能である．もしも企業$f$が，同じ生産計画を保ちながら，地域$B$に立地するならば，利潤は次式のようになる．

$$\pi_{fB} = \boldsymbol{p}_B \cdot \boldsymbol{y}_{fA} - R_B s_{fA}$$

したがって，企業fにとって地域Aから地域Bへ移動する誘因は，2地域の各々で得る利潤の差によって定義される．[4]

$$I_f(A,B) = \pi_{fB} - \pi_{fA} = (\boldsymbol{p}_B - \boldsymbol{p}_A) \cdot \boldsymbol{y}_{fA} - (R_B - R_A)s_{fA} \tag{2.9}$$

明らかに，(2.9)式と同様な式が地域Bで設立された企業においても成立する．

第2段階 ある家計hが地域Aに住んでいるとしよう．このとき，家計の余剰所得（企業の利潤シェアと所有する土地からの所得は，選択される住居地域から独立しているので無視する）は次式で定義される．

$$B_{hA} = \boldsymbol{p}_A \cdot (\boldsymbol{\omega}_h - \boldsymbol{x}_{hA}) - R_A s_{hA}$$

もしも，この消費者が，同じ消費計画を維持しながら，地域Bに住むならば，$(\boldsymbol{x}_{hA}, s_{hA})$から同じ効用を得る．したがって，この消費者にとっては，次式で与え

---

[4] この表現は，企業fが生産計画を調節することによって地域Bで得ることのできる利潤を過小評価している．同じことが家計についても言える．しかしながら，ここで用いた議論は空間不可能性定理の導出にとって十分である．

られる地域 B での余剰所得の大きさのみが問題となる．
$$B_{hB} = \boldsymbol{p}_B \cdot (\boldsymbol{\omega}_h - \boldsymbol{x}_{hA}) - R_B s_{hA}$$
したがって，選好が局所的に飽和していないと仮定すれば，この消費者が地域 A から地域 B へ移動する誘因は，2地域のそれぞれにおける余剰所得の差によって与えられる．
$$I_h(A,B) = B_{hB} - B_{hA} = (\boldsymbol{p}_B - \boldsymbol{p}_A) \cdot (\boldsymbol{\omega}_h - \boldsymbol{x}_{hA}) - (R_B - R_A) s_{hA} \tag{2.10}$$
また，(2.10)式と類似の式が地域 B に住んでいる各家計についても成り立つ．

第3段階 移動の誘因の総計は，(2.9)式と(2.10)式をすべての企業と家計について合計することにより，次式のように得られる．
$$I = (\boldsymbol{p}_B - \boldsymbol{p}_A) \cdot \left(\sum_{f \in M_A} \boldsymbol{y}_{fA} + \sum_{h \in N_A} (\boldsymbol{\omega}_h - \boldsymbol{x}_{hA}) \right) + (\boldsymbol{p}_A - \boldsymbol{p}_B) \cdot \left(\sum_{f \in M_B} \boldsymbol{y}_{fB} + \sum_{h \in N_B} (\boldsymbol{\omega}_h - \boldsymbol{x}_{hB}) \right)$$
$$- (R_B - R_A) \left(\sum_{f \in M_A} s_{fA} + \sum_{h \in N_A} s_{hA} \right) - (R_A - R_B) \left(\sum_{f \in M_B} s_{fB} + \sum_{h \in N_B} s_{hB} \right)$$

物質バランス条件式の(2.5)式から(2.7)式を使って，この式を次のように書き直すことができる．
$$I = (\boldsymbol{p}_B - \boldsymbol{p}_A) \cdot (\boldsymbol{E}_{AB} - \boldsymbol{E}_{BA} - \boldsymbol{y}_{tA}) + (\boldsymbol{p}_A - \boldsymbol{p}_B) \cdot (\boldsymbol{E}_{BA} - \boldsymbol{E}_{AB} - \boldsymbol{y}_{tB})$$
$$+ (R_B - R_A)(s_{tA} + \phi_A - S) + (R_A - R_B)(s_{tB} + \phi_B - S)$$

ここで，ϕ_r は地域 $r(=A,B)$ における未使用の土地の総量である．最初の2つの項に $(\boldsymbol{p}_A + \boldsymbol{p}_B) \cdot (\boldsymbol{y}_{tA} + \boldsymbol{y}_{tB}) - 2(R_A s_{tA} + R_B s_{tB})$ を加え，最後の2つの項からこの式を差し引き，整理すると次式が得られる．
$$I = 2\left[\pi_t + \frac{\boldsymbol{p}_A + \boldsymbol{p}_B}{2} \cdot (-\boldsymbol{y}_{tA} - \boldsymbol{y}_{tB}) + \frac{R_A + R_B}{2}(s_{tA} + s_{tB}) \right] + (R_A + R_B)(\phi_A + \phi_B) \tag{2.11}$$

なお，この式の導出において，(2.8)式とともに，ある地域において，その地域で利用できるすべての土地が利用されていないときには地代はゼロであるから，$R_A \phi_A = R_B \phi_B = 0$ であることを利用している．

要するに，(2.11)式は，企業と家計の各々が均衡と仮定されている地域からもう1つの地域へ移動する誘因を総計した値は，輸送業者の利潤の2倍 ($2\pi_t$)，平均価格 $(\boldsymbol{p}_A + \boldsymbol{p}_B)/2$ と平均地代 $(R_A + R_B)/2$ で評価した輸送業者の費用（擬似輸送費用と呼ぶ）の2倍，および平均地代 $(R_A + R_B)/2$ で評価した空き地の価値の2倍を，合計したものに等しいことを意味している．輸送業者はその利潤を最大にするから，π_t は負になることはない．さらに，もし均衡が輸送を伴っているならば，財を輸

送するには希少資源を必要としているから，擬似輸送費用は正である．なぜなら，仮定により，ベクトル y_{tr} のいくつかの要素が負であるような非正ベクトルである．同様に，地代は非負であり，利用された土地の量も非負である．(2.11)式の最後の項 $(R_A+R_B)(\phi_A+\phi_B)$ も，地代が非負であるから，非負である．したがって，その結果として，(2.11)式で表されている移動に対する誘因の総計は，正の輸送費用のかかる地域間の交易を含むいかなる配分の下でも，常に正である．

もちろん，競争均衡においては，正の移動の誘因を持つ経済主体は存在しえない．したがって，次の定理を得る．

空間不可能性定理 有限個の家計と企業が存在する2地域経済を仮定する．もし空間が同質で，地域間の輸送には費用がかかり，そして選好が局所的に飽和していないならば，地域間の交易を含む競争均衡は存在しない．

この定理は何を意味しているのであろうか．まず，経済活動が完全に分割できるならば，競争均衡は存在しうるが，そのような競争均衡においては，各々の立地点では完全に自給自足でなければならないことを示唆している．例えば，すべての企業と家計が同一であるときには，両地域は同じ相対価格と同じ生産構造を持ち，地域間交易はない（裏庭資本主義）．しかしながら，これは驚くべき結果ではない．というのは，仮定により，経済主体は立地点の間に特別な選好はなく，各々の活動は任意の小さい水準で行うことができる．したがって，企業と家計は輸送費用を絶対的な最低水準，つまりゼロまで減少することができる．

しかしながら，Starrett (1978, 27) が次に論じているように，経済活動が完全に分割できないときには（第1章を参照），立地点間における財または人の輸送は避けられない．

> 経済システムの中に分割できない活動が存在すれば（それぞれの活動は空間を必要とするので），十分に複雑な相互関係を持つシステムは，必然的に輸送費用を必要とする．

この場合には，競争均衡が存在しないということを，空間不可能性定理は述べている．このことは，2次の配置問題で見てきたことの追認である．

これは，明らかに驚くべき結果であり，さらに説明を要する．両地域が自給自足

でないときには，価格システムは，(i)（各地域の市場を清算しながら），地域間の交易を支える，(ii) 企業と家計に再立地する誘因を与えない，という2つの異なる役割を同時に達成しなければならない．空間不可能性定理は，同質の空間の場合には，一石で二羽の鳥を打ち落とすことは不可能であるということを示している．すなわち，交易を支持する価格勾配は，立地の安定性の観点からは，間違ったシグナルを与える．実際に，もしある財が地域Aから地域Bへ移出されるならば，それに対応する正の価格勾配は，地域Aに立地している（より高い収入を求める）その財の生産者を地域Bへ移転させ，一方，地域Bの（より低い価格を求める）買い手を地域Aへ移転させる誘因を生む．同様に，地域Bから地域Aへ他の財を移出していれば，同じような「交差移転」を促進させる．一方，2地域間における地代の差異は一方向のみの移転を阻止することができるにすぎない．したがって，交易が正の費用で起こっている限り，常にいずれかの経済主体は移転を欲する．[5]

この均衡解が存在しない根本的な原因を確認するために，標準的な図解アプローチを使って，それを説明してみよう．2地域間の全交易パターンを完全に図示するには，少なくとも6次元（各地域における2つの交易財と各立地点における土地）の図が必要となるが，そのような図の作成は，我々の能力を超えた作業である．したがって，地域Aと地域Bの間における財iのみの実行可能な交易パターンによって形成される部分空間における配分に焦点を当て，その他の要素は固定して考える．2つの別個の立地点における物理的に同一の財は，2つの異なる経済財を意味するから，この問題は2つの異なる経済財の間の標準的な変換の研究と同じことになる．

1単位の財iが，固定された投入量のバンドルを利用し，どちらかの立地点において1つの企業によって生産されると仮定しよう．便宜上，これらの投入物の費用は両方の立地点で同じと仮定する．財は，氷塊技術（Samuelson, 1954a）の下に輸送される．すなわち，x_i単位の財が立地点Aから立地点Bに移出されるとき，x_i/τ単位だけが目的地に到着し，残りは途中で融けてしまう．ただし，$\tau>1$である．この場合，企業が地域Aに立地していれば，その産出量は図2.1の縦軸の点E

---

[5] 同様な考えでもって，Jones and Romer (2010, 228) は「単一の価格は同時に，財を最も効率的な利用ができるように配分するとともに，イノベーションに対して適切な誘因を与えるということができない」と述べている．あまり指摘されていないが，2つの問題は注目に値する．

で表される．もしすべての産出量が地域 B に移出されるならば，$1/\tau$ 単位が地域 B に到着するので，これは，横軸の点 F で表される．したがって，企業が地域 A に立地するときには，産出量の 2 地域間における実行可能な配分は，三角形 OEF となる．同様に，企業が地域 B に立地しているときには，2 地域間の実行可能な配分は，三角形 OEF' となる．したがって，企業が立地を自由に選べる状況においては，実行可能な配分の集合は 2 つの三角形の和集合である．

企業が地域 A で操業するとし，さらに，財 i が両地域で消費されるという需要条件を仮定するとしよう．したがって，財 i の交易が生じる．フロンティア EF 上のどの点に対応する交易を支持するためにも，価格ベクトル (p_{iA}, p_{iB}) は図2.1が示すように，$p_{iA}/p_{iB}=1/\tau$ でなければならない．しかし，これらの価格の下では，その企業は地域 B に移り，図2.1の生産計画 E' を選ぶことで，より高い利潤を得られるということは明白である．これは，交易を支持し，同時に企業の利潤最大化立地も支持できる競争的価格システムが存在しないということを意味する．

この困難さは，実行可能な配分集合の非凸性から生じる．輸送費用がかからなければ，この集合は図2.1の三角形 OEE' で与えられ，凸である．この場合には，企業は移転する誘因を持たない．同様に，企業の生産活動が完全に分割可能であるならば，実行可能な配分集合は再度三角形 OEE' に等しくなり，問題は生じない．

したがって，空間不可能性定理が生じる根本的な理由は，各経済主体が立地を選んではじめて具体的な活動を行うことができるということと，輸送には費用がかかるということの両事実によって引き起こされる，実行可能な配分集合の非凸性である，と結論づけることができる．言い換えれば，経済理論において輸送費用を無視するということは，「もし導入しても，それは結果に本質的に影響を及ぼさないであろうという楽天的な期待」(Deardorff, 1984, 470) を抱く人々には申し訳ないが，決して無害な仮定を置くことではないと結論づけることができよう．

空間不可能性定理の含意や意味をさらに精査するために，経済主体の異質なグループを複数含む 1 つの例を詳しく考察してみよう．

具体例 2 つの経済主体のグループによって形成される経済を考えよう．ここに，各グループは両グループにとって不可欠な独自の最終財をそれぞれ生産する一方で，各グループ内の構成員は相互に強いグループ内リンケージを持っているものとする．この場合，もしも最終財の輸送費用があまり高くなければ，各々のグループの経済主体は別の地域に集積し，地域をまたがって生産物が交易されると予想することは

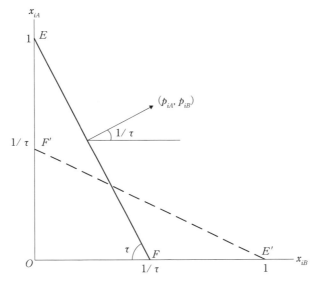

図 2.1 同質的空間における実行可能な交易パターン

自然なことである.しかし,もし空間が(2.3.1項で定義した意味において)同質であるならば,この自然に予想される分離した空間的配置を支えることができる競争的価格システムは存在しないことを示すことができる.さらに,いずれか1つの地域に両グループが立地するパターン(これは物理的に可能であるとして)も,土地の限界効用が少なくとも1つの経済主体にとって正であるときには,均衡でないことが示される.

より具体的に,地域 A と B,企業1と2,および労働者 a と b から成る経済を考えよう.2つの地域は各々同じ総量の土地 S を持つとする.各々の労働者 $h=a(b)$ は,タイプ $i=1(2)$ の労働の1単位を賦存し,各地域における土地の半分を所有し,2つの企業が得た利潤の半分を得るものとする.両方の労働者とも,次の同じ効用関数を持っているとする.

$$U = x_1^{\beta/2} x_2^{\beta/2} s^{1-\beta} \qquad 0 < \beta < 1 \tag{2.12}$$

ここで,x_i は財 $i(=1, 2)$ の消費量であり,s は土地消費量である.企業 $f(=1, 2)$ は,いずれかの地域に立地し,固定された $\bar{s}$ の土地とタイプ i の労働量 l_i(変数)をその地域で入手して,財 $i=f$ を生産する.その生産関数は,次のように与えられる.

$$Q_i = l_i^\alpha \quad 0 < \alpha < 1 \tag{2.13}$$

各財は，同じ氷塊技術にしたがって輸送される．

p_{ir}, w_{ir} および R_r を，それぞれ地域 r における財 i の価格，タイプ i の労働の賃金率，および地代とする．もし企業 i が地域 r に立地するならば，利潤は次のようになる．

$$\pi_{ir} = p_{ir} Q_i - w_{ir} l_i - R_r \bar{s}$$

もしこの企業が競争的に行動するならば，π_{ir} を最大化することにより次式を得る．

$$\alpha p_{ir} l_i^{\alpha-1} = w_{ir} \tag{2.14}$$

Y_r を地域 r に居住している労働者（1人または2人）の総所得とする．そうすると，(2.12)式の効用関数を用いて，各財に対する各地域の労働者の需要（2人の場合には合計）は次式のように得られる．

$$x_{ir} = \frac{\beta Y_r}{2} \frac{1}{p_{ir}} \tag{2.15}$$

$$s_r = (1-\beta) Y_r \frac{1}{R_r} \tag{2.16}$$

さらに，地域 r における土地制約 $S = s_r + \bar{s}$ と(2.16)式から，次式を得る．

$$R_r = \frac{(1-\beta) Y_r}{S - \bar{s}} \tag{2.17}$$

企業 $f (=1, 2)$ はタイプ $i = f$ の労働のみを使用するから，企業 f は均衡において対応するタイプ i の労働者とともに立地すると予想される．したがって，2つの地域は同じであるから，均衡の配置として次の2つの可能な候補が考えられる．

i. 分散：企業1と労働者 a が地域 A にともに立地し，一方，企業2と労働者 b が地域 B にともに立地する．

ii. 集積：1地域，例えば A 地域に，両企業と両労働者がともに立地する．

以下，各々の可能な配置を順番に取り上げ，各々が競争的価格システムによって支えられることができるのかどうか，を精査しよう．最初に，分散化された配置を考えよう．まず，すべての経済主体の立地をこの配置のように固定し，その固定された立地の下で，競争均衡が一意的に存在することを示す．すべての設定が対称であるから，均衡では，次式が成り立つ．

$$w_{1A} = w_{2B} = 1 \tag{2.18}$$

ここで，労働はニューメレールとして選ばれている．均衡では，各々のタイプの労働の総量が用いられるから，(2.14)式において $l_i=1$ と設定し，(2.18)式を使うことにより，次式が得られる．

$$p_{1A} = p_{2B} = 1/\alpha \tag{2.19}$$

さらに，パラメータ $\tau > 1$ を持つ氷塊輸送技術から，次式が得られる．

$$p_{1B} = p_{2A} = \tau/\alpha \tag{2.20}$$

また，(2.13)式において $l_i=1$ と設定することにより，次式を得る．

$$Q_A = Q_B = 1 \tag{2.21}$$

次に，D_i を財 $i(i=1,2)$ に対する総需要とすると，例えば，財1の総需要は以下のようになる．

$$D_1 = x_{1A} + \tau x_{1B}$$

ここで，右辺第2項は，財1を地域 B で x_{1B} だけ消費できるために，地域Aから発送される財1の量を表している．(2.15)式をこの式に代入し，(2.19)式と(2.21)式を使うことにより，また両財の対称性を用いて，次式が得られる．

$$D_1 = D_2 = \alpha \beta Y$$

ここで，Y は各地域で（対称性により）共通となる所得である．次に，需要と供給が等しい（$D_i = Q_i$）ことと，先ほど述べた均衡条件を使うことにより，$Y=1/(\alpha\beta)$ となり，以下が得られる．

$$R_A = R_B = \frac{1}{\alpha\beta} \frac{(1-\beta)}{S-\bar{s}}$$

$$\pi_{1A} = \pi_{2B} = \frac{\beta S - \bar{s}}{\alpha\beta \, S - \bar{s}} - 1 \tag{2.22}$$

$$x_{1A} = x_{2B} = \frac{1}{2}$$

$$x_{1B} = x_{2A} = \frac{1}{2\tau}$$

各企業の均衡利潤は，次の条件が満たされれば，非負（$\pi_{1A}=\pi_{2B}\geq 0$）であることがわかる．

$$\alpha \leq \frac{S-\bar{s}/\beta}{S-\bar{s}} \tag{2.23}$$

したがって，もしこの条件が満たされるならば，分散型配置に対応した市場均衡が一意的に存在する．条件(2.23)式は，各企業の土地必要量が S に比べて十分に

小さければ満たされる．

次に，地域 A における各経済主体が持つ移動の誘因を評価しよう．ここで，最初に，w_{1B}（地域 B におけるタイプ 1 の賃金率）の均衡値は定まらないことに注目する．実際，以下において，w_{1B} の値に関係なく，地域 A における少なくとも 1 つの経済主体は移動する誘因を持っていることを示す．そのために，任意の水準に w_{1B} の値を設定しよう．そうすると，企業 1 が（同じ生産計画を保持しながら）地域 A から地域 B へ移動する誘因は，$R_A = R_B$ であるから，次式のようになる．

$$I_1(A, B) = \pi_{1B} - \pi_{1A}$$
$$= (p_{1B} - p_{1A})Q_1 - (w_{1B} - w_{1A})$$

同様に，労働者 a が（同じ消費計画を保持しながら）地域 A から地域 B へ移動する誘因は，次式のように計算される．

$$I_a(A, B) = B_{1B} - B_{1A}$$
$$= (w_{1B} - p_{1B}x_{1A} - p_{2B}x_{2A} - R_B s_A) - (w_{1A} - p_{2A}x_{1A} - p_{2A}x_{2A} - R_A s_A)$$
$$= (w_{1B} - w_{1A}) - (p_{1B} - p_{1A})x_{1A} - (p_{2B} - p_{2A})x_{2A}$$

両者の誘引を合計し，(2.19)式と(2.20)式を用いることにより，次式を得る．

$$I(A, B) = (p_{1B} - p_{1A})(Q_1 - x_{1A}) - (p_{2B} - p_{2A})x_{2A}$$
$$= (p_{1B} - p_{1A})\tau x_{1B} - (p_{2B} - p_{2A})x_{2A}$$
$$= p_{1A}(\tau - 1)\tau x_{1B} + p_{2B}(\tau - 1)x_{2A} > 0$$

この値は $\tau > 1$ であるから正となり，企業 1 または労働者 a の少なくともいずれかは，地域 A から地域 B へ移動するための誘因を持つ．したがって，経済主体が立地点を自由に選択することができる場合，分散型の配置は競争均衡ではない．

次に，両企業も労働者もともに地域 A に立地している集積型の配置について調べてみよう．均衡条件である(2.14)式から(2.17)式を使って，対応する均衡価格が次式となることを容易に確かめることができる．

$$w_{1A} = w_{2A} = 1$$
$$p_{1A} = p_{2A} = 1/\alpha$$
$$Q_1 = x_{1A} = Q_2 = x_{2A} = 1$$
$$R_A = \frac{4(1-\beta)}{\alpha\beta(S - 2\bar{s})} \quad \text{および} \quad R_B = 0$$
$$\pi_{1A} = \pi_{2A} = \frac{\beta(S + 2\bar{s}) - 4\bar{s}}{\alpha\beta(S - 2\bar{s})} - 1 \geq 0 \tag{2.24}$$

各企業の均衡利潤は，次の条件が満たされれば，非負である．

$$\alpha \leq \frac{\beta(S+2\bar{s})-4\bar{s}}{\beta(S-2\bar{s})}$$

すべての経済主体は地域 A に立地しているから，地域 B との交易は存在しない．したがって，いずれの財も交易のためには用いられていない．このことにより，地域 B における任意の所与の賃金率と価格の下で，各企業および各労働者が（同じ生産計画ないし消費計画を保持しながら）地域 A から地域 B に移動する誘因をそれぞれ計算して，合計すると，それら主体間の取引に関連するすべての項は相殺されるので，すべての主体が地域 A から地域 B へ移動する誘因の総計は土地費用の差に等しくなり，以下で与えられる．

$$I(A,B)=(R_A-R_B)S$$
$$=R_A S>0$$

したがって，集積型の配置も空間的均衡ではない．

空間不可能性定理について，さらにいくつかの付随的な留意点を述べておく．第1に，Starrett (1978) と同様なアプローチを使って，煩雑な表記となることを厭わなければ，この定理と以下における2つの系を，任意の地域数の場合に拡張できる．第2に，ここでのモデルでは，表記の単純化のため，1つの企業は1つの地域に立地するという仮定をおいたが，企業が2つの工場（1地域に1工場）を持つことも許す場合に拡張することもできる．移動のための総誘因 I は，各工場があたかも独立の企業であるがごとく考えて，各地域における工場と家計が行う活動を単位として定義できる．第3に，このモデルは閉鎖経済モデルであるが，次のように開放経済モデルに拡張できる．すなわち，同質的空間の仮定を満たすために，各地域が世界市場に同じようにアクセスできると仮定すれば，世界の他の地域との交易を認めるモデルに容易に拡張することができる．最後に，経済全体の規模は，空間不可能性定理の成立にとって無関係である．なぜならば，いくつかの制度的メカニズムの下で競争均衡の存在を保証するためによく用いられる「大国の経済」の仮定は，この結果に影響しない．というのは，経済主体が複製されたときには，同時に経済全体の総輸送費も上昇するからである．つまり，大国の経済の仮定は，空間不可能性定理がもたらす問題の重要性を軽減してはくれない．

2.3.2 同質的な空間における地代

空間不可能性定理は，それ自体，1つの地域にすべての経済主体が集積することを排除するものではない．しかし，次の理由により，これはありそうもない立地パ

ターンなのである．実際，もし競争均衡が存在するならば，空間不可能性定理は，地域間の交易に要する総費用はゼロであることを意味する．したがって，(2.11)式の右辺において，最初の3つの項はゼロとなり，よって，次式を得る．

$$I = (R_A + R_B)(\phi_A + \phi_B)$$

したがって，もし $\phi_A > 0$ か，または $\phi_B > 0$ であるならば，$R_A = R_B = 0$ となる必要がある．このことから，次のことが言える．

系2.1 同質の空間を持つ空間経済において，競争均衡が存在すると仮定しよう．その場合，1つの地域において未使用の土地があるならば，そのとき地代は両地域でゼロでなければならない．

すべての経済主体が地域 A に立地するとき，地域 B には誰も立地しない．そうすると，系2.1により，均衡地代は地域 A でもゼロでなければならない．しかし，これは，土地に対して正の限界効用，または正の限界生産性を持つ経済主体が，経済の中に1つも存在しないときのみ起こりうることであり，実際にはとてもありそうにない．

実際，系2.1は，より重要な含意を持つ，より一般的な結論の特別な場合である．地域 A における企業に関する (2.9) 式と家計に関する (2.10) 式を合計し，(2.5)式から (2.7) 式を使うと，次式を得る．

$$I(A,B) = (\boldsymbol{p}_B - \boldsymbol{p}_A) \cdot (\boldsymbol{E}_{AB} - \boldsymbol{E}_{BA} - \boldsymbol{y}_{tA}) + (R_B - R_A)(s_{tA} + \phi_A - S)$$
$$= (R_B - R_A)(\phi_A - S)$$

同様に，

$$I(B,A) = (\boldsymbol{p}_A - \boldsymbol{p}_B) \cdot (\boldsymbol{E}_{BA} - \boldsymbol{E}_{AB} - \boldsymbol{y}_{tB}) + (R_A - R_B)(s_{tB} + \phi_B - S)$$
$$= (R_A - R_B)(\phi_B - S)$$

を得る．

競争均衡において，$I(A,B)$ および $I(B,A)$ のいずれも正ではありえない．したがって，均衡において，もし経済に未使用の土地が存在しないならば（$\phi_A = \phi_B = 0$），$I(A,B) = (R_A - R_B)S \leq 0$ および $I(B,A) = (R_B - R_A)S \leq 0$ となり，これは結局 $R_A = R_B$ を意味する．一方，もしある地域に，例えば地域 B に未使用の土地があるならば（$\phi_B > 0$），$R_B = 0$ となるので，$I(A,B) = R_A(S - \phi_A) \leq 0$ となる．したがって，$R_A = 0$ となり，結局 $R_A = R_B = 0$ となる．いずれの場合も，$R_A = R_B$ が成立するので，次のことが言える．

系2.2 同質の空間を持つ空間経済において競争均衡が存在するならば，地代はすべての地域で同じにならなければならない．

この系は次のような根本的な含意を持つ．同質の空間経済における競争的価格メカニズムにもとづくモデルでは，なぜ都市，中心業務地区，あるいは産業クラスター地域のような経済的集積地域の地代が周辺地域よりも高いのかを説明できないのである．最後に，空間不可能性定理のように，我々は系2.1と系2.2が地域の数を任意の有限個の場合に拡張しても成立することを示すことができる．

2.3.3 文献ノート

最初の競争的空間モデルの1つは，Cournot (1838, chap. X) が開発した空間価格均衡モデルである．財の売り手と買い手が輸送ネットワークの結節点に立地する．問題は，各結節点における需要と供給の量と，各結節点における均衡価格を同時に決めることである．すべての正のフローに対応して，需要地価格が供給地価格と輸送費用の合計に等しいとき，また，需要地価格が供給地価格と輸送費用の合計よりも低く，交易フローがゼロであるとき，空間価格システムは均衡にある．

この問題は，Enke (1951) によって電気回路の理論との基本的な一致が発見され，その類推に基づいた解決方法が提案された．そのすぐ後に，Samuelson (1952) は，有名なヒッチコック＝クープマンスの輸送問題を含む数理計画法の解として市場均衡を得ることができることを示した．一方で，Beckmann (1952) はこれらの問題の連続空間における定式化を提示した．空間経済学と数理計画法との相互交流によって，生産と需要の様々に異なる側面を扱うことができる多くの拡張を生み出した．それらは，Takayama and Judge (1971) と Mougeot (1978) によって要約されている．その後，Florian and Los (1982) は，空間均衡モデルもまた変分不等式によって解けることを示し，その後の新しい研究の道を開き，Nagurney (1993) によってさらに拡張された．Labys and Yang (1997) は，より簡潔なまとめを提供している．この多くの先行研究が示しているように，それらすべてのモデルに共通する主な限界は，経済主体の立地選択を許さないこと，すなわち企業と家計の立地が外生的に固定されている点である．

この観点に立てば，Koopmans and Beckmann (1957) が提案した2次配置モデルは，財が経済主体間での取引と経済主体の立地選択を，同時に分析するための最

初の試みとしてみなすことができる.その論文において彼らが直面した困難さが,その後における極めて限定された論文の引き金となった.特に,Heffley (1972, 1976) と Hamilton (1980) は Koopmans and Beckmann の論文に対していくつかの有益な補足を行った.Schweizer (1986) は,空間価格均衡モデルと2次配置モデルに焦点を当てた優れた文献サーベイを行っている.

2.4 異質的な空間と外部性

この節で示すように,同質的な空間における仮定の緩和や技術的外部性の導入により,輸送を含む競争均衡の存在の復活を助けることになるかもしれない.

2.4.1 自然的条件の違い

空間が**異質**(heterogeneous)であるとは,立地点が互いに違った特性を持つときである.再度図2.1を用いて空間の非同質性を導入した例を考察しよう.より正確には,地域 A は企業の生産性を高める外生的特性を持つと仮定しよう.この外生的特性とは,企業が利用できる移動不可能な投入財の存在,または自然地理が重要視する歴史の違いのような,リカード派の比較優位に対応するものである.もし企業が地域 B に立地するならば,そこでは地域 A よりも生産性が低いので,実行可能な配分の集合は,図2.2で示すように新しい三角形 OEF' で与えられると仮定できる.この場合には,経済全体で実行可能な配分の集合は三角形 OEF となり,凸性を持つことがわかる.この場合,企業は地域 A を離れる誘因を持たないから,競争均衡が存在することになる.このアプローチは第3章で本格的に拡張される.

空間的異質性の影響についてより深い洞察を得るために,もう1度,固定された敷地規模を持つ2企業2立地点の配置問題の例を取り上げよう.地域 A は,企業1にだけリカード的な比較優位をもたらす**外生的**特性を持つと仮定する.一方,企業2は地域 B でのみ同様の便益を受けるとする.その理由が何であれ,この特性は企業1に a_{1B} を超える a_{1A} の追加的利益を生じさせるとする ($a_{1A} > a_{1B}$).そのとき,立地点 A における企業1の利潤は次のように定義される.

$$\pi_{1A} = a_{1A} + p_{1A}q_1 - p_{2A}q_2 - R_A$$

企業1が立地点 B で操業するならば,利潤は以下で与えられる.

$$\pi_{1B} = a_{1B} + p_{1B}q_1 - p_{2B}q_2 - R_B$$

企業1が現在の立地点 A から立地点 B に移動する誘因を計算すると次のようにな

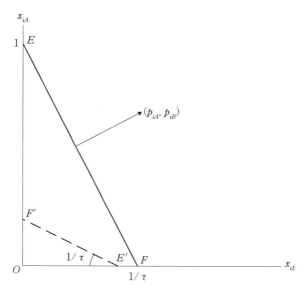

図 2.2 異質的な空間における実行可能な交易パターン

る．

$$\pi_{1B}-\pi_{1A}=a_{1B}-a_{1A}+t_1q_1+t_2q_2+R_A-R_B$$

この値は，$a_{1A}-a_{1B}$ が十分に大きい値をとるとき，負になる．したがって，企業1は立地点 A から立地点 B へ移動する誘因を持たない．同じことが企業2についても言える．したがって，もし企業同士が各地点の立地特性について十分異なる選好を持つならば，交易を含む競争均衡は存在しうる，と結論できる．別の表現を使えば，経済主体間の輸送費用が，経済主体の立地点自体についての選好の度合いよりも優るとき，市場は機能しなくなる．[6] Hamilton (1980, 38) はこのことを，次のように言っている．

> 工場の立地点自体に対する選好の度合いが強いほど，システムは安定化し，逆に，工場間の取引が大きくなるほど，不安定性は増す．

---

[6] この状況は，原材料の不均等な地理的分布によって工場の立地点が大幅に左右された，19世紀の製造業の典型である．しかし，これは，天然資源の分布に制約されないフットルースな企業が多い現代経済においてはあまり重要ではない．

言い換えれば，企業が相互に作用しあい，輸送費用あるいは取引費用のためにこうした相互作用に費用がかかるならば，各企業の利潤はそれ自身の立地だけでなく，他の企業が決定した立地にも依存する (Koopmans, 1957)．これは，もし相互依存性が特定の企業の立地点に内在する優位性に対して弱すぎないかぎり，相互依存の関係を生み出し，均衡価格が市場を清算するのを困難にさせる．しかしながら，なぜ企業が先験的に異なった強い立地選好を持っているのかは，明らかではない．これに反して，自然地理は，経済主体が原材料サイト，海岸，または河川などの自然特性に引きつけられることから生まれる．例えば，企業の立地が今よりも自然条件によって決定されていた19世紀においては，製造業に従事する企業は原材料サイトあるいは積み替え地点の近くに立地する強い傾向を持っていた．しかしながら，自然的特性の強い力が働いていないときには，経済主体間の近接性に対処する市場が存在しないのかという問いが自然に湧き上がってくる．

いずれにしても，ある種の空間的異質性を導入することにより，この問題は解決できる．第1に，特定の空間的異質性により，企業はより安価な費用で生産が可能になる（水力電力が安価である場所に立地しているアルミニウムを生産する企業）．第2に，河川，大きな湖，海洋，あるいは平野などの自然の輸送手段を利用できる地点への立地は，リカード的な比較優位を持つことができる．これらの優位性は港湾設備の収穫逓増と組み合わさったときには，さらに増大する．最後に，外生的な異質性は，過去の遺産，すなわち，企業や労働者を引きつけたり，拒んだりするアメニティをモデル化するのに役立つ．一般的に認められていることであるが，空間は異質であると仮定すれば，経済活動が均一に分布していない理由を説明できる．より詳細に言えば，産業によっては，地域や都市の特化を説明するうえで，自然条件の違いが収穫逓増よりも重要であるかもしれない．我々は空間経済の形成において自然地理の重要性を認めないわけではないが，アウグスト・レッシュやエドガー・フーヴァーと同様に，外生的な空間的異質性のみに立脚して集積の経済学を構築することは，あたかも王子なしでハムレットを演じるようなものだと認識している．この主張は，規模に関して収穫一定と比較優位にもとづく新古典派の貿易理論の有用性を否定するものではない．我々が本当に言いたいことは，もしも自然条件の多様性のみを当てにするのであれば，集積や特化を生み出す内生的で社会経済的な諸力を論点のわきに追いやってしまうということである．

次節に進む前に，次の点を強調しておきたい．たとえ自然条件の違いがなぜ特定の地点に都市のような集積を生むのかを説明するとしても（例えば，Rappaport and Sachs, 2003参照), 自然条件の優位性が大規模な集積の出現において主たる役割を果たしているとは, 必ずしも言えない (例えば, Ellison and Glaeser, 1999参照). 我々は, 自然条件の違いだけでは, なぜある都市が非常に大きくなりうるのかを十分には説明しえないと考える. その代わりに, それら集積の規模は, (外部的あるいは内部的) 収穫逓増を内在する経済モデルの中において, 経済的かつ社会的相互作用を通して説明されるべきである.

2.4.2 マーシャルの外部性

近接性が生み出す外部性が, 経済集積の主たるエンジンの1つであるとみなされてきた. このような外部性の役割を説明するために, 2.3.1項で用いた具体例を用いる. しかし, ここでは, 4つの経済主体の各々について, M個の複製が存在するとする. Mは正の整数である. $2M$人の労働者が, 各企業の利潤と各地域における地代を等しく分ける. Mが偶数で, そして各地域において土地が豊富にあるときには, $M/2$の各タイプの企業と対応する$M/2$人の労働者が地域Aと地域Bにそれぞれ立地するという競争均衡が常に存在するが, 各地域は自給自足の下にあり, あまり興味深い均衡ではない.

交易を持つ競争均衡を得るために, この複製型経済の仮定を次のように少し変える. 第1に, 簡単化のために, $2M$人の労働者はどのタイプの企業においても同じ生産性を持つとする. 第2に, より基本的な変更として, タイプiの各企業の生産関数 (2.13) 式を次のように変える.

$$Q_{ir} = E(M_{ir})l^\alpha \quad i=1,2 \ \text{および} \ r=A,B \tag{2.25}$$

ここで, lは1つの企業が利用する総労働量であり, $E(M_{ir})$は, 立地点rにおけるタイプi企業の数M_{ir}の増加関数とする. 関数$E(M_{ir})$は, 同じ産業に属する企業の域内集積から生じる, いわゆるアルフレッド・マーシャルの外部性を表す.[7]

タイプ1のM個の企業とM人の労働者が地域Aにともに立地し, 一方, タイプ2のM個の企業とM人の労働者が地域Bに立地しているという分散型配置を考え, どのような条件の下でこの配置が均衡であるかを見よう. 各企業は労働を1単位使うので, 2つの地域は, 対称である. したがって, 前と同じように, 次の均衡解を容易に得ることができる.

---

[7] 企業の費用を, 同じ産業に属する企業の数の減少関数としてモデル化するアイデアは, 少なくともChipman (1970) まで立ち返る必要がある.

$$w_A = w_B \equiv 1 \tag{2.26}$$

$$p_{1A} = p_{2B} = 1/[\alpha E(M)]$$
$$p_{1B} = p_{2A} = \tau/[\alpha E(M)] \tag{2.27}$$

$$Q_{1A} = Q_{2B} = E(M)$$

$$R_A = R_B = \frac{M}{\alpha\beta}\frac{1-\beta}{S-M\bar{s}}$$

$$\pi_{1A} = \pi_{2B} = \frac{1}{\alpha\beta}\frac{\beta S - M\bar{s}}{S-M\bar{s}} - 1$$

各企業の敷地規模 $\bar{s}$ が十分に小さいときには，$\alpha<1$ であるから，各企業の利潤は非負である．したがって，各地域が完全に特化し，地域間交易が生じる場合における市場均衡は一意的に存在する．[8]

次に，経済主体が移動する誘因を持っているかどうかを調べてみよう．すべての労働者は同じ効用水準を得ているので，移動する誘因を持たない．企業の移転の可能性を考察するうえで，M は十分大きいので各企業が自身の移動を考えるときには，各地域での外部性の水準 $E(M)$ および $E(0)$ を所与のものとして考えると仮定する．このような文脈の下で，例えば，タイプ1の1つの企業が，地域 A から地域 B へ移動するならば，地域 B における利潤は，次式となる．

$$\pi_{1B} = p_{1B} E(0) l^{\alpha} - w_B l - R_B \bar{s}$$

(2.26) 式と (2.27) 式を使って，地域 B において利潤最大化の労働投入量 l_{1B} は次式となる．

$$l_{1B}^{\alpha-1} = \frac{1}{\tau}\frac{E(M)}{E(0)} \tag{2.28}$$

これより，次式を得る．

$$\pi_{1B} = \frac{1-\alpha}{\alpha} l_{1B} - R_B \bar{s}$$

一方，その企業が地域 A に立地する場合には，

$$\pi_{1A} = p_{1A} E(M) - w_A - R_A \bar{s} = (1/\alpha) - 1 - R_A \bar{s}$$

であるから，$R_A = R_B$ を使って，次式を得る．

---

[8] 2次の配置問題におけるように，各企業は $\bar{s}$ が固定されているから分割できない．しかしながら，その2次の配置問題で仮定したことと異なり，ここでは各地域において土地の総供給が十分に大きいので，全産業に提供することができる ($S-M\bar{s}>0$)．

$$\pi_{1B}-\pi_{1A}=\frac{1-\alpha}{\alpha}(l_{1B}-1)$$

この式の値は，$l_{1B}\leq 1$，つまり(2.28)式より

$$\frac{E(M)}{E(0)}\geq\tau>1 \qquad (2.29)$$

の場合においてのみ，非正である．対称性により，タイプ2の企業にとっても，利潤の差 $\pi_{2A}-\pi_{2B}$ は，条件(2.29)式が満たされれば，非正である．

それゆえ，マーシャルの外部性が輸送費用と比べて十分に大きく，(2.29)式が成立するとすれば，同じ地域内で各タイプの M 個の企業の集積を含む分散型配置は競争均衡である，という結論を得る．マーシャルの外部性のために，同一産業に属する企業の集積が，両地域の空間的な差異を内生的につくりあげる．この内生的な空間の非同質性が十分に強いときには均衡が存在する．つまり，マーシャルの外部性は，競争的価格メカニズムによって引き起こされる立地の不安定性を克服する新しい力を生みだすのである．この場合には，空間は事前的には同質であるが，事後的には異質である．

この例は，マーシャルの外部性と輸送費用との間の関係が競争市場の下での空間均衡にとって極めて重要であるという事実を知らしめるに十分である．我々は，外部性がいかに都心の出現を導き，そして地域格差を生み出すかを第6章と第9章，第11章において説明する．

2.5 どのように空間経済をモデル化するか

我々の目的は経済活動の地理的分布，特に集積の形成と地域特化の過程を説明することであるから，空間不可能性定理は，(i)自然条件の違い，(ii)生産ないし消費における空間的外部性，あるいは(iii)不完全競争市場，の少なくとも1つを仮定しなければならないことを示唆している．現実世界においては，経済空間はこれら3つの要素の組み合わせの結果のようであるが，各々の要素の効果を把握するためには，それらを区別する方が便利である．

2.5.1 比較優位

比較優位の場合には，空間の異質性は「所与」(技術，天然資源，またはアメニティ)の不平等な分布，あるいは輸送の結節点や市場の存在を前提としている．リ

カード・モデルでは，所与のある国は特定の産業において他国よりも相対的により効率的な技術を持っていると仮定し，各国はその相対的な機会費用が低い財の生産に特化して交易を行うことを示す．一方，ヘクシャー＝オリーン・モデルでは，国々は同じ技術を有しているが，相対的に異なる生産要素の賦存量を持つと仮定する．生産要素が国際間で全く移動しないということは，自給自足の下では財の相対価格が２国間で異なっており，したがって，貿易を始めようとすることを意味する．2.4.1項で議論したように，集積の経済学において事前の空間の異質性は重要な要素である．しかしながら，なぜ特定の国（あるいは地域）が他国（地域）より効率的であるのか，あるいは，なぜ財が移動するのに生産要素は移動しないのか，移動しないのはどの要素なのかに答えることは基本的に重要なことである．同様に，輸送の結節点や市場の存在も，多くの場合また人間行動の結果であるから，説明されなければならない問題である．

2.5.2 外部性

集積力は企業および／あるいは家計間の非市場的相互作用を通じて内生的に生み出されるということは，広く認められている（2.4.2項）．マーシャルや彼の後継者にしたがえば，外部効果は集積の形成を理解するうえで本質的な概念である．マーシャルの経済学は，集積は雪だるま効果の成果——すなわち，より広範囲な多様性や経済活動の特化が生み出す好結果から便益を得る経済主体の数が増加し集中することにより，新しい経済主体を引き寄せるなどのさらなる好結果が生まれる，という基本的なアイデアを表すことを目的としており，長い間，集計レベルで収穫逓増を導き，ミクロ経済的なメカニズムを解明することなくブラックボックスとして利用されてきた．しかし，今日ではこの箱は開かれており，未解決な実証的な問いは残されているが，いろいろなミクロのメカニズムの解明が進んでいる（Duranton and Puga, 2004; Puga, 2010）．

2.5.3 不完全競争

不完全競争下の企業が利潤を最大化するときに，企業はもはや価格を所与として取り扱うのではなく，プライス・メーカー（価格決定者）として行動する（Hotelling, 1929; Kaldor, 1935）．価格水準は企業と消費者の空間分布に依存しているので，企業と家計間の相互依存の結果として集積が生じる．この不完全競争は，以下の２つのアプローチに区分される．

2.5 どのように空間経済をモデル化するか

(i) **独占的競争** このタイプの競争では,企業は収穫逓増の下で異質財を生産するから,プライス・メーカーとみなされ,競争モデルと異なっている.しかしながら,企業数が多いので,戦略的相互作用は全くないかあるいは弱い.

(ii) **寡占的競争** ここでは,空間競争の場合のように,戦略的に相互作用する少数の大規模な経済主体(企業,地方政府,あるいは土地開発業者)が存在する.

空間における競争をモデル化するために,寡占的競争と独占的競争のどちらを選択するかは,通常で認められている以上に微妙な問題である.独占的競争のアイデアは Chamberlin (1933) までさかのぼらなければならないということは,よく知られている.エドワード・チェンバリンのモデルは,次の2つの主たる仮定に依存している.第1に,企業は差別化した生産物を販売するので,各企業は自分自身の価格を自由に選べる(独占的).第2に,競争者数が十分に多いので,任意のある企業が取った行動は市場にごくわずかなインパクトしか与えない(競争).その結果として,特定の企業が選択した価格水準は他の企業に直接インパクトを与えず,したがって,他の企業は反応しない.この考えは後年 Dixit and Stiglitz (1977) が開発した独占的競争モデルの基礎となっており,このモデルは新貿易理論や新しい成長理論の担い手となっている.

チェンバリンの本の書評の中で,Kaldor (1935) は,次のように論じている.企業がある地域で操業すると仮定すると,産業全体の企業の総数に関係なく,各企業は直接に少数の隣接する企業とのみ競争することになる.したがって,空間競争の本質は寡占的であり,空間経済の研究における独占的競争の妥当性に重大な疑念を抱くことになる.これとは別に,Lösch (1940) は,企業が6角形の頂点に立地しているような場合における独占的競争の空間版を提案し,競争は少数間で起きると指摘している.明らかに,レッシュの設定はカルドアのアイデアと極めてよく似ている.だが,「独占的競争の空間モデル」として知られている完璧で厳密な分析モデルにお目にかかるには Beckmann (1972a) まで待たねばならなかった.極めて完成度の高いものではあるが,ベックマンの論文は,経済学者にあまり注目されない学術誌に掲載されたこともあって,あまり知られることはなかった.この点に関して,ベックマンの主たる研究成果が,産業組織で有名になった論文である Salop (1979) によって独立に再発見されたことは,特に言及する価値がある.これら2つの論文の主たる業績は,収穫逓増および近接した企業との寡占的競争の下で生産する企業の均衡数が,自由参入・退出の過程によって決まるということを示した点

にある．特に，ベックマンとサロップは，いかに市場が収穫逓増と輸送費用の間のトレードオフを解決するのかを，明瞭に極めて精密な方法で示した．この基本的なトレードオフの問題に関しては，第4章で詳細に分析する．

やや皮肉なことであるが，彼らの理論モデルは，NEGの先駆的な論文としてKrugman（1991b）が用いた独占的競争の空間モデルではなかった．その代わりに，ポール・クルーグマンが用いたモデルは，各企業が他のすべての企業と競争するディキシット=スティグリッツ・モデルであった．では，どのようにこの明白なパラドックスを理解したら良いのだろうか？　解は分析がなされる**空間規模**（spatial scale）にあるものと思われる．マクロの空間レベル，すなわち，地域間あるいは国際間においては，国際間距離は地域内距離よりもはるかに重要になるので，チェンバリンのモデルを利用するのが理にかなっている．実際，このようなマーケット環境では，競争をグローバルなものとして考えることは，妥当である．これに対して，ミクロの空間レベル，すなわち，都市あるいは地域内においては，カルドアとレッシュが強調したように市場競争は主としてローカルに行われるので，空間モデルを利用するのが整合的である．

2.6　結論

空間不可能性定理は重要である．なぜならば，競争的価格メカニズムは市場均衡の経済理論の要であり，経済理論がこの競争パラダイムによって長い間支配されてきたからである．この点が，なぜ空間を経済学者が無視してきたのかを部分的に説明することになるのかもしれない．実際，我々は，本章において，同質的な空間経済において競争均衡が存在するときには，そこでは交易が生ぜず，したがって，地域特化が生まれず，企業や家計の集積は形成されず，維持されないことを見てきた．もちろん，これは現実の世界に起こっていることではない．現実世界では土地は不可欠で希少な資源であり，また，あらゆるものの移動には輸送費用がかかるため，ある種の不分割性の存在は経済集積の出現を理解するのに不可欠である（第1章の議論を参照）．市場と価格の厳密な理論の発展のために遠い昔になされた単純化と近道を通じて，経済学者は，「収穫一定と完全競争」に専心することとなった．それにより，空間経済学は成長理論と同じ運命をたどることとなった（Warsh 2006）．多くの経済学者が空間的な問題について無関心なことは嘆かわしいことにちがいないが，逆の態度，つまり，経済理論に空間が入っていないという理由で，経済理論

全体に無関心になることは，擁護できない．この態度が長いあいだ伝統的な地域経済学者に悪い影響を与え，この分野の停滞の大きな原因となった．しかしながら，我々は，市場経済の非競争的理論を用いることにより，多くのことが成し遂げられることを示す．

第3章で示すように，特定の空間的な異質性を前提とすれば，競争均衡モデルはその妥当性を保持できる．一方，一様な空間の中に経済的集積の出現を説明したいならば，(i) 技術的外部性のような市場の失敗 (第6章と第11章参照) または公共財による市場の失敗 (第5章参照)，あるいは (ii) 不完全競争の導入 (第7章，第8章，および第9章参照) を明示的に考えなければならない．

補論：M 企業と M 立地点を持つ 2 次の配置問題

M 個の企業と M 個の立地点の一般的な2次の配置問題において，もしも立地点の分布が適当に選ばれ (例えば，立地が円状である)，企業間の投入産出連関が適切な値を取るならば，与えられた立地の配置は競争価格システムによって支持されることもありうる，と予想されるかもしれない．実際，Koopmans and Beckmann (1957) の出版以来，いくつかの反例が提示されてきた．しかし，それらをよく精査してみると，正しい例とはなってないことがわかる．読者諸君がこのような無益な試みをしなくてすむように，この補論で空間が同質的であるとき，2次の配置問題には競争均衡が存在しえないことを証明しよう．

M 個の企業 ($i=1,\cdots,M$) と同質的な M 個の立地点 ($r=1,\cdots,M$) があり，各企業 i は他の各々の企業 j で生産された投入物 q_{ji} ($j=1,\cdots,M$) を利用して財 i を生産する．ここで，q_{ji} は一定で少なくとも1つの q_{ji} は正である．便宜上，すべての i に対して $q_{ii}=0$ とする．各立地点には，1企業のみ立地することができる．$t_i(r,s)>0$ は，地点 r から地点 s ($r \neq s$) への財 i の1単位当たりの輸送費である．

実行可能な1つの配置を考えよう．一般性を損なうことなく，企業 i は立地点 i に配置されると仮定する．したがって，各立地点は，そこに配置された企業の指数によって特徴付けられる．$\{p_i(r), R(r); i, r=1,\cdots,M\}$ をこの配置を支持するものと想定された価格システムとしよう．この場合，立地点 i における企業 i の利潤は，次式で与えられる．

$$\pi_i(i)=a_i+p_i(i)\sum_{j=1}^{M}q_{ij}-\sum_{j=1}^{M}p_j(i)q_{ji}-R(i)$$

ここで，a_i は企業の立地点から独立の定数，$p_i(i)$ は財 i の地点 i での価格，$R(i)$ は地点 i の地代である．もし，企業 i が立地点 r に移動し，同じ活動を行うならば，その利潤は，次式で与えられる．

$$\pi_i(r) = a_i + p_i(r)\sum_{j=1}^{M} q_{ij} - \sum_{j=1}^{M} p_j(r) q_{ji} - R(r)$$

企業 i が立地点 i から立地点 r へ移動する誘因を以下のように定義する．

$$I_i(i,r) = \pi_i(r) - \pi_i(i) \qquad r=1,\cdots,M \quad \text{および} \quad r \neq i \tag{2A.1}$$

そうすると，すべての企業にとっての移動の総誘因は次式となる．

$$I = \sum_{i=1}^{M} \sum_{r=1}^{M} I_i(i,r) \tag{2A.2}$$

均衡において，いずれの $I_i(i,r)$ も正になることはないので，総誘因の I は非正でなければならない．しかしながら，実際に計算すると，以下のようになることがわかる．

$$I = M \sum_{i=1}^{M} \sum_{j=1}^{M} q_{ij} t_i(i,j) \tag{2A.3}$$

すなわち，全企業にとっての移動への総誘因は，原配置の下に発生する総輸送費用の M 倍である．これは，厳密に正である．このことは，いかなる実行可能な配置も競争価格システムによって支持されることができないことを意味する．

(2A.3)式を導出するために，次のように進む．第1に，(2A.1)式の $I_i(i,r)$ の計算において，定数 a_i はなくなる．第2に，(2A.2)式によって定義された I を計算する中で，各ペア (i,r) に対して和 $I_i(i,r) + I_r(r,i)$ を計算するとき，地代 $R(i)$ と $R(r)$ は消滅する．したがって，q_{ij} に焦点を当てて，総誘因 I は以下のように表されるはずである．

$$I = \sum_{i=1}^{M} \sum_{j=1}^{M} q_{ij} f_{ij}(P) \tag{2A.4}$$

ここで，$f_{ij}(P)$ はすべての価格 $p_i(r)$ の関数である．この関数を決定するために，$q_{ij} \neq 0$ の任意の1つのペア (i,j) に焦点を当てよう．q_{ij} は企業 i による販売の一部であり，一方企業 j の投入物であるから，q_{ij} は企業 i と企業 j に関連した以下のそれぞれの移動誘因関数のみに含まれているはずである．

　　企業 i にとっての移動誘因：$I_i(i,r) = \pi_i(r) - \pi_i(i) \qquad r \neq i$
　　企業 j にとっての移動誘因：$I_j(j,s) = \pi_j(s) - \pi_j(j) \qquad s \neq j$

それゆえに，総誘因 I の計算において，q_{ij} は以下の小計の中にのみ含まれて

補論：M 企業と M 立地点を持つ 2 次の配置問題

$$\sum_{r=1}^{M} I_i(i,r) + \sum_{s=1}^{M} I_j(j,s) \equiv I_i(i,j) + I_j(j,i) + \sum_{\substack{r=1 \\ r \neq i,j}}^{M} \{I_i(i,r) + I_j(j,r)\}$$

$I_i(i,j)$ において，$r=j$ とし(2A.1)式を使うと，q_{ij} に関連する項は $q_{ij}[p_i(j)-p_i(i)]$ と表される．同様に，$I_j(j,i)$ において，q_{ij} に関連する項は $q_{ij}[p_i(j)-p_i(i)]$ となる．これは，企業 j の地点 j から地点 i への移転による企業 j にとっての投入物 q_{ij} についての費用削減を表している．したがって，$I_i(i,j)+I_j(j,i)$ において，q_{ij} に関連する項は $2q_{ij}[p_i(j)-p_i(i)]$ となる．

各ペア (i,j) に関して，均衡価格は以下のようにならなければならない．

$$p_i(j) = p_i(i) + t_i(i,j) \quad (q_{ij} > 0 \text{ のとき})$$

したがって，$I_i(i,j)+I_j(j,i)$ において，次式を得る．

$$2q_{ij}[p_i(j) - p_i(i)] = 2q_{ij}t_i(i,j) \tag{2A.5}$$

最後に，任意の $r \neq i, j$ について考える．$I_i(i,j)$ において，q_{ij} に関連する項は $q_{ij}[p_i(r)-p_i(i)]$ となる．これは，企業 i が地点 i で q_{ij} を販売する代わりに，地点 r で q_{ij} を販売することによる企業 i の収入の変化分である．一方，$I_j(j,i)$ では，q_{ij} に関連する項は $q_{ij}[p_i(j)-p_i(r)]$ となる．これは企業 j が地点 j から地点 r への移転による企業 j の費用削減の一部分を表している．したがって，和 $I_i(i,r)+I_j(j,r)$ において，以下のようになる．

$$q_{ij}[p_i(r)-p_i(i)] + q_{ij}[p_i(j)-p_i(r)] = q_{ij}[p_i(j)-p_i(i)]$$
$$= q_{ij}t_i(i,j) \tag{2A.6}$$

これは，もし企業 i と企業 j がともに地点 $r \neq i, j$ へ移転するならば，輸送費用 $q_{ij}t_i(i,j)$ を節約することができることを示している．

このような地点 $r \neq i, j$ は $M-2$ 個あるので，(2A.4)式において，(2A.5)式と (2A.6)式から，q_{ij} に関連する項は以下のようになる．

$$2q_{ij}[p_i(j)-p_i(i)] + (M-2)q_{ij}[p_i(j)-p_i(i)] = Mq_{ij}[p_i(j)-p_i(i)]$$
$$= Mq_{ij}t_i(i,j)$$

したがって，(2A.4)式において，次式を得る．

$$f_{ij}(P) = M[p_i(j)-p_i(i)] = Mt_i(i,j)$$

この結果は，任意のペア (i,j)（ただし，$i \neq j$）に関して成立するから，(2A.3) 式を得る．

第3章 チューネン・モデルと地代形成

3.1 はじめに

　土地利用モデルは，所与の地域内において，土地を利用する様々な経済活動がどのように立地するかを説明するモデルである．一方，同じ現象を，特定の立地点をどの経済活動が占めるのかを問うという，異なる見方からも研究することができる．この章で明らかになるように，これら2つのアプローチは，いくぶん異なるものの，互換的なものである．最初のアプローチは，ミクロ経済学の方法に近く，ある経済主体がどこに立地するかを選択することに焦点を当てて分析するアプローチである．それに対して，2つ目のアプローチは，場所と密度に注目するが個々の経済主体には注目しない，多くの地理学者がとるアプローチと類似している．[1]

　市場経済では，土地は土地の価格を媒介として経済活動間に配分されるので，土地利用の問題は土地の価格が競争的経済でどのように決定されるのかという問いと同じことである．空間経済では価格メカニズムは，一般にはうまく機能しないということを前章で見てきたばかりであるから，これは実行可能な仕事のようには思われない．しかし，空間不可能性定理は，価格メカニズムが空間における経済活動の配分を決定できるという特定の経済状況を解明することを妨げるものではない．これこそが，この章で我々がまさになさんとすることである．

　そのような特別な状況の原型は，産業化以前のドイツにおける都市周辺の農業活動のパターンを説明しようとしたヨハン・ハインリヒ・フォン・チューネン（Thünen, 1826）による先駆的モデルである．彼のモデルは，各農家は地代と輸送費との間のトレードオフに直面するという基本的な考え方に依存している．彼の考えを発展させたいろいろなモデルは，アロー＝ドブリューの枠組みで取り扱うこと

---

[1] どちらのアプローチも本書で用いられる．大雑把に言えば，前者は有限な数の経済主体を持つモデルで用いられるが，一方，後者は連続体としての経済主体を持つモデルで用いられる．

ができる．なぜならば，取引は特定の所与の市場（チューネンの分析では町）で行われなければならないし，かつ，活動（チューネンの分析では作物生産）や土地は自由に分割可能であると仮定されているからである．チューネン・モデルにおいて土地市場が完全競争であると考えていることに注目すれば，チューネン・モデルが生産理論と都市経済の両分野でなぜ広範囲に研究され，かつ，そこにおいて強力な分析道具となったかを理解することは容易である．すなわち，チューネン・モデルは，外生的にその場所を与えられた市場の仮定，収穫一定および完全競争の標準的な仮定の組み合わせに依拠している．

空間における各立地点は，土壌条件，起伏，地理的位置などのような様々な要素によって特徴付けられる．地代と土地利用は，これらの特徴に依存し，立地点によって変わる．それらの中で，立地の理論家にとって最も重要なものは，空間における輸送費の差異である．デヴィッド・リカードは，地代の説明において，肥沃度の違いに力点を置いたが，チューネンは，地点間の輸送費の違いに着目した理論を構築した．そのために，チューネンは単純で明快な次のような仮定をおいた．空間は無限に広がる平野で表され，農産物を含む最終財のすべての取引が行なわれる市場が所与の地点（都市）に与えられていることを除けば，土地はすべての立地点で同質である．この仮定の下で，それぞれ特定の立地点における地代が，市場までの近さを反映していること，すなわち市場に近ければ近いほど，地代は高くなることを示す．

より一般的には，望ましい特性を持ったある特定の場所までの距離が，いわゆる**差額地代**（differential land rent）（差額とは，ある立地点までの近接性に対する差異を表す）を生じさせる理由であるという，一般的な原理が成立する．そうでなければ，なぜ地代が都市では非常に高いのかをどのように説明するのであろうか．実際，地球上の多くの居住可能地域では，土地の供給が居住用の土地に対する需要を大幅に上回っている．したがって，近接に対する要求が全くないのであれば，土地はほとんど自由財となるにちがいない．[2] これは近接性の重要性を強く示唆している．このメカニズムのいくつかの例をこの章と続く章で取り上げ考察する．

都市が所与の地点に存在し，すべての取引はそこで行われると仮定する．その特定地点における市場の存在の説明は，後の章で取り扱う．この市場の存在が，空間

---

2) 土地はまた農業生産にも用いられる．しかしながら，農業地代は一般的に都市地代よりもはるかに低い．

3.1 はじめに 71

不可能性定理が提起した困難さをうまく回避させる，空間的異質性を賦与する．以下において，大変興味深い結果がこのモデルから得られることを示す．特に，チューネン・モデルは，競争的土地市場が，異なる経済活動による空間の利用形態を決めるうえにおいて，市場としての都市（あるいは町）の存在が中心的な役目を果たしているということを示している．しかしながら，すべての取引が市場の存在する町で行われる必要は必ずしもない．特に，農業における中間財の投入物は，市場に輸送される代わりに，地域内ベースで交易されると仮定した方が合理的である．それゆえに，土地から生産されるものだが地域内で交易される中間財を導入することによって，基本モデルを拡張する．これによって，技術的リンケージが，完全競争の下での経済活動の空間的分布の上に引き起こす影響を説明できる．これは，技術的リンケージが競争均衡の存在を妨げるという第2章における2次配置問題と対照的である．結果におけるこの差異の理由は，ここでは生産活動が完全に分割可能であると仮定されており，さらに，最終財に対する需要は所与の立地点における市場からくるとされている仮定にある．

この章の目的は，大部にわたる土地利用理論において何が成し遂げられたかを広範囲にサーベイすることではない．その代わりに，チューネンの分析の下に横たわる主要な原理に焦点を当てることにする．この目的のために，3.2.1項で，一般競争均衡の枠組みで構築された単純ではあるが示唆に富むモデルの特質について調べる．具体的には，次の仮定をおく．(1)すべての経済主体はプライス・テイカー（価格受容者）であり，(2)生産者は規模に関して収穫一定の下で操業し，(3)各タイプの活動は，自由に参入できる．競争的土地市場におけるプライス・テイカーの仮定は，連続的空間における任意の立地点の近傍の土地は非常に代替的であり，したがって，土地に対する競争は非常に厳しいという理由から，正当化される．

我々の主たる関心は，どのタイプの経済主体が特定の立地点を占めるのかということの決定にある．このために，本章と土地市場を扱っている後の章において，チューネンが提案した**付け値関数**（bid rent function）を用いて土地利用均衡を決定することが便利であることを示す．付け値関数の概念は，土地利用に関するチューネンの分析を，極めて独創的で説得力のあるものにしている．ある意味で，それは，特定の地点における土地は，それ自体が1つの財に対応しており，その土地の価格は，多くの売り手と買い手の間の教科書的な相互作用によって決まるのではない，という考えに基づいている．この点に関して，Alonso (1964, 41) は，「空間としての土地は同質財であるが，立地点としての土地は連続的に差別化された財であ

る」と述べている．

とはいえ，我々の目的は，どのような生産活動の空間的分布が均衡において生じるのか，に答えると同時に，そのような活動分布を支持する地代の分布の特徴を見つけることである．この基本モデルはとても単純ながら，外生的に与えられた中心の存在が生みだす空間の異質性によって，空間不可能性定理の否定的な結論を避けうることを示している．後でこの基本モデルの2つの拡張を考える．第1に，中間財の導入であり（3.2.2項），第2に，生産における土地と労働の代替の可能性である（3.2.3項）．

次の3.3節では，チューネン・モデルを応用して単一中心都市内における都市地代の形成と住宅の分布を分析する．そのためには，Isard (1956, chap.8) によって提案され，Alonso (1964) によって本格的に展開されたように，チューネンの「町」を消費者が働くために通勤しなければならない都市の中心（中心業務地区，CBD）に置き換え，一方で，作物を耕作する農地を通勤者の住む住宅地として再解釈する．ここで我々は，職場のあるCBDへの近接性と住宅規模との間の家計のトレードオフに焦点を当てる．この単純なモデルが，都市構造の一般的な特徴と一致する一連の結果を生むことを示す（3.3.1項）．特に，都市の中心から離れるにしたがって，地代が減少するとともに，人口密度も低下することを示す．チューネン・モデルと同様に，CBDの存在は，そのような居住地構造の現出において，核となる役割を担っている．次に，均衡居住地構造の比較静学により，都市経済史が明らかにしている典型的な事実と一致する，いくつかの傾向を示す（3.3.2項）．[3] 例えば，消費者が裕福になり通勤費用が低下するとき，**郊外化**（suburbanization）に対応して住宅地の拡大が見られるという，多くの現代都市で観測される現象がこの比較静学分析で説明できる．さらに，3.3.3項において，輸送の混雑のような空間的外部性が存在しないならば，均衡居住地構造は効率的であることを示す．

前述の分析では，消費者は，選好と所得に関して同一であると仮定されていたが，次に，複数の所得階層がある場合に，モデルを拡張し，居住地構造がどのような影響を受けるかを分析する（3.3.4項）．特に，低所得の消費者が都市の中心に近いところに住み，高所得の消費者が郊外に居住することを示す．このような居住パターンは，北米で共通に観察されるが，ヨーロッパでは逆の傾向が見られる．そこで，

---

3) この点に関して，Bairoch (1988) と Hohenberg and Lees (1985) が多くの適切な情報を我々に提供してくれる．

我々は，都市の中心に集積している歴史的および文化的アメニティが北米と逆の都市内の社会階層化を生む可能性を示す．同様な設定により，都市・農村の混合型パターンの出現に光を与えることができる（3.3.4項）．

以上の分析においては，都市経済学の主流の伝統に従い，立地点と消費者の連続体を仮定し，すべての未知数を密度関数によって表すというモデルが使われる．3.3.5項において，この都市経済学の基本モデルが，連続的な都市空間に立地している有限の整数の消費者を持つ都市モデルと，どのように関連付けることができるかを示す．最後に，3.4節において，別の，しかし関連した，都市モデルについて簡単に説明する．

3.2 分割可能な経済活動の立地

3.2.1 基本モデル

町の近くの1エーカー（約4000平方メートル）の土地をある作物栽培に用いると，その他のすべての作物栽培をより遠くに押しやることになるので，それらの作物の輸送費は間接的に影響を受ける．したがって，どの作物をどこで栽培するかを決める問題は，やさしいものではなく，この難問に答えたチューネンの研究の独創性は際立っている．チューネンによる土地利用問題の分析は，その時代のものとしてはかなり抽象的であったが，完全な数学モデルではなかった．チューネンのアイデアの数学的定式化は，2つの作物の特別なケースにおけるLaunhardt（[1885], 1993, chap.30）の研究まで待たなければならなかった．任意の数の作物を取り扱った最初のモデルはDunn（1954）である．

チューネン・モデルは，次のような前提に立脚している．特色のない平野の中心に町があり，そこで，周辺地域で行われる農業活動のすべての生産物が取引される．この町と後背地によって形成されたこの国は，世界の他の地域とは経済的なつながりを持たない，すなわち，**孤立国**（isolated state）である．この孤立国は，数学的には，点として扱われる町がユークリッド平面の原点となり，一方，任意の点から町までの距離はユークリッド距離で測られる．したがって，各立地点 r は，その立地点から町までの距離 r で特徴づけられる．[4]

---

4) 一般的に，点は半径と角度によって表現されるが，ここでは空間が都市を中心とした特色のない平野であるので，角度を除外している．

n 種類の経済活動があり,各活動は異なる農産物ないし穀物を生産し,$i=1,\cdots,n$ で表される.各活動は,同じ作物を,同じ技術を使って栽培する農家の集まりと考えることができる.財 i の 1 単位の生産には,a_i 単位の土地の利用のみを必要とすると仮定する.[5] ここで,a_i は立地点とは独立の正の定数とする.したがって,各活動 i の技術は,規模に関して一定である.その結果として,距離 r における 1 単位の土地が活動 i に配分されたならば,対応する財 i の生産量 $q_i(r)$ は,次式で与えられる.

$$q_i(r)=\frac{1}{a_i} \tag{3.1}$$

一方,各立地点での土地の密度は 1 であるので,距離 r における土地密度は $2\pi r$ となる.

我々の焦点は土地利用にあるのだから,町での農産物の価格の決定に関しては,ここでは立ち入らず,それらの価格は,所与で一定であると仮定する.具体的には,財 i は町において価格 p_i で売られるとする.さらに,各財 i の町への輸送費は,財 1 単位・距離 1 単位当たり t_i の定額で与えられているとする.言い換えれば,生産と輸送市場は完全競争であると仮定する.[6]

各立地点で完全競争的土地市場が存在し,土地の機会費用はゼロであると仮定する.しかし,「はじめに」で見たように,任意の点での土地は,最も高い付け値を申し込んだ生産者がその土地を手に入れることができる入札過程にしたがって活動に配分される,と考えた方が便利である.この点に関して,チューネンは,各農家が任意の特定の立地点において利用できる 1 単位の土地を使って生みだすことができる「余剰」に基づいて付け値を申し込む過程を想定している.土地だけが唯一の

---

5) ここでは 1 単位の土地を,土地と労働の所与の組み合わせとして取り扱う.あるいは,以下で導入する価格 p_i は,地代以外のすべての投入物の費用を差し引いた作物 i の純価格と考えることもできる.労働費用の陽表的な取り扱いは 3.2.3 項で行う.

6) 実は,チューネンは,2 つの費用項目を含む,輸送費のより一般的な取り扱いをしている.第 1 の費用項目は,我々のようにかかった距離と輸送された量に比例する金銭的費用に対応する輸送費である.一方,第 2 の費用項目は,輸送の途中における初期の輸送量の一定割合の「溶解」によって与えられる輸送費である.例えば,チューネンによれば,作物の輸送費の一部は,道中に馬車を引く馬が食べる作物から成る.これは,Samuelson (1954a) が提唱し,新経済地理学(第 9 章参照)で採用された氷塊輸送費のアイデアの元を成している.

投入物であり，財は町の市場に輸送しなければならないので，その余剰は単位土地当たり $(p_i - t_i r)/a_i$ となることは明らかである．これは活動によって変わるし，立地点によっても変わる．各活動 i は，各立地点 r における財 i の生産者の土地1単位当たりの余剰として定義される，**付け値関数** $\Psi_i(r)$ によって特徴付けることができる．具体的には，立地点 r における活動 i の**付け値**（bid rent）は，次のように定義される．

$$\Psi_i(r) \equiv (p_i - t_i r)/a_i \tag{3.2}$$

農家は合理的であるので，土地1単位当たりの利潤を最大化する．プライス・テイカーであるから，立地点 r において活動 i を行う農家の土地1単位当たりの利潤 $\pi_i(r)$ は，(3.1) 式と (3.2) 式を使って，次式によって与えられる．

$$\pi_i(r) = (p_i - t_i r) q_i(r) - R(r) = \Psi_i(r) - R(r)$$

ここで，$R(r)$ は距離 r における土地1単位当たりの地代である．したがって，農家の付け値は，農産物の町での価格，輸送費，および1単位の財を生産するに必要な土地の量に依存する．利潤がゼロになるまで農家は土地に対して競争するので，距離 r に立地する農家の付け値は市場土地レントと一致する．

以上の設定の下に，競争均衡は，すべての生産者が現行の地代で活動の立地点を変えることは有利でないと判断するような，地代関数と各活動が行われる場所の組によって定義される．規模に関して収穫一定であるので，正の産出量を持つ農家の利潤は均衡においてはゼロとなる．一方で，均衡地代は負になることはない．その結果として，(3.2) 式は，各距離 r における均衡地代が次のようになることを意味している．

$$R^*(r) \equiv \max\left\{\max_{i=1,\cdots,n} \Psi_i(r), 0\right\} = \max\left\{\max_{i=1,\cdots,n} (p_i - t_i r)/a_i, 0\right\} \tag{3.3}$$

したがって，**地代関数**（land rent function）$R^*(\cdot)$ はすべての付け値関数 $\Psi_i(\cdot)$ の上位包絡線となる．言い換えると，入札の終わりには，各立地点は最も高い付け値を申し込むことができる経済主体によって占められる．[7]

各付け値関数は，距離に関して減少し，かつ線形であるので，(3.2) 式から次のように結論することができる．

命題3.1 均衡地代関数は，すべての付け値関数の上位包絡線であり，各作物は付け値が均衡地代と等しいところで栽培される．もし輸送費関数が距離に関して線形であるならば，均衡地代は距離とともに減少し，区分的に

線形であり，凸性を持つ．
　　　　・・　　　　・・・・
この命題は，本章の3.1節で示唆されたように，各地点における地代は，土地利用の限界地で得られるゼロ余剰と比較して，その地点で最大の余剰を生む活動が輸送における資源の節約に対応してもたらす差額余剰によって与えられることを示している．各活動については，地代は輸送費の節約分に等しくなっている．しかしながら，この関係は，あまり強調すべきではない．なぜならば，この結果は，固定技術係数の仮定に依存しているからである（3.2.3項を参照）．図3.1には，3種類の活動のケースにおける均衡の地代構造と土地利用パターンが描かれている．この図において，地代の各線分は，対応する作物の付け値を表している．

命題3.1から，均衡では，各作物に配分される地域は，よく知られているように，市場のある町を中心としたリング（環）の形を持つ．栽培されるすべての作物のうち，最も勾配のきつい付け値関数を持つ作物が町に最も近いところに立地し，2番目に勾配のきつい付け値関数を持つ作物が次のリングに立地するというように，町からの距離によって耕作される作物の場所が順序づけられる．したがって，市場のある町に近いゾーンが，土地集約的な作物に配分される，あるいは，輸送費の高い財を耕作する活動に当てられるということは，必ずしも正しくない．より正しくは，各作物の耕作地帯の町からの順序は，比率 t_i/a_i によって定義された付け値関数の勾配の大きさによって決まる．例えば，もしもいくつかの活動が産出量1単位当たり大体同じだけの土地を使うような場合には，（腐りやすいなどの理由で）輸送が難しい財は，市場のある町の近くで生産され，一方，簡単に輸送できる財は，消費地から遠く離れたところで生産される．逆の例として，輸送費が財の間で同じであれば，土地集約的な活動は市場のある町の近くに立地し，土地粗放的な活動は，中心から離れたところに立地する．

---

7) もし立地点の数が有限であるならば，地代は財が2番目に高い留保価格で売られるという英国式オークションの成果によって与えられることになる．任意の放射線上に沿った近隣の立地点間の距離がゼロになるとき，2番目に高い留保価格は，命題3.1が示すように，各立地点の最も高い留保価格になることが示される（Asami, 1990）．しかしながら，土地利用パターンが価格，賃金あるいは効用水準などとともに決定されるという，より一般的な設定では，これはもはや正しくない．このような文脈において，付け値関数がどのように標準的なせり売り過程から出てくるかは明らかではない．

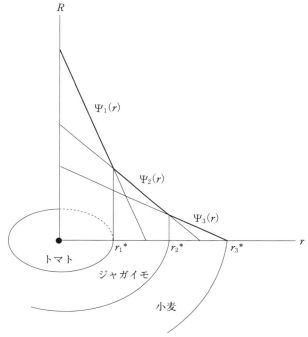

図 3.1 3種類の作物の場合のチューネン・リングと地代の形状

　命題3.1には，さらにいくつかの含意がある．第1に，すべての活動が，町を中心として分布しており，したがって，町は空間における生産構造の核の役割を果たしている．第2に，各立地点は特化されていて，各活動はリング状の土地ごとに空間的に分離されている．ただし，3.2.2項で見るように，他の文脈では，異なる活動が同じ立地点で統合生産されることも生じうる．最後に，

$$\Psi_k(r) < R^*(r) \quad (すべての\ r \geq 0\ に対して)$$

となるような活動 k の均衡産出量はゼロとなる．なぜならば，平野のどの地点においても，その他の活動よりも高い地代をつけるに十分な余剰を生みだすことができないからである．

　このことを考慮しながら，次のような少し脇道に逸れた話をしておきたい．市場のある町は，小国の開放経済における港のある都市とみなすことができる．農産物が港のある都市に一度集められると，それらは国内で売却されるか，または世界のその他の国へ輸出されるかである．この場合には，作物の量は主として国際市場で

支配的な財の価格によって決定される．その結果として，輸出財の価格が十分に高い場合には，域内人口だけで消費していた作物のあるものは，低い余剰しか生み出さないので，生産されなくなるかもしれない．言い換えれば，域内の住民は必要とする農産物を輸入するために高い価格を支払わなければならないので，貿易は域内人口にとって有害となるように思えるかもしれない．だが，この議論は必ずしも正しくない．以下で議論するように，市場による作物の立地配分は，最も高い社会的余剰を生み出す．そのため，住民は貿易を行う場合の方が潜在的により高い厚生を達成することができる．なぜならば，輸入財の費用を差し引いた純余剰が，輸入財を地域で生産したときの余剰よりも高くなるからである．ここで，問題になるのは土地所有権の構造である．もし土地が住民によって共同で所有されているならば，住民の厚生は上がるが，反対に，不在地主や非生産的なエリートが地代を得るならば，人々の厚生は下がる．したがって，貿易それ自体が，地域内の住民にとって有害となるわけではない．地域住民の厚生にとって重要なことは，土地の所有権の構造である．

表記を簡略化するために，以下において，均衡ではすべての経済活動は正の産出量を持つと仮定する．一般性を損なうことなしに，付け値関数の傾き（絶対値における）の大きいものから小さいものへと，以下のように活動に記号を付け直す．

$$t_1/a_1 \geq \cdots \geq t_n/a_n$$

そうすると，均衡土地利用パターンは，付け値関数を用いて，次のように決定できる．活動1が町に隣接した付近で最も高い余剰を生み出すので，活動1は円盤状の土地を使う．半径 r_1^* は，

$$\Psi_1(r_1^*) = \Psi_2(r_1^*)$$

の条件より，

$$r_1^* = \frac{p_1/a_1 - p_2/a_2}{t_1/a_1 - t_2/a_2}$$

と求まる．r_1^* のすぐ外側では，活動2の余剰が活動1のそれよりも大きくなるので，活動2が行われる．同様に，各活動 $i(=2,\cdots,n-1)$ の生産が行われるリングの内側半径 r_{i-1}^* は，

$$\Psi_{i-1}(r_{i-1}^*) = \Psi_i(r_{i-1}^*)$$

の条件より求められ，その外側半径 r_i^* は，

$$\Psi_i(r_i^*) = \Psi_{i+1}(r_i^*)$$

の条件より求まる．なぜならば，2つの付け値は2つの隣接したリングの境界で等

しくなるからである．この方程式を解くと，次式を得る．

$$r_i^* = \frac{p_i/a_i - p_{i+1}/a_{i+1}}{t_i/a_i - t_{i+1}/a_{i+1}}$$

最後に，耕作地帯の限界距離 r_n^* は，土地の機会費用をゼロと仮定しているので，

$$\Psi_n(r_n^*) = 0$$

の条件より，次のように求まる．

$$r_n^* = p_n/t_n$$

この距離を超えると，チューネンの言う荒野となる．

均衡が競争的であり，外部性が存在しないので，この同心円状の均衡生産パターンは社会的に最適となると予想できる．実際，これが正しいことを以下で示そう．そのために，穀物の総価値から総輸送費を差し引いた，以下の S を**社会的余剰**（social surplus）と定義する．

$$S \equiv \sum_{i=1}^n p_i Q_i - \sum_{i=1}^n T_i \tag{3.4}$$

ここで，Q_i は活動 i の総産出量であり，T_i はそれに対応する総輸送費である．(3.3) 式を用いて，社会的余剰は**総地代**（aggregate land rent）と同一となることが，以下のように容易に示せる．

各距離 r における活動 i が利用する土地の比率を $\theta_i(r) \geq 0$ とする $\left(\sum_i \theta_i(r) \leq 1\right)$．そのとき，距離 r で利用できる土地は $2\pi r$ であるので，各活動 i の産出量 Q_i とそれに対応する輸送費 T_i は以下のように計算できる．

$$Q_i = \int_0^\infty \theta_i(r) 2\pi r/a_i \, \mathrm{d}r$$
$$T_i = \int_0^\infty [\theta_i(r) 2\pi r/a_i] t_i r \, \mathrm{d}r$$

Q_i と T_i を (3.4) 式に代入し，(3.2) 式を使うと，次式を得る．

$$S = 2\pi \int_0^\infty \left[\sum_{i=1}^n \theta_i(r) \Psi_i(r)\right] r \, \mathrm{d}r$$

それゆえに，$\theta_i(\cdot)$ に関して S を最大化することは，各距離 r において，$\sum \theta_i(r) \leq 1$ を制約条件にして括弧 [ ] でくくられた部分を最大化するように $\theta_i(r)$ の値を選ぶことと等しくなる．したがって，活動 i は，距離 r において，その付け値関数 $\Psi_i(r)$ が正であり，かつすべての付け値のうち最大である場合のみ，距離 r で実行されることが，容易にわかる．それゆえに，チューネン・モデルにおいて最適土地

利用と市場均衡解は等しくなり，どちらも同じ同心円状のパターンとなる．

コメント Koopmans and Beckmann (1957) は，1次の配置問題の場合もまた研究している．各企業 i は，立地ごとに異なる与えられた価格で，世界のその他地域へ財を販売し収入を得る．この設定では，企業は直接に財を交換しない．その代わりに，産出物と投入物は，チューネン・モデルのように，与えられた場所に存在する市場に出荷されるという設定である．企業の整数制約を緩和することによって，1次の配置問題は線形計画問題に置き換えることができる．フォン・ノイマンは，この線形計画の解が，整数によって与えられる，つまり，各企業はただ1つの立地点に配置されるということを証明している．この線形計画問題の双対によって得られる影の価格は，立地点に依存しており，地代の特性を持っている．したがって，競争均衡は存在し，最適解は競争土地市場を通じて分権的に達成されうる．

もし生産関数が固定係数型で，かつ土地以外の各生産要素の限界生産性がどの地点でも同じならば，上記の分析は，複数の生産要素の場合に容易に拡張できる．新古典派的技術の場合は，より複雑であり，これについては，3.2.3項で分析する．

チューネン・モデルでは，n 種の農業活動の各々は土地と労働が必要であり，一方，$(n+1)$ 番目の工業製品は，町で労働（あるいは職人）だけを使って生産されると仮定すれば，完全な一般均衡モデルとして閉じることができる．このような仕事の特化は，都市と農村との間の伝統的な労働の分業を反映している．労働者は部門間を完全に移動でき，地主は町に居住している．また，彼らはすべて $(n+1)$ 財に関して同一な（ホモセティックな）選好を持っている．実質賃金がすべての労働者に対して同じで，農産物と工業製品の価格は内生的に決まるような一般空間均衡モデルの解は，$n=2$ の場合は Samuelson (1983) によって，$n=1$ の場合は Nerlove and Sadka (1991) によって研究されている．

残された課題は，後背地から農産物を移入し，かつ，後背地に工業製品を移出する町が，いかにして均衡解として出現するかを説明することである．言い換えれば，製造企業と労働者を町に引きとめる力は何か，という問いである．第10章において，我々はより一般的な研究戦略を用いて，この問いに答える．

3.2.2 技術的リンケージと経済活動の立地

さてここまでは，生産された各々の財が，消費される市場の存在する町へ輸送されると想定してきた．経済学の中で出会わすよく知られた難解な問いは，中間財の

存在を考慮する場合である．いくつかの財が他の財を生産するための投入財として利用されるとき，チューネン・モデルで得られる同心円状パターンがどのようになるのかを解明することは，興味深いことである．我々の知る限りでは，この問題はMills（1970; 1972a, chap.5）によって最初にモデル化され，Goldstein and Moses（1975）によってさらに拡張された．そこでは，投入財としての農産物は，町を通って輸送される必要はなく，最短ルートで輸送されると仮定されている．

生産の空間的組織化における主な変更点は，いくつかの財が，前節におけるように，それぞれ分離された立地点で生産される代わりに，同じ立地点で同時に生産される可能性があるという点である．このような経済の働きを説明するために，以下では，エドウィン・ミルズのモデルを少しばかり修正したものを採用する．2つの農業財が存在し，財2は財1を生産するための投入財としてのみ使用され，財1は，市場が存在する町に輸送され，所与の価格 p_1 で販売されると仮定する．均衡形状を決定するために，どのようにすべての均衡条件が相互作用するのか，なぜ完全市場の仮定が必要なのか，ということを知るために，この特定のモデルを詳細に研究してみよう．

以前と同様に，財 i の1単位の生産には一定量の土地 a_i が必要であるとする．しかし，財1の1単位の生産には，財2の b 単位も必要である．一般性を損なうことなしに，単位を適当に調整して，$b=1$ とする．したがって，Q_1 は生産された財1の量で，Q_2 が財2の必要量とすると，$Q_1 = Q_2$ となる．

耕作地の限界均衡距離 r_2 は，財1の総生産量に依存しているが，土地が2つの活動の間に配分される方法には依存しないということに注意しよう．実際，次式が成り立ち，

$$a_1 Q_1 + a_2 Q_2 = (a_1 + a_2) Q_1 = \pi r_2^2$$

よって，

$$r_2 = [(a_1 + a_2) Q_1 / \pi]^{1/2}$$

となる．

与えられた地代と要素価格の下で，立地点を変えたいと思う生産者が存在せず，中間財についての均衡条件が満たされているとき，均衡土地利用となる．モデルは線形であるので，中間的なケースを無視し，2つの両極の形状，すなわち両活動とも各立地点において一緒に行われる統合型と，3.2.1項のように2つの活動が分離されて行われる分離型に着目する．空間的価格均衡条件は，統合型均衡の場合には，財2を輸送することは有利でないことを意味する．一方，分離型均衡の場合には，

財1が生産されている立地点における財2の価格は，2つの領域間の境界点での財2の1単位当たりの価格と境界点から生産点までの輸送費の合計に等しいこと，を意味する．

各形状の下での均衡条件を識別するために，以前と同様に，各活動に関する付け値関数を利用する．もし，$p_2^*(r)$ が r での財2の均衡価格を表すとすると，各 r における活動 $i=(1,2)$ の単位土地当たりの余剰（あるいは付け値）は次のように定義される．

$$\Psi_1(r) = \frac{p_1 - t_1 r - p_2^*(r)}{a_1} \tag{3.5}$$

$$\Psi_2(r) = \frac{p_2^*(r)}{a_2}. \tag{3.6}$$

最初に，統合型形状を考えてみよう．この場合，2つの活動は図3.2に示されるように，各 $r \leq r_2$ で同じ付け値を持つ必要がある．すなわち，

$$\frac{p_1 - t_1 r - p_2^*(r)}{a_1} = \frac{p_2^*(r)}{a_2}$$

となり，以下が得られる．

$$p_2^*(r) = \frac{a_2}{a_1 + a_2}(p_1 - t_1 r) \tag{3.7}$$

限界耕作地点 r_2 で $\Psi_2(r) = 0$（すなわち $p_2^*(r) = 0$）と置くと，次を得る．

$$r_2^* = p_1/t_1$$

財2を輸送することは利益にならないという条件が満たされるならば，統合型形状は均衡である．(3.7)式は距離に関して線形であるために，これは次のことを意味する．

$$t_2 \geq \left| \frac{d p_2(r)}{dr} \right| = \frac{a_2 t_1}{a_1 + a_2}$$

つまり，

$$\frac{t_2}{t_1} \geq \frac{a_2}{a_1 + a_2} \tag{3.8}$$

を得る．この条件は，2つの財の生産に用いられる土地の相対的集約度が所与のときに，財2の単位輸送費が，財1の単位輸送費より相対的に高い，それゆえに，財2の輸送費を節約することは，財1の輸送費を節約するよりもより望ましい，ということを意味する．

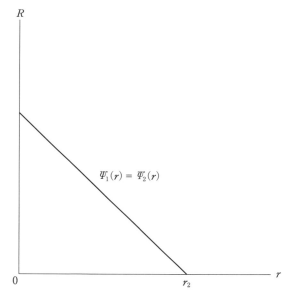

図 3.2 統合型に対応する地代形状

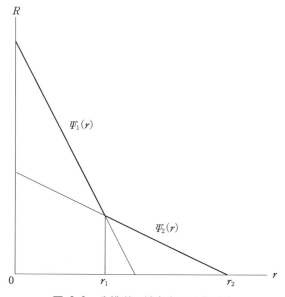

図 3.3 分離型に対応する地代形状

次に，分離型形状の場合は，もう少し複雑である．図3.3のように財1は r_1 まで生産され，一方，財2は r_1 から r_2 まで生産されると仮定しよう．財2の市場は競争的であるため，すべてがあたかも町に財2の市場があるかのように機能する．したがって，町での財2の均衡価格を p_2^* とすると，財2が r で利用されるとき，次式が成り立つ．

$$p_2^*(r) = p_2^* - t_2 r \tag{3.9}$$

(3.9) 式を (3.5) 式と (3.6) 式に代入すると，次式を得る．

$$\Psi_1(r) = \frac{p_1 - p_2^* - (t_1 - t_2) r}{a_1}$$

$$\Psi_2(r) = \frac{p_2^* - t_2 r}{a_2}$$

未知の3変数 p_2^*，r_1 と r_2 は，以下の均衡条件を使って決定することができる．第1に，2つの活動が境界 r_1 で同じ付け値を持つ．

$$\frac{p_1 - p_2^* - (t_1 - t_2) r}{a_1} = \frac{p_2^* - t_2 r_1}{a_2}$$

第2に，活動2の付け値は限界耕作地点 r_2 でゼロである．

$$r_2 = p_2^* / t_2$$

第3に，$Q_1 = Q_2$ の条件より，次式を得る．

$$\frac{\pi r_1^2}{a_1} = \frac{\pi (r_2^2 - r_1^2)}{a_2}$$

したがって，

$$r_2 = \left(\frac{a_1 + a_2}{a_1} \right)^{1/2} r_1 \equiv k r_1$$

となる．ここで，$k \equiv ((a_1 + a_2)/a_1)^{1/2} > 1$ である．上記の3つの条件から，以下が得られる．

$$r_1^* = \frac{a_2 p_1}{(k-1)(a_1 + a_2) t_2 + a_2 t_1}$$

$$r_2^* = \frac{a_2 k p_1}{(k-1)(a_1 + a_2) t_2 + a_2 t_1}$$

$$p_2^* = k t_2 r_1^*$$

図3.3が示すように，分離型形状が均衡であるためには，作物1の付け値曲線は，境界 r_1^* で作物2の付け値曲線と上から交わらなければならない．つまり，

$$-\frac{\mathrm{d}\Psi_1(r)}{\mathrm{d}r} \geq -\frac{\mathrm{d}\Psi_2(r)}{\mathrm{d}r}$$

となる．これより，次式が導かれる．

$$\frac{t_1-t_2}{a_1} \geq \frac{t_2}{a_2}$$

つまり，

$$\frac{t_2}{t_1} \leq \frac{a_2}{a_1+a_2} \tag{3.10}$$

となる．以上をまとめて，次の命題3.2が得られる．

命題3.2 (i) もし，

$$\frac{t_2}{t_1} \geq \frac{a_2}{a_1+a_2}$$

であるならば，統合型形状が均衡である．
(ii) もし，

$$\frac{t_2}{t_1} \leq \frac{a_2}{a_1+a_2}$$

であるならば，分離型形状が均衡である．

常に，均衡は存在するが，いかなる形状でも正の輸送費が必要である．これは，空間不可能性定理と矛盾しない．なぜならば，中心の存在が生産者の決定の調整を容易にする空間の異質性をもたらすからである．加えて，活動は，限定された数の番地を持たないという意味で，完全に分割可能である．さらに，均衡においては，第2章におけるように，正の輸送費を伴う相互作用が生まれることもある．これは，財1の生産者への中間財の単位輸送費 t_2 が，市場のある町に最終財1を運ぶ単位輸送費 t_1 に比べて低いときに起こる．この場合，均衡では，中心付近の土地は財1の生産に特化し，一方，財2はより離れたところで生産される．すなわち，チューネン・モデルのように，生産のパターンは同心円状となる．さもなければ，2つの活動は相互作用的な輸送費を節約するために空間的に統合される．なぜならば，2次の配置問題で仮定されていることとは異なり，活動は完全に分割可能であるからである．したがって，中間財が存在する場合には，空間均衡は特化を必ずしも意味しない．[8]

その結果として，技術的リンケージがあるときには，市場均衡で決まる空間的形状のタイプは，単位輸送費の相対的な値によって変化する．これは重要な含意を持つ．すなわち，産業革命以来の輸送費の低下は，経済活動がその立地点について無差別となるということを意味しない．たとえ輸送費が低下したとしても，空間組織にとって重要なことは，単位輸送費の相対的な変化なのである．

もちろん，より一般的な投入産出構造を考え，さらに所与の価格 p_1 と p_2 で市場のある町を通じて外部との移入出を認めることによって孤立国の仮定を緩和するならば，均衡立地パターンはより豊かになる（Goldstein and Moses, 1975）．例えば，各活動が他の生産物を中間財として利用するとき，もし移入がなければ，内側リングの土地は活動1に特化され，一方，外側リングの土地は統合利用される．すなわち財2は，第1リング内で利用されるために生産されるが，また，第2リングの中でも局所的に財1を生産するために生産され，逆に，財1は地域内投入物として財2を生産するために用いられる．Goldstein and Moses（1975, 77）は，彼らのアプローチと2次の配置問題のモデルと比較して，次のように述べている．

> 2財を導入し，かつ，それらの財を売買する市場を持つ中心が存在するモデルを設定することによって，完全な相互依存と正の輸送費を持つ均衡に達することができる．

したがって，最終財に対する市場の存在を組み込んだ土地利用の連続体アプローチは，些細とは言い難い均衡を生み，重要な結果を導くことができる．あいにく，このようなモデルは，財の数が増加するとき，可能な均衡パターンの数が多くなり，すぐに手に負えなくなる．しかしながら，均衡において，生産物が外側リングに向けて輸送されることはない，例えば，本節の例においては，財2は特定の地点で消費されるか（統合型のケース），あるいは内側リングに向けて輸送されるか（分離型のケース），のどちらかである．Schweizer and Varaiya（1976）は，レオンチェフ型の投入産出技術を持つ n 財の一般的な場合において，均衡ではいつも一方向の交易，すなわち，財は市場に向けて出荷されるか，または同一立地点で用いられるか，であることを示している．

上述したように，Koopmans and Beckmann（1957）による研究は，空間経済に

---

8) 異なる文脈における同様の結果として第6章を参照．

おける最適配置の分権化による達成の（不）可能性についての，長年にわたる議論の発端となった．もちろん，この問題を適切に取り扱うには，些細でない競争均衡が存在する枠組みの中で研究されなければならない．この観点から，命題3.2は興味深い出発点を提供する．さらに，Mills (1970; 1972a, chap.5) もまた，前述のモデルの中で，条件 (3.8) が満たされるとき，かつ，そのときのみ，統合型の形状は社会的に最適であるということを示した．なぜならば，中間財の輸送費を節約することが引き合うからである．一方，(3.10) 式が満たされるときには，社会的に望ましいのは分離型の形状である．なぜならば，最終財の輸送費を節約することが引き合うからである．それゆえに，最適解は，均衡として達成することができ，逆もまた同様である．以上の結果は，より一般的な性質を具現している．つまり，Schweizer and Varaiya (1976) は，任意の投入産出技術を持つ n 財の一般的な単一中心経済において，最適な土地利用パターンは，中心からの距離について減少かつ凸性の性質を持つ地代によって常に支持されることを示している．この結論は，分割可能な活動と技術的リンケージを持つ空間経済の第2厚生定理と同値である．

したがって，我々は，活動が完全に分割可能であり，かつ最終財に対する単一市場が存在するときは，中間財の存在が競争均衡の存在を妨げることはない，と結論づけても差し支えない．さらに，ミルズのモデルにおいて，任意の均衡は効率的である，という第1厚生定理が保持されることが示されている (Goldstein and Moses, 1975)．この結論は，Schweizer and Varaiya (1976) に匹敵するような一般的な場合にはまだ示されていないが，分割可能な活動の場合にはかなり一般的に成り立つと思われる．活動の分割性の下におけるこの結果の一般性は，活動を相互に自由に接近させることができるので，統合型形状が常に実行可能であることに基づいている．この場合に，市場の失敗は存在しない．後の3.3.3項で同様な結果の例をさらに紹介する．

3.2.3 新古典派的技術のケース

チューネンは限界分析の創始者とみなされているが，彼のモデルは固定技術係数を仮定している限りにおいて，古典派経済学の領域に属する．より現代的なアプローチは，土地と労働の代替を認めることによって得られる．この問題は，Beckmann (1972a) によって取り組まれた．彼は，新古典派のコブ＝ダグラス型生産関数のケースを考究したが，より一般的な生産関数も同様に考えることができるだろう．ここでは，関数のパラメータは活動ごとに変わると仮定し，この問題を少

し一般化したモデルで分析しよう．3.2.1節の仮定はそのまま保持するが，生産関数を（3.1）式から次式に置き換える．

$$q_i(r) = f(x_i(r)) = [x_i(r)]^{\alpha_i}$$

ここで，$x_i(r)$ は，単位土地当たりの労働量（正確には，密度）を表す．一方，$q_i(r)$ は単位土地当たりの財 i の産出量である．この表記の中で，$0 < \alpha_i < 1$ は財 i 生産における土地と労働の間の代替パラメータを表している．したがって，労働の限界生産性は正で減少する．同様に，$f(x_i) - x_i f'(x_i)$ によって与えられる土地の限界生産性もまた正で減少する．

立地点 r における財 i の生産者が得る単位土地当たりの利潤 $\pi_i(r)$ は，次式で与えられる．

$$\pi_i(r) = (p_i - t_i r)q_i - w x_i - R(r) \tag{3.11}$$

ここで，w は賃金率であり，単純化のために所与で固定され，立地間で一定であると仮定する．利潤最大化の雇用水準は，

$$x_i^*(r) = \left[\frac{\alpha_i(p_i - t_i r)}{w}\right]^{\frac{1}{1-\alpha_i}} \quad \left(r \leq \frac{p_i}{t_i} \text{ に対して}\right) \tag{3.12}$$

となる．したがって，各活動において，市場が存在する町から離れるに従い，労働投入はだんだん少なくなり，よって，均衡産出量は町への距離とともに連続的に減少する．（3.12）式を（3.11）式に代入し，$\pi_i(r) = 0$ と置き，活動 i が立地点 r において得る最大余剰を求めることができる．その結果として，この活動に関する付け値関数は次のように定義される．

$$\Psi_i(r) = (1 - \alpha_i)(\alpha_i/w)^{\beta_i}(p_i - t_i r)^{1+\beta_i} \quad \left(r \leq \frac{p_i}{t_i} \text{ に対して}\right)$$

ここで，$\beta_i \equiv \alpha_i/(1-\alpha_i) > 0$ である．したがって，各付け値関数は距離に関して減少し，厳密な意味で凸である．

3.2.1項と同様にして，均衡地代は次のように与えられる．

$$\begin{aligned}R^*(r) &\equiv \max\left\{\max_{i=1,\cdots,n} \Psi_i(r), 0\right\} \\ &= \max\left\{\max_{i=1,\cdots,n}(1-\alpha_i)(\alpha_i/w)^{\beta_i}(p_i - t_i r)^{1+\beta_i}, 0\right\}\end{aligned}$$

したがって，以下のように結論できる．

命題3.3 もし，生産関数が1次同次のコブ=ダグラス型関数によって表され，賃金率が立地間で一定であるならば，均衡地代は市場が存在する町への

距離とともに減少し，厳密に凸である．

したがって，新古典派の生産関数を使っても，立地の一般的なパターンは影響を受けない．すなわち，そのパターンは同心円のリングによって描くことができるし，一方，地代はチューネン・モデルのように，距離に関して減少し，かつ凸である．

しかしながら，チューネン・モデルにおけるような，土地利用ゾーンを説明する単純で洗練された条件は，もはや保持されない．さらに最も驚くべき結果は，おそらく，雇用水準が活動間で連続的でなく，かつ減少関数でもないかもしれないことである．我々は，それらの関数が各リング内で連続的で，かつ減少することを見てきたが，それは，2つの活動間の境界では必ずしも成立しない．実際，均衡条件は，活動 i が立地する任意の距離 r で，地代は土地の限界生産性に等しく，一方，賃金は労働の限界生産性に等しいことを意味する．すなわち，

$$R(r) = (1-\alpha_i)[x_i^*(r)]^{\alpha_i}(p_i - t_i r)$$

および

$$w = \alpha_i [x_i^*(r)]^{\alpha_i - 1}(p_i - t_i r)$$

となる．これら2つの式の比を取れば，

$$\frac{R(r)}{w} = \frac{x_i^*(r)}{\beta_i}$$

となる．i 番目のリングと $(i+1)$ 番目のリングの境界 r_i^* において，同じ関係が活動 $(i+1)$ について成立し，$R(r)/w$ は同じであるので，次式を得る．

$$\frac{x_i^*(r_i^*)}{\beta_i} = \frac{x_{i+1}^*(r_i^*)}{\beta_{i+1}}$$

それゆえ，もし，係数 β_i がすべての活動で同じならば（すなわち，生産関数がすべての活動で同一であるならば），しかもそのときに限り，単位土地当たりの雇用水準は活動間で連続で，$x_i^*(r_i^*) = x_{i+1}^*(r_i^*)$ となる．この場合，均衡雇用水準は，市場が存在する町への距離に関して連続で，減少関数である．

一方，もし，係数 α_i が活動間で異なるならば，2つのリング間の境界において雇用水準は連続でなくなる．それにもかかわらず，労働投入は減少するかもしれない．いつそうなるかを見てみよう．$x_i^*(r_i^*) > x_{i+1}^*(r_i^*)$ が成立するためには，$\beta_i > \beta_{i+1}$，つまり，$\alpha_i > \alpha_{i+1}$ でなければならない．それゆえに，均衡において，もし活動の立地点の順序が，財の生産における労働シェアの減少する順序と同一ならば，労働投入量は減少する（しかし，連続ではない）．しかし，この条件が均衡に

おいて満たされると予想する理由はない．したがって，土地利用は特化され，リング状であるけれども，土地利用が1つの活動から次の活動へシフトするときには，雇用水準は急に上昇したり下落したりすることが起こりうる．

最後に，市場地代 $R^*(r)$ を観察することにより，任意の所与の活動に対して，地代の減少が，対応する輸送費の上昇をもはや完全には補償していないことに留意してほしい．地代の変化が，労働から土地への代替を引き起こし，地代と輸送費の関係は単純ではなくなる．そこで，3.3.1項でこの問題に戻ろう．

3.2.4 文献ノート

活動が市場の存在する町から遠ざかるときに生産技術の再変換の可能性について，多くの研究がなされた．主要な結果は，Schweizer (1986) にまとめられている．

3.3 都市の地代

3.3.1 単一中心都市における居住地均衡

都市構造の経済学の核心には，(i) 人々はより長い通勤よりもより短い通勤を選好し，および (ii) 人々はより狭い空間よりもより広い空間を選好する，という2つの基本的な前提がある．これらの前提に基づき，単一の中心を持つ都市構造の以下の分析では，Alonso (1964)，Mills (1967) ならびに Muth (1969) が発展させたアプローチ，すなわち，家計が直面する住宅規模と就業地への近接性の間のトレードオフのモデルを採用する．

このトレードオフが，どのように働くのかを説明するために，単一中心都市を考察する．すなわち，都市は**中心業務地区** (CBD) と呼ばれる唯一の固定された一定規模の中心を持ち，すべての雇用機会は CBD にある．単純化のために，CBD は点として扱い，そして空間は CBD までの距離を除いて，同質であると仮定する．この文脈において，住宅立地における唯一の空間的特性は，CBD からの距離だけである．したがって，モデルは本質的に1次元モデルである．3.2.1項で説明したチューネン・モデルと比較すると，市場が存在する町を CBD に，作物を耕作するための土地を宅地に置き換えたモデルである．

土地市場は，あたかも各家計が，可能な各立地点に対して居住するために支払うことができる土地1単位当たりの最大の地代を評価しながら立地を選択するかのように，機能している．その結果，各立地点は最高の地代を提供する家計が住む．勤

務先のある CBD に近いほど土地に対する競争が激しいので，家計は，住居と CBD との間の距離が小さいほど，より高い地代を支払うことになる．別の言い方をすれば，人々は，より高い通勤費用を支払うことによって，より広い宅地を選択する．その単純さにもかかわらず，単一中心都市モデルは，空間経済学の主要な原理，すなわち，地代は経済主体が望ましいと評価する特定の場所への近接性を反映している，ということを説明できる．

CBD に通勤する同一の労働者（あるいは消費者）の連続体 N を仮定しよう．彼らは CBD で所与の一定の所得 Y を得る．各消費者は，土地以外のすべての消費財を含む合成財の消費量 z と住宅の敷地規模 s に依存する効用関数 U を持っている．[9] ただし，合成財は世界市場から同一の固定価格 1 で，どこでも購入可能である．効用関数 U は各財に関して厳密な意味で増加し，2 回連続微分可能であり，そして厳密な意味で準凹である．なお，z と s は必需品（各無差別曲線は各軸を漸近線として持つ）である．さらに，敷地規模 s は正常財と仮定される．もし，消費者が CBD から距離 r のところに立地するならば，その予算制約は，$z+R(r)s+T(r)=Y$ によって与えられる．ここで，$R(r)$ は距離 r における土地 1 単位当たりの地代であり，$T(r)$ は距離 r における通勤費用を表す（合成財をニューメレールとする）．我々は通勤に混雑がないと仮定し，$T(r)$ は距離に関して厳密な意味で増加し，$0 \leq T(0) < Y < T(\infty)$ である．

以上の仮定の下に，消費者の住居選択問題を次のように表す．

$$\max_{r,z,s} U(z,s) \quad \text{s.t.} \quad z+sR(r)=Y-T(r) \tag{3.13}$$

ここで，$Y-T(r)$ は r における純所得である．標準的な消費者問題と異なる唯一の点は，ここでは，各消費者は，支払う地代と通勤費用および消費バンドルに影響を与える，住居の立地点 $r \geq 0$ を選択しなければならないことである．この問題は，$T(r)$ で表される就業地への近接性と s で表される土地消費との間の，トレードオフを要約したものであるということは明らかである．

消費者は選好と所得に関して同一であるから，**居住地均衡**（residential equilibrium）において，すべての消費者は立地点に関係なく同じ効用水準 u^* を達成しな

---

9) 都市内で変化する人口密度と敷地規模に焦点を当てるために，単純に 2 つの変数 z と s から成る効用関数を用いる．しかしながら，このモデルは，住居に対する非土地投入財，さらにはいくつかの消費財を含む場合にも容易に拡張できる（Fujita, 1989, 44）．

ければならない．チューネン・モデルの (3.2) 式によって定義された付け値においては，各活動 i の均衡利潤水準はゼロであると暗黙のうちに仮定されている．対照的に，ここでは，人口移入，あるいは人口移出がないので，均衡効用水準 u^* は内生的に決まる．したがって，土地市場はすべての立地点にわたって相互に依存している．チューネン・モデルにならって，消費者の付け値関数 $\Psi(r, u)$ を，効用水準 u を維持しながら，消費者が距離 r で土地1単位当たりに支払いうる最大の地代と定義する．[10] 住居選択問題が (3.13) 式で与えられるとき，付け値関数は，

$$\Psi(Y-T(r), u) \equiv \Psi(r, u) = \max_{z,s} \left\{ \frac{Y-T(r)-z}{s} \quad \text{s.t.} \quad U(z,s)=u \right\} \tag{3.14}$$

と表される．実際，距離 r に居住し，消費バンドル (z, s) を選ぶ消費者にとって，$Y-T(r)-z$ は地代支払いに利用できる額である．したがって，$[Y-T(r)-z]/s$ は r における土地1単位当たりに支払いうる地代を表す．よって，効用制約 $U(z, s)=u$ の下で消費バンドル (z, s) を最適に選択することで，この地代が最大化されるとき，付け値 $\Psi(r, u)$ は得られる．[11]

効用 U は厳密な意味で z に関して増加しているから，効用制約 $U(z, s)=u$ を z について解くことによって，合成財 z の消費量 $Z(s, u)$ が唯一求められる．この $Z(s, u)$ は，s に関して減少し，かつ厳密な意味で凸であり，$\lim_{s \to 0} Z(s, u) = \infty$ であり，一方，u に関して増加していることが容易にわかる．この関数を用いて，付け値関数 (3.14) を次式のように再定義することができる．

$$\Psi(r, u) = \max_s \left\{ \frac{Y-T(r)-Z(s, u)}{s} \right\} \tag{3.15}$$

したがって，図 3.4 に示されているように，距離 r に住む消費者の均衡消費バンドルは，傾きが $\Psi(r, u)$ に等しい予算線と効用水準 u の無差別曲線の接点として得られる．

純所得 $Y-T(r)$ が正である各距離 r において，(3.15) 式に対する唯一の解を $S(r, u)$ によって示す．

---

10) ここでの付け値関数は，Solow (1973) が用いた間接効用関数と本質的に同じであり，したがって，ミクロ経済学で開発された双対理論と密接に関連している．

11) 純所得 $Y-T(r)$ が正の場合は，U が厳密な意味で準凹関数であるから，効用を最大化する消費バンドル (z, s) は一意に存在する．

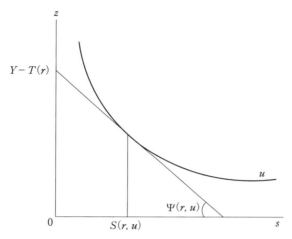

図 3.4　r における均衡消費バンドル

合成財の価格は 1 であるから，地代が R で，純所得が I で表されるとき，間接効用関数は $V(R, I)$ で表示される．付け値の定義によって，次の恒等式が成立する．

$$u \equiv V(\Psi(r, u), Y - T(r)) \tag{3.16}$$

土地に対する消費 $S(r, u)$ は，マーシャルの需要関数 $\hat{s}(R, I)$ によって与えられる．消費者は空間にわたって同じ効用水準を持っているから，$\hat{s}(R, I)$ はまたヒックスの需要関数 $\tilde{s}(R, u)$ と等しくなる．

$$S(r, u) \equiv \hat{s}(\Psi(r, u), Y - T(r)) \equiv \tilde{s}(\Psi(r, u), u) \tag{3.17}$$

言い換えれば，消費者が立地点 r を変えるとき，付け値は効用水準を同じにとどめるために調整される．

次に，付け値関数と敷地規模関数の性質を調べよう．(3.15) 式を r で微分し，包絡線定理を適用することによって，T は r に関して増加しているから，以下の式を得る．

$$\frac{\mathrm{d}\Psi(r, u)}{\mathrm{d}r} = -\frac{T'(r)}{S(r, u)} < 0 \tag{3.18}$$

したがって，土地に対するヒックスの需要は地代に対して減少しているから，(3.17) 式を使うことによって，以下の関係を得る．

$$\frac{\mathrm{d}S(r,u)}{\mathrm{d}r} = \frac{\partial \bar{s}}{\partial R}\frac{\mathrm{d}\Psi(r,u)}{\mathrm{d}r} = -\frac{\partial \bar{s}}{\partial R}\frac{T'(r)}{S(r,u)} > 0 \tag{3.19}$$

同様に，$Z(s, u)$ は u に関して増加しているから，以下の式を得る．

$$\frac{\mathrm{d}\Psi(r,u)}{\mathrm{d}u} = -\frac{1}{S(r,u)}\frac{\partial Z(s,u)}{\partial u} < 0 \tag{3.20}$$

言い換えれば，より高い効用水準を達成しようとすれば，家計が支払いうる土地1単位当たりの地代は減少する．さらに，s は正常財と仮定されているので，土地に対するマーシャルの需要は地代に対して減少し，以下の式を得る．

$$\frac{\mathrm{d}S(r,u)}{\mathrm{d}u} = \frac{\partial \bar{s}}{\partial R}\frac{\mathrm{d}\Psi(r,u)}{\mathrm{d}u} > 0 \tag{3.21}$$

つまり，より高い効用を達成するには，より多くの土地を必要とする．

したがって，次の命題が得られる．

命題3.4 付け値関数は，r と u に関して（ゼロになるまで）連続的に減少する．さらに，敷地規模関数は，r と u に関して連続的に増加する．

通勤費 $T(r)$ が距離に関して線形か，または凹であるとき，(3.18) 式を r に関してもう1度微分し，(3.19) 式を使うことによって，付け値曲線 $\Psi(r,u)$ は r に関して厳密に凸であることがわかる．

次に，所与の所得 Y を持つ N 人の同質的な消費者が存在する単一中心都市の均衡条件を求めよう．土地は不在地主により所有されていると仮定し，したがって，地代は消費者に配分されない．均衡効用水準 u^* は，市場地代曲線 $R^*(r)$ の下で都市内で達成できる最大の効用であり，(3.16) 式を使って，次式を得る．

$$u^* = \max_r V(R^*(r), Y - T(r)) \tag{3.22}$$

これは，均衡における共通の効用水準である．

もし，(3.16) 式を r に関して微分して，ロイの恒等式を使えば，消費者による効用最大化の立地選択の仮定から，次式が得られる．

$$S(r, u^*)\frac{\mathrm{d}R^*(r)}{\mathrm{d}r} + \frac{\mathrm{d}T(r)}{\mathrm{d}r} = 0 \tag{3.23}$$

すなわち，住居選択の均衡宅地においては，効用最大化の土地消費の下における住居費用の距離に対する変化は，それに対応する通勤費用の変化によってバランスさ

れる．特に，(3.13)式の効用関数における敷地規模が$s=1$に固定されているときには，(3.23)式は，

$$dR^*(r)/dr + dT(r)/dr = 0$$

となり，したがって，

$$R^*(r) + T(r) = 一定 \tag{3.24}$$

となる．この場合には，チューネン・モデルのように，地代関数の形状は，通勤費用関数の形状とちょうど反対になり，一方，合成財の消費量は消費者間で同じである．もし，通勤費用関数が距離に関して線形であれば，都市が線形のときには，都市における総差額地代はちょうど総通勤費用に等しくなる．一方，都市が円形のときには，都市における総差額地代は総通勤費用のちょうど半分に等しくなる．(Arnott, 1979; 1981)．

さらに，均衡において距離rにおける消費者の密度を$n(r)$で表すと，以下の関係を得る．

$$R^*(r) = \Psi(r, u^*) \quad (もし n(r) > 0 ならば)$$
$$R^*(r) \geq \Psi(r, u^*) \quad (もし n(r) = 0 ならば)$$

もし，誰も居住しない土地が，一定の農業地代$R_A \geq 0$を生む農業に用いられると仮定するならば，都市境界は，

$$\Psi(r^*, u^*) = R_A \tag{3.25}$$

となる距離r^*である．命題3.4によって付け値関数はrに関して減少するから，住居区域はCBDを中心とする半径r^*の円盤によって与えられる．したがって，市場地代は，次式で与えられる．

$$R^*(r) = \begin{cases} \Psi(r, u^*) & r \leq r^* \\ R_A, & r \geq r^* \end{cases} \tag{3.26}$$

都市境界内では，遊休地が存在しないから，次式が成立する．

$$n(r) = 2\pi r / S(r, u^*) \quad r \leq r^* \tag{3.27}$$

したがって，都市内の総人口Nは，次式を満たさなければならない．

$$\int_0^{r^*} \frac{2\pi r}{S(r, u^*)} dr = N \tag{3.28}$$

要約すれば，居住地均衡は，条件(3.25)式から(3.28)式を満たす$R^*(r)$, $n^*(r)$, u^*およびr^*によって表される．選好，所得および通勤費用についての前述の仮定の下で，均衡居住地の存在性と一意性を示すことができる（Fujita, 1989, 命題3.1を見よ）．

命題3.4と (3.26) 式は, チューネン・モデルの場合と同じく, 都市内において市場地代がCBDから遠ざかるにつれて減少することを意味する. rにおける人口密度を $\delta(r) \equiv n^*(r)/2\pi r$ で表すことにすると, (3.27) 式から, 次式を得る.

$$\delta(r) = 1/S(r, u^*)$$

よって, 命題3.4から, 均衡人口密度はCBDから都市境界に至るまで減少し, 逆に, 均衡土地消費量は増加する. 言い換えれば, 均衡においては, 消費者はCBDへの近接性のより低下（高まり）に対して, より大きい（小さい）敷地の住宅を選択することによって, 同じ最高の効用水準を達成する. 貨幣タームで言えば, 土地に対して高い（低い）価格を支払う消費者は, 通勤費用は少なく（高く）なる. ただし, 合成財の消費量もまた r で変化するから, それらの相互の変化は必ずしも正確に打ち消し合わない. 実際, 都市の中心からより遠くに住む消費者は, より多くの土地を消費し, 合成財の消費は少なくなる.[12] このことからわかるように, もともとすべて同質な消費者が, 空間によって異質な消費者となる.

以上より, N 人の人口を持つ均衡都市は, CBDを中心とした円状の領域で表される. 地代と同様に消費者密度は, 都心からの距離が増大するにつれて低下する. これは, 人口密度は（地代の低い）都市の郊外よりも（地代の高い）都心の近くの方でより高くなるという, 一般的な事実を説明している. なお, 住宅の敷地規模は, 土地の機会費用ばかりでなく, 消費者の数や所得, およびCBDへの通勤費用に依存している. これらの関係は, 近代都市におけるもう1つの主要な傾向である, 郊外化を説明するために, 次項3.3.2で用いられる.

3.3.2 居住地均衡の比較静学

次に, 我々は, 現実問題にさらなる光を当てるためにいくつかの比較静学を行う. 最初に, 人口規模の増加による, 居住地均衡の変化は, 比較的に明白である. 実際, 人口の増加は, 土地に対する競争が増すので, 都市境界までのあらゆる地点における地代を上昇させ, かつ都市境界を外側に移動させる. これは, 経済史家が強調するよく知られた史実と一致する. たとえば, 12世紀と19世紀の欧州, また20世紀の北米と日本, あるいは1960年代以降の第三世界における都市の成長の例である. それらすべての都市の成長は, 社会全体における人口増大, および農業技術の革新により余剰となった農業人口の農村から都市への人口移動によって引き起こされた

---

12) 前述したように, 敷地規模が固定されているときには, 正確な補償関数が存在する.

(Bairoch, 1988, chap.10 および 14; Hohenberg and Lees, 1985, chap.8).

次に,消費者の所得 Y の増加が居住地均衡に与える影響について調べよう.(3.25)式と(3.28)式を使って,都市境界が外側に移動するから,居住地面積が拡大することを容易に確かめることができる.すべての消費者の効用水準は明らかに上昇するが,地代と人口密度への影響はより複雑である.消費者の所得の増加により,あらゆる地点において土地需要が増大するが,同時に通勤費用が所得に比して相対的に低下するので,郊外へ立地する誘因が,所得の増大以前よりも大きくなる.その結果として,十分な土地が郊外に存在するから(r と $r+dr$ の追加的な土地は $2\pi r dr$ であることを思い出してもらいたい),人口のかなりの部分は中心部から郊外へ移動する.これにより,CBDの近くでは地代および人口密度を低下させる一方,郊外ではそれらを上昇させる.言い換えれば,地代および人口密度の傾きがともに小さくなる.次に,消費者の居住選択は純所得によって行われるから,通勤費用の減少は所得 Y の増加と全く同じ影響を与える.以上の結果を総合して,我々は,産業革命とその結果もたらされた現代的な輸送手段(大量輸送機関と乗用車)の発展により,所得は増大し,通勤費用は減少したので,多くのアメリカとヨーロッパの都市において郊外化とともに都市人口密度の平坦化現象が起こった,と結論することができる(Bairoch 1988, chap.19; Hohenberg and Lees, 1985, chap.9).

最後に,農業地代 R_A で測った土地の機会費用の上昇が均衡住居地に与える影響について調べよう.(3.25)式と(3.28)式を使って,R_A が上昇すると,都市境界は内側に移動し,一方,均衡効用水準は低下することを示すことができる.したがって,命題3.4より,市場地代と消費者密度は新しい都市境界内のどの距離でも高くなることがわかる.よって,土地の機会費用が高くなると,各地点でより高い地代を支払うより高密度消費者から成る,よりコンパクトな都市がもたらされる.それゆえに,日本や東アジアの他の国々における多くの都市の現状が示すように,土地の機会費用の上昇は,より人口を集中させるとともに消費者の効用水準を低下させる.土地に対する高い機会費用は,土地の相対的な不足が原因かもしれないが,国際価格水準以上に高い農産物の価格を維持する公共政策に原因があるのかもしれない(Bairoch, 1985, chap.1).[13]

3.3.3 居住地均衡の効率性

居住地均衡の効率性についての検討が残っている.この均衡は競争的(消費者は

プライス・テイカー）であり，そして外部性が存在しないから，均衡は効率的であることを第2章で証明した第1厚生定理は示唆している．しかしながら，ここでは，連続体としての財（土地）があり，したがって，より特定化した議論が必要である．

都市経済学においてよく知られていることであるが，ベンサム流の（社会全員の効用の合計より成る）社会厚生関数の最大化は，「等しき者の等しからざる扱い」をもたらし（Mirrlees, 1972），一方，均衡では当然「等しき者はすべて等しく扱われる」．このような違いが起こることは，通常の経済理論からの予想に反している．したがって，この結果は，たとえ経済が競争的であっても，空間における競争市場は，強い社会的非効率をもたらすと予想されるかもしれない．しかしながら，Wildasin (1986) は，所得の限界効用が異なる立地点において異なることから，この見せかけのパラドックスが生じるということを証明した．それゆえに，均衡土地市場の分析において，ベンサム流の社会厚生関数を用いたアプローチを用いるのは適当ではない．このことは，同一タイプの消費者間では効用水準が同一に保たれるという制約を入れた，以下のアプローチが示唆される．

すべての消費者は均衡効用水準 u^* を達成するという制約の下で，均衡解におけるよりも低い社会的費用 C を持つ，別の実行可能な配分 $(n(r), z(r), s(r); 0 \leq r \leq \bar{r})$ が存在するかどうかを調べよう．このような配分は，ソーシャル・プランナーが所得移転を利用することができないときに，ロールズの厚生関数を最大にしている（経済における最低効用水準の最大化）ということに留意してほしい．これは，これ以降の章で議論されるように重要な含意を持つ．

我々のモデルでは，N 人の消費者に効用水準 u^* を達成させるための社会的費用

---

13) 大前 (1995, 48) は，次のように述べている．「首都圏の半径50キロで，65パーセントの土地が全く効率の悪い農業に使われている．おそらく世界で最も地価が高い首都圏で，約33万ヘクタールが農地になっているのだ．この4分の1を宅地にすれば，首都圏で120平方メートルから150平方メートルの家に住めるようになる．現在，首都圏の平均居住面積は88平方メートルにすぎない．さらに，土地の供給が増えて安くなれば，下水道の改善，交通渋滞の解消，通勤電車の複々線化など，重要な公共工事のコストが下がる．（大前研一著，山岡洋一・仁平和夫訳『地域国家論』講談社，1995年，p.90)」．同様にして，建物の高さ制限も住居空間の供給制約要因となっている．例えば，Glaeser (2011) は，人為的に高い住居価格を示しているマンハッタンにおいて，規制の網によって生み出されている悪い影響に対して豊富な証拠を挙げている．人為的な高住居価格は，新来者を遠方の地区に追いやることによって，居住者を利している．

は，それを実行可能にするために社会が負担する，通勤費用，合成財費用，および土地の機会費用の合計である，総居住費用によって与えられる．$Z(s(r),u^*)$ を $U\bigl(Z(s(r),u^*),s(r)\bigr)=u^*$ を満たす合成財の量とする．そうすれば，我々は次式の社会的費用の目的関数

$$C=\int_0^{\hat{r}}\bigl[T(r)+Z(s(r),u^*)+R_A s(r)\bigr]n(r)\mathrm{d}r \tag{3.29}$$

を，以下の土地制約と人口制約の2つの制約の下で，

$$s(r)n(r)=2\pi r \qquad (\text{すべての } r\leq\hat{r} \text{ に対して}) \tag{3.30}$$

$$\int_0^{\hat{r}}n(r)\mathrm{d}r=N \tag{3.31}$$

最小にする $(s(r),n(r);0\leq r\leq\hat{r})$ を選べばよい．

(3.27) 式より $n(r)=2\pi r/s(r)$ であるから，(3.31) 式を用いると，この問題は人口制約 (3.31) 式の下で，次式を最大化する問題と同じであることが容易にわかる．

$$\max_{\hat{r},s(r)} S=2\pi\int_0^{\hat{r}}\left[\frac{Y-T(r)-Z(s(r),u^*)}{s(r)}-R_A\right]r\mathrm{d}r$$

しばらくの間，人口制約を無視することにしよう．そうすると，この問題は，各 $r\leq\hat{r}$ において，$s(r)$ に関して $[Y-T(r)-Z(s(r),u^*)]/s(r)$ を最大化することによって解くことができる．したがって，$S(r,u^*)$ の定義により，そのような効率的土地消費 $s(r)$ は，各 $r\leq\hat{r}$ における均衡土地消費 $S(r,u^*)$ と同一であり，以下の関係が満たされている．

$$\frac{Y-T(r)-Z(s(r),u^*)}{s(r)}=\Psi(r,u^*) \qquad (\text{すべての } r\leq\hat{r} \text{ について})$$

ここで，$\Psi(r,u^*)$ は (3.15) 式で定義した付け値関数である．したがって，$\Psi(r,u^*)$ は r に関して減少するから，S を最大にする居住地の境界距離 $\hat{r}$ は，

$$\Psi(r,u^*)=R_A$$

の関係を満たさなければならない．この方程式は，唯一の解を持ち $\hat{r}=r^*$ となる．したがって，$s(r)=S(r,u^*)$ かつ $\hat{r}=r^*$ であるから，$(s(r),\hat{r})$ は人口制約 (3.31) 式を満たすことが容易にわかる．したがって，以下の命題のように結論できる．

命題3.5 居住地均衡は効率的である．

3.3.4 社会的階層化とアメニティ

チューネン・モデルにおいて中間財がある場合に，2つのタイプの土地利用の形状，すなわち分離された形状と統合された形状がありうることを3.2.2項で示した．都市の働きを理解するうえで関連する問いは，複数の所得階層の消費者がいる場合に，都市内の居住均衡を決定することである．チューネン・モデルの場合と同様に，各居住立地点は最も高い付け値を持つ消費者によって占有される．したがって，土地は正常財であると仮定すれば，異なる所得を持つ消費者は異なる付け値関数を持ち，また，消費者間での直接的な相互作用を考えていないから，明らかに，統合された形状は起こらない．よって，均衡居住地は分離された形状のみを考察すればよい．ここで残された問題は，均衡居住地での宅地の社会的階層化の形状である．しかしながら，この節の最後で，農家によって生み出される農村のアメニティを家計が価値あるものと評価するとき，家計と農家の統合された形状が出現しうることを説明する．

3.3.4.1 なぜデトロイトのダウンタウンは貧しいのか

都市に m 個の所得階層が存在し，階層 i に属する消費者数を N_i とする．一般性を損なうことなしに，所得を $Y_1 < Y_2 < \cdots < Y_m$ と仮定する．すべての消費者は，合成財の消費量 z と住宅の敷地規模 s に関して同じ選好 $U(s, z)$ を持ち，同じ通勤費用 $T(r)$ に直面するが，立地点そのものは先行的には無差別である．(3.15) 式における Y を Y_i に置き換えると，i 番目の所得階層の付け値関数は $\Psi_i(r, u_i^*)$ で表すことができ，対応する土地消費を $S_i(r, u_i^*)$ と表すことができる．(3.18) 式から，すべての $i = 1, \cdots, m$ に関して，以下の式が成り立つ．

$$\frac{d\Psi_i(r, u_i^*)}{dr} = -\frac{T'(r)}{S_i(r, u_i^*)} < 0$$

所与のあるグループが他のグループよりも高い値をつけ，都市のその地区に住むことになるから，上記で示した負の傾きを持つ付け値関数の CBD からのランキングによって社会的階層化を示すことができる．

もし2つの社会的グループ，$j < k$，が隣接した区域に住んでいるならば，2つのグループを分離する境界 $\bar{r}$ で地代は同じにならなければならない．その結果として，2つの付け値曲線 $\Psi_j(r, u_j^*)$ と $\Psi_k(r, u_k^*)$ が $\bar{r} \geq 0$ で交差するならば，(3.17) 式と正常財としての土地の仮定から，次の不等式が成り立つ．

$$S_j(\bar{r}, u_j^*) \equiv \hat{s}(\Psi_j(\bar{r}, u_j^*), Y_j - T(\bar{r})) < \hat{s}(\Psi_k(\bar{r}, u_k^*), Y_k - T(\bar{r}))$$
$$\equiv S_k(\bar{r}, u_k^*)$$

したがって，(3.18) 式によって，$\Psi_j(r, u_j^*)$ は $\Psi_k(r, u_k^*)$ より $\bar{r}$ で勾配が大である．[14]

$$\Delta = -\frac{T'(\bar{r})}{S_j(\bar{r}, u_j^*)} + \frac{T'(\bar{r})}{S_k(\bar{r}, u_k^*)} < 0$$

言い換えれば，階層 $j(k)$ の消費者は，$\bar{r}$ の左側（右側）において階層 $k(j)$ の消費者より高い地代をつける．所得階層の各組 (j, k) で同じ議論を続けるとすると，最も低い所得階層の消費者 N_1 が，CBD を中心とする円盤形の土地に住み，次に低い所得階層の消費者 N_2 が，この円盤形の土地の外側に住み，最後に最も高い所得階層の消費者 N_m が外側のリングに住むことになる．したがって，次の命題が得られる．

命題3.6 消費者は同じ選好と通勤費用関数を持つと仮定しよう．そうすると，都市内における消費者の社会的階層化が起こり，より高い所得の階層は CBD からより遠いリングに居住する．

この結論は，多くのアメリカの都市では，低所得者は都心の近くに住み，高所得者は郊外に住むという一般的に認められる事実を支持している．命題3.6はまた，都市の政治経済に新しい視点を与えることになる．高所得消費者の所得が増大すれば，これらの消費者は都心から遠くへ移動し，土地市場における競争がより緩やかになる．したがって，すべての所得階層の厚生が上がる．一方で，低所得消費者の所得が増大すれば，土地に対する競争が激化し，高所得者をさらに郊外へと追いやることになる．その結果，低所得者の厚生は上がり，高所得者の厚生は下がる．これは，2つの所得階層間には潜在的な対立関係が存在することを示している．すなわち，低所得者は高所得者がより豊かになることに対して異議申し立てをしないが，高所得者は低所得者が貧しいままでいることを願うかもしれない．これは，所得分配の変化が，都市における特定の地区の発展につながる一方，他の地区の発展を妨

---

14) 敷地規模は，2つの近接した社会的領域間の境界で，不連続であることに留意してほしい．これは，3.2.2項における土地利用の新古典派モデルにおいて，2つの近接した生産ゾーン間の境界で観察された，雇用水準における不連続と対応している．

げることになり，高所得者はしばしば都市政府に制限的なゾーニング政策を実行するように圧力をかけようとする，という事実と整合的である．

ただし，我々は，この命題は社会的階層化の問題に対して十分な解答を提供していないということを認めなければならない．都市空間における消費者の住居選択においては，家族の規模，通勤時間の価値，および学校システムへの財政的支援などについても考慮に入れる必要がある．これらの要因についての詳しい分析は，ここでは割愛するが，これらの要因のインパクトを次のようにまとめることができる．

1. 大きな家族は住居スペースに対して強い選好を持つ．したがって，低い地代から便益を得るために，これらの家計は，CBDからより遠くに住む傾向がある（Beckmann, 1973）．

2. 命題3.6は，すべての消費者は同じ通勤費用に直面するという仮定に依存している．したがって，所得の増加とともに通勤費用の消費支出におけるシェアは低下する．しかしながら，もし高所得者が通勤時間に高い価値をおくならば，より大きい土地需要（土地は正常財であると仮定）と通勤時間の追加的価値の間にトレードオフの関係が存在する．その結果，低所得者は都心近くに住み，中間所得者は郊外に住むことになるが，一方，時間価値の極めて高い，高給取りの職業人や共稼ぎ夫婦も，CBDの近くの低所得層と別の地区に住むことになる（Fujita, 1989）．

例えば，低所得者と高所得者（$Y_1 < Y_2$）の2つの所得階層を考えよう．高所得者の家計は，時間に対して高い機会費用を持ち，したがって，低所得者より1マイル（約1.6キロ）当たり高い通勤費用を負担する．よって，高所得者は低所得者よりCBDへの近接性により高い価値を持つ．これら諸力の正味の効果は，1マイル当たり限界通勤費用と住居消費との比率によって決まる．例えば，もし通勤者の通勤費用が，$T(r)Y_i$ のように所得と比例的であり，次式のように，同一地点 $\bar{r}$ で低所得者の住居支出の所得に占める比率が高所得者のそれを超えるならば，

$$\frac{R(\bar{r})S_1(\bar{r}, u_1^*)}{Y_1} > \frac{R(\bar{r})S_2(\bar{r}, u_2^*)}{Y_2}$$

以下の式は正となる．

$$\Delta = -\frac{T'(\bar{r})Y_1}{S_1(\bar{r},u_1^*)} + \frac{T'(\bar{r})Y_2}{S_2(\bar{r},u_2^*)}$$

この場合には，高所得者はCBDの近くに住み，低所得者は外側のリングに住むことになる．

3. 都市内における地方公共財の供給の分権化は，所得の差異にもとづく家計の空間的な淘汰作用を増幅する．実際，高所得者は，類似の社会経済的な特徴を持つ家計が住んでいる地区に供給されている高い質の公共サービスに対して支払うことができるが，一方で，低所得者は低い質の公共サービスに対してのみ支払うことができる (Henderson and Thisse, 2001)．特に，教育の資金調達が分権化されているときには，より良い教育を評価する家族（しばしばより高い所得を得ている家族）は，子供たちにより良い教育を受けさせるために，同じ区域に集まる．これは，該当する地区により高い人的資本が集積することになり，したがって，社会的・空間的分離がいつまでも続くことになる．なぜならば統合された均衡は不安定であるが，分離された均衡は安定的であるからである (Benabou, 1994)．

3.3.4.2 なぜセントラル・パリは豊かなのか

ロンドン，パリ，バルセロナ，あるいはローマなどの多くのヨーロッパの都市では，アメリカで観察されるものとは大いに異なる社会的階層化，すなわち高所得者は都心に立地し，低所得者は外側の郊外に立地する現象が見られる (Hohenberg and Lees, 1985)．[15)] この差異は，それらの都市には，十分に保存された歴史的センターがあるという事実によって説明される (Brueckner, Thisse, and Zenou, 1999)．

歴史的アメニティは，過去の時代からの記念碑，建物，公園，および他の都市インフラストラクチャによって生み出されるもので，住民には好評である．都市住民にとってそれらのアメニティは外生的に与えられたものであるから，都市における立地パターンを決定する要素とみなすことができる．この場合に，家計は「都市センターに対する愛着」を重要視し，彼らの立地選好は，住居の消費 s，合成財の消費 z，および距離減衰効果を持つ地方公共財としてみなされるアメニティ $a(r)$ に

---

15) Ingram and Carroll (1981) は，このパターンがラテンアメリカの多くの都市においても存在していることを観察している．

依存することになる.したがって,間接効用は $V(R, I, a(r))$ によって与えられる.

空間均衡条件を微分し,包絡線定理を用いることによって,次式が得られる.

$$-T'(r) - \frac{\mathrm{d}\Psi_i(r, u_i^*)}{\mathrm{d}r} S_i(r) + \frac{\partial V}{\partial a} \frac{\mathrm{d}a(r)}{\mathrm{d}r} = 0$$

これより,以下が得られる.

$$\frac{\mathrm{d}\Psi_i(r, u_i^*)}{\mathrm{d}r} = \frac{1}{S_i(r, u_i^*)} \left[-T'(r) + \frac{\partial V}{\partial a} \frac{\mathrm{d}a(r)}{\mathrm{d}r} \right] \tag{3.32}$$

ここで,アメニティの限界価値 $\partial V/\partial a$ は,住居消費の最適調整後の評価を示している.したがって,距離とともにアメニティの価値が下がるときには,地代は,高い通勤費とともにアメニティの価値が下がった分を補償しなければならない.

(3.32)式を用いて,$\bar{r}$ における $j<k$ に対する付け値関数の勾配間の差異 Δ が,次式となることを容易に示すことができる.

$$\Delta = -\frac{T'(\bar{r})}{S_j(\bar{r}, u_j^*)} + \frac{T'(\bar{r})}{S_k(\bar{r}, u_k^*)} + \frac{1}{S_j(\bar{r}, u_j^*)} \left.\frac{\partial V}{\partial a}\right|_{S_j} \frac{\mathrm{d}a(\bar{r})}{\mathrm{d}r} - \frac{1}{S_k(\bar{r}, u_k^*)} \left.\frac{\partial V}{\partial a}\right|_{S_k} \frac{\mathrm{d}a(\bar{r})}{\mathrm{d}r} \tag{3.33}$$

命題3.6で得られた社会的階層化の形状が逆になるためには,この付け値関数の勾配間の差異 Δ は正にならなければならない.もし歴史的建造物が高所得者や高学歴の家計に高く評価されるならば,正となる.例えば,Glaeser (2011) は,マンハッタンの歴史的地区に住むニューヨーク市民は,それ以外の区域に住む人々より平均で70％裕福であることを観察している.この数字を考慮すると,歴史的アメニティの限界評価(s の調整後)は,所得の上昇に伴って上昇するのだが,その速さは住居の広さが上昇するよりも速いと仮定することは妥当である.[16]

$$\frac{1}{S_j(\bar{r}, u_j^*)} \left.\frac{\partial V}{\partial a}\right|_{S_j} - \frac{1}{S_k(\bar{r}, u_k^*)} \left.\frac{\partial V}{\partial a}\right|_{S_k} < 0$$

もし $\mathrm{d}a(r)/\mathrm{d}r < 0$ が絶対値で小であるならば,(3.33)式のアメニティ項の全体は正だが,ゼロに近い.この場合には,(3.33)式の最初の2つの項の負の値が優位となる($S_i(\bar{r}) < S_j(\bar{r})$ であることを思い出してほしい).したがって,都心にあるアメニティの優位性が郊外のそれよりも弱いならば,アメリカ型の立地パターンが

---

16) この仮定は,選好に関する一般的な特定化と整合的である.例えば,Bruekner et al. (1999) は財間の代替弾力性が1を超えるときには,CES選好の下で成立することを示している.

保持される．すなわち，低所得者が都心に住み，高所得者が郊外に住むことになる．

一方，もし $da(r)/dr<0$ が絶対値で大であるならば，(3.33) 式の符号の決定にあたって，アメニティ項が通常の諸力より優位になる．言い換えれば，もし都心におけるアメニティの優位性が高いならば，アメニティは距離とともに急速に下落し，したがって，アメリカ型の立地パターンと逆になる．すなわち，高所得者が都心に住み，低所得者が郊外に住むことになる．これは，アメニティに対する勾配が大であり，高所得者が都心に居住するという，パリの場合に相当する．これと対照的に，デトロイトのようなアメリカの都市区域は，パリのような豊富な歴史がないので，都心のインフラからは評価できる魅力的な便益が得られない．これは，アメニティ力によって，高所得者を郊外に引き寄せる通常の諸力を逆転させることができないことを意味する．その結果として，デトロイト都心部は貧しくなっている．

アメニティが優れていると中心都市は豊かになるが，アメニティが弱いと中心都市は貧しくなる．このように一般化された住宅立地モデルは，所得による立地選好と各都市に固有の特徴とをリンクしているので，世界中で観察される立地パターンの多様性を説明することができる．特に，長い歴史を持つ欧州では，中心都市にアメリカの都市よりも歴史的に意義のある建物や記念碑が存在するのも当然である．ヨーロッパの多くの都市は，アメリカの大部分がまだ開拓されていない時代に，すでに大都市であり，この古い時代からの都市開発の遺産が，居住者によって高く評価されたヨーロッパの都心の雰囲気を提供している．長い歴史の効果のほかに，中心都市のインフラにおける政府投資は，多くの場合に，アメリカの都市よりもヨーロッパの都市の方がより大規模になされたようだ．

中心都市の歴史的アメニティは，主に過去の都市インフラの投資に関する政府の決定によるものだから，外生的なアメニティのパターンは都市ごとに異なることに留意してほしい．しかしながら，歴史的アメニティは本来，時間とともに重みを増すと思えるのだが，実際には歴史的アメニティは時間とともに価値が下がるので，それを維持するには，継続的な投資が必要となる．もしも，そのような支出が抑えられるならば，中心都市のアメニティは衰退し，高所得者は徐々に郊外へ居住することになる（Brueckner et al., 1999）．

3.3.4.3 なぜ田舎に居住するのか

次に，アメニティが主要な役割を果たす，別の問題を考察する．いくつかの国々で過去数十年間において，通勤労働者と農家によって構成され，都市を取り巻くゾ

ーンである.「都市周辺ベルト」と呼ばれる都市開発の新しいパターンの出現が見られた.その結果として,都市周辺ベルトは,多くの土地が農家用に用いられる意味において,農村空間とみなすことができるとともに,都市へ通勤する労働者用の都市空間とみなすこともできる.1999年に,都市周辺エリアはフランスの33%を占めており,人口の21%がこのエリアに住んでいる.

このような統合空間が存在する主たる理由は,消費者が緑豊かな環境とともに,農家によって作り出される農村アメニティを評価するからである (Cavailhès et al., 2004). 出現した都市周辺ベルト上では,消費者と農家の付け値は同じでなければならない.消費者と農家の各密度は内生的に決定され,両者間の相互作用を通じて所与の立地点のアメニティ水準が決定されるので,両者の付け値地代が等しくなることは可能となる.

消費者は以下のコブ=ダグラス型選好を持つとしよう.

$$U(z, s, a) = z^\alpha s^\beta a^\gamma \qquad \alpha, \beta, \gamma > 0 \qquad \alpha + \beta = 1 \qquad (3.34)$$

ここで, a は消費者の居住地で得られる総アメニティである.単純化のために,市内における都市アメニティの水準は均一で,一定である(aは1に規準化される)と仮定する.対照的に,都市周辺ベルトで利用できる農村アメニティの水準は,内生的に決まる.

農家は収穫一定の下で生産し,その生産物を食品加工企業に販売する.したがって,農地の価格 R_A は正となる.食品加工企業までの距離は我々の目的にとって重要でないので,ここでは,R_A は一定であると仮定する.農村アメニティ $a(r)$ は農業経営の副産物であり,その水準は以下のように農業で用いる総面積の線形関数と仮定する.

$$a(r) = \delta n_f(r) s_f(r) \qquad \delta > 0 \qquad (3.35)$$

ここで, n_f は農家の密度, s_f は個々の農家が利用する農地面積である.立地点 r における消費者と農家が占める総空間面積は,以下のように土地の供給量(1に規準化)に等しい.

$$n_c(r) s_c(r) + n_f(r) s_f(r) = 1 \qquad (3.36)$$

ここで, n_c は都市居住者の密度, s_c は個々の都市居住者の住宅の敷地面積である.

都市周辺区域に属する r 地点では, $a(r) > 1$ でなければならない.さもなければ,消費者は市内に居住することを選好するであろう.(3.35)と(3.36)式の下では,この条件は $\delta > 1$ であることを必要とする.言い換えれば,都市周辺区域が存在するためには,農業は十分な農村アメニティを生み出さなければならない.

3.3 都市の地代

　消費者の付け値関数の表現を単純化するために，都市における均衡効用水準は，都市外に住むというオプションから得られる効用水準（$\bar{u}=1$）によって与えられているものと仮定する．したがって，人口規模は内生的に変化する（3.4節「結論」で論じる開放都市モデル）．都市周辺ベルトに居住する消費者の付け値関数が次のようになることは容易にわかる．

$$\Psi_p(r) = (Y-tr)^{1/\beta} [a(r)]^{\gamma/\beta}$$

一方，都市の消費者の付け値関数は以下のようになる．

$$\Psi_c(r) = (Y-tr)^{1/\beta} \tag{3.37}$$

立地点 r で土地を共有する農家と消費者に関して，両者の付け値は以下のように同じでなければならない．[17]

$$\Psi_p(r) = R_A$$

これは，r での均衡総農村アメニティは以下の式で与えられることを意味する．

$$a^*(r) = \left[\frac{R_A}{\Psi_c(r)}\right]^{\beta/\gamma}$$

したがって，農村アメニティは消費者の付け値を農家の付け値水準まで上方にシフトさせる．(3.37)式より，$a^*(r)$ は r とともに増大することがわかる．これは都心への距離とともに農地面積が増大するということを意味する．これは消費者がより長い通勤距離を補償するために農村アメニティのより高い水準を要求するからである．これは逆に，居住用の土地面積が CBD への距離とともに減少することを意味する．すべての土地が農業に利用される地点で，都市周辺ベルトは終わる．

　所得 Y が十分に大きければ，(3.37) 式は $\Psi_c(0) > R_A$ を意味する．$\Psi_c(r)$ は $\Psi_c(Y/t)=0$ において減少するから，$a^*(r)$ は増大し，方程式 $a^*(r)=1$ は唯一の解 $r_u>0$ を持つ．したがって，区間 $[0, r_c]$ は家計のみによって占められ，一方，都市周辺ベルトは r_u から始まり，土地が農業活動のみに利用される，すなわち $a^*(r_p)=\delta$ となる地点 r_p で終わる（図3.5を参照）．

　この節を終えるにあたり若干のコメントを述べる．第1に，都心からの同じ距離 r で，各消費者の住宅面積は，都市周辺ベルトの中においては，そのようなベルトを持たない市におけるよりも小さい．実際，都市周辺ベルトの地代は農村アメニティを資本化しているから，純粋の都市域の地代より高く，したがって，土地消費は減少する．さらに，都心から離れるほど，敷地規模は都市内では増大するが，都市

---

[17] 同様なケースに関しては，3.2.2項を参照．

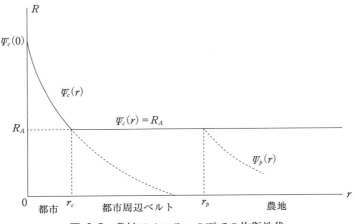

図 3.5 農村アメニティの下での均衡地代

周辺ベルトに居住する家計は，より高い通勤費用の下で，R_A の地代を支払わなければならないので，ベルト内では敷地規模は減少する．一方では，CBD への距離が増大するにつれて，家計はより増大する農村アメニティによって補償されるから，均衡効用水準を達成することができる．最後に，農村アメニティは，地方公共財の性質を持っており，地点 r でのリンダール価格 $P(r)$ は，以下のように，農村アメニティと合成財 z との間の限界代替率に，そこでの居住者数を乗じることによって与えられる．

$$P(r) = \frac{\partial U/\partial a}{\partial U/\partial z} n_c^*(r) = \frac{\gamma}{\alpha} \Psi_p(r) \left[\frac{1}{a_p^*(r)} - \frac{1}{\delta} \right]$$

予想どおり，農村アメニティの均衡価格は，都市周辺ベルトの地代とともに上昇するが，総アメニティの大きさとともに低下する．γ/β とともに，アメニティ価格は高くなる．$\gamma=0$，すなわち，消費者が農村アメニティを評価しないときには，$P(r)=0$ となる．

3.3.5 連続的土地利用理論の離散的基礎

以上の単一中心都市モデルは，すべての未知数が密度関数で表されている点において，標準的なミクロ経済学とは異なっている．そこで，各々の消費者が正の量の合成財ばかりでなく正の量の土地を消費する，有限個の消費者から成る離散的モデルを開発しようと考えるのは自然なことである．アロンゾ自身は，このような離散

的モデルに関して2つの異なる定式化を提案しているけれども,その後の研究はほとんどない.[18] この節では,我々は Asami, Fujita, and Smith (1990),および Berliant and Fujita (1992) に従って,消費者が同質的である場合の,単純な1次元モデルを提示する.

空間はあらゆるところで土地の単位密度を持つ区間 $X=[0,\infty)$ で表され,CBD はその原点に位置している.土地の機会費用 R_A は正とする.有限 n 人の消費者がこの地域に居住する.すべての消費者は同一の効用関数 $U(z,s)$ を持つものとする.z は今までと同様に土地以外のすべての消費財を含む合成財の量を表すが,ここでは,$s>0$ は区間 $[r, r+s] \subset X$ によって定義される敷地規模である.もし消費者が敷地 $[r, r+s]$ に住むのならば,r は立地点を表し,通勤費用は tr によって定義される.ここで,t は正の定数である.すべての消費者は,同じ所得 Y と3.3.1項で導入したすべての性質を満たす同じ効用関数 U を持っている.3.3.1項で定義したように,$Z(s, u)$ を,消費者が敷地規模 $s>0$ に住んでいるとき,効用水準 u を達成するに必要な合成財の量とする.s に関して,$Z(s, u)$ は減少し,厳密に凸であり,$\lim_{s \to 0} Z(s, u) = \infty$ となる.

配分 $(z_i, s_i, r_i; i=1, \cdots, n)$ は,各消費者についての消費バンドルと立地点によって定義される.任意の配分はどの2組の敷地も重なりあわない限り,実行可能である.一般性を損なうことなしに,$r_1 < r_2 < \cdots < r_n$ のように,消費者を順序付ける.

$R(r)$ を,区間 X で定義された地代関数とし,敷地 $[r, r+s]$ を選択する消費者は地代 $R(r)s$ を支払うものとする.そのとき,消費者問題は次式で与えられる.

$$\max_{r,z,s} U(z,s) \quad \text{s.t.} \quad z + R(r)s = Y - tr$$

これは,形式的には (3.13) 式と同一である.ただし,$T(r) = tr$ と特定化されている.したがって,もしこの消費者が立地点 r を選択し,効用水準 u を達成するならば,付け値関数 (3.15) 式を最大にする敷地規模 $S(r, u)$ を選択しなければならない.

n 人の消費者を持つ均衡居住地は,以下の条件を満たす効用水準 u^* と地代関数 $R^*(r)$,および実行可能な配分 $(z_i^*, s_i^*, r_i^*; i=1, \cdots, n)$ によって表される.

$$R^*(r) \geq \max\{\Psi(r, u^*), R_A\} \tag{3.38}$$

---

[18] 対照的に,アロー=ドブリュー・モデルと Aumann による連続的なアプローチの関係は多くの研究者の興味を引いてきた (Hildenbrand, 1974).

$$R^*(r_i^*) = \Psi(r_i^*, u^*) \quad i=1,\cdots,n \tag{3.39}$$

$$R^*(r_n^*) = R_A \tag{3.40}$$

$$s_i^* = S(r_i^*, u^*) \quad i=1,\cdots,n \tag{3.41}$$

$$r_1^* = 0 \quad \text{および} \quad r_{i+1}^* = r_i^* + s_i^* \quad i=1,\cdots,n-1 \tag{3.42}$$

ただし,付け値関数 $\Psi(r, u^*)$ は,各 $r \geq 0$ において (3.15) 式によって定義される.最後の消費者 n に対する地代の条件 (3.40) 式は,単に不必要に技術的な困難を回避するためのものである.[19] 一方,最後の条件 (3.42) 式は都市内では未使用の土地は存在しないということを意味する.

明らかに,付け値関数は距離とともに減少するから,均衡地代 $R_i^* \equiv R^*(r_i)$ は,次式を満たす.

$$R_1^* > R_2^* > \cdots > R_n^* = R_A$$

さらに,$S(r, u^*)$ は r に関して増加するから(命題3.4(ii)),$i<j$ は $s_i^* < s_j^*$ を意味する.したがって,以下の結論を得る.[20]

命題3.7 任意の有限数の消費者を想定し,居住地均衡が存在すると仮定する.そうすると,この居住地均衡では,CBDから遠くへ行くにつれて地代は減少する.一方,より大きな敷地規模を持つ消費者は,より小さな敷地規模を持つ消費者よりもCBDからより遠くへ立地する.

これは,任意の有限の消費者からなる居住地均衡が,都市経済学の連続的標準モデルと同じ基本的な特徴を示すことを意味する.しかしながら,この離散的モデルには重大な欠点がある.すなわち,各消費者は敷地の各単位について同じ価格を支払うので,土地所有者は消費者からより多くの地代を引き出そうとするかもしれないし,あるいは,消費者は転売用の土地を余分に買うかもしれない.この問題点を解決するために,裁定取引には法外な費用がかかるように仮定する,あるいは,アロ

---

[19] 条件 (3.40) 式をより一般的に不等式 $\Psi(r_n, u^*) \geq R_A$ および $\Psi(r_n+s_n, u^*) \leq R_A$ によって置き換えると,均衡の連続体が存在する(Asami, Fujita, and Smith, 1990, 定理2を参照).

[20] ここでの問題は凸性を満たしていないので,一般均衡分析の標準的な分析道具は,適応できない.しかしながら,均衡の存在,一意性および最適性は Asami et al. (1990) によって証明されている.

ンゾによって示唆されたように，r に立地した消費者は敷地 $[r, r+s]$ に対して，

$$\int_r^{r+s} R(y)\mathrm{d}y$$

で決められた価格を支払うと仮定することが考えられる．この修正モデルでも，命題3.7と同様な結論が得られるが，分析はかなり複雑である（Berliant and Fujita, 1992）．

最後に，Asami et al. (1990) において，都市人口 n が十分に大きいときには，標準の連続的モデルは，この節で提示した離散的モデルの良い近似になることが示されている．特に，n 人の消費者を持つ離散的経済と，連続体としての N の消費者を持つ連続的モデルは，それぞれ累積人口分布を持つが，（人口規模によって）規準化された2つの分布の列は，$n=N$ のときに同じ極限を持つことが示されている．

3.3.6 文献ノート

都市土地利用モデルは，独立に，Beckmann (1957; 1969)，Mohring (1961)，Alonso (1960; 1964)，Muth (1961; 1969)，Mills (1967; 1972b)，Casetti (1971)，および Solow (1973) によってそれぞれ別個に展開された．[21]

閉鎖都市および開放都市の定義は，Wheaton (1974) によって導入された．一方，公的所有モデルは Solow (1973) によって導入された．連続的立地点および異質な消費者を持つ単一中心モデルにおける居住地均衡の存在は，Fujita and Smith (1987) によって証明された．消費者がロジット関数によって表現されるような異質な好みを持っているときの単一中心モデルの研究は，Anas (1990) によってなされた．一方，事前に与えられた複数の中心を導入し，標準的なモデルを拡張した論文に，Papageorgiou and Casetti (1971) がある．

均衡土地利用の比較静学は，最初 Wheaton (1974) により単一家計タイプのケースについて研究された．最適都市の研究は，ベンサム流の厚生関数を用いた Mirrlees (1972) によってなされた．3.3.3項で採用したアプローチは，離散空間で問題を定式化し，それを線形計画法の双対定理を利用して分析した Herbert and Stevens (1970) に基づいている．複数所得階層を持つ居住地均衡の総合的な分析

---

21) Beckmann (1969) は，所得は家計によって異なると仮定していることに留意してほしい．そこでは，居住地均衡の決定において異なる解決法が提案されている．

は，Hartwick, Schweizer, and Varaiya (1976) と Fujita and Tokunaga (1993) によりなされた．最後に，連続空間の都市モデルの離散的な基礎に関して，Berliant (1985) により批判が出されたが，Asami et al. (1990), Papageorgiou and Pines (1990), および Berliant and Fujita (1992) は，その批判への答えを研究している．

都市経済学の経済理論的分析の最先端の研究は，Fujita (1989), Papageorgiou and Pines (1999) および Zenou (2009) の3つの著作に詳述されており，一方，この分野の歴史的かつ方法論的な概観は Baumont and Huriot (2000) によりなされている．

3.4 結論

本章では，生産された交易財が取引される都市の中心が外生的に与えられている場合に，競争的土地市場において，いかに土地利用パターンと地代の形状が決定されるのかを分析した．第2章と同様に，我々は異なる立地点において土地の物理的な差異はないと仮定した．したがって，地代の差異は，土地利用の外縁地点と比較して，各立地点の相対的な優位性に起因する．言い換えれば，所与の立地点における地代は，**立地レント**（locational rent）に対応している．[22] この立地レントが存在している理由は，都市の存在にあるが，残された重大な問題は，なぜ都市，あるいは中心業務地区が存在するかを解明することである．この問いは空間経済学者を長い間悩ましてきた．我々は，本書の引き続くいくつかの章で，様々な経済的，非経済的理由によって，なぜ都市が形成されるのかを説明する．

チューネン・モデルにおいて，地代は，土地を用いて生産された財の販売から得られた収入から，生産に用いられた土地以外の生産要素費用と輸送費を差し引いた，残り分に等しい．これは，付け値関数がゼロ利潤の条件から得られる理由であり，各活動における生産者の自由参入の条件として解釈することもできる．（生産者で

---

22) 立地レントの概念は，希少レントのより標準的な概念と対照的である．両者の概念はチューネン・モデルにおいて，「孤立国」を「小さな円状の島」に置き換えることにより統合できる．その場合，島の境界において，地代は正であり，そしてこの値は土地の全体としての希少性を表している．一方，島の内側における地代の値の差異は，立地レントを反映している．

3.4 結論 113

はなく）消費者が土地を利用するときに，付け値の形成を導くメカニズムは，もし効用水準が留保効用によって与えられ，そして人口規模が変数である（これは自由参入と同じである）ならば，チューネン・モデルの場合と同じである．これは，**開放都市**（open city）モデルと呼ばれるが，その1例は，次章で紹介する．このモデルと対照的に，人口規模が固定されており，効用水準が内生化されているモデルを**閉鎖都市**（closed city）モデルと呼ぶ．これは，第3.3.1節で分析したように，付け値の形成において，より一般的なアプローチが要求される．閉鎖都市および開放都市の両モデルとも，異なる状況に対応しているので，両方とも有用である．

なお，本章では，暗黙的に不在地主を仮定してきた．すなわち，都市内で発生した地代は，都市外に住んでいる地主の所得となる．したがって，地代は消費者の所得にフィードバックしない．閉鎖都市および開放都市の両モデルは，総地代が最初に公的主体によって徴収され，その後で消費者間に等しく分配されるという，公的土地所有モデルに拡張することができる．どのモデル（開放対閉鎖，不在地主所有対公的所有）を用いるのかという選択は，考察する問題の特徴による．本章では，代表的なモデルを選び紹介した．その他のアプローチに関してより詳細は，Fujita (1989) を参照してほしい．最後に，3.2節における市場-町および3.3節におけるCBDは外生的に与えられていたが，第6章と第10章でいかにこれらが内生的に決定されるかを分析する．

本章を閉じるにあたって，一言述べておきたい．我々は住居費用と通勤費用は都市規模につれて増大することをみてきた．他の条件が等しければ，これは消費者の実質所得を減少させ，したがって，都市の魅力を減じる．言い換えれば，土地利用は空間経済の形成において主たる分散力となることを示している．通勤者が利用する技術および輸送インフラストラクチャ供給の効率性の向上とともに，この分散力は弱まる．我々は，第6章と第8章において，どのように土地利用が様々な集積力と相互作用して，経済的景観を形成するかを見る．

第4章 収穫逓増と輸送費：空間経済における基本的なトレードオフ

4.1 はじめに

　経済活動の密度が上がると，地代と通勤費用も高くなるが，そのためには，労働者により高い賃金を支払わなければならない．企業がより高い賃金を払うためには，集積している（すなわちCBDにいる）ことからくる，何らかの利得を得なければならない．それらの利得のもととなるのは様々なタイプの規模の経済である．しかし，それらは多様な形を取っているため，表面的な分析では捉えきれない．収穫逓増は，企業の「内部」に起因するかもしれないし，「外部」によるものかもしれない．内部的な規模の経済は，幅広い産業で見受けられる．例えば，それらは，様々な公共サービス（例として，総合病院や大学）にも存在し，19世紀以来の重工業をはるかに超える多くの産業の民間企業にも存在する．これらのケースはすべて，企業内部の規模の経済を含んでいるが，その実現には効率を上げるための多額の投資が必要であり，少数の工場あるいは設備に生産を集中させる誘因となる．企業レベルでの収穫逓増は，空間競争理論（4.5節を参照）にとってと同様に，NEG（第8章を参照されたい）にとっても中心的な役割を果たす．

　第2章で見てきたように，均質空間の下における完全競争のメカニズムは，都市のような経済集積の存在と相容れない．これが，第3章において，労働者が通勤する中心の存在をあらかじめ仮定することにより，空間の均質性を崩した理由である．しかし，そこでは，そのような中心の存在を正当化する理由を全く示さなかった．標準的な方法は，マーシャルの外部性に訴えるやり方である．第1章で議論されたように，これは多くの場合ブラックボックスを用いるのに等しい．もっと興味深いのは，最近増えてきた，そのような社会的な規模の経済を作り出すことのできる特定の要因，特に企業が共立地する場合を研究している論文である．そこでは，企業がより生産的であることを可能にする，「外生的な規模の経済」と通常呼ばれるものに焦点を当てる，様々な説明が出現した．そのような規模の経済は，企業にとっては外生的であるので，すべての市場は完全競争的であり，かつ，企業は価格受容

者と仮定することができ，したがって，空間の不可能性定理から抜け出す方法を提供している．リカード学派の外生的に与えられた比較優位と異なり，外部経済による規模の経済は内生的であり，多くの場合，自分の利益を追求する経済主体によって下された無数の決定に付随する意図せざる結果である．それらの規模の効果が実現するためには，雇用密度が十分に高くなければならない．

　それらの新しい論文（特に様々な密度の経済の相対的な大きさを測定することを目的とする多くの貢献）に関する完全なサーベイを提供することは我々の意図ではない．代わりに，ここでは，Duranton and Puga (2004) による「共有（わかち合い），マッチング，学習」の三位一体の考え方に基礎を置き，集積の経済に関する含意について議論する．**共有**（Sharing）は，同じ地区内で立地する企業が利用できる多様な財・サービスを指す．これは，企業によって用いられる専門化された中間サービスの存在から，生産性の増強に寄与する高度なインフラストラクチャや地方公共財の供給に及ぶ．そのような集積した投入財の共有は，市場地域が，多くの中間財企業の参入や良質のインフラストラクチャの資金調達を許すのに十分に大きい場合に限り，可能である．**マッチング**（Matching）は，労働市場において，労働者と仕事（企業）の間の適合の質が，密集した市場での方が，そうでない市場より良いことを意味する．それは，高密な地区で活動する場合，各々の主体がより多くの機会と遭遇するためである．同じことは，サプライヤーと顧客，また，小売り業者と消費者に当てはまる．例えば，企業は，対応する市場が多くの専門のサプライヤーを維持することができるために，必要とする中間財をより高密な地区で見つけることができる．

　学習（Learning）は，異なる主体は異なる情報を持つので，様々な企業が集まることにより，より高いレベルの知識を生み，したがって，全員の生産性を高めると主張している．より一般的には，活動の密度および人口規模とともに市場外の相互作用のレベルは増加し，それにより，学習のプロセスおよび新しいアイデアの伝搬を促進する．新しいアイデアは多くの場合古いアイデアの新たな組み合わせであるから，相互作用は，新しいアイデアの源にもなる．

　これら3つのアプローチに共通する特徴は，労働市場の大きさと賃金および生産性を関連付ける，類似した「縮約形式」を生み出すことである．この点で，それらは Adam Smith ([1776]1965, 17) が以下のように著したときの精神に合致している．

ある種の職業は，たとえそれがどんなに取るにたらないものであったとしても，大きな都市以外では実在しえない．例えば，赤帽が仕事を見つけて生活できるのは，他の場所ではあり得ない．彼にとっては，村は明らかに狭すぎるし，普通の町でさえ彼に定職を提供するには十分な大きさではない．

要するに，アダム・スミスとアルフレッド・マーシャルは「都市や生産地区の全体は，部分の合計より大きいと考えていた」．このようなアイデアは古くて，新しい．それらは，スミスやマーシャルによって詳細に説明されたものであり，古い．しかし，彼らのアイデアは，長い間無視されており，ごく最近，ミクロ経済学のツールを用いることにより発展させられたことからすると，新しいとも言える．特に，上記の概念はどれも，より細かな分業の源を説明しており，さらに，集積における収穫逓増の基礎を与えるものである．

より多くの人々が，共有，マッチング，および学習から発生する効果の拡大からどのように集積の経済をもたらすかを示すことから，本章を始める．我々の目標を達成するために，単純な設定を用いる．それは，(i)市場の規模についてのスミスのアイデア，(ii)多様性についてのチェンバリンのアイデア，(iii)情報のスピルオーバーについてのマーシャルのアイデアに拠ったものである．

次に，収穫逓増の度合いが非常に大きくて，結局1つの企業がCBDを成す場合に注目する．そのような状況は，1つの企業によって労働者が雇われ，かつ，それらの労働者はその企業から借りた土地に住むという「企業城下町（factory town）」を思い起こさせる．この場合，企業は，生産活動に加えて，**開発業者**（developer）の役割も負うことになる．そのような状況では，住宅と合成消費財は，その企業で最終財を作るために働き，かつ，その都市で暮らすために移住してくる労働者を引き付けるために企業によって使われる「中間財」とみなすことができる．この意味において，企業城下町は垂直統合構造に似ているといって差し支えない．さらに，このアプローチによれば，都市は，何らかの目標を最大化する企業として考えることができる．特に，アロー＝ドブリュー型の出資者が所有する土地開発企業は，あらゆる費用を差し引いたネットの地代を最大にしようと努める．

我々の目的から見てこの設定が興味深いのは，企業は外部の世界から労働者を引き付けるための行動を取らなければならないことであり，そこには様々な意味が含まれている．実際，企業は2つの必要事項を満たさねばならない．1つ目は，移住

労働者が都市に住むことから生じる余分な費用（地代に加えて通勤費用）を賄うのに十分に高い賃金を支払わねばならないことである．2番目に，企業は，労働者が他の地域で確保できる最も高い効用水準を，労働者に保証しなければならず，これは企業が効用受容者であることを意味する．さらに，この枠組みの下で，自由参入，利潤ゼロのマーシャルの競争理論で見られるのと似たような，各々最適な労働者の数を持つ均衡都市システムに至る，企業ないし都市開発者の入退出の過程を説明することができる．この均衡では，各都市の中で正の通勤費用が存在するが，この結果は，企業は賃金受容者ではないため，空間不可能性定理とは矛盾しないことを付記しておく．

ここで，2つの主要な結果が出てくる．1つ目は，利潤ゼロの均衡で，各企業は収穫逓増となる領域における生産量と，それに相当する雇用量を選ばなければならないということである．大雑把にいえば，この主張の要点は以下のようになる．各企業にとっての平均総費用（生産費用プラス通勤費用）は，均衡生産量において最小となっていなければならず，そのため，対応する限界総費用と等しくなる．さらに，増大する労働者を都市に収容するためには住宅地を外延化する必要があり，そのため，限界通勤費用は平均通勤費用を上回る．したがって，各企業の限界生産費用は平均生産費用より低くならなければならない．これは，企業の最適規模が収穫逓増局面で実現することを意味している．

第2の結果は予期せぬ意味合いを持っている．労働者は限界生産力の支払いを受けているのではあるが，収穫逓増の仮定は，利潤極大化企業が利潤ゼロとなり，最適な量の供給を行う，市場の結果の出現を妨げることはない．これは，利潤ゼロの均衡において，各企業が生産活動において負う損失は，各都市での差額地代の総額によって，ちょうど相殺されるからである．実際，企業（あるいはもっと一般的に，生産連合体を形成する任意の主体の集合）が，その活動によって生み出される地代を内部収益化するときには，あたかも企業がすべての消費者余剰を獲得することができるように何もかもが作動し，そのために，企業は完全価格差別化の下でそうするように，利潤最大化のときに社会的最適化を達成する．これは，競争土地市場が居住者に，個々の立地点を占有するために負担しても差し支えない最も高い付け値を払うように仕向けるのをみてきたことから，驚くべき結果ではない（3.3.1項を参照されたい）．このように，地代の内部収益化は，すべての消費者余剰を絞り出す方法であると見ることができる．同じことを，Vickrey (1977, 343) はとてもわかりやすく以下のように説明している．

4.1 はじめに

　都市の地代は，基本的には，都市の中で行われる活動の規模の経済を反映したものである．したがって，各々の都市，さらには国全体の都市の効率的な運営にとっては，それらの地代総額ないし，それに相当する額は，限界費用で決められた価格で得られる収入と，収穫逓増で特徴づけられる活動の合計費用との限界差額を補うための財源として主につぎ込まれるべきである．

　これは重要な点である．なぜなら，収穫逓増の存在の下では，生産者が市場の中心的なメッセージ（すなわち，競争的な価格）に対して社会的に最適に対応する見込みはほとんどないと考えられているからである．本章における均衡都市システムの最適性は，通常の競争モデルに以下の3つの主要な変更を導入することによって得られる．(i) 企業は，賃金率の受容者でなく，賃金率の設定者である．(ii) 企業は効用受容者である．つまり，企業は，消費者の効用水準を操作することができるとは思わない．(iii) 企業は，自らの活動によって発生する差額地代を内部収益化することができる．最初の2つの仮定は，空間に固有のものとはいえないが，3番目の仮定は土地と輸送の存在を明示的に考慮することを要求している．

　これらの結論はおそらく経済学に対する立地論の最も特筆すべき貢献である．なぜなら，生産における収穫逓増を含む経済において，空間摩擦の費用が生産における収穫逓増とどのようにしてうまく共存しうるのかを示すと同時に，最適が出現する上で，敷地の地代がどのような役割を果たすかを示しているからである．

　空間経済学の視点から見ると，これらの結果はMills (1967) の，生産における規模の経済の存在のために都市が形成される，という見解を確認するものである．とはいえ，生産における収穫逓増の存在にもかかわらず，利潤を最大にする労働者の数は有限であり，対応する都市の面積は限られている．つまり，生産における規模の経済は，輸送から発生する規模の不経済によって打ち消されている（これは個々人の通勤費用が長距離経済を持っていたとしても成立する）．Mills (1967) が指摘したように，都市のサイズは，収穫逓増と輸送費との間のトレードオフで決まる．違った言い方をすれば，生産における規模の経済がなければ都市は存在せず（裏庭資本主義），また，輸送費がなければ，この経済では1つの都市しか存在しないだろう（the world megalopolis: 世界巨帯都市）．それゆえに，このトレードオフが都市の理解において中心的な役割を果たす．[1]

　上記の企業城下町的なシステムに対して，もう1つ考えられる別の制度上のシス

テムとして，労働者のある集団が最終財を生産するための協同組合を作ることにより都市が形成されると仮定することもできる．労働者が集まることによって，収穫逓増の利益を享受できることが（少なくともある雇用水準までは）わかっているから，そのような行動をとるのは自然である．それを実現するために，労働者はある限られた地域に集まり，**コミュニティ**（community）を形成し，地方政府を設立する．この地方政府は，最適なコミュニティ人口を選択することでコミュニティ住民の福祉を最大化する目的を担う．この問題は，各コミュニティの行動を開発事業者の問題に還元でき，コミュニティ間の競争によって同じ長期均衡が得られるという点において，前出の問題と深く関係している．実際，どちらのアプローチも，開発業者ないしコミュニティが新しい都市を建設する誘因がなくなるまで次々と都市が建設されるという「都市開発の市場」（ヴァーノン・ヘンダーソン）を仮定している点で同等のものである．[2]これは，都市システムの単純な理論を提供し，またその理論は，なぜ違ったタイプの都市が現れるのかの説明に拡張できる．

　古典的な企業レベルの収穫逓増と輸送費の間のトレードオフはよく知られている．繰り返し再発見されてきたが，少なくとも Kaldor（1935）と Lösch（[1940]1954）まで遡る．このトレードオフは，設定こそ異なっているが，上述におけるものと似ている．しかしながら，それは，不完全競争のうちで**空間競争**（spatial competition）として知られている，独特の形で表現されるものである．

　生産が企業レベルでの収穫逓増を持ち，需要が空間的に分散しているとき，経済には限られた数の企業しか存在しえず，各企業はその地理的な孤立性から独占的な力を得ることができるので，不完全競争となる．ハロルド・ホテリングの足跡をたどるなかで，ニコラス・カルドアは，空間がかかわると競争は独特の形になることを示している．各消費者は，提示価格と対応する企業への輸送費の和と定義される，「合計価格」の最も安い企業から購入するので，各企業はすべての企業を考慮に入

---

1) 規模の経済に言及する場合，「グロスの規模に関する収穫逓増」を意味する．「ネットの規模に関する収穫逓増」と一般に言われている集積と混雑の効果のバランスとは違うコンセプトである．都市レベルで0％のネットの規模に関する収穫逓増は，グロスの規模に関する収穫逓増が存在しないことを意味しない．逆に，集積の効果が存在するので，混雑が出現することを本章で見るであろう．

2) 両者のアプローチは，Buchanan 流のクラブ理論と多くの共通点を有している（Scotchmer, 2002）．

れる必要はなく，近隣のいくつかの企業とだけ直接に競争する．同じことを，Kaldor (1935, 391) は次のように述べている．

> 売り手の視点から見てみると，他の特定の売り手による価格の変化は（残りの売り手の価格は与えられていると仮定して），その売り手の立地が離れているほど重要でなくなる．

それゆえに，空間競争のプロセスは少数の企業間で起こるものであり，非協力ゲーム理論の枠組みの中で研究されるべきである．これは，空間的な市場での価格形成を戦略的に考えることの重要性を示す点で，経済学への立地論のもう1つの主要な貢献である．しかし，それは，経済学者たちが，近代的な市場経済における競争の研究のためにゲーム理論が持っている力に完全に目覚めるまで，無視されていた．しかし，1970年代後半以降に産業組織論がどっと出てくると，競争における空間の持つ意味が自然に研究されるようになった．初期の立地論学者らによって提起された問題を再考し，定式化するために，今や新しいツールや概念が利用可能となったのである．

この脈絡で，生産における規模の経済はもう1つの大きな含意を有する．つまり，空間経済において実際に活動している市場の数は最適にはならない可能性が高いということである．別の言葉で言えば，技術の非凸性のために空間市場は不完全になり，均衡配分は一般に効率的ではない．このことは，企業が消費者を引き付けるために戦略的に競争する空間経済において，収穫逓増と輸送費の間のトレードオフについてさらに光を当ててくれる．これから見ていくように，規模の経済は，まばらな生産パターンを生むのに対し，高い輸送費は，企業の高密な空間配置をもたらす．そして，規模の経済と輸送費がどちらも無視してよいほど小さくなったときにのみ，市場均衡は，完全競争の結果に近づき，最適に近づく．

伝統的な空間競争モデルは，土地市場を考えていないから，「土地ぬきの立地」モデルと呼ぶことができる．だが，消費者は移住が可能であると考えることによって，土地市場を統合してモデルを拡張することができる．土地市場と消費者の可動性を空間競争モデルに導入することによって，少なくとも2つの重要な結果が出てくる．それは，企業と消費者の立地決定を内生的に結びつけることを可能とする．さらに，地方公共財の分野におけるのと同じように，地代収益の内部化にもとづいた配分メカニズムを可能とする．実際，商店への近接性によって差額地代が発生す

る．各企業がその活動によって作り出された追加的な地代を自身の収入として集めることが許されるときは，市場均衡と最適の間の違いはなくなる．したがって，戦略的な企業行動の下で，前節で得られた結果をそのまま拡張することができる．

　この章の構成は，今まで述べてきたことを反映したものとなる．都市レベルでの収穫逓増のミクロ経済学の基礎は，4.2節で説明する．4.3節では，都市形成の脈絡において，規模の経済と輸送費との間のトレードオフについて研究する．企業城下町モデル（4.3.1項）とコミュニティ・モデル（4.3.2項）について，引き続き議論し，比較する．次に，それらのモデルを，都市システムの分析の基礎として用いる（4.3.3項）．4.4節では，収穫逓増と都市間の輸送費の間の相互作用によって，都市がなぜごく少数の商品の生産に特化したり，あるいは，幅広い活動を持つに至るかを分析するために，枠組みを拡張する．そのあと，4.5節で，空間競争の脈絡で収穫逓増と輸送費の間のトレードオフの研究に向かう．最初に市場均衡（4.5.1項）を，その後，最適（4.5.2項）を考える．2つの解は異なるが，各企業が自身の生み出す差額地代を内部化することが可能となると，2つの解が一致することがわかる（4.5.3項）．結論を4.6節にまとめる．

4.2　外部的な収穫逓増のミクロ経済学的基礎

本節で，外部的な規模の経済の存在について説明するために開発された，3つの主要な研究の流れについて議論する．

　1．共有　（スミス流の）アプローチは，大きな市場（例えば大都市圏）は，多くの中間財，最終財あるいは公共施設があるので，より細かな分業ができるようになる，という一般的なアイデアに基づいている．特に，広範囲の中間サービスおよび財へのアクセスは，最終部門の生産性を増加させ，[3)] それにより，都市の労働力の規模とともに賃金の増加をもたらす．同様に，大きな都市では，消費者は現地で製造されたより幅広い商品とサービスに対して直接アクセスできるので，効用を増すことができる．

[3)] これは，貿易は，国内の企業にとって利用可能な中間財の種類を拡大することによって，利益をもたらすというアイデアに似ている．両者の違いは，都市は交易不能な財やカスタマイズされたサービスを提供するという点にある．

2．マッチング 大都市は多様な労働者と企業の求める人材の間のよりよい平均的なマッチングを可能にするということを示すために，多様性についての（チェンバリン流の）アイデアが都市労働市場に適用される．[4] 新しい企業，労働者あるいは両方が都市労働市場に参入する場合，集積の経済のようなものが働き，それは，企業により高い賃金を払うように促す．同様に，大都市は，消費者と売り手（特に交易不能なサービスの供給者）の間でよりよいマッチングを可能にする．

3．学習 （マーシャル流の）アプローチは，いったん労働者と生産者が地域に集まると，情報の伝送が容易となり，あたかも「産業の秘密は空気の中にある」かのようになると主張する．それは，多様な労働者と企業は，繰り返し行われるフェイス・トゥ・フェイスのコミュニケーションを通じて，互いに知識を共有することによって生産性を改善し，すべてに利益をもたらす新しい知識を創り出す，というアイデアにもとづく．そうした知識が，より多くの主体に共有されることによって，より複雑で効率的な技術の使用を可能にする．さらにそれは，より高度な熟練労働者によって改善される．

以下では，上述のそれぞれのアイデアを例示した，3つの単純で明快なモデルを提示する．このような選択は，それらのモデルのうちの2つは，空間経済学の中で使用される標準的モデル（すなわち CES モデル，環状都市モデル）に，依存するということにもとづいている．それらのモデルは，後の章で議論されるトピックへの導入ともなる．

これから明らかになるように，全体としての収穫逓増は何もないところから出てくることはない．何らかの不可分性が都市内に存在しなければならない．そのような不可分性が，労働力の規模につれて増加する賃金に形を変えるということが示される．最初のモデルでは，大きな市場は，労働者が専門化することを可能にし，それゆえに，労働者が都市内に集まった場合により効率的になることが証明される．2つ目のモデルでは，大都市では，どのようにして多様な労働者と企業の求める人材の間のよりよい平均的マッチングが可能になるかが示される．最後のモデルでは，

---

[4] 同じ脈絡では，双方のサーチが労働市場にたびたび起こることが一度認識されると，都市は，低いサーチ費用をもたらし，その結果，より高度な人的資本をもたらす．

労働者がより密集すると，どのようにして知識のより高い水準を達成し，そこから，高い生産性が生じるかを証明する.[5]

4.2.1 共有：中間財部門

最終部門は，一様な財を収穫一定で完全競争の下で生産すると仮定し，この生産物をニューメレール（numéraire）とする．一般性を失わずに，この部門は以下のような生産関数を持つと仮定される１つの企業によって表現できる．

$$X = \left(\int_0^M q_i^\rho \, di \right)^{1/\rho} \tag{4.1}$$

ここで ρ は厳密に０と１の間の値をとる．この式で，X は企業の生産量であり，q_i は用いられた種類 i の中間財の量，そして，M はこの都市で利用可能な中間財の数である．

Ethier (1982) によって観察されたように，(4.1) 式は，与えられた数 M の下で，差別化された投入財 q_i について収穫一定の，競争企業の生産関数である，と解釈することができる．しかし，この関数は，中間財の数 M について収穫逓増を示している．実際，各中間財が同一の価格 $\bar{p}$ で売られ，企業のすべての中間財に対する支出合計を E と仮定しよう．そうすると，最終部門の企業によるそれぞれの種類の中間財の消費はすべての $i \in [0, M]$ について $q_i = E/M\bar{p}$ となる．この式を (4.1) 式に代入すると，以下の式が得られる．

$$X = \frac{E M^{(1-\rho)/\rho}}{\bar{p}}$$

ゆえに，ある値 E を与えると，$\rho<1$ である限り，中間財の種類の数 M とともに生産量が厳密に増加する．より小さい ρ，すなわち，中間財の差別化の度合いが強くなると，この効果はさらに強くなる．ゆえに，最終部門の効率性は中間財部門の操業の状態に依存する．

最終財の製造業と中間財の製造業より成る単一中心都市について考えてみよう．後者が，差別化された中間財を前者に供給する．最終部門に属する企業の生産関数

---

[5] 上記の３つのアプローチは，1.3節で議論されたタイプ(ii)および(iii)のマーシャル外部性と多くの共通点を持っている．タイプ(i)の外部性は空間競争および NEG の中心にあり，それは，4.5節および第８章と９章で扱う．タイプ(iv)の外部性は地方公共財に相当し，次章で論じられる．最後に，第６章で，情報の共有について研究する．

は，(4.1) 式で与えられる一方，サービス企業の生産関数は以下で記述する．どちらのタイプの企業も CBD に立地しているとする．都市は N 人の労働人口を持ち，各人は1単位の労働を供給する．

生産の特化のために，それぞれの種類の中間財は，各々1つの企業が，唯一の投入物である労働を使って，同一の技術によって生産すると仮定する．中間財 i を q_i 生産するために必要な総労働量は，以下の式で与えられる．

$$l_i = f + c q_i \tag{4.2}$$

ここで f は必要な固定労働投入で，c は限界労働投入である．f は，おそらく，多様な財の生産ラインの開発や設置から発生する．明らかに，この技術は規模に関して収穫逓増を示している．

この都市における労働者に共通の賃金を w で示す．p_i が中間財 i の価格だとすると，最終財を売る企業は，生産関数(4.1)に従って，以下の利潤を最大化するように q_i を選択する．

$$X - \int_0^M p_i q_i \, di$$

1階条件により各投入財の需要が以下のように得られ，

$$q_i^* = X p_i^{-\sigma} P^\sigma \qquad i \in [0, M] \tag{4.3}$$

総支出は，

$$\int_0^M p_i q_i^* \, di = PX$$

となる．ここで，P は中間財全体の価格指数であり，以下で定義される．

$$P \equiv \left(\int_0^M p_j^{-(\sigma-1)} \, dj \right)^{-1/(\sigma-1)} \tag{4.4}$$

ここで，定数

$$\sigma \equiv \frac{1}{1-\rho}$$

は，1と ∞ の間で変化する，任意の2種類の中間財間の代替弾力性である．代表的な最終財企業の利潤関数は $X - PX = (1-P)X$ であり，X について線形であるので，均衡産出が正で有限であるためには，均衡価格指数 P^* は，

$$P^* = 1 \tag{4.5}$$

とならなければならない．

それゆえに，Abdel-Rahman and Fujita (1990) に従って，(i)各企業は1つの中

間財を生産する（独占的），および(ii)均衡利潤はちょうどゼロである（自由参入・退出），という市場構造で表される中間財部門を仮定する．つまり，代表的消費者を最終部門の代表的企業に置き換えて，Dixit and Stiglitz (1977) の独占的競争モデルを用いるということである．中間財部門の企業は連続体として存在する（つまり，非常に多数存在する）ので，それぞれの企業の行動が市場に与える影響は無視できる．したがって，各企業が自身の価格を選ぶとき，それが市場全体の変数である X と P に与える影響を正しく無視する．加えて，各企業は差別化された中間財を売るので，それぞれは独占的な力を持ち，弾力性が σ である等弾力性の需要関数に直面する．

企業 i の利潤は，

$$p_i q_i^* - w l_i$$

である．需要関数(4.3)は対称で等弾力的である．したがって，均衡価格は企業間で同一であり，共通の限界生産費用 (cw) にすべての企業に共通な正の相対的なマークアップ率 ($1/\rho$) をかけた，次式で与えられる．

$$p^* \equiv p_i^* = \frac{cw}{\rho} \quad i \in [0, M] \tag{4.6}$$

企業は，利潤がゼロ，つまり $p^* q^* - w l^* = 0$ となるまで，中間財産業に参入する．この等式に(4.2)式と(4.6)式を代入すると，以下のように中間財部門の全企業に共通の均衡産出が得られる．

$$q^* \equiv q_i^* = \frac{f}{c} \frac{\rho}{1-\rho} \tag{4.7}$$

これにより，次の均衡労働投入が得られる．

$$l^* \equiv l_i^* = \frac{f}{1-\rho} \tag{4.8}$$

したがって，企業規模は市場規模から独立している．

この都市においては完全雇用が成立すると仮定すると，都市の総労働力が N であるとき，以下の関係が成立する必要がある．

$$N = M l^* \tag{4.9}$$

(4.8)式と(4.9)式を用いると，中間財の均衡数は，次のように与えられる．

$$M^* = (1-\rho) N / f \tag{4.10}$$

明らかに，中間財の均衡数は，総労働力 N とともに増加するが，固定投入 f に対しては減少する．別の言い方をすれば，特化の度合いは，労働市場の大きさ (N)

によって制限されるし，また，中間財部門における固定費用（f）の存在にも限定される．中間財の均衡数は，この部門の製品の差別化の度合い（小さいρ）とともに増加する．

次に，中間財の数Mの関数として，未知のXとwを決定する．まず，(4.1)式と(4.7)式を用いて，以下が得られる．

$$X = K_1 M^{1/\rho} \tag{4.11}$$

ここで，$K_1 \equiv \rho/(1-\rho)fc > 0$ である．さらに，(4.4)〜(4.6)式を使って，

$$w = K_2 M^{(1-\rho)/\rho} \tag{4.12}$$

が導かれる．ここで，$K_2 \equiv \rho/c$ である．よって，最終部門の均衡産出量と，均衡都市賃金は中間財の数とともに上昇することがわかる．

さらに，(4.10)式と(4.11)式を用いて，都市の生産関数(4.1)を以下のように書き換えることができる．

$$X = AN^{1/\rho} \tag{4.13}$$

ここで，$A \equiv f^{-(1-\rho)/\rho} \rho(1-\rho)^{(1-\rho)/\rho}/c$ は，中間財部門のパラメータ，特に，固定労働投入fと限界労働投入cに依存する，正の定数である．

それゆえに，最終部門のもともとの生産関数は，規模に関して収穫一定であるが，最終部門の生産量は，都市の総労働力に対して収穫逓増を示す（$\rho<1$ であるから(4.13)式におけるNの指数は1より大きい）．これは，人口増加に伴って，中間財部門の特化した企業の数も増加するので，より高い度合いの特化が可能になるということである．都市はそれぞれに自身の利害関係を持つ主体の集まりであり，それ自体が1つの主体ではないので，都市の生産関数の概念は自明なものではない．したがって，都市の総生産関数はモデルの中で導出されるべきものである．これがまさに，以上で達成されたことである．興味深いことに，最終部門に属している個々の企業はすべて収穫一定の認識で生産するが，この部門は全体として収穫逓増を示している．

ρの値によっては，収穫逓増の度合いが十分高くなるかもしれず，その場合，「多数」の労働者が同じ都市に住むことになる．特に，$\rho<1/2$ のとき，(4.13)式より，労働の限界生産性は都市人口とともに逓増的に増加する．これは，現実的な結果とは思えないので，Nの増大とともに限界生産性の増加が低下すると仮定をすることが，より適当であろう．したがって，$\rho>1/2$ と仮定すれば，都市における特化の過程は無限には続かない．それでも，このケースにおいてさえ，経済は「都市レベルでの収穫逓増」と呼べる状態を示している．

均衡賃金は，(4.10)式と(4.12)式から，以下のように得られるが，
$$w^* = AN^{(1-\rho)/\rho}$$
この値は都市の労働力とともに増加する．実際，都市により多くの労働者がいるとき，より多くの企業が中間財部門に参入可能であり，より高い賃金がもたらされる．ただし，$\rho > 1/2$ のときは，均衡賃金は逓減的に増加する．

3.3節で議論したように，人口増加は居住地域の拡大をもたらし，それにより地代は高くなり，通勤距離は長くなる．その結果として，都市の大きさは，中間財部門の収穫逓増と労働者のCBDへの通勤費用との間のトレードオフの解として，内生的に決定される．もちろん，異なった最終財に特化した都市は，異なった生産関数を持つので，大きさも異なる．

要するに，より大きな労働力を持つ都市では，(1)中間財の投入が高まり，(2)最終部門で生産性も向上し，(3)賃金も高くなる．以上の結果を大雑把に言って，次のようにまとめることができる．アダム・スミスの言うように，都市における分業の度合いは労働者の数によって制限されるが，Young (1928) の言うように，ある都市の労働市場の大きさは，その都市における通勤費の高さとともに，他の都市における労働市場の状況によって制限される．

4.2.2 マッチング：労働市場

多様な労働者がいて，それぞれ仕事に対する適性が異なるという仮定にもとづく，今までとは異なったアプローチを考えよう．例えば，それぞれに異なる訓練を受けた多くの弁護士がいる（ロンドンやニューヨークといった）大都市を考えてみよう．消費者が空間内に分散しているとき企業が異なった地点に立地する動機を持つのと同じように（4.5節を参照されたい），技能空間に異なった労働力が分散していると知ると，企業は異なった技術を採用する動機を持つのは明らかである．実際，そうすることによって，企業は労働市場で労働者の生産性より低く賃金を設定することを可能にする買手独占力を持つことができる．以下で採用するアプローチは，Helsley and Strange (1990) によるものである．[6]

M 個の企業がCBDに立地する，単一中心都市について考える．これまでの節と同じように，企業は与えられた市場価格で生産物を売ると仮定する（この生産物を

---

[6] ここに提示された労働市場のモデルは，後で詳細に議論する（4.5節），空間競争モデルと対を成すものである．

ニューメレールとする).簡単にするために,各々の企業は必要な労働者タイプによって完全に記述できるものとする.具体的には,企業が必要とする技能は,ある技能空間において $r_i(i=1,\cdots,M)$ によって示される.ニューメレールで計測される固定参入費用が一度支払われると,生産は,労働投入の規模に関して収穫一定とする.

異種の技能を持つ連続体としての N 人の労働者が存在する.各労働者は1単位の労働を供給する.労働者は異質で,最もふさわしいタイプの仕事は労働者によって異なっているが,仕事のタイプにランクはない.技能空間は円周1の長さを持つ円 **C** で記述され,労働力 N はこの円周上に密度 N で一様に分布すると仮定する.さらに,その企業の技能要求 r_i は円 **C** に沿って均等間隔で分布していると仮定する.したがって,技能空間における2つの隣接した企業の間の距離は $1/M$ となる.[7] 労働者たちは異質なので,特定の企業の仕事のオファーには異なった適合度を持つ.それゆえに,もし,企業 i が r_i とは違った技能を持った労働者を雇えば,その労働者は訓練を受けなければならない.企業の技能要求に合致するための訓練費用は,その労働者の技能 r と必要とされる技能 r_i との差の関数であり,$s|r-r_i|$ とする.ここに,$s>0$ は各種の摩擦の指標と見ることができる.訓練の後では,その企業にとってはすべての労働者は全く同じであり,α 単位の財によって表される同一の生産性を有している.企業 i は,労働者が技能 r_i を満たすための訓練を自らの費用で受けるという条件で,すべての労働者に同じ賃金を提供する.各労働者は,各企業の提供する賃金と必要な訓練費用を比較して,訓練費用を差し引いた最も高い実質賃金を提供する企業で働くことを選択する.

賃金設定のゲームは以下のように進む.最初に,すべての企業は名目賃金オファーを同時に提示する.次に,労働者は,すべての賃金オファーを観察し,最も高い実質賃金を得られる企業で働くことを選択する.各企業は,労働者の選択を予想するので,その企業で働きたい労働者すべてを雇うことになる.均衡においては,雇い主も労働者も変更する動機を持たないので,退職も解雇も存在しない.企業間での労働者の配分は完全に個々の競争上の優位にもとづく.

企業 i に注目しよう.その両隣の企業が,それぞれ賃金 w_{i-1} と w_{i+1} を提供する場合,企業 i の労働力圏は,外部の境界が $\bar{r}_i$ と $\bar{r}_{i+1}$ である2つの区画で構成される.

---

[7] 空間においての等距離の企業の仮定は,ディキシット=スティグリッツ・モデルにおいて,対称で,等しく重みづけされた多様性と対を成すものである.

境界 $\bar{r}_i$ に位置する労働者は，企業 i と企業 $i-1$ から同じ実質賃金を受け取り，$\bar{r}_{i+1}$ の労働者は企業 i と企業 $i+1$ から同じ実質賃金を受け取る．企業 i は訓練費用関数およびすべての企業の提供する賃金を知っているので，$\bar{r}_i$ および $\bar{r}_{i+1}$ を決定することができる．具体的には，$\bar{r}_i$ は方程式 $w_i - s(r_i - \bar{r}_i) = w_{i-1} - s(\bar{r}_i - r_{i-1})$ の解で，

$$\bar{r}_i = \frac{w_{i-1} - w_i + s(r_i + r_{i-1})}{2s} \tag{4.14}$$

となる．企業 i は，労働者が企業 $i-1$ からよりも高い実質賃金を得ることができる，区間 $(\bar{r}_i, r_i]$ にある労働者を引きつける．$[r_{i-1}, \bar{r}_i)$ の技術を持った労働者は，企業 $i-1$ の下で働くことを好む．同様にして，次のことを示すことができる．

$$\bar{r}_{i+1} = \frac{w_i - w_{i+1} + s(r_i + r_{i+1})}{2s} \tag{4.15}$$

以上から，企業の労働力は，$[\bar{r}_i, \bar{r}_{i+1}]$ の区間の技能タイプを持ったすべての労働者から成る．この区間は w_i が上昇すると，拡大する．

企業 i の固定費用を差し引く前の利潤は

$$\Pi_i = \int_{\bar{r}_i}^{\bar{r}_{i+1}} N(\alpha - w_i) dr = N(\alpha - w_i)(\bar{r}_{i+1} - \bar{r}_i)$$

となる．与えられた企業数の下における，ナッシュ均衡下での賃金および利潤は以下のように決定できる．賃金においてナッシュ均衡が存在することは，容易に確認できる．ナッシュ均衡賃金を見つけるために，w_i に関連する Π_i の1階条件を用いる．

$$\frac{\partial \Pi_i}{\partial w_i} = -N(\bar{r}_{i+1} - \bar{r}_i) + N(\alpha - w_i)\left(\frac{\partial \bar{r}_{i+1}}{\partial w_i} - \frac{\partial \bar{r}_i}{\partial w_i}\right) = 0 \tag{4.16}$$

(4.14)〜(4.16)式と $r_i - r_{i-1} = 1/M$ を使って，互いに等しい均衡賃金として，

$$w^*(M) = \alpha - s/M \tag{4.17}$$

が得られる．

企業が，等距離を保ちつつ，自由参入するとここで仮定する．(4.17)式で与えられた $w^*(M)$ が M について増加していることからわかるように，新しい企業の参入は賃上げに結びつく．したがって，CBD における企業の集積は，労働者にとっては外部性の性質を持っている．これは，新たに加わった企業が，必要とされる技能と仕事との間の平均としての組み合わせの質を改善するからである．企業の数が増加すると，隣接した企業はよりよい組み合わせを持つ労働者をめぐって競争するので，企業はより高い賃金を払わなければならない．企業の数が無限に大きくなる

極限において，賃金は競争賃金率 α となり，利益はゼロとなる．しかしながら，市場に参入する各企業は正の固定費 f を払わなければならない．したがって，自由参入下の均衡では，企業の数は有限である．

均衡企業数は，企業当たりの粗利益 $\Pi(M) = sN/M^2$ が参入費用 f と等しい条件より，以下のように得られる．

$$M^* = \sqrt{sN/f} \tag{4.18}$$

したがって，企業の労働力の均衡規模は次のように与えられる．

$$l_i^* = l^* = \frac{N}{M^*} = \sqrt{\frac{Nf}{s}}$$

これは人口規模，つまり，技能空間における労働力の密度 N とともに増加する．

(4.18)式を用いて，総生産量から訓練費用の合計を引くことにより，以下の都市生産関数が容易に得られる．

$$X = \alpha N - 2NM^* \int_0^{1/2M^*} sx \, \mathrm{d}x = N\left(\alpha - \frac{1}{4}\sqrt{\frac{sf}{N}}\right) \tag{4.19}$$

これは，労働力の大きさが増加する場合，逓減的に増加する（(4.13)式も参照されたい）．要するに，仕事と労働者の間のよりよいマッチングが全体としての収穫逓増を生じさせるということである．驚くべきことは，全体としての収穫逓増の源は，労働市場における企業の競争にあるということである．N が増大するとともに，より厳しい労働市場での競争のために，企業の数は逓減的に増加する（(4.18)式を参照のこと）．したがって，各々の企業にはより多くの従業員がいることになる．固定生産費の存在の下では，これは，労働者1人当たりの生産量を増加させる．

(4.17)式へ(4.18)式を代入すると，以下の長期均衡賃金が得られる．

$$w^* = \alpha - \sqrt{\frac{sf}{N}}$$

組み合わせの平均の質が改善するので，長期均衡賃金は，労働市場の厚さとともに逓減的に上昇する．このように，より高密な都市労働力は企業の需要独占力を減らす．さらに，企業が賃金設定者であるので，w^* は，(4.19)式から得られる限界労働生産性に等しくならない．

要約すれば，多様な労働者より成る，より大きい人口をかかえる都市は，(1)より高い生産性，(2)より高い賃金，(3)より大きな企業サイズを持つ．4.2.1項と同様に，都市の均衡サイズは，最終部門における収穫逓増とCBDへの労働者の通勤費用の間の，トレードオフによって内生的に決定される．言いかえれば，ミクロ経

済的なメカニズムは前節におけるものと非常に異なるが，都市レベルに起こることを見ると，同じ結論に達する．

4.2.3　学習：知識のスピルオーバー

明らかに，生産的な都市のために重要なことは，労働者の総数自体ではなく，利用できる有効な労働の量である．したがって，規模の効果だけに目を奪われてはいけない．もし「小さな場所」が大量の有効な労働を提出する労働者を収容するならば，その小さな場所は非常に生産的である．例えば，ルネッサンスの頂点において，あの有名なフィレンツェにはわずか4万人の住民しかいなかった．正確に言えば，都市の生産性は，規模の効果と人的資本の効果という，2つの異なる効果の合わさったものである．[8] したがって，企業と労働者の集まりが，どのようにして彼らの互いの学習を促進することができるかを理解することは重要である．

知識のスピルオーバー（knowledge spillover）の概念は，成長理論（Romer, 1986; Lucas, 1988）においてよく知られているが，アルフレッド・マーシャル（Alfred Marshall）に始まるはるかに長い歴史がある．近代都市における情報の役割は，経済史学者によって長い間強調されてきた．Hohenberg and Lees (1985) が述べているように，「都市発展は，情報を有効に用いる能力を原動力とした，動的なプロセスである．1850年以降，大都市は，知識中心経済の爆発的な成長を育む場所になると同時に，その主要な受益者となった」．都市は人々が語らう場所である．確かに，この会話の多くは生産性上昇をもたらさない．しかしながら，人々の数が多いほど，その会話は生産性を増大する革新に結びつきやすい．Glaeser (2011, 24) によって言及されたように，「都市と，そこで生まれるフェイス・トゥ・フェイスの相互作用は，複雑なコミュニケーションの呪いを和らげるためのツールである」．この考えは納得できる．実際，異なる情報を有する，より多くの主体がいれば，より広範囲の情報の組み合わせができるようになり，それにより，より高い水準の情報および知識の出現を促進する．したがって，Jones and Romer (2010, 42) が書いたように，「アイデアを皆で共有することを可能にする仕事のネットワークへ，できるだけ多くの人々をつなぐことへの強力な誘因がある」．人々をつなげるというのは，まさに，都市の役割である．第6章で，相互における学習が，企業と

---

[8]　人的資本の蓄積において，社会的な収穫逓増のミクロ的基礎の研究については，Acemoglu (1998) を参照されたい．

労働者の集積形成をどのように促進するかを明らかにする.[9]

4.3 規模の経済の下における都市のサイズ

以下で調べる設定では,世界的な競争市場に直面しており,内生的な規模の経済を示す生産関数を賦与された,大きな企業を取り扱う.これらの条件は,企業城下町として知られているものの典型である.より現実的には,我々は前節において,個々の主体のレベルで作動するいくつかの異なったメカニズムが,都市レベルでは同じような収穫逓増をもたらすことを,見てきた.この観察に基礎を置いて,少なくともある範囲の生産量において,都市の生産関数が収穫逓増を示すと仮定する.この後者のケースは,完全競争市場と整合性を持つことが知られている.企業が地代を内部化することができる場合,同じことが前者の大企業の場合にも適用できることを示す.

外部経済が存在する場合には,市場は協調に失敗し,利害関係者にとって有利な状況の実現が妨げられるかもしれない.さらに,取引費用が高すぎて,潜在的な利害関係者が交渉によって最適に達することができない,つまり,コースの定理の成立が妨げられる場合がある.そのように交渉が難しい状態では,どの単一企業もスピルオーバーを内部化する動機を持たない.このため,ヘンダーソンらは,土地課税と労働の補助金によって,真にこの内部化の問題の解決を目的とする,「大きな主体」の存在を仮定する.「都市の市場」は,都市には価格がない点で,標準的な市場と異なる.それぞれの都市は,特定の主体が企業と労働者の動きを調整することによって,潜在的な集積の経済から生まれる利益または厚生の機会を実現する結果,出現する.

本節の目的は,いくつかの異なった制度的状況の下において,この仮定が都市形成のプロセスにもたらす意味について探求することである.特に,2つのタイプの

---

[9] つなげることについての議論は,情報の交換が計画的で相互交換かもしれないという事実を無視していることに注意されたい.この場合,知識の移動は内生的であり,主体の間の反復ゲームの均衡として決定される.Helsley and Strange (2004) は,大都市においては,情報の相互交換からの離脱を検知するのがより難しいので,効率的な知識交換は持続可能ではないかもしれないことを指摘している.このような状況の下では,知識と集積の関係は単調である必要はない.

制度的状況を考える．最初に，都市形成を，1つの工場町に多くの労働者を集めることによって生まれる利益を内部化する，「開発業者」によってなされた決定の結果として見る．ヘンダーソンが書いているように，「開発業者は，多くの人々の活動を調整して，新しい都市の形成を促進する，企業家の役割を担う」(Henderson, 1987, 84)．次に，都市は収穫逓増から生まれる余剰を享受するために，努力を結集することを選択した労働者のコミュニティによって形成されると考える．

4.3.1 企業としての都市

単一の利潤極大化を目的とする企業が中心に立地する，単一中心の都市を考えてみよう（企業城下町）．この企業は，唯一の生産要素である**労働**（labor）を使用して，1つの製品を生産する．地元および世界の競争市場で売られるこの財を，ニューメレールとする．企業の生産関数は

$$X = F(N)$$

であり，X は消費財の量で，N は労働者の数である（(4.13)式と(4.19)式を参照されたい）．この関数は $F(0)=0$ で，N に関して厳密に増加しており，

$$N \lessgtr N_a に応じて， \quad \frac{dF}{dN} \equiv F'(N) \gtreqless F(N)N \tag{4.20}$$

となるような $N_a>0$ が存在する．したがって，生産は $N<N_a$ では収穫逓増，$N>N_a$ では収穫逓減となる．あるいは，(4.20)式は，4.2節で研究された外生的な規模の経済の内部化から生じる総生産関数としても見ることができる．

企業の潜在的な従業員は，3.3.1項で研究した消費者と同じ効用関数を持っており，その都市外の経済で留保効用水準 $\bar{u}$ を享受している．生産するためには，企業は，残りの世界から必要な労働者を引き寄せなければならない．そのために，企業への通勤費用および都市の競争的土地市場で決定された地代を補うだけの十分高い賃金 w を労働者に払わなければならない．実際，この都市内に居住することを決定した労働者は，3.3.1項で述べた居住均衡によって都市内に配置されるだろうと予想し，収入は内生的に決まる賃金 w を得る．[10] この賃金率の下で，そこで達成

---

10) 各企業の利潤は経済におけるすべての個人へ等しく分配されると仮定する．それぞれの都市が全体の人口と比べて小さいときには，特定の1つの企業の活動は，各労働者にとって無視しうる程度にわずかだけ影響する．均衡において利潤がゼロであるので，それぞれの都市の居住者には，賃金以外の収入はない．

できる効用水準が留保効用水準より高い限り，労働者は新しい都市へ移住してくる．3.3.2項で見たように，都市人口が増加する場合，都市の均衡効用水準は低下する．したがって，労働者は企業城下町で達することができる効用水準が$\bar{u}$と等しくなるまで移住してくる．明らかに，この問題は開放都市モデルに属する．

賃金率がwである場合，都市境界距離$r^*(w,\bar{u})$は，方程式

$$\Psi(w-T(r),\bar{u})=R_A \tag{4.21}$$

の唯一の解によって決定される．(3.27)式と(3.29)式を用いて，与えられた賃金率wの下での均衡の都市労働者数は以下のように与えられる．

$$N(w,\bar{u})=\int_0^{r^*(w,\bar{u})} \frac{2\pi r}{S(w-T(r),\bar{u})}dr \tag{4.22}$$

これを（経済全体から都市への）**人口供給関数**（population supply function）と呼ぶことにする．賃金率wが増加する場合，各労働者の付け値地代曲線が上方へ移動するので，(4.21)式より，都市の境界は拡大する．さらに，労働者の（留保）効用が固定されているので，土地に対するヒックスの需要$S(w-T(r),\bar{u})$は減少する．したがって，(4.22)式より，企業によって提示された賃金率の上昇とともに人口供給が増えることがわかる．wが無限に大きくなるに従って，$N(w,\bar{u})$も無限に増大する．さらに，留保効用水準$\bar{u}$の上昇が都市への労働供給を減少させることは直ちにわかる．したがって，wの増加とともに，より多くの労働者が企業城下町へ引きつけられ，逆に，留保効用水準$\bar{u}$が上昇すれば，移住してくる労働者の数は減る．

(4.22)式において左辺をNに固定して，逆にwについて解くことにより，留保効用水準が$\bar{u}$である場合に，N人の労働者を引きつけるために，企業が払わなければならない**賃金関数**（wage function）$w(N,\bar{u})$を得ることができる．明らかに，$w(N,\bar{u})$は$N(w,\bar{u})$の逆関数である．この賃金関数がNおよび$\bar{u}$の両方について厳密に増加することは容易に確認される．また，$N\to\infty$に従って$w\to\infty$となる．

次に，$C(N,\bar{u})$を，人口がNで均衡効用水準が$\bar{u}$のときに，効率的な均衡配置の下で(3.29)式より求められた**居住費用関数**（urban cost function）とする．明らかに$C(0,\bar{u})=0$である．さらに，以下で

$$ADR(w,\bar{u})=\int_0^{r^*(w,\bar{u})} [\Psi(w-T(r),\bar{u})-R_A]2\pi r\, dr \tag{4.23}$$

各労働者の収入がwで，共通の効用水準が$\bar{u}$である場合における，**総差額地代**（aggregate differential landrent: すなわち都市の地代と農地地代との差の都市全域

にわたる合計）とする．

居住地均衡では，N のすべての値において，総所得は総支出と等しい．

$$Nw(N,\bar{u}) = C(N,\bar{u}) + ADR(w(N,\bar{u}),\bar{u}) \tag{4.24}$$

N でこの式を微分すると，

$$w(N,\bar{u}) + N\frac{\partial w(N,\bar{u})}{\partial N} = \frac{\partial C(N,\bar{u})}{\partial N} + \frac{\partial ADR(w(N,\bar{u}),\bar{u})}{\partial N} \tag{4.25}$$

が得られる．(4.23)式の被積分関数の値が(3.26)式より距離 $r^*(w,\bar{u})$ でゼロであること，および(3.15)式，(3.28)式と(4.22)式を用いて，

$$\begin{aligned}\frac{\partial ADR(w(N,\bar{u}),\bar{u})}{\partial N} &= \int_0^{r^*(w,\bar{u})} \left(\frac{\partial \Psi}{\partial w}\right)\left(\frac{\partial w(N,\bar{u})}{\partial N}\right) 2\pi r \mathrm{d}r \\ &= \frac{\partial w(N,\bar{u})}{\partial N} \int_0^{r^*(w,\bar{u})} \frac{2\pi r}{S(w(N,\bar{u})-T(r),\bar{u})} \mathrm{d}r \\ &= \frac{\partial w(N,\bar{u})}{\partial N} N\end{aligned}$$

を得る．したがって，(4.25)式は

$$w(N,\bar{u}) = \frac{\partial C(N,\bar{u})}{\partial N} \tag{4.26}$$

となる．これは，1人の追加の労働者を引きつけるために企業が払わなければならない賃金が限界居住費用と等しいことを意味する．$\partial w/\partial N = \partial^2 C(N,\bar{u})/\partial N^2$ であり $w(N,\bar{u})$ が N について増加しているので，C が N について厳密に凸であることがわかる．C が $\bar{u}$ について厳密に増加していることも容易に示すことができるので，以下を得る．

命題4.1 居住費用関数は $\bar{u}$ および N とともに増加し，N について厳密に凸である．

つまり，通勤距離の増加のために，人口規模に比例する以上に，都市内の総通勤費用が増加する．言いかえれば，単一中心都市において，人口が増加する場合，都市内輸送において規模の不経済が発生する．[11] この結果は，通勤費用の上昇が都市

---

11) 通勤における混雑を考慮していないことに注意されたい．混雑を加えると，通勤費用はもっと強く凸関数となるであろう．

の長期的な成長の上限をもたらすという,経済史においてよく立証されている事実と一致する (Bairoch, 1988).

また,この結果は,通勤費用が高くなるため,都市が大きくなるに従って,生活費がより高くなるということも意味する.しかしながらこのことは,都市に居住する人々の効用水準が,他よりも低いことを意味するわけではない.4.2節で見たように,より大きな都市に住んでいる人ほど,より高い賃金を得ている.都市費用の上昇は,この高い都市賃金への市場の反応である.

企業城下町の問題を分析するにおいて,2つの等価な方法がある.まず,第1のものを考えよう.企業は価格R_Aで農民から土地を購入し,労働者が留保効用水準$\bar{u}$を持つという条件の下に,労働者の居住地における配分を含む,都市形成のすべての面を計画し管理する.総居住費用は競争的土地市場の下での均衡配分によって最小にされるので,企業にとっての総居住費用は,前述の$C(N,\bar{u})$によって与えられる.したがって,企業は,

$$\Pi(N) = F(N) - C(N,\bar{u})$$

によって与えられる,利潤を最大にする人口規模Nを選択する.

しかしながら,もしも企業がそのように都市形成のすべての面を計画し管理するならば,莫大な量の行動と情報が必要とされるであろう.幸運にも,開発業者がその利潤を最大にする別の単純な方法がある.企業は,依然としてR_Aで農民から土地を購入するが,かわりに,競争的土地市場を通じて居住地への配分を決定させるのである.この場合,3.3.1項で見たように,企業が賃金wを設定すると,対応する$N(w,\bar{u})$人の労働者が都市へ移住し,競争的土地利用を通じて住宅地配分が決まる.特に,都市の土地は競争市場地代で賃貸される.結局,企業は,総差額地代が内部化された,以下の純利潤を最大にするように賃金wを選択する.

$$\Pi(w) = F(N(w,\bar{u})) - wN(w,\bar{u}) + ADR(w,\bar{u})$$

上記の2つの方法は同じ結果を生むことがわかる.実際,wがゼロから無限大まで変わる場合$N(w,\bar{u})$がゼロから無限大まで増加するので,最初の問題

$$\max_N \{F(N) - C(N,\bar{u})\}$$

は以下の問題

$$\max_w \{F(N(w,\bar{u})) - C(N(w,\bar{u}),\bar{u})\} \tag{4.27}$$

と等価である.次に,(4.24)式によって,(4.27)式は,以下のようになるが,

$$\max_w \{F(N(w,\bar{u})) - wN(w,\bar{u}) + ADR(w,\bar{u})\}$$

これは2番目の問題に等しい.

最初の問題について考えよう．ΠをNで微分し，(4.26)式を用いると，次の均衡条件を得る．

$$F'(N^*) = w(N^*, \bar{u}) \tag{4.28}$$

これは，利潤最大化の雇用レベルは，企業は労働市場の賃金受容者でないにもかかわらず，均衡賃金は労働の限界生産性と等しくなるということを述べている．2階の条件のためには

$$F''(N^*) - \frac{\partial^2 C(N^*, \bar{u})}{\partial N^2} < 0 \tag{4.29}$$

となることが必要であるが，$C(N, \bar{u})$ が厳密に凸なので，$F''(N^*) > 0$ および $F''(N^*) < 0$ の両方とも2階の条件と合致している．

図4.1は，$F(N)$ と $C(N, \bar{u})$ への接線が平行であるときに，利潤最大をもたらす雇用N^*が起こることを示している．

さらに，今まで基準化されていた製品価格pが増加する場合，均衡人口規模が増加することは容易に理解できる．より興味深いのは輸送費の効果である．議論を単純化するために，$T(r) = tr$，そして，tが上昇する場合に，都市が存在し続けるために，$\Pi(N^*) > 0$ を仮定する．この場合，tの増加が，与えられたNの下で，より高い総居住費用をもたらすことは容易に確かめられる．さらに，tの増加は，賃金関数を上方にシフトするので，(4.26)式より，限界居住費用も上方へシフトする．結果として，都市の境界距離および均衡労働者数も減少する．逆に，より低い通勤費用は，より大きな都市人口と境界距離をもたらす．

4.3.2 コミュニティとしての都市

ここでは，労働者のあるグループが，生産活動における収穫逓増の存在から利益を得るために，コミュニティを形成し協力すると仮定しよう．そのためには，彼らは同じ場所で働く必要がある．この場合の生産関数$F(N)$は，コミュニティ生産関数と解釈できるが，それは(4.20)式の性質を満たすものとする．

これらの労働者は，自分たちの厚生を最大にすることを責務とする**地方政府** (local government) をつくる．労働者はみな同一なので，みなは同じ効用水準を享受すべきであり，したがって，地方政府の目的はこの共通の効用水準を最大化することである．そうするなかで，もちろん，地方政府は，以下で定義される予算的制約を満たさなければならない．

いつものように，コミュニティはR_Aで農民から土地を入手すると仮定する．コ

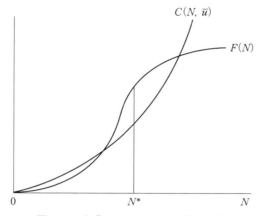

図 4.1　企業城下町の人口規模の決定

ミュニティ共通の効用水準を最大にするために，地方政府はある最適な人口サイズ N^o を選択するとしよう．このために，以前と同様に，2つのアプローチが可能である．

第1の方法においては，地方政府が，都市形成のすべての側面を計画し管理する．したがって，その予算的制約は以下のように表現される．

$$F(N) - C(N, u) \geq 0$$

地方政府の問題は，この予算制約を満たしつつ，コミュニティの規模を選ぶことによってコミュニティのメンバーにとっての効用最大を達成することである．つまり，

$$\max_{N} u \quad \text{s.t.} \quad F(N) - C(N, u) \geq 0$$

ここに N は，コミュニティの定義からして，正でなければならない．

関数 $C(N, u)$ は u とともに増加するので，最適化の下では予算制約式は等号となっている．したがって，次の2つの条件が最適人口において成立しているはずである．[12]

$$F'(N^o) = \frac{\partial C(N^o, u)}{\partial N} \tag{4.30}$$

$$F(N^o) = C(N^o, u) \tag{4.31}$$

---

12) この最適化問題には必ず解があるというわけではない．そのために，選好と生産関数にいくつかの，軽い仮定を課さなければならない（Fujita, 1989, 命題5.8）．

総居住費用関数は厳密に凸であるので，以下の関係が成立する．

$$\frac{\partial C(N^o, u)}{\partial N} > \frac{C(N^o, u)}{N^o}$$

したがって，(4.30)式と(4.31)式を用いて，

$$F'(N^o) > \frac{F(N^o)}{N^o}$$

したがって，次を得る．

命題4.2 効用を最大化するコミュニティの人口規模は収穫逓増の局面で達成される．

したがって，ある労働者のグループがコミュニティを形成し，協働して生産に従事するためには，収穫逓増が存在していなければならない．そうでなければ，コミュニティは出現しえない．これは，生産地点のまわりに労働者の集積を形成する上において，収穫逓増がどのような役割を果たしているかを示している．しかしながら，都市人口の増大にともなう限界通勤費用の増加によって，最適な都市人口は有限となる．これは，いったん，最適の人口規模に達するならば，さらなる労働者によって発生する追加費用が，収穫逓増の利点を上回るからである．また，収穫逓増が成立する生産領域が小さい場合には，均衡人口規模は小さくなる．

図4.2は，効用水準u^oの下での$C(N, u^o)$曲線と$F(N)$曲線が接しているところで最適人口N^oが決まることを示している．

以前と同様に，製品価格が上昇すると，効用水準u^oが上昇することは容易に確認することができる．$T(r) = tr$の場合，総居住費用曲線$C(N, u)$がtの増大に従って上方へシフトするので，tの増加はu^oの減少を引き起こす．しかしながら，pおよびtの最適人口規模に対する影響は，それぞれの曲線の曲率に依存するので，不明瞭である．

ここで，最適人口N^oの労働者がコミュニティを形成することを決めたと仮定しよう．いつものように，居住の配置は競争土地市場を通じて達成することができる．労働者には彼らの限界価値生産物が支払われると仮定すると，共通の賃金収入は以下となる．

$$w^o = F'(N^o)$$

そうすると，最適人口の下では$N^o w^o > F(N^o)$であるから，総賃金費用は生産価

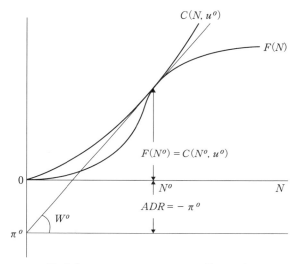

図 4.2 コミュニティの人口規模の決定

値を上回り,生産活動自体は損失をともなう.しかしながら,(4.31)式を用いて最適点において(4.24)式を書き直すと次の関係が得られる.

$$ADR(N^o, u^o) = -[F(N^o) - N^o w^o] \tag{4.32}$$

したがって,労働者が労働の限界価値生産物を受け取る場合,最適点においては,コミュニティによって内部化された総差額地代は,生産活動における損失をちょうど補うことがわかる.これは,収穫逓増の下での生産で起こった損失を,不効率な税を導入せずとも,総差額地代の内部化によって償うことができるかを示す,重要な結果である.これは,Stiglitz (1977) によって**ヘンリー・ジョージ定理**(Henry George Theorem)と命名された,より一般的な関係の,1つの具体例となっている.[13]

以上,これまでの節で研究された2つの制度システムを比較してみよう.(4.28)式と(4.31)式から,企業の利潤がゼロである場合,およびその場合のみ,企業城下町およびコミュニティ・モデルが同じ結果を生むことは,明らかである.別の言い方をすると,留保効用水準が最適効用水準と同じである場合,およびその場合のみ,

---

13) ヘンリー・ジョージ定理の最もよく知られているものは,第5章で議論するように,地方公共財に関連している.

企業にとっての利潤最大化の都市規模はコミュニティにとっての最適規模と等しいということである.

企業の利潤が正の場合，これはもはや正しくない．2つの結果は以下の点において異なっている．留保効用水準 $\bar{u}$ が，最適効用水準 u^o より低いとき，利潤を最大化する企業は，最適規模より大きい労働力を選択する．実際，$\bar{u}<u^o$ の場合，企業は N^o 人の労働者を引きつけるだけの高い賃金を払うことができる．このことは企業に，最適規模より大きな労働を雇い入れるようにさせる．一方，$\bar{u}<u^o$ の場合，企業はもとが取れず，企業城下町は形成されない.

4.3.3 都市システム：単純な枠組み

先の結果は，**都市システム**（system of cities）の形成に結びつく，興味深い参入／退出過程を示唆している．ここで，経済は，（ほとんどの先進国でそうであるように）多くの潜在的な都市を持った都市部門と，わずかな人口しか持たない農業部門から成ると仮定しよう．単純化のために，都市部門の人口の合計が一定の **N** によって外生的に与えられると考える．今検討中の経済が世界経済と緊密に結ばれているので，都市部門の生産物価格および農業部門のそれは定数で与えられていると仮定する．都市がどの時点で開発される場合でも，常に生産関数は同じであり，(4.20)式で与えられているとする．経済全体には，各開発業者が一定の農業地代 R_A で必要な土地を購入でき，かつ，形成された都市はいずれも重なり合わないだけの，十分な土地が存在すると仮定する.

都市形成の過程は以下のとおりである．前節でみたように，u^o が開発業者が損失なしで実現できる最も高い都市労働者の効用水準であり，w^o が労働者に払うことができる最も高い賃金である．経済における都市の最適数 N/N^o は十分大きく，実数として取り扱ってさしつかえないと仮定する．人口 **N** と比較して，各都市の規模が小さいので，各開発者は他の都市の効用水準を与えられたものとして行動する．$u^*<u^o$ である限り，個々の既存の開発業者は，例えば，労働者を w^o より低い賃金で N^o 人雇い，正の利潤を得ることができる．そうすると，新しい開発業者の参入を招く．結局，新しい都市の形成から得られる利潤はゼロになり，参入は止まる．このゼロ利潤均衡においては $u^*=u^o$ であり，各企業は N^o 人の労働者を雇い，w^o の賃金を支払う．結局，すべての労働者は，各都市において最適効用水準 u^o を享受し，開発された都市の数も最適となる.

明らかに，効用を最大にするコミュニティ間の競争を通じても，同じ結果となる.

4.3 規模の経済の下における都市のサイズ

さらに，都市がすべて同一なので，それらの各都市において(4.32)式が成り立つ．これらの結果を要約すると以下のようになる．

命題4.3 (i)利潤を最大化する企業ないし開発業者間の競争を通じて達成される均衡都市システムは，共通の効用水準の最大化を目的とするコミュニティ間の競争により実現される最適システムと同一である．

(ii)均衡—最適都市システムのすべての都市において，製品と労働市場において競争価格が成立する場合，総差額地代が生産活動による損失をちょうど補償する（ヘンリー・ジョージ定理）．

命題の(i)より，利潤を最大化する企業間の競争，あるいは効用を最大化するコミュニティ間の競争を通じても，最適都市システムが得られることがわかる．この結果は，企業城下町がゼロ利潤の均衡の下で存在するためには，企業の生産関数は収穫逓増を示さなければならないことを内包しており，興味深い．労働者は，平均生産性より高い限界生産性で支払われるが，生産における損失は，各企業城下町において内部化された総差額地代によってちょうど償われる．Vickrey (1977) によって示唆されたこの結論は，収穫逓増の存在によって引き起こされる経済理論上でのよく知られた困難な問題を，次善の解をもたらす制約条件の追加なしに，競争的な土地市場がいかにして解決してくれるかを示している．

さらに，均衡では，すべての個人は，どの都市に居住していても，同じ効用水準を享受する．これは，均衡における配分がロールズの意味において**公平**（fair）であることを示している．これは，地域計画の実施者によってしばしば言われることに反して，市場経済は空間的不均等が必ずしもその特徴ではないことを示している．現在の単純な設定の範囲での話ではあるが，市場の結果がロールズの厚生関数を最大にするのであるから，再配分を理由に政府が市場システムに介入する理由は存在しない．

しかしながら，以上においては，都市はすべて同一であり，都市間の取引は起こらない．ここでの都市システムは，孤立都市の集まりのように見える．実際には，異なったタイプの都市の間で商品の取引が起こることが当然考えられるが，このことについては，次節で分析する．

4.3.4 文献ノート

すでに述べたように，外部性が存在する状態では，非競争市場を導入することなしに，全体としての収穫逓増が存在しうる．これは，Mills (1967) および Henderson (1974) が，彼らの先駆的な論文で仮定したものである．企業は競争的に振る舞い，その一方で都市はマーシャルの外部性によって収穫逓増を示している．経済成長の理論家が，外部性が成長のために重要であることに思い至るはるか前に，空間経済学者および地域科学者が，都市の形成のための外部性の重要性を理解していたことは注目に値する．空間における外部性の大きさの測定がなされた初期の試みは，少なくとも Hoover (1936) に遡るが，彼は，「地域特化の経済」（産業内の外部性）と「都市化経済」（産業間の外部性）の概念を提案した．集積経済の測定に関する興味の復活は，Glaeser et al. (1992), Henderson, Kuncoro, and Turner (1995), Ciccone and Hall (1996) によって，1990年代に始まった．そのとき以来，文献はハイペースで増えていった．サーベイのためには，Rosenthal and Strange (2004) と Puga (2010) を参照されたい．3つの集積のメカニズムすべての証明を見出せる，近年の貢献は Jofre-Monseny, Marín-López, and Viladecans-Marsal (2011) のほか，Ellison, Glaeser and Kerr (2010) などがある．

Mills の業績は，特に開発業者の役割およびコミュニティの設立に関して，都市経済学の多くの発展の基礎を提供した．本節での都市システム形成への我々のアプローチは，Mirrlees (1972, 1995), Henderson (1974), Eaton and Lipsey (1977), Kanemoto (1980, chap.2), Berglas and Pines (1981), Hochman (1981)，および Fujita (1989, chap.5) に多くを負っている．Schweizer (1986) は，都市数が離散的な場合の取扱いを与えている．

1879年に出版された，*Progress and Poverty* で，ヘンリー・ジョージは，地代が私的に所有されるのではなく，社会で共有されるべきであると強く主張した．ジョージの業績の最近の議論については，Laurent (2005) を参照されたい．完全競争と収穫逓増の下で発生する損失の補填についてのヘンリー・ジョージ定理は，1930年代の終わりにホテリングが公表した一連の論文で述べられた古い洞察に対応しているが，それらの論文は Darnell (1990) で見ることができる．この定理は，Serk-Hanssen (1969) と Starrett (1974) によって個別に研究され，また，Vickrey (1977) は競争都市システムの分析において同様の研究をした．

最後に，経済学のもう1つの流れである，労務管理制度と企業管理制度の比較で

得られている結果と,この節に示された結果との間に形式的類似がある点に注意されたい.特に,Meade (1972) と Drèze (1974, 1985) は,要素が自由に移動でき,完全競争の場合,両方の制度のシステムが同じ長期均衡を与えることを示した.労務管理は,経営的意思決定の指針として,利益と賃金の両方を取り除いて,企業は労働者1人当たりの付加価値を最大にすると仮定する.したがって,労働者の効用が労働者の収入に対応する場合,この設定はコミュニティのモデルに似ている.

4.4 都市間交易

4.4.1 都市の特化と交易

前節で研究した都市システムは,同じ財を作り,同じ規模を持つ,「孤立都市」の集まりのように見える.実際には,貿易は空間経済の主要な構成要素であり,都市システムには一般に異なる規模の都市があることからすると,これは大きな限界である.都市システムの包括的な理論は,地域間や国家間における貿易を理解するうえで,本質的な構成要素である.以下で示されるように,上記のアプローチは,異なるタイプの都市によって形成された都市システム内で多くの財が交換される場合に,拡張することができる.その場合における中心的な問題は,国際貿易の場合と同じく,なぜ各都市はすべてを生産するのではなく,商品を交易するのか,ということである.その理由は,各都市は,国々の場合と同様に,特定の製品の生産に特化するからである.

我々は,生産要素が移動するとき,交易が発生するためには,なんらかの市場の失敗が必要なことを,空間不可能性定理から知っている.ここでは,規模の経済は企業にとっては外部であるが,産業にとっては内部であると想定されているので,完全競争と貿易は整合的である.[14] 他方では,都市へ新しい労働者を加えると,1人当たりの都市費用が高くなることを見た(命題4.1を参照).したがって,外部経済が各産業内に限られる場合,都市の特化は規模の経済のよりよい活用につながる.確かに,同一の都市内に居住する労働者が2つの異なる交易可能な商品の生産に従事している場合,平均通勤費用は,彼らが別の商品を生産している2つの都市に分かれて住む場合より,高くなる.したがって,都市間におけるそれらの商品の輸送

---

14) 新貿易理論は,それぞれの国が収穫逓増を示す活動に特化するという事実を強調した (Helpman and Krugman, 1985).

費が十分に低い場合（ここでは，ゼロであると仮定する），各都市が交易可能な単一の商品を生産し，それをローカルに消費するとともに残りを輸出し，かつ，他の交易可能な商品を他の都市から輸入することは，より効率的である．[15]

しかし，どのようにしてそのような効率的な結果が，市場経済において実現されるのだろうか．産業に特有の外部効果が存在する場合，前節で言及された協調問題は特に重大である．1つの答えは，Henderson (1974) によって示唆され，4.3節で論じた大きな経済主体の存在にある．これは，同じ産業に属する企業と労働者の集積によって発生する外部効果を内部化しつつ，居住者の効用水準を最大化する目的のために都市を形成することによって利益を得ることができるであろうと理解している．これらの主体は，さらに，都市における地代を集めて，その地代の合計を利益に計上するか，居住者に再分配する（記号表記の簡略化のために，土地の機会費用はゼロであると仮定される）．前節で論じたように，そのような主体の例には**土地開発業者**（land developers）や地方政府などがある．そのような主体は多数あり，また，労働者の総人口 N は，多数の各タイプの都市が存在しうるだけ十分に大きいと，想定する．ヘンダーソンのモデルがどのように機能するかを確かめるために，ここでは，Henderson (1974; 1977; 1985; 1987; 1988) の一般均衡モデルの簡略版を説明する．

経済には交易財を生産する n 個の部門があり，労働はただ1つの生産要素である．財1はニューメレールとする．上記で論じた理由から，1つの都市で2つ以上の交易商品を生産することは得策ではない．同一製品の生産に特化した都市は同一とみなせるので，都市はそこで生産される交易商品 i で識別できる．同時に，各都市は居住者に交易不能な財（住宅，小売り，学校など）を提供する．それらは，費用がかかりすぎ輸送ができないので，都市間で交易できない．第3章と同様に，それらの非交易財は，労働者が消費する土地の量と一体化して考える．簡単にするために，固定された敷地規模を仮定する．単位距離の通勤には $t>0$ 単位のニューメレールが必要とされる．この場合，3.1.1項で見られるように，タイプ i の都市に住んでいる労働者にとっての居住費用は，$tN_i/2$ となる．ここで，N_i は都市 i における労働者，すなわち居住者の人口である．

労働者は以下で与えられる，同じコブ＝ダグラス型効用関数を持つ．

---

15) Henderson (1987, 1997a) は，小中の都市が特化する傾向にあることを示す多くの実証的研究があることを，主張している．

$$U = x_1^{\alpha_1} \cdots x_n^{\alpha_n} s$$

ここで，x_i は商品 i の消費を表し，$s=1$ は固定された敷地規模である．一般性を失わずに，消費シェア α_i の合計は1となると仮定する．労働者は，住む場所と同時に，働く都市のタイプ，つまり，産業を選ぶ．これは，各都市の規模だけではなく各産業の規模も，内生的であることを意味する．w_i をタイプ i の都市で支払われる賃金とする．労働者がこの都市に住むことによって発生する居住費用は $tN_i/2$ に等しく，この労働者が受け取る都市地代の合計の分配額は $tN_i/4$ であるので，交易可能な商品を買うことができる収入は $w_i - tN_i/4$ と等しい（3.2節を参照されたい）．

p_i を商品 $i=1,\cdots,n$ の価格とする．そうすると，交易可能なそれぞれの商品の需要は，以下のとおりになる．

$$x_j = \frac{\alpha_j}{p_j}\left(w_i - \frac{tN_i}{4}\right) \quad j=1,\cdots,n$$

したがって，タイプ i の都市に住んでいる労働者の間接効用は以下のように与えられる．

$$V_i = \left(w_i - \frac{tN_i}{4}\right) \prod_{j=1}^{n} \left(\frac{\alpha_j}{p_j}\right)^{\alpha_j} \quad i=1,\cdots,n \tag{4.33}$$

都市間における交易財の輸送費はゼロと仮定されているので，商品の価格は都市システム全域で同じであることに注意されたい．

産業 i における生産技術は，企業レベルにおいて，規模に関して収穫一定とする．しかしながら，都市のCBDに一緒に立地するそれぞれの企業は，外部的な規模の経済から利益を得る（第6章も参照されたい）．具体的には，交易財 i を生産する1つの都市の総生産関数は以下とする（4.2節を参照されたい）．

$$X_i = F_i(N_i) = E_i(N_i) N_i \tag{4.34}$$

ここで，$E_i(N_i)$ は外部経済を表す，ヒックス型のシフト関数であり，各企業はそれを与えられたものとして取る．$E_i' > 0$ および $E_i'' < 0$ とする．この規模の経済は，企業にとっては外部性を表しているので，製品市場はすべて完全競争で，企業は価格受容者であると仮定することができる．

労働が都市と部門間にわたって完全に流動的であるので，住んでいる都市のタイプにかかわらず，労働者はみな同じ均衡効用水準を享受する．しかしながら，生産関数が必ずしも同じではないので，異なるタイプの都市で支払われる賃金は同じではなく，人口規模も異なれば，通勤費用や地代も異なってくる．特に (4.33) 式より

$$w_i - \frac{tN_i}{4} = w_j - \frac{tN_j}{4} \tag{4.35}$$

が，均衡において成立しなければならない．つまり，居住費用を差し引いた都市の費用の正味の均衡賃金は，都市タイプにかかわらず同じである．これは政策的立場から重要な意味合いを持つ．すなわち，名目賃金は，それぞれの労働者が住んでいる都市の費用で修正されない場合，労働者の福祉を表すために必ずしもいい代理変数ではない．なお，このモデルでは，(4.33)式と(4.35)式から明らかなように，すべての労働者はそれぞれの交易可能な商品を同じだけ消費する．

各企業は，規模に関して収穫一定の下で操業しているので，企業の数は市場の結果と無関係である．したがって，各変数を産業レベルで表現すると好都合である．特に，タイプ i の都市における企業全体の総計の利潤は以下で与えられる．

$$p_i X_i - w_i N_i = p_i E_i(N_i) N_i - w_i N_i$$

企業は，外部性 E_i と市場価格 p_i をパラメータとして扱うので，労働者には私的限界生産価値が支払われる．N_i が正で有限であるためには，均衡賃金および都市規模は以下の関係になければならない．

$$w_i = p_i E_i(N_i) \tag{4.36}$$

一定の p_i の下では，賃金は，N_i の増加とともに逓減的に増加する．企業は収穫一定の下で操業するので，均衡では，利潤はゼロとなる．

都市開発は，居住者の効用を最大にする地方政府によって行われる．その目標を達成するために，各地方政府は，その都市で生産される交易財を選んだ後には，住宅立地と生産活動の決定は，競争市場に委ねる．一方，各地方政府は，4.3.2項と同様，居住者の間接効用 V_i を最大にする人口規模を選択するが，都市の数が大きいので，製品価格 p_j はパラメータとして扱う．その場合，地方政府は，CBD 内の企業集積から生まれる外部経済を**内部化**（internalizes）する．言いかえれば，企業とは異なり，地方政府は N_i を決めるときに外部性を考慮に入れる．これが，まさに，「大きな主体」の役割である．

モデルを具体的にするために，以下を仮定する．

$$E_i(N_i) = N_i^{\gamma_i} \tag{4.37}$$

ここで，$0 < \gamma_i < 1$ は i 部門の収穫逓増の度合いを示す．一般性を失わずに，商品を $\gamma_1 < \gamma_2 < \cdots < \gamma_n$ のように再指数化する．

(4.37)式を用いて，(4.36)式を書き直し，その結果を(4.33)式に代入して，V_i を最大化する N_i を選ぶことにより，タイプ i の都市の均衡規模が以下のように求

められる.

$$N_i^* = \left(\frac{4p_i}{t}\gamma_i\right)^{\frac{1}{1-\gamma_i}} \quad i=1,\cdots,n \tag{4.38}$$

明らかに，都市の均衡規模は，そこで生産される商品の価格にとともに増加する．なぜなら，価格が高ければ，企業は，より高い賃金を支払えるようになるからである．しかしながら，製品価格は市場で内生的に決まる．

(4.36)式と(4.38)式を用いて，以下のようになることは容易に確認できる．

$$w_i^* - \frac{tN_i^*}{4} = p_i^{\frac{1}{1-\gamma_i}} k_i \quad i=1,\cdots,n \tag{4.39}$$

ここで，

$$k_i \equiv \left(\frac{4\gamma_i}{t}\right)^{\frac{\gamma_i}{1-\gamma_i}} (1-\gamma_i)$$

であり，それゆえに，$p_1=1$ であるから，(4.35)式は以下に等しい．

$$p_i^{\frac{1}{1-\gamma_i}} k_i = k_1 \quad i=2,\cdots,n$$

この方程式の解は1つで，商品 i の均衡価格が以下のように決まる．

$$p_i^* = \left(\frac{k_1}{k_i}\right)^{1-\gamma_i} \quad i=2,\cdots,n \tag{4.40}$$

(4.40)式を(4.38)式に代入し，簡約すると，以下の均衡都市規模が得られる．

$$N_i^* = \frac{4k_1k_i}{(1-\gamma_i)t} > 0 \tag{4.41}$$

$\gamma_i > 0$，かつ，$1-\gamma_i > 0$ であるから N_i^* は正である．

タイプ i の都市は γ_i が無限に小さくなる，つまり，外部性がなくなるとともに消滅する．具体的には，$\gamma_i=0$ の場合には，収穫一定であり，商品 i は，無限に小さな規模であらゆる場所で製造され，通勤費用も発生しない．これは，都市が存在するためには収穫逓増が必要なことを，再度示している．さらに，$\gamma_i=0$ の場合，$k_i=1$ であるので，$p_i^*=1$ となり，商品の価格はすべて等しくなる．なぜなら，同じ技術の下で生産されるからである．γ_i が正の場合には，タイプ i の都市が発生する．さらに，都市規模は，特化している産業の収穫逓増（γ_i）の度合いに従って増加する．したがって，$N_1^* < N_2^* < \cdots < N_n^*$ となる．

さらに，t が増加するに従って，k_1 は低下するので，通勤費用（t）が下がるとともに，すべての都市は大きくなる．したがって，大量輸送手段の出現および自動

車の使用により通勤費用が下がると,非常に異なる規模を持つ都市が共存できるようになる.対照的に,産業革命以前は,人々は徒歩で移動して,通勤費用が非常に高かったので,都市システムは,主に小都市によって形成された(Bairoch, 1988).$\gamma_1 < \gamma_i$ であるので,より低い通勤費用はより低い市場価格につながり,厚生水準は高くなる.確かに,収穫逓増があるので,都市は形成され,また,通勤は避けられない.そのような文脈では,t が低下するとともに,より多くの資源が商品の生産に利用可能となる.

さらに,収穫逓増の程度(γ_i)は生産される製品に応じて変わるので,異なる商品の生産に特化する都市は異なる規模を持つ.特に,収穫逓増のより大きい(小さい)交易財の生産に特化した都市ほど大きく(小さく)なる.言いかえれば,

> 異なるタイプの都市は異なる交易財の生産に特化しているので,都市規模は変わる.異なる交易財は異なる程度の規模の経済を有しており,したがって,異なる水準の通勤および混雑費用に耐えることができるので,都市は異なる規模となる(Henderson, 1974, 640).

したがって,都市形成市場への自由参入および退出を通じて,より生産性が高く,より大きい都市における,より高い居住費用を埋め合わせるために,集積の利益は最終的には労働者に移転される.したがって,ある都市では他の都市より賃金が高いので,よりよい暮らしをしているように見えるが,効用水準はすべての都市にわたって同じである.

(4.40)式を(4.39)式に代入すると,労働者の可処分所得が得られる.

$$w_i^* - \frac{tN_i^*}{4} = k_1 \qquad i=1,\cdots,n \tag{4.42}$$

これは,都市規模と賃金の間に正の関係が存在することを示している.この関係は,一般均衡における相互作用に依存することは明らかである.つまり,賃金および都市サイズの間に,双方向・循環的な因果関係があることを意味する.都市は,企業が高い賃金を払うことができるので,労働者を引きつけるが,その都市の企業が高い賃金を払うことができるのは,その都市の労働者力が十分に規模の経済を利用することができるほど大きいからである.

(4.41)式と(4.42)式を用いて,都市 i における均衡賃金を得る.

4.4 都市間交易

$$w_i^* = \frac{k_1}{1-\gamma_i}$$

これは，γ_i とともに増加する．最後に，すべての労働者の個々の実質賃金（(4.42)式）を加えて，消費者が交易財に費やす総可処分所得を得る．

$$\mathbf{Y} = k_1 \mathbf{N} \tag{4.43}$$

つまり，均衡総可処分所得は，人口規模に比例して増加する．これは，均衡においては，生産における収穫逓増が，通勤による収穫逓減をちょうど補うことを示す．

各タイプの都市の数の決定の問題が残っている．特定の商品を提供している都市の数は，経済全体で需要されるこの商品の量が，その供給に等しいように，調節される．分析は以下のように2つの段階を踏んでいる．

1. 商品 $i=2,3,\cdots,n$ の需要は $\alpha_i \mathbf{Y}/p_i^*$ で与えられる．商品 $i=1$ の需要は，労働者の消費に，通勤に消費される財（ニューメレール）の量を加えたものである．

$$\alpha_1 \mathbf{Y} + \sum_{i=1}^{n} m_i \frac{tN_i^2}{4}$$

ここで，m_i はタイプ i の都市の数を示す．商品 $i=1,2,\cdots,n$ の供給は $m_i X_i^*$ に等しい．商品 i の市場清算は以下を意味する．

$$\alpha_1 \mathbf{Y} + \sum_{j=1}^{n} m_j \frac{tN_j^2}{4} = m_1 X_1^* \tag{4.44}$$

$$\frac{\alpha_i \mathbf{Y}}{p_i^*} = m_i X_i^* \qquad i=2,\cdots,n \tag{4.45}$$

(4.40)式，(4.43)式と(4.45)式を使って，均衡におけるタイプの都市の数は以下のとおり求められる．

$$m_i^* = \frac{\alpha_i}{k_1} \frac{(1-\gamma_i)^2}{\gamma_i} \frac{t}{4} \mathbf{N} \qquad i=2,\cdots,n \tag{4.46}$$

いずれも，消費シェア α_i に比例するので，商品に対する需要が高ければ，タイプ i の都市の数が増えることにつながる．しかし，都市の規模は変わらない．一方，$m_i^*(i=2,3,\cdots,n)$ は，収穫逓増の度合い γ_i とともにも減少する．その理由は，より大きな都市がより少ない数つくられることによって，規模の経済のよりよい利用につながるからである．また，通勤費用が高いほど，より多くの各タイプの都市 $i=2,\cdots,n$ を生成することに注意されたい．なぜなら，これによって，各都市内の居住費用を下げられるからである．

最後に，総人口の増加に比例して，各タイプの都市の数 ($i=2,\cdots,n$) は増加する．この比例の規則は(4.43)式に対応するものである．この結果は，人口が増えることで，同じ規模を維持した多くの都市に形を変えることを示している．言い換えれば，このモデルでは，人口の成長が，既存の都市の拡張をもたらすことを説明することができない．

2. 次に，ニューメレールを生産するタイプ1の都市を考える．(4.43)式, (4.44)式と(4.46)式を用いて，以下を得る．

$$m_1^* = \frac{a_1 k_1 \mathbf{N} + \sum_{j=2}^{n} \frac{t}{4} m_j^*(N_j^*)^2}{\left[1 - \frac{t}{4}(N_1^*)^{1-\gamma_1}\right](N_1^*)^{1+\gamma_1}}$$

これは，全体の人口規模，および商品1の消費シェアに対して，比例より小さくしか増加しない．実際，商品1は通勤活動でも使われるので，比較的少数のタイプ1の都市は規模の経済からさらに利益を得ることができる．(4.41)式と(4.46)式を用いて，m_1^* も t に従って増加することを確認することは難しくない．

要するに，規模の経済と通勤費用の間のトレードオフは次の形を取る．(i)製品 i の生産において収穫逓増がより強くなるに従って，タイプ i の都市はより大きくなり，そのタイプの都市の数は減少する．(ii)通勤費用が低くなると，すべての都市はより大きくなり，都市の数は減少する．なお，前の節で議論されたことと同じ理由で，開発業者ないし地方政府の競争の結果としてここで得られた各都市タイプの数および規模は，社会的に最適である．

このモデルのもう1つの重要な発見は，大都市で支払われる賃金は，小都市で払われるものより高いということである．しかしながら，この違いはより高い地代と通勤費用によって相殺されるので，実質賃金はすべての都市で等しい．[16]したがって，均衡では，労働者は，住んでいる都市に関して無差別である．この結果は，金銭的でない要素に対処するために拡張することも可能である．もし，理由は何であれ，タイプ j の都市が他のタイプの都市より，より高い（より低い）アメニティを持てば，この都市では，労働者にとって，より低い（より高い）賃金，あるいはよ

---

[16] 先行する実証研究は，この結果を確認しているように見える．アメリカについては Glaeser and Gottlieb (2009) を，イギリスについては Rice and Venables (2003) を見られたい．

り高い（より低い）地代となる．別の言い方をすれば，すべての都市で同じ効用になるような，金銭的補償が存在する．最後に，このモデルは最終財や中間財に対応するために拡張することも可能である．輸送費がゼロであるという仮定の下では，都市は最終財か中間財のいずれかの生産に特化する．なぜなら，同じ都市内で2種類の商品を生産すると，居住費用が高くなるだけで，これに見合う利益は得られないからである．

　ヘンダーソンの標準的なモデルは，異なるタイプの都市を含む都市システムの存在，および都市間の交易の説得力のある，オリジナルなアプローチを提供していると言える．さらに，それは，収穫逓増と通勤費用の間のトレードオフについてさらなる光を当ててくれる．しかしながら，前節と同じく，そのモデルは都市を経営している大きな主体の存在に決定的に依存している．外部性にもとづく収穫逓増の下では，それらの主体の役割はさらに重要である．なぜなら，外部性の存在の下では，市場は，都市の存在に必要となる，個々の決定を十分に調整できないだろうからである．さらに，Mirrlees (1995) が，4.3節のアプローチで用いられた設定に立ち戻ったことに注意されたい．均衡では，各都市は単一の賃金設定企業によって，収穫逓増の下で作られた，1つの特別な製品に特化している．この新たな脈絡では，マーリーズはヘンダーソンに類似した結論に達した．

　確かに，多くの北米の都市は，移住者のコミュニティとして始まった（例えばニューイングランドのピューリタンの町）．フィラデルフィアの創始者のウィリアム・ペンは，おそらくヘンダーソンが考えている大きな主体の典型であろう．同様に，多くの工場都市が，19世紀のヨーロッパで，石炭や他の原料の鉱床のある場所に出現した．その一部は，労働者の生活環境を改善するために，温情主義的な実業家によって始められた．今日の中国では，多くの市政府が，「工場都市」とあまり変わらない競争的企業の役割を務めている．たしかに，歴史上，大きな主体（例えば，地主，修道院，寺院，宮廷や，大きな工場）もいくつかの都市の生成に貢献している．しかし，世界中の多くの都市は，自己組織化のメカニズムの結果として出現した．[17] これは，まさに，第8章の中でサーベイされる，NEGのモデルが達成するべき目標である．

---

17) Glaeser (2011) は，アメリカのサンベルトの都市の成長は，開発業者の行動のおかげであるという多くの証拠を提供している．しかしながら，それらの開発業者が，都市活動の特化が決まる際に重要な役割を果たすかどうかは，それほど明らかではない．

このモデルのもう1つの限界は,地方政府または土地開発業者が都市の人口規模をコントロールできると想定していることである. Alonso (1994) によって指摘されたように,「モスクワ,ロンドン,パリ,ラゴスやジャカルタをはじめとして,都市の成長を止める政策は効果がないことが判明した」.[18] さらに,ヘンダーソンのモデルでは,都市間の輸送費がゼロであるので,都市は大洋に浮かぶ島に似ている. 都市システムに関する完全な理論は,都市の立地を明示的に考慮すべきである. 肥沃な土地,安全な港,淡水,防衛の容易さは,多くの場合,多くの小さな町のスタートであった(第1の性質). 収穫逓増および労働の特化は都市システムを作った(第2の性質). この問題は第10章で取り扱う. 最後に,ヘンダーソンのモデルは,東京,ニューヨークあるいはロンドンのような大きく多様化した都市の存在については説明しない. 以下で,我々はこの問題に注目する.

4.4.2 特化都市と複合産業都市

少数の商品やサービスの生産に特化した多くの都市がある一方,多くの商品を供給する多様な産業を持つ都市も少なくない. 実際の世界では,両方のタイプの都市が共存している. 歴史的に見れば,都市間の交易が非常に困難であった時代には,ほとんどの都市は小さく,各々が多様な産業を持っていた. 確かに,輸送費を節約するために,収穫逓増を犠牲にしてでも,広範囲の製品を自地域で生産することが望ましいことであった. 一方,最近では,都市間交易費用がはるかに低いので,収穫逓増を利用する方が有利なように思われる. 言い換えれば,労働者の通勤費用を低減するために,都市は特化されるべきである. 実際,多くの都市は特化している. しかし,多様な産業を持つ大都市も増加する傾向にある.

(i) 都市内産業の多様化の1つの理由は,企業サービスおよび地方公共財の生産

---

18) しかしながら,計画経済のときに中国で始められた戸籍管理制度が,田舎から都市への移住を制限するのに効果的であったであろうことに注意されたい. 移住者は,医療,教育,住宅を手に入れるためには,別の許可を得る必要があった. それらの許可を得るために様々なハードルが課される一方,出身地の村では,消費するわけでもない公共サービスにこれまでと同様に税を納めなければならないかもしれない. 典型的な例では,田舎から都市への移住者は,最高,数カ月間の賃金と同額の手数料を支払わなければならない. それらの手数料のほとんどは2001年に廃止されたが,様々な行政的障壁は,依然として,中国における労働の流動を制限している. それらによって,なぜ中国の都市が小さすぎるかを説明できるかもしれない (Au and Henderson, 2004).

において，範囲の経済を利用する可能性である(Goldstein and Gronberg, 1984)．ヘンダーソンの場合と異なり，1つの都市産業の最終生産物への需要が弾力的であるかぎり，その産業の成長には限界がある．異なる産業が同じ都市内に共立地する場合，より多様な中間財部門と公共サービスを享受することにより，各産業の生産性はより高くなり得る．一方，同じ都市に共立地する場合，より多くの労働者が必要になるため，通勤距離は長くなる．結果として，企業はより高い賃金を支払わなければならない．結局，異なる産業の都市内における共立地は，最終財産業の生産性上昇と，通勤費用の上昇とのバランスにより決まる．同じような議論は消費財の生産についても適用できる(Abdel-Rahman, 1988)．より一般的に，Abdel-Rahman and Anas (2004) は，両方のタイプの都市の形成に関して，**取引経済効果**と**クラウディング・アウト効果**の間のトレードオフの重要性を強調している．特に，より多くの中間財やサービスが交易可能になれば，都市は特化する傾向にある．

(ii) Abdel-Rahman and Fujita (1993) は，2つの都市および2つの最終財の設定で，上記のトレードオフの単純な説明をしている．$C_i = F_i + c_i X_i$ を産業 $i=1,2$ が単独に立地した場合の生産費用とする．一方，2つの産業が同じ都市に共立地した場合の総生産費用は $F + c_1 X_1 + c_2 X_2$ で与えられる．範囲の経済が存在するので，総固定費用 F はより低いと仮定する．すなわち，$F < F_1 + F_2$ である．彼らは，商品の輸送費をゼロと仮定して，例えば，$F_1 < F < F_2$ の場合，均衡の都市システムは，両方の商品を生産する1つの大きな都市と，商品1のみの生産に特化した1つの小都市より成ることを示している．したがって，均衡では，ヘンダーソン流の完全特化にはならない．

(iii) 上記の Abdel-Rahman and Fujita (1993) は，生産費用を通じての都市産業の特化と共立地を説明する1つの道筋を示した．Tabuchi and Thisse (2006) は，2つの産業間の相互作用が，各々の産業が供給する財の多様性の範囲の調整を通じて起きる，異なる道筋を示した．いずれの産業においても，差別化された各々の財は，同じ生産費用 $F + c X_i$ の下で生産される．しかしながら，商品1の輸送費はゼロであるが，商品2の輸送には費用がかかる．この枠組みの下で，彼らは，市場均衡の結果として**地域特化**(regional specialization)が起こることを明らかにした．より正確には，例えば，商品1は2つの都市で生産されるが，商品2は，例えば，都市Aだけで生産される．より大きな都市Aに住むことに決めた労働者はより高い都市費用を負うが，商品2のすべての種類の財をより低い価格で消費できる．対照的に，都市Bに住んでいる労働者が負担する都市費用は少ないが，商品2に払う価

格は高くなる．なぜなら，すべての種類の商品2は，都市Aから移入されるからである．

以上の結果は，次のように説明できる．商品1の出荷には費用がかからないので，部門1の企業は立地に関してアプリオリには無差別である．対照的に，部門2の企業は，都市Aに共立地することで，輸送費を最小にしようとする．この都市では商品1を作る労働者もいる．もしも，すべての部門1の労働者が都市Bに住むならば，商品2の都市Aからの輸送代金を払わなければならないし，また，かなり高い居住費用を負担しなければならない．さらに，商品2の輸送費が通勤費用と比較してあまり高くないかぎり，都市Aへの部門2の集中は，一部の労働者が都市Bでも商品1を生産することを意味する．さもなければ，両部門は都市Aに集積し，居住費用が非常に高くなる．[19] このように，都市Aはより大きくて多様化しており，都市Bはより小さくて特化している．空間経済は，このように，1つの大都市と1つの小都市より成り立っており，両者は異なる産業構造を持っている．都市AとBに住んでいる労働者は，異なる消費構造を持っているが，同じ効用水準に達していることに注意されたい．労働者の移動性は，要素価格の均一化ではなく，効用の均等化を生み出す．重ねて，都市間の居住費用の違いは，それらの結果を説明するうえにおいて，本質的に重要である．

2人の著者は，交易不能な（住宅以外の）消費財の存在が，**都市の階層**（urban-hierarchy）を発生させるために十分であることも示している．商品2が交易不能であるとすると，それは，両都市で生産される．通勤費用があまり高くない場合，市場の結果として，より広範囲の各々の商品が都市Aで生産される．この結果は，Christaller (1933) の中心地理論に合致しており，双方向プロセスの結果である．一方では，より大きな交易部門は多様なサービスを引き付けることによって都市の成長を後押しする．他方では，より大きなサービス部門は，交易部門の拡張に結びつき，それは，都市発展のもう1つのエンジンとなる．しかし，いつもと同じく，高い通勤費用と地代が都市Aの成長に限界をもたらす．

両都市は両産業を持っているが，部門2は部門1よりもっと集積している．したがって，都市Aは部門2でより大きな労働シェアを持っているが，都市Bは部門

---

[19] 空間経済の形成が市場の相互作用から生じることが，それらの2つの貢献とヘンダーソンを区別することに注意されたい．なぜなら，都市の産業構成を選択する大きな主体が存在しないからである．

1でより大きな労働シェアを持っている．都市はそれぞれこのように部分的に特化する．都市 A は，より大きな市場を持っているので，交易不能商品に比較優位を持っている．一方，都市 B は，居住費用に比較優位を持っており，製造業部門で働く人々にとって魅力となる．これはリカードの比較優位理論に合致しているが，それらは市場の相互作用によって生み出されるので，ここでの比較優位は内生的なものである．

　上記の2つの論文は，都市は特化するか，完全に多様化するかのどちらかであるという間違った印象を与えるかもしれない．わずか2つの産業しか関係しない経済では，多様な都市は必ず完全に多様化する．産業の数が2を超えるとき，これは必ずしも正しくない．均衡において，多くだがすべてではない産業を提供する都市が発生する可能性があることを第10章で見ることになる．

　(iv) 多様な産業を持った都市が持つ別の利点は，そのような都市は特定の産業に影響するショックを平準化できることである．この場合，多様化した都市は，活動のポートフォリオと考えられる．ある活動に不利な影響が及ぼされる場合，労働者は他の部門へ移ることができる．このため，期待賃金は特化した都市よりも高くなる (Krugman, 1991b)．これは，リスクをいくつかの資産に分散することを勧める，ポートフォリオ理論に似ている．ヘンダーソンのアプローチを拡張して，都市開発会社が金融投資家のようにふるまうと仮定することも考えられる．しかし，彼らが，ニューヨークや東京のような大都市を開発し運営する能力を持っているとは信じがたい．産業の多様化によって生み出されたリスク回避の利益は，そのような大都市を労働者にとって，より魅力的にする付帯的な属性とみなされるべきである．また，そのような利益は，大都市でのより高い居住費用を埋め合わせるものだろう．

　さらに，特化は，都市の技術変化に適応する能力を弱める．すべての産業はいつかは斜陽となり，したがって，特化した都市は，企業経営者，労働組合および地方政治家間のなれあいによって，「負のクラスター」へ変わる可能性がある．彼らは，斜陽の活動に特化した企業の延命を許す援助を引き出すために，国の政府や他の政治団体に対してロビイ活動をする．例は，ヨーロッパの古い産業都市や地方にたくさんある．それらの地域は，非効率な企業に多額の補助金を引き寄せることに成功した結果，より適した新しい産業に変わる可能性をさらに遅らせた (Polèse, 2010)．

　(v) 最後に，Jacobs (1969) は，都市の多様性が革新を促進すると主張した．な

ぜなら，そこでは，新しい生産者が別の産業部門に属している企業によって創始されたアイデアを観察して借用することができるからである．また，確かに，Feldman and Audretsch (1999) は，多様な生産環境によって，革新がさらに促進されると報告している．Charlot and Duranton (2004) は，より大きく，より教育が盛んな都市では，労働者がコミュニケーションをより活発に行う結果，彼らの賃金を増加させる効果があることを示した．同様の趣旨で，Bacolod, Bull and Strange (2009) は，多様化した大都市の生産性向上が，非熟練労働者よりも，熟練労働者にとってより高いことを示している．このため，Duranton and Puga (2001) は，生産サイクルの初期段階における生産工程に関する不確実性が，同じ都市内の異なる部門の共存に結びつく可能性があることを見つけている．企業は，初期の生産工程をマスターしたあと，より特化した地域へ移転する．したがって，多様化した都市は，ここでは，「養成所」と考えることができる．したがって，2つのタイプの都市の共存は，企業は生産サイクルとサプライ・チェーンのそれぞれにおいて，異なるタイプの外部性からの異なる環境および利益を必要とするという事実によって，説明される．より一般的には，J．ジェイコブスの都市は，人々が，行動によって学び，他者から学ぶことによって協力することを可能にする場所であると言える．

見た目は異なるが，産業内と産業間の集積の経済は，互いに独立ではない．したがって，多様化した大都市は，両タイプの経済とともに，非対称なショックに対する保険も享受すると信じることができる．一方，中小都市は，部門内の集積の経済からのみ利益を得ており，部門特有のショックに直面したままである．したがって，大都市圏内においては，異なるタイプの外部性の組み合わせによって生み出された，追加的な規模の効果がある可能性がある．

4.5 競争と市場の空間構成

ここで，古典的な立地論に深く根ざす，全く異なる流れの理論について見てみる．企業と消費者が地理的に分散しており，生産における不可分性のため，企業の数が消費者の数に比べて相対的に少なければ，各企業はそのすぐ近くの消費者に対して独占的な力を持つ．すなわち，工場レベルで収穫逓増が存在すると，消費者の立地および対応する輸送費の相違が市場独占力をもたらすので，空間的な市場は完全競争を達成できなくなる．したがって，空間における競争は不完全であり，適切な理

論によって研究されるべきである．いったんこれが認識されれば，収穫逓増と輸送費間のトレードオフは，人口規模が与えられた地区内で競争する企業の数の決定において本質的に重要であることがわかる．以下における設定は，4.2.2項において研究したことの「商品版」とみなせる．

4.5.1 空間における均衡と企業の数

空間競争の原型は，消費者の位置は固定されていると仮定して，企業の価格決定を研究した，Hotelling (1929) によるものであるとされている．ホテリングの主な目的は，消費者は個人レベルでは不連続的に反応する一方，各企業の需要曲線は連続的となるように，競争をモデル化することであった．[訳注1)]交通費の存在によって発生する消費者の非均質性は，消費者の排他的な購入先による個人の不連続性をうまく分散させることによって，企業にとっては連続的な需要となる．

しかし，空間競争の本質は，Kaldor (1935) によってより良く説明されたと言える．この著者によれば，空間上の立地は，企業間の競争のあり方を非常に独特の方法で形成する．市場全体において参加する企業の数にかかわらず，競争は局地的である．各企業は，遠く離れた企業とよりも，すぐ近くの企業と，より活発に競争する．空間競争は，したがって，産業全体における企業の総数にかかわらず，各企業は少数の直接の競争者にだけに注意を払うという点で，本来，戦略的なものである．しかしながら，だからと言って，産業が独立した売り手の集合によって形成されるわけではない．直接の競争者の連続した2つの企業で連鎖ができているので，すべての企業は複雑な相互作用のネットワークの関係にある．見かけ上独立した企業を結ぶ「連鎖効果」は，空間競争の枠組みに固有なものと思われる．したがって，空間的な市場の広がりの範囲を知るためには，全体の需要システムを詳しく調べる必要がある．

そのような文脈で，空間競争について一層の理解を得るために，同じ製品を供給する M 個の企業が円周が1の円 $\mathbf{C}$ に沿って等距離に配置されているという，簡単な設定を考えよう．同じ円に沿って，N 人の消費者が一様に分布している．この場合，企業 i には2つの直接の競争相手，企業 $i-1$ および $i+1$ がある．企業 $i-1$

訳注1)　連続体としての消費者分布を考えることにより，企業の需要関数の連続性を復活させた点に，ホテリングの素晴らしいアイデアの根幹がある．同様の考えは，ずっと後に，異なった文脈で Aumann (1964) によって使用された．

と $i+1$ の間の市場は，上で述べられたように，各消費者は最も低い合計価格の企業をひいきにするという原理に従って，分断される．その合計価格は，対応する企業への交通費と表示価格を加えたものと定義される．したがって，1組の価格ベクトル (p_{i-1}, p_i, p_{i+1}) の下で，企業 i を中心とする市場には，企業 $i-1$，企業 $i+1$，および，企業 i のそれぞれをひいきにする，3つの消費者グループがある．この状況では，企業 i が一方的に価格を引き下げた場合，企業 $i-1$ と $i+1$ の犠牲の下に，自身の市場を拡張するが，その他の企業は直接影響されない．したがって，企業 i と企業 $j \neq i-1, i+1$ との間の交差価格弾力性はゼロである．

各消費者は，合計価格が最小となる企業から購入するので，消費者は，異なる区間の市場に分割され，各企業への需要は対応する市場区間における消費者の需要の合計である．2つの企業の市場間の境界は，それら2つの企業がちょうど無差別となる**限界消費者**（marginal consumer）の位置によって与えられる．この境界は，企業によって設定された価格に依存するので，内生的である．消費者は円に沿って連続的に分散しているので，価格の小さな変動は，境界と各企業の需要を同じく少しだけ変える．

各消費者は製品を1単位買う．[20] 地点 $r \in \mathbf{C}$ の消費者の間接効用は，ひいきにする店が $r_i \in \mathbf{C}$ に立地しているとき，

$$V_i(r) = u + Y - p_i - t|r - r_i| \tag{4.47}$$

によって与えられる．ここで，u は，消費者が製品から引き出す直接の効用，Y は所得，p_i は企業 i によって示された価格，$t|r-r_i|$ は，消費者が企業 i を訪れるときに負担しなくてはならない交通費（$t>0$），$|r-r_i|$ は r と r_i を結ぶ最短の弧の長さを表す．各消費者の正味の所得 $Y-t|r-r_i|$ は，消費者が製品を買うことができるだけ十分に高いと仮定する．企業はみな同じ生産費 $C(q)=f+cq$ を持つ（(4.2)式参照）．ここで $f>0$ および $c>0$ である．価格ベクトルは $\boldsymbol{p}=(p_1,\cdots,p_n)$ で表示され，$\boldsymbol{p}_{-i}$ は，i 番目の成分が削除された価格ベクトル $\boldsymbol{p}$ を表す．

我々の最初の課題は企業 i とそれに隣接する2つの企業の間の限界消費者の位置を決めることである．まず，企業 $i-1$ を考える．対応する限界消費者は $V_{i-1}(\bar{r}_{i-1}) = V_i(\bar{r}_i)$ を満たす $\bar{r}_i \in [r_{i-1}, r_i]$ に立地しているので，

---

[20] 完全非弾力的需要の仮定は，長い代数的な操作をいとわなければ，我々の主な結果に影響することなしに，取り除くことができるであろう．

$$\bar{r}_i = \frac{-p_{i-1} + p_i + t(r_i + r_{i-1})}{2t}$$

となる．同様の式が $\bar{r}_{i+1}$ について成立し，結局，価格がそれぞれ p_{i-1}，p_i および p_{i+1} のときの，企業 i の需要は，

$$D_i(p_{i-1}, p_i, p_{i+1}) = N \frac{p_{i-1} - 2p_i + p_{i+1} + 2t/M}{2t} \tag{4.48}$$

となる．この式は，地域特化した競争の性質を反映し，D_i はそれ自身の価格およびその2つの隣接した企業の価格のみに依存する．

したがって，その2つの隣接する企業によって設定された価格 p_{i-1} および p_{i+1} の条件の下，企業 i の利潤は以下のようになる．

$$\pi_i(\boldsymbol{p}) = (p_i - c) D_i(p_{i-1}, p_i, p_{i+1}) - f \tag{4.49}$$

純粋戦略の下でのナッシュ価格均衡 $\boldsymbol{p}^*$ について考えてみよう．すなわち，各企業 $i = 1, \cdots, M$ は，他の企業によって設定された価格を正確に予想しつつ，利潤 $\pi_i(p_1^*, \cdots, p_i, \cdots, p_n^*)$ を価格 p_i^* の下で最大化している．そのような均衡が存在する場合，それは(4.49)式最大化のための1階の条件，

$$p_{i-1} - 4p_i + p_{i+1} + 2t/M + 2c = 0 \quad i = 1, \cdots, M$$

を満たしているはずである．この M 元1次方程式を解くと

$$p^* = p_i^* = c + t/M \tag{4.50}$$

が得られる．この解はナッシュ均衡である．実際，2階の条件は局所的に満たされており，また，この価格ベクトルから一方的に逸脱して，企業 $i-1$ および $i+1$ を廃業させる価格を選べば，負の利潤となる．

(4.50)式から，各企業はマークアップ t/M を行い，それは企業間の距離 $1/M$ および輸送費率 t とともに増加することがわかる．訳注2) 言い換えれば，輸送費の存在によってもたらされた地理的な孤立が，各企業がその市場における独占力を持つことを可能にしている．しかしながら，その独占力は，$\mathbf{C}$ に沿った2つの企業間の距離によって測ることができ，隣接する競争者によって行使される独占力によって制限されている．これは，空間が競争への障害の役割をどのように果たすかを示し

訳注2) Beckmann (1972b)は，企業が2次元空間で競争するとき，均衡価格が1次元空間における場合より低いことを示した．これは，2次元の場合には，各企業には2社ではなく6社の直接競争相手がいるので（六角形の頂点に立地している），価格競争はより激しくなることによる．

ている——より高い輸送費，より少ない企業，あるいはその両方が揃うことで，より高い均衡価格および利潤をもたらす．

　一方，企業の数が無限に大きくなるに従い，均衡価格は，限界生産費用へと収束し，完全競争と同じ結果となる．しかし，固定費の存在は，企業の数が無制限に増えることを妨げる．実際，参入するべきかどうか決定する場合，企業はトレードオフに直面している．各企業は，他の企業から十分に遠くに（物理的な距離ではなく経済距離で）立地することができ，したがって，十分に消費者に供給することができ，固定費をカバーするだけ十分に高い価格をつけることができる場合のみ，参入するであろう．

　自由参入において，企業の均衡利潤がゼロ（整数問題を再び無視して）となる，企業の均衡数 M^* が得られる．すなわち，$(t/M)(N/M) - f = 0$ より，

$$M^* = \sqrt{\frac{Nt}{f}} \qquad (4.51)$$

が得られる．したがって，企業の均衡数は単位輸送費とともに増加し，一方，固定生産費とともに減少する．この結果は，直感的には，4.2.2項で示されたものと同じである．これは収穫逓増と輸送費の間のトレードオフの空間競争版であり，前者は平均生産費を低下させるが，一方，それは，消費者の企業への交通費を増加させる．このトレードオフが，空間における企業の数を決定する．

　この結果には，歴史的視点から，面白い解釈を与えることができる．産業化以前の社会では，生産は少ない投資の下で可能であったが，輸送費は非常に高かったので，多くの企業が小規模で操業していた．しかしながら，産業革命の始まりとともに，輸送費は劇的に下落したが，生産における固定費用は増大した（Bairoch, 1997）．したがって，次のように結論してもさしつかえないだろう．先進国で何十年もの間観察されてきた技術的な発展が，市場における工場の数の大きな縮小をもたらすとともに，各工場の規模およびその市場区域の拡張をもたらした．他方では，N の増加に示される人口規模の増加は，工場の数を増加させてきた．

　終わりに，上記の議論は，価格競争は強い分散力であり，企業は競争を緩和するために地理的孤立を得ようとすることを示している．それでは，一体何が，都市あるいは産業クラスター内に企業を集めているのだろうかと疑問に思うかもしれない．第7～9章で，製品差別化と（外部効果によって発生する）集積の経済の組合せが，どのように競争の効果を相殺して，企業が集まるように誘導するかについて見る．

4.5.2 企業の最適空間配置

ここで効率的な配置を考察する．どれだけの企業が市場にいるべきか，あるいは，同じことであるが，どれだけのローカル市場が開かれていなければならないか．上の節におけるように，各消費者が製品を1単位のみ買う設定では，価格と限界費用間の不一致による死荷重はない．消費者の間接効用(4.47)が所得について線形で，各消費者が，一定の単位費用で生産された製品を1単位買うので，最適な企業数は企業全体の固定生産費と全消費者の交通費合計の和を最小にする．したがって，この問題は，企業の数を増大する（それは固定費を増加させることになるが）ことと，合計の輸送費を減少することの，トレードオフを含んでいる．

最小化されるべき社会的費用が以下のように定義される．

$$C(M) = Mf + 2M \int_0^{1/2M} Ntr\,dr$$
$$= Mf + \frac{Nt}{4M}$$

M を実数として扱い，M に関してのこの式を微分すると，以下の最適企業数が得られる（C が厳密に凸なので2階の条件が満たされる）．

$$M^o = \frac{1}{2}\sqrt{\frac{Nt}{f}} = \frac{M^*}{2} \tag{4.52}$$

ここで M^* は(4.51)式で与えられる均衡企業数である．よって，次の結論を得る．

命題4.4 空間競争モデルにおいて，企業の均衡数は最適数より大きい．

これは，市場はあまりにも多くの小さな企業をもたらし，したがって，社会的便益を最大化する計画者によって選択されたものより高密な生産パターンとなる傾向があることを示唆する，かなり一般的な結果である．つまり，産業には多数の企業がいるのであるが，各企業はそのうちの2つの隣接企業とのみと競争するので，高い市場価格設定となり，結局より多くの参入を招く．命題4.4は，チェンバレンの過剰能力定理の空間版に相当するものと考えることができる．この結果は，地域計画の擁護者がしばしば，地域の不均衡および「空洞化」と戦うことに関しては市場はうまく働かない，と主張することと考え合わせると興味深い．結局，市場は最適よりも生産パターンを高密にする．この結果を踏まえると，空間経済における市場構造についての批判に関して，慎重にならざるをえない．

計画者は，空間的公正の追求のために，多くの企業を立地させるかもしれない．その方が，消費者にとってサービスを利用しやすいからである．そのような状況では，何がロールズ流の配置か尋ねることは自然である．すなわち，最も不利な消費者の効用を最大にする配置である．固定費が消費者全体で等しく共有されると仮定すると，最も不利な消費者は，企業から最も遠く離れている人である．その効用は，以下で与えられる．

$$\frac{Mf}{N} + \frac{t}{2M}$$

この式を M に関して微分すれば，以下の公平な企業数 M^R が得られる．

$$M^o < M^R = \sqrt{\frac{Nt}{2f}} = \frac{M^*}{\sqrt{2}} < M^*$$

予想どおり，ロールズ流の計画者は，効率を最大化する計画者より多くの企業を提供する．言い換えれば，空間的公正，あるいは政治的に受け入れられやすい他の配慮の追求は，効率を阻害する．おそらく予想外と思われるが，ロールズ流の計画者は，市場選択よりも少ない企業の数を選択する．確かに，利潤最大化企業と異なり，ロールズ流の計画者は，総投資 Mf を考慮に入れることによって，より少ない企業を配置する．

4.5.3 地代の内部化

空間は，**地代の内部化**という，伝統的な空間競争モデルの中では無視されてきたが，都市経済学では中心となる役割を果たす概念と結びついている．ある地点における地代は，その地点に住む消費者が最も安い店をひいきにする場合に支払う，商品価格と交通費の両方を反映している．標準的な空間競争モデルには，土地が含まれていないので，地代の内部化という概念はない．しかし，消費者が立地点と土地の消費を同時に選択するように，モデルを拡張することができる．基本的な枠組みは，Asami, Fujita, and Thisse (1993) によって構築された．

前項と同じく，同製品を供給する M 個の企業が円周の長さが1の円 **C** に沿って等距離に立地していると仮定する．企業と家計がそれぞれの決定を以下の順に下すものと仮定する．第1段階では，等距離に配置された M 個の企業が，非協力的にそれぞれの価格を選ぶ．第2段階で，各家計は，企業の価格決定を所与として，企業の製品1単位に加えて土地を1単位消費する（敷地規模は固定する）．したがって，各家計は，その立地点およびひいきにする企業を選ばなければならない．記法

4.5 競争と市場の空間構成

の簡略化のために，連続体としての消費者の数 N を 1 と仮定する．したがって，消費者密度も 1 となる（$n=1$）．消費者は土地市場において互いに競争し，地代を支払う．各家計の所得は，地代の他に，企業の製品，交通費，およびニューメレールに使われる．立地点 $r\in \mathbf{C}$ の消費者の間接効用関数は，ひいきにする店が $r_i\in \mathbf{C}$ に立地し，立地点 r で市場地代 $R(r)$ を支払っているとき，

$$V_i(r)=u+Y-p_i-t|r-r_i|-R(r) \tag{4.53}$$

で与えられる．したがって，均衡では，すべての消費者は，企業への近接性の差を反映する地代を払うので，同じ効用水準を享受する．

企業は消費者の反応を予想して価格を決めるが，これは企業が市場で消費者より大きな力を持っているという事実を反映している．我々の均衡のコンセプトは以下のように要約することができる．企業の価格ベクトルが与えられると，消費者は，対応する競争的居住地均衡の下で，立地点と購入先企業を決定する．消費者を，企業がリーダー（先導者）であるシュタッケルベルク・ゲームのフォロワー（追随者）として見ることができる．企業は，消費者の居住地均衡を予想しながら，プレーヤーが企業である非協力的なゲームのナッシュ均衡で価格を選ぶ．

空間競争がどのようにして最適な結果を生み出しうるかを示すために，企業の利得関数が地代の内部化によって変更されている，新たな制度システムを提案する．具体的には，各企業の利得を，その企業が製品を売ることで得られる営業利潤と，その企業が都市域に存在する結果生まれる地代の増加額の，合計として定義する．企業 i による地代増加額（$\Delta_i(\boldsymbol{p})$）は，企業 i が別の $n-1$ 個の企業とともに営業する場合の都市における地代の合計（$ADR(\boldsymbol{p})$）から，企業 i のみが営業しない場合の地代の合計（$ADR(\boldsymbol{p}_{-i})$）を引くことにより，以下で定義される．

$$\Delta_i(\boldsymbol{p}) \equiv ADR(\boldsymbol{p})-ADR(\boldsymbol{p}_{-i})$$

したがって，企業の利得は以下で与えられる．

$$\Pi_i(\boldsymbol{p})=\pi_i(\boldsymbol{p})+\Delta_i(\boldsymbol{p})$$

4.3 節に述べたことを思い起こせば，これは，企業 i はその市場領域（それは都市域のある区域）内で土地開発業者のように振る舞うことを意味する．

等距離に M 個の企業が都市市場に参入しており，各々が固定費 f を支払い，各々は価格均衡において自己の製品を販売しているとする．対応する居住地均衡においては，消費者はみな同じ効用水準に達していなければならない．したがって，(4.53)式より，すべての消費者は各地点 $r\in \mathbf{C}$ で以下の共通の都市費用 $\bar{R}$ を支払うことになる．

$$R(r) + \min_{j=1,\cdots,M} \{p_j + t|r - r_j|\} = \bar{R} \tag{4.54}$$

以下の議論において,企業は共通の都市費用 $\bar{R}$ を所与の定数とみなすと仮定する.[21]

一方,企業 i が唯一の活動していない企業であるとき,以下が成立する.

$$R_{-i}(r) + \min_{j \neq i} \{p_j + t|r - r_j|\} = \bar{R}$$

ここで $R_{-i}(r)$ は,企業 i が活動していないときの,r における地代である.図4.3において企業 i による地代増加額 $\Delta_i(\boldsymbol{p})$ は,縦線を付けた部分の面積によって与えられ,それは以下のようになる.

$$\Delta_i(\boldsymbol{p}) = \frac{(p_{i-1} - p_i + t/M)(p_{i+1} - p_i + t/M)}{2t}$$

したがって,企業 i の利得は

$$\Pi_i(\boldsymbol{p}) = (p_i - c)D_i(p_{i-1}, p_i, p_{i+1}) + \Delta_i(\boldsymbol{p}) \tag{4.55}$$

と与えられる.ここで,$D_i(p_{i-1}, p_i, p_{i+1})$ は,(4.48)式において $M=1$ と置いて得られる.

(4.55)式を p_i で微分して,0 と置くことにより,以下を得る.

$$\begin{aligned}
\frac{\partial \Pi_i}{\partial p_i} &= D_i + (p_i - c)\frac{\partial D_i}{\partial p_i} + \frac{\partial \Delta_i(\boldsymbol{p})}{\partial p_i} \\
&= D_i + (p_i - c)\frac{\partial D_i}{\partial p_i} - D_i \\
&= -\frac{p_i - c}{t} = 0
\end{aligned}$$

これは $p_i^* = c$ であることを意味する.明らかに,$\Pi_i(\boldsymbol{p})$ が p_i に関して凸であるので,1階の条件の唯一の解は,均衡価格である.これは,$p_i^* = c$ が,他のすべての企業によって設定された価格にかかわらず,企業 i にとっての最適戦略であることを意味するので,次の結論を得る.

---

[21] この定数は,我々の固定敷地規模と空地がないという仮定のために,モデル中では決定できない.もしも,無限に少ない量の空地があると仮定すると,この定数は $\bar{R} = \max_{r \in C} \min_{j=1,\cdots,m} \{p_j + t|r - r_j|\}$ によって与えられる.いずれにしても,この定数の値はこの節の結果には影響しない.

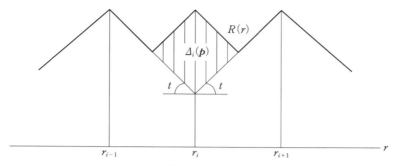

図 4.3 企業 i による地代の増加額

命題4.5 各企業による地代増加額を，その企業の利得の一部に加えると仮定する．この場合，各々の企業が共通の都市費用を所与の定数とみなすなら，限界費用にもとづく価格設定は，価格ゲームにおける強支配的な戦略の下での均衡となっている．

この意外な結果は，直感的には，このモデルにおいては，消費者余剰は，各企業によって作り出され，かつ，獲得される地代と同一なので，地代の内部化は，第1級の価格差別と同等であることによっている．したがって，社会的に最適の決定を下すことはナッシュ均衡である．しかしながら，ここでの均衡は支配的な戦略にもとづいているので，この命題はさらに強い結果となっている．

限界費用にもとづく価格決定の下では，すべての企業の営業利潤がゼロであるので，各企業の利得は，その企業による地代増加額から固定費を引いたものに等しくなる．参入過程を通じて，企業の数は，最後の企業による地代増加額 Δ がその固定参入費用 f と等しくなるように決まる（整数問題を無視して）．各企業による地代増加額はその企業による総交通費の減少額と等しいので，自由参入の条件は，最後の参入企業は社会的利益と社会的参入費用のバランスを取らなければならないことを意味する．したがって，下記のように結論できる．

命題4.6 各企業による地代増加額を，その企業の一部に加えると仮定する．この場合，企業が共通の都市費用を所与の定数とみなすならば，自由参入の下での均衡は，社会的に最適な企業数をもたらす．

168　第4章　収穫逓増と輸送費：空間経済における基本的なトレードオフ

均衡の企業数は(4.52)式で与えられる．前述したように，命題4.6は，追加された企業の社会的価値がその企業による地代増加額に等しいことを示している．したがって，地代が正確に利得として考慮されているかぎり，空間経済において過剰能力は発生しない．これは，70年以上前にHotelling (1938, 242) によって述べられた次の推測を「証明」しているとみなせる．

売上税を含めて，商品に対する税金はすべて，所得，相続および土地に対する税金に比べて問題が多い……．後者は，電力，水道設備，鉄道，および固定費が大きいその他の産業の固定費をカバーするために当てることによって，サービスや製品の価格を限界費用のレベルまで低下させることができる．

さらに命題4.6は，企業が戦略的に振る舞う環境においても，ヘンリー・ジョージ定理が成立することを意味する．言い換えれば，企業がたとえ製品市場で戦略的に振る舞っても，その活動で作り出される地代増加額を内部化することによって，最適な結果につながる．しかしながら，ここでは，各企業は消費者に共通の都市費用を変えることはできないと想定されていることに注意が必要である．どの企業も経済で支配的でない限り，企業の振る舞いについてのこの仮定は妥当である．最後に，差額地代が近接性の違いを清算するので，消費者はみな同じ効用水準に達する．

4.5.4　文献ノート

ホテリングの分析はいくつかの点で，Launhardt (1885, chap.29) によって予想されていた．ラウンハルトは，空間上に分散した企業は付近に立地する顧客に対してある程度の市場力を持っており，したがって，自身の利益のために価格を操作するであろうことから，価格受容仮定の正当性に対して疑問を呈した．しかしながら，彼の分析は，ドイツ語を話すコミュニティ以外では無視された（ラウンハルトのアイデアの現代的な説明については，Dos Santos Ferreira and Thisse, 1996を参照されたい）．

Beckmann (1972b) およびStern (1972) は空間競争の下での収穫逓増と輸送費の間のトレードオフを初めて正確な方法で定式化した．同じような円環型モデルはSalop (1979) によって後で独立に開発された．

Hotelling (1929) の先駆的な論文以来，空間的な産業を記述するために使われたこの枠組みが，差別化にもとづく産業の働きを研究することを可能にすることは，

よく知られている．実際に，その枠組みの威力は，産業組織論で広範囲に利用された（Eaton and Lipsey, 1977; Gabszewicz and Thisse, 1986）．市場による差別化された製品の供給が過少になるか過多になるかについての問題は，産業組織論において多くの研究があるが，それは空間競争にもそのまま関係している．それについてのサーベイは，Eaton and Lipsey (1988), Gabszewicz and Thisse (1992), Anderson, de Palma, and Thisse (1992, chap.6) で見ることができる．最後に，Vickreyは1964年に刊行された『ミクロ静学（*Microstatics*）』において，産業組織論における空間競争モデルで得られた多くの結果を予想していたことは注目に値する．主要な結論はVickrey, Anderson, and Braid (1999) の中で再述されている．

4.4節において，そこで作用している力は，前述の展開で用いられた工場価格設定（mill pricing）と呼ばれる独特の空間価格設定方法と関連しないことに注意されたい．例えば，差別的価格設定ができれば（詳細に関しては第7章と9章を参照），企業が価格を市場の一部で，他の場所では変えることなしに，切り下げることができる．これは，1組の価格に委ねようとする企業の力を実質的に縮小し，したがって，価格競争を強くする．しかし，より激しい価格競争は必ずしも消費者の利益にはならない．その一方で，与えられた企業数の下では，より強い価格競争は，既存の企業によって付けられる価格を確かに下げる．他方では，より強い価格競争は参入を抑止する効果を持ち，したがって，既存の企業のためになるだろうと予想することができる（Norman and Thisse, 1996）．

4.6 結論

収穫逓増と輸送費の間のトレードオフが非常に様々な形式をとり，空間経済での広範囲の問題を説明できることを見てきた．最初に，このトレードオフは，企業あるいはコミュニティとしての都市の規模を決定するメカニズムの源に存在する．確かに，ここで説明された都市システムの記述は非常に単純であるが，収穫逓増と完全競争の下でファースト・ベストの結果が達成されることは，興味深い．これは，製品がすべて競争市場で売られるとき，生産で発生する損失を差額地代によって補填することができることを述べる，ヘンリー・ジョージ定理による．

本章で議論された2つの主な設定の関係を理解するために，同じようなトレードオフが利用できることを示した．この2つの設定は，その他の点ではほとんど無関係に見える．4.3節に示された都市経済学アプローチは，競争的企業が外部性にも

とづく収穫逓増の利点を享受することを可能にしていることを示しているが，4.5節の空間競争モデルでは，収穫逓増が，不完全競争市場上で操業する企業の内部にあると仮定されている．この章は，空間不可能性定理によって起こる困難を取り除くために使用することができる2つのモデル戦略を例示したと言える．第1章で議論したように，特定のモデルの選択は，経済分析が行われる空間的規模の深い論議にもとづいていなければならない．しかしながら，我々は，土地市場を明示的に考慮することにより，地代の内部化のメカニズムを通じて，2つのアプローチを融和させることができることを見てきた．これは，異なる空間的規模を包含する包括的なモデルが，手の届かないところにある必要がないことを示唆している．

生産での高い固定費は企業のまばらな立地に結びつくが，高い輸送費には反対の効果がある．これは，1財の場合の空間市場において，Christaller（[1933] 1960）によって（暗黙のうちに），Lösch（[1940] 1954）によって（明示的に）考察された．収穫逓増の存在は空間市場が完全競争となるのを妨げ，また，上で見られるように，均衡での企業数は収穫逓増と輸送費の間のトレードオフに依存する．一般に，この2つのシステムは，異なる企業数をもたらす．しかしながら，各々の企業が，自身の存在によって作り出された地代を内部化することが可能な場合，市場競争はまたしても最適な結果を生み出す．この結果は，市場経済での都市地代の威力を示しており，Hotelling（1938）と Hotelling（1929）を融和させる．この結果は，空間を特定の経済的カテゴリーとして利用することにより，近代経済学の発達に彼によってなされた貢献の，素晴らしい実例となっている．

さらに基本的には，学校，レクリエーション施設，消防署などのあらゆる種類の民営および公共施設の数や立地を計画する際に，同じトレードオフに遭遇する．それに対応する最適化問題は，オペレーションズ・リサーチにおける施設立地分析の中心にある．それは，もとは，Manne（1964）と Stollsteimer（1963）によって定式化された．その後，それは整数計画法の開発の基盤として役立ち，多くの応用研究で使用されてきた．[22] 最後に，同じトレードオフは，Krugman（1991a; 1991b）の研究で始まった NEG の中で，もう一度「再発見」された．それは少し異なる脈絡で，第Ⅲ部において研究される．したがって，収穫逓増と輸送費の間のトレードオフは空間経済の働きにおいて基本である，と言える．

---

22) 施設立地分析で開発された主なモデルのオペレーション・リサーチに基づいたサーベイについては，Labbé, Peeters, and Thisse（1995）を参照されたい．

4.6 結論

方法論の見地からは，本章では，異質性のアイデアを把握するうえにおける，CESと円環型都市モデルの威力を説明した．我々は，2つの異なる場所にある2つの同一の主体は，異なるものであり，それらの（非）類似性は，それらを隔てる地理的な距離によって測定されることを知っている．距離が短いほど，2つの主体は似ている．明らかに，他のタイプの近接性も，CESと円環型モデルによって研究できる可能性がある．しかしながら，それらは同じではない．CESでは，2つのどんな主体も，互いから等しく遠く離れている (Anderson, de Palma, and Thisse, 1992, chap.4)．円環型都市では，各々の主体には2つの主体が隣接しており，2つの主体間の距離はそれらの相対的位置に応じて変化する．

さらに，2つのコメントが残っている．最初に，本章では，2つの主要な既存の空間モデルに注目した．第1のもの（4.3節および4.4節）は土地および消費者立地に関するものだが，そこでは都市の相対的な位置は扱っていない．第2のもの（4.5節）は，企業の立地に関するものだが，土地のことはしばしば無視されている．将来の研究の重要な課題の1つは，土地利用を内生化しつつ，都市の立地を研究するために，これら2つのアプローチを統合することである．その観点から，開発業者による立地選択が重要になる場合，命題4.3の結果が成り立つのかどうかが注目される．

次に，4.2節は，詳細な経済分析によって，CBDの周りに労働者を集積させる力を，どのようにして明らかにできるかを示している．特に，第1章で議論されたように，不完全競争に明確に訴えることで，働いているメカニズムをよりはっきりと把握できるようになった．ブラックボックス的なモデルを用いるのではなく，そのようなミクロモデルによって，個々の政策のすべての主体に対する効果を評価し，より適切な公共政策を設計できるようになる．さらに，ミクロモデルによるアプローチは，考慮されるべき適切な変数は何であるかを明らかにできるので，よりよい実証分析のモデルに結びつくと思われる．反対に，集積の経済の実証分析においてなされた最近の顕著な進歩は，理論学者がより適切な問題に焦点を当てる助けになるに違いない (Henderson, 2003a; Rosenthal and Strange, 2004; Puga, 2010; Combes, Duranton, and Gobillon, 2011)．ブラックボックス・モデルは都市経済学において依然として有用であり続けるであろうが，すべてのブラックボックスが等しく黒いとは限らない．ジョージ・オーウェルの『動物農場 (*Animal Farm*)』をまねて言えば，すべてのブラックボックスは黒いのだが，あるボックスは他のものよりもさらに黒い．

第5章 都市と公共部門

5.1 はじめに

　都市の存在理由を探す場合，公共サービスの供給が最も自然に頭に浮かぶ．これは，歴史的知見に大いに影響されている．例えば，中世ヨーロッパでは，2つの方法で都市は認定された．物理的な境界（**城壁都市**（the walled city））および法的資格（**民主化都市**（the democratized city））である．明らかに，城壁で都市を囲むことで収穫逓増が働き，したがって，城壁は供給における規模効果にもとづく地方公共財に対応している．実際，円型の壁の長さは $2\pi r$ であるが，対応する面積の大きさは πr^2 となる．したがって，半径 r の増加とともに，その面積に対する円周の比率は下がり，より多くの人がより低い平均費用で守られることになる．また，城壁はその防衛の目的に加えて，さらに都市の政治的な自治の象徴であり，自由な共同体としての都市は個人の解放をもたらした．[1] 歴史家は，少なくとも中世の終わりまでは，地方公共財と解釈される特定の法的資格が，都市を認定する主な基準であったと認めている（Bairoch, 1988, chap.1）．しかし，法的資格によるこの明確な識別はもはや存在しない．法的資格は，ほとんどの国家において，どこでも均質化されてきた．また，都市の活動は，都市の物理的な境界を越えて次第に拡大し，今では郊外も，経済的な集積として考えられる都市全体の，大きな部分を含めるようになってきた．その結果，現代の都市は空間的な分散が進み，境界は不明瞭である．しかしながら，多数の人々が集まることではじめて孤立していては得ることのできなかった共同サービスの供給ができるようになるのであり，地方公共財の供給は，近代都市の主要な要因としてあり続けている．[2]

---

[1] 例えば，ドイツ皇帝ハインリヒ5世（神聖ローマ皇帝）は，シュパイアーとヴォルムスに与えた特許状において，「都市の空気は自由をもたらす」という原理を宣言した．

[2] 都市の歴史において大きな役割を果たした地方公共財の他の例として，寺や王宮，さらにアゴラやフォーラムなどの公共空間の場が挙げられる．

純粋公共財（pure public good）は，都市あるいは国家のような，コミュニティのすべてのメンバーによって集団的に消費される（Samuelson, 1954b）．その消費は各個人の消費が他の個人のその財の消費を減らさないという意味で**非競合的**（nonrivalrous）である．純粋公共財のサービスは，**非排除的**（nonexcludable）でもある．なぜなら，いったんこの財が供給されると，コミュニティのどのメンバーもこの恩恵から排除することは事実上不可能だからである．したがって，私的財と異なり，純粋公共財のサービスは，混雑あるいは費用増加によって量または質を下げずに，いくらでも多くの消費者に供給することができる．しかしながら，現実には，ほとんどの公共サービスは，混雑（例えば展覧会に参加するあまりにも多くの人々）に悩まされる．また，多くの場合，公共財の消費にはそのための移動を伴う．公共財が特定の地点で供給される場合，その公共財の近くにある限られた土地に対する競争が起きる．したがって，公共財を利用するためにより高い交通費が必要となるので，利用者の数とともに社会的費用は増加する．Tiebout（1956）およびBuchanan（1965）に続く文献は，これらの両方の効果が，公共財の「純粋さ」を危うくし，それらを私的財により似たものする，と主張した．本章では，この広義の「純粋でない（impure）」公共財について考える．

消費者は，それらの利用から排除されないので，純粋公共財について真の選好を隠す誘引が働くことは，よく知られている．この点で，警察や消防，学校，病院，競技場などの多くの公共サービスは「地域的」であると指摘したのはティブーの功績であった．この場合には，消費者の選好は，公共サービスや課税体系についての自分の好みを満たす行政区域に移動することによって，顕示される．Tiebout（1956, 420）によると，

> 1つの商品を買うかどうかについての通常の市場テストに代わって，移住するか移住しないかということにより，消費者（投票者）の公共財への需要が明らかになる．したがって，各地域はその居住者の好みを反映するような公共サービスに対する収入と支出のパターンを持っている．

したがって，各地域が，公共財と税の独自の組み合わせを用意することによって，消費者を求めて競争するならば，コミュニティ間の競争および消費者による「足での投票」の結果，**地方公共財**（local public goods）の効率的な供給がなされるかもしれない．

これがうまくいくためには，消費者が容易に移住できることが必要である．しかしながら，地方公共財の標準的な研究で無視されてきたもう1つの側面がある．すなわち，特定のコミュニティの選択は，その地域での土地の消費を含む住宅の選択を意味するということである．この事実は，地方公共財モデルの構築において重要な視点，すなわち，地価による**土地の資本化**を提供する．資本化とは，土地の価格は，居住者が受ける公共サービスの便益および費用を具現していることを意味する．それゆえに，資本化は，地方公共財の供給に対しての社会的余剰や，支払意思額を計測するための，自然な手段を提供する．実際，資本化と消費者の移動性は切り離せないほど関係している．消費者は，魅力がない立地から魅力的な立地へ移動できるので，地価は魅力の差を補うべく調節される．言い換えれば，資本化および消費者の移動性によって，人口は地域政策に対して内生的に反応する．

 従来の空間競争モデルには「土地のない立地」(4.5節を参照)があるが，新しい地方公共財モデルには，コミュニティ内における輸送費を考えていないという意味で，「立地のない土地」がある．ティブーの地方公共財モデルでは，消費者は自分の住む行政区域を選ぶという意味で流動的であるが，いったんそこに行ってしまえば公共財へのアクセスは問題とならない．たとえ，隣の行政区域の公共財の方が近くにあったとしても，消費者はそれを使うことはできない．消費者の便益を行政区域内の居住に結び付けることは，このモデルの成功にとって不可欠である．それなしでは，地価が政策の便益をすべてとらえることはできないからである．1つの島の消費者は，他の島の公共財を利用できないとする Stiglitz (1977) の「島」モデルにおいて，この仮定が最もはっきりと満たされている．

 地方公共財の観点では，たとえ公共財の1人当たりの費用が利用者数とともに減少したとしても，都市の人口規模を無限に増加させることは一般に望ましいことではない．実際，1つの都市にとって純粋公共財である場合においても，消費者の限界社会的費用は，追加される通勤費用とともに増加する．したがって，第4章と同じく，輸送費と，公共財を供給するコストの間には，トレードオフがある．一般に，都市には，居住者の効用水準を最大にするうえにおいて，有限な最適規模がある．

 ところで，ティブーは，私的財と地方公共財との類似点を指摘する際に，地方行政体の目的関数を明示しなかった．彼の業績に続く論争の多くは，この問題を中心に展開した．Arnott (1979), Kanemoto (1980, chap.3), Henderson (1977, chap.3 and 10; 1985) など何人かの著者によると，ティブーの地方公共財モデルの設定において，欠けている主体がある．すなわち，地価を通じて公共財の便益を資

本化する，土地開発業者である．そのような土地開発業者を導入すると，空間経済において，土地開発業者間の競争が地方公共財の効率的な供給につながるかもしれない．確かに，公共財供給の便益が土地価格へ内部化される場合には，土地開発業者と同一視される行政主体は，居住者の好みを尊重することにより利益を得ることができる．したがって，資本化された土地価格が利益の一部に含まれている場合，行政主体は公共財供給の問題を効率的に処理する誘因を持っている．

　実際の世界では，地方公共財は，消費者のコミュニティにひとまとめのサービスを提供することを目的とした，公共施設の形態でしばしば提供される（Tiebout, 1961; Teitz, 1968）．実際的な視点から，Teitz (1968, 36) は，都市の形成とそこにおける生活の質を形作るうえでの公共インフラストラクチャの重要性を，ユーモアとともに次のように強調した．

現代の都市住民は，公に融資された病院で生まれ，公に支援された学校および大学で教育を受け，公共によって建設された交通機関上で多くの時間を過ごし，郵便局あるいは準公共的な電話システムを通して通信し，公共水道の水を飲み，公共清掃機関によってゴミを処分し，公立図書館の本を読み，公園でピクニックをし，公の警察，消防，保健システムによって守られている．最後に，彼はまた病院で死に，さらに公の墓地に埋葬されるかもしれない．

他の点において均質な空間では，公共施設の位置が都市の中心になる．これは，消費者がそこで公共サービスを享受するために，その設備まで移動しなければならないからである．[3]

　5.2節で，同一の消費者で構成された都市システムにおける，地方公共財の最適供給を研究する．各都市における居住者の共通の効用水準が最大になるよう人口規模が選ばれている場合，公共財の供給コストは各都市内での総差額地代と等しくなっていることを示す．さらに，土地開発業者のそれぞれが，経済全体での共通の効用水準を与えられたものとして行動するならば，土地開発業者間の自由参入の均衡

---

3) **買回り品**（traveled-for goods）と**配送品**（delivered goods）の区別は，我々の目的において本質ではない．実際，距離が増えるにしたがって配送品の品質が大抵減少すると信じることは妥当である．したがって，どちらの場合も，利用者の利益は距離減衰効果を受けやすい．

において，最適な都市システムが実現される．各都市では，地方公共財の費用が総差額地代によってちょうど賄われている．これらの結果は，地方公共財の効率的な供給を実現するうえでの原則は，第4章で議論された私的財におけるそれと，似ていることを示している．言いかえれば，「政治家抜きのティブー・モデル」であり，あるいは Henderson (1977, 72) によると，

> 利潤を最大化しようとする土地開発業者の存在は，都市規模増加による規模の経済の利益と通勤費用の増加の不利益との暗黙あるいは明示的なトレードオフが，最適な都市規模を達成するようになされることを保証している．

以上のアプローチでは，各々の都市が「孤立都市国家」として開発されるだけの，十分な土地が経済全体にあることが仮定されている．したがって，次に，消費者が全地域にまんべんなく居住している場合，どの地点で地方公共財が供給されるべきか，という問題を考えるのは当然である．さらに，我々は，公共サービスの供給が投票のような政治的な過程を通じて決定される場合に，何が起こるかを確かめることにも関心がある．これは最近，政治経済学で注目を集めている話題である．5.3節では，消費者が，最初に施設の数について投票し，次にそれらの立地について投票するという，投票手続きについて考える．予想どおり，各施設は，そのサービス領域の中間点に立地する．さらに，予想外と思われるかもしれないが，それらの施設の建設が比例所得税によって賄われる場合，投票者は効率的な解におけるものよりも多くの施設の数を選ぶ傾向があるという結果が示される．これは，公共施設のシステムの選択を投票にゆだねると，公共インフラストラクチャの過剰供給を促進することを示唆している．

しかしながら，より洗練された課税スキームを使うことで，最適システムを投票均衡として実現することができる．具体的には，最適課税スキームは，地代と同じ側面を持つことを示す．より正確に言うと，施設への近接性による便益が地代に内部化されており，かつ，消費者がそれに対応する地代を支払わなければならないと気づいている場合に，投票は，最適システムをもたらす．

5.2　公共財としての都市

ここでは，3.3節で考察した都市的土地利用モデルにおいて，消費者の効用関数

に3番目の変数，すなわち，地方公共財を導入する．この財は，都市の特定の地点に立地する施設を通じて消費者に利用可能となる．単純化のために，各都市は，単位土地密度を持つ1次元空間内に形成されるとする．消費者が公共施設からの距離 $r>0$ に居住する場合，公共サービスにアクセスするために，移動費用 $T(r)$ を負担しなければならない．アクセス費用を減らすために，消費者は，公共施設が建設される地点付近に集積する．$g=g(G,N)$ を公共財の供給量とする．ここで G は公共財のための公共支出額を表し，N は都市の人口，つまり公共施設の利用者数を表す．地方公共財が純粋である場合には，g は N から独立であり，一般性を失わずに，$g=G$ と仮定できる．地方公共財が**混雑性**（congestible）を有している場合には，消費者の増大は，他の者の公共施設の利用に負の影響を与えるので，g は利用者数 N の減少関数である．

この経済は，同一の収入 Y を持つ同一の消費者によって形成される．この収入は，いずれの都市においても，規模に関して収穫一定で，完全競争の下で操業する産業で得られるものとする．1つの都市に N 人の消費者が居住する場合，消費者の効用関数は，3.3節でのそれを拡張して，以下で与えられるものとする．

$$U(s, z, g(G, N))$$

一方，消費者が公共施設から距離 r に住んでいるとき，予算制約は

$$z + sR(r) = Y - T(r) - \theta(r)$$

で与えられる．ここで，$R(r)$ は距離 r での地代，$\theta(r)$ は距離 r での各消費者による税の支払い（受け取る場合は補助金）額を表す．この税は消費者の立地にのみに左右される．

まず，地方公共財は純粋なものであると仮定し，$g=G$ とする．敷地規模が可変の場合にも得られた結果を容易に一般化することができるが，単純化のために，各消費者によって使用される敷地規模 s は1に規準化されているとする．したがって，N 人の消費者がその都市に住んでいる場合，対応する居住均衡では，消費者は都心つまり公共施設のまわりに，左右対称に $N/2$ ずつの区間で均等に立地する．G を公共支出のレベルとすると効用関数は $U(1, z, G)$ となる．均衡では，すべての消費者の効用水準が等しいので，すべての消費者は同一の合成財の量 z^* を消費する．したがって，予算制約式において $s=1$ とし，都市の右半分に注目して，以下を得る．

$$z^* = Y - R^*(r) - T(r) - \theta(r) \qquad r \in [0, N/2] \tag{5.1}$$

したがって，G および $R^*(r)$ が与えられた下で，消費者の効用を最大にすることは，

(5.1) 式で与えられる消費 z^* を最大にすることに等しい．なお，(5.1)式において $R=N/2$ を代入した結果と，もとの(5.1)式を用いることにより

$$R^*(r)=T(N/2)+\theta(N/2)-T(r)-\theta(r)+R_A \quad r\in[0,N/2] \quad (5.2)$$

を得る．ここで，$R_A\equiv R^*(N/2)$ は与えられた農業地代（あるいは土地の機会費用）であり，$Y>R_A$ と仮定する．

以下において，最初に1つの都市の場合を分析し，総差額地代の徴収が公共財への支出を賄うのに十分な条件を得る．次に，都市システムにおいて，中央政府が地方公共をすべての都市に最適に供給する場合を考える．最後に，土地開発業者間の競争を通じて，都市システム全体における公共財の最適供給が，いかにして分権的に達成できるか議論する．この節の全体にわたって，経済全体における利用可能な土地の量は十分大きく，決定される都市数は，都市域の重複なく常に実現可能であると仮定する．

5.2.1 ヘンリー・ジョージ定理

地方公共財から便益を得るために都市コミュニティを形成する，個人のグループを考える．この節では，公共財の量 G は固定されているものと仮定する．個人はみな同一であるので，彼らは，共通の効用水準を最大にする職務を，都市政府に委ねると仮定する．この目的のために，政府は，最初に農業地代 R_A で都市のために農民から土地を買う．政府は，競争居住均衡は効率的であることを知っているので（命題3.5を参照），都市内の消費者居住の配置と合成財の消費の決定を競争土地市場にまかせる．もちろん，政府は公共財の資金のための財源を見つけなければならない．その目的を達成するために，都市政府は，公共施設の設立によって生み出された差額地代を徴収できるとする．さらに，政府は，消費者の立地に応じて税 $\theta(r)\geq 0$ を徴収してもよい．政府は，また，都市人口規模 N も選ぶことができる．

都市政府は，競争土地市場においては都市内に空地は残らず，消費者は公共施設に関して対称的に配置される，と了解している．都市の右に注目すれば，これは次のことを意味する．

$$R^*(r)-R_A\geq 0 \quad r\in[0,N/2] \quad (5.3)$$
$$R^*(N/2)=R_A \quad (5.4)$$

各消費者の予算的制約が $Y=z^*+R^*(r)+T(r)+\theta(r)$ によって与えられるので，均衡地代は以下のようになる．

$$R^*(r)=Y-z^*-T(r)-\theta(r) \quad r\in[0,N/2] \quad (5.5)$$

都市政府は，次の問題を

$$\max_{N,\theta(\cdot)} z^*$$

以下の都市予算制約

$$2\int_0^{N/2}\theta(r)\mathrm{d}r + 2\int_0^{N/2}[R^*(r)-R_A]\mathrm{d}r \geq G \tag{5.6}$$

および(5.3)式，(5.4)式と(5.5)式を条件として，解かなければならない．

$ADR(N)$ を N 人の消費者がいる場合の総差額地代とし，以下で定義する．

$$ADR(N) \equiv 2\int_0^{N/2}[R^*(r)-R_A]\mathrm{d}r \tag{5.7}$$

また，$TTC(N)$ で N 人の消費者による総通勤費用を示す．

$$TTC(N) = 2\int_0^{N/2}T(r)\mathrm{d}r$$

そうすると，この問題の最適解では予算制約(5.6)は等号で満たされるので，(5.5)式を代入して，

$$NY = Nz^* + TTC(N) + G + NR_A$$

が得られ，結局

$$z^* = Y - \frac{TTC(N)+G+NR_A}{N} \tag{5.8}$$

となる．したがって，与えられた G に対応する最適な効用水準は，1人当たりの費用 $G/N + TTC(N)/N + R_A$ を N に関して最小にすることで達成される．よって，本章の「はじめに」で議論されたトレードオフは明らかである．人口規模が上昇する場合，公共財の1人当たりの費用 G/N は減少する．しかし，総通勤費用 TTC は命題4.1により N に関して逓増的に増大するので，1人当たりの通勤費用 $TTC(N)/N$ は N の増加とともに増加する．

(5.8)式が $\theta(\cdot)$ を含まないので，一般性を失わずに，$\theta(r)$ は，(5.3)式と(5.4)式が満たされる限り，すべての r においてゼロと設定できる．実際，所得のどのような立地間の移転も(5.5)式で定義される均衡地代に自動的に反映される．(5.2)式において $\theta(r) = \theta(N/2) = 0$ と置くと，

$$R^*(r) = T(N/2) - T(r) + R_A$$

となり，(5.7)式より

$$ADR(N) = 2\int_0^{N/2} [T(N/2) - T(r)] dr$$

したがって，ADR は N のみに依存し，N とともに増加する．

さらに，都市の周辺 $r = N/2$ で(5.5)式を評価して，次を得る．

$$z^*(N) = Y - T(N/2) - R_A$$

これは N とともに減少する．したがって，今 $ADR(N) \geq G$ と書き直された予算的制約(5.6)の下に $z^*(N)$ を最大にすることは，$ADR(N)$ は N とともに増大する一方，$z^*(N)$ は N とともに減少するので，最適人口規模 $N^o(G)$ では以下の条件が満たされることは明らかである．

$$ADR(N^o(G)) = G$$

仮定より，$Y > R_A$ であるから，この条件を満たす正の $N^o(G)$ が唯一存在することが容易にわかる．したがって，以下の命題を得る．

命題5.1 1つの都市において，純粋公共財のどのような水準の支出が与えられた場合でも，都市住民の効用水準を最大にするように人口規模が選択されるならば，また，そのときのみ，都市の総差額地代は公共財支出と等しくなる．

都市財政の分野では，この結果は，ヘンリー・ジョージ定理として知られているが，それは，1879年の彼の著書『進歩と貧困（*Progress and Poverty*）』において，純粋な地代を税として徴収することを提案したアメリカの運動家ヘンリー・ジョージに因んで名づけられた．[4] 命題5.1が，選好の構造に依存せず，また，都市内に供給される公共財の量にかかわらず成立することは，強調に値する．これは，Samuelson (1954b) によって明らかにされた，供給される公共財の限界効用をすべての消費者が知っていることを前提とした，純粋公共財の効率的な供給のための標準的な条件とは，対照を成すものである．さらに，すべての r に対して $\theta(r) = 0$ であるので，地代に対する単一の税だけで公共支出を賄うのに十分である．ジョージによって提案された土地に対する税は，非弾力的に供給されている土地に課されているので，価格体系に歪みが生じないという利点もある．しかしながら，実際上は，そのような課税政策の実行は難しいかもしれない．[5] いずれにしても，この考

---

[4] ジョージの仕事の簡潔な概要は，Whitaker (1998) によって提供されている．

えは挑発的で刺激的であり，同様のメカニズムを，私的財を生産する企業の場合にも適用することができることを，4.3.3項ですでに見てきた．

さらに，$ADR(N)$ は N の増加関数なので，命題5.1から，以下のことも言える．
$$N \lessgtr N^o(G) \text{に応じて} \quad ADR(N) \lessgtr G$$
別の言い方をすると，都市における人口が最適規模以上になると，総差額地代は公共財へ支出額を上まわる．なぜなら，消費者の数が多すぎると，都市の各立地点で地代が上昇しすぎるからである．対照的に，最適規模より少ない人口の都市では，公共財への支出額が総差額地代を上まわる．つまり，消費者が少なすぎると，都市の各立地点での地代は低くなりすぎる．この場合には，公共財を賄うために税が必要とされる．

敷地規模が可変である（したがって，公共施設からの距離とともに，人口密度が減少する）一般的な場合にも，ヘンリー・ジョージ定理が成立することを示すことができる（より詳細については，Arnott and Stiglitz 1979; Fujita 1989, chap.6を参照）．

5.2.2 土地は共同所有されるべきか

第4章の中で示された結果および上記のヘンリー・ジョージ定理から，完全競争の土地市場が社会的最適配分を達成し保持する，強力な装置であることがわかる．このことから，著名な経済学者のグループが，土地は私有化されるべきでないと，主張するようになった．彼らの議論を例示するために，1990年にソビエトのミハイル・ゴルバチョフ大統領に送られた手紙からの抜粋を以下に記す．この手紙は，ニコラス・タイドマン，メイソン・ギャフニーとウィリアム・ヴィックリーが草稿を書いたもので，署名者のリストには，ウィリアム・ボーモル，ツヴィ・グリリカス，フランコ・モディリアーニ，リチャード・マスグレイブ，ティボール・シトフスキー，ロバート・ソローとジェームズ・トービンらが名を連ねている．[6]

地代が政府の収入源として保有されることは重要である．市場経済を持った先進国の政府は，地代の一部を税として徴収しているが，徴収できる全部を徴集して

---

5) この提案は，合衆国で厳しい政治討論を引き起こした．単一税に対する福祉的観点や倫理的な側面からの批判的な評価に関しては Mills (1972b, chap.3) を参照されたい．

6) 手紙の全文は，http://course.earthrights.net/book/export/html/87 で入手できる．

はいない．それゆえ，経済を妨げてしまう税（所得，販売および資本価値に対する税金など）を必要以上に用いている．

土地の賃貸価値は3つの源泉から発生する．1番目は，土地は限られているという事実と結びついた，土地固有の自然な生産性である．2番目の土地の価値の源泉はコミュニティの成長であり，3番目は公共サービスの提供である．すべての市民は，自然から発生する土地の価値に対して，等しく請求権を持っている．コミュニティの成長やサービスの提供から発生する土地の価値は，周りの土地の地代を上げることになる公共サービスのための資金調達にとって，最も妥当な財源である．それらのサービスには，道路，都市の交通網，公園および電気，電話，上下水道のようなサービスのための公益施設のネットワークなどがある．公的収入機関は，できるだけ多くの地代を集めるよう努力するべきであり，自然から発生した地代の部分はすべての市民に等しく，また，公共サービスから発生した部分は，それらのサービスを提供する政府部門に割り当てるべきである．政府がサービスの提供に起因する地価の増加分を徴収する場合，それらのサービスを社会的限界費用に等しい価格で提供することができ，サービスの効率的な使用とサービスが利用可能な土地の地代の上昇を促す．土地を使用する政府系機関は，使用する土地に対して他と同じ地代を請求されるべきである．さもなければ，サービスは十分に資金を調達できず，また，それらの政府機関は，土地の使用を経済的にするための適切な誘因あるいは指針を持たなくなる．

地所のマネージャーが，その地所を維持し改善するための自らの努力によって生まれた価値を保持できるようにすることと，自然に備わった土地の価値および社会的に形成された土地の価値を公共で用いるために確保することの間で，バランスが維持されるべきである．土地の使用者が，1回支払っただけで，無期限の権利を得るようなことが認められるべきではない．効率性，適切な収入，および公正の観点から，すべての土地の使用者は，年に1回，独占的に使ったその土地の，現在の賃貸価値に等しい地代を，地方政府に支払う義務が課されるようにするべきである．

5.2.3 地方公共財の集権的供給

個人に共通の効用関数を最大にする目的を持った，全人口 N 人の経済全体にわたる計画立案者を考えてみよう．計画立案者の役割は，都市の数，各都市の人口規

模および対応する住宅地区，各都市における公共財の供給と対応する税制，各都市内の消費者の配置や合成財の消費，を決定することである．都市はすべて同一であるので，代表的な都市に注目すれば十分である．前節で見たように，計画立案者は，競争土地市場を通じて，各都市での消費者の居住地の配置と合成財の消費を決定すると想定することができる．さらに，総差額地代の徴収によって公共財の資金調達をすると考える．[7] そのために，計画立案者はまず農業地代 R_A で各都市のために必要とされる土地を取得する．N 人の消費者が1つの都市に居住することに決めた場合，計画立案者は，土地が居住のためにのみ使用され，消費者は線分 $[-N/2, N/2]$ 上に居住することを知っている．したがって，計画立案者は，都市当たりの人口規模 N（あるいは同じことであるが，都市の数 $\mathbf{N}/N$），および，各都市での公共支出額 G と課税計画 $\theta(\cdot)$ さえ選べばよい．よって，純粋公共財の場合，計画立案者の問題を以下のように書き表すことができる．

$$\max_{G, N, \theta(\cdot)} u = U(1, z, G)$$

ここで，(5.3)式，(5.4)式，(5.5)式および(5.6)式の制約に従うものとする．G の選択が加わったことを除いて，この問題は，前節で考えたものと同じである．

方程式 $U(1, z, G) = u$ を z について解き $Z(u, G)$ と置く．そうすると，消費者の予算的制約を使って，都市の予算的制約式(5.6)は以下のようになる．

$$2\int_0^{N/2} [Y - Z(u, G) - T(r) - R_A] dr \geq G$$

ここで，税 $\theta(\cdot)$ は相殺されて消えている．よって，計画立案者の問題は以下のように書き直せる．

$$\max_{G, N, \theta(\cdot)} u = U(1, z, G)$$

ここで，(5.3)式，(5.4)式，(5.5)式と以下の制約に従うものとする．

$$2\int_0^{N/2} [Y - Z(u, G) - T(r) - R_A] dr \geq G \tag{5.9}$$

前節の場合と同じく，$\theta(r)$ の値は，居住区域が $[0, N/2]$ で与えられている限り，解に影響を与えないので，一般性を失わずに，すべての r に対して $\theta(r) = 0$ と置く

---

[7] 土地市場を考えない計画的アプローチでは，各地点 r での土地制約を考慮すべきである．この場合，土地制約に対応する相対変数は，本文の以下における均衡地代に対応する．

ことができる．それゆえに，計画者の問題は，以下のように縮約できる．

$$\max_{N,G} u = U(1, z, G)$$

ここで，(5.3)式，(5.4)式，(5.5)式，(5.9)式の制約に従うものとする．(u^o, N^o, G^o) をこの最適問題の解とする．[8]

この問題の解を調べるために，最初に，留保効用が u^o で，$G=G^o$ である場合，都市への移住が自由ならば，代表的な都市の均衡人口は以下で与えられることに注目しよう．

$$N^*(u^o, N^o) = 2\mu(r \geq 0; Y - Z(u^o, G^o) - T(r) - R_A \geq 0)$$

ただし，$\mu(\cdot)$ は対応する住宅地区の大きさを表す．次に，

$$\varepsilon \equiv N^*(u^o, N^o)/2 - N^o/2$$

と置く．以下において $\varepsilon=0$ であることを示す．そのために，逆に，$\varepsilon \neq 0$ を仮定しよう．もしそうだとすると，$T(r)$ が距離とともに増加し，距離 $r=N^*(u^o, G^o)/2$ において $Y-Z(u^o, G^o)-T(r)-R_A=0$ であること，および(5.9)式を用いて，以下が成立することが容易にわかる．

$$2\int_0^{N^*(u^o, N^o)/2} [Y-Z(u^o, G^o)-T(r)-R_A]dr$$
$$> 2\int_0^{N^o/2} [Y-Z(u^o, G^o)-T(r)-R_A]dr \geq G^o$$

したがって，$Z(u, G^o)$ は u について連続であるので，以下の関係を満たす $u' > u^o$ と $\delta > 0$ が存在する．

$$2\int_0^{N^*(u', N^o)/2-\delta} [Y-Z(u', G^o)-T(r)-R_A]dr \geq G^o$$

および

$$Y-Z(u', G^o)-T(r) \geq R_A \qquad r \in [0, N^*(u', N^o)/2-\delta]$$

であり，かつ，都市境界 $N^*(u', G^o)/2-\delta$ において上式で等号が成立する．しかしながら，これは，(u^o, N^o, G^o) が最適であることと矛盾する．よって，$\varepsilon=0$ でなければならない．これは，最適都市規模 N^o が $G=G^o$ で，留保効用水準が u^o であ

---

[8] この最適化問題に複数の解があるなら，複数の最適都市システムが存在することになる．この場合，以下の議論はそれぞれの最適都市システムに適用される．

るときの開放都市モデルの均衡都市規模，と等しくなることを意味する。[9] つまり，
$$N^o = N^*(u^o, G^o) \tag{5.10}$$
となる．ε が，最適解において 0 とならなければならないので，
$$2\int_0^{N^o/2}[Y - Z(u^o, G^o) - T(r) - R_\mathrm{A}]\mathrm{d}r = ADR^*(u^o, G^o)$$
となる．したがって，最適において，以下のようになる．
$$ADR^*(u^o, G^o) = G^o \tag{5.11}$$
より一般的に，留保効用が u で，G がある都市における公共財の供給量の場合，対応する開放都市モデルの居住均衡における総差額地代は以下のようになる．
$$ADR^*(u, G) = 2\int_0^{N^*(u,G)/2}[Y - Z(u, G) - T(r) - R_\mathrm{A}]\mathrm{d}r \tag{5.12}$$
ここで $N^*(u,G)$ は，u と G に対応した均衡人口規模を表す．ここで，以下の関係を満たす G' が存在すると仮定してみよう．
$$ADR^*(u^o, G') > G'$$
そうすると，(5.12)式より，以下のようになる．
$$ADR^*(u^o, G') \equiv 2\int_0^{N^*(u^o, G')/2}[Y - Z(u^o, G') - T(r) - R_\mathrm{A}]\mathrm{d}r > G'$$
上式は，$u' > u^*$ で以下の関係を満たす u' が存在することを意味する．
$$ADR^*(u', G') > G'$$
しかしながら，これは (u^o, N^o, G^o) が最適解であることと矛盾する．したがって，任意の G の下で，以下の関係が成立すると結論できる．
$$ADR^*(u^o, G) \leq G \quad (\text{すべての } G \geq 0 \text{ に対して}) \tag{5.13}$$
以上より，(u^o, N^o, G^o) が最適解である場合，3つの条件(5.10)式，(5.11)式，(5.13)式が満たされていることがわかる．逆に，これら3つの条件は，(u^o, N^o, G^o) が計画立案者の問題の最適解となるために，十分であることが容易に確認できる．なお，(5.11)式と(5.13)式は，次のことを意味する．
$$\frac{\mathrm{d}ADR^*(u^o, G^o)}{\mathrm{d}G} = 1 \tag{5.14}$$
さらに，(5.10)式，(5.12)式と包絡線定理を使って，

---

9) 上の節で導入された記法を使用して，$N^o = N^o(G^o)$ も得られる．

$$\frac{\mathrm{d} ADR^*(u^o, G^o)}{\mathrm{d} G} = -2\int_0^{N^*(u^o, G^o)/2} \frac{\partial Z(u^o, G^o)}{\partial G} \mathrm{d}r$$
$$= -N^o \frac{\partial Z(u^o, G^o)}{\partial G}$$

を得る．したがって，(5.14)式より

$$\frac{\mathrm{d} ADR^*(u^o, G^o)}{\mathrm{d} G} = -N^o \frac{\partial Z(u^o, G^o)}{\partial G} = 1 \tag{5.15}$$

となる．これは，公共財の最適供給量の下では，公共財とニューメレールとの間の限界代替率の合計が限界生産費用（ここでは 1）に等しいとする，標準のサミュエルソン条件を表している．さらに，(5.15)式は，地方公共財の限界社会的価値が，総差額地代の限界増加分に等しいことも示している．これは地代の資本化法則を表している (Starrett, 1988, chap.13)．

最後に，最適都市人口規模 N^o が全人口 **N** に比べて十分に小さければ，整数問題は無視することができ，都市の最適な数は $\mathbf{N}/N^o$ で与えられる．

5.2.4 土地開発業者による地方公共財の供給

都市経済学の確立した伝統に従って，ここでは，利益を最大化する土地開発業者によって各都市が開発されると仮定する．ここでは，消費者は自分の好きな都市に移住でき（したがって，都市人口 N は内生的に決まる），また，都市内で居住地を自由に選択できる（したがって，居住地区の均衡も内生的に決められる）ことを想定した市場メカニズムについて考える．そうすると，すべての消費者は同一なので，住んでいる都市にかかわらず同じ効用水準を達成するはずである．また，多くの都市が存在するので，各開発業者は経済全体における効用水準を与えられたものとして行動する．効用水準が各開発業者にとって外生であることによって，ここでのモデルは「競争的」なものとなっている．開発業者の数（したがって，都市の数）が十分に大きいと想定されているので，各々の開発業者が経済全体における消費者の効用水準に与える影響は無視できると考えることは妥当である．ただし，この仮定は，開発業者が消費者の効用水準を観測できることを必ずしも意味しない．この仮定は，単に，開発業者は（理由はどうあれ）留保効用水準を操作できないと考えているということを意味する．

そのような状況では，開発業者の方針は，消費者の効用水準を与えられたものとして，地方公共財を供給することによって望ましい数の消費者を引きつけることで

ある.消費者がある都市に住むことにすると,その都市の開発業者は,公共施設(つまり,都市の中心)からの距離に依存するかもしれない(正または負の)料金 $\theta(r)$ を課すことができる.第4章と同じく,開発業者は,与えられた効用水準 u の下で,G と $\theta(\cdot)$ に対応する居住地均衡を予想できると仮定する.

開発業者の利潤は,総差額地代と居住者から集められた料金の合計から,地方公共財の経費を引いたものに等しい.したがって,与えられた留保効用水準 u の下で,開発業者の最大化問題は以下のように書くことができる.

$$\max_{G,\theta(\cdot)} \Pi(G,\theta(\cdot);u) = 2\int_{X_R^*}[R^*(r)-R_A]\mathrm{d}r + 2\int_{X^*}\theta(r)\mathrm{d}r - G \tag{5.16}$$

ここで,$X_R^* = \{r \geq 0; R^*(r) \geq R_A\}$ は,

$$R^*(r) = Y - Z(u,G) - T(r) - \theta(r) \tag{5.17}$$

によって与えられる均衡地代 $R^*(r)$ に対応する均衡居住領域を表す.

(5.16)式に(5.17)を代入すると

$$\begin{aligned}\Pi(G,\theta(\cdot);u) &= 2\int_{X_R^*}[Y-Z(u,G)-T(r)-\theta(r)-R_A]\mathrm{d}r + 2\int_{X_R^*}\theta(r)\mathrm{d}r - G\\ &= 2\int_{X_R^*}[Y-Z(u,G)-T(r)-R_A]\mathrm{d}r - G\end{aligned} \tag{5.18}$$

が得られる.任意に与えられた G の下で,$\theta(r)$ を選ぶことは,居住領域 X_R^* を選ぶことと等しいということが(5.18)式から理解できる.明らかに,利潤を最大にする居住領域 X_R^* は,土地に支払ってもよいという額が機会費用を上回る領域,すなわち,

$$X_R^* = \{r \geq 0; Y-Z(u,G)-T(r) \geq R_A\} \tag{5.19}$$

となる.したがって,以前のように,利潤を最大にする $\theta(r)$ の値はゼロと置ける.

消費者は効用を最大にするので,その都市での効用が留保水準 u に等しくなるまで,消費者は移住してくる.$N^*(G,u)$ を G に対応する(5.2.2項で定義された)均衡人口とすると,$X_R^* = [0, N^*(G;u)/2]$ となる.(5.12)式を用いて,開発業者の利潤を以下のように書き直せる.

$$\begin{aligned}\Pi(G;u) &= 2\int_0^{N^*(u,G)/2}[Y-Z(u,G)-T(r)-R_A]\mathrm{d}r - G\\ &= ADR(u, N^*(G;u)) - G\end{aligned} \tag{5.20}$$

したがって,効用水準が u の場合,各開発業者は $\Pi(G;u)$ を最大にする G を選ぶ.

自由な参入および退出の下では(4.3.3項も参照),都市の開発により得られる潜

5.2 公共財としての都市

在的な利潤が正（負）である限り，開発業者は都市市場に参入（退出）する．この過程で，効用水準 u，地方公共財 G の量および各都市の人口 N は変化する．長期均衡に達した場合，利潤(5.20)はゼロになる．つまり，以下が成立する．

$$ADR(u^*, N^*(G^*; u^*)) = G^* \tag{5.21}$$

また，都市開発業者の利潤最大化行動の下での均衡では，任意の G の下で，以下が成立することをも意味している．

$$ADR(u^*, N^*(G; u^*)) \leq G \qquad G \geq 0 \tag{5.22}$$

最後に，均衡人口 N^* は以下で与えられる．

$$N^* = N^*(G^*; u^*) \tag{5.23}$$

条件(5.21)，(5.22)，(5.23)は，(u^*, N^*, G^*) が市場均衡であるために，必要十分である．それらは，最適都市システムを決定している条件式(5.10)，(5.11)，(5.13)と同じである．したがって，$u^* = u^o$，$G^* = G^o$，$N^* = N^o$ となる．よって，市場均衡での都市の数 $\mathbf{N}/N^*$ は，最適の都市の数 $\mathbf{N}/N^o$ と等しい．

ヘンリー・ジョージ定理が各都市で成立するので，各開発業者によって集められた総差額地代は，地方公共財の効率的な供給を正確に賄うことを可能にしている．この結果は，私有財について4.3.3項で得られたことに類似している．

さらに，(5.21)式と(5.22)式より，以下の関係，

$$\frac{dADR^*(u^*, G^*)}{dG} = 1$$

が得られるが，これは(5.14)式と同様である．

以上の結果は以下のようにまとめられる．

命題5.2 都市システムは自由参入の下における都市市場の均衡解である場合，およびその場合にのみ，効率的である．その場合，各都市の公共財は，総差額地代だけによって賄われる．

したがって，私有財の生産企業を土地開発業者で置きなおせば，地方公共財の供給は，4.3.3項に記述された，私有財の供給の場合に適用されるものと類似した規則に従っている．

5.2.5 混雑する公共財の場合

ここで，公共財として，新たな居住者が加わると，既存の居住者のその財の消費

に負の影響を及ぼすものを考える．ほとんどの公共施設は最大収容人数が決まっているので，これは前節で研究されたケースよりも現実的である．Buchanan (1965) と Berglas (1976) によると，混雑がある場合には，資金調達と混雑の間のトレードオフを内生化して，クラブによる公共サービスの分権的な供給がなされることになる．これが実現するためには，各クラブは，利用者が1人増えるたびに生まれる混雑費用と等しい料金をすべての利用者に課すことができなければならない．そのような料金を課すことで，混雑する公共財に資金を供給できるようになり，その財の利用者が最適な量を選択する正しい誘因を提供する．この文脈では，4.3節で都市が「生産クラブ」として考えられたのと同様に，都市を「消費クラブ」と考えることができる．

各都市では，土地開発業者（あるいは地方自治体）は，総差額地代に，開発業者によって利用可能になった混雑する公共財のすべての利用者に課された料金の合計を加え，この財の費用を引いたものを最大にする（より詳細については，Fujita 1989, 第6章を参照されたい）．特に，利用料金 $\theta(r)$ はもはやゼロではなく，すべての r において $\theta^o(N^o)>0$ であることを示すことができる．したがって，両方のタイプの税を公共財を賄うために組み合わせなければならず，ヘンリー・ジョージ定理が以下のように修正される．都市サイズ N^o が最適である場合，公共支出 G は，総差額地代とすべての利用者から集められた最適な利用料金 $\theta(N^o)$ を加えたものに等しい．

$$G = ADR(N^o) + N^o\theta(N^o)$$

したがって，空間の入った状況においては，ピグー税のみでは供給費用を満たすには不十分であり，不足分は総差額地代にちょうど等しい．その結果として，混雑する地方公共財の分権的供給は依然として可能である．最後に，最適料金は，消費者の立地点とは無関係に，施設を利用する消費者の人数にだけ依存することに注目してほしい．

5.2.6 土地資本化の潜在的な限界

土地の資本化の方法は魅力的であるが，その実現のためにはいくつかの条件が満たされる必要がある．

(i) 土地資本化プロセスへの最も深刻な批判は，おそらく，Roback (1982) によるものである．公共財の価値は地代に完全に内生化される必要はない．なぜなら，それは他の経済変数に影響を与えるからである．この議論は以下のように展開され

る．外生的に公共財の量を与えられた多数の都市を考えよう．企業は土地と労働を用いる．企業は世界市場において収穫一定の技術および完全競争の下で操業し，したがって，均衡において利潤ゼロとなる．したがって，企業の製品の価格が一定の場合，企業の単位生産費 $c(Y,R)=c^*$ はすべての立地にわたって同じはずである．消費者は同一の選好を持っており，製品と土地（通勤は存在しない）の量を選択する．消費者は，生活する都市で，利用できる公共財の量 G をパラメータのように扱う．均衡においては，所得 Y と地代 R は，間接効用関数 $V(Y,R;G)=u^*$ が，すべての立地にわたって等しくなるように調整される．要するに，立地点の均衡所得と地代は，等効用および等費用の条件によって同時に決定される．これらの条件は，与えられたすべての G の値において，逆関数 $R_f(Y) \equiv c^{-1}(Y;c^*)$ は，一定の単位費用 c^* の下では Y とともに減少するが，逆関数 $R_c(Y;G) \equiv V^{-1}(Y;G,u^*)$ は，一定の間接効用 u^* の下では Y とともに増加することを意味する．

　$G_1<G_2$ であるような，2つの都市1と2について考えてみよう．労働者が与えられた一定の収入の下で，2つの都市間で無差別であるためには，都市1よりも都市2において高い地代を払わなければならない．言い換えれば，G が G_1 から G_2 まで増加する場合，曲線 R_c は上方へ移動する．曲線 R_f が両方の都市で同じであるので，図5.1は，地代は都市1より都市2においてより高いが，収入は都市1より都市2においてより低いことを示す．確かに，より多くの労働者が都市2に住みたいと考え，当該労働市場の競争が強められる．その結果，都市2の労働者は，より低い地代で，より低い収入となる．この理由で，都市2の地代 R_2 は，所得が一定で Y_1 に等しいときの地代 $\widehat{R}$ より安くなる．しかしながら，企業が上記の分析で仮定されているように土地を使用しない場合，単位生産費は R に依存しない．この場合，収入は一定であり，地代は R_1 から $\widehat{R}$ へと増加する．

　(ii) 命題5.2が成立するためには都市境界は可変でなければならない．しかし，都市と農業地域の境界の自由な変更は，行政上の境界を永続的なものと見なす実際の慣習に反する．この固定された行政上の境界は，永続するコミュニティへの帰属を望む個人の願望に少なくとも部分的には答えている．したがって，社会経済の新しいトレードオフを考慮する必要がある．いずれにせよ，Henderson (1985) は，境界の変更は頻繁に起こっていると指摘している．アメリカでは，多くの都市の成長が，より小さな都市の合併（または分離）によって起こった．ヨーロッパでは，同様の過程が，都市化の2つの主要な波の時期である，12世紀および19世紀において，起こった（Pirenne, 1925; Bairoch, 1985, chap.10）．

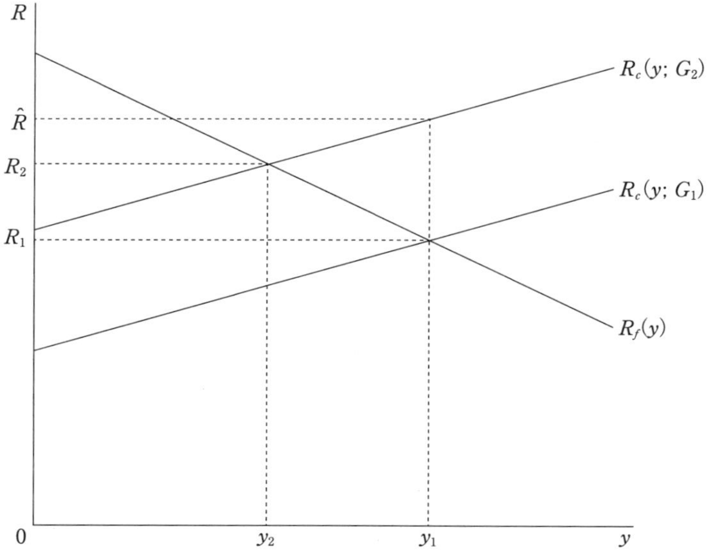

図 5.1 均衡賃金と地代

さらに，地価の資本化が効率的な結果を生むためには，その都市の中の境界内に，財政政策によって恩恵をこうむるすべての受益者がいなければならない．したがって，都市外へのスピルオーバー（spillovers）を回避するために，都市は十分に大きくなければならない．このため，郊外のコミュニティを都市に合併する必要も出てくるかもしれない．しかし，これを実行することは容易ではないかもしれない．というのは，まさに，コミュニティの自治権が，都市における公共財の供給の只乗りを可能にするのであるから，地方自治体とコミュニティは合併に抵抗するであろう．[10]

最後に，都市内の近隣公共財の問題にも直面する（Fujita, 1989, chap.6）．都市の特定の近隣区域に住んでいる居住者に対してのみ効用をもたらすという意味で，都市にとってのこれらの財は，国家にとっての地方公共財のようなものである．ある近隣区域におけるそのような財の供給は，そこにおける地代を高める．したがって，近隣公共財の供給が，それによって上昇した地代を利益として内部化すること

---

[10] 戦略的な要素が考慮される場合の，土地開発プロセスの限界に関しては，Helsley and Strange（1997）および Helsley and Thisse（2001）を参照されたい．

ができるならば，前節で説明された原則はここでも当てはまる．しかしながら，小さな空間レベルにおいてそのような政策を実行することは，近隣公共財のサービスの及ぶ範囲は曖昧であり，スピルオーバーが重要になる可能性が高いので，かなり難しいと思える．

(iii) 各都市は全人口に比べて小さくなくてはならない．この場合，他の都市の土地の価格あるいは効用は，1都市の財政政策の変化にはほとんど影響されないであろう．しかし，都市が経済に比べて大きい場合には，競争仮説は成り立たないかもしれない．確かに，「はじめに」で指摘したように，土地の資本化と消費者の移住性は表裏一体である．ある都市におけるより多くの公共財の供給は，他の都市から居住者を引きつけるので，その都市における土地需要を押し上げ，人口も増え，その都市の地価は上昇する．一方，居住者が他の都市を去るとともに，そこの地価は低下し，残る居住者は以前より高い効用を得る．このように，効用は，公共財を増加させた都市から他の都市へ「輸出される」のである．したがって，少数の都市の場合には，効用受容者の仮定はもはや維持可能でなく，土地開発業者間の競争は戦略的となる．

この効用効果のために，公共財の供給を増加させた都市の地価の上昇は，公共財に対する支払意思額を過小評価するかもしれないので，均衡においては公共財の過少供給となるかもしれない．上述の効用効果が十分に強い場合には，企業は公共財だけを使って競争するので，過少供給が発生する．しかしながら，Scotchmer (1986) が示したように，都市がこれらの2つの効果を制御するための2つの手段を持っている場合，より上手に行動できる潜在的可能性がある．都市が移住を制御するために人頭税 $\theta(N)$ を課すことができる場合，公共財は各都市内で効率的に供給されるであろう．ただし，都市間の人口の配分は最適ではないかもしれない．

(iv) ここまでは，1つの施設が都市の居住者にすべての公共サービスを供給できると仮定していた．代わりに，必ずしも一緒に立地していない異なる施設によって異なる地方公共財が，供給されることが考えられる．実際，施設の効率的な数および位置は，一般に財とサービスによって異なっている．その結果，各消費者は異なる公共施設を利用し，したがって，異なるサービス・エリアに属する．したがって，居住者によって消費される様々な地方公共財の間に，差額地代を配分する方法を見つけることが問題となる．各タイプの施設が特定のサービス・エリアを持つだろうから，各タイプの公共財を供給する最も近い設備は消費者の立地に応じて変わる．言い換えれば，差額地代への特定の施設の「寄与」は，居住者の立地に応じて

変わるのである．

　話はこれで終わりではない．施設の位置および規模に関して，効率的な決定を下すために，各供給者に正しいインセンティブを与えるという問題が残っている．全体として，ヘンリー・ジョージ定理は当てはまる．しかし，地代の配分の規則は，地方公共財の各供給者がとる行動の収益と関連させなければならない．より正確には，各供給者の収入は，様々な施設が供給されている中で，その特定の施設のすべての利用者の正味の社会便益を正確に反映していなければならない．例えば，ある固定した規則が適用される場合，各供給者は，差額地代のある部分を受け取るが，限界利潤は，一般に正味の社会的限界便益とは異なる．

　Hochman, Pines, and Thisse (1995) によって示されているように，空間は，社会的に望ましい地方自治体の制度にとって，重要な意味合いを持つ．なぜなら，地方公共財の効率的な供給は，すべての地方供給財をそれぞれの領域において供給する，複数の大都市圏政府によって分権的に達成されなければならないからだ．

　これが成り立つためには，各々の大都市圏政府によって管理されるエリアが十分に大きくなければならない．一方，公共サービスを消費するための移動のすべてがその領域内で完結するように，大都市圏は十分に小さいと想定される必要がある．そうすれば，対応する領域内に整数個の各サービス・エリアが含まれるようになる．この場合，大都市圏政府は，その管理下のすべての施設が生成した便益をすべて内部化できるので，地代配分の問題は回避される．

　しかし，現実には，これは，対応する空間ユニットが大きくなることを意味する．そうすると，それぞれの大都市圏政府は，戦略的に振る舞う可能性が大きくなる．これは，命題5.2を複数サービスの場合へ拡張することを難しくする．さらに，大きな地方自治体を設定すると，他のよく知られた非効率が発生する可能性がある．

　(v) 最後に，同一の消費者の仮定は明らかに非常に強いものである．様々なタイプの消費者がいる場合，タイプの異なる消費者を様々な比率で抱える，異なるタイプの都市が出現するであろう（Scotchmer, 2002）．それゆえに，経済が大きい時でさえ，各々の土地開発業者が効用受容者であると仮定するのが難しくなる．実際，この場合，各開発業者は１つの特定の都市における変化の影響を大きく受ける都市の数は少ないことを，知っているであろう．別の言い方をすれば，土地開発業者間の競争は，4.5節におけるように局地化される．

5.3 政治的決定の下での都市の数と規模

　前節では，消費者はコミュニティへ組み込まれることを求めており，そのコミュニティの数は，輸送費と公共財の費用との間のトレードオフによって決まることを示した．さらに，このトレードオフは，公共サービスの便益が地代に内部化され，かつ，開発業者が公共サービスによって発生した差額地代を集められる場合には，最適に解かれることを示した．しかし，この設定では，各々の都市の領域は他の都市によって制限されず，また，どれだけの土地を使用するか自由に決定できると想定されていた．それに対して，もしも，消費者が与えられた領域内全体にわたって空間的に連続して分散立地しており，かつ，その立地が固定されている場合には，どのような結果になるだろうか．5.2節でのように，都市／行政区域の数および規模は内生的であるが，それらは全体として，与えられている国土の全領域を覆う必要がある．したがって，隣接する行政区域は内生的に決まる境界においてつながっている．この問題を，消費者が投票のような政治的なプロセスを通じて，地方公共財に関する彼らの選好を示すように求められているものとして考えることは妥当であろう．[11]

　法的な要因が他の税の使用を防げるか，あるいは，政治的な障害が目的税の導入を妨げるものと想定し，公共財は所得税によって賄われると仮定する．[12] したがって，公共施設の数および立地に投票する消費者は，公共財の利用者と納税者の両方であることを自覚している．利用者としては，住居のできるだけ近くに公共施設が欲しいが，これは公共施設の数の増大を促す．しかしながら，納税者としては，設備の数とともに自分たちの納税額が増加することも理解しており，これは，設備の数の縮小に結びつく．したがって，各投票者はトレードオフを内面化している．しかしながら，自分の決定が他の人に及ぼす影響は考慮に入れてはいない．

---

[11]　この節では，Cremer, de Kerchove, and Thisse (1985) に従う．Alesina and Spolaore (1997) が同様の分析を独立して開発したことに注意されたい．

[12]　例えば，都市内において，通行料あるいはピークロード・プライシングを実行しようとするとき，多くの困難があることを考えてみよう．

5.3.1 コミュニティ形成の政治経済学

消費者による投票は，最初に設備の数，次にそれらの立地に投票する，2段階プロセスとしてモデル化される．段階のこの区分は，立地を決定する（第2段階）前に設備の数を選ぶ（第1段階）という事実によって規定される．施設の数を選ぶ場合，投票者は対応するそれぞれの施設の立地を予想する．簡単化のために，次の仮定をする．施設の数を選ぶ場合，投票者は対応するそれぞれの施設の立地を予想する．簡単化のために，次のように仮定をする．(i)地方公共財は純粋で，固定量供給され，各施設の費用は与えられており，Gとする，(ii)消費者の施設への交通費は，距離について線形であり，$T(r)=tr$とする．

空間は，一般性を失うことなく，単位長の線分によって表現されるものとする．消費者は固定された敷地規模を消費し，この線分上に均一な密度nで均等に分布している．したがって，消費者の全数もnに等しい．M個の施設が建設される場合，比例所得税率$0<\theta<1$の下での全体の予算的制約は

$$n\theta Y = MG \tag{5.24}$$

によって与えられる．[13] ここでYは各消費者の与えられた所得である．

M個の施設の立地配置を$\boldsymbol{y}_M=(y_1,\cdots,y_M)$で表し，各施設は$0\leq y_1<\cdots<y_M\leq 1$にあるものとする．$x\in[0,1]$にいる消費者が，$y_i$に立地する施設を利用する場合，予算制約は

$$Y = z + t|x-y_i| + \theta Y$$

となる．消費者の位置が固定されているので，土地市場は存在せず，したがって，地代も存在しないことに注意しよう．公共財の量が各施設で同じなので，各消費者は最も近い施設を利用する．効用関数$U(1,z,G)$を持つx地点にいる消費者は，Gが固定されているので，(5.24)式を用いて，以下で与えられる合成財の消費量

$$z(x;M,\boldsymbol{y}_M) = Y(1-\theta) - \min_{i=1,\cdots,M} t|x-y_i|$$

$$= Y - \min_{i=1,\cdots,M} t|x-y_i| - \frac{MG}{n} \tag{5.25}$$

を最大にすれば，自分の効用を最大にする（5.2節を参照）．したがって，消費者の効用は，公共施設の数とそれらの立地に依存する．

---

13) Yが固定されているので，これは前節で使用された一括税体系と同等である．

ここで，投票手続きについて説明する．第2段階では，施設の数は，最初の投票ゲームの結果として，投票者にわかっている．消費者の効用は，最も近い施設の立地のみに依存し，したがって，この施設への距離が増加するとともに，効用水準は減少する．これは，その結果が**コンドルセ均衡**（Condorcet equilibrium：つまり，同数の施設を持つ他のいかなる立地配置も，絶対多数の投票者によって厳密に選好されることのない立地配置）として定義される，投票部分ゲームを生み出す．施設の数が M である場合，コンドルセ均衡を $\boldsymbol{y}_M^* = (y_1^*, \cdots, y_M^*)$ によって表す．

これがどのように働くか例証するために，各々 M 個の施設を備えた，2つの配置 $\boldsymbol{y}_1$ および $\boldsymbol{y}_2$ を考える．$\boldsymbol{y}_2$ より厳密に $\boldsymbol{y}_1$ を選好する消費者の数が，$\boldsymbol{y}_1$ より厳密に $\boldsymbol{y}_2$ を選好する消費者の数を超えれば，$\boldsymbol{y}_1$ が選ばれる．人口密度が一定なので，これは，消費者が厳密に $\boldsymbol{y}_2$ より $\boldsymbol{y}_1$ を選好する領域の大きさが，消費者が厳密に $\boldsymbol{y}_1$ より $\boldsymbol{y}_2$ を選好する領域の大きさより大きいか，等しいことを意味する．

$$\mu(x; z(x; M, \boldsymbol{y}_1) > z(x; M, \boldsymbol{y}_2)) \geq \mu(x; z(x; M, \boldsymbol{y}_1) < z(x; M, \boldsymbol{y}_2))$$

ここで，μ は対応する領域の大きさ（すなわち，ルベーグ測度）を表す．

今度は，消費者が公共施設の数を選ぶ，第1段階投票ゲームを研究することができる．そうする際に，彼らは自身の選択によってもたらされた，投票部分ゲームの結果を予想する．したがって，x の消費者の効用は第2段階で達成された効用，すなわち，(5.25)式によって与えられ，その中で y_M はコンドルセ均衡 $\boldsymbol{y}_M^*$ と置き換えられる．このゲームは，いかなる他の施設の数（整数）も，厳密に大多数の投票者によって，厳密に好まれることのない施設の数として解かれる．これは以下のように働く．施設の数が2通り（M_1 と M_2）提案されている場合，M_2 より厳密に M_1 を選好する消費者の数が，M_1 より厳密に M_2 を選好する消費者の数より大きいか等しければ，M_1 が選ばれる．形式的には，

$$\mu\big(x; z(x; M_1, \boldsymbol{y}_{M_1}^*) > z(x; M_2, \boldsymbol{y}_{M_2}^*)\big) \geq \mu\big(x; z(x; M_1, \boldsymbol{y}_{M_1}^*) < z(x; M_2, \boldsymbol{y}_{M_2}^*)\big)$$

と表せる．第1段階ゲームのコンドルセ均衡を M^* で表す．

部分ゲーム完全コンドルセ均衡（subgame perfect Condorcet equilibrium）と呼ばれる投票手続きの最終結果は，次の2つの条件が満たされるものである．(1)各整数 M には，M 個の施設がある他の配置 $\boldsymbol{y}_M$ より，配置 $\boldsymbol{y}_M^*$ を厳密に選好するより多くの消費者がいる．(2)すべての $M \neq M^*$ については，M^* より厳密に M を選好する消費者より，M より厳密に M^* を選好する，より多くの消費者がいる．これは，$(M^*, \boldsymbol{y}_M^*)$ によって表される．

いつものように，このゲームも後ろ向きの帰納法によって解かれる．第2段階で

は，消費者の効用が

$$z(x; M, \boldsymbol{y}_M) = Y - \min_{i=1,\cdots,M} t|x-y_i| - \frac{MG}{n}$$

となり，これは x について単峰関数である．この問題は，したがって，中位投票者原理を思い出させる．しかしながら，1個ではなく M 個の施設の立地が投票者によって選ばれることになっているので，この原理はここでは当てはまらない．したがって，独自に結果を示す必要があり，それは以下の命題5.3で与えられる（証明は補論 A を参照）．

命題5.3 比例所得課税を仮定する．そうすると，任意の与えられた M の下で，等距離の配置 $\boldsymbol{y}_M^* = (1/2M, \cdots, (2M-1)/2M)$ は，第2段階目の投票ゲームの唯一のコンドルセ均衡である．

この結果の直感的な説明は以下のとおりである．各施設がその行政区域の中央にあるので，その立地点はその消費者分布の中央値となる．それはあたかも，それぞれの行政区域でという条件付きで，個々の施設に中位投票者原理が適用されたかのようである．$M=2$ の場合にどのように証明がなされるかを示そう．両方の施設が1番目と3番目の四分位数の外部（内部）に立地している場合，現状より $(1/4, 3/4)$ を厳密に好む過半数の消費者が，中心の両側（施設の立地によって生成された2つの後背地の中）にいる．次に，施設1(2)が0と1/4(1/2と3/4)に立地していると仮定しよう．この場合，$(y_1+1/4)/2$ と $1/2$ の間のすべての消費者が，1/4に施設を持つ配置を厳密に選好する（図5.1を参照）．同様に，$(y_2+3/4)/2$ と 1 の間のすべての消費者が，3/4に施設を持つ配置を厳密に選好する（図5.2を参照）．それらの数値を加えることによって，以下を得る．

$$\frac{n}{2}\left(1-y_1-\frac{1}{4}+2-y_2-\frac{3}{4}\right) = \frac{n}{2}(2-y_1-y_2) > \frac{n}{2}$$

なぜなら，$y_1 < 1/4$ であり，$y_2 < 3/4$ であるからである．

等距離配置が合計の輸送費を最小にするものであることは明らかである（証明は付論 B を参照）．したがって施設の数が固定されている場合，1つの施設に投票する場合のように投票と計画は同じ結果を生み出す．

ここで，第1段階を考えてみよう．今，消費者は，第2段階で得られた施設の立地点を前提として，公共施設の数に投票する．したがって，x 地点における消費者

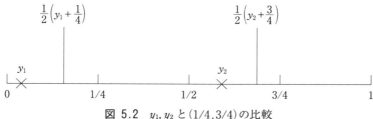

図 5.2　y_1, y_2 と $(1/4, 3/4)$ の比較

の効用は，

$$z(x; M, \boldsymbol{y}_M^*) = Y - \min_{i=1,\cdots,M} t|x - y_i^*| - \frac{MG}{n}$$

となる．ここで，

$$y_i^* = (2i-1)/2M \quad i = 1, \cdots, M$$

である．この効用関数は，M について単峰関数ではない．実際，M が，1からある大きな整数まで増加するとき，$z(x; M, \boldsymbol{y}_M^*)$ は，最も近い施設への距離の変化に従って上下する．したがって，コンドルセ均衡はあるパラメータの下では存在しないかもしれない．

しかしながら，以下のような結論を得ることができる（証明は補論Cを参照）．

命題5.4　比例所得課税を仮定する．$\bar{M}$ を以下の不等式を満たす最大の整数とする．

$$M(M-1) < \frac{nt}{2G} \tag{5.26}$$

そうすると，もしも，

$$G \geq \frac{nt}{40} \tag{5.27}$$

であれば，第1段階投票ゲームの唯一のコンドルセ均衡が存在し，$\bar{M}$ によって与えられる．

したがって，輸送費 t，人口規模 n，あるいは両方と比較して，公共施設の費用 G が十分に大きい場合，部分ゲームの完全なコンドルセ均衡が存在する．違った言い方をすれば，条件(5.27)は，領域あるいは人口が小さい場合に満足されやすい．

条件(5.27)が満たされない場合，何が起こるのだろうか．$M = 5$ のとき，簡単な

計算で，$M=5$ より $M=3$ の方が半分以上の投票者によって厳密に選好されることが示される．同様のことは，5より大きい任意の奇数 M で成立し，$M-2$ によってくつがえされることを示すことができる．理由は以下のとおりである．M が奇数である場合，1つの施設は常に線分の中心に設置され，その施設の周りの消費者は納税額がより少ないので，M 個の施設より，$M-2$ の施設の等距離配置を厳密に選好する．したがって，$M-2$ より M を厳密に選好する，残りの $M-1$ の施設の周りにそれぞれ立地している $M-1$ の消費者の集団があるだけである．しかし $M \geq 5$ の場合，これらの集団は，M を支持する過半数を形成するには小さすぎる．したがって，一般に，M が4を超える場合，M はコンドルセ均衡ではない．

しかしながら，第1段階の投票ゲームの解を，$M-1$ と $M+1$ を打ち負かす施設数として，**局所的コンドルセ均衡**（local Condorcet equilibrium）を定義すると，以下を得ることができる（証明は補論Dを参照）．

命題5.5 比例所得課税を仮定する．$\bar{M}$ は，第1段階の投票ゲームの一意的な局所的コンドルセ均衡である．

局所的コンドルセ均衡が一意的であることは，数 $\bar{M}$ にある程度の安定性があることを示している．さらに，命題5.5の証明において示されるように，数 $\bar{M}$ は，次の逐次的な選択過程の唯一生き残った結果でもある．消費者は，最初に1つあるいは2つの公共施設数を選ぶ投票をするよう求められる．その後，勝ち残ったものと3つの公共施設数を選ぶよう求められる．$\bar{M}$ に到達するまで，その手続きが繰り返される．命題5.5の証明で示されるように，$\bar{M}$ は，$M > \bar{M}$ であるどの数も打ち負かすので，確かに生き残った唯一の結果である．最後に，第1段階の投票ゲームのコンドルセ均衡が存在する場合，それはまた，$\bar{M}$ によって与えられる．これらすべての結果は，G のすべての値の下で，投票過程結果として，$(\bar{M}, \boldsymbol{y}_{\bar{M}}^*)$ が支持されることを示している．

したがって，(5.26)式より，公共財コスト（G）の減少，輸送費（t）の増加，および人口規模（n）の増加にしたがって，投票によって決まる公共施設の数が増加することがわかる．同時に，各行政区域の大きさは減少する．

5.3.2 行政区域は多すぎたり，少なすぎたりするか

本節では，効率的な結果は，固定費および輸送費の合計として定義された社会的

費用を最小にすることにより得られる．前節で示されたように，与えられた施設の数 M の下では，投票による施設配置は効率的なものと同じであり，両方とも等距離配置である．

しかしながら，施設の数は，一般に，選択された意思決定手続きによって異なる．実際，(5.25)式より，公共施設の効率的な数は，以下で定義された社会費用を最小にする．

$$C(M) = MG + 2M \int_0^{1/2M} ntx \mathrm{d}x$$
$$= MG + \frac{nt}{4M} \tag{5.28}$$

関数 $C(M)$ の形状から，公共施設の効率的な数は，以下の条件を満たす最大の整数 M^o であることが容易にわかる（4.5.2項も参照）．

$$M(M-1) < \frac{nt}{2G} \tag{5.29}$$

(5.26)式と(5.29)式を比較して，直ちに，以下が得られる．

命題5.6 比例所得税を仮定する．投票により決まる施設の数は，計画者が厚生の総和を最大にするために選択する最適な施設の数を超える傾向がある．

したがって，投票は，行政区域の数の過剰を助長し，公共インフラストラクチャの供給過剰をもたらす傾向がある．これは私有財の場合に市場がもたらす傾向と同じである(4.5.2項を参照)．その過剰の度合いは，公共財のコストが大きく，輸送費が低いときに，特に大きい．加えて，各行政区域は小さすぎる．

特に，これらの数が大きく，$M(M-1)$ を M^2 と近似してよい場合には，$\bar{M}$ と M^o の相違は明瞭となる．この場合には，$\bar{M}$ は，近似的に $\sqrt{2}M^o$ に等しく，したがって，公共支出の過剰の度合いは40%近くになる．

驚くべきことに，投票プロセスは，最も不運な消費者の福祉を最大にする，ロールズ的な計画者によって選ばれるものと同一の公共施設の数をもたらす．実際，ロールズ的な配置は等距離配置なので，M 個の施設があるとき，消費者の最大距離は $l/2M$ に等しい．したがって，そのような計画者の社会的厚生関数は以下によって与えられる．

$$Y - \frac{t}{2M} - \frac{MG}{n} \tag{5.30}$$

明らかに，M が，不等式(5.26)を満たす最大の整数であるときに，この関数は最大となる．一般に，投票の結果が，中位となる有権者の選好に関連していることを思い出そう．しかしながら，コミュニティ形成問題では，決定票をにぎるのは施設から最も遠くにいる有権者である（少なくとも，公共財の資金が所得税によって調達されるとき）．これは，以下のように説明することができる．後背地 $[0, 1/2M]$ と $[(2M-1)/2M, 1]$ にいる個人の選好が投票結果を左右する．そのうえ，それらの個人は同じように投票する．したがって，投票により決まる公共施設の数 $\bar{M}$ は，0（または1）での消費者は $\bar{M}-1$ と $\bar{M}+1$ より厳密に $\bar{M}$ を選好する，という条件を満たしているはずである．しかし，端にいるそれらの消費者は，どんな等距離配置においても，一番不利な人々であるから，それらの人々にとって最も良い選択は，ロールズ的な社会的な最適と一致する．

したがって，以下が得られる．

命題5.7 比例所得税を仮定する．投票により決まる公共施設の数と配置は，ロールズの計画解に一致する．

また，この命題は，命題5.6の背後にある直感を理解するのに役立つ．公共施設の効率的な最適数 M^o の下では，消費者の平均の効用が最大にされ，この効用水準は，最も近い施設から距離 $1/4M^o$ に立地する消費者によって達成されている．その結果，距離 $1/2M^o$ に立地する消費者は平均距離の2倍を動かなければならず，その効用は平均よりはるかに低い．したがって，そのような消費者は，より多くの施設に投票する誘引を持つ．このように，投票プロセスにおいては，一番端にいる消費者が決定的に重要であることから，投票で決めると，なぜ効率的なものよりさらに多くの公共施設ができるかを容易に理解することができる．

最後に，(5.28)式と(5.30)式が以下によって与えられたCES社会的厚生関数の2つの極端なケースであることがいったん理解されると，より一般的なアプローチが自然と出てくる．

$$\left\{\int_0^1 \left[\min_{i=1,\cdots,M} t|x-y_i| + \frac{MG}{n}\right]^\alpha dx\right\}^{1/\alpha} \tag{5.31}$$

ここで，$\alpha \geq 1$ は，不平等への反感の度合いの測度である．この関数を最小にすることによって，以下の結果が得られる．(i)与えられたどのような M の値の下においても，施設配置は等距離であり，(ii)公共施設の社会的に最適な数は，α の非減

少関数である（Cremer et al., 1985）.

結果として，この節のタイトルで上げられた質問への答えは，計画者の目的の性質によって異なる．値 α が小さい場合，つまり効率性が支配的であるなら，投票は過剰な施設数と過剰な課税を助長する．しかしながら，人口密度 (n) が増加するにしたがって，その食い違いは小幅になるが，一方，公共財コスト (G) あるいは輸送費 (t) が下がると，違いは拡大する．言い換えれば，経済が，人口（あるいは地理的な規模）において大きいときには，投票結果は効率的なものとそれほど異なってはいない．対照的に，輸送費率が十分低いときには，2 つの結果の相違は大きくなる．

これに反して，α が大きい場合，つまり計画者にとって公平性が重要である場合には，投票は社会的に最適な数の公共施設をもたらすので，社会的に望ましい．したがって，経済全体におけるコミュニティの形成において，効率性と空間的な公平性の間にトレードオフが存在する．空間的な公平性は，効率性にもとづくものよりさらに多くの行政区域と大きい公共予算につながる．

要するに，α が 1 から無限まで増加するに従って，投票結果と社会的最適との間の食い違いは減少する．

5.3.3 土地資本化の役割

これまでのところ，消費者立地が固定であると仮定されていたので，土地市場は存在しなかった．対照的に，消費者が移動できるときには，土地をめぐる競争が起こり，地代を支払う．本節では，土地市場が存在するとき，5.3.1 項で扱った投票の問題を再考する．各消費者は単位量の敷地規模を使用すると考えるので，消費者の均衡配置は一様分布であると仮定する．したがって，一般性を失うことなく，連続体としての消費者の総数が 1 であると仮定する．

消費者の施設への近接性の違いにより，5.2 節でのように，差額地代が発生する．言い換えれば，M 個の施設を $0 \leq y_1 < \cdots < y_M \leq 1$ に立地させた場合，地点 $x \in [0, 1]$ での消費者の付け値は以下のように与えられる．

$$\Psi(x) = Y - z^* - \min_{i=1,\cdots,M} t|x - y_i| - \theta(x)$$

ここで，z^* は，$(M, \boldsymbol{y}_M, \theta)$ に対応する居住地均衡における，合成財の共通の均衡消費量であり，$\theta(x)$ は x における消費者の納税額（あるいは補助金受領額）である．したがって，均衡地代は以下のようになる．

$$R^*(x) = Y - z^* - \min_{i=1,\cdots,M} t|x-y_i| - \theta(x) \geq 0 \qquad x \in [0,1] \tag{5.32}$$

さらに，地代はすべて公共施設供給のために徴収できると仮定すると，総予算制約は以下のようになる．

$$\int_0^1 R^*(x)dx + \int_0^1 \theta(x)dx = MG$$

(5.32)式を用いて，この制約式は以下のように書き直すことができる．

$$\int_0^1 [Y - z^* - \min_{i=1,\cdots,M} t|x-y_i|]dx = MG \tag{5.33}$$

ここで，$\theta(x)$ は相殺されている．さらに，(5.33)式からは以下が得られる．

$$z^*(M, \boldsymbol{y}_M) \equiv z^* = Y - \left(\int_0^1 \min_{i=1,\cdots,M} t|x-y_i|\, dx + MG\right)\Big/ N$$

したがって，消費者は，(5.33)式の予算制約の下で z^* を最大にするように投票する．5.3.1項と同じ投票手続きを仮定する．そうすると，第2段階における M の下での投票部分ゲームにおいて，すべての消費者は，合成財の均衡消費量を最大にするために，総輸送費を最小にする等距離の配置を選択することに同意する．同様に，第1段階で，第2段階からの結果である均衡の施設配置の下で，消費者は(5.28)式によって与えられる総費用 $C(M)$ を最小にする行政区域の数を一致して選択する．

(5.32)式より，以下が得られる．

$$R^*(x) + \theta(x) = Y - z^* - \min_{i=1,\cdots,M} t|x-y_i|$$

ここで，

$$R^*(x; M, \boldsymbol{y}_M) \equiv R^*(x) + \theta(x)$$

と置くと，

$$R^*(x; M, \boldsymbol{y}_M) = Y - z^* - \min_{i=1,\cdots,M} t|x-y_i| \qquad x \in [0,1]$$

が得られる．

以上から明らかなように，地代 $R^*(x)$ と税金 $\theta(x)$ のそれぞれのシェアは結果的に無関係である．したがって，以下では $R^*(x; M, \boldsymbol{y}_M)$ に焦点を当てることにして，これは**準地代**（land quasi-rent）と呼ぶ．[14] そうすると，均衡では以下のようになる．

---

14) 関数 $\theta(x)$ を適切に選択することによって，(5.32)式が常に成立することが保証される．

$$\int_0^1 R^*(x; M^*, \boldsymbol{y}_{M^*}^*) \mathrm{d}x = M^* G$$

これは，総準地代が均衡の施設数の費用と等しいことを意味する．

したがって，以下の結果が得られる．

命題5.8 完全競争土地市場の下での投票均衡は効率的である．さらに，効率的な数の施設はすべて総準地代だけで賄うことができる．

この結果は，空間競争モデルにおいて引き出された命題4.5を思い出させる．同じ結果は，以下により与えられる，立地基準の所得税を含む税体系を適用することによって，達することもできることに注意しよう．

$$t(x) = \frac{1}{Y}\left[MG + \frac{1}{M} - \min_{i=1,\cdots,M} t|x - y_i|\right]$$

この税を実施するためのひとつの方法は，消費者の交通費を全額補助する一方，$(M^oG) + (t/4M^o)$ に等しい一括税を課すことである．

5.3.4 文献ノート

5.2節で検討した都市間の競争のプロセスは，4.3節で分析されたものとよく似ている．したがって，当然ながら，結果も似ているし，参照文献も重複している．しかしながら，それらのプロセスは異なった枠組みの中で開発された．実際，空間的な文脈では私有財と公共財の間に概念的な類似性があるにもかかわらず，それらの対象を研究する経済学者は，異なった知的な起源を持つ異なったモデルを仮定した．地方公共財に関する文献は膨大であり，この本で論評することはできない．Wildasin (1986; 1987) と Scotchmer (2002) は互いに異なるが補完的なまとめを与えている．地方財政におけるヘンリー・ジョージ定理の役割は，Flatters, Henderson, and Mieszkowsi (1974), Stiglitz (1977)や，Arnott and Stiglitz (1979) によって，それぞれ独自に研究された．

5.3節の文脈での，公共施設の立地に関する膨大な文献も存在する．それらのモデルの目的は，望ましい配置に関する適切な情報を提供することによって，意思決定者を助けることである．顕著な違いがあるにもかかわらず，施設立地と地方公共財は関連した分野であり，両分野は，Thisse and Zoller (1983) で比較検討されている．

5.4 結論

本章で行われた分析から，かなり強力な結論が得られる．空間は公共財と私的財の区別を不鮮明にする．第4章と本章の全体としては，地方公共財の供給は私的財の効率的な供給に関する法則とほぼ同じ法則に従うことを示している．どちらの場合も，完全競争の下での土地市場の働きは，しばしば典型的な市場の失敗として記述されている状況下で，資源配分の効率性を大きく改善できることを示唆しているが，これは，伝統的な経済学の分野ではほとんど見過ごされてきた．基本的な原理は簡単である．差額地代は特定の立地点における費用と便益を内部化し，その結果，異なった場所に立地する同種の個人間の効用の均等化を促す．実際，土地市場が完全競争であるときには，最適な都市システムは，土地開発業者間の競争から生まれるものと同一である．同じような理由で，複数の種類の公共財があるときには，関連する意思決定の主体は，地方公共政策の効果をできるだけ内部化できるように，互いに統合され，十分に広い地域に組み入れられるべきである．最後に，投票などの政治プロセスの下でさえ，差額地代を考慮に入れることによって，投票結果を最適解に近づけることができる．

以上のような結果は，土地の財産権の問題に関して，現在におけるものよりもはるかに注目を払われてしかるべく，十分に刺激的である．5.2.5項で議論された限界や実世界の住宅市場における不完全性（Arnott, 1995）があるにもかかわらず，競争的な土地市場がある場合には，土地開発業者間ないし地方自治体間，またはその両方での競争が，地方公共財の効率的な供給に大きく貢献すると結論できる．より良い代替メカニズムがない以上，土地の資本化は真剣に考慮される価値がある．少なくとも，土地市場の知識に長けた公共政策を促進することは，賢明なことであると思える．特に，独占禁止機関の人々は，土地と住宅市場および開発業者がどのように機能しているかを，より注意深く見守るように，推奨されるべきである．

土地の財産権についての大きな議論が，まさに本章で議論した理由によって過去に起こったことが，しばしば忘れられている．19世紀後半におけるヨーロッパでの状況を下に，Hohenberg and Lees (1985, 326) は以下の結論に達した．[15]

公共の目的のために，例えば，道路のために，土地を強制買収することを必要とすることもありうることが認められた……．しかし，共同体は，実際に使用され

る土地しか占有することが許されず,また,地主に課されるどんな規則も,都市のどこであるかにかかわらず,すべて同じでなければならないとされた.したがって,大規模な公共事業は,それらが発生させた地価上昇の利益を内部化することによって費用を埋め合わせることが,できなかった.

また,5.3節で導き出された結果が,西欧の国家形成のおおよその歴史を示していることは,強調に値する.地域の合併の過程はアンシャン・レジームの下で始まった.民主主義が19世紀に発展したので,政府サービスの中央への集中化が遂行された.おそらくこれは,その間に住民の間にナショナリズムが定着し,また交通機関が技術的にかなりの進歩を遂げたことによるものであろう.実際,Alesina and Spolaore (1997) によって観察されたように,現在のモデルで解釈すれば,ナショナリズムの高まりをパラメータ t の低下と見ることができるし,また,t は技術革新によってもさらに低下した.結局,多くの人々は,政府サービスの地理的な集中を支持するようになった.いわゆる国民国家の時代であった.

20世紀の中頃に,地域主義が再興した.我々の設定では,これはパラメータ t の増加を意味する.当然ながら,地理的な分散がほとんどの中央政府の解決策であった.しかし,我々のモデルによる分析は,大多数の人々によって選ばれたそのような地域システムは非効率であると示唆しており,したがって,政府活動の集中化を擁護する者との,終わりなき論争が引き起こされたことも理解できる.

Alesina and Spolaore (1997) によって示唆されたように,投票による決定が進むとともに,経済統合と開放性の度合いが上昇するにしたがって,地域と国の数は増加するだろう.実際,小国が互いに,あるいは,他の国々と,自由に交易できるならば,大きな国内市場による利益は比較的重要ではなくなる.小さな行政区域は,高度の政治的な均質性を持つので,新しい環境や機会に反応して既存の規則や法律をすばやく変更することもできる (Streeten, 1993).大きくて多様化した経済において,現行法を改正したり新しい法律を通したりすることは,はるかに時間がかかる.なぜなら,そこでは,現状のどんな変化についても,種々様々な利益団体を巻き込んだ長い交渉が必要となるからだ.したがって,今日見られる地域分離主義

---

15) 例えば,オスマンは,パリ改造計画で増加する資産の価値から得られる将来の収入を担保として,土地を獲得し工事に融資した.興味深いことに,改造前の価格で地主が資産を買い取り戻したので,その事業は破綻した (Marchand, 1993).

が，今までの国家主義に取って代わるかもしれない．言い換えれば，今後は，人と人との間の結束メカニズムは，ある地域間あるいはその地域内でのみ機能するかもしれないので，**政治を備えたティブー・モデル**（Tiebout with politics）は，空間の不平等の長期持続を促すだろう．したがって，より大きな経済統合およびより深い政治的な権力分散に起因する空間の不平等の度合の増加が，鋭い対立を生むかもしれないという危険を過小評価するべきではない．

補論

表記を簡単にするために，最初に(5.25)式を t で割って，次に，G/nt を G で置き換える．なお，以下において，μ は区間 $[0,1]$ で定義されるルベーグ測度である．

A. 命題5.3の証明 $i=1,\cdots,M$ について，$y_i^*=(2i-1)/2M$ に立地する，M 個の施設による等距離の配置を考えよう．$[0,1]$ において，M 区間 $A_1,\cdots,A_i,\cdots,A_M$ を以下のように置く，

$$A_1=[0,1/M],\cdots,A_i=[(i-1)/M,i/M],\cdots,A_M=[(M-1)/M,1]$$

これは，対応する行政区域の組を定義している．

今，施設数 M での任意の他の配置 $\boldsymbol{y}_M \neq \boldsymbol{y}_M^*$ を考える（一般性を失うことなく，$\boldsymbol{y}_M$ のすべての要素が異なっていると仮定する）．N を $y_i=y_i^*$ である立地数 ($N<M$) とし，I を配置 $\boldsymbol{y}_M^*$ と $\boldsymbol{y}_M$ が無差別な消費者の集合とする．$\boldsymbol{y}_M$ より $\boldsymbol{y}_M^*$（$\boldsymbol{y}_M^*$ より $\boldsymbol{y}_M$）を厳密に選好する消費者の集合の測度を $\mu^*(\bar{\mu})$ とし，μ^* が常に $\bar{\mu}$ を超えることを示す．

$y_j=y_j^*$ である任意の j について，$\mu(A_j)=1/M$ であることは，

$$\mu(A_j \cap I) \leq \frac{1}{M}$$

を意味するので，

$$\mu(I) \leq \frac{N}{M} \tag{5A.1}$$

となる．

$[0,1]$ において，$M+1$ 個の区間 $B_1,\cdots,B_i,\cdots,B_{M+1}$ を以下で定義する．

$$B_1=\left[0,\frac{1}{2M}\right],\cdots,B_i=\left[\frac{2i-3}{2M},\frac{2i-1}{2M}\right],\cdots,B_{M+1}=\left[\frac{2M-1}{2M},1\right]$$

配置 y_M において，区間 B_i に属する施設数を k_i で表し，y_M^* より y_M を厳密に選好する B_i の消費者の集合の測度を $\hat{\mu}_i$ で表す．

各 $i=2,\cdots,M$ について，$k_i=0$ の場合には $\hat{\mu}_i=0$，$k_i=1$ の場合には $\hat{\mu}_i=1/2M$，$k_i\geq2$ の場合には $\hat{\mu}_i<1/M$ であることが直ちに確認できる．同様に，$i=1$ と $i=M+1$ に対して，$k_i=0$ の場合 $\hat{\mu}_i=0$，$k_i\geq1$ の場合には $\hat{\mu}_i<1/2M$ であることがわかる．さらに，$k_i\geq2$ である区間 B_i の数を $\hat{M}$ と置く．そうすると，以下の3つの場合が起こりうる．

i $k_1=k_{M+1}=0$ この場合には，1つの施設を含む区間 B_i の数は最大 $(M-2\hat{M}-N)$ であり，したがって，

$$\bar{\mu}\leq\hat{M}M+\frac{M-2\hat{M}-N}{2M}$$

となる．ここで，$\hat{M}>0$ であれば厳密に不平等が成立する．

ii $k_1=0$ で $k_{M+1}\geq1$ （あるいは対称的に $k_1\geq1$ で $k_{M+1}=0$）．この場合には，

$$\hat{\mu}\leq\frac{1}{2M}+\frac{\hat{M}}{M}+\frac{M-1-2\hat{M}-N}{2M}$$

iii $k_1\geq1$ で $k_{M+1}\geq1$ この場合には，以下が成立する．

$$\hat{\mu}\leq\frac{1}{M}+\frac{\hat{M}}{M}+\frac{M-2-2\hat{M}-N}{2M}$$

以上の3つの不等式は以下を意味する．

$$\hat{\mu}\leq\frac{M-N}{2M} \tag{5A.2}$$

(5A.2)式で不等号が厳密に成立すると仮定しよう．そうすると，(5A.1)式と(5A.2)式は，μ^* が $\hat{\mu}$ より厳密に大きいことを意味し，したがって，y_M が y_M^* によって負かされることを意味する．

次に，(5A.2)式で等号が成り立っていると仮定する．この場合には，$k_1=k_{M+1}=0$，$\hat{M}=0$ とならねばならない．その結果，1つのみの施設を含み，以下のどちらかを満たす端点の1つに立地する施設を持つ区間 B_j が1つ存在する．

$$\mu(A_{j-1}\cap I)<1/M$$

あるいは，

$$\mu(A_j\cap I)<1/M$$

これは $\mu^*>\hat{\mu}$ を意味し，それゆえに，y_M は再び y_M^* によって負かされる．

B. 等距離配置の最適性 施設数が M であるとき,総輸送費は以下で与えられる.

$$\begin{aligned}
TTC(y_1, \cdots, y_M) &= \int_0^{(y_1+y_2)/2} |x-y_1| \mathrm{d}x \\
&\quad + \sum_{i=2}^{M-1} \int_{(y_{i-1}+y_i)/2}^{(y_i+y_{i+1})/2} |x-y_i| \mathrm{d}x \\
&\quad + \int_{(y_{M-1}+y_M)/2}^{1} |x-y_M| \mathrm{d}x \\
&= \frac{y_1^2}{2} + \sum_{i=1}^{M-1} \frac{(y_{i+1}-y_i)^2}{4} + \frac{(1-y_M)^2}{2}
\end{aligned}$$

この式に1階の条件を適用すると,以下の1次方程式が得られる.

$$\begin{aligned}
3y_1 - y_2 &= 0 \\
-y_{i-1} + 2y_i - y_{i+1} &= 0 \qquad (i=2,\cdots,M-1 \text{ に対して}) \\
-y_{M-1} + 3y_M &= 2
\end{aligned}$$

これは,ただひとつの解 $y_i^* = (2i-1)/2M$ を持つ.2階の条件が常に満たされていることは容易に確認できる.

C. 命題5.4の証明 値 $\overline{M}$ を命題5.4で定義された均衡の候補とする.最初に,簡単な計算により,$\overline{M} \leq 4$ の場合,$\overline{M}$ が $M < \overline{M}$ を破ることがわかる.したがって,(5.27)が満たされる場合,$\overline{M}$ がどんな $M > \overline{M}$ も破ることの証明が残っている.$M > \overline{M}$ より $\overline{M}$ を厳密に選好する消費者集合の測度を $\hat{\mu}$ と置き,$\hat{\mu} > 1/2$ を示す.

最初に,$M > (3\overline{M}+1)/2$ を仮定する.各 $i=1,\cdots,\overline{M}$ に対して,以下の x に立地する消費者は

$$x \in \left[\frac{2i-1}{2M} - \frac{1}{2M}\min\left\{\frac{M-\overline{M}}{M+1}, 1\right\}, \frac{2i-1}{2M} + \frac{1}{2M}\min\left\{\frac{M-\overline{M}}{\overline{M}+1}, 1\right\} \right]$$

M より $\overline{M}$ を厳密に選好する.なぜなら,

$$\min_{i=1,\cdots,\overline{M}} \left|x - y_i^*(\overline{M})\right| - \min_{i=1,\cdots,M} \left|x - y_i^*(M)\right| < \frac{M-\overline{M}}{2(\overline{M}+1)\overline{M}}$$

であるから.ここで,

$$y_i^*(M) = (2i-1)/2M \qquad i=1,\cdots,M$$

それゆえ,$\hat{\mu}$ は,以下の値より大きいか等しい.

$$\min\left\{\frac{M-\overline{M}}{\overline{M}+1}, 1\right\}$$

したがって，$M > (3\overline{M}+1)/2$ であるので，$\bar{\mu} > 1/2$ である．

次に，$\overline{M} < M \le (3\overline{M}+1)/2$ を仮定する．まず，区間 $[0, 1/2M]$ を考えよう．我々は $1/2M < 1/2\overline{M} < 3/M$ であることを知っている．したがって，$1/M\overline{M} < 2G$ の場合（これは，$\overline{M}$ の定義により満たされている），しかもその場合においてのみ，$[0, 1/2M]$ の消費者は M より $\overline{M}$ を厳密に選好する．同じことが，区間 $[(2\overline{M}-1)/2\overline{M}, 1]$ に対しても成立する．

次に，各 $i = 2, \cdots, M-1$ に対して，以下で与えられる $M-2$ 個の区間を考える．

$$C_i = ((2i-1)/2\overline{M}, (2i+1)/2\overline{M})$$

2つの部分ケースが発生する．1つは，M 施設が等間隔にあり，各々は，C_i に属している．この場合には，M より $\overline{M}$ を厳密に選好する消費者の集合の測度は $1/2\overline{M}$ より大きい．2番目のケースでは，図5.2で表されるように l_1 と l_2 に立地する，C_i に属する2つの施設がある（図5.3を参照されたい）．

以下の3つの場合に分けて検討する．

i もしも l_1 と l_2 が $G(M-\overline{M})$ より小さい場合，$(2j-1)/2M$ と $(2j+1)/2M$ に立地する消費者，そして，それゆえに，C_i のすべての消費者は，M より $\overline{M}$ を厳密に選好する．

ii 例えば，値 l_1 だけが $G(M-\overline{M})$ より小さい場合，以下の2つの区間の消費者は，

$$\left(\frac{2i-1}{2\overline{M}}, \frac{4j-1}{2M}\right]$$

および

$$\left(\frac{2j+1}{4M} + \frac{2i+1}{4M}, \frac{2i+1}{2\overline{M}}\right]$$

に立地し，M より $\overline{M}$ を厳密に選好する．

iii 最後に，l_1 と l_2 は $G(M-\overline{M})$ を超えることはできない．なぜなら，$M > \overline{M}$ であるので，

$$l_1 + l_2 = \frac{1}{\overline{M}} - \frac{1}{M} < \frac{M-\overline{M}}{(\overline{M}+1)\overline{M}} < 2G(M-\overline{M})$$

となるからだ．

したがって，3つの場合とも，M より $\overline{M}$ を厳密に選好する C_i での消費者集合

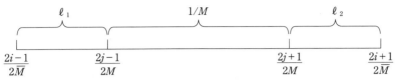

図 5.3 人口線分

の測度は $1/(2\bar{M})$ より大きい.

すべての区間を合計し $M \leq \bar{M}$ を用いると,以下が得られる.

$$\bar{\mu} > \frac{1}{\bar{M}} + \frac{M-1}{2\bar{M}} > 1/2$$

D. 命題5.5の証明 証明のためには,$M \leq \bar{M}$ である限り M は $M-1$ を破ることを示せば十分である.補論Cの結果を考慮に入れれば,これは,$\bar{M}$ が,$M-1$ と $M+1$ を同時に打ち負かす M の唯一の値であることを含意する.

施設数 $M-1$ より厳密に M を好む消費者は,等距離間隔に配置された M 施設の背後区間かそれらの施設の周りに立地している.最初のグループを考えよう.地点 $1/2M$ の消費者は,(5.25)式のため,$M-1$ より M を厳密に選好する.これは,$[0, 1/2M]$ でのすべての消費者にさらに強く当てはまる.同様のことが,$[(2M-1)/2M, 1]$ の消費者に成立する.

ここで,第2のグループについて考えてみよう.$(2i-1)/2M$ に設置された施設の近くに立地する消費者に焦点を合わせると $(i = 2, \cdots, M-1)$,

$$\frac{2i-3}{M-1} < \frac{2i-1}{M} < \frac{2i-1}{M-1}$$

である.

地点 x_i^l を,i 番目の施設の左側に位置し,かつ,M と $M-1$ の両施設に無差別な消費者の立地点であるとする.地点 x_i^l が,以下の区間

$$\left(\frac{2i-3}{2(M-1)}, \frac{2i-1}{2M} \right]$$

に属さなければならないので,x_i^l は以下の解ということになる.

$$x_i^l - \frac{2i-3}{2(M-1)} - \left(\frac{2i-1}{2M} - x_i^l \right) = G$$

これから,以下を得る.

$$x_i^l = \frac{2i-3}{4(M-1)} + \frac{2i-1}{4M} + \frac{G}{2} \tag{5A.3}$$

同様に，x_i^r が，i 番目の施設の右側に位置し，M と $M-1$ の両施設に無差別な消費者の立地点であるとすると，以下が得られる．

$$x_i^r = \frac{2i-1}{4(M-1)} + \frac{2i-1}{4M} - \frac{G}{2} \tag{5A.4}$$

したがって，区間 (x_i^l, x_i^r) のすべての消費者は，$M-1$ より M を厳密に選好する．$M-1$ より M を厳密に選好する消費者の集合の測度を μ_M^* で表す．そうすると，(5A.3) と (5A.4)，ならびに効用関数の連続性から以下のようになる．

$$\mu_M^* > \frac{1}{M} + (M-2)\left[\frac{1}{2(M-1)} - G\right]$$

仮定より，$M \leq \bar{M}$ であるので，

$$\frac{1}{2(M-1)M} > G$$

が成立し，$\mu_M^* > 1/2$ となる．

第Ⅱ部　大都市圏の構造

第6章 コミュニケーションの外部性の下での都市空間構造

6.1 はじめに

　最も特筆すべき都市の特徴は，周辺の非都市空間に比べて人口密度がはるかに高いことである．その結果，都市における経済主体は互いに接近して存在する．だが，家計や企業は，なぜ空間的近接を求めるのだろうか．基本的に，この現象が起こるのは，経済主体は相互交流を必要とし，相互交流にとって距離は障害となるからである．その必要性と強さは，各立地点に存在する経済主体が多いほど増加し，各々の立地点間の距離が離れるほど減少する点において，重力に似ている．相互交流の必要性は，幾人かの地理学者の労作の中心テーマとなっており，本章においては，異なる経済的な意味合いの下に，この課題に様々に取り組んでいくこととする．

　しかし，限られた場所において混雑立地することは，経済主体の満足度を減らす効果もある．なぜなら，消費者や生産者は，より多くの土地を消費することを好むからである．それゆえ，大まかに見れば，集積過程は，主体間の相互交流の場と土地市場での競争の間の相互作用であると見ることができる．そのような設定では，土地に対する競争が遠心力として働くのに対して，相互交流の必要性は求心力として働く．本章で示す特筆すべきことは，相互交流の必要性のみからでも，（均質な）主体の単峰分布が生まれることである．

　だが，話はこれだけではない．実際，経済主体はなぜ相互交流をしたがるのかを明らかにする必要がある．それには，いくつかの説明がありうる．しかし，人間は「社会的動物」であるというのが，おそらく個人間の相互交流の必要性に対する最も根本的な答えである．実際，しばしば双方にとって良くも悪くもなる場合があるが，個人的な関係は社会の本質である．例えば，Fisher (1982, 2-3) によると，

　　我々の日々の暮らしは，人々とともに，賛同を求め，愛情を注ぎ，雑談をし，恋に落ち，忠告を求め，意見をし，怒りをなだめ，マナーを教え，助け，感動を与え，接触を保つことに夢中である……．現代の国家は一連の精巧な機関や組織を

持っているが，日々の暮らしは個人的な結びつきを通じて進められる……．それら個人的な結びつきは，我々の行動の最も大きな動機となっている．

また，心理学者は，人間は他者と長続きする積極的な関係を作り，維持しようとする強い動機を持っている，と認識している．Baumeiter and Leary（1995, 497）がレビューした広範な研究論文によると，この動機を満足させるためには2つの条件が兼ね備わる必要がある．

1つは，少数の他者との間に，感情の込もった気持ちのよい頻繁な相互交流が必要であること．2つめには，それらの相互交流は時間的に安定していて，永続性のある心地よい関係の下に取り行われる必要があるということである．

我々の知る限りでは，前述した求心力と遠心力のトレードオフに焦点を当てた最初の経済モデルは，Beckmann（1976）によって提唱された．もっと正確にいえば，ベックマンは，個人の効用はその個人が交流するすべての個人との距離の平均と，その個人が土地市場で購入する土地の量に依存する，と仮定した．そのような効用の下では，都市はベル形の人口密度分布を持ち，それは同形の地代曲線によって支持されることが示される．それゆえ，ここでは都市が社会的な磁石となっていることがわかる．別の言い方をすれば，人間の生まれつきの社交性が，限られた地域への人々の空間的な集中をもたらすということである．このモデルは6.2.1項で示される．

相互交流は双方向で行われるが，個人は「受取手」としての役割しか考慮せず，他に「発信者」としての役割があることを無視しがちである．したがって，都市内の主体の均衡分布は最適とはなりそうにない．実際，均衡密度と最適密度を比較すると，前者は後者ほど集中していないことがわかる．これは社会的な観点からみて，交流への各個人の必要性のみからは，都心の周りにおける不十分な人口の集中しかもたらさないことを示している．したがって，常識的に思われているように，都市では人々が過度に集中している，という考えは必ずしも正しくない．これは，均衡のネットワークの密度が多くの場合低すぎるという，ネットワークに関する最近の経済学の論文も一致している．確かに，新しいリンクの構築は，2つの主体の近くに立地する主体も利益を得るという，外部効果を生じさせる．しかしながら，主体が他とのリンクを構築するべきかどうか決定する場合，この外部効果を考慮しない．

したがって，社会的に望ましいリンクは発生しない可能性が高い（Jackson and Wolinsky, 1996; Jackson, 2008; Ioannides, 2012）．

ここで，ベックマンによって発見された家計立地についての法則が，都市内の企業立地についても適用できるか，と尋ねるのは自然である．そのような疑問について考えるうえで，通常の市場取引以外に，企業の集中を促すどのような相互作用があるのかと不思議に思うかもしれない．企業活動にとって基本的な投入物となる，情報の役割と言うものが，消費者について見てきたものと非常に異なっているからである．つまり，ここでは，暗黙であるので文章化するのが難しい，製品，技術，あるいは市場に関する情報を意味しており，それゆえに，そのような情報は多くの場合，時間価値の高い高度に熟練した人々の移動をともなう，フェイス・トゥ・フェイスのコミュニケーションを通じてのみ集められる．

立地の決定における情報の影響は新しいものではない．中心都市における製造業の雇用の減少とオフィス雇用の増加は，産業革命の後に多くの国で観察された一般的な傾向である．[1] 例えば，ヨーロッパの都市形成の研究で，Hohenberg and Lees (1985, 299) は以下のように主張している．

> 都市の3次産業やサービス業の共通の要素は情報であり，伝達するか，または交換する行為を通じてはじめて現れる，無形の，したがって，大きさを持たない財である．町の中心は，情報交換が集中する自然な場所であり，居住者だけではなく，ほとんどの有形商品を取り扱う活動も押しのけられた．ビジネスセンターは，大勢のブローカー，事務員，銀行員，宅配業者，および，その他の典型的な都市の商品である，情報を取引するディーラーらに乗っ取られた．

情報あるいは知識は**非競合財**（nonrival good）である．1つの企業がある情報を使用しても，他の企業にとってその情報の内容が減るわけではない．したがって，一群の企業間での交流による情報の交換は，それぞれの企業に外部性のような利益をもたらす（Stigler, 1961; Romer, 1986; Lucas, 1988）．各企業が異なったタイプの情報を保有していれば，企業数の増加とともに，コミュニケーションのもたらす

---

[1] 産業革命の前でさえ，情報交換はビジネスの業界において際立ったセンターをもたらした主因であったように思える（ベニス，アントワープ，およびアムステルダムを思い起こしていただきたい）(Smith, 1984).

利益は一般に上昇する．企業が集まれば，媒介者の数がより少ないので，情報の質はさらに上昇する．しかしながら，Hägerstrand (1953) の先駆的研究以来，十分な裏づけのある事実であるが，インターネットの時代でさえ，情報は**距離減衰効果**（distance-decay effects）を受ける．なぜなら，離れた主体間におけるコミュニケーションは，情報の内容および質をしばしばゆがめたり，減らしたりするからである．その結果，企業が互いにより近くに立地する場合，利益はより大きくなる．

この点に関して，新製品や生産過程に関する情報入手が企業の競争力にとって不可欠である場合には，フェイス・トゥ・フェイスのコミュニケーションが急速な製品と生産過程の開発にとって最も効果的であることはよく知られている．おそらく，それらのスピルオーバーの源は，フェイス・トゥ・フェイスによる接触の存在の中にある．実際，Tauchen and Witte (1984) は，実証研究のサーベイを通じて，異なった企業の従業員間の交流の多くが，そのような接触から成っていることを観察した．例えば，Saxenian (1994, 33) は，シリコンバレーを効率的な生産システムにするうえにおいて，この要素の重要性を次のように強調している．

だれに聞いても，それらの非公式な対話はどこにでもあり，競争相手，顧客，市場，および，技術に関する最新情報の重要な源として役立っている．企業家は，社会的関係，さらにはゴシップでさえ，彼らのビジネスの重要な側面と考えるようになった．急速な技術変化と激しい競争を特徴とする産業では，そのような非公式のコミュニケーションは，業界紙などの，従来からあるがそれほどタイムリーでないものにくらべて，しばしば，より多くの価値があった．

ここでのキーポイントは，集積における個人的な接触は，日常的なコミュニケーションでアイデアを交換するということである．少し前の未来学者は，人々は対面による交流の代わりに，ますますテレコミュニケーション装置を使用するであろうから，都市は衰退するだろうと予測していたことを考えると，このことは意外かもしれない．しかしながら，この議論は，企業が使う多くの知識は暗黙的なのものであり，したがって，ある地点から別の地点に移すのが難しいという事実を見落としている．暗黙と成文化された情報（知識）との違いは，ここでは決定的に重要である．近代的な伝送装置を通じての情報の伝達には，あらかじめ決められたパターンによる情報処理を必要とし，そのような形式的な情報だけをコード化して他人に送ることができる．例えば，新技術の開発における初期のステップにおいては，個人

化された情報を解釈する方法を理解し，共通のコードを通じて互いに意思疎通する方法を開発して，それらを利用可能にするということを含む，開発にかかわる関係者間の繰り返しの接触を必要とする．そのような過程は，空間的な近接によって容易となる．さらに，フェイス・トゥ・フェイスのコミュニケーションは，往々にして，革新に不可欠な様々な見識を結集して，新しいアイデアの源となる．研究開発も長期間の意見交換と議論を必要とする．その間，知識は試行錯誤の繰り返しを通して徐々に構築される．そのようなアイデアの交換は，頻繁なフェイス・トゥ・フェイスのコミュニケーションの形でのみ，真に有効である．

その理由は，本質において，知識やアイデアの伝達は，標準化された手順で実行できるような機械的な作業ではないということである．それは，(不確実性を内包する) 認識過程であり，かかわった個人が互いの近くにいるときに，より容易となる．Glaeser et al. (1992, 1127) がうまく要約したように，インターネットの時代でさえ，「知的な躍進は，廊下や通りを，大陸や海洋よりも容易に横断するに違いない」．フェイス・トゥ・フェイスのコミュニケーションは，往々にして，革新に不可欠な様々な見識を結集して，新しいアイデアの源となる．

実証的証拠はかなり決定的なものである．Jaffe, Trajtenberg, and Henderson (1993) によると，アメリカにおける特許の引用は，米国内，それも同じ州ないし都市からのものが主である．このことは，知識の伝播は (少なくとも伝播の初期段階においては) 空間的に集中していることを示唆している．同じ脈絡では，18カ国で147の地方のサンプルを使用して，Peri (2005) は，地域境界を1つ超えると，特許の引用の流動が80％縮小することを示した．この結論は，他のいくつかの実証的研究によってさらに裏づけられている．例えば，Audretsch and Feldman (2004) は，知識のスピルオーバーは，その新しい知識が創造された地域内に限定される傾向があることを観察している．

さらに，都市化における電話の影響に関する歴史的な事実は，都市規模と電話の使用との間に正の相関があることを示している．テレコミュニケーションは，対面での会合の代替物であるかもしれないが，これらの2つの形態のコミュニケーションは互いに補完的でもあるかもしれない．例えば，Gaspar and Glaeser (1998) は，最近のテレコミュニケーション技術の改良にもかかわらず (あるいは，そのために)，出張の増加が起こったことについての示唆的な証拠を報告している．このように，未来学者の意見とは逆に，通信技術の発達は情報センターとしての都市の死を (必ずしも) 含意するわけではない．新しい情報技術は，現在のこの状況を変え

るのであろうか. おそらく, そうではない. Glaeser (2011, 38) が議論しているように,

> よりよい情報技術は世界をより情報集約的にした. それは, 次に, これまでより知識をより価値のあるものにし, 都市の他の人々から学習する価値を増加させた.

Borukhov and Hochman (1977), および, O'Hara (1977) の2つの独立した論文は, 密集することは高い地代をもたらすにもかかわらず, フェイス・トゥ・フェイスのコミュニケーションの必要性によって, (オフィス) 企業が集まり, 中心業務地区 (CBD) の形成を引き起こすことを示した. このトピックについては6.2.2項で論じる.

多様性は都市のもう1つの特筆すべき基本的な性質である. 別の言い方をすれば, 都市は異種の主体 (主に企業と家計) の集積したものである. この単純な事実の認識は, 新しくて, より含蓄のある結果につながるに違いない. つまり, 次の段階は, より一般的なモデルの中で消費者と企業を混在させることにより, 2種類の主体の相互作用によって何が起こるかを研究することである. この相互作用における求心力は, 情報交換のための企業間のコミュニケーションである. 他の条件が同じであれば, 各企業は他の企業の近くに立地しようとするので, 集積が促進される. 遠心力は, 土地と労働市場を経由して形成される. 1カ所へ多くの企業が集まると, 労働者の平均通勤距離が延びる. そうなると, その集積点の周辺での賃金率と地代を上昇させる. そのような高い賃金と地代は, 同じ地域における企業のさらなる集積を妨げる. それら相反する力の間のバランスにより, 企業と家計の均衡分布が実現される. 6.3節では, 企業間の直接的な相互作用に焦点を当てる. なぜなら, それが, 近代社会における都市の形成にとって, 個人間の社交よりも, より基本的なものであると考えられるからである. このアプローチの卓越した1つの特徴は, ここでは, 消費者は居住地および働く場所の両方を選ぶということである.

藤田, 今井, および小川は一連の論文において, それら2種類の力の間の相互作用の研究を行った.[2)]経済の基本的なパラメータの値によって, 2つの相反する力の大きさに影響され, 異なった均衡パターンが出現することを示した. さらに驚くべきことに, 相互作用の場の形は, 生じる均衡のタイプに影響を及ぼす. 6.4節では, 線形の近接場について考察し, 均衡都市の形状が通勤費用の高さに応じてどのように変化するかを調べる. 均衡都市は単一中心である必要はない. 通勤費用が,

相互作用の場での距離減衰効果を表す近接度パラメータに比較して，高い場合，均衡では業務と居住活動が完全に混在する．通勤費用が低下するに従って，隣に自身の住宅地を持った2つの業務地区が，混在地区の周りに形成される．終局的には，通勤費用が十分に低くなると，都市は2つの住宅地に囲まれた1つの業務地区を持つ，単一中心となる．この進化は，交通手段における技術革新が始まって以来観察されたことと一致すると思われる．さらに，単一中心構造は，均衡の場合に比較して，より広いパラメータの範囲で社会的に望ましい．言い換えると，競争市場の下では，企業は，社会的最適よりももっと分散した配置となる．

6.5節で考察するように，近接性の便益が指数距離減衰関数の場合，可能な均衡パターンははるかに複雑になる．前述した3つの形状に加えて，通勤費用の値によって，2つの中心を持つ形状，1つの主都心と2つの副都心を含む形状，さらには，同じような大きさを持つ3つの中心を持つ形状が出現する可能性がある．最後の3つのケースにおいては，均衡パターンは，2ないし3つの都市から成る，都市システムを表しているとみなすことができる．

さらに興味深いのは，パラメータがわずかだけ変化したときの，ある均衡パターンから別のパターンへの変遷の仕方である．例えば，距離減衰パラメータがほんのわずか変化しただけで，単一中心形状から2つの中心を持つ形状へと，カタストロフィ的な変容を遂げることがありうる．これらすべての結果は，非線形のアクセシビリティの場合には，広範な異なった結果が導き出される可能性を示すとともに，都市空間構造の変化についての信頼できる予測がなぜ難しいのかを説明している．

最後に，6.6節では，各企業が，離れて立地することができる2つのユニット（部門）間で，分割して活動を行っているケースについて簡単に考察する．このような複数ユニットモデルにより，企業の活動の一部は，他の企業から得られる情報に決定的に依存する一方で，他の活動は，より日常のルーチンワークを主としており，その企業の本部とのコミュニケーションさえ確保すれば事足りるということを表すことができる．企業内コミュニケーション費用が低い場合における典型的な都市形状は，フロント・オフィスの都心への集積と，バック・オフィスの郊外への分

---

2) 独立した2つの論文，Lucas (2001) と Lucas and Rossi-Hansberg (2002) は，さらに2次元空間で単一中心の都市の存在についての説明をスピルオーバーに訴えた．Lucas (1988) の，外部性が経済発展の主な原動力である，成長理論についての業績との類似性に注意を傾ける価値がある．

散である.

　本章で研究するすべてのモデルでは，均質な空間において，都市は個々の意思決定者間の相互作用の集合的な結果として現れる．都市は土地開発業者や地方自治体によって取られた行動の結果ではない．なお，本章は，都市の形状と空間的な構造に焦点を合わせており，都市の規模の問題には触れない．したがって，本章で得られるすべての結果は，家計と企業に対して，あらかじめ与えられた規模の下での結果である．

　話を進める前に，本章では，都市の経済主体は連続体として取り扱われているが，各主体は分割不可能であることを強調しておく．本章と引き続く章における結果は，企業と家計の不可分性（複数ユニットの企業の場合では，各ユニットをそれ以上細分化することができないという仮定）によって決まるので，この仮定の意味することは重要である．言い換えれば，各経済主体は1つの所在地を持つ．

6.2　集積と空間的外部性

　Jackson and Wolinsky（1996）の先駆的研究以来，主体が社会ネットワーク内でどのように相互作用するかを示す，新しく発展中の経済の研究論文が存在する（Ioannides, 2012）．この論文は，主体間の社会的つながりの成立には，物理的な近接が重要であることを強調している．同時に，それは，近接が，より微妙なミクロ経済現象を隠すブラックボックスの可能性があるということを認識している．以下で，都市経済学の2つの単純なモデルによって，同じタイプの主体間の市場を介さない相互作用が，どのようにして，単峰形に分布する単一のクラスターの出現に結びつくかを示す．

6.2.1　消費者間の相互作用の結果としての都市形成

　他人と交際することは人間の基本的な特性である．人々は社会的な交流を求めて，互いの近くにいることを好む．しかしながら，さらに，人々は消費する空間の量に関心がある．言い換えれば，ここでは，自分の満足を求めて行動する，社会的動物である個人の集まりに関心がある．以下の単純なモデルは，個人の社会生活における交流への選好が，単峰形の人口密度分布をもたらすことにより，都市の中心が出現することを示す．土地市場における競争によって，地代は中心近くでより高くなるので，この分布は中心の周りに分散している．

自己組織化する都市（self-organizing city）連続体としての N 人の同一の消費者と，すべての場所で，土地の密度が 1 で，機会費用が $R_A>0$ である 1 次元空間 $X=(-\infty,\infty)$ を考える．土地は不在地主によって所有されている．地点 x に住む消費者は以下の効用を持つ．

$$U=u(z,s)+I_x$$

ここで，今までと同じく，z は合成財の消費量，s は敷地規模である．I_x は x に立地する消費者が，他のすべての消費者との**相互作用**（interaction）から得る効用を表す．予算制約は

$$z+sR(x)=Y-T(x)$$

である．ここで，$T(x)$ は，他者と互いに交流する場合，消費者が支払う総移動費用である．移動費用がかかるので，居住地域は有限であるに違いない．一般性を失わずに，居住地域として，$[-b,b]$ で示される領域を考える．ここで，b は均衡において決定される集積境界である．3.2 節でのように，合成財の量は $u(z,s)=U-I_x$ を z で解くことによって求められ，$z=Z(s,U-I_x)$ と表される．それゆえ，消費者の付け値関数は，

$$\Psi(x,U)=\max_s \frac{Y-Z(s,U-I_x)-T(x)}{s} \tag{6.1}$$

このモデルを分析するうえで，Beckmann（1976）は，明示的な解を導き出すためにいくつかの簡略化をした．最初に，効用 u を次のように仮定した．

$$u(z,s)=z+\alpha\log s$$

この $\alpha>0$ は，消費者選好における土地の重みを示しているパラメータである．第 2 に，各消費者はすべての他の消費者の各々と（一定期間の間に）1 度だけ相互に交流すると仮定する．このことは，ひとりひとりの個人的つながりのネットワークは，都市領域に住むすべての人口によって形作られるという極端な見方を表している．したがって，I_x の効用は，立地点にわたって同一の定数となる．

$$I_x=I$$

最後に，個人間のつながりを維持するには時間，お金，および注意を必要とする．その費用が距離に比例すると仮定し，その結果，x の消費者が負担する移動費用の総計は，

$$T(x)\equiv\int_{-b}^{b}t|x-y|n(y)\mathrm{d}y \tag{6.2}$$

によって与えられる．ここで，$n(y)$ は，地点 y における消費者の密度であり，

$t>0$ は単位移動費用である．式 $T(x)$ で，x から y への移動費用が，目的地 y に立地する個人の数（正式には密度）によって重み付けされることに注意してほしい．それは，y における各個人に対して，独立に1回の移動があることを意味する．明らかに，

$$T(x)=\int_{-b}^{x}t(x-y)n(y)\mathrm{d}y+\int_{x}^{b}t(y-x)n(y)\mathrm{d}y \tag{6.3}$$

であり，したがって，$T(x)$ は消費者の位置 x と，全体の人口密度分布によって決まる．この，消費者が他との相互作用において負うコストは，すべての生産活動は都市の中心で発生すると仮定していた，第3章の場合と非常に異なることに注意してほしい．均衡においては，すべての消費者は同一の効用水準 U^* に達するはずであり，$U^*=z+\alpha\log s+I$ であるから，(6.1)式は以下のように書き換えられる．

$$\Psi(x,U^*)=\max_{s}\frac{Y-U^*+I+\alpha\log s-T(x)}{s} \tag{6.4}$$

したがって，s に関しての1階の条件によって，以下のような均衡条件が得られる．

$$Y-U^*+I-\alpha+\alpha\log s-T(x)=0 \tag{6.5}$$

ここで，

$$\zeta\equiv Y-U^*+I-\alpha$$

と置く．ただし，U^* が内生的であるので，ζ は未知の定数である．(6.5)式を s について解き，ζ の定義を用いると，

$$s^*(x)=\exp\left(\frac{-\zeta+T(x)}{\alpha}\right) \tag{6.6}$$

が得られる．それゆえ，均衡人口密度 $n^*(x)\equiv 1/s^*(x)$ は

$$n^*(x)=\exp\left(\frac{\zeta-T(x)}{\alpha}\right) \tag{6.7}$$

となる．一方，(6.6)式を(6.4)式に代入すると，

$$\Psi(x,U^*)=\frac{\alpha}{s^*(x)} \tag{6.8}$$

が導かれる．均衡都市境界 b^* では $\Psi(x,U^*)=R_A$ が成立するので，

$$\frac{R_A}{\alpha}=n^*(b^*)=\exp\left(\frac{\zeta-T(b^*)}{\alpha}\right) \tag{6.9}$$

となる．(6.3)式を2回微分すると，

$$\frac{\mathrm{d}^2 T}{\mathrm{d}x^2} = 2tn^*(x)$$

が得られる．ゆえに，$T(x)$ は，x について厳密に凸である．上式と (6.7) 式から，

$$\frac{\mathrm{d}^2 T}{\mathrm{d}x^2} = 2t \exp\left(\frac{\zeta - T(x)}{\alpha}\right) \tag{6.10}$$

となる．この微分方程式を解いて，

$$T(x) = -\alpha \log\left[\frac{\alpha}{t} \exp\left(-\frac{\zeta}{\alpha}\right) \frac{k^2 \exp(k|x|)}{(1+\exp(k|x|))^2}\right] \tag{6.11}$$

が得られる．ここで，k は未知の正の積分定数である（詳しい計算については補論 A を参照されたい）．(6.11) 式を (6.7) 式へ代入して，

$$n^*(x) = \frac{\alpha}{t} \frac{k^2 \exp(k|x|)}{(1+\exp(k|x|))^2} \tag{6.12}$$

を得る．これは，定数 k の関数として，均衡人口密度を与える．

明らかに，この関数は原点に関して対称である．さらに，(6.12) 式を x で微分すると，$n^*(x)$ は $x=0$ において唯一の最大値を持つことがわかる．それゆえに，均衡消費者密度は，単峰形である．2次導関数を取ると，$n^*(x)$ は，区間

$$\left[-\log(2+\sqrt{3})/k, \log(2+\sqrt{3})/k\right]$$

にわたって凹関数であり，外では凸関数である．典型的なパターンの人口密度を図 6.1 に描く．

それゆえに，社会的な交流への選好は，均衡において，内生的な中心の周りに消費者の集積をもたらす．この中心は，人々がお互い交流するうえで最も便利な場所であり，一方，個人の土地消費の量は最も少ない．実際，中心からの距離が増すと，人口密度は低下してしまう．都心に住んでいれば他人と交流するうえで最もよいアクセスを得られるという実感があるため，都心には人口が最も集中するのである．この中心は，第 3 章でサーベイされた都市経済モデルでの CBD と同じ役割を果たす．ただし，決定的な違いがある．ここでの中心は内生的に形成されたものであるのに対して，第 3 章での CBD は外生的に与えられたものだということである．

さて，未知の定数を求めるために，(6.9) 式と (6.12) 式を用いて，都市境界で満たされなければならない以下の条件が得られる．

$$\frac{R_\mathrm{A}}{\alpha} = \frac{\alpha}{t} \frac{k^2 \exp(kb)}{(1+\exp(kb))^2} \tag{6.13}$$

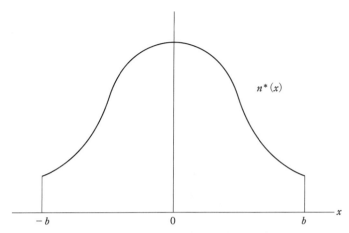

図 6.1 消費者が社会的に交流する場合の均衡人口密度

さらに，区間 $[-b, b]$ での人口密度の積分値が N に等しくなければならない．

$$N = 2\int_0^b n^*(x)\mathrm{d}x = 2\frac{\alpha}{t}\int_0^b \frac{k^2\exp(kx)}{(1+\exp(kx))^2}\mathrm{d}x = \frac{\alpha}{t}k\frac{\exp(kb)-1}{\exp(kb)+1} \qquad (6.14)$$

これら 2 つの式によって，積分定数 k と，集積境界 b の値が求められる．(6.13) 式と (6.14) 式で $y = \exp(kb)$ と置き，(6.14) 式を y で解き，(6.13) 式に代入することにより，

$$k^2 = \frac{t}{\alpha^2}\Big(tN^2 + 4R_\mathrm{A}\Big) \qquad (6.15)$$

が得られる．ゆえに，(6.7) 式によって，以下を得る．

$$n^*(0) = \frac{1}{\alpha}\bigg(\frac{tN^2}{4} + R_\mathrm{A}\bigg) \qquad (6.16)$$

上式から，人口規模 N がより大きく，単位移動費用 t が上昇し，土地の機会費用 R_A が増加する場合に，中心での人口分布はより高くなる（人口密度はより集中する）ことがわかる．さらに，土地に対する選好 α が小さくなるとき，人口分布のピークは上方に移動する．これは，個人が，より高いレベルの相互作用を得るにより少ない空間を喜んで享受するので，より大きな人口はどのようにして，さらなる集積につながるかを示している．これらの結果は，3.3 節で得られた結果に類似している．しかし，ここでは，中心はあらかじめ指定されたものでなく，消費者間の相互作用の結果として決定される．

同様に，都市境界 b は，(6.15) 式の正の平方根で，(6.14) 式の k を置き換えると得られる．また，この平方根を用いて，(6.3) 式により，均衡人口密度を完全に決定することが可能になる．今度はこれを使って，(6.3) 式で $T(x)$ を計算し，さらに，(6.11) 式によって，ζ の均衡値を求めることができる．

最後に，(6.8) 式で，$R^*(x) = \Psi(x, U^*)$，$1/s^*(x) = n^*(x)$ と置くことにより，以下を得る．

$$R^*(x) = \alpha n^*(x)$$

このように，均衡居住分布を支持する市場地価は，人口密度に比例している．どちらの密度も，単峰型であり，経済のパラメータに従って変化する．特に，人口（および移動費用）の増加は，都市中心付近での人口密度と地代の上昇をもたらす．これは，第 3 章の結果と一致している．[3]

これらの結果は，以下の様に要約できる．

命題 6.1 消費者が土地と社会的交流に価値を見出すと仮定し，消費者の効用が，
$$U = \alpha \log s + I - T(x)$$
で与えられるとすると，均衡人口分布と均衡地代は，単峰型であり，中心に対して対称である．

この命題が成立するうえにおいて，人間は分割できないということが根本的に重要である．実際，各個人を完全に分割できるのであれば，空間的な均衡においては，人々は一様に分布し，地代は平坦なものとなるであろう．

最適都市（optimal city） 次に，3.3.3 項と同じアプローチを用いて，消費者の最適分布を研究する．上記の市場均衡は社会的には最適ではないことを以下に示す．この市場の失敗の原因は，各個人の立地は他のすべての人々の移動費用に影響するが，消費者が立地を決定する際には自分自身の移動費用だけを考える，ということにある．個人間の相互作用が双方向であり，市場を介さないということは，外部性のために，最適な分布が均衡として起こることが妨げられていることを意味している．そうではあるが，均衡が都心の周りに過度，あるいは，不十分な集中をもたら

---

[3] 同じ流れで，Papageorgiou and Smith (1983) は，距離によって負の影響がある社会的接触の必要性と，混雑することによって，負の影響がある土地の必要性の間のトレードオフを考えている．

すのかどうかを知ることは興味深いことである.

　この疑問への答えを出すためには，最適密度分布についての詳細な分析が必要である．同じ立地点 x におけるすべての消費者は同一なので，同じ消費の組み合わせ，(z, s)，を持つ．したがって，U^* を上記で得られた均衡効用水準とすると，最適配置においては，$s(x)$ と b について (3.29) 式によって定義される，以下の社会的費用を最小にしなければならない．

$$C \equiv \int_{-b}^{b} \{T(x) + Z(s(x), U^*) + R_A s(x)\} n(x) \mathrm{d}x$$

ここで，$Z(s(x), U^*)$ は $U^* - \alpha \log s(x) - I$ に等しく，$T(x)$ は (6.3) 式で与えられる．ただし，土地の量は一定であるので，土地制約として

$$s(x) n(x) = 1 \qquad -b \leq x \leq b \tag{6.17}$$

があり，人口制約は，

$$\int_{-b}^{b} n(x) \mathrm{d}x = N \tag{6.18}$$

であり，s と n について非負制約を持つ．

　この最小化問題は，3.3.3項でのように，前述の制約の下で，以下の最大化問題を解くことと同等であることを示すことができる．

$$S \equiv NY - C = \int_{-b}^{b} \{[Y - U^* + I + \alpha \log s(x) - T(x)] n(x) - R_A s(x) n(x)\} \mathrm{d}x$$

ここでは，どのようにして最適条件が得られるかについて，直感的な説明を示すことにする．[4] そのために，(6.17) 式を用いて，目的関数を以下のように書き直す．

$$S = \int_{-b}^{b} \{[Y - U^* + I - \alpha \log n(x) - T(x)] n(x) - R_A s(x) n(x)\} \mathrm{d}x$$

したがって，制約条件は (6.18) 式のみであるから，以下のラグランジュ関数を最大にすることである．

$$L = \int_{-b}^{b} \{[Y - U^* + I - \alpha \log n(x) - T(x)] n(x) - R_A s(x) n(x)\} \mathrm{d}x$$
$$+ \lambda \left[\int_{-b}^{b} n(x) \mathrm{d}x - N \right]$$

---

[4] それらの条件の正式な導出は補論Bを参照されたい．

$$= \int_{-b}^{b} \{[Y - U^* + I + \lambda - \alpha \log n(x) - T(x)]n(x) - R_{\mathrm{A}}s(x)n(x)\}\mathrm{d}x - \lambda N \tag{6.19}$$

ここで，λ は人口制約へのラグランジュ乗数であり，U^* は仮定により与えられるものとする．まず最初に，L を最大にするために，都市内の各立地点 x において $n(x)$ を選択する．さしあたって，$n(x)$ の選択の $T(x)$ への影響を無視するなら，x での人口増加の限界便益は以下のように計測できる．

$$Y - U^* + I + \lambda - \alpha \log n(x) - T(x) - \alpha$$

しかし，x での 1 単位の消費者の増加によって，任意の 2 地点間の移動費用の対称性により，他の消費者の移動費用 $T(x)$ を増加させる．その結果，x における 1 単位の消費者の増加によって発生した正味の便益は

$$Y - U^* + I + \lambda - \alpha \log n(x) - T(x) - \alpha - T(x)$$

となる．それゆえ，この大きさがゼロになったとき最適になる．

$$Y - U^* + I - \alpha + \lambda + \alpha \log s(x) - 2T(x) = 0 \tag{6.20}$$

この最適条件は，x の消費者の数が 1 単位増加した場合，この立地点 x での移動費用は $T(x)$ だけ増加するが，しかし，同じ量 $T(x)$ だけ，x 以外の消費者の移動費用も上昇するので，最適問題では消費者の立地を選ぶ際に両方の費用 $2T(x)$ を考慮しなければならないことを意味している．対照的に，均衡問題においては，消費者は，x で立地を選ぶ際に，他者への移動費用 $T(x)$ を考慮するだけで，他者よって負担されることになる移動費用 $T(x)$ を無視する．

以下のように ζ^o を定義すると，

$$\zeta^o \equiv -\alpha + Y - U^* + I + \lambda$$

(6.20) 式から以下の最適分布が得られる．

$$n^o(x) = \frac{1}{s^o(x)} = \exp\left(\frac{\zeta^o - 2T(x)}{\alpha}\right) \tag{6.21}$$

これは，合計移動費用 $T(x)$ の項が $2T(x)$ となったことを除いて，(6.7) 式と同一である．

最適都市境界の決定がまだ残されている．以前の場合と同じく，まず，b の限界増加の $T(x)$ への影響を無視し，都市の対称性を仮定する．そうすると，都市境界拡大による以下の限界便益，

$$2\{[Y - U^* + I + \lambda - \alpha \log n^o(b) - T(b)]n^o(b) - R_{\mathrm{A}}\}$$

がゼロとなるところまで b が広がると，ラグランジュ関数 (6.19) は最大となる．

しかしながら，そのときに，b（$-b$でも同様）の限界的な増加がb（$-b$でも同様）における$n^o(b)$の人口の増加につながることを考慮していない．これは，$n^o(b)T(b)$の他の消費者の移動コストの増加につながる．したがって，都市境界を広げることによる純便益は以下によって与えられる．

$$2\{[Y-U^*+I+\lambda-\alpha\log n^o(b)-T(b)]n^o(b)-R_A\}-2n^o(b)T(b)$$

この式をゼロと置き，bで評価された最適条件（6.20）を用いると，

$$\alpha n^o(b^o)-R_A=0$$

となり，

$$n^o(b^o)=\exp\left(\frac{\zeta^o-2T(b^o)}{\alpha}\right)=\frac{R_A}{\alpha} \tag{6.22}$$

が得られる．これは，ここでは2を乗じた$T(b^o)$を除いて（6.9）式と同一である．それゆえに，均衡条件は，$T(x)$を$2T(x)$で置き換えた場合に，最適条件と同一となる，と結論付けることができる．

均衡の場合と同じ方法を用いて，最適人口密度は，

$$n^o(x)=\frac{\alpha}{2t}\frac{h^2\exp(h|x|)}{(1+\exp(h|x|))^2}$$

によって与えられることがわかる．ここで，hは均衡の場合にkとして計算された積分定数であり，以下で与えられる．

$$h^2=\frac{t}{\alpha^2}(tN^2+8R_A)$$

中心における最適人口密度が以下のようになることは容易に確かめられる．

$$n^o(0)=\frac{1}{\alpha}\left(\frac{tN^2}{2}+R_A\right).$$

したがって，$2t$でtを置き換えたとき，すなわち，各消費者が他者との相互作用コストを内生化したときに，均衡と最適解が同一となることがわかる．市場均衡においては，消費者にはそのようにするインセンティブが全くないので，最適分布が均衡分布より集中しているのは明らかである．一般常識では，市場都市は中心の近くで混雑し過ぎていると思われているので，この結果は意外であるかもしれない．この驚くべき結果は，消費者は自身の立地によって発生する外部性を考慮に入れないということから来ている．ただし，現在のモデルでは，負の外部性（交通混雑あるいは汚染など）を考慮に入れていないことに注意を要する．それでも，社会的交流への選好が，個人の都市への集中を促進するのに十分であり，そして，最適な集

積は人々のさらに強い集中を必要とすることを観測することは興味深い．これと同じ結果に，以下において，非常に異なったモデルで出会うことになるので，一般性の高い結論である．実際，この結論は，各個人の相互作用の便益の合計が，経済全体の便益に等しい場合には，いつでも成り立つ（Fujita and Smith, 1990）．

Mossay and Picard（2011）は，個人の効用において $\log s$ を $-1/s$ と入れ替えることによって，複数都市形状が，円形の地理空間に沿って出現する可能性があることを示している．これらの空間均衡は，同一で均等な間隔で配置された都市の間に何もない後背地が存在している．さらに，全体の厚生は都市の数に従って減少する．一方，前述の線形空間の下では，唯一の空間均衡が存在し，かつ，単一の都市が形成される．

6.2.2 企業間の相互作用の結果としてのCBD

ここでは，同じ考え方で，互いに相互交流するオフィス企業の均衡分布の特性を分析する．この問題は，O'Hara（1977）とともに，Borukov and Hochman（1977）によって研究された．同種の企業の連続体 M と，土地の密度が1である1次元空間を考える．そして，この土地の機会費用（おそらく住宅）は $R_A > 0$ である．各企業はそれぞれ同一の生産 Q を行い，競争市場において単位価格で販売する．そうするために，企業は他のすべての企業と相互交流を行わなくてはならない．そのために，対応する相互交流費用 $T(x)$ を負担し，1単位の床面積を消費する．この近接性への欲求を満たすために，企業のために建設業者は**オフィス**（offices）を建設する．O'Hara（1977, 1196）は次のように述べている．

> 1つの企業が中心近くの土地を使用すると，その土地を使用することを妨げられた他の企業はより高い交通費用を負担することになる．そして，これらの費用は地代に反映される．これは，土地を他の投入で代替することによって，特に，CBDの周辺よりも中心で高い建物を建てることによって，それらの費用を節約しようとする動機を与える．

さらに，各企業は，市場で決まった**オフィス・レント**（office rent） $R(x)$ を支払って1単位の床面積を使用する．それゆえに，立地点 $x \in [-b, b]$ での（ビジネス）企業の利潤は以下のように定義される．

$$\pi(x) = Q - T(x) - R(x)$$

ここで,その企業にとっての交流費用 $T(x)$ は,各地点 y におけるビジネス企業の密度を $m(y)$ とすると,

$$T(x) \equiv \int_{-b}^{b} t|x-y|m(y)\mathrm{d}y \tag{6.23}$$

で与えられる.各企業がそれぞれ1単位の床面積を使用するので,$m(y)$ は y において建設された,階数も表す.ここでわかるように,分散力は,各地点におけるオフィスビルの高さとともに増加する,オフィス・レントによって表される.

都市のオフィスは多くの競争的な建設会社によって供給されると仮定する.建設会社によって供給される立地点 x における1単位の土地当たりの総床面積を $s(x)$ とすると,その利潤は,

$$\pi_c(x) = R_o(x)s(x) - [s(x)]^2 - R(x)$$

となる.ここで,s^2 は,土地1単位当たりの総床面積 s の建設費用を表す.この費用が s の2乗であると仮定することは,同じ場所でのオフィスの高さに関して収益遞減であることを示す.

建設会社の利潤の,s についての最大化の条件より,x で供給される床面積の密度が以下のように決まる.

$$s^*(x) = R_o(x)/2$$

このように,オフィス・レントに比例して,オフィスの供給密度は増加する.次に,オフィス市場の均衡においては,オフィスによって占められるすべての立地点 x において $m(x) = s^*(x)$ となる.その結果,均衡オフィス・レントが以下のようになっている必要がある.

$$R(x) = 2m(x) \tag{6.24}$$

結果として,建設部門の自由参入均衡において,以下が得られる.

$$\pi_c(x) = R_o(x)m(x) - [m(x)]^2 - R(x) = 0$$

よって,(6.24) 式を用いて,x における均衡地代が以下のように得られる.

$$R^*(x) = [m(x)]^2 \tag{6.25}$$

これから,均衡地代もオフィス密度とともに増加することがわかる.

ビジネス企業は同一であるので,均衡においては各企業は同じ利潤 π^* を得るので,

$$\pi^* = Q - T(x) - R_o^*(x)$$

となる.したがって,(6.24) を用いると以下が得られる.

$$2m(x) = Q - T(x) - \pi^*$$

この式を微分し，$\mathrm{d}^2T/\mathrm{d}x^2 = 2tm(x)$ の関係を用いると，以下の微分方程式が得られる．

$$\frac{\mathrm{d}^2 m}{\mathrm{d}x^2} + tm(x) = 0$$

これを解いて，ビジネス企業の密度が

$$m^*(x) = k\cos\left(t^{1/2}|x|\right)$$

と得られる．ここで，k は，以下で決定される，正の積分定数である．したがって，ビジネス企業の均衡密度は，（図6.1と同様に）$x=0$ で最大となる単峰形をしている．以上のように，ビジネス情報の交換の必要性から，中心業務地区（CBD）の形成を説明することができる．オフィス密度ないしビルの高さは，CBDの内生的な中心からの距離とともに減少する．

(6.25)式を用いて，均衡オフィス・レントは以下のようになる．

$$R^*(x) = k^2\left[\cos\left(t^{1/2}|x|\right)\right]^2$$

両者とも，(6.24)から得られるオフィス密度と同じく，単峰形をしている．

$$R_o^*(x) = 2k\cos\left(t^{1/2}|x|\right)$$

CBDの範囲の決定がまだ残っている．業務地区の外辺 b では，$R^*(b)$ は R_A に等しくなくてはならないので，

$$\sqrt{R_\mathrm{A}} = k\cos\left(t^{1/2}b\right) \tag{6.26}$$

が得られる．一方，ビジネス企業数

$$M = \int_{-b}^{b} m(x)\mathrm{d}x = 2k\int_0^b \cos(t^{1/2}x)\mathrm{d}x$$

が得られる．これを計算すると，

$$M = 2kt^{-1/2}\sin(t^{1/2}b) \tag{6.27}$$

となる．(6.26)式と (6.27)式から，以下のようになる．

$$b^* = t^{-1/2}\arctan\left(\frac{M}{2}\sqrt{\frac{t}{R_\mathrm{A}}}\right)$$

最後に，この b^* を (6.26) 式に代入して以下を得る．

$$k = \frac{(R_\mathrm{A})^{1/2}}{\cos\left(\arctan\left(\frac{M}{2}\sqrt{\frac{t}{R_\mathrm{A}}}\right)\right)}$$

以上より，企業間の相互交流は，消費者の社会的交流の場合と同様に，内生的に

CBDの形成をもたらすことがわかる．前項の6.2.1と全く同じ理由で，企業の最適な密度分布は均衡密度分布より，中心近くにおいて，より集中している．

6.3 企業と労働者の空間的相互依存による都市形成

6.2節では，消費者と企業の集積を別々に考えた．ここでは，両タイプの主体間の相互作用が，どのようにして，都市全体の空間的な構造を形成するかを研究する．ここでの議論は，6.2.2項と同じく，企業間のビジネス外部性を通じて，集積力が発生するモデルにもとづいている．簡単化のために，家計間の社会的な相互作用は無視する．企業と家計は，労働と土地の完全競争市場を通じて相互作用を行う．

具体的には，集積力は，情報交換のための企業間のコミュニケーションより生まれる．企業は，主体間の距離に敏感なコストを被る直接的なコミュニケーションを必要とする限り，互いにより近くに立地するときに，情報による利益はより大きい．確かに，企業が他の1つの企業に近づくことにすると，その近くの別の企業にも近づくことになる．それゆえに，それらが所有する情報からも利益を受ける．したがって，他の条件が等しいとき，各企業には他の企業の近くに立地する動機がある．一方で，1つの区域への多くの企業の集中は，労働者の平均通勤費用を増加させるとともに，その集中地区で，より高い賃金と地代をもたらす．そのような高い賃金と地代は，同じ区域への企業の一層の集積を妨げ，分散力として機能する．その結果，企業と家計（労働者）の均衡分布は，これら相反する2つの力の間のバランスとして決定される．特に，このアプローチがオリジナルであるのは，企業によって支払われる賃金および地代が内生的であり，企業の立地選択に応じて変わるという点である．

6.3.1 モデル

1次元空間 $X=(-\infty,\infty)$ を考える．各立地点 $x \in X$ の土地の量は1に等しい．都市には，連続体としての N 人の均質の家計ないし労働者が居住している．また，その都市には，操業する可能性のある連続体としての M 個の企業も存在する．土地は不在地主によって，企業は不在株主によって所有されている．企業は，与えられた価格 p で販売される同じ財を生産して，同じ技術を使用する．具体的には，各企業は，生産活動を行うために，固定された量の土地（S_f）と労働（L_f）を必要とする．さらに，家計は固定された土地の量（S_h）を使用する．この都市の土地の総

使用量は MS_f+NS_h に等しく，定数である．一般性を失わずに，$S_f=S_h=1$ となるように，M と N の単位を選ぶことができる．したがって，$M(N)$ の値が大きいということは，企業（労働者）の数が多く，企業（労働者）は大きな敷地を使うということを意味する．土地の機会費用はゼロであることも仮定する．土地と労働市場は，すべての各立地点 $x \in X$ において，完全競争である．各地点における地代を $R(x)$，賃金を $W(x)$ で表す．労働市場が精算するということは，企業の数が以下のようになっていることを意味する．

$$M = N/L_f \tag{6.28}$$

消費者 今までと同じく，家計の効用を $U(z,s)$ で表す．ここで，$s=1$ は土地の消費，z は合成財の消費を表す．さらに，各家計は1単位の労働力を提供し，合成財は，標準化された一定の価格1で都市の外部から移入される．そうすると，家計が $x \in X$ に住み，$x_w \in X$ で働くことを選択した場合，予算制約は次のようになる．

$$z + R(x) + t|x - x_w| = W(x_w)$$

ここで，t は単位通勤費用である．[5)] 敷地規模は固定されているので，各家計の目的は，居住地 x と勤務地 x_w を最適に選択して，次式で与えられる合成財の消費量を最大にすることである．

$$z(x, x_w) = W(x_w) - R(x) - t|x - x_w|$$

ここで X から X への写像 J を導入し，各（潜在的）居住地 x に（潜在的）勤務地 $J(x) = x_w$ を対応させることとする．この写像は労働者の通勤パターンを表しているので，**通勤関数**（commuting function）と呼ぶ．x に住んでいる個人は，純所得を最大にする地点 $J(x)$ で働くので，以下の関係が成立する必要がある．

$$W(J(x)) - t|x - J(x)| = \max_{y \in X} \{W(y) - t|x - y|\} \qquad x \in X$$

したがって，地点 x の家計の付け値関数は，以下のように定義される．

$$\Psi(x, u) \equiv W(J(x)) - t|x - J(x)| - Z(u) \tag{6.29}$$

ここで，通常どおり，$Z(u)$ は，式 $U(z,1) = u$ の解である．定義から，$\Psi(x, u)$ は，x にいる家計が $J(x)$ で働いて，効用水準 u を享受しているときに，立地点 x で単位面積の土地に対して支払うことのできる地代である．

[5)] 土地と企業が不在地主と出資者によって所有されていると仮定されているので，それぞれの消費者の所得は，選択された勤務地で得られた賃金と等しい．

企業 企業の産出 Q はこの企業が都市の中の他の企業から得る情報量に依存する.すべての企業は対称であるが,持っている情報は異なっている.したがって,各企業は,すべての他の既存の企業と活発にコミュニケーションすることを望んでいる.コミュニケーションの強さは接触活動の水準(例えば,人的接触の数)によって計測される.各企業は他の企業との最適な水準の接触活動を選択する.値 $\varphi(x,y)$ を,$x \in X$ にいる1つの企業が選択した,$y \in X$ における各々の企業との接触活動の水準とするとき,$V(\varphi(x,y))$ は,この接触活動のその企業の収入 Q への寄与の合計を表す.すべての企業は対称であるから,この寄与を表す関数 $V(\varphi(x,y))$ はすべての企業に共通とする.

ある企業の他の企業とのコミュニケーションは,どちらの側にとっても,情報を組織化し,蓄え,分析し,伝達する必要性のため,時間を消費する.地点 x の企業が地点 y の企業から情報を得る場合,x の企業は1単位の接触当たり $c_1(x,y)$ のコストを負担し,それは2つの企業の立地点の関数であると仮定される.一方,この活動の間,y の企業も時間を消費するのでそのコストを c_2 で表し,それは企業の立地から独立な定数とする.例えば,x の企業のマネージャーが y の企業のマネージャーに電話をかける場合,時間を費やすことによって何らかのコストを相手にも負わせることになるが,そのコストは企業間の距離に依存しない.これは,各企業は,他の企業によるコミュニケーション活動によって発生する,付加的なコストを負担することを意味する.

地点 $y \in X$ の企業の密度を $m(y)$ とし,$x \in X$ における1つの企業によって選ばれた,y の各企業との接触活動水準を $\varphi(x,y)$ で表す.このとき,x にいる企業の収入は以下で与えられ,

$$Q(x) = \int_X \{V(\varphi(x,y))\} m(y) \mathrm{d}y$$

したがって,その企業の利潤は

$$\begin{aligned}\pi(x) &= Q(x) - \int_X [c_1(x,y)\varphi(x,y) + c_2\varphi(y,x)] m(y) \mathrm{d}y - R(x) - W(x) L_\mathrm{f} \\ &= \int_X \{V(\varphi(x,y)) - c_1(x,y)\varphi(x,y) - c_2\varphi(y,x)\} m(y) \mathrm{d}y - R(x) - W(x) L_\mathrm{f}\end{aligned}$$
(6.30)

となる.

各企業は,利潤を最大にするように,立地点 x と,接触活動水準 $\varphi(x,y)$ を選択

する．このとき，各企業は，他の企業の空間的な分布と，他の企業による接触活動の水準は与えられたものとして行動する．[6]

立地点 x の企業と y の企業との最適な接触水準は，(6.30) 式の $V(\varphi(x,y)) - c_1(x,y)\varphi(x,y)$ を最大にするために，$\varphi(x,y)$ を選択することによって全体の企業の分布から独立に決定できる．ここで，$c_1(x,y) = c_1(y,x)$ と仮定する．そうすると，企業のペア間の最適な接触水準が，双方にとって同一となり（$\varphi^*(x,y) = \varphi^*(y,x)$），企業はコミュニケーションのプロセスにおいて，対称になる．

各立地ペア (x,y) 間の**局所近接度**（local accessibility）を，次のように定義する．
$$a(x,y) \equiv V(\varphi^*(x,y)) - [c_1(x,y) + c_2]\varphi^*(x,y) \tag{6.31}$$
そうすると，利潤関数 (6.30) を以下のように書き直すことができる．
$$\pi(x) = A(x) - R(x) - W(x)L_f \tag{6.32}$$
ここで，
$$A(x) \equiv \int_X a(x,y)m(y)dy \tag{6.33}$$
であり，それぞれの立地点 $x \in X$ での**総合近接度**（aggregate accessibility）を表す．結果として，特定の場所のグローバル近接度は，すべての企業によって行われた立地決定に依存する．予想どおり，企業の密度がこの点の周りでさらに集中するとき，x のグローバル近接度は増加する．

関数 $a(x,y)$ は，y にある企業から x の企業が経験する，情報のスピルオーバー（溢出効果）であるという別の解釈も可能である．この場合，$A(x)$ は，情報の場が持つ空間的外部性を表していると解釈できる．1つの企業が受け取る情報の量は外生的であるが，それは，他の企業との立地関係に依存している．[7]

ここで，(6.32) 式より，x の企業の付け値関数は以下のように定義される．
$$\Phi(x,\pi) = A(x) - W(x)L_f - \pi \tag{6.34}$$
これは，企業が，利潤 π を得ながら，$x \in X$ での1単位の土地に対して支払える最も高い地代を表している．

都市の均衡形状は，企業と家計の付け値関数の相互作用を通じて決定される．よ

---

[6] これは，どんな企業もいかなる他の企業によっても起こされた接触を拒否しないことを意味する．これは，ここでの情報活動の対称性のために，自然なことに思える．

[7] 第11章で，企業は，研究開発を通じて，多様なスピルオーバーの恩恵を受けることになる．

り正確には，すべての企業が同じ均衡利潤 π^* を達成し，すべての家計が同じ均衡効用水準 u^* を持ち，そして，地代と賃金は，それぞれ土地市場と労働市場を清算しているとき，**空間均衡**（spatial equilibrium）が達成されている．未知であるのは，企業の分布 $m(x)$，家計の分布 $n(x)$，地代関数 $R(x)$，賃金関数 $W(x)$，通勤関数 $J(x)$ と，均衡時の利潤の水準 π^* と効用水準 u^* である．

6.3.2 市場の結果

この設定では，(i) 家計の数 N は固定されており，(ii) 各企業は固定された数の労働者を雇い，(iii) 失業はないので，均衡利潤 π^* か均衡効用水準 u^* のどちらかが不確定となる．そこで，利潤がゼロであることを仮定して，$\pi^* = 0$ を，均衡条件として加えられる．言い換えれば，潜在する企業が，利潤がゼロになるまで土地と労働を求めて競争するということである．

付け値関数（6.29）と（6.34）を用いて，均衡条件は以下のように記述される．

(i) 土地市場均衡：各地点 $x \in X$ において

$$R(x) = \max\{\Psi(x, u^*), \Phi(x, 0, 0)\} \tag{6.35}$$

$$\Psi(x, u^*) = R(x) \quad (\text{もし } n(x) > 0 \text{ ならば}) \tag{6.36}$$

$$\Phi(x, 0) = R(x) \quad (\text{もし } m(x) > 0 \text{ ならば}) \tag{6.37}$$

$$n(x) + m(x) = 1 \quad (\text{もし } R(x) > 0 \text{ ならば}) \tag{6.38}$$

(ii) 通勤均衡：各地点 $x \in X$ において

$$W(J(x)) - t|J(x) - x| = \max_{y \in X}\{W(y) - t|y - x|\} \tag{6.39}$$

(iii) 労働市場均衡：各地点 $x \in X$ において

$$\int_I n(x)dx = \int_{J(I)} L_f m(x)dx \quad (X \text{の各区間 } I \text{ に対して}) \tag{6.40}$$

(iv) 企業と家計の人口制約

$$\int_X m(x)dx = M \tag{6.41}$$

$$\int_X n(x)dx = N \tag{6.42}$$

条件（6.35）から（6.38）は，合わせて，各立地点を最も高い付け値の経済主体が占めることを意味する．条件（6.39）は，居住立地 x の各々に対して，通勤目的地 $J(x)$ が，正味の賃金を最大にしていることを意味している．条件（6.40）は，

通勤関数 J の下で，労働の需要と供給がすべての地点で等しいことを保証している．人口制約の意味は明らかである．

あらゆる空間均衡の，1つの一般的な特性に注目する価値がある．ある通勤関数 J が与えられたとき，以下の関係を満たす $x \in X$ と $x' \in X$ が存在する場合，

$$(J(x)-x)(J(x')-x')<0 \quad (x-x')(J(x)-J(x'))<0 \quad (6.43)$$

交差通勤 (cross-commuting) が行われているという．最初の不等式は，x での居住者と x' での居住者が，反対の方向に通勤することを意味するが，2番目の不等式は，それらの通勤経路が交差していることを意味している．(6.39) 式は，各居住者が純所得を最大にする勤務地を選ぶことを要求しているので，「いかなる空間均衡形状においても，交差通勤は起こらない」という結果は直感的に明白である．実際，2つのグループの労働者が交差通勤をしている場合，それらのグループに属するどの家計も，もう片方のグループが働いている区域の職場を選ぶことによって，純所得を上げることができる．

均衡都市形状の特性は，局所近接度関数 $a(x,y)$ の形に決定的に依存していることがわかる．利潤関数 $V(\varphi)$ と費用関数 $c_1(x,y)$ の関数形を特定化することにより，関数 $a(x,y)$ を特定化することができる．以下の，特別だが重要な，2つのケースに焦点を当てる．

$$a(x,y)=\beta-\tau|x-y| \quad (6.44)$$

および

$$a(x,y)=\beta \exp(-\tau|x-y|) \quad (6.45)$$

ここで，τ と β は 2 つの正の定数で，τ は距離減衰効果の強さを表す．式 (6.44) は**線形近接度** (linear accessibility) に対応しているのに対し，式 (6.45) は**空間減衰近接度** (spatially discounted accessibility) に対応している．どちらの式も，空間相互作用モデルで広く使用されている．

例えば，(6.45) 式は以下のように導出することができる．利潤 $V(\varphi)$ が以下の**エントロピー型関数** (entropy-type function) によって与えられると仮定する．

$$V(\varphi)=\begin{cases} -\varphi \log \varphi & \varphi<1/e \text{ に対して} \\ 1/e & \varphi \geq 1/e \text{ に対して} \end{cases}$$

これは，(6.30) 式と関連して，企業が異種の情報を集める傾向を持つことを表している．そうすると，それぞれの立地の組み合わせ (x,y) に対して，$\{V(\varphi(x,y))-c_1(x,y)\varphi(x,y)\}$ を最大にするように，$\varphi(x,y)$ を選択して，以下の最適な接触水準が得られる．

$$\varphi^*(x,y) = \exp[-1 - c_1(x,y)]$$

これらを，(6.31) 式に代入すると，

$$a(x,y) = (1-c_2)\exp[-1-c_1(x,y)]$$

が得られる．さらに，$\beta \equiv (1-c_2)/e$ と置き，正と仮定して，以下が得られる．

$$a(x,y) = \beta\exp[-c_1(x,y)]$$

したがって，$c_1(x,y) = \tau|x-y|$ なら，(6.45) 式が得られる．[8] 線形近接度の場合は，Ogawa and Fujita（1980）と Imai（1982）によって独立に研究された．一方，Fujita and Ogawa（1982）は空間減衰近接度の持つ含意を示した．以下の2つの節で，各ケースについて順に考察する．

6.4 単一中心都市

局所近接度が線形の場合，各立地点 $x \in X$ の総合近接度は以下で与えられる．

$$A(x) = \int_X [\beta - \tau|x-y|]m(y)\mathrm{d}y \tag{6.46}$$

以下において，我々は，原点を中心とする区間において定義された，対称な密度関数 $m(y)$ に限定する．したがって，

$$\frac{\mathrm{d}A(x)}{\mathrm{d}x} = -\tau\left\{\int_{-\infty}^{x}m(y)\mathrm{d}y - \int_{x}^{\infty}m(y)\mathrm{d}y\right\} \gtreqless 0 \quad (x \lesseqgtr 0 \text{の場合}) \tag{6.47}$$

さらに，密度関数 m の台，$m_+ \equiv \{x|m(x)>0\}$ は業務地区（business area）であり，以下が成立する．

$$\frac{\mathrm{d}^2 A(x)}{\mathrm{d}x^2} = -2\tau m(x)\begin{cases} <0 & x \in m_+ \\ =0 & x \notin m_+ \end{cases} \tag{6.48}$$

したがって，$A(x)$ は，業務地区では厳密に凹関数であり，それ以外では直線である．$A(x)$ が，$x=0$ で最大となる凹関数であることが，強い集積の力を作り出す．その結果，企業はお互いにあまり遠く離れたがらない．

以下で，それぞれの可能な均衡形状を順次分析し，次に，第3章で説明した土地競争の基本原理を使用することで，どのような条件の下でそれらが均衡となるかを調べる．見てきたように，付け値関数は x に関して連続である．したがって，以

---

[8] かわりに，$c_1(x,y) = -\log\left(1 - \frac{\tau}{\beta}|x-y|\right)$ と設定すると，(6.44) 式が得られる．この，$c_1(x,y)$ は $|x-y|$ の増加そして凸関数である．

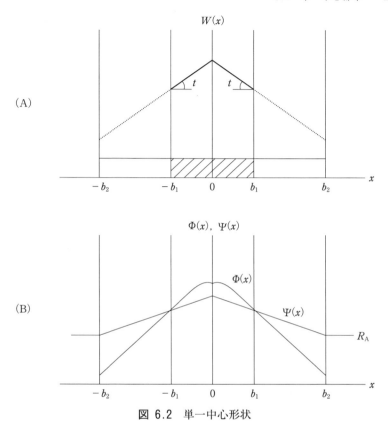

図 6.2 単一中心形状

下における都市の各々の区間は，閉区間で表すことにする．

最初に，図6.2で，単一中心都市の場合を示す．上の図（A）は，対応する土地利用パターンと，賃金曲線 $W(x)$ を示す．区間 $[-b_1, b_1]$ で定義された中心業務地区が存在し，2つの同じ大きさの住居地区，$[-b_2, -b_1]$ と $[b_1, b_2]$ によって囲まれている．交差通勤がないので，業務地区の左（右）側半分は左（右）側の居住地区の人々の勤務地となる．すべての労働者が同じ実質賃金を得るように，賃金曲線は，都市中心の左右で直線でなくてはならず，単位通勤費用 t に等しい傾きを持っている．単一中心パターンに対応した付け値曲線が，図6.2の下の図（B）に描かれている．単一中心パターンは，この図のように，住宅地区では家計の付け値曲線が企業の付け値曲線を上回り，業務区域では逆が成立する場合に，均衡である．

244   第6章 コミュニケーションの外部性の下での都市空間構造

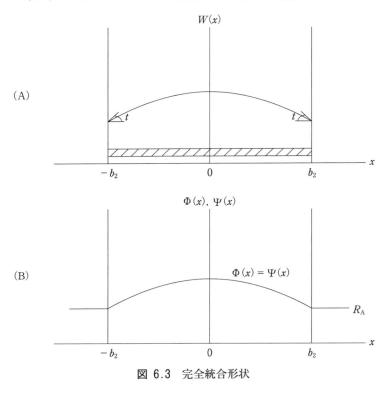

図 6.3　完全統合形状

単一中心形状では，業務地区は住宅区域から完全に分離しているので，各労働者は勤務地に通勤しなければならない．

他方の極端なケースとして，図6.3は，完全に統合された形状を示している．ここでは，企業と家計の両方が都市区域 $[-b_2, b_2]$ において一様に分布している．この場合，通勤がないので，すべての労働者にとって，勤務地は住宅の立地点と同一である．これが空間均衡となるためには，各立地点で家計と企業の付け値が等しくなくてはならない．

第3番目のケースは図6.4に示される不完全統合形状で，最初の2つのケースを混合したものである．上図 (A) に示されるように，企業と家計は**統合地区** (integrated district) $[-b_0, b_0]$ の中では一様に混合されていて，通勤は発生しない．この統合地区は2つの業務地区 $[-b_1, -b_0]$ と $[b_0, b_1]$ に囲まれており，それぞれの業務地区は住宅 $[-b_2, -b_1]$ と $[b_1, b_2]$ に隣接している．対応する付け値関数が図6.4

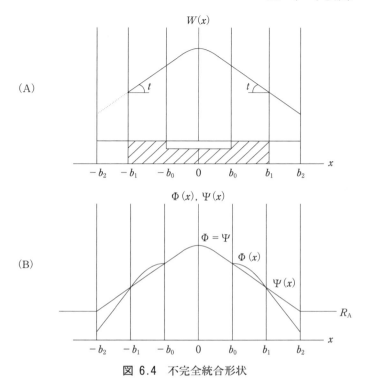

図 6.4 不完全統合形状

の下図 (B) に描かれている．

　読者は多分，最初の 2 つの形状は 3 番目のものの特別なケースであることに気づいたであろう．実際，図6.4で $b_0=0$ とすると，単一中心パターンが得られ，同様に，$b_0=b_2$ とすると，完全統合形状が得られる．言い換えれば，不完全統合形状は，線形近接度の下での一般的なパターンを表してる．したがって，以下において，不完全に統合している形状が均衡であるパラメータの集合を最初に決定する．そして，他の 2 つの形状は，その特別な場合として導出される．そうすることによって，パラメータの許される値全体の領域が，完全にカバーされていることがわかる．図6.4で表された都市の形状を考えてみよう．形状が $x=0$ に関して左右対称であるので，x の非負の値に限定して検討すればよい．統合領域 $[0, b_0]$ では，すべての個人は彼らの居住地で働き，したがって，すべての $x \in [0, b_0]$ で $J(x)=x$ である．したがって，土地制約条件 (6.38) と労働市場清算条件 (6.40) は以下を意味する．

$$m(x)=1/(1+L_\text{f}) \quad \text{かつ} \quad n(x)=L_\text{f}/(1+L_\text{f}) \qquad x\in[0,b_0] \tag{6.49}$$

一方,業務地区では

$$m(x)=1 \quad \text{かつ} \quad n(x)=0 \qquad x\in[b_0,b_1] \tag{6.50}$$

となる.同様に,住宅地区では,

$$n(x)=1 \quad \text{かつ} \quad m(x)=0 \qquad x\in[b_1,b_2] \tag{6.51}$$

となっている.

さらに,人口制約条件 (6.41) は,

$$\frac{M}{2}=\int_0^{b_0} m(x)\mathrm{d}x+\int_{b_0}^{b_1} m(x)\mathrm{d}x=\frac{b_0}{1+L_\text{f}}+b_1-b_0$$

を意味している.これは,b_0 の関数として,均衡境界値 b_1^* を与える.

$$b_1^*(b_0)\equiv b_1^*=\frac{L_\text{f}}{1+L_\text{f}}b_0+\frac{M}{2} \tag{6.52}$$

都市区域 $-b_2^*$ と b_2^* の間には空地がないので,$M+N=2b_2^*$ となる.これを用いて,都市境界が以下のように与えられる.

$$b_2^*=N(1+L_\text{f})/(2L_\text{f}) \tag{6.53}$$

これは,人口規模とともに増加する.

統合地域では通勤は起こらず,区間 $[b_1^*, b_2^*]$ に住む人々は全員が区間 $[b_0, b_1^*]$ で働くので,一般性を失わずに,通勤関数は以下のように決めることができる.

$$J(x)=\begin{cases} x & x\in[0,b_0] \\ \dfrac{b_1^*(x-b_1^*)+b_0(b_2^*-x)}{b_2^*-b_1^*} & x\notin[b_0,b_2^*] \end{cases} \tag{6.54}$$

これは,統合地区 $[0,b_0]$ に住む人々は居住場所と同じ地区で働き,住宅地区 $[b_1^*, b_2^*]$ に住む人は,業務地区 $[b_0, b_1^*]$ に,x と $J(x)$ が同方向に動くように割り当てられることを意味する.この通勤パターンが成り立つためには,条件 (6.39) から,賃金関数は以下のようになっている必要がある.[9]

$$W^*(x)=W^*(b_0)-t(x-b_0) \qquad x\in[b_0,b_2^*] \tag{6.55}$$

次に,(6.49) 式から (6.51) 式までを (6.46) 式に代入すると,以下の総合近接度関数が得られる.

---

[9] 企業が全くそこに立地していないので,区間 $[b_1^*, b_2^*]$ では,均衡賃金率が一意には定まらない.

$$A^*(x) = \beta M - \left\{\tau(b_1^2 - b_0^2) + \frac{\tau}{1+L_f}(b_0^2 + x^2)\right\} \quad x \in [0, b_0]$$

$$= \beta M - \left\{\tau(b_1^2 - 2b_0 x + x^2) + \frac{2\tau}{1+L_f}b_0 x\right\} \quad x \in [b_0, b_1^*] \quad (6.56)$$

$$= \beta M - \left\{2\tau(b_1 - b_0)x + \frac{2\tau}{1+L_f}b_0 x\right\} \quad x \in [b_1^*, b_2^*]$$

(6.34) 式で, $\pi^* = 0$ と置き, 企業の均衡付け値関数は

$$\Phi^*(x) = A^*(x) - W^*(x)L_f \quad (6.57)$$

となる.

同様に, (6.29) 式で $u = u^*$ とし, (6.54) 式の第1式と (6.55) 式を用いると, 以下の家計の均衡付け値関数が得られる.

$$\begin{aligned}\Psi^*(x) &= W^*(x) - Z(u^*) & x \in [0, b_0] \\ &= W^*(b_0) - t(x - b_0) - Z(u^*) & x \in [b_0, b_2^*]\end{aligned} \quad (6.58)$$

図6.4の下の図で示されているように, 不完全統合形状は通勤条件 (6.39) が満たされ, かつ, 均衡付け値関数が以下の条件を満たすとき, 空間的均衡となる.[10]

$$\Phi^*(x) = \Psi^*(x) \quad x \in [0, b_0] \quad (6.59)$$
$$\Phi^*(x) \geq \Psi^*(x) \quad x \in [b_0, b_1^*] \quad (6.60)$$
$$\Phi^*(x) \leq \Psi^*(x) \quad x \in [b_1^*, b_2^*] \quad (6.61)$$
$$\Psi^*(b_2^*) = 0 \quad (6.62)$$

ここで, 通勤関数は (6.54) 式で与えられる.

単一中心都市の完全な均衡分析は, さらに以下の5つのステップを必要とする.

(i) (6.53) 式を使って, (6.58) 式の第2式と (6.62) 式から以下を得る.

$$W^*(b_0) = t[(1+L_f)M - 2b_0]/2 + Z(u^*) \quad (6.63)$$

(ii) (6.57) 式と (6.58) 式とともに (6.59) 式を使うと, 統合地区における均衡賃金が以下のように得られる.

$$W^*(x) = \frac{A^*(x) + Z(u^*)}{1 + L_f} \quad x \in [0, b_0] \quad (6.64)$$

(6.56) 式の最初の等式によって定義される $A^*(x)$ を (6.64) 式に代入し, かつ, (6.52) 式で与えられる $b_1^*(b_0)$ を用いる. その後, 地点 b_0 における $W^*(x)$ の値を

---

[10] また, $x > b_2^*$ において $\max\{\Phi^*(x), \Psi^*(x)\} < R_A$ であり, $x \in [0, b_2^*]$ において $\max\{\Phi^*(x), \Psi^*(x)\} \geq R_A$ であることを確認する必要がある.

(6.63) 式に等しくすることによって，均衡の効用 $u^*(b_0)$ が b_0 の関数として，一意に決定される．さらに，(6.55) 式，(6.63) 式と (6.64) 式から，各地点 $x \geq 0$ での均衡賃金 $W^*(x)$ が b_0 の関数として一意に決定できる．

(iii) 次に，境界 b_0 を決定する．まず，(6.59) 式は以下を意味している．

$$\Phi^*(b_0) = \Psi^*(b_0) \tag{6.65}$$

さらに，(6.60) 式と (6.61) 式から以下が導かれる．

$$\Phi^*(b_1^*) = \Psi^*(b_1^*) \tag{6.66}$$

これら2つの条件から以下が得られる．

$$\tau(b_1^* - b_0) + \frac{2\tau b_0}{1+L_f} = (1+L_f)t$$

この式に，(6.52) 式によって与えられた b_1^* を代入すると，b_0 の均衡値が以下のように決定される．

$$b_0^* = \frac{t(1+L_f)^2}{\tau} - \frac{N(1+L_f)}{2L_f} \tag{6.67}$$

これは，b_0^* が t と N の1次関数であることを意味する．この b_0^* が，区間 $[0, b_2^*]$ に含まれなければならないので（ここで，b_2^* は (6.53) 式で与えられる），以下の不等式が成立しなければならない．

$$\frac{M}{2(1+L_f)} \leq \frac{t}{\tau} \leq \frac{M}{1+L_f} \tag{6.68}$$

(iv) 関数 $\Psi^*(x)$ が $x \in [b_0^*, b_2^*]$ で，線形であることは容易に確かめられ，$\Phi^*(x)$ は $x \in [b_0^*, b_1^*]$ で，厳密に凹関数であり，$x \in [b_1^*, b_2^*]$ で線形である．ここで，左側と右側の $\Phi^*(x)$ の導関数は b_1^* において等しい．これらの性質は，(6.65) 式と (6.66) 式を合わせて，(6.60) 式と (6.61) 式が成り立つことを意味する．

(v) 最後に，(6.54) 式によって定義された通勤関数が均衡条件 (6.39) 式を満たしていることの検討が残っている．$W^*(x)$ が区間 $[0, b_1^*]$ で厳密に凹関数で，かつ，$[b_1^*, b_2^*]$ において傾き $-t$ で，線形であるので，b_0^* における $W^*(x)$ の左側の微分値の絶対値が t を超えないときのみ通勤パターンは均衡となる．(6.56) 式の最初の等式と (6.64) 式から，これは，

$$t \geq \frac{2\tau b_0^*}{(1+L_f)^2} \tag{6.69}$$

を意味する．これは (6.67) 式を用いて，

$$t \geq 2t - \frac{\tau N}{(1+L_f)L_f}$$

を意味し，最終的に

$$\frac{t}{\tau} \leq \frac{N}{(1+L_f)L_f}$$

が得られる．条件（6.68）が成立するときはいつも，この条件は満たされている．
したがって，(6.28) 式を用いて，以下の結論が得られる．

命題6.2 不完全統合形状は以下の条件が満たされるとき，かつ，そのときのみ，空間均衡である．

$$\frac{N}{2(1+L_f)L_f} \leq \frac{t}{\tau} \leq \frac{N}{(1+L_f)L_f}$$

なお，前述したように，不完全統合形状は，$b_0^* = 0$ のとき，図6.2で表された単一中心形状に退化する．したがって，上のすべての分析において，$b_0 = 0$ とし，そして条件（6.65）を

$$\Phi^*(b_0) \geq \Psi^*(b_0)$$

と置きなおすことにより，以下が得られる．[11]

命題6.3 単一中心形状は，以下の条件を満たされるとき，かつ，そのときのみ，空間均衡である．

$$\frac{t}{\tau} \leq \frac{N}{2(1+L_f)L_f}$$

同様に，以前の分析において，$b_0 = b_2$ とし，(6.69) 式における b_0^* を (6.53)

---

[11] 同じタイプの外部性は，企業が他と業務提携している場合を考えた，Kanemoto (1990) によってさらに探求された．生産における不可分性に，企業間の中間財投入の交換を考え合わせると，外部性は藤田，今井，および小川によって考えられたものと同様の条件で創造される．パラメータ τ が，中間財の単位輸送費である場合，Kanemoto (1980) は，比率 t/τ が小さいときに，単一中心形状が均衡であることを示した（命題6.3 と同様の条件である）．

式で与えられる b_2^* で置き換えることによって，以下が得られる．[12]

命題6.4 完全統合形状は以下の条件が満たされるとき，かつ，そのときのみ，空間均衡である．

$$\frac{t}{\tau} \geq \frac{N}{(1+L_f)L_f}$$

上の結果は，t/τ の可能な値の全体の領域が網羅されている図6.5にまとめられている．この比率が徐々に減少するとともに，都市の空間構造は，不完全に統合された形状を経て完全統合形状から単一中心形状まで移り変わる．言い換えれば，通勤が非常に高コストな場合，都市のそれぞれの地点は，本質的に自給自足のパターンを示しており，労働者はそれぞれの職場のそばに居住している．また，集積の経済が弱いので，企業の効率のレベルは低い．これは，なぜ産業化以前の都市で，土地がほとんど特化されなかったのかを，説明している．そこでは，労働者が高速交通機関でアクセスする近代都市に比べて，ほとんどの人は徒歩で移動していた．部分的に特化した土地の形状は，t/τ の中間値のときに出現する．最後に，現代の単一中心の形状が，t（単位通勤費用）が，τ（コミュニケーションの距離減衰パラメータ）と比較して比較的小さい場合に，均衡である．[13]

通勤費用が低下し，企業間のコミュニケーション強度が上昇する（両者は産業革命以来のかなり普遍的な傾向）とともに，都市は職住混合型から，土地が用途別に完全に特化された単一中心都市へと進化する．これは，単一中心形状が，通勤費用が低いとき，ないし，業務コミュニケーションにおける空間的距離減衰効果が強いとき，もしくはその両方のとき現れることを意味している．後者の結果は直感的にわかりやすいが，前者の結果は直感的にそれほど明らかではないかもしれない．しかしながら，低いコミュニケーション費用が集積を促進させるという現象は，以下の章においても何度か現れる．他方では，高い輸送費は，土地用途の特化がなく，

---

12) 同様の結果について，命題3.2を参照されたい．
13) 線形近接度の下では上記の3つの均衡形状しか存在しえない，ということを示すには，かなり精巧な議論が必要である（Ogawa and Fujita, 1980）．補論Cで，2つの中心を持つ形状の場合に限定し，なぜそれが線形近接度の下の均衡でありえないか示す直感的な論拠を与える．

図 6.5 線形近接度の下での 3 つの均衡形状のパラメータの範囲

通勤も発生しない完全混合形状につながる．これらすべての結果は，農業土地利用の場合に，3.2.2項で行われた結果とも一致している．さらに，それらは，地方から都市への移住は，都市の成長を促進させただけではなかったことを示している．それらは，都市人口を増加させることにより，土地特化のプロセスを引き起こし，大きな単一中心の都市の出現を促進した．

上記の命題の別の興味深い含意は，単一中心の形状は，生産での土地の集約度合が低い場合に，発生しやすいということである．それは，企業は，より小さな地区に集中して立地することができるので，互いのよりよい近接性から利益を得られるようになるからである．同様に，生産での労働集約度が低い場合，同じ人口の下でより多くの企業が操業できる．この場合，CBDで集積することによる企業の利点はより大きい．したがって，単一中心の都市が再び出現する可能性がある．その結果，CBDには，少数の大きな企業ではなく，多くの小さな企業が含まれることが予想される．別の言い方をすれば，大きな製造工場は，小さな床面積と少数の労働者を使っているサービス企業に比べて，CBDを形成する可能性は少ない．同様に，コミュニケーションのためのインフラストラクチャの開発は，τの値を低下させ，都市内の仕事の（例えばe-ワークによる）分散を助ける．

線形近接度の下での最適形状について，簡単に検討しよう．6.2節で提示されたモデルにおけるように，企業が立地を選ぶとき，それ自身のコミュニケーション費用だけを考慮し，他の企業にもたらす同額の費用の変化を無視して行動する．したがって，競争均衡は最適ではない．[14] 最適形状が均衡として実現されるためには，各企業は企業同士のコミュニケーション費用をすべて内部化させる必要がある．したがって，異なった最適形状に対応するパラメータ範囲は，図6.5をもとにして図6.6のように示すことができる．

---

14) ここでは，簡略化のために，他の企業から情報を得るときに，その企業に負担させる費用cから生じる非効率性を無視している．

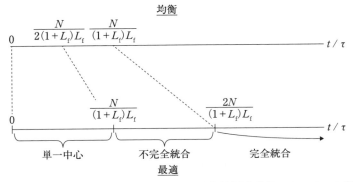

図 6.6 線形近接度の下における 3 つの社会的最適形状のパラメータ範囲

　この図からわかるように，単一中心形状が社会的に最適である t/τ の範囲は均衡である範囲の 2 倍大きい．したがって，前節と同じく，企業は，均衡において，最適における状態ほど集中しない傾向がある．したがって，一般的に信じられていることに反して（第 1 章を参照されたい），業務地域は，おそらく，過度には集積していない可能性がある．

　第 4 章で議論されたように，より大きな労働者と企業のプールは，情報交換およびアイデアの流通を増加させ，それは次に，活動の集積を促進させる（4.2.3 項を参照されたい）．上記の結果は，このアイデアの適切な実例を提供している．確かに，労働力が増加する場合，企業の数が増加する．したがって，より多くの情報および知識が都市の経済において利用可能になるため，企業同士は近くに集まるようになり，そこから，さらに企業の立地が集中する．これは，以下のように理解できる．与えられた b_0 および b_1 の下で，より多くの企業はより多くの接触を促進し，したがって，それぞれの都市の立地点の，特に，中央部の近接度が上昇する（(6.56) 式を参照されたい）．したがって，利益が増加するので，企業はより高い地代を払うことができ，近接度が最も高い中心地区のすべての土地を占められるようになる．別の言い方をすれば，単一中心の形状は，より多くの人口によって共有されるより多くの情報が存在する場合に出現する可能性が大きい．

　その結果，他者からの学習によって，業務地区の出現が促進され，情報と知識のレベルはその頂点に到着する．これは，次には，企業の生産性を増加させ，したがって，より高い賃金を払うことができるようになる．さらに，人口の増加とともに，業務地区はより多くの企業によって拡大し，したがって，企業に利用可能な情報量

は上昇する．これはすべて，局地的な情報と知識の生産における，規模の効果の存在を示す．ここでの重要な仮定は，それぞれの企業は異なった情報を所有しているということである．企業が同じ産業に属しているか否かは，この結果の成立にとって，重要なことではない．情報の異質性は，産業内に，あるいは，産業間に等しく発生する可能性がある．これによって，なぜ実証研究が，都市における産業内および産業間の両方におけるスピルオーバーの存在を示しているのか，理解できる．

上記3つの命題は，局地労働者市場の形成を説明するためにも使用できる．単一中心の都市の場合には，単一の労働市場が中心業務地区で成立する．均衡形状が完全統合である場合，労働は都市内の各地点で取引される．不完全統合形状の場合には，労働市場のパターンは，より複雑である．労働は，統合地区で局地的に交換されるが，この地区は周辺からの労働者を引き付ける2つの労働市場に囲まれている．

終わりに，一言述べよう．第1章で見たように，Cantillon (1755) が提案した，都市の存在の最初の経済的な説明は，土地所有権の集中が，「快適な生活を享受する」ために地主が集まることを可能にしたことである．そのような都市の中心は，相互交流する地主によって占められた宮殿のような場所であり，そこでは職人が生活し，地主に販売する製品を生産する統合された地帯を形成していた．

6.5 多核都市

線形近接度の場合と比較して，空間減衰近接度の下における都市の均衡形状は，ずっと多様性に富んでいるが，一方，その分析ははるかに複雑である．実際，(6.45) 式で与えられる $a(x,y)$ の下で $A(x)$ を2回微分すれば以下が導かれる．

$$\frac{\mathrm{d}^2 A(x)}{\mathrm{d}x^2} = -\tau[2\beta m(x) - \tau A(x)]$$

すべての地点 x で $A(x) < 2\beta/\tau$ であるから（補論Dを参照されたい），$A(x)$ は，$m(x)=0$ である住居地区においては厳密に凸関数であり，一方，$m(x)=1$ である業務地区においては厳密に凹関数になる．これは，$A(x)$ がいくつかのピークを示す可能性を意味し，したがって，複数の業務地区の出現の可能性を示唆している．さらに，パラメータ τ の集積力への影響は単調ではない．実際，$\tau=0$ のとき，$A(x)$ は一定で，M に等しく，また，$\tau\to\infty$ のときにも $A(x)$ は一定であるが0に等しい．図6.7は，単一の業務地区の場合において，関数 $A(x)$ を τ の異なった値ごとに描いている．この図から，業務地区の中心とその周囲における近接度の違い

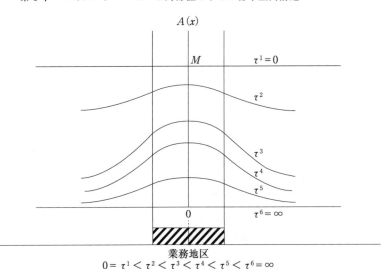

図 6.7 近接度関数 $A(x)$ における τ の効果

は,τ が中位の値のときに最も大きいことがわかる.利潤関数 (6.32) は,そのような違いが,企業による立地選択において潜在的に重要であることを示している.したがって,τ が中位の値の場合に新しい結果が観測されることが予想される.しかしながら,豊富な結果は,極めて複雑な分析の見返りである.したがって,必要に応じて,数値解析に訴えることにする.

係数 τ が非常に小さいときに,空間減衰近接度が,線形でよく近似することができることは明白である.したがって,この場合には,先の節で説明された 3 つの形状が可能である.[15]係数が中位の値を取るとき,いままさに指摘したように,より複雑な状況が起こる.この場合,以下のことが起こりうる.(1) 複数の中心を持つ形状が存在する.(2) 複数均衡がしばしば起こる.(3) 均衡から別の均衡の移行は,カタストロフィ的な場合がある.

多核都市の出現について最初に見てみよう.図 6.2 から図 6.4 における 3 つの形状に加えて,図 6.8 から図 6.10 は起こりうる最も典型的な例を表している.図 6.8 は,等しいサイズの 2 つの業務地区がある双中心都市を示している.このパターンは,

---

15) 都市規模が,線形近似が許容できるぐらい十分小さいときにも,同じことが成立することがわかる.

6.5 多核都市　255

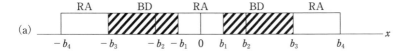
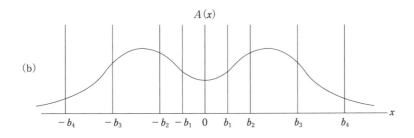
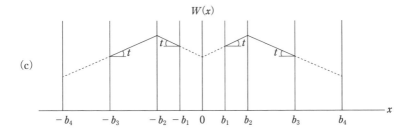
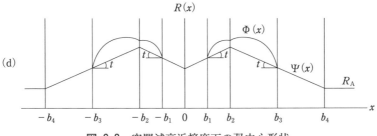

図 6.8　空間減衰近接度下の双中心形状

2つの都市が外部経済をお互いに享受しながら隣接立地しているとも解釈できる．

図6.9の均衡都市では，1つの大きな主センターと，2つの同じ大きさの2次的なセンターがある．矢印は，労働者の通勤の流れる方向を示している．一部の労働者は，2次センターを越えて，主センターに通勤していることがわかる．2次セン

256 第6章 コミュニケーションの外部性の下での都市空間構造

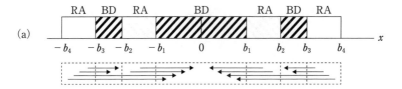

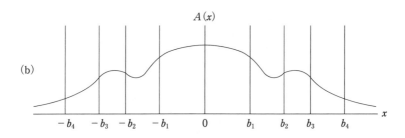

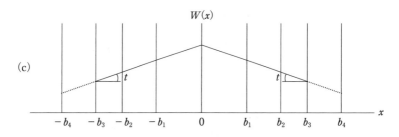

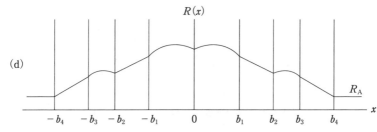

図 6.9 1つの主センターと，2つの2次的なセンターを持つ3中心形状

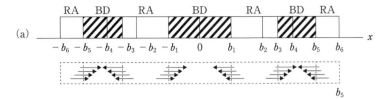

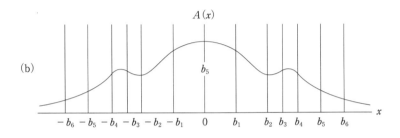

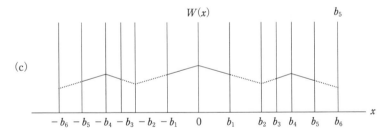

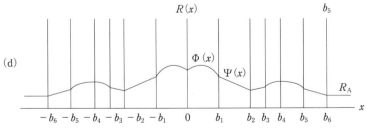

図 6.10 ほとんど同じ大きさのセンターを持つ 3 中心形状

ターに立地する企業は，主センターの企業からの外部効果を享受している．したがって，2次センターは主センターからあまり離れていない．労働市場の観点からみれば，これは，主センターはすべての住宅区域から労働者を引き付けているのに対して，それぞれの2次センターは周辺だけから人々を引き付けている．

最後に，図6.10では，ほぼ同じ大きさの3つのセンターが隣接しており，各センターは，2つの住宅地で囲まれている．これは，3つの小都市が隣接して立地している場合とも解釈できる．2つの内部の住宅地区の人々は，中央の業務地区か，2つの周辺の業務地区のどちらかで働く．各センターは，隣接している住宅地だけから労働者を引き付ける．

以上で例示した都市形状は，可能な均衡形状の一部を表しているにすぎないことに注意してほしい．モデルの非線形性のために，すべての可能な均衡形状を見出すことは容易ではない．

次に，複数均衡の可能性について見てみよう．図6.11は Fujita and Ogawa (1982) からのものであるが，ここでは，以前に説明されたそれぞれの均衡解に対応する，パラメータ空間 (t, τ) における領域が示されている．ただし，ここでは，パラメータは $(N, M, L_f) = (100, 100, 1)$ に固定されている．曲線 C_1 より下においては単一中心形状が均衡であり，C_C の上側は完全統合形状の領域である．不完全統合の領域は曲線 C_1 と C_C の間に見つけることができる．破線で表された領域 C_2 は双中心形状に対応している．実線 $C_{3A}(C_{3B})$ で表された領域は，1つの主センターと2つの2次センター（3つのほとんど同じ大きさのセンター）を持つ都市に対応している．

これらの領域のいくつかは重なり合い，その結果，同じパラメータの下で，いくつかの均衡パターンが存在することは容易にわかる．例えば，影をつけた領域では，単一中心，不完全統合，双中心，3つの中心（2つの副都心を持つ）の4つの均衡解が存在する．しかしながら，これらの均衡解の安定性に関して何もわかっていないことに注意が必要である．未知の連続曲線を含む安定性の分析は，今後の難しい研究課題として残っている．

最後に，いずれかのパラメータの小さな変化が，均衡パターンの劇的な変化につながるかもしれないことに注意すべきである．例えば，図6.11において $t = 0.007$ と固定し，τ を変化させると，均衡形状が以下のように変わる．パラメータ τ が非常に小さいときに，通勤費用が支配的であるので，統合都市となる．しかし，τ がある閾値を超えると，それぞれの企業の他企業への近接性が重要となり，都市は不

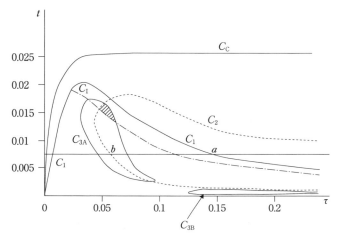

図 6.11　6つの均衡形状のパラメータ範囲

完全統合に変わる．パラメータ τ がさらに上昇し続けると，単一中心都市となる領域に達する．今までのところ，変遷は滑らかで，線形近接度の下で観測されたものと似ている．しかしながら，図6.10で示すように点 a を超えて τ が増大すると，都市形状は劇的に変化し，双中心となる．双中心の都市において，中心の住居地区の大きさは有意に大きい（$\cong$50土地単位）．また，この双中心の都市では，都市における中心性の度合いが低いので，総差額地代は大きく低下する．したがって，点 a での変遷はカタストロフィ的である．また，均衡都市パターンは慣性を持つので，その変化は経路依存的である．例えば，τ が点 a の右から減少する場合には，点 b まで双中心パターンが続く．点 b での中心の住居地区の規模は，およそ30土地単位である．点 b の左では，都市は，単一中心となり，カタストロフィ的な変化を示す．

　最後に指摘しておきたい重要な点は，本節のような均衡空間パターンが現出するためには，主体のタイプの多様性が重要であるということである．企業のみの相互作用の枠組みにおいて，Tabuchi（1986）は6.2節で引き出されたものと同様の結果を得た．すなわち，都市部全域にわたって，グローバル近接関数 $A(x)$ の凹性が保たれるので，企業の均衡分布はいつも単峰形となる．これに反して，企業と家計の両方を含む場合，凹凸の交代が普通にみられる．したがって，主体が1つの標準的な仮定は，予想したよりも無難なものではなく，たぶんより現実的な都市のパタ

ーンの出現を妨げている．

6.6 都市における雇用の分散

今までは，企業は1つの部門のみで構成されていると考えられていた．したがって，6.3節で議論したモデルは，大都市の空間構造において観察される基本的な傾向である，企業活動の一部の郊外地区への分散立地を説明できない．例えば，多くの企業は（例えば，銀行，保険会社，また，昔の製造業企業も），彼らの活動の一部（簿記や，計画立案や，従業員教育など）を郊外に移転している．同様の移転は，製造業の場合で，より早く観測されていた（Hohenberg and Lees, 1985, chap.6）．この場合，企業は CBD に立地するフロント・オフィスでビジネス活動（他の企業とのコミュニケーションなど）を通常行うが，残りの活動は郊外に設置されたバック・オフィスで行われる．

この企業活動の分散立地の問題は最近，Ota and Fujita (1993) によって取り組まれた．ここでは，6.3節のモデルの他の仮定はそのまま維持しながら，各企業は**フロント・ユニット**（front unit）と**バック・ユニット**（back unit）から成ると仮定する．各フロント・ユニットは，他のすべてのフロント・ユニットと業務交流を行うが，それぞれのバック・ユニットは，同じ企業のフロント・ユニットとのみ，情報や経営サービスを交換すると仮定する．各企業は，企業全体としての利益を最大にするように，フロント・ユニットとバック・ユニットの立地を選択しなければならない．ある企業が $x \in X$ にフロント・ユニット，$z \in X$ にバック・ユニットを設定すると，企業は立地点 x と z だけに依存する**企業内コミュニケーション費用**(intrafirm communication cost) $\Gamma(x, z)$ を被る．それぞれのフロント・ユニットは S_f 単位の土地と L_f 単位の労働を必要とし，それぞれのバック・ユニットは S_b 単位の土地と L_b 単位の労働を必要とする．

この場合，6.3節のモデルと唯一違うのは利潤関数 (6.32) である．ここでは，ある企業が x にフロント・ユニット，z にバック・ユニットを持ち，各地点 $y \in X$ に立地する他の各々の企業のフロント・ユニットと接触活動レベル $\varphi(x, y)$ を選んだ場合，その企業の利潤関数は以下で与えられる．

$$\pi(x, z) = A(x) - R(x)S_\mathrm{f} - W(x)L_\mathrm{f} - R(z)S_\mathrm{b} - W(z)L_\mathrm{b} - \Gamma(x, z)$$

ここで，右辺の第1項 $A(x)$ は (6.35) 式で定義される．Ota and Fujita (1993) は，局所近接度が線形で（(6.44) 式を参照されたい），企業内通信費用は距離に関

して線形の場合において，パラメータの値によって，11 の異なった均衡形状が可能であることを示した．それらの形状は 2 つの基本的な効果の結果である．(i) 労働者の通勤費用が下がるのに従って，業務地区と住宅地区を隔てる距離は増加する．そして，(ii) 企業内通信コストが下がるにしたがって，バック・ユニットはフロント・ユニットから離れる．企業内通信費用が低いときに起こる最も典型的な形状では，フロント・ユニットは都心に集積し，それを取り囲んでフロント・ユニットの労働者が居住しており，一方，バック・ユニットはその労働者とともに都市の郊外に立地する．言い換えれば，第 1 の労働市場が都心（例えば，マンハッタン）に形成され，2 次労働市場が遠い郊外に形成される．

企業内コミュニケーション技術の進歩は，都市の産業構造の変容に結びついた．大きな都市に本部と業務サービス，そして，小さな都市に工場は集まるという，部門による特化から，主に機能による特化に変わったのである．(Duranton and Puga, 2005)．例えば，Anas et al.(1998) は，19 世紀の終わりまで，電話とトラックが，アメリカにおいて生産労働を郊外化することを可能にしていたことを観察した．同じ脈絡で，Henderson (1997) は，都心にある企業の本部から手の届くところにある，中規模で特化した都市へ，生産工場が移動したと主張している．工業先進国から，労働がはるかに安い，開発途上国への生産工場の再配置についても，同様に説明できる（第 11 章を参照）．これらのすべての場合に，特定の活動の再配置は，要素の価格差によって促されている．これらの様々な問題で異なっているのは，考えられている問題の空間の規模のみである．

6.7 結論

一般通念によると，外部性が経済集積の根本にある．実際，本章では，経済主体間の市場を介さない相互作用が，どのようにして異なったタイプの集積を起こし得るかを見てきた．特に，外部性に訴えると，競争パラダイムを保ちながら，標準モデルを使用することにより，集積の経済理論を構築することが可能となる．まず，人々の社会交流への欲求は，内生的中心を持つ居住地を，自己組織化するのに十分であることを見た．同様な空間構造は，情報のスピルオーバーの利益を得ようとする企業についても発生する．しかしながら，均質な経済主体のみの場合には，様々な住民や，地区，あるいは中心が生まれるとは考えにくい．より豊かな空間的なパターンが現れるには，企業や家計などのように，少なくとも 2 つの経済主体のグル

ープが必要であると考えられる．さらに，線形相互作用の場においては，単一中心構造の都市だけが形成される傾向があるので，非線形な相互作用の場を考える必要がある．指数距離減衰関数の使用は，実世界の相互作用の多くのパターンの良い近似であると思われたが，残念ながら，そのような非線形モデルは急速に取扱いが難しくなる．よく知られているとおり，非線形性は複数均衡解と不連続な遷移を生む傾向がある．線形と指数距離減衰関数のそれぞれの下で得られた結果の間の差異は，現れるであろう都市形状のタイプにとって，知識と情報の伝達における社会的な相互作用の具体的な過程が重要であることを示唆している．

当然ながら，厚生経済学の第1定理は，外部性の存在のために成立しない．一般通念では，都市形成における負の外部性が強調されるが，本章では，集積の主要な便益の1つとして，経済主体間における密接な情報交流に注目した．そのような外部効果は，多くの経済主体が，なぜその効果が最も大きい大都会の中心の近くに住むために，高い家賃を払うのかを説明することができる．その結果，市場経済において，企業や家計の集積は，社会的な観点から望ましいことを示すことができた．また，それほど予期されていなかったことであるが，多くの場合において，市場均衡におけるよりも，経済主体がより高密に集積した形状の方が，社会的に最適であることがわかった．これは情報伝搬の過程に固有の特性，つまり，人々は情報発信者としての役割ではなく，情報の受取手としての利益のみを考えて行動することから生まれる，かなり一般的な原則である．この場合，均衡パターンは空間的に分散され過ぎである．これは，都市空間計画の必要性を強調するほとんどの者が持つ予想に，反していると思われる．もちろん，本章で議論されたモデルは，特定の側面にだけ焦点を当てており，他の集積力や分散力も研究しなければならない．特に，交通渋滞や汚染，犯罪のような外部効果は都市の発達を抑制し，したがって，人間活動の分散を支持する傾向がある．さらに，6.1節で述べたように，都市における家計の人口は与えられたものと仮定されている．したがって，我々の厚生についての結果は，都市に住まなければならない労働者が一定数いるという条件の下でのみ有効である．

最後に，低い通勤費用は，単一中心都市形状を促進する傾向がある．これは，十分に低い通勤費用の下では，企業間の市場を介さない相互作用が，企業にとって支配的な立地要因になるからである．この事実がいったん理解されると，企業が1つの地区に集積するのは当然のこととうなずける．これは，再び次の章で遭遇することになる，全般的なテーマである．

補論

A. 微分方程式 (6.10) の解 $v' \equiv dv/dx$ および $v'' \equiv d^2v/dx^2$ と置く. ここで, v は, $x \geq 0$ において定義された関数である. (6.10) 式を以下のように書き直す.

$$v'' = \frac{a}{2}\exp(-v) \tag{6A.1}$$

ここで, $v(x) \equiv T(x)/\alpha$ そして $a \equiv (\alpha/4t)\exp(\zeta/\alpha)$ である. (6A.1) 式の両辺に v' を掛け, 積分すると, 以下が得られる.

$$(v')^2 = -a\exp(-v) + c_1 \tag{6A.2}$$

ここで, c_1 は積分定数である. 上式を

$$w^2 = -a\exp(-v) + c_1 \tag{6A.3}$$

と書き直して全微分すると,

$$2w\,dw = a\exp(-v)\,dv$$

となり, (6A.2) 式より以下のようになる.

$$dv = \frac{2w\,dw}{c_1 - w^2} \tag{6A.4}$$

(6A.4) 式で $c_1 = k^2$ と置き, $dv = w\,dx$ を用いると, 以下が得られる.

$$\frac{2\,dw}{k^2 - w^2} = dx \tag{6A.5}$$

ここで以下の恒等式において,

$$\frac{2}{k^2 - w^2} = \frac{1}{k}\frac{1}{k+w} + \frac{1}{k}\frac{1}{k-w}$$

(6A.5) 式の左辺を代入し, それを積分すると以下が得られる.

$$\frac{1}{k}\log\frac{k+w}{k-w} = x + c_2 \tag{6A.6}$$

ここで, c_2 は積分定数である. (6A.6) 式を w について解くと, 次が与えられる.

$$w = k\frac{\exp(k(x+c_2)) - 1}{\exp(k(x+c_2)) + 1}$$

(6A.3) 式と k の定義を用いると, 以下が得られる.

$$\frac{k^2}{a} - \exp(-v) = \frac{k^2}{a}\left(\frac{\exp(k(|x|+c_2)) - 1}{\exp(k(|x|+c_2)) + 1}\right)^2$$

その解は，以下のようになる．

$$v(x) = -\log \frac{k^2}{a} \left[1 - \left(\frac{\exp(k(|x|+c_2))-1}{\exp(k(|x|+c_2))+1} \right)^2 \right] \tag{6A.7}$$

値 c_2 を決定するために，$T(x)$ と，ゆえに，$v(x)$ が $x=0$ で最小になることを用いると，結局 $c_2=0$ となる．したがって，(6A.7) 式は以下のとおり書き直される．

$$v(x) = -\log \frac{k^2}{a} \frac{4\exp(k|x|)}{(1+\exp(k|x|))^2}$$

a をもとの定数式で置き換えた後，以下が得られる．

$$T(x) = -\alpha \log \left[\frac{\alpha}{t} \exp\left(-\frac{\zeta}{\alpha} \right) \frac{k^2 \exp(k|x|)}{(1+\exp(k|x|))^2} \right]$$

B. 6.2.1項における最適形状 6.2.1項の最適条件を，最適化問題を最適制御問題として表現することによって導き出す．しかしながら，これは，立地点間における両方向への移動が含まれているため，簡単ではない．ここで，空間での相互作用は本質的には双方向であるので，時間モデルと空間モデルの間の主な違いの1つに遭遇することになる．[16]

最初に，(6.3) 式を微分して以下が得られる．

$$\begin{aligned} \frac{\mathrm{d}T}{\mathrm{d}x} &= \int_{-b}^{x} tn(y)\mathrm{d}y - \int_{x}^{b} tn(y)\mathrm{d}y \\ &= tN(x) - t[N - N(x)] \\ &= 2tN(x) - tN \end{aligned}$$

ここで，

$$N(x) \equiv \int_{-b}^{x} n(y)\mathrm{d}y$$

は x の左に位置する総人口を示す．人口 $N(x)$ の定義より，

$$\frac{\mathrm{d}N}{\mathrm{d}x} = n(x)$$

となり，境界条件 $N(-b)=0$ および $N(b)=N$ を得る．

関数 $T(x)$ に関する初期条件を特定するのは，$T(-b)$ の値が全体の人口分布によるので，複雑であり，次のようになる．

---

[16] これは，多重積分を含む変分法の問題を解かなければならないことを意味する．

$$T(-b) = \Gamma(-b) + tbN$$

ここで，
$$\Gamma(x) \equiv \int_x^b tyn(y)\mathrm{d}y$$

であり，したがって，新しい微分方程式，
$$\frac{\mathrm{d}\Gamma}{\mathrm{d}x} = -txn(x)$$

と対応する境界条件 $\Gamma(b)=0$ が得られる．

以上より，我々の最適化問題は，標準的な最適制御問題として，以下のように書き直すことができる．

$$\max_{b,s(x)} S = \int_{-b}^{b} \{[Y - U^* - \alpha \log n(x) + I - T(x)]n(x) - R_A\}\mathrm{d}x$$

制約条件は以下のとおりである．

$$\frac{\mathrm{d}T(x)}{\mathrm{d}x} = 2tN(x) - tN$$
$$\frac{\mathrm{d}N(x)}{\mathrm{d}x} = n(x)$$
$$\frac{\mathrm{d}\Gamma(x)}{\mathrm{d}x} = -txn(x)$$

境界条件は以下のようになる．

$$T(-b) = \Gamma(-b) + tbN \quad N(-b) = 0 \quad \text{および} \quad N(b) = N \quad \Gamma(b) = 0$$

したがって，以下のハミルトン関数が得られる．

$$H(x) = [Y - U^* - \alpha \log n(x) + I - T(x)]n(x) - R_A$$
$$+ \lambda(x)[2tN(x) - tN] + \mu(x)n(x) - v(x)txn(x)$$

ここで，$\lambda(x)$，$\mu(x)$，および $v(x)$ は，それぞれの状態変数 $T(x)$，$N(x)$，および $\Gamma(x)$ に対応する共役変数（乗数）である．共役変数の運動方程式を解くことによって，以下が得られる．

$$\lambda(x) = N(x) - N$$
$$\mu(x) = -T(x) + txN + T(-b) + \mu(-b)$$
$$v(x) = N$$

次に，
$$\zeta^o \equiv Y - U^* + I - \alpha + T(-b) + \mu(-b)$$

と置き，上式で与えられる共役変数を代入すると，ハミルトン関数が以下のように書き直される．

$$H(x) = [\alpha + \zeta^o - \alpha \log n(x) - 2T(x)]n(x) - R_A + [N(x) - N][2tN(x) - tN]$$

変数 n に関しての1階の条件を適用すると解(6.21)が得られる．

最後に，b が制約なしで選ばれるので，$x=b$ においてハミルトン関数の値はゼロに等しくなければならない．このことより，$N(b)=N$ であるので，(6.22)式が得られる．

C. 双中心形状が線形近接度において均衡でない理由

図6A.1に描かれている，左右対称の双中心形状を考えてみよう．そこでは，2つの業務地区 $[b_1, b_3]$ と $[-b_3, -b_1]$ のそれぞれが，必要な労働を供給する2つの住宅地に囲まれている．対応する通勤パターンを支えるためには，賃金関数は以下の式のようでならなくてはならない．

$$W^*(x) = W^*(b_2) - t|b_2 - x| \qquad x \in [0, b_4]$$

この賃金関数は，図6A.1に示されているように，b_1 と b_3 の間のある地点 b_2 でピークを示す．(6.29)式と6.34式から，対応する均衡付け値関数は，以下で与えられる．

$$\Phi(x, 0) = A(x) - [W^*(b_2) - t|b_2 - x|]L_f \qquad x \in [0, b_4]$$
$$\Psi(x, u^*) = W^*(b_2) - t|b_2 - x| - Z(u^*) \qquad x \in [0, b_4].$$

さらに，定義より，b_1 は業務地区と住宅地区の境界であるので，以下のようにならなくてはならない．

$$\Phi(b_1, 0) = \Psi(b_1, u^*)$$

各 $x \in [0, b_1]$ に対して $|b_2 - x| = b_2 - x$ であるので，上の3つの式は以下を意味する．

$$\Phi(x, 0) - \Psi(x, u^*) = [\Phi(x, 0) - \Phi(b_1, 0)] - [\Psi(x, u^*) - \Psi(b_1, u^*)]$$
$$= A^*(x) - A^*(b_1) + t(b_1 - x)(1 + L_f)$$

一方，(6.47)式より，$x \in [0, b_1]$ で $dA(x)/dx = 0$ であるから，$x \in [0, b_1]$ で $A^*(x) = A^*(b_1)$ である．したがって，上式から

$$\Phi(x, 0) > \Psi(x, u^*) \qquad x \in [0, b_1]$$

となるが，これは $[0, b_1]$ が住宅地であるという仮定に矛盾する．

言い換えると，局地近接度が線形であるとき，図6A.1のように，総合近接度は中央区間 $[-b_1, b_1]$ において平坦である．その結果，賃金関数が $x = b_1$ から $x = 0$ へ

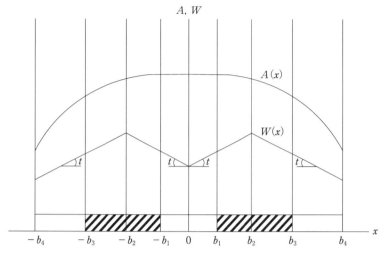

図 6A.1 線形近接度における双中心形状の不可能性

と減少するので，企業はこの住宅地区の中で b_1 におけるよりもより高い付け値を支払える．一方，家計は b_1 におけるよりも低い付け値しかこの住宅地で支払えない．したがって，2つの付け値が b_1 で等しいとすると，企業が $[-b_1, b_1]$ に立地することになり，仮定に矛盾する．

また，図6A.1から，双中心形状が均衡であるために，総合近接度関数 $A(x)$ が，賃金関数 $W(x)$ のように，それぞれの業務地区の内部の点でピークを示さなければならないことがわかる．これは，x と y の間の距離に応じて，局地近接度関数 $a(x, y)$ が十分速く減少すれば可能であるが，これは，(6.45)式のような距離減衰近接度ではじめて起こりうることである．

D. 6.5節における $A(x) < 2\beta/\tau$ の証明　土地制約条件 (6.38) より，すべての $y \in X$ において，$m(y) \leq 1$ でなければならない．さらに，企業数制約 (6.41) を用いて，以下の不等式が得られる．

$$A(x) = \int_{-\infty}^{\infty} m(y) \exp(-\tau |x-y|) \mathrm{d}y$$
$$< \beta \int_{-\infty}^{\infty} \exp(-\tau |x-y|) \mathrm{d}y = 2\beta \int_{0}^{\infty} \exp(-\tau z) \mathrm{d}z = \frac{2\beta}{\tau}$$

第7章 不完全競争の下での都心の形成

7.1 はじめに

　前章で展開した分析は，都市に中心が出現することを明らかにしている．そこでは，都市の中心の出現は，主体間の非市場相互作用（外部性）の存在に決定的に依存しており，典型的には，中枢管理機能を中心とする CBD の形成が挙げられる．しかしながら，現実の世界では，CBD 以外にも，類似の商品を販売する**店のクラスター**（clusters of retailers: ファッション衣料，レストラン，映画館，アンティーク店など）や，様々な種類の仕事が行われる**業務地域**の形成が頻繁に見られる．そのようなケースでの集積力は，企業と消費者，あるいは労働者との間の，市場を通じての相互作用から生まれる．第2章で見たように，これが起こるには，収穫逓増と不完全競争を考えなければならない．本章の目的は，商業地域や業務地域などの異なったタイプの都市内の集積地が，どのようにして製品市場や労働市場の不完全競争下で現れるかを示すことである．以下において，異なった市場構造について考えるが，様々なモデルにおける共通の論点は，均衡においてそのような集積が現れるには，製品（または労働）市場における独占（ないし需要独占）力が必要とされるということである．

　7.2 節では，多数の企業が差別化されたいろいろな商品を売っている，独占的競争を仮定する (Fujita, 1988)．ここでは，企業は与えられた市場価格でいくらでも自分の商品を売ることができるとは仮定しない．そうではなく，それぞれの企業は，（立地と価格の）最適選択は，自社の供給する商品の需要に依存することを知っている．この需要自体は空間的な消費者分布にかかっており，その結果，消費者の選択によって企業の選択が直接影響を受ける．逆に，消費者の（立地と消費の）最適選択は，企業分布全体に依存する．これは，各々の企業は差別化された商品を売り，消費者は多様性を好むので，消費者の購買先は立地の全域に分布しており，買い物トリップの分布は，各立地点で入手可能な商品の数によって影響を受けるからだ．したがって，2つの分布の間に空間相互依存の関係が生まれる．それは，企

業と消費者の付け値関数の間の相互作用を通じて解かれる．この相互作用が，企業と消費者に，土地を共有する都市を形成させることを示す．

それに関連して，企業と家計は，価格に関する情報だけで最適な立地選択をするのではないことは，もう1度強調する価値がある．異なるが，関連した文脈で，Koopmans（1957, 154）は以下のように述べている．

> 決定的な困難は，各々の工場から別の工場への中間財の輸送が必要である場合，1つの工場にとっての各地点の相対的な立地優位性は，他の工場全体の立地分布に依存することである．

この困難は，Papageorgiou and Thisse（1985, 29）によって，土地を使う企業と家計の間で取引される消費財の場合において，さらに強調された．

> 1つの企業の最適な行動は，他の企業および家計が何を行うかに依存し，一方，1つの家計の最適な振る舞いは，他の家計および企業が何を行うかに依存している．このように，空間はみんなを一緒に結び付ける．

活動が完全に分割可能でない場合，ある主体にとっての特定の立地点の相対的な優位性は，他のすべての主体が選択した立地に依存し，したがって，立地は相互依存になる．

企業は差別化された商品を売り，したがって，限界費用を超えた価格を付けることができるので，消費者への接近を求めて土地市場で立地点を競うことができる．そのような正の利益がない場合には，企業は顧客に近づく動機を失い，したがって，集積は消えてしまう．この章では，不完全競争が，市場取引を通じて，どのように集積を発生させるかのメカニズムを説明し，また，第2章で議論した空間的不可能性定理の意味と含意にも新たな光を当てる．

独占的競争モデルは，扱いやすいが，空間競争の1つの基本的な側面をとらえることができない，すなわち，第4章で議論された，空間競争における戦略性である．Hotelling（1929）は同質的生産物の特別な場合に関してこの問題に取り組んだ．それ以来，市場地域を求めての競争は，売主が集まって立地することを導く求心力であると，一般に受け入れられてきた．この結果は，「最小の差別化原理」として一般に知られている．この原理は自由競争の非効率性についての論議を呼んだ．

Hotelling (1929, 54) 自身によると，その結果,「買い手は至る所で過度の同一性に直面することになる」からである．

古典的な 2 人のアイスクリーム売りの問題は，この原理の巧妙な例を提供している．同じ定価で同じアイスクリームを販売する 2 人の売り手が，限られた長さの線分（大通り）に沿って一様に分布している消費者に対して，より良い立地を求めて競争する．各消費者は，より近い売り手から 1 個のアイスクリームを購入する．消費者はこのようにして 2 つの区間に分割され，各企業への総需要は対応する区間の長さによって表される．Lerner and Singer (1937) 以来，このゲームのナッシュ均衡は一意に存在し，それは，両企業の線分市場の中心への立地によって与えられることはよく知られている．言い換えれば，顧客を求めて競争する 2 つの企業は，彼らの空間的な違いを最小にすることを選択する．[1] しかしながら，（工場設定）価格が自由に選べるときには，ことはより複雑になる．つまり，製品の同質性の下では価格競争が非常に激しいので，それぞれの企業は，地理的隔離によって発生する独占力の利益を得るために，互いに離れて立地したがる．

しかしながら，企業が差別化された製品を販売するときには，空間的に離れて立地することが必ずしも得策とはならない．なぜなら，1 つの企業の差別化された商品への需要は，あらゆる消費者立地点で起こるからである．さらに，製品差別化が価格競争を緩和するということは，産業組織論においてよく知られている．したがって，多様性への強い選好があるとき，寡占企業の集積の可能性について調べることは自然である．

以前の項と同様の枠組みを使用して，7.3.1 項で，消費者分布が与えられていると仮定して，複数の企業が十分差別化された多様な商品を供給しているときには，戦略的価格競争の存在にもかかわらず，市場中心における企業の集積が，非協力ゲームに対応するナッシュ均衡であることを示す．これらのすべての結果を総合して，次のように結論することができる．市場構造にかかわらず，十分に差別化された多様な製品が供給され，消費者が負担する輸送費が十分低い場合には，多くの店，レストランや劇場を含んだ商業地域が現れるであろう．これは，Launhardt (1885, 150) が言っている「すべての保護関税で最も効果的なのは，悪い道路で保護する

---

1) 一般的な意見とは逆に，この結果は必ずしも市場の境界の存在によって引き出されたものではない．これを理解するために，有限の消費者が無限の直線上に連続分布している場合を考えよう．この場合には，両方の企業は，分布の中位点に背中合わせに立地する．

ことである」の，裏返しである．さらに，このようなクラスターは，一般通念上では社会的に非効率であるとされるかもしれないが，差別化された財が供給されることを考慮に入れれば，多くの場合それは社会的に望ましいことを示す．

　消費者が企業を訪れて，全交通費を負担するので，以上のモデルを**買い物**（shopping）モデルと呼ぶことができる．代わりに，企業が製品を配達して，顧客の立地点ごとにで差別価格を徴収して利益を得る場合，**発送**（shipping）モデルと呼ぶ．買い物モデルは，消費財の売り手の間での競争を研究するのに適切であるように考えられ，発送モデルは工業製品の売り手の間での競争についての説明に適している．しかしながら，電話やインターネットのような通信技術を使って注文する可能性，および，通信販売企業の存在で，発送モデルはますます消費財の研究にも関連するようになる．競争の過程での重要な違いにもかかわらず，集積に向かう傾向は，買い物モデルで明らかになったものと同様の原則によって決定されることが7.3.3項で示される．今後明らかになるように，戦略的な相互作用が，これら2つのモデル群の本質であり，空間がその背後にある．買い物モデルでの競争は局所的である一方，発送モデルは，空間的に分離された市場での寡占的競争にかかわっている．

　消費者は購入日における最も良い価格と品物を求めるのであると考えることにすると，消費者はどの企業がどの価格でどの商品を提供するかについて，不完全な情報しか持っていないと仮定するのが自然となる．1970年代前半以来，**サーチ理論**（search theory）は急速に成長したが，空間におけるサーチは特有の側面を持っており，これまでは十分に研究されてこなかった．実際，取引は，少数の場所（市場）でしか行われないので，消費者はその住所によって異なったサーチ費用を負担し，また，消費者がサーチを行う方法は，需要を通じて企業の戦略に影響する．逆に，サーチ費用は，立地や価格などの企業の戦略決定によって影響を受ける．比較しながら買い物をするというような状況では，店の集積は，消費者のサーチ費用の節約に基づいている（Nelson, 1970）．より正確には，Stuart（1979, 19）は，「空間的な独占者として立地しようとする売り手は，第1にサーチを考えている買い手を引き付けるのに苦労する」と述べている．このことから，「売り手の空間的な集積は，比較的多くの売り手がいる市場で探したいと買い手が欲することからも生じうる」とも言えるので，この観測には，大きな意味がある（Stuart, 1979, 17）．

　実際，様々な場所で供給される多様な商品の特性を正確には知らない消費者は，たとえそれがより遠くに立地していたとしても，最も店が集まっている場所を訪れ

ることで，サーチ費用を下げることができる．したがって，消費者側における不完全情報は集積を促進させる力となる．この問題は，1980年代と1990年代に，異なった筆者によって取り組まれた．これらのすべての貢献に共通なのは，企業集積を訪れることによる期待効用は，その集積の大きさとともに増加するということであり，これは重力原理を思い出させる結果である．各消費者はただ1種類の商品しか買わないのであるが，市場に提供されている商品についての情報不足のために，消費者全体としては，店の数が多いほうを好むことになる．さらに，消費者は市場への距離に従って異なった影響を受ける．7.4節では，集積力が，サーチ戦略を追求する個別消費者の集合的な振舞いからどのように発生するかを示す．最初に，価格が与えられている，空間競争の標準モデルに焦点を合わせる．次に，価格競争を導入し，総需要が可変のときについて簡単に述べる．

すべての場合において，消費者の好みが異なっており，提供されている商品の特性に関して不確実であるならば，企業は，既存の1つの市場に加わるか，あるいは，新しい市場を設立することによって，サーチ費用構造を操作できる．企業が直面する基本的なトレードオフは以下のとおりである．企業は，大きな市場で立ち上げて小さなシェアを獲得するか，あるいは，新しい市場を開いて小さな局地的な市場を独占するかである．企業が，集積に加わることを選ぶと，より多くの消費者がサーチにおける範囲の経済の利益を得るので，集積を訪問する消費者の数が増加し，その結果，**需要の外部性**（demand externality）を生成する（すなわち，製品市場の大きさは内生的である）．そのような外部性は，利用者の数に従って効用が増加する商品（例えば，電話，メールなど）の消費で出会う，ネットワーク外部性と同様の求心力である．この外部性は，第8章における集積力とも類似している．

商業地区の形成を研究した後に，7.5節における，雇用センターの創設に移行するのは自然な流れである．周知のように，CBDは多くの雇用が集中する場所である．しかしながら，一般的に信じられていることとは逆に，仕事の郊外化は新しい現象ではない．例えば，Hohenberg and Lees (1985, 131) によって指摘されているように，それは初期工業化時代のヨーロッパで起こった．

大都市の企業家は，より高度な活動を都市の職人に任せる一方，生産の一部をより賃金の低い田舎へと分散し，分業を推し進めた．

今日，郊外化された仕事の創造は同様の論理に従うように思われる．ただし，そ

れは，**エッジ・シティ**（edge cities）の出現のような，異なった形態を取るかもしれない（Henderson and Mitra, 1996）．したがって，私たちの研究戦略は前節で展開したものと同様になるであろう．最初に，雇い主が労働市場において市場力を持たないと仮定して分析し（7.5.1項），次に，企業が都市労働市場で何らかの需要独占力を持つケースを分析する（7.5.2項）．形式的には，この節で得られる結果は，前節で得られたものの双対であると，みなすことができる．

進める前に，2点述べておきたい．第1に，本章に示される多くのモデルは，互いに非常に異なるように見えるかもしれないが，本質的には類似しており，同様の問題を扱っており，強い類似性を持つ結果につながっている．第2に，本章は，非常に豊富な研究分野である空間競争理論および関連するトピックに関するサーベイをするつもりはない．代わりに，NEGが出現する前に達成されていた，同じような製品を売る企業の集積形成に関する研究結果の，概観を提供することを目標とする．

7.2 独占的競争の下でのダウンタウンの形成

大都市には，住居と消費者が買い物をする店が混在する地区もある．たとえば，ニューヨークのソーホーやパリのモンパルナス，あるいは東京の新宿を想像してほしい．このような混合地区が発生するために，家計と店主は，共有する立地点で同じ付け値地代を持たなければならない（3.2.2項および3.3.4項を参照）．そのような土地利用パターンが発生することを示すために，3つの財を与えられた経済について考察する．最初の財は，均質であり，完全競争市場で供給され，ニューメレールとしての役割を果たす．2番目の財は土地である．空間は線形であり，$X=(-\infty, \infty)$ で与えられる．各立地点の土地の密度は1に等しく，土地は不在地主によって所有されている．土地の機会費用はゼロである．

3番目の財は，水平的に差別化されており，連続体としてのM個の企業によって供給されている．この部門の各企業は，市場全体に比べて無視できるほど小さく，したがって，各企業は自社が他の企業へ与える影響や，他の企業からの反応を無視できる．さらに，各企業は差別化された製品を販売しており，したがって，右下がりの需要曲線を持っている．範囲の経済はなく，それゆえに，規模に関する収穫逓増のために，企業と製品に1対1の関係がある．そのことは，Mが差別化された製品の種類の数であることも示している．その結果，我々のモデルは独占的競争の

7.2 独占的競争の下でのダウンタウンの形成

一種である.[2]

各企業は同じ技術に直面している.企業は，一定量の土地 S_f を使用し，ニューメレールを使って表現される一定の限界費用 c を負担する.最後に，企業は不在株主によって所有されていると仮定する.すべての製品は，1単位の製品当たり1単位の距離を，（ニューメレールで測られた）費用 t で輸送される.言い換えれば，輸送費は距離と量に関して線形である.

連続体としての N 人の消費者がいて，それぞれは固定された同量の土地 S_h を使用する.6.3節でのように，$S_f=S_h=1$ を満たすように，M と N の単位を選択する.したがって，$M(N)$ の値が大きいことは，店（家計）が非常に多い，あるいは，大きな敷地を使用することを意味するか，その両方を意味する.

消費者の選好は，同じであり，すべての製品について対称な，以下の加法的効用関数によって与えられる.

$$U(z;q_i, i\in[0,M]) = \int_0^M u(q_i)\mathrm{d}i + z \tag{7.1}$$

ここで，u は厳密に凹であり，q_i に関して増加し，$i\in[0,M]$ とする.[3] そして，z はニューメレールの量である.

$Q>0$ を差別化された財の任意の量とする.任意の $x\in[0,M]$ の下で，各製品の消費が，$[0,x]$ において Q/x によって与えられ，$[x,M]$ でゼロの場合，効用水準は $xu(Q/x)$ で与えられる.したがって，区間 $[0,M]$ にわたって，関数 $xu(Q/x)$ が x とともに厳密に増加する，そして，その場合だけ，効用 u は厳密に凹である.別の言い方をすれば，効用関数 u の凹性は，消費者が多様性を選好することを意味する.つまり，少数の商品に消費を集中するのではなく，購入可能な商品の全体に拡大することを選好する.我々は，次の2つの章においても，この多様性の選好に訴える.

多目的なトリップはないものとし，1つのトリップごとに，1つの財の1単位を買うとする（レストラン，劇場などを考えよう）.製品 i を供給する企業が $y_i\in X$

---

2) ゲーム理論的な表現では，これは，各プレーヤーを無視できるほど，大規模な集団のゲームと考えることを意味する.

3) ここで，$u(0)=0$ を仮定している.実際，$u(0)\neq 0$ ならば，消費する種類の範囲を変えないときでも，種類の数を増やすことによって，消費者の厚生が影響を受けることを意味する.これは，妥当とは思えない.

に立地する場合，$x \in X$ に立地する消費者の予算制約を以下のように記述することができる．

$$\int_0^M (p_i + t|x - y_i|)q_i \, \mathrm{d}i + R(x) + z = Y$$

ここで，Y は，消費者の所得であり，これは与えられており，すべての消費者にわたって同一である．p_i は製品 i の価格であり，$R(x)$ は立地点 x における地代である．所得 Y は，十分大きく，したがって，各人のニューメレールの最適な消費量は，常に正であると仮定する．

同じ生産関数，輸送費，および対称な選好のために，均衡では，同じ立地点 y で提供されるすべての製品は同じ（工場設定）価格 $p(y)$ で供給される．したがって，u の凹性のために，居住地 x の消費者が立地点 y で購入するすべての製品の量は，同一である．

$q_i(x; y_i = y) = q(x, y)$　　（y における利用可能な多様性に対して）

したがって，各地点 $y \in X$ での企業の密度を $m(x)$ とするならば，x の消費者の間接効用は以下のようになる．

$$V(x) = \int_X u(q(x, y))m(y) \mathrm{d}y - \int_X [p(y) + t|x - y|]q(x, y)m(y) \mathrm{d}y - R(x) + Y \tag{7.2}$$

供給側を考えると，x の消費者数（正確には密度）が $n(x)$ の場合，y に立地する企業の利潤は以下のとおりである．

$$\pi(y) = [p(y) - c] \int_X q(x, y)n(x) \mathrm{d}x - R(y) \tag{7.3}$$

企業と価格の密度 $m(\cdot)$ と $p(\cdot)$ および地代 $R(\cdot)$ が与えられると，各消費者は，間接効用関数 (7.2) を最大化するように，居住地 x と需要分布 $q(x, \cdot)$ を選択する．一方，密度 $n(\cdot)$，$q(\cdot, \cdot)$ と $R(\cdot)$ が与えられると，各企業は，利潤 (7.3) を最大化するように，立地点 y と価格 $p(y)$ を選択する．均衡においては，すべての消費者は各立地点において同じ効用水準に達しており，すべての企業は各立地点で同じ利潤を得る．

7.2.1 家計と店はどのように商業地区で混在するのか

次節での寡占のケースとの比較を容易にするために，効用 (7.1) が以下のようにエントロピー型であると仮定する．

7.2 独占的競争の下でのダウンタウンの形成

$$u(q) = \frac{q}{\alpha}(1+\log\beta) - \frac{q}{\alpha}\log\frac{q}{\alpha} \quad (q<\alpha\beta \text{ の場合}) \\ = \beta \quad (q\geq\alpha\beta \text{ の場合}) \quad (7.4)$$

ここで，α と β は正の定数である．容易にわかるように，u は，区間 $[0,\alpha\beta]$ にわたって，厳密に凹の関数である．物理学では，エントロピーは，粒子の分散度を表す．エントロピーが大きいほど，分散は強い．ここで，エントロピーは，消費者は利用可能な商品の範囲全体にわたって消費を分散させることを好む，というアイデアをとらえている．さらにエントロピー関数は（消費者の多様性への好みを記述するために第8章と第9章の中で使用される）CES 関数に密接に関係していることに注意しよう（Anderson et al., 1992, chap.3 & 4）．最後に，パラメータ α は財間の差別化の程度の逆数である．より高い α は商品の差別化の度合が小さいことを意味する．パラメータ β は1つの商品を消費する際の飽和レベルである．

差別化された財の選好は可算であり，全体の効用関数は線形なので，各企業は，あたかも独占者であるように，生産量を選択する．(7.2) 式に (7.4) 式を代入し，結果として得られる式を最大にすることによって，それぞれの立地の組 (x,y) に関して，以下の最適消費分布関数が得られる．

$$q^*(x,y) = \alpha\beta\exp(-\alpha(p(y)+t|x-y|)) \quad x,y\in X \quad (7.5)$$

したがって，x の消費者による y で供給された製品への需要は，前章で考えられた指数の距離減衰関数となる（ここでは $\tau=\alpha t$）．ここでの主な違いは，企業の価格が変数として入っているということである．この需要関数は消費者 x と企業 y との「相互作用」を説明している．ただし，この相互作用は，企業と消費者の両者の，市場における選択から生じるので，市場を通じて行われる．

(7.3) 式に (7.5) 式を代入し，$p(y)$ に関して最大化することにより，独占的競争の下での企業の均衡価格を得る．

$$p^* \equiv p^*(y) = c + 1/\alpha \quad (7.6)$$

つまり，均衡（工場設定）価格は，限界費用 c とマークアップ率 $1/\alpha$ との和に等しい．明らかに，$\alpha\to\infty$ とともに，均衡価格は限界費用に収束する．これは，α が多様な製品間における代替パラメータの役割を果たしていると解釈されることを意味する．同じことを別の表現にすると，(7.5) 式の価格弾力性が $\alpha p(y)$ と等しいということである．したがって，より大きい α の値は，製品間により近い代替性があるので，各製品への需要はより弾力的であることを含意する．

すべて $p(y)$ を p^* で置き換え，(7.5) 式を用いて，以下を得る．

$$V(x) = \gamma \int_X m(y) \exp(-\alpha t|x-y|) \, dy - R(x) + Y \tag{7.7}$$

$$\pi(y) = \gamma \int_X n(x) \exp(-\alpha t|x-y|) \, dx - R(y) \tag{7.8}$$

ここで，$\gamma \equiv \beta \exp(-(\alpha c+1))$ である．

これらの2つの式は，6.3節において，空間的に割り引かれた近接性の下で得られた利潤関数と，非常に似通っている．基本的な違いは，相互作用が，6.3節では企業の間に作用したが，ここでは異なったグループに属す主体の間に作用する．つまり，店は消費者に引き付けられ，逆に，消費者は店に引き付けられる．一方，土地の競争のために，企業は企業の，消費者は消費者の反発を受ける．結果として，主体の両方のクラスの空間分布は，すべての主体に関係する．要するに，一方のグループの主体がもう片方のグループの主体によって引き付けられるが，同じグループの主体によって反発されると言える．企業と家計との相互の引き付けが集積力を成しており，土地の市場における競争が分散力となっている．

消費者と企業の目的関数は，以下の点を除いて，完全に対称的である．(7.7) 式において，$Y-R(x)$ という最後の2つの項は，消費者の立地で異なる収入を表しているのに対し，(7.8) 式の最後の項は，企業の立地とともに変化する固定費 $R(x)$ に対応している．

いつものように，家計と企業の付け値関数を以下のように定義する．

$$\Psi(x, U^*) = \gamma \int_X m(y) \exp(-\alpha t|x-y|) \, dy + Y - U^* \tag{7.9}$$

$$\Phi(y, \pi^*) = \gamma \int_X n(x) \exp(-\alpha t|x-y|) \, dx - \pi^* \tag{7.10}$$

未知であるのは，$m^*(x)$，$n^*(x)$，$R^*(x)$，U^* および π^* であり，均衡条件は，7.6.3項と同様の方法で，以下のように求めることができる．

$$R^*(x) = \max\{\Psi(x, U^*), \Phi(x, \pi^*), 0\} \tag{7.11}$$

$$\Psi(x, U^*) = R^*(x) \quad (n^*(x) > 0 \text{ の場合}) \tag{7.12}$$

$$\Phi(x, \pi^*) = R^*(x) \quad (m^*(x) > 0 \text{ の場合}) \tag{7.13}$$

$$n^*(x) + m^*(x) = 1 \quad (R^*(x) > 0 \text{ の場合}) \tag{7.14}$$

$$\int_X m^*(y) \, dy = M \qquad \int_X n^*(y) \, dy = N \tag{7.15}$$

以下の性質は，この章の補論 A で示されている．付け値曲線 $\Psi(x, U^*)$ は，業

7.2 独占的競争の下でのダウンタウンの形成　279

務地区 ($m(x)=1$) において，厳密に凹関数で，住宅地区 ($n(x)=1$) において，厳密に凸関数である．$\Phi(x,\pi^*)$ は業務地区において厳密に凸関数で，住宅地区において厳密に凹関数である．このことは，もう一方のグループの主体により（排他的あるいは部分的に）両方から囲まれた，特化した地区の出現は起こりえないことを意味する．実際，$[b,b']$ が，住宅地区または混合している地区に囲まれた，業務地区であると仮定すると，$\Phi(b,\pi^*)=\Psi(b,U^*)$ および $\Phi(b',\pi^*)=\Psi(b',U^*)$ となっていなければならない．そうすると，この領域上で，$\Psi(x,U^*)$ が厳密に凹関数であり，$\Phi(x,\pi^*)$ が厳密に凸関数であるので，すべての $b<x<b'$ において $\Phi(x,\pi^*)<\Psi(x,U^*)$ となる．これは，すべての $b<x<b'$ において $\Phi(x,\pi^*)\geq\Psi(x,U^*)$ であるべきとする均衡条件に矛盾する．同じ議論が，2つの業務地区あるいは混合地区に囲まれた，住宅地区 $[b,b']$ について適用される．同様の議論を用いて，空地が都市の中に全くないことを容易に示すことができる．

　以上により，対称的な空間パターンに限定した場合，都市は，2つの住宅地区あるいは2つの業務地区で囲まれた，単一の**混合** (integrated) 地区で形成されると結論できる．もちろん，中心の混合地区は，企業と家計が互いに引き付けあうことから発生する，集積力の結果である．したがって，以下の2つの均衡パターンのみが可能となる．(i)すべての企業は一部の消費者とともに中心地区に立地しており，残りの消費者は2つの隣接する住宅地区に住んでいる．(ii)すべての消費者が一部の企業とともに中心地区の中に住んでおり，残りの企業が2つの隣接地を占有している．これら2つの均衡パターンは，図7.1に示されている．

　最初のケースとして，図7.1(a)のように，すべての企業が一部の消費者とともに，中心地区 $[-b_0,b_0]$ に立地しており，2つの住宅地区 $[-b_1,-b_0]$ と $[b_0,b_1]$ に囲まれた場合を考えよう．まず，両方の主体の密度が，$[-b_0,b_0]$ にわたって，一定であることを示す．地区において両主体が混合しているので，$x\in[-b_0,b_0]$ のすべてにおいて，$\Phi(x,\pi^*)=\Psi(x,U^*)$ となる．したがって，(7.9)と(7.10)式を用いて，以下を得る．

$$\int_X [m^*(y)-n^*(y)]\exp(-\alpha t|x-y|)\,\mathrm{d}y=k \qquad x\in[-b_0,b_0]$$

ここで，$k\equiv-(Y-U^*+\pi^*)/\gamma$ であり，未知の定数である．上式は，以下のように書き換えることができる．

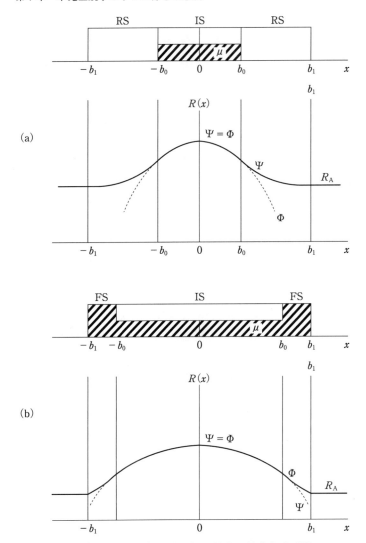

図 7.1 消費者が多様性を好む場合の均衡都市形状

$$\int_{-b_0}^{x} [m^*(y)-n^*(y)] \exp(-\alpha t(x-y)) \, dy$$
$$+ \int_{x}^{b_0} [m^*(y)-n^*(y)] \exp(-\alpha t(y-x)) \, dy$$
$$= k + \int_{-b_1}^{-b_0} \exp(-\alpha t(x-y)) \, dy + \int_{b_0}^{b_1} \exp(-\alpha t(y-x)) \, dy \quad (7.16)$$

上式を x について微分すると以下が得られる.

$$\int_{-b_0}^{x} [m^*(y)-n^*(y)] \exp(-\alpha t(x-y)) \, dy$$
$$- \int_{x}^{b_0} [m^*(y)-n^*(y)] \exp(-\alpha t(y-x)) \, dy$$
$$= \int_{-b_1}^{-b_0} \exp(-\alpha t(x-y)) \, dy - \int_{b_0}^{b_1} \exp(-\alpha t(y-x)) \, dy \quad (7.17)$$

上式をもう1度微分すると,以下が得られる.

$$2[m^*(x)-n^*(x)] - \alpha t \int_{-b_0}^{b_0} [m^*(y)-n^*(y)] \exp(-\alpha t|x-y|) \, dy$$
$$= -\alpha t \int_{-b_1}^{-b_0} \exp(-\alpha t(x-y)) \, dy - \alpha t \int_{b_0}^{b_1} \exp(-\alpha t(y-x)) \, dy \quad (7.18)$$

(7.16) 式に αt を掛けて,(7.18) 式を加えると以下が得られる.

$$m^*(x) - n^*(x) = \alpha t k / 2 \qquad x \in [-b_0, b_0] \quad (7.19)$$

これと, $x \in [-b_0, b_0]$ における土地制約条件 $m(x)+n(x)=1$ を合わせると,以下が得られる.

$$m^*(x) = (1+\alpha t k/2)/2 \equiv \mu \qquad x \in [-b_0, b_0]$$
$$n^*(x) = 1 - m^*(x) = (1-\alpha t k/2)/2 \qquad x \in [-b_0, b_0]$$

これは,消費者と企業の両方が混合地区に一様に分布していることを示している.

残りの課題は, μ を決定し,それにより k を決めることである.このために,(7.16) と (7.17) 式を加え,それに (7.19) 式を代入して,以下を得る.

$$\alpha t k \int_{-b_0}^{x} \exp(-\alpha t(x-y)) \, dy$$
$$= k + 2 \int_{-b_1}^{-b_0} \exp(-\alpha t(x-y)) \, dy \qquad x \in [-b_0, b_0]$$

積分によって,以下が得られる.

$$\exp(-\alpha t x)[\alpha t k \exp(-\alpha t b_0) + 2 \exp(-\alpha t b_0) - 2 \exp(-\alpha t b_1)]$$
$$= 0, \qquad x \in [-b_0, b_0]$$

これが成立するためには

$$\alpha tk \exp(-\alpha t b_0) + 2\exp(-\alpha t b_0) - 2\exp(-\alpha t b_1) = 0$$

つまり,

$$\exp(\alpha t(b_1 - b_0)) = 1/2\mu \tag{7.20}$$

が成立しなければならない. それゆえに, b_0^*, b_1^* と μ を, 同時に決定する必要がある.

人口制約は以下を意味している.

$$M = 2b_0^* m^*(x) = 2b_0^* \mu \tag{7.21}$$
$$N = 2b_0^* n^*(x) + 2(b_1^* - b_0^*) = 2b_0^*(1-\mu) + 2(b_1^* - b_0^*) \tag{7.22}$$

(7.20) 式の対数を取って, $b_1^* - b_0^*$ について解き, b_0^* について (7.21) 式を解き, その結果を (7.22) 式に代入すると, 以下が得られる.

$$-\frac{2}{\alpha t}\log 2\mu = N - \frac{1-\mu}{\mu}M$$

これは, 以下のように書き換えられる.

$$\frac{M}{\mu} = M + N + \frac{2}{\alpha t}\log 2\mu \tag{7.23}$$

$b_1^* - b_0^* > 0$ であるので, (7.20) 式から, μ は正で, 1/2 より小さくなくてはならない. $N > M$, すなわち, 消費者が使用する土地の総量が, 企業が使用する量を超える場合のみ, (7.23) 式が 1/2 より小さい μ の単一解を持つことは, 容易に確認できる. この場合, 企業が, このように集積することにより, 消費者への近接性が最も高くなる. μ が決定されると, k, b_0^*, および b_1^*, したがって, U^* と π^* を得ることができる.

$N = M$ の場合, $\mu = 1/2$ は, (7.23) 式の唯一の解であり, これは, すべての企業と家計が, 単一の地区に統合されていることを意味する.

最後に, $M > N$ であるときは, すべての消費者は中心地区 $[-b_0, b_0]$ に, 一部の企業と一緒に集中しており, 残りの企業は隣接地区に立地している. 言い換えれば, 消費者が使用する土地の総量が, 店が使用するものより小さい場合, 前者は集積を形成する. しかし, 後者はより広い領域上に分布する. 商品の数は十分に大きく, 消費者は一部の店と一緒に中央に立地する.

以上を要約して, 以下のように結論できる.

命題7.1 空間的均衡は唯一に存在する. その均衡では, 企業と消費者は以下の

ような混合都市を形成する．
 (i) $M < N$ の場合，すべての店は1/2より小さい一定の密度で中心地区に集中しており，残りの消費者は2つの隣接地区に住んでいる．
 (ii) $M > N$ の場合，すべての消費者は1/2より小さい一定の密度で中心地区に集中しており，残りの店は2つの隣接地区に立地している．
 (iii) $M = N$ の場合，消費者と企業は共通の密度1/2で，都市全体に混在している．

言い換えれば，互いに引き付けあうために，同じ地区が店と家計の両者で占められる．[4] 店は排他的に中心地区全体を使用するわけではない．もしそうしたならば，$x=0$ の近くの企業は，自身への需要の急激な低下のために（7.5節を参照されたい），周辺地区 $x=-b$ と $x=b$ に立地する店より，魅力に乏しい立地ということになる．都市中心の周りの地区は，多くの店で買い物をすることが好きな消費者にとって，とても魅力的である．なぜなら，中心の周りは，対称に分布する店への近接性が最も高い地区であるからである．

しかしながら，混在地区におけるそれぞれのグループの割合は，パラメータ α と t によって異なる．具体的には，(7.23)式から，α か t の上昇とともに，店の密度 μ が減少することを示すことができる．言い換えれば，製品がより差別化されているか，交通費がより安いときに，混在地区での店の密度はより高くなる．[5] 理由は，どちらの場合も，空間的な需要曲線 $q^*(x,y)$ が，距離とともに，より緩やかに下落するので，店は，近接性が最も高い中心部に立地することを求めるからである．これとは対照的に，製品同士が非常に近い代替物であるときには，均衡価格はわずかに限界費用を超えるのみであり，地代はほとんど横ばいでゼロに近い．消費者は，付近に立地していない企業からはほとんど購入しない．その結果，経済全体における総輸送費も非常に小さい．$\alpha \to \infty$ の極限においては，各々の消費者は同じ場所に立地する企業からのみ購入し（裏庭資本主義），多様な製品を買うのを控える．

---

[4] Papageorgiou and Thisse (1985) も，有限な数の立地点の場合の関連するモデルで，企業と家計の集積の出現を示している．
[5] 後者の結果は，第6章で見てきたものと整合的である．

7.2.2 混在商業地区の最適性

ここで，N 人の消費者と M 個の企業があるときに，社会的にファースト・ベストの最適配置を分析する．第3章や第6章でのように，効用水準 U^* を，すべての N 人の消費者に，最小の社会的費用の下に達成される最適配置を考える．決定変数は，消費者密度 $n(x)$，企業密度 $m(x)$，各 $x \in X$ に立地する消費者の差別化された製品への需要密度 $q(x, \cdot)$，および，各 x の消費者のニューメレールの消費 $z(x)$ である．対応する総費用は以下で示される．

$$C = \int_X \left[\int_X q(x,y)(c+t|x-y|)m(y)\,dy \right] n(x)\,dx + \int_X z(x)n(x)\,dx \quad (7.24)$$

この総費用が以下の制約条件の下に最小化される．

$$\int_X u(q(x,y))m(y)\,dy + z(x) = U^* \quad (n(x)>0 となるすべての x に対して) \quad (7.25)$$

$$m(x) + n(x) \leq 1 \quad x \in X \quad (7.26)$$

$$\int_X n(x)\,dx = N \quad \int_X m(y)\,dy = M \quad (7.27)$$

これに，通常の非負制約が加えられる．これは，同じ制約条件の下で，$S = NY - C$ を最大化することと同等である．(7.25) 式を $z(x)$ について解き，(7.24) 式に解を代入して，(7.26) 式と (7.27) 式を用いて，以下を得る．

$$S = \int_X \left\{ \int_X [u(q(x,y)) - q(x,y)(c+t|x-y|)]m(y)\,dy \right\} n(x)\,dx + N(Y - U^*) \quad (7.28)$$

この S を (7.26) と (7.27) の制約の下に最大化する．

(7.28) 式の大括弧 [ ] の中の項は，それぞれの $q(x,y)$ に関して最大にすればよい．(7.4) 式の下で，以下が得られる．

$$q^o(x,y) = \alpha\beta \exp(-\alpha(c+t|x-y|)) \quad x, y \in X \quad (7.29)$$

(7.5) 式と (7.29) 式を比較して，予想どおりに，$p(y) = c$ であるときに，最適消費が均衡消費で与えられることがわかる．(7.28) 式に (7.29) 式を代入して，以下が得られる．

$$S = \gamma_1 \int_X \int_X m(y)n(x) \exp(-\alpha t|x-y|)\,dy\,dx + N(Y - U^*) \quad (7.30)$$

7.2 独占的競争の下でのダウンタウンの形成

ここで，$\gamma_1 \equiv \beta \exp(-\alpha c)$ である．二重積分の項は，限界費用で価格を付けられ，差別化された製品から得られる，全消費者の間接効用の合計を表す．$N(Y-U^*)$ は定数であるので，問題は，(7.26) と (7.27) 式を制約条件として，$m(\cdot)$ と $n(\cdot)$ に関して，以下を最大にすることである．

$$\gamma \int_X \int_X m(y) n(x) \exp(-\alpha|x-y|) \, dy \, dx$$

上式において，すぐ下で明らかになる理由で，γ_1 を $\gamma \equiv \gamma_1 e$ で置き換えている．最適制御理論の最大値原理を適用すると，(7.26) 式に対する乗数関数 $R^o(x)$ と，(7.27) に対する 2 つの乗数 U^o と π^o が存在し，最適密度 $m^o(\cdot)$ と $n^o(\cdot)$ の下で，(7.26) と (7.27) 式に加えて，以下の条件が成立することが示される．

$$R^o(x) = \max \left\{ \gamma \int_X m^o(y) \exp(-\alpha t|x-y|) \, dy - U^o, \right.$$
$$\left. \gamma \int_X n^o(y) \exp(-\alpha t|x-y|) \, dy - \pi^o \right\} \tag{7.31}$$

$$\gamma \int_X n^o(y) \exp(-\alpha t|x-y|) \, dy - \pi^o = R^o(x) \quad (m^o(x) > 0 \text{ の場合}) \tag{7.32}$$

$$\gamma \int_X m^o(y) \exp(-\alpha t|x-y|) \, dy - U^o = R^o(x) \quad (n^o(x) > 0 \text{ の場合}) \tag{7.33}$$

$$m^o(x) + n^o(x) = 1 \quad (R^o(x) > 0 \text{ の場合}) \tag{7.34}$$

直感的には，これらの条件は，以下のように説明される．我々の設定では，3 つの活動として，消費，生産，農業が存在する．x での消費者の数を 1 単位増加させると，目的関数が $\gamma \int_X m^o(y) \exp(-\alpha t|x-y|) \, dy$ だけ増大する．しかしながら，x の消費者の増加によるこの便益は，消費者人口制約に対応する乗数の値だけ，減じなくてはならない．x での企業の数を 1 単位増加させる場合も，必要な修正を加えたうえで，同じ議論ができる．1 人の消費者および 1 つの企業は 1 単位の土地を使用するので，(7.31) 式は，$R^o(x)$ が，x における土地の最も高い限界価値と等しいことを意味する．条件 (7.32) は，企業は，x における土地に対して，その限界価値が最も高い限りにおいて，そこに立地することを意味している．消費者について，同様のことを (7.33) 式は述べている．最後に，(7.34) 式は，x における土地の限界価値が正ならば，そこのすべての土地は企業ないし家計によって使用されることを示している．

(7.31) ～ (7.33) 式で，U^o を $U^o - Y$ に取り替えても，明らかに，最適密度

$n^o(x)$ と $m^o(x)$ は変わらない．したがって，U^o を U^* に，π^o を π^* に取り替えたとき，最適条件 (7.31) 〜 (7.34) が，均衡条件 (7.11) 〜 (7.14) と同じであることがわかる．これは，均衡土地利用は最適土地利用と同じであることを意味する．

企業は限界費用より高い価格を付けることを思い起こすと，これは驚くべき結果である．しかしながら，土地と2つの消費財の間には，代替性が全くないことに注意しよう．それゆえに，差別化された財に限界費用より高い価格を付けることは，これらの3つの財の相対的な消費において歪みを生じさせない．さらに，マークアップ率 $1/\alpha$ は一定である．これらの2つの特性は，なぜ市場および社会的に最適土地利用パターンが同一かを説明している．しかしながら，この結果は，建設業者が各立地点で床面積の密度を最適に選べる場合には，成立しない (Liu and Fujita, 1991)．実際，この場合，土地および他の2つの消費財は代替可能となる．

さらに驚くべきことは，企業に対して限界費用で価格付けをすることを強制した場合には，均衡土地利用パターンは効率的ではなくなる．実際，その場合には，利益がすべての立地点でゼロであり，企業は立地に関して無差別となり，企業の付け値曲線は，すべての立地点にわたって平坦で，ゼロと等しくなる．この場合，均衡パターンは，一部の企業と混在した住宅地区を真ん中にして，隣接する2つの業務地区より成っている．N と M の値にかかわらず，混在地区の企業の密度は，最適パターンと比較して常に低い．したがって，限界費用による価格設定は，企業がさらに分散した形状をもたらす．

企業の限界費用での価格付けの下における土地利用パターンが最適ではないことは厚生経済学の第1定理に矛盾しない．実際，ここでは，すべての価格が経済主体に与えられているが，我々の均衡概念は，価格需要にもとづく競争市場となってはいない．実際，効用を最大にする立地を見つけるために，各消費者は，差別化された製品の提供者である企業の全体の分布がどのようになっているのかを知らなければならない ((7.7) 式を参照されたい)．同様に，利益を最大にする立地を見つけるためには，各企業は，各立地点における自社の製品に対する総需要を知る必要があり，そのためには消費者の都市全体における分布を知らなければならない ((7.8) 式を参照されたい)．しかしながら，1つの主体の残りの経済主体への近接性の違いを，価格で説明することができない．したがって，各主体が常に最適の立地を選ぶことができるために必要とされる情報は，価格システムによって伝えられる通常の情報をはるかに越えるものである．ここで，各主体に必要とされる情報は，ゲーム理論的な趣を持っており，競争パラダイムとは大きく異なっている．これは，

空間経済は競争市場システムによって，完全には説明できないことを再度示している．

この否定的結論には，大きな意味がある．それは，各企業の設定する価格と限界費用の違いが，企業が土地市場において他の主体と競争することを可能とし，企業の集積を支えるということである．価格が限界費用と等しい場合には，企業が消費者の近くに立地する誘因は消滅する．当然ながら，したがって，集積力がないので，市場競争の結果は過度の分散となる．違った言い方をすれば，企業のマークアップ率は，企業の集積が市場の結果で発生するためには，正でなければならない．

7.3 寡占と企業の集積

7.3.1 多様性への選好による空間競争

ここまで，連続体としての企業を仮定した．したがって，製品市場において戦略的な相互作用は存在しない．これは，土地市場などの他の市場との関連の下に，製品市場の働きを研究するためには便利な枠組みである．しかしながら，独占的競争モデルは，空間的な近接が引き起こす戦略的な側面を考慮できない（7.4.5項を参照されたい）．

立地論には，消費者が分散する場合さえ，空間競争が企業の集積に通じることを示唆する，少なくとも Hotelling（1929）に遡る，古い伝統がある．同質の製品を販売する2つのベンダーの典型的な例では，各企業は，競争相手の近くの，市場のより人口の多い側に出店することによって，利益を得る．したがって，輸送費が距離とともに増加する場合，消費者分布の中位点に両方の企業が立地したとき，唯一の均衡を得る．一定の密度の場合には，中位点は市場の中心になる．したがって，より多くの顧客を求めて競争する2つの企業は，彼らの空間的な差別を最小にする選択をする．[6]

しかしながら，このアプローチの提唱者は，同質な製品を販売する企業は，値引き競争の破滅的な結果を避けるために，常に遠く離れた地点に立地しようとする事実を見落としてきた．実際，（少なくとも）2つの企業が背中合わせに立地してい

---

6) 消費者の立地は固定されている．したがって，ここには，消費者と企業の立地の相互作用を介しての，相互の誘引力は存在しない．土地市場を導入すると，集積に向かう傾向は強化される（Fujita and Thisse, 1991）．

るとき,営業利益がゼロとなるベルトラン競争の状況に陥っている.しかしながら,この場合には,企業は一方的に遠くに移動し,各企業が近くに住む消費者に対して持っている独占力を行使することによって,正の利益を回復できるであろうから,これは均衡ではありえない.例えば,輸送費が距離に関して2次関数であり,消費者が $X=[0,1]$ で均等に分布しているときには,第2段階の部分ゲームの均衡価格は企業間の距離とともに増加し,第1段階ゲームの均衡立地は $y_1^*=0$ と $y_2^*=1$ によって与えられる (d'Aspremont, Gabszewicz, and Thisse, 1979).

この極端な空間的分散は,価格競争は互いに企業を引き離す一方,市場領域の競争は互いを引き寄せるという,両者のトレードオフの結果である.このトレードオフがどう働いているかを説明するために,π_1^* が,立地の組 $y_1 < y_2$ において,対応する均衡価格 $p_i^*(y_1, y_2)$ で評価された企業1の利益であるとする.そうすると,$\partial \pi_1 / \partial p_1 = 0$ であるから,以下が得られる.

$$\frac{d\pi_1^*}{dy_1} = \frac{\partial \pi_1}{\partial p_2} \frac{\partial p_2^*}{\partial y_1} + \frac{\partial \pi_1^*}{\partial y_1}$$

この式の右辺の各項の正負は,以下のように確認できる.最初の項は,**戦略的効果**(strategic effect: 価格競争緩和への願望)に対応しており,企業1の立地の変化が,価格競争に対して持っている影響によって表される.製品が空間的に差別化されているので,それらは代替品であり,その結果,$\partial \pi_1 / \partial p_2$ は正である.一方,y_1 が増加すると,製品がより近い代替品になるので,$\partial p_2^* / \partial y_1$ は負である.したがって,最初の項は負である.**市場領域効果**(market area effect)に対応する第2項は正である.したがって,企業間距離を減少させることによる企業の利潤への影響は,一般には確定できない.しかしながら,企業が十分近くにあるとき,第1項が第2項を常に凌駕する.その結果,企業は地理的な空間上で常に分散を望む.これは,企業に価格競争が許容される場合には,差別化を最小にするという原則が成立しなくなることを意味する.企業が独自の立地を選ぶ傾向は多くの研究によって確認され,Tirole (1988) はそれを**差別化の原理**(principle of differentiation)と呼んだ.この原理は,価格競争が,空間競争の標準モデルの集積形成を破壊するのに十分な,強い分散力であるという事実を強調する.

しかしながら,これらの否定的な結果は,空間競争の問題の意義そのものを否定するわけではない.実際,それらの結果は消費者の極端な価格感受性にもとづいていることに注意されたい.つまり,2つの企業が並んで同じ地点に立地して同じ価格で競争している場合,片方の企業がほんのわずかに値引きしただけで,すべての

顧客を引き付けるとされている．だがそのような極端な結果が起こるとは思われない．製品が差別化され，消費者が製品の多様性を好む場合，各消費者にとっては，製品への好みが一致することが重要であるので，値下げに対する全体の反応は，それほど急なものにはならない．このように，製品の差別化は価格競争を軽減する．de Palma et al. (1985) が行った，空間競争モデルのこの変更は，2つの重要な意味を持っている．最初に，多様性に対する消費者の選好が十分大きい場合には，複数の企業が同一地点に立地していても，各々の企業の需要関数は十分に滑らかであり，純粋戦略で価格均衡が存在する．2番目に，同じ条件の下で，それぞれの店は，ホテリングによって示唆されたように，市場への最高の近接性を得るために，市場の中心に集積する傾向がある．店舗間における製品の差別化は中心での価格競争を緩和し，店が集中立地しているときでさえ，市場での独占力を売り手に与える．したがって，これから示すように，製品差別化の度合いに比べて輸送費が低い場合には，集積がナッシュ均衡となりうる．

したがって，前節の主要なアイデアに従い，企業は差別化された製品を販売し，消費者は多様性を選好すると仮定する．しかし，以前と異なって，戦略的に振る舞う，有限な M 個の企業を考える．また，ホテリングに従い，立地空間 $X=[0,1]$ における消費者分布は固定されていると仮定する．例えば，各消費者は1単位の土地を使用し，消費者分布は X にわたって一定であるとする．さらにホテリングのように，企業は土地を使用しないと仮定する．7.2節のように，消費者効用は以下のように，加法的である．

$$U(z; q_i, i=1, \cdots, M) = \sum_{i=1}^{M} u(q_i) + z$$

(7.1) 式との主な違いは，企業の数が連続体ではなく，有限であり，各々の企業は戦略的に振る舞うということである．7.2節では，多様な製品の間に直接的な代替性はなかった．ここでは，簡単な方法で代替性の効果を導入するために，各消費者は，単位時間当たり，一定の数 $\bar{q}>0$ の差別化された製品を買うとして（例えば，1カ月当たりのレストランでの夕食の回数），以下のように仮定する．

$$\sum_{i=1}^{M} q_i = \bar{q} \tag{7.35}$$

この制約は，企業は与えられた規模の市場の中で顧客を競争することを含意する．また，ここでも，以下のように，エントロピー型の効用 U を仮定する．[7]

$$U = \sum_{i=1}^{M} q_i - \sum_{i=1}^{M} \frac{q_i}{\alpha} \log q_i + z \quad \left(\sum_{i=1}^{M} q_i = \bar{q} \text{ の場合} \right) \\ = -\infty \quad\quad\quad\quad\quad\quad\quad\quad\quad\quad \text{(その他の場合)} \tag{7.36}$$

いつものように,$x \in X$ の消費者の予算制約は,以下で与えられる.

$$\sum_{i=1}^{M} (p_i + t|x - y_i|) q_i + z = Y$$

ここで,p_i は,製品 i を売っている企業 i によって選択される(工場設定)価格であり,$y_i \in X$ は,この企業によって選択された立地点である.

標準の最適化手法を使用して,以下を得る.

$$q_i^*(x) = \frac{\exp(-\alpha(p_i + t|x - y_i|))}{\sum_{j=1}^{M} \exp(-\alpha(p_j + t|x - y_j|))} \bar{q} \quad x, y_i \in X \tag{7.37}$$

これは,(7.5)式と異なり,企業 i の価格 p_i と立地 y_i に依存するだけではなく,すべてのライバル企業($j \ne i$)によって選ばれた価格と立地にも依存する.実際,(7.35)式のために差別化された製品の総消費量は固定されているので,1つの製品の消費量は他の製品の消費に影響を与える.

以前の独占的競争モデルでは,価格弾力性が立地から独立していて αp_i と等しかったが,ここでは価格弾力性が $\alpha p_i [1 - P_i(x)]$ であり,立地点に依存している.ここで,

$$P_i(x) \equiv \frac{\exp(-\alpha(p_i + t|x - y_i|))}{\sum_{j=1}^{M} \exp(-\alpha(p_j + t|x - y_j|))}$$

は,**多項ロジット**(multinomial logit)として知られている(McFadden, 1974).ここでは,それぞれの企業が価格と立地を選択するとき,価格弾力性に関するこの事実を知っていると仮定する.したがって,価格と立地の両方において,企業間に戦略的な相互関係が存在する.これから示されるように,これは,より複雑で豊かな企業間相互依存のパターンを引き起こす.

この相互作用パターンに関していくつかの洞察を得るために,最初に,$0 < y_1 < y_2 < 1$ に立地し,同じ価格水準 p を設定する,2つの企業($M = 2$)の特別なケースについて見てみる.この場合,容易にわかるように,以下のようになる.

---

7) 差別化された製品の総消費が,消費者全体にわたって一定で,同じであるので,$\beta = 0$ と設定することができる.一般性を失うことなく,効用 U に α を掛けると,(7.4)式と(7.36)式は等価であることがわかる.

7.3 寡占と企業の集積　291

$$q_1^*(x) = \frac{\bar{q}}{1+\exp(-\alpha t(y_2-y_1))} \qquad x\in[0,y_1]$$

$$= \frac{\bar{q}}{1+\exp(-\alpha t[y_2-y_1+2(y_1-x)])} \qquad x\in[y_1,y_2]$$

$$= \frac{\bar{q}}{1+\exp(\alpha t(y_2-y_1))} \qquad x\in[y_2,1]$$

図7.2において，$q_1^*(x)$ が消費者の立地関数として描かれている．製品1の需要は，全体の立地空間 X 上で連続であり，2つの後背地 $[0,y_1]$ と $[y_2,1]$ では一定，競合区間 $[y_1,y_2]$ で減少している．別の言い方をすると，店1への需要は，その後背地上で最も高く，x が y_1 から離れ y_2 に接近するに従って減少し，競争相手の後背地上で最も低くなる．さらに，$q_1^*(x)$ が $[y_1,\bar{y}]$ で凹関数であって，$[\bar{y},y_2]$ で凸関数であることが容易に確認できる．最後に，x が店2より店1の近くにある場合にのみ，$q_1^*(x)$ が $q_2^*(x)$ を超えている．$x=\bar{y}$ では，両方の需要は $\bar{q}/2$ と等しい．この需要パターンの特性は，直感と経験に一致している．

$1/\alpha$ によって示される差別化の度合いが増加するとき，需要曲線 $q_1^*(x)$ は $\bar{y}$ の左（右）では，下向き（上向きに）に移動する．これが起こるのは，消費者にとっては製品の多様性がより大切であり，したがって，空間的な近接性にそれほど敏感ではなくなるからである．極限において，$\alpha=0$ であるときに，距離は関係なくなり，すべての $x\in X$ で，$q_1^*(x)=1/2$ となる．一方で，$\alpha\to\infty$（製品は均質）の場合には，$x\in[0,\bar{y})$ において $q_1^*(x)=1$，$x\in(\bar{y},1]$ において 0 となり，各消費者は，より近い店を贔屓(ひいき)にし，ホテリングのもとのモデルに後退してしまう．

次に，y_1 に単一の企業が，$M-1$個 の企業が y_2 に立地している場合の，図7.3を見てみよう．以下を示すのは簡単である．

$$q_1^*(x) = \frac{\bar{q}}{1+(M-1)\exp(-\alpha t(y_2-y_1))} \qquad x\in[0,y_1]$$

$$= \frac{\bar{q}}{1+(M-1)\exp(-\alpha t[y_2-y_1+2(y_1-x)])} \qquad x\in[y_1,y_2]$$

$$= \frac{\bar{q}}{1+(M-1)\exp(\alpha t(y_2-y_1))} \qquad x\in[y_2,1]$$

y_2 に集中した企業の数が増えるとともに，明らかに，企業1への需要は低下する．したがって，全体としては企業のクラスター化をより魅力的なものにする．y_2 での企業の数が多くないとき，あるいは，製品差別化の度合いが高くないとき

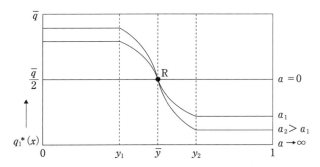

図 7.2 消費者が多様性を好む場合の店 1 への均衡需要パターン

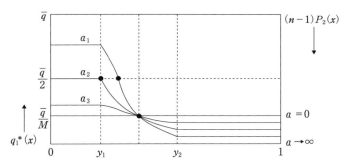

図 7.3 市場中心に他の企業が集中している場合の店 1 への均衡需要パターン

には,店 1 に後背地と競争地区の一部にわたった需要があり,それは(他の企業が集中している)市場中心におけるものを超えている.しかしながら,y_2 に十分に多くの企業が存在するか,製品が十分に差別化されているときには,企業孤立のこの利点は消え失せる傾向にあり,市場の中心はますます魅力的になる.

この性質は,小売モデルで Reilly (1931) によって開発された**重力原理**(gravity principle)に適合している.それによると,場所の間の距離が大きくなると相互交流の妨げとなる一方,市場の規模が大きくなると,消費者にとってはより魅力的なものになる.この原理は,地理学者と地域科学者によって,実際のトリップパターンの説明に拡張され,**空間的相互作用理論**(spatial interaction theory)[8] として知られている,広大で豊かな分野を作り上げた.

いつものように,企業 i の利潤は,以下のようになる.

$$\pi_i(\boldsymbol{p},\boldsymbol{y})=(p_i-c)\int_0^1 q_i^*(x)\mathrm{d}x$$

ここで，$q_i^*(x)$ は（7.37）式によって与えられる．さしあたり，すべての価格 p_i が等しく，固定されていると仮定する．明らかに，利潤を最大にするには，需要を最大にすればよい．地点1/2への M 個の企業の集積は，以下の場合，かつ，その場合においてのみ，ナッシュ均衡であることを示すことができる．

$$1/\alpha t \geq (1-2/M)/2 \tag{7.38}$$

したがって，与えられた α と t の値の下では，企業数の増加は，中央集積に向かう傾向を弱める．実際，M が増加するとき，$P_i(x)$ がすべての x で減少するので，弾力性は各地点で減少する．そして，中央集積における弾力性と，中心ではない立地点での弾力性の違いは増加する．その結果，ローカル市場を開拓する利益は，中心立地の利益を超えうる．

しかしながら，そのような効果は，製品差別化の進展，輸送費の下落，またはその両方によって相殺されうる．（7.38）式の右辺は，1/2で上限であるから，$\alpha t \leq 2$ である限り，どんな M の下でも，中央集積が常に均衡になる．これは，製品差別化の度合いで，企業のコミュニケーションの強さの役割を置き直せば，6.4節において「小都市」について得られた結果と似ている．

集積が起こるためには，製品は十分に差別化されていなければならない．実際に，すべての製品が完全な代替財である極端な場合を考えよう．その場合には，$M>2$ である限り，市場中心での（あるいは他のどこであっても）企業集積は均衡ではない．なぜなら，どの企業も，集積からわずかに離れた場所（その集積が市場の中心でないときは，市場のより大きい側）に，立地することによって，大きく売上を伸ばすことができるからである．製品が均質であるので，集積点の企業よりも，集積していない企業に近いすべての消費者は，この企業から購入する．それゆえ，この

---

8) あたかも，ニュートン物理学におけるように，都市や国々が重力の性質を持つ力によって相互作用を及ぼすことは長い間認識されてきた．相互作用の強度は空間において，実体の大きさとともに上昇するが，それらを隔てる距離とともに低下する．空間相互作用理論はそのような財や人々の動きを説明することが目的である．この目的のために，地域科学者や地理学者は，エントロピー（Wilson, 1967）から重力モデルやロジット・モデル（Anas, 1983）に至る，いくつかのモデルを開発し，それらが，異なった動きのタイプを予測するために，効果的であることを証明した．しかしながら，これら一連の研究は長い間無視され，空間経済学者は，空間経済の基本的な構成要素に気づかなかった．

企業は，集積点で $1/M$ を手に入れる代わりに，$1/2-\varepsilon$ の市場占有率を得ることができる．しかしながら，製品の差別化が大きくなるに従って，そのように集積点から離れる利益は減少する．なぜなら，集積点に立地しない企業によって供給される製品に合わない消費者は，集積点まで行く方が効用を増すことができるからである．

企業が価格と立地の両方で競争する，より一般的な場合については，以下の結果を得ることができる．

命題7.2 M 個の企業が，価格と立地で競争する場合，もしも，$at \leq 2$ であるならば，$p_i^* = c + M/\alpha(M-1)$ と $y_i^* = 1/2$, $i = 1, \cdots, M$ は，同時ゲームのナッシュ均衡を構成する．

証明の構成は以下のとおりである（詳細は補論Bを参照）．すべての企業が集積しているとき，共通の価格が $p^* = c + M/\alpha(M-1)$ である，唯一の価格均衡が存在することは容易にわかる．今，$M-1$ 個の企業が，市場の中心に立地して，価格を p^* に設定しており，企業1は，$y_1 < 1/2$ に立地して価格を $p_1 \geq c$ に設定していると仮定する．p_1 の値が何であっても，$at \leq 2$ であれば，企業1の利潤は，$[0, 1/2)$ にわたって，y_1 とともに増加するので，企業1は，市場の中心にいる他の企業と一緒に立地したいと望む．すべての企業が一緒にいる場合，p^* が唯一の価格均衡であるので，$p_1 = p^*$ および $y_1 = 1/2$ であるときに，企業1の利潤は最も大きい．したがって，前節でのように，高度の製品差別化ないし低い輸送費率は，M 個の企業の市場中心での集積を支えていることがわかる．また，市場の中心が，集積した唯一の立地均衡であることを示すことができる．[9]

製品差別化の役割を強調するために，我々は，企業が価格と立地を同時に選ぶとき，ナッシュ均衡は決して存在しないことを示した．実際に，任意の2つの企業を考え，そのような均衡が存在すると仮定しよう．どのような市場形状であっても，より少ない（あるいは同じ）利潤を得ている企業は，他方の企業と全く同一の場所

---

[9] 消費者が，交通ネットワークでつながった有限個の地点に分布していると仮定しよう．そうすると，at が十分大きい場合には，すべての企業は，各ノードにおける消費者数によって重みづけされた，市場全体への距離の合計が最小になる地点に立地する（de Palma et al, 1989）．これは，企業は，最も近接性が高い立地に引き寄せられるという，ホテリングのアイデアを裏付けている．

に立地し，わずかに価格を切り下げることによって，利潤を増加させることができる．そうすることによって，価格を切り下げた企業は，以前の市場の一部を失うことなしに，ライバルの利潤を奪取することができる．したがって，その企業は利潤を増加させることができ，均衡条件と矛盾する．これは，企業が差別化された商品を供給すると仮定することの重要性を示している．さらに，Ben-Akiva, de Palma, and Thisse (1989) と De Fraja and Norman (1993) は，消費者が差別化された製品へ別の選好を持つモデルの場合でも，命題7.2に似た結果を得た．十分な製品差別化での集積された均衡の存在は，需要関数の特定化にかかわらず，一般的な結論であると言える．

輸送費が低いときには，地理的に分離する恩恵は縮小し，そして，価格はより低くなる．したがって，企業は，有形無形の地理的ではない特性に関して，製品を差別化することによって，利潤を復活させることを選ぶであろう．別の言い方をすれば，製品差別化が，地理的分散を代替している（これは空間競争モデルで，Irmen and Thisse, 1998によって示されている）．この場合，企業は，もはや価格競争の効果を恐れずに（遠心力は製品差別化で弱められる），最もマッチングが良い消費者のできるだけ近くにいようとする，消費者は市場空間全体にわたって散らばっているので，企業は，市場の中心に立地して，その結果，地理的な差別化を最小化しようとする．別の言い方をすれば，最小の差別化原理は，十分な違いがあるときに成立する．

さて，ホテリングの複占逐次モデルについてのロジット・モデル (7.37) 式の含意を考えよう．Anderson et al. (1992, chap.9) は，at が十分小さい場合の任意の立地の組における価格均衡の存在と一意性を示した．この価格均衡を用いて，これらの著者は，数値解析に訴えることによって，立地ゲームを研究し，以下の結果を得た（図7.4参照）．$1/at$ が0から0.30までの間のときは，（純粋戦略による）立地均衡は存在しない．$0.30<1/at<0.76$ においては，企業の地理的分散の増加を伴う，左右対称の分散均衡がある．しかしながら，$1/at$ が，何らかの閾値（約0.50）を越えると，地理的分離は減少し始める．$0.76<1/at<1.47$ では，集積した均衡が，分散均衡とともに存在している．しかしながら，前者は不安定で，後者は安定している．最後に，$1/at≥1.47$ においては，中央集積が唯一の均衡である．

これらの結果の背後にある直感的理由は，かなり明解である．非常に小さい差別化は，均衡の存在を回復するために十分ではない．なぜなら，消費者の買い物行動は依然としてはっきりしており，標準的な0-1の行動に近い．均衡の存在が保証さ

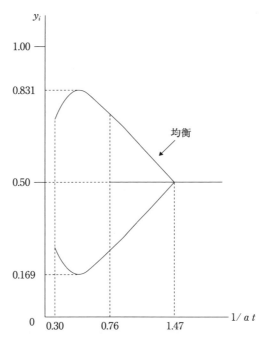

図 7.4 消費者が多様性を好む場合の企業の均衡立地

れるとき，この企業の市場領域は重なっており，その結果，激しい価格競争を避けて，企業は離れて立地する．何らかの閾値を超えると，製品差別化の効果は，価格競争の効果を上まわるようになり，価格競争が緩和されるので，企業はより市場中心の近くに立地する．最終的に，十分大きい度合いの差別化の下では，市場領域の効果が支配的となり，非価格競争での文脈のように，売り手の集積が起こる．同時ゲームあるいは逐次ゲームのどちらでも，主要なメッセージは同じである．つまり，十分な製品差別化によって，価格競争が緩和されるときに，集積は起こる．

コメント 実際，ホテリングの論文は，空間経済学だけでなく，一般的な経済理論への先駆的な貢献である．最初に，その主な革新のうちの1つは，空間競争のプロセスをモデル化する，2段階ゲームの使用である．第1段階では，店は立地を非協力的に選び，第2段階では，これらの立地が明らかにされたうえで，企業は販売価格を選択する．この連続する段階を用いることは，後で，企業が価格を選択すると

きに，立地選択の結果を予想すること，したがって，モデルに暗黙の動的構造を与えることを意味する．ゲームは後退帰納法によって解かれている．任意の組の立地について，ホテリングは，第2段階に対応する，価格の部分ゲームを解くことから始めた．結果として生じる均衡価格は，利潤関数へ代入され，その後，それは，企業によって選択された立地にのみ依存する．これらの関数は，企業が第1段階のゲームで最大化しようとしている結果である．そのようなアプローチは，1960年代にラインハルト・ゼルテンが紹介した，部分ゲームの完全なナッシュ均衡の概念を数十年前に予言したものである．

ホテリングは，たとえ個々の購入の決定が不連続でも（消費者は1つの企業のみから購入する），企業の需要全体が価格に関して連続的であると仮定することが合理的であることを見つけた．各消費者を無視できると仮定することで，個人レベルの不連続と集団レベルの連続性の表面上の矛盾を解決する．別の言い方をすると，消費者が立地全体で連続的に分布している場合，総需要は「多くの場合」連続的である．Aumann (1964) によって，かなりたってから普及した連続性の仮説は，競争している主体が市場の結果による影響は無視できる，というアイデアを意味していることがここで見出せた．しかし，ホテリングは，個々の行動が競争的である「小さい」主体である消費者と，市場の結果を操作することができるので，行動が戦略的である「大きい」主体である企業の関係している，より豊かな設定を考えた．

7.3.2 企業の集積は効率的か

厚生分析はいくつかの予期しなかった結果を明らかにする．消費者の立地が固定されているので，立地の全域で効用水準は同じではないかもしれないし，総費用を最小化することもできない．最適においては，価格が限界費用 c に設定されるので，消費者の厚生は企業の立地分布 (y) だけによる．同質的な生産物の場合，総費用は総輸送費によって与えられる．しかしながら，いったん製品の差別化を導入すると，店の違いから便益を得るので，もはや，消費者は各トリップで，最も近い企業を贔屓にはしない（すべての価格が c と等しいことを思い出そう）．したがって，距離と製品の多様性の効果の両方を考慮に入れた，より一般的なアプローチが必要となる．適切な尺度は間接効用である．x の消費者にとって，効用関数 (7.36) に均衡の購入量 (7.37) を導入することによって以下の間接効用が得られる．

$$V(x; \boldsymbol{y}) = \frac{\bar{q}}{\alpha} \log \left[\sum_{i=1}^{M} \exp\left(-\alpha\left(c + t|x - y_i|\right)\right) \right]$$

消費者余剰は個々の間接効用の合計によって以下のように定義される.

$$S(\boldsymbol{y}) = \int_0^1 V(x; \boldsymbol{y}) \mathrm{d}x \tag{7.39}$$

いくぶん驚くべきことであるが，$at \leq 2$ であるならば，最適においては企業は集積している．以下で，$M=2$ のケースの証明をする．最適立地の組が左右対称であることは，直感的に妥当と思われる（それを示すこともできる）．したがって，$y_1 = 1/2 - a$，$y_2 = 1/2 + a$ と設定し，消費者余剰（7.39）を以下のように書き直すことができる．

$$S(a) = \frac{2}{\alpha} \int_{1/2}^{1/2+a} \log\left[\exp\left(-\alpha t(x-1/2+a)\right) + \exp\left(-\alpha t(1/2+a-x)\right)\right] \mathrm{d}x$$
$$+ \frac{2}{\alpha} \int_{1/2+a}^{1} \log\left[\exp\left(-\alpha t(x-1/2+a)\right) + \exp\left(-\alpha t(x-1/2-a)\right)\right] \mathrm{d}x$$

いくつかの通常の操作の後に，以下を得る．

$$S(a) = -t\left[1/4 - a(1-2a)\right] + \frac{2}{\alpha} \int_{1/2+a}^{1} \mathrm{lon}\left[1 + \exp\left(-2\alpha t(x-1/2)\right)\right] \mathrm{d}x$$
$$+ \frac{2}{\alpha}(1/2 - a) \log\left[1 + \exp(2\alpha t a)\right] \tag{7.40}$$

(7.40) 式を a で微分して，0 と置くと，以下が得られる．

$$1 - 4a - \exp(-2\alpha t a) = 0 \tag{7.41}$$

明らかに，$a = 0$ は常にこの方程式の解である．(7.40) 式が厳密に正の解を持つ必要十分条件は，$\exp(-2\alpha t a)$ の導関数が，$1-4a$ の導関数より小さくなくてはならないことである（ともに $a=0$ で評価される）．これは $at > 2$ と等価である．a と α で (7.41) 式を全微分し，2階の条件を使用して，以下を得る．

$$\frac{\mathrm{d}a^*}{\mathrm{d}\alpha} > 0$$

したがって，製品差別化の度合いが上るとき（α が減少するとき），2 つの店の間の最適距離 $2a^*$ は小さくなることがわかる．多様性による選好が増すと，消費者にとっての距離の重要性が減少するので，店をより中央立地に向かって移動させることは，ますます望ましいことになる．これは，線分区間全体にわたって分散立地している消費者の，より多くの商品への近接性を増加させることを可能にする．

一方，$at \leq 2$ である場合，$S(a)$ の 1 次導関数は a のすべての許容される値で負であるので，$S(a)$ が $a=0$ で最大となる．言い換えれば，製品が十分差別化されてい

るときには，消費者余剰を最大にするために，2つの店は市場の中心に立地しなければならない．これが起こるのは，それぞれの店の特性が輸送費を優越しており，市場中心を，消費者にとって望ましいものにしているからである．

利潤の問題が残っている．通常のように，自由参入を仮定する．Anderson et al. (1992, chap.7) は，企業の最適な数は，均衡数から1を引いた数に等しいことを示している．したがって，製品の差別化が十分強い場合 ($at \leq 2$) には，市場中心における店の集積と規模は，社会的に（ほとんど）最適であると結論できる．

Eaton and Lipsey (1979, 21) が指摘しているように，「実社会で，店の集積に出くわすと，ホテリングを引き合いに出し，集積の社会的な不経済性について言及するというのが，経済学者の一般通念であった」．しかし，製品が十分差別化されているとき，あるいは輸送費が十分低いとき ($at \leq 2$) には，集積が社会的に望ましいことが明らかになったところであり，我々の結果はこの一般通念とは異なる．一般通念が間違っているのは，消費者は多様な商品への選好を持っており，企業は差別化された製品を販売している，という事実を無視しているからである．しかしながら，$at > 2$ であるときには，企業が集まることは最適ではなく，高い輸送費の下では別々の立地が最適である．この場合には，Anderson et al.(1992, chap.9) は，市場が不十分な地理的分散をもたらす可能性を示す，いくつかの例を提供している．

最後に，7.2節のモデルとの関係で以下の点に注意されたい．企業の土地消費がゼロに減少する場合，均衡では，都心にすべての企業が集積する．これは，土地市場を加えることによって，現在のモデルを拡張する可能性を開く（4.5.3項のように）．さらに，$M \to \infty$ である場合，（命題7.2で与えられる）均衡価格は (7.6) 式と同じであり，7.2節の独占的競争モデルを，ここの空間競争モデルの漸近版とみなすことができることを示している．

7.3.3 発送商品と集積

発送モデルは，寡占的環境における空間的価格差別の分析に由来しており，異なった伝統から生まれた（それぞれの市場は局地的に分断されており，一方，買い物モデルでは1つに結ばれる）．製品を届けるとき，顧客の立地点は企業にとって観察可能であり，企業は立地空間において差別的な価格を付けることができる（これはピグーの第3級の価格差別に対応している）．発送モデルは，Hoover (1937) によって始められたもので，1980年代と1990年代で大いに発展した．空間競争における買い物モデルと発送モデルは，国際貿易における，統合市場と分断市場の標準的

な区別に対応している．

　企業が価格スケジュールで競争する場合を考えよう．これは，各企業が各地点の顧客に**配送価格**（delivered price）を告げることを意味する（例えば，ピザの店）．その場合，販売される製品が同質であるとき，差別価格を用いる企業は常に互いに離れた場所に立地をしたがる（Lederer and Hurter, 1986）．これは，それぞれの消費者立地点での価格競争が激しく，地理的な近接性は企業に損害を与えるからである．しかしながら，まさに7.3.1項で議論したのと同じ理由で，より差別化された製品を供給するときには，差別価格を用いる寡占企業は，より近くに立地しようとする（Anderson and de Palma, 1988）．

　企業が数量スケジュールにもとづいて競争するときには，集積に向かう傾向はさらに強くなる．実際，Anderson and Neven（1991）に示されているように，製品が均質なとき，輸送費が十分に低く，$t \leq (1-c)/M$ であれば，市場中心における集積が，唯一の均衡となる．製品は均質であるが量を設定する企業は，競争によってそれほど影響を受けないので，市場領域の効果が支配的となり，企業は集積する．

　しかしながら，t が何らかの閾値を越えるとき，中心はもはや均衡ではなく，企業は，市場の端の近くで十分な顧客を確保するために，立地を差別化する．市場周辺効果と呼ばれるこの新しい効果は，遠心力に対応している．この効果は，局地的な需要が価格に敏感に影響を受ける，どんな空間競争モデルにも存在している．しかし，輸送費が低いときには，この力は，市場領域効果を上まわるほどには強くないので，集積に至る．輸送費が高くなるに従って逆が成立し，市場均衡では生産者はより分散していく．買い物モデルのときと同じく，t の範囲によっては，集積と分散の両方の均衡解が共存する可能性がある（Gupta, Pal, and Sarkar, 1997）．

　したがって，買い物モデルと発送モデルは異なる目的を持ち，異なるインセンティブのシステムに従うが，それらは，本質的に同じ遠心力と向心力に支配されると言って差支えない．それゆえ，同じような条件下では，同じような立地につながる．

7.4　消費者のサーチと店舗の集積

　企業が，差別化された製品を売る場合，消費者は，多くの場合，どこで，どの価格で提供されるかに関してはっきりとわかる．[10] 多くの状況において，消費者にと

---

10) モデルは，消費者が企業の価格に関しても確信を持てない場合にも，拡張可能である．

7.4 消費者のサーチと店舗の集積　301

って，特定の店でどの製品が売られているかを知る唯一の方法は，交通費を払ってその店を訪れることである．実際，実物を見なければ，その製品が自分の求めていたものとどれぐらいマッチングするかを推し測ることは難しい．電話による情報収集は，価格については有用であるが，製品についてはそうではない．購入の前に選択肢を比較するために，消費者は，企業間のサーチを試みなければならない．情報収集には費用がかかるので，各消費者は，追加情報の費用と消費者余剰における予想利得を比べる．空間的な設定の下では，それらは消費者と企業の立地点により異なる．[11]

　消費者は，長い通勤より短い通勤を選好するように，長い買い物トリップより短いトリップを選好する傾向が強い．それは，店舗間に集積形成効果をもたらす．そのような文脈では，いくつかの店が1カ所にかたまって立地しているとき，典型的な消費者は，ショッピング・センターの立地点と規模は知っていても，その品目構成までは知らないと仮定することは，妥当といえる．消費者がいったんショッピング・センターに到着すると，移動費用はサンク・コストとなり，すると，ごくわずかな費用でどんな店でも訪れることができる．言い換えれば，集積地（クラスター）を訪問する各消費者は，サーチにおける範囲の経済性を享受できる．他方で，孤立している店を訪れる場合には，消費者は，それぞれへの移動費用を支払わなければならない．したがって，店の地理的な集積は，企業が消費者サーチを容易にすることができる1つの手段であると言える．実際，消費者は，自分のニーズに合った商品と良い値段を見出す確率がより高いので，孤立しているものより，店舗のクラスターをより多く訪れる．企業がこのことを認識すると，それぞれは，他企業とともに市場を形成することが，自分の利益になる可能性があることを理解する．

　しかしながら，ことはそれほど簡単ではない．Stahl（1982, 98）による観察をみてみよう．

　1つの市場における総需要は，規模とともに増加する．このとき，規模はそこで提供された商品の数によって定義される．したがって，利潤を最大にする立地を選ぶとき，売り手は，2つの選択肢を持つ——小さい市場地域で地域独占者とな

---

11) ひとつはっきりさせておく必要がある．我々は，消費者が1度だけ買い物をする静学モデルを考えている．別の解釈では，ファッション店のように，店が時どき商品を変える，と考えることもできる．

り，他の製品が近くにないことから，訪れる消費者の大きなシェアを得るか，あるいは，大きな市場領域を持つ競争的な市場に加わり，訪れる多くの消費者の小さなシェアを得る．

言い換えれば，企業が同じ集積地で，競争相手と手を組むとき，競争のもたらす負の効果と，正の市場領域効果とのトレードオフに直面する．どちらの効果も，類似の製品を販売する企業の集積によって引き起こされる．

この節では，Wolinsky（1983）の分析に従って，企業が共通の固定された価格でそれぞれの製品を販売するとき，企業のクラスターがナッシュ均衡としてどのようにして現れるかを示す．7.3節におけるように，消費者の人口は，区間 $[0,1]$ にわたって，一様に分布している．製品の差別化は，ホテリング＝ランカスター式の空間的な設定によってモデル化する．より正確には，4.5節で用いられた地理的な空間をランカスターの特性空間で置き換え，差別化された製品が単位長の円 $\mathbf{C}$ に沿って均等に分布しているとする．ここでは，企業 i の立地 r_i は特性空間 $\mathbf{C}$ における製品の位置を示し，消費者の立地 r はその理想的な製品の位置を表し，一方，輸送費 $s|r-r_i|$ は理想的な製品を消費しないことによる効用の損失に対応している．ここで，$|r-r_i|$ は，r と r_i の間の，短い方の円弧の長さを表す．したがって，ここでは，各消費者は地理的な空間 $[0,1]$ での立地 x と特性空間での理想的な製品 r の2つのパラメータによって特徴づけられる．2つの分布は独立しており，消費者タイプ (x,r) は，底面が $\mathbf{C}$ で，高さが 1 である円柱上に一様に分布している．

輸送における非凸性が，企業の集積（クラスター）を出現させるために必要である．ここでは，消費者は個々のトリップごとにある正の固定費用 t_0 を負うと仮定する（例えば，駐車，バスのための待ち時間）．消費者が，各トリップごとに唯一の場所を訪れる限り，輸送における正の固定費の存在は，ここまで得られた結果に影響を及ぼさない．したがって，これまでは，t_0 を無視したのは合理的であった．一方，以下の命題7.3でわかるように，固定費用 t_0 の存在は，消費者のサーチ戦略の記述において決定的に重要である．さらに，$t|x-y|$ は x と y の間の往復の移動費用ではなく，片道の移動費用とする．この仮定がなされるのは，復路が往路と異なる可能性があるからである．したがって，もしも消費者がどの企業がどの製品を売るかを知っているなら，企業 i を贔屓とするタイプ (x,r) の消費者の間接効用は以下によって与えられる．

$$V_i(r,x) = Y - p + u - s|r-r_i| - 2(t_0 + t|x-y_i|)$$

ここで，p は共通の固定された価格，s は理想の製品を消費できないことによる限界効用損失（マッチング・コストとも呼ぶ），y_i は企業 i が選択する立地点，t_0 は固定移動費である．しかしながら，消費者は企業 i の立地 y_i を観測できるが，その企業が売っている製品 (r_i) は観測できない．それを知るには，消費者は，企業 i を訪れて，対応する移動費用を負担しなければならない．

すべての企業が集積するのが均衡である場合に注目しているので，$M-1$ の企業がすでに y_C に一緒に立地していると仮定する．この仮定の下に，残りの1つの企業（M 番目の企業，M）が，$y_1 \neq y_C$ に単独で立地するよりも，他の企業に加わる方がよいことを示す．記号表記の簡略化のために，$\Delta \equiv |y_C - y_1| > 0$ と置く．この場合，消費者のサーチプランは，2つの事柄にもとづく決定で構成される：(i) どちらからサーチを始めて，(ii) いつサーチを止めるか．

消費者には，2つのプランが可能である．まずクラスター（ショッピング・センター）を訪ねて，場合によっては，次に孤立している企業に行く．あるいは，逆の経路をとる．いずれの場合も，消費者は前もって決められた停止ルールの下で逐次サーチを行う．価格が固定されており，すべての店で同じであるので，サーチを続けるかどうかを決定する唯一の要因は，サーチした製品と理想的な製品との間の一致の程度である．したがって，最適のサーチは，特性空間 **C** における「留保距離」の中に入る製品が見つけられるまで，探し続けることである．これは，消費者は，理想的な製品への距離が，別の店を試すことで期待される効用増加が追加的なサーチ費用とちょうど等しい距離 D より小さいか，ちょうど等しい距離となる製品を提供している最初の店から買うことを意味する（留保距離の正式な定義に関しては以下を参照されたい）．製品が留保距離内に収まらない店を消費者が訪れた場合は，サーチは続けられる（McMillan and Rothschild, 1994）．

タイプ (x, r) の消費者が最初にクラスターを訪れると仮定する．クラスターの中の新しい店を訪れる場合，この消費者は好みと立地のいかんにかかわらず，費用 k を負担しなければならない．すべての消費者は，製品が円 **C** に沿って等距離に分布しているのを知っているので，製品の数 M が大きくて，さらなるサーチの利益を評価するときに，あたかも製品の分布が **C** に沿って一様であるかのように行動する．

すでに，消費者がショッピング・センターの中のいくつかの店を訪問し，そこにある最もよい製品が理想的な製品から距離 D にある場合，クラスター内の別の店を訪問することからの期待効用利得は以下の式で定義される（**C** に沿って製品が一

様分布していると仮定されていたことを思い出されたい）．

$$B(D) = \int_0^D [(Y-p+u-s\delta)-(Y-p+u-sD)] \, d\delta$$
$$= \int_0^D (sD-s\delta) \, d\delta$$

留保距離は，$x \in [0,1]$ の消費者がある立地 x で利用可能なより良い製品のサーチが終了するまでの間の，**C** に沿った最大の距離として定義される．したがって，クラスターの外でより良い機会を見つける利得と追加サーチ費用を等しいと置くことによって，そのクラスターに関連した留保距離 $D_C<1$ を得る．つまり，D_C は以下の方程式の唯一の解である．

$$B(D)=k$$

ここで，k はクラスター内で新しい店を訪れる費用である．サーチは，クラスター内のある店で，D_C より小さいか，または，等しい距離の製品が見つかったときに終了する．言い換えれば，消費者は，その人にとっての理想的な製品を中心とする，大きさ $2D_C$ の，「許容範囲」を持っている．留保距離 D_C は，サーチ費用 k とともに増加し，マッチング・コスト s とともに減少する．その他の点ではサーチは行われないので，s と k は，$D_C=(2k/s)^{1/2}<1/2$ となっていなければならないことに注意されたい．また，消費者は訪れたクラスターのどの店からも $1/(2D_C)$ の確率で購入する．なぜなら，これが，1つの店によって供給された製品が，消費者の許容範囲に収まる確率であるからである．消費者は製品の分布に関して，（理想的な製品のローテーション以外は）同じ選好と同じ予想を持っているので，D_C の値は全消費者で同じである．

孤立している店が，理想的な製品からの距離 D_1 の製品を置いていると仮定すると，最初にこの店を訪れた消費者は，クラスターで購入することから予想された利得がそこに行くための移動費用を超えていないとき，かつ，そのときだけ，そこから購入する．クラスターへのサーチをし続けることからの予想利得は以下のようになる．

$$(Y-p+u-sD_C)-[s(D_1-D_C)+k](1-1/2D_C)^{M-1}-(Y-p+u-sD_1)$$

ここで，$1-1/2D_C$ は，消費者がクラスター内において費用 k で訪れた店で，許容範囲内にある製品を見つけられない確率である．したがって，孤立している企業での留保距離 D_1 は，次の方程式の解によって与えられる．

$$s(D_1-D_C)-[s(D_1-D_C)+k](1-1/2D_C)^{M-1}=t_0+t\Delta$$

ここで，$t_0+t\Delta$ はクラスターへの移動費用である．正の解が存在しないかもしれないことに注意されたい．もしも正の解があれば，D_{I} は移動費用パラメータ（t_0 と t）および孤立している企業とクラスターの間の距離 Δ とともに増加する．より重要なのは，それはマッチング費用 s とクラスター内にある店の数とともに減少することである．結果として，クラスターの魅力は，その規模と消費者のマッチング費用とともに増加する．

最初にクラスターを訪問する方が，より多くの製品がそこにあるので，期待される適合性は常により高い．しかしながら，クラスターと孤立している企業への輸送費，T_{C} と T_{I} は消費者の立地 x で異なる．以下の結果は，クラスターと孤立している企業の間の距離が $\Delta(M)$ を超えない場合の，移動費用の差 $(T_{\mathrm{I}}-T_{\mathrm{C}})$ がすべての消費者に対して正になる，M と Δ についての十分条件を明らかにしている．したがって，$\Delta \leq \Delta(M)$ のときには，空間的なサーチは行われない（証明は補論Cを参照）．

命題7.3 $M-1$ の企業が y_{C} に集積し，残り1つの企業が y_{I} に立地しているとする．M が十分大きい場合，クラスターと孤立している企業の間の距離が $\Delta(M)$ を超えないなら，すべての消費者が最初にクラスターを訪問するような $\Delta(M)$ が存在する．なお，$\Delta(M)$ は M とともに増加する．

残りの議論は明白である．$M>\widetilde{M}\equiv \max\{\Delta(M), 1/(2D_{\mathrm{C}})\}$ としよう．そうすると，1つの企業が，他の企業のクラスタから $\Delta(M)$ 以内に立地しているなら，すべての消費者は，最初にクラスターに行くことを選ぶ．加えて，$M>1/(2D_{\mathrm{C}})$ であるので，各消費者はクラスターにおいて，留保距離 D_{C} 以下の製品を見つけることができる．したがって，孤立している企業には顧客が来ない．よって，この企業は，$1/M$ のシェアを享受できるクラスターに加わった方がよい．特に，都市域が小さくて，$\Delta(M)\geq 1/2$ が成立するなら，すべての消費者はクラスターから買う．よって，以下の結果が得られる．

命題7.4 差別化された製品を売る M 個の企業と，どの企業がどの製品を提供するかを知らない連続体としての消費者を考える．$M>\widetilde{M}$ かつ $\Delta(M)\geq 1/2$ である場合，すべての $i=1, \cdots, M$ に関して，$y_i^* = y^* \in [\max\{0, 1-\Delta(M)\}, \min\{\Delta(M)-1/2, 1\}]$ はナッシュ均衡である．

言い換えれば，都市域の規模が小さく（あるいは，t で測定される可変輸送費が低い場合），すべての消費者にとってクラスターを魅力的にすることができるに十分な数の店があるとき，各店で得られる製品についての消費者の無知はクラスターの出現につながる．

ここまでで，固定移動費用 t_0 の役割が明らかになったはずである．もし，この費用がゼロなら，孤立した企業の左側に立地するすべての消費者は，費用なしでこの企業を訪れることができたので，クラスターの前にいつもこの企業を訪問するであろう．結果として，どの単独の企業も，クラスターの近くで市場のより大きい側に立地するインセンティブを持つ．企業の数が増加すると，クラスターの出現がより起こりやすいことは，経済地理における重力原理に符合する．

集積は市場中心から離れていても起こりうるということは，注目に値する．実際，命題 7.4 はクラスターが合計移動費を最小にする地点にあることを要求していない．どの単独の企業も，多くの消費者をクラスターより前に自分を訪問させるに十分なほど離れた立地点を見つけることができないような地点にクラスターがあるならば，人口の大部分から離れている場合であっても，均衡のクラスターである（命題7.3 の証明が，人口が区間 $[0,1]$ に沿って一様に分布していると仮定していないことに注意されたい）．この結果の含意を示すために，現在，都市域の中央に成立しているクラスターを考えてみよう．都市域は左側に広がり始めるとしよう．より多くの消費者はクラスターの左側に住むことになるが，ある地点までは，クラスターは市場に参入する新しい企業を引き付け続けることができる．クラスターは単に存在するだけで，以下の第 8 章と第 10 章で遭遇するものと同様のロックイン効果を発生させる．

もちろん，クラスターは，その中の店舗がよい近接性をすべての消費者に提供する必要があるので，市場中心から遠くに孤立していることはできない．都市域が同じ左方向に遠くまで広がりだすと，既存のクラスターの外に新しいクラスターの形成を望む企業も出てくる．そうすると，拡大された都市域の中で，複数のクラスターを持つ（階層的な）空間構造が生まれるであろう．

以上の結果は，企業が戦略的に価格を選び，かつ，価格と製品の両方が消費者には直接わからない，より一般的な場合に拡張できる．この場合において，Wolinsky (1983) は，対称な価格均衡の存在を示した．

Schultz and Stahl (1989; 1996) は，市場規模が可変である場合に，驚くべき結果を明らかにした．彼らは，無限に続く地理的な空間を考えることによって，クラス

ターでのさらなる競争が，さらに多くの顧客を，さらに遠方から引き付ける可能性を持ち，その結果，それぞれの製品への需要がさらに増加することを可能にする，モデルを提供した．すなわち，新しい製品の参入は，これによって生じる既存製品の市場占有率の減少を上回るクラスター全体の需要の増加をもたらす可能性がある．そのうえ，企業数とともに価格が上がるので，クラスター内にある企業数の増加とともに個々の企業の利益は，最初は上昇し，その後減少する．明らかに，製品の数がそれほど多くないときは，企業の集まりとともに集積力は強化される．

複数の企業がまとまって新しい市場を形成することを欲するかもしれないが，調整手段がないときには，個別の企業が新しい市場を拓くことは，割に合わない可能性がある．その場合には，市場に参入する新しい企業は，既存の市場に加わることを選び，その結果，より大きい集積となる．このような場合には，新しい企業の参入は，既存の企業に対して，総需要をより大きくすることによって，正の外部性を作り出す．価格競争はより激しくなるが，参入企業のもたらす市場拡大効果を利用して，企業は均衡価格を上げる．言い換えれば，市場拡大効果は，消費者にとっては代替物である商品を，同じ市場で競争している補完財に「変換」する．Eaton and Lipsey (1977) によって観測されたように，これによって，ショッピング・モールは，モール内に競争店舗の出店を奨励するという，一般的な事実の説明が可能である．

関連して，2つの差別化された市場が離れて存在している場合について，Gehrig (1998) が研究している．Schultz and Stahl と異なり，Gehrig は，2つの市場の総需要は固定されていると仮定している．1つの市場を訪れる消費者の数とともにそこでの製品の数は増加し，その結果，平均のマッチング・コストが削減される．したがって，市場の魅力は顧客の規模に依存する．Gehrig はそのような設定の下に，参入者は，既存市場の1つに参加する傾向があることを示している．輸送費が低いときに，特にそうである．

文脈は第4章と5章で考えられたものと異なっているが，以上の議論は需要の外部性を内部化させることによって，ショッピング・モールや大きなスーパーマーケットなど幅広い商品を供給する，商業地域の出現において，土地開発業者あるいは公共企業体が果たすであろう役割を改めて例証している．集積地代が内部化されない場合，協調の失敗（または，主体の欠落）により，ショッピング・センターが出現できなくなる可能性がある (Smith and Hay, 2005)．したがって，小さい商店を保護するためにスーパーマーケットの参入を制限する公共政策は，外部性の内部化

の範囲を制限する．

7.5 投入センターの形成

7.5.1 上流企業と下流企業の空間統合

7.2節では，消費財市場での独占的競争に焦点を合わせた．本節では，中間財の入手可能性が企業の集積にどう影響するかを研究するために，同様の原理がどのように適用できるかを示したいと思う．4.2.1項では中間財の製造者すべてがCBDに一緒に立地する，という仮定の下に，中間財における多様性の役割を分析した．本節での我々の目的は，消費者を最終財の生産に特化した企業に，そして，消費財を生産する企業を中間財の生産に特化した企業に置き換えて，7.2節と本質的に同じアプローチに従うことで，この中心を内生的に生じさせることである．

再び，線形空間 $X=(-\infty, \infty)$ を考える．最終部門は，土地と連続体としての M_s 個の中間財を用いて同質の商品を生産している，連続体としての M_e 個の企業とかかわっている．最終財はニューメレールに選ばれている．それぞれの中間財は，定数である限界費用 c（ニューメレールで測定される）の下で，一定の土地 S_s を用いて，1つのサービス企業によって生産される．

最終部門に属す企業の生産関数は以下によって与えられる．

$$X = \int_0^{M_s} v(q_i) \mathrm{d}i \tag{7.42}$$

同時に，各企業は，一定の土地 S_e を用いる．(7.42) 式で，q_i は中間財 i の量で，$v(\cdot)$ は最終財の産出への各中間財の寄与を表す．7.2節と同じように，v は以下のようにエントロピー型の関数で与えられると仮定する．

$$v(q) = \begin{cases} \dfrac{q}{\alpha}(1+\log \beta) - \dfrac{q}{\alpha}\log \dfrac{q}{\alpha} & q < \alpha\beta \\ \beta & q \geq \alpha\beta \end{cases}$$

4.2.1項と同じように，生産関数 (7.42) は中間財の数に対して収穫逓増を示す（消費における多様性への選好の，生産版）．最後に，土地の機会費用はゼロとする．一方，M_e と M_s の単位は $S_e = S_s = 1$ となるように規準化されている．したがって，最終部門と中間部門で操業する企業の数は異なる可能性がある．

7.2節と同じ方法に従って，x に立地する最終財の生産に特化した企業の利潤関数は以下で与えられる．

$$\pi_{\mathrm{e}}(x) = \int_X \{v(q(x,y)) - [p(y) + t|x-y|]q(x,y)\} m_{\mathrm{s}}(y) \mathrm{d}y - R(x)$$

ここで，$p(y)$ は y で生産されている中間財の共通の価格，$q(x,y)$ は x の企業が y のサービス企業から購入するそれぞれの中間財の量，t は中間財に共通の輸送費係数，$m_{\mathrm{s}}(y)$ は y におけるサービス企業の数である．

中括弧 { } 内の項を最大化することで (7.5) 式が得られ，これを用いると，x の最終財製造企業の利潤関数は以下のようになる．

$$\pi_{\mathrm{e}}(x) = \int_X \beta m_{\mathrm{s}}(y) [\exp(-\alpha(p(y) + t|x-y|))] \mathrm{d}y - R(x) \tag{7.43}$$

同様に，x におけるサービス企業の利潤関数は以下のようになる．

$$\pi_{\mathrm{s}}(x) = [p(x) - c] \int_X q(y,x) m_{\mathrm{e}}(y) \mathrm{d}y - R(x)$$

ふたたび，(7.5) 式を用いて，以下が得られる．

$$\pi_{\mathrm{s}}(x) = [p(x) - c] \int_X \alpha \beta m_{\mathrm{e}}(y) [\exp(-\alpha(p(y) + t|x-y|))] \mathrm{d}y - R(x) \tag{7.44}$$

中間財の共通の価格は，再度以下のようになる．

$$p_{\mathrm{s}}^*(x) \equiv p^*(x) = c + 1/\alpha$$

これは，(7.6) 式と同様に解釈できる．この結果を (7.43) 式と (7.44) 式に代入すれば，以下が得られる．

$$\pi_{\mathrm{e}}(x) = \gamma \int_X m_{\mathrm{s}}(y) \exp(-\alpha t|x-y|) \mathrm{d}y - R(x) \tag{7.45}$$

$$\pi_{\mathrm{s}}(x) = \gamma \int_X m_{\mathrm{e}}(y) \exp(-\alpha t|x-y|) \mathrm{d}y - R(x) \tag{7.46}$$

ここで，$\gamma \equiv \beta \exp(-(\alpha c + 1))$ である．

明らかに，(7.45) 式と (7.46) 式は，(7.7) 式と (7.8) 式と構造的に同じである．したがって，7.2節で展開した分析を同様に用いて，命題7.1が明らかな変更の下に成立する（$N \to M_{\mathrm{e}}$ と $M \to M_{\mathrm{s}}$）．以上のように，垂直に関連する企業は，もともとは独立しているが，互いにより近接した方が利益を得られるために，同じ地区内で空間的に統合される．したがって，2つの部門の共集積は，垂直統合の代替として見ることができる．

サービス企業によって使用される土地の量が，最終財の生産者によって使用される量を超える場合，均衡においては，最終財の生産企業が一部のサービス企業とと

もに集積立地しており，残りのサービス企業は統合された地区を取り囲んでいる．この結果は，CBD の内部構造を明らかにしている．一般に，大きな企業の本社は一部のサービス企業とともに集積しており，CBD の核を形成している．一方，残りのサービス企業は CBD の外輪に立地する．

7.5.2 2次的な雇用センターの形成

前項では，1 つ 1 つの企業は市場規模と比較して「小さい」と仮定された．しかし，これは現実世界で見られる姿の不完全な説明にしかなっていない．なぜなら，中小の都市は，しばしば都市労働市場に比較して「大きい」いくつかの企業から成り立っているからである．工業化された国々において，中規模の都市が多国籍企業の大きな工場を持っているのをよく見かける．例えば，ケンタッキー州オルバニーのトヨタ，フランスのクレルモン＝フェランにおけるミシュラン．一方で，日本最大の電子機器企業の 1 つである NEC は，日本各地の中規模の都市に大量生産の工場を分散させている．そのような大企業の参入は，都市における労働と土地市場の両方における競争の本質に大きな影響を及ぼす．さらに，そのような大企業は自身の立地選択によって，2 次的な雇用センターを作り出す可能性がある．また，それら大企業の参入は，他の地域ないし都市から労働者を引き付けて，その地域の人口を増やす可能性がある．これらの問題は今までのところ，考慮されていない．

都市の空間形状への大企業の影響を研究するために，ここでは，Fujita, Thisse, and Zenou (1997) によって開発された簡単な設定を用いる．1 つの大企業がある都市に新しい工場の立地を考えており，そこでは，既存のどの企業もその都市の労働市場で大きなシェアを持っていないものとする．この都市自体は人口の移出入が自由な小開放経済であると考える．新規参入の工場は都市規模に比較して大きいので，その立地点は **2 次的な雇用センター**（secondary employment center）となる．特定の立地を選ぶことによって，企業はかなり複雑な形で労働市場における競争過程に影響を与える．また，企業に雇われる労働者の流入は都市の地代に影響する．参入企業は，都市の市場規模に比較して大きいので，自身の立地選定が新規労働者の移住による都市の居住均衡に与える影響を，予想する．

農村に隣接した周辺区域では地代が低く，したがって賃金も安くてすむ．よって，労働市場での競争は参入企業にとって都心からの分散力として働く．しかしながら，上で説明されたように，CBD に立地するサービス企業の存在は，CBD 企業からの情報の流れとともに，都心に向かって企業を引っ張る集積力として働く．したがっ

7.5 投入センターの形成

て，2次的な雇用センターの出現は，これら2つの相反する力の相互作用の結果として決まる．

この問題を定式化するために，新規労働者の移住に従って人口規模が増加することが可能な，単一中心を持つ線形都市モデルを考える．既存の企業は，点として扱われた CBD に立地しており，労働市場で競争的に振る舞う．都市に工場を設立したことによって，新しい企業は労働市場で既存の企業と競争する．新規参入企業がCBD に立地するなら，それは労働者を引き付けるために既存の企業と競争しなければならない．これはまた賃金の上昇を生み，隣接している農村地域からある程度の労働者を引き寄せることになる．一方，企業が都市の郊外に立地するなら，その労働力は都市部に住むことにした新規労働者によって主として構成される．したがって，参入企業はその労働必要量に近い人数の新規労働者を都市にもたらす．この場合，その企業は，CBD の企業と競争せずに，低い賃金を提示できる．なぜなら，新規労働者は低い地代と低い通勤費用を支払えばよいからである．

すべての既存の企業が小さく，CBD に立地している，線形都市を考えよう．CBD を立地空間 $X=(-\infty,\infty)$ の原点とする．開放都市モデルを考えて（第3章を参照されたい），労働人口 N は新規労働者の移住を許すので可変とする．労働者は均質であり，それぞれ，1に規準化された一定の量の土地と，変数である合成財（ニューメレール）z を消費する．土地消費が一定であるので，合成財の消費 z で労働者の効用水準を表すことができる．都市に住んでいないとき，労働者は，ニューメレールで表される $\bar{z}$ に等しい，与えられた留保効用水準が保証されている．人口規模に従って効用水準が減少するので，効用水準が $\bar{z}$ に達するまで，労働者は都市に移住することになる．都市の中心を 0，新規参入企業によって選択された立地点を y_e とする．そうすると，y_i $(i=0,e)$ で働いて x に住む（新しいあるいは現住の）消費者の，予算制約は以下のとおりである．

$$\bar{z}+t|x-y_i|+R(x)=w(y_i) \tag{7.47}$$

ここで，t は単位通勤費用，$R(x)$ は x における地代，$w(y_i)$ は y_i における賃金である．したがって，CBD 労働者の付け値は以下のようになる．

$$\Psi(x;w)=w-\bar{z}-tx \tag{7.48}$$

新しい企業の参入する前には，都市は以下の状態にある．都市の各労働者が賃金 w を受け取る場合，$x\in X$ の居住均衡条件は以下のようになる．

$$\bar{z}+tx+R(x)=w$$

土地の機会費用がゼロに規準化されるとき，これは，都市が両側に以下の距離まで

拡大することを意味する．

$$b = \frac{w - \bar{z}}{t}$$

その結果，労働供給関数は以下のようになる．

$$N^s(w) = \frac{2(w - \bar{z})}{t}$$

簡略化のために，ここの CBD 企業の最適行動は，以下の線形労働需要関数に組み込まれているとする．

$$N^d(w) = \frac{1 - w}{\theta}$$

ここで，θ は正の定数であり，θ が高ければ高いほど，労働の需要弾力性は低くなる．

そうすると，$N^s(w) = N^d(w)$ を解いて，均衡賃金は以下のようになる．

$$w^* = \frac{t + 2\bar{z}\theta}{t + 2\theta}$$

一方，対応する均衡雇用は $N^* \equiv 2(1 - \bar{z})/(t + 2\theta)$ で与えられる．w^* と N^* を用いて，労働需要関数を以下のように書き直すことができる．

$$N^d(w) = N^* - \frac{w - w^*}{\theta}$$

次に，この単一都市に e と呼ばれる新しい大企業が参入するとする．この企業は，全国的な企業の支社であると仮定し，その親企業は，支社のために立地する都市域とともに，生産目標 $\bar{Q}$ と製品価格（1 に規準化できる）をすでに決めているものとする．地元のマネージャーは，この都市域の中での具体的な立地点と，労働者に支払われる賃金を選択する．企業 e の必要労働量は，一定で $\bar{L}$ とする．一方，企業 e の土地の消費は簡単化のためにゼロと仮定する．企業 e が y_e に立地し，賃金 w_e を支払う場合，利潤関数は以下のようになる．

$$\Pi_e = \bar{Q} - w_e \bar{L} - k y_e \bar{Q} \tag{7.49}$$

ここで，k は単位産出当たりの CBD サービスへの近接費用を表す．他のすべての条件が等しい場合，CBD への距離を減らせば，企業の単位費用は安くなる．

参入企業は都市に比較して大きいので，その立地選択と賃金選択が労働市場で与える影響を予測するものとする．図7.5に示されているように，3つのタイプの均衡形状が現れる可能性がある．

7.5 投入センターの形成　313

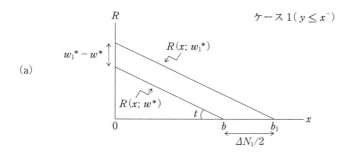

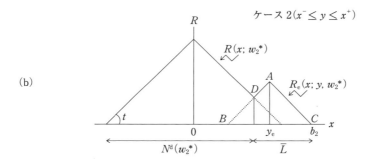

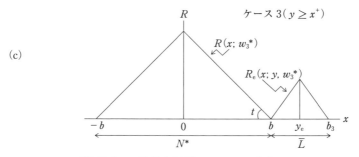

図 7.5　2次的な雇用センターの形成

ケース 1. 参入企業は CBD（または CBD の近く）に立地する．企業 e はその必要労働量 $\bar{L}$ を引き付けるために CBD 企業と競争する．具体的には，労働需要曲線は $\bar{L}$ と等しいだけ右に移動する．一方，労働供給は現在の人口 N^* と移住人口によって与えられる．地代は一様に上方に移動する（図 7.5(a)を参照されたい．

ここで，b_1 は新しい都市境界である）．新しい均衡賃金は次の労働市場清算条件

$$N^d(w) + \bar{L} = N^s(w)$$

を解き，以下が得られる．

$$w_1^* = w^* + \frac{\bar{L}}{1/\theta + 2/t} \tag{7.50}$$

この場合，すべての人々が CBD（あるいはその近く）で働いているので，労働市場は競争的で完全に統合しており，都市の雇用は以下の分だけ増加する．

$$\Delta N_1 = \frac{\bar{L}}{1 + t/(2\theta)}$$

これは常に $\bar{L}$ より小さい．これは，参入企業によって雇われた労働者の一部は，参入前に既存の企業に雇用されていたからである．通勤費用の低下が，都市の労働力を増加させ，低賃金に通じることに注意されたい．

企業 e が以下の x^- より小さい y_e で立地するなら，同じ結果となる．

$$x^- \equiv \frac{N^*}{2} + \frac{\bar{L}}{t/\theta + 2} - \bar{L}$$

なぜなら，人口の増加が都市のパターンを対称に維持するからである．

ケース2．参入企業は上記の x^- と以下の x^+ の間に立地している．

$$x^+ = (N^* + \bar{L})/2$$

企業 e は CBD の企業で働いていた一部の労働者を引き付けることによって，依然として CBD の企業と競争している（$y_e < x^+$ であるから）．しかしながら，企業 e の労働力の一部は移住者によって形成される（$y_e > x^-$ であるから）．言うまでもなく，都市の労働市場は，中央の市場と企業 e の周りの市場の2つに分割され，それは地代曲線の2つのピークに反映されている（図7.5(b)を参照されたい．ここで，b_2 はその都市の新しい境界である）．企業 e の従業員は都市境界の近くに住んでいるので，通勤費用と地代は低く，したがって，賃金も低くすむ．新しい企業で働いている消費者の付け値は以下のようになる．

$$\Psi(x; y_e, w(y_e)) = w(y_e) - \bar{z} - t|x - y_e| \tag{7.51}$$

ここで，$w(y_e)$ は参入企業 e によって支払われた賃金である．

付け値 (7.48) 式と (7.51) 式が2つの労働市場の境界で同じであるので，CBDでの均衡賃金は以下のようになる．

$$w_2^*(0) = w_1^* - A(\theta)(y_e - x^-)$$

7.5 投入センターの形成

これは，新しい企業がCBDからより遠くに立地するとき，減少する．一方，新しい企業によって賃金は以下のように設定される．

$$w_2^*(y_e) = \frac{w^* + 2\bar{z} + 2t\bar{L}}{3} + \frac{A(\theta)t(N^* + \bar{L})}{6} - \frac{[1 + A(\theta)]t}{3}y_e \tag{7.52}$$

ここで，$A(\theta) \equiv 1/(2 + 3t/2\theta)$ は，通勤費用とともに減少し，既存の企業の労働の需要弾力性とともに増加する．都市の雇用は $\Delta N_2(y_e)$ だけ増加し，これは常に $\Delta N_1(y_e)$ より大きく，$\bar{L}$ より小さい．さらに，2次的な雇用センターの形成によって，都市パターンの対称性が破れている．

ケース3． 新しい企業は当初の都市境界 b から $\bar{L}/2$ だけ外側に立地する．新しい企業は移住者だけを雇い，すべての既存の居住者はCBDの企業で働き続ける（図7.5(c)を参照，ここで，b_3 はその都市の新しい境界である）．2つの地域労働者市場の間には，競争はない．したがって，当初の都市域内では，参入前の地代と賃金が，参入後にも維持されている．一方，企業eは，以下で与えられる賃金を提供する独占企業である．

$$w_3^* = \bar{z} + \frac{t\bar{L}}{2} \tag{7.53}$$

都市の雇用はちょうど $\bar{L}$ だけ増大し，既存の都市とはCBDに立地する企業から買われたサービスだけを通じて，相互作用する新しい中心が成立する．

以上，(7.50) から (7.53) 式までの，新しい企業によって支払われた賃金率は，その立地点が，他の企業が立地しているCBDから離れるに従って，減少することがわかる．これは，正に上記で説明された分散力となっていることがわかる．

利潤関数 (7.49) の下では，新しい企業は，中心近くに立地することで得られる利点と，右下がりの賃金勾配が示す労働市場での競争の度合いの間でバランスをとらなければならない．どのパターンが起こるかはこれらの2つの相反する力の相対的な強度次第である．利潤関数が y_e に関して区分的に線形であるので，均衡立地は常に各ケースにおいて可能な区間のどちらかの端にある．

したがって，以下のように容易に示すことができる．

命題7.5 利潤関数が (7.49) 式で与えられた場合，新しい企業の均衡立地は以下のようになる．

(i) $k\bar{Q} > t\bar{L}$ ならば,$y_e^* = 0$
(ii) $t\bar{L} \geq k\bar{Q} > t\bar{L}(1+A(\theta))/3$ ならば,$y_e^* = x^-$
(iii) $t\bar{L}(1+A(\theta))/3 \geq k\bar{Q}$ ならば,$y_e^* = x^+$ となる.

CBDのサービス企業とのコミュニケーションの密度が十分高いときに(ケース1),新しい企業は労働市場で競合企業と一緒にCBDに立地する.それとは正反対に,コミュニケーションの密度が低いときには,新しい企業は,既存の都市の縁に移住者だけを伴ってエッジ・シティを形成する(ケース3).中間の状態では,2つの区域の労働者市場の間に相互依存関係がある(ケース2).新しい企業のCBDへの距離が増大するとともに,これらの2つの労働市場の間の相互依存関係は弱くなり,この企業はより低い賃金を提供する.この場合に限り,新しい企業は2次的な雇用センターを形成することとなり,その均衡立地点は都市経済の基本的なパラメータに依存する.[12]

7.6 結論

本章の1つの主要な結論は,市場が不完全競争であることがいったん認められると,都市内で企業が集積したり労働者市場が分割されたりすることが,均衡結果として現れる可能性があるということである.外部性は現実の世界でそのような集積を形成するうえで重要であろうが,ここで示された結果は,不完全競争の市場の存在もまた,そうした集積が存在することの別の主要な理由である,という我々の主張を支持していると確信する.

かなり特定化したモデルを使用したとはいえ,いくつか一般的な原理が我々の分析から浮かび上がってくる.最初に,製品(あるいは中間財)が十分差別化されている,または,輸送費が十分低い場合には,業務(あるいは雇用)センターが形成される可能性がある.これは,一部の市場で外部性が作用することを仮定した第6章におけるいくつかの結果に,合致している.面白いことに,第Ⅲ部の核-周辺構造の形成で,同じ種類の論理に遭遇する.実際,命題6.3,7.2,および7.4で得られた空間的な単一中心構造は,核-周辺構造の都市に対応しているものと解釈できる.また,空間的な製品市場の働きを支配している原則は,必要な変更を加えれば,

---

[12] モデルのさらなる発展のためには,Zenou (2009, chap.6) を参照されたい.

空間的な中間財市場の場合とよく似ていることが分かる．

さらに驚くべきことは，集積が起こるとき，それはしばしば社会的に望ましいということである．これは，消費者がそれぞれの製品を試すことを好み，そのために，都市地域の中心での売り手の空間的な集積から利益を得ているからである．製品と価格に関する消費者の情報が不完全であるとき，企業の集中は消費者のサーチ費用の実質的減少を可能にするので，集積の必要性はさらに強くなる．ここでは，集積が企業にもたらされるであろうプラスの効果以外に（第6章で議論したように），消費者ないし労働者にとっての集積のプラスの効果を強調した．しかしながら，集積がいつも最適であると主張するつもりはない．実際，我々は，都市の経済活動を都心から離れたところへ引き離す，いくつかの主要な分散力を特定した．さらに，企業が集積するのが社会的に望ましいときにさえ，企業によって選択された立地が，社会的に最適でない可能性があることを知った．

終わりに，我々は，本章の後半において，主として，ホテリングのような空間競争に焦点を当てた．一方，NEGは独占的競争を考慮している（第8章と9章を参照されたい）．各々のタイプは，2つの異なる空間規模での競争について記述しているように見える．前者は，企業が同じ都市の中に立地する場合のように，「小さな」空間での競争によく当てはまる．後者は，異なる地方ないし国々に供給する企業間の競争のように，「大きな」空間での競争の，かなり良い近似を提供している．市場構造のこの違いにもかかわらず，あとで我々は，本章に示された結果はNEGで得られるそれらとむしろ類似していることがわかる．

補論

A. $\Psi(x)$ は厳密に凹であり，$\Phi(x)$ は業務地区で厳密に凸である． はじめに，都市域 $[-l, l]$ 内で，任意の住宅区域 $[a_1, a_2]$ を考える．(7.9) 式より，$[a_1, a_2]$ において $m(y)=0$ であるから，

$$\frac{d^2 \Psi(x)}{dx^2} = \gamma a^2 t^2 \left[\int_{-l}^{a_1} m(y) \exp(-at(x-y)) dy + \int_{a_2}^{l} m(y) \exp(-at(y-x)) dy \right]$$

が得られる．この式は正であるから，$\Psi(x)$ は $[a_1, a_2]$ 上で厳密に凸である．

次に，$[a_1, a_2]$ を業務地区と仮定する．再度，(7.9) 式の2次導関数を取ると以下が得られ，

$$\begin{aligned}
\frac{\mathrm{d}^2 \Psi(x)}{\mathrm{d}x^2} &= -\gamma\alpha t[\exp(-\alpha t(x-a_1))+\exp(-\alpha t(a_2-x))] \\
&\quad + \gamma\alpha^2 t^2\left[\int_{-l}^{a_1} m(y)\exp(-\alpha t(x-y))\mathrm{d}y + \int_{a_2}^{l} m(y)\exp(-\alpha t(y-x))\mathrm{d}y\right] \\
&\leq -\gamma\alpha t[\exp(-\alpha t(x-a_1))+\exp(-\alpha t(a_2-x))] \\
&\quad + \gamma\alpha^2 t^2\left[\int_{-l}^{a_1} \exp(-\alpha t(x-y))\mathrm{d}y + \int_{a_2}^{l} \exp(-\alpha t(y-x))\mathrm{d}y\right] \\
&= -\gamma\alpha t[\exp(-\alpha t(x+l))+\exp(-\alpha t(l-x))]
\end{aligned}$$

これは常に負であり, したがって, $\Psi(x)$ は $[a_1, a_2]$ で厳密に凹である.

同様の議論を (7.10) に適用すると, $\Phi(x)$ は業務地区で厳密に凸, 住宅地区で厳密に凹であることが示される.

B. 命題7.2の証明 企業1が $y_1<1/2$ に立地して価格を p_1 と付け, 他の企業は $1/2$ に立地して価格を $p^*=c+M/\alpha(M-1)$ と設定すると仮定する. 企業1の利潤は,

$$\pi_1(p_1, y_1) = (p_1-c)\left[\frac{y_1}{1+(M-1)\exp(\Lambda-\Theta)}+\frac{1}{2}-y_1\right.$$
$$\left.-\frac{1}{\alpha\tau}\log\frac{1+(M-1)\exp(\Lambda+\Theta)}{1+(M-1)\exp(\Lambda-\Theta)}+\frac{1/2}{1+(M-1)\exp(\Lambda-\Theta)}\right]$$

で与えられる. ここで $\Theta\equiv\alpha t/(l/2-y_1)$ および $\Lambda\equiv\alpha(p_1-p^*)$ である. それゆえに,

$$\mathrm{sign}\frac{\partial\pi_1}{\partial y_1} = \mathrm{sign}\left\{te^{\theta}[e^{\theta}+(M-1)e^{\Lambda}]^2+\frac{1}{\alpha}(e^{2\theta}-1)[e^{\theta}+(M-1)e^{\Lambda}]\right.$$
$$\left.\times[1+(M-1)e^{\theta}e^{\Lambda}]-2ty_1 e^{\theta}[1+(M-1)e^{\theta}e^{\Lambda}]\right\}$$

もし $\alpha t\leq 2$ であるなら, 上式の右辺の下限は, $1/\alpha$ を $t/2$, y_1 を $1/2$ で置き換えることにより得られるが, Λ の値にかかわらず常に正である. それゆえに, 企業1は $1/2$ にいる他の企業と一緒の立地を望む.

$l/2$ に立地する企業1にとって, p^* の価格を付ける方が利益が上がることを示すことが残っている. 以下のように置くと,

$$\mathbf{P}_1 = \frac{\exp(-\alpha p_1)}{\exp(-\alpha p_1)+(M-1)\exp(-\alpha p^*)}$$

その利益は $\pi_1=(p_1-c)l\mathbf{P}_1$ である. 次に, 容易に以下を得ることができる.

$$\frac{\partial\pi_1}{\partial p_1} = (p_1-c)\alpha l\mathbf{P}_1(\mathbf{P}_1-1)+l\mathbf{P}_1$$

および

$$\frac{\partial^2 \pi_1}{\partial p_1^2} = (p_1-c)\alpha^2 l \mathbf{P}_1(\mathbf{P}_1-1)(2\mathbf{P}_1-1) + 2\alpha l \mathbf{P}_1(\mathbf{P}_1-1)$$

$\partial \pi_1/\partial p_1=0$ となる任意の価格で $\partial^2\pi_1/\partial p_1^2$ を評価すると，$-\alpha l\mathbf{P}_1<0$ となる．したがって，利潤関数 π_1 は厳密に擬凹（quasi-concave）である．それゆえに，$\partial\pi_1/\partial p_1=0$ の解 $p_1=p^*$ は，企業1が他の企業と一緒に立地しているときの利潤最大化価格である．

C．命題7.3の証明 消費者がまずクラスターでサーチを始める場合の期待輸送費を T_C とし，孤立した企業からサーチを始める場合の同じ費用を T_I と置く．最初に，以下の不等式が得られる．

$$\begin{aligned}T_C \leq &\, [t_0+t|x-y_C|] + [(t_0+t|x-y_C|)[1-(1-D_I)(1-D_C)^{M-2}]]\\ &+ [(t_0+t\Delta)(1-D_I)(1-D_C)^{M-2}]\\ &+ [(t_0+t|x-y_I|)[(1-D_I)(1-D_C)^{M-2}-(1-D_I)(1-D_C)^{M-1}]]\\ &+ [(t_0+t\Delta+t_0+t|x-y_C|)(1-D_I)(1-D_C)^{M-1}]\end{aligned} \quad (7A.1)$$

ここで，(i)最初の角括弧の中の項 $t_0+t|x-y_C|$ は，クラスターを訪問する費用である．(ii)第2項は，家に帰る費用 $t_0+t|x-y_C|$ に消費者がクラスターで買う確率 $1-(1-D_I)(1-D_C)^{M-2}$ を掛けたものである．(iii)第3項は，クラスターから孤立した企業まで移動する費用 $t_0+t\Delta$ にクラスターからそこに消費者が行く確率 $(1-D_I)(1-D_C)^{M-2}$ を掛けたものである．(iv)第4項は孤立している企業から家に帰る費用 $(t_0+t|x-y_I|)$ にクラスターに戻らない消費者の確率である $(1-D_I)(1-D_C)^{M-2}-(1-D_I)(1-D_C)^{M-1}$ を掛けたものである．(v)最後の項は，家に帰る前にクラスターに戻る費用 $t_0+t\Delta+t_0+t|x-y_C|$ に $(1-D_I)(1-D_C)^{M-1}$ を掛けたものである．最後の重みづけ $(1-D_I)(1-D_C)^{M-1}$ は，消費者がクラスターに戻る確率を過大評価しているので，最後の項は本来より大きい．したがって，(A.1)で不等式が成立する．

次に，以下も得られる．

$$\begin{aligned}T_I \geq &\, [t_0+t|x-y_I|] + [(t_0+t|x-y_I|)D_I]\\ &+ [(t_0+t\Delta)(1-D_I)] + [(t_0+t|x-y_C|)(1-D_I)]\end{aligned} \quad (7A.2)$$

ここで，(i)第1項 $t_0+t|x-y_I|$ は孤立した企業への移動費用である．(ii)第2項は，家に帰る費用 $t_0+t|x-y_I|$ にこの企業から購入する確率 D_I を掛けたものである．

(iii)第3項は,孤立している企業からクラスターに行く費用 $t_0+t\Delta$ に消費者がこの事象に割り振る確率 $1-D_\mathrm{I}$ で重みづけしたものである.(iv)最後の項は,クラスターから家に帰る費用 $t_0+t|x-y_\mathrm{C}|$ にクラスターにいる確率 $1-D_\mathrm{I}$ を掛けたものを表す.消費者が,クラスターを訪問した後に孤立している企業に戻る確率を考慮していないので,(7A.2)で不等式が成立する.

(7A.2)から(7A.1)を引き,三角不等式を使用して,いくつかの操作の後に以下が得られる.

$$T_\mathrm{I}-T_\mathrm{C} \geq -2t\Delta+(1-D_\mathrm{I})[t_0+2t\Delta-(1-D_\mathrm{C})^{M-2}t_0-(t_0+2t\Delta)(1-D_\mathrm{C})^{M-1}]$$
$$\equiv f(\Delta)$$

$\Delta=0$ と置き,$(1-D_\mathrm{C})^{M-1}<1/2$ となるように十分大きな $\widehat{M}$ を選ぶ.$t_0>0$ で $D_\mathrm{I}<1$ であるので,明らかに,$f(0)>0$ である.さもなければ,消費者は単一の場所,すなわち,クラスターを訪問して,それで話が終わる.一方,Δ が十分に大きい場合,$f(\Delta)<0$ となる.$f(\Delta)$ は連続であるので,中間値の定理から,$0\leq\Delta\leq\Delta(M)$ に対して,$T_\mathrm{I}-T_\mathrm{C}>0$ となるような $\Delta(M)$ の値が存在する.

$\Delta(M)$ は以下の方程式の最小の解であるので,

$$-2t\Delta+(1-D_\mathrm{I})[t_0+2t\Delta-(1-D_\mathrm{C})^{M-2}t_0-(t_0+2t\Delta)(1-D_\mathrm{C})^{M-1}]=0$$

$\Delta(M)$ は M とともに増加することが容易に確認される.

第Ⅲ部　要素移動と産業立地

第8章 独占的競争下の産業集積

8.1 はじめに

　地域間，あるいは国際間において，空間経済は，**金銭的外部性**（pecuniary externalities）に満ちている．例えば，労働者が移住を選択するときには，彼らは生産能力と消費能力をともに持ってくる．その結果，労働者の移動は，移動元の地域だけでなく，移動先の地域においても，労働の規模および生産物市場に影響を及ぼす．労働者は移住の決定においてこのことを斟酌しないので，移住の影響は金銭的外部性の性質を持っていると言える．この金銭的外部性は，不完全競争市場の文脈で，特に実際的な意味合いを持っている．なぜなら，不完全競争市場においては，価格が個人の決定の社会的価値を完全には反映していないからである．移住が生み出す影響は，生産物市場および労働市場の間の相互作用を考慮に入れた一般均衡モデルの枠組みで，より適切に分析できる．これにより，とりわけ，各個人の労働者および消費者としての二重の役割を分析できる．一見すると，これは手ごわい課題のように見えるが，Krugman（1991b）が示したように，金銭的外部性の様々な効果のいくつかは，独占的競争の比較的簡単な一般均衡モデルの中に組み入れることによって分析することができる．それは，**核－周辺(CP)モデル**（core-periphery (CP) model）として知られている．

　Chamberlin（1933）流の独占的競争は，**多様性に対する選好**（varietas delectat）を持つ消費者を前提とすることを思い出してほしい．それに対して，収穫逓増の下でそれらの多様な製品を生産する企業は，限られた資源をめぐって互いに競争する．産業組織論の分野において作られた独占的競争の原型モデルは Dixit and Stiglitz（1977）が開発した代替の弾力性一定の CES モデルである．そこでは，各企業は，市場全体と比較すれば非常に小さいので，他の企業への影響や他の企業からの反応を無視するが，総企業数にかかわらず限界費用より高い価格を設定するだけの（独占企業のように）十分な市場における力を保持する，と仮定される．さらに，CES 型効用関数を最大化する消費者による各企業への需要は，（完全競争の場

合と同じく）市場に存在するすべての企業の行動に依存する．

多くの応用例で示されたように，ディキシット＝スティグリッツ・モデルは，独占力や収穫逓増の総合的な含意の分析において，非常に強力なツールとなる．特に，経済成長や経済地理学の現代理論におけるように，独占力や収穫逓増が内生的過程の原動力となるときに，そうである（Matsuyama, 1995; Brakman and Heijdra, 2004）．これは以下の2つの主たる理由による．(i)各企業は，市場に比べて無視できるほど小さいので，その行動が市場に対して与える影響は無視できると（正しく）考える．一方，各企業は自己の製品の需要に対して，独占者のように振舞う．したがって，寡占的競争下の一般均衡モデルに比べて，均衡の存在はあまり問題とならない．(ii)自由参入退出の仮定により利潤がゼロとなり，したがって労働者の所得は賃金に等しくなり，分析が容易になる．

次の8.2節で説明するクルーグマンによる設定は，単純であるが，複数地域の経済において作用する主要な力を十分にとらえることができるもので，ディキシット＝スティグリッツ・モデルと，輸送された財の一部分のみが目的地に到着するという氷塊型輸送費とを，組み合わせている．このSamuelson (1954a)による氷塊型輸送費の採用は，明示的に輸送部門を扱わないための「トリック」と見なすことができる．ここでは，(i)収穫一定の下で同質の財を生産する農業部門と(ii)収穫逓増の下で差別化された財を供給する製造業部門の，2つの部門を考える．

いつものように，市場均衡は分散力と集積力との相互作用の結果生じる．分散力は単純であり，以下の2つの要因にもとづいている．(i)農業者は空間的に移動不可能であると仮定されているので，製造業財に対する彼らの需要は各地域に固定されている．(ii)企業の集積とともに競争が激化するので，これも分散力となる．一方，集積力はより複雑である．1つの地域により多くの数の製造業者が立地するならば，その地域で生産される製品の数はより多くなる．そうすると，製造業財の均衡価格指数は，この地域でより低くなる．これは，企業数のより少ない小さな地域に住んでいる労働者の一部を，企業数がより多くて，より高い生活水準を達成できる，より大きい地域に移動するように誘引する．誘引された労働者の増加は，差別化された財に対する需要を増加させ，その地域に追加的な企業の立地をもたらす．そうすると，企業レベルで規模の経済が存在するので，当該地域においてより多様な製品が生産され，もう一方の地域では逆のことが生じる．結果として，Krugman (1991a, 486)が指摘したように，これら2つの効果がお互いをさらに強化するため，「製造業の生産拠点は大きな市場があるところに集中する傾向があ

るが，市場は製造業の生産拠点が集中しているところで大きくなる」という Myrdal（1957）の**循環的因果関係**（circular causality）が生まれる．

クルーグマンの偉大な業績は，統一的な枠組みでこれらのすべての効果を統合したことであり，ミュルダールが予測した累積過程が生じるかどうかの条件を正確に決定したことであった．より正確に言えば，クルーグマンは輸送費の水準が重要な決定要因であることを示した．Krugman（1991b）は，輸送費（あるいは，より一般的には交易費用）が十分に低いときには，すべての製造業者は経済の**核**（core）となるたった1つの地域に集中し，一方で他の地域を**周辺**（periphery）と呼び，ここでは農業財しか供給されないことを示した．この場合には，核に集中している企業はより大きな市場でより多くの製品を販売することによって収穫逓増を実現しながら，より小さな周辺の市場でもあまり需要を失わない．反対に，輸送費が高いときには，全く逆の理由により，両地域は対称的な生産パターンを示す．したがって，このCPモデルは，地域間に格差が発生する可能性を示している．一方，2部門のそれぞれにおいて収穫一定で完全競争を仮定した新古典派のモデルでは，収束だけが起こりうる．クルーグマンのCPモデルでは，輸送費が低下するとともに，集積の程度が増す．したがって，循環的因果関係の過程は，製造企業を長期間同じ地域にロックインすることになる**雪だるま効果**（snowball effect）をもたらす．その例として，アメリカの東海岸から五大湖におけるサンベルト地帯，日本の太平洋ベルト，あるいはヨーロッパの「青いバナナ」地帯が挙げられる．このように，Krugman（1991b）は，ずっと以前にMyrdal（1957, 26-7）によって指摘されていた以下のような考えを巧妙にモデル化したと言える．

大雑把に言って，中心地域の持つ誘因力は，主に，何かが以前に——同様なことが起こりえたかもしれない他の地域ではなく——そこで始まり，成功したという歴史的な偶然の出来事に起源を持っている．

そのような状況の下では，初期における地域間の小さな違い，社会経済環境の小さな変化，あるいはその両方から，最終的に大きく異なる経済構造が生じうることが知られている．しかし，複数均衡が存在するので，均衡の選択基準が必要になる．以前見てきたように，不安定性がいくつかの均衡を捨てさせるが，クルーグマンをはじめ他の研究者は複数の安定均衡の存在を強調している．しかし，我々は，この指摘が過大視されていることを，Oyama（2009a, b）の研究をもとに説明する．

現実における集積が過大であるか，または過小であるかの判断は，今のところはっきりしない．この問題については様々な意見が出されており，また，政策担当者が取り組みたい主たる問題の1つであると言っても過言ではないであろう．しかし，CPモデルの厚生的な含意は長い間分析されてこなかった．だが，市場均衡は効率的ではないということを信じるに足る，いくつかの説得力のある理由が存在する．実際，限界費用を超えて価格付けをする企業が生み出す標準的な配分非効率性以外に，経済地理学モデルは，経済主体の移動に起因する，非効率性の新たな源泉を有している．現実に，企業や労働者は，自身の移動が移動先の経済主体にもたらす便益や損失，また，移動元に残された経済主体に与える便益や損失を考慮しないで行動する．ここでは，生産物市場における競争が不完全であるから，経済主体の移動により生じる金銭的外部性が厚生分析にとって極めて重要になる．しかし，集積または分散の社会的な望ましさについての一般的な指標は，今のところ存在しない．多くの経済地理学モデルが生み出す集積と分散という2つの市場均衡の結果を比較するために，Charlot et al.(2006) は，パレート基準から様々な社会的厚生関数までの，公共経済学のいくつかの分析道具を用いている．しかしながら，CPモデルは技術的外部性を含んでいないにもかかわらず，その厚生分析から単純かつ明瞭なメッセージが導出されない．

次の8.3節では，集積と分散のいずれもパレート優位ではない，すなわち，周辺地域に居住している農業者は常に分散を選好し，一方で，核地域に居住している農業者と労働者は常に集積を選好する，ということを示す．これは，集積形状の地域間システムを描写するために用いられる専門用語（核と周辺）の下では，驚くべきことではない．次に，補償メカニズムにおいて，もし輸送費が十分に低いならば，集積は分散より選好される，すなわち，核地域に居住している農業者と労働者が，周辺地域に住んでいる農業者を補償することができるが，周辺地域に住んでいる農業者は，中心地への移動を選択する労働者を補償することができないことを示す．輸送費がより高いときには，不確定性が残る．すなわち，2つの形状は，前述したカルドアとヒックス基準に基づいて，他より選好されない．ある意味では，このような不確定性は，2つの主義の極めて対照的な見方の「統合」として考えられるかもしれない．これらの結果は，市場均衡が社会的最適をもたらすという4.3と4.4節で得た結果と対照的である．結果におけるこの差異を理解するのは容易である．4.3と4.4節では，都市は，都市集積の費用と便益を内部化するある大きな経済主体が取る行動の結果として，出現する．一方，この章では，集積は，社会的に最適な

ことをするインセンティブを持たない小さな経済主体が下す無数の決定の意図されない結果として現われる.

生産物市場と労働市場間の相互作用に焦点を合わせることによって,クルーグマンの研究は国際貿易の伝統をそのまま引き継いでいる.その結果として,CPモデルはいくつかの批判を浴びている.特に,地域内の空間は無視されている.一方,現代的な都市・地域経済学では,地域の経済的パフォーマンスに関する差異は,地域内に立地している家計と企業間の相互作用と行動によってある程度説明されている (4.2節).この文脈において,Weber ([1909] 1927, 121),Helpman (1998),および Tabuchi (1998) によって示唆されたように,主たる分散力は,雇用と支出シェアが先進国で急激に減少した農業部門でなく,大規模な集積地域に居住している労働者が分担する都市費用である.実際,第3章で議論したように,大規模な人の定住は,ほとんど必然的に,労働者が土地をめぐって競争し通勤費用を負担する,都市の形態を生み出す.例えば,アメリカでは,住居費は平均で家計予算の20%を占め,一方,総支出の18%は自動車購入,ガソリンや他の関連項目への支出である (Quigley and Raphael, 2004).したがって,8.4節では,各地域内における集積は,企業が中心業務地区に集まる単一中心都市として構造化されると仮定する.この節の NEG 型の都市モデルでは,労働者間の土地に対する競争は,地代と通勤費用を増加させ,またこれらの費用は人口増加とともにさらに増加する.ここで,空間経済は,製品の輸送費と労働者の通勤費用という,2つのタイプの移動費用の間の相互作用の場であるといえる.正確に言えば,これらの費用は,次のようなトレードオフの関係にある.すなわち,少数の大都市に人々と企業が集中すれば,都市間の製品輸送は少なくなるが,平均的な通勤時間は長くなる.対照的に,多数の小都市に人々と企業が分散する場合には,反対の効果が生じる.

前述したように,クルーグマンによって得られた主たる結果は,集積度と輸送費水準の間に単調な関係が存在するということである.8.4節において,Murata and Thisse (2005) にしたがって,対称形状は低い輸送費の場合に安定であり,核-周辺構造は,輸送費が高いときに安定均衡であることを示す.これは,クルーグマンのシナリオとは逆の結果である.この差異の説明は簡単である.NEG 型の都市モデルにおいては,労働者が核地域に集まると,都市費用が増加し,分散力を強化することになる.さらに,低い輸送費は都市間交易を容易にする.対照的に,CPモデルにおいては,周辺地域に供給されるために人々がより少なくなり,かつ,より低い配達費用で供給されるので,分散力は弱くなる.さらに,CPモデルにおいて

は，都市費用が存在しない．つまり，これは，集積力と分散力の間の相互作用が，作用する諸力の性質とともに変化することを示す．

しかしながら，これはまだ物語の終焉ではない．通勤費用が十分に低いときには，集積は常に安定均衡であるが，一方，通勤費用が高いときには分散が安定となる．興味深いことは，「低い」および「高い」が意味することは，2つのタイプの移動費用の相対的な水準に依存することである．例えば，輸送費が低い値をとるときに，もし通勤費用がそれ自身十分に低いならば，集積が出現する．したがって，空間経済の構造を決定するのは，地域間輸送費と都市内通勤費用の相対的な変化である．これは，次の興味深い含意を持っている．グローバル経済において重要なことは，CPモデルにおいて示唆されたような輸送費の変化のみではない．それぞれの地域の内部で起こることもまた重要である．これは，政策担当者がしばしば看過する，2つの事実に目を向けさせる．地域要因は経済のグローバル形態を変化させるが，他方では，グローバル要因は各地域内生産や雇用の地域・都市組織に影響を及ぼす．これにより，都市およびグローバル水準での交通政策をうまく調整する必要がある．

独占的競争と氷塊型輸送費との組み合わせを基盤にした2つのモデルが正反対の結論を導き出すことから，NEGモデルの妥当性に疑いが投げかけられるかもしれない．しかし，状況はそれほど悪くはない．もし経済統合により，初期の段階で経済活動の集約的な集積が促進されるならば，統合をさらに進めれば，ある種の地理的な均等化を導くことになる可能性が高い．要するに，逆U字型曲線に従って空間的発展の過程が進展すると予想される．もしこれが正しければ，逆U字型曲線は，先ほど述べた2つの極端なアプローチの和解を促すことになる．クルーグマンは逆U字型曲線の右側に分析を集中しており，一方，ヘルプマンはこの曲線の左側に焦点を当てている．

8.5節では，我々は，労働者と企業がともに可変的な敷地規模を消費すると仮定する，Pflüger and Tabuchi (2010) に従う．この文脈では，CPモデルと同じ理由で，まず分散が生じ，次に集積が生じる．しかしながら，土地の供給が極めて非弾力的であったり，通勤費用が非常に高かったりするときには，企業と労働者間の土地に対する競争が生じ，このため輸送費が十分に低い場合であっても高い都市費用をもたらし，製造業部門の再分散を誘発する．いくつかの別のモデルが，経済統合と空間的不平等の間に逆U字型関係が存在することを示しているから，我々は，この関係は強い理論的基盤を持っていると結論付けることができる (Puga, 1999; Fujita and Mori, 2005; Combes, Mayer, and Thisse, 2008)．

CPモデルは，ビジネスサービスの大都市圏への一層の集中の研究に用いることができる．この文脈では，サービス部門における企業は，消費者と製造業部門の企業にサービスを供給するだけではなく，お互いにサービスを供給し合う．需要のこの循環性が，クルーグマンによって研究された結論と極めてよく似た集積へのインセンティブを対応する企業に与える．したがって，発展した経済に出現した新トレンドを担う異なる部門を適切に再解釈するならば，CPモデルは，製造業がより小さな都市や農村地域へ徐々にシフトしたとしても妥当性を保つことができる．この傾向は，ビジネスサービスが，主として大都市に立地している製造企業の本社や研究・開発部門の近くで活動する傾向によって，強化されるだろう．

　最後の8.6節では，集積の主要な要因として，交易可能な多様な中間財とビジネスサービスを考えることによって，このアイデアを定式化する．今までのところでは，実際，集積は労働者の移動によって生じる循環的因果関係の結果として生じるとされてきた．しかし，国際的な市場においては，労働者の移動は小さいので，核-周辺モデルは，そのままでは世界経済における産業集積を説明するのに使えない．しかしながら，Venables (1996) によって示されたように，中間財部門を導入することによって，国際レベルでの核-周辺構造の形成を説明することが可能となる．ただし，(中間財部門と最終財部門の両方が収穫逓増と独占的競争の下で生産活動を行うと仮定している) Venables (1996) に従う代わりに，本節ではより簡単な枠組みを用いる．4.2.1項と同じく，中間財部門は差別化された財を，収穫逓増の下に生産すると仮定する．一方，最終財部門は同一の財を生産し，収穫一定を示すと仮定する．また，地域間における労働者の移動はないものと仮定する．以上の想定の下で，中間財の輸送費が十分高い場合には (実際，多くのビジネスサービスは地域間で取引が難しい)，両部門は同一地域内に共集積する，すなわち，空間的に統合されることを示す．これは，最終財の輸送費が非常に低いときでさえもそうなる．実際，中間財部門の企業の集積は，労働者の移動不可能性によって生じる賃金格差が生じるにもかかわらず，最終財部門が中間財部門の企業と一緒に集積することを有利にする．

8.2　核-周辺モデル

　この章では，2地域経済に焦点を当てるが，後での理論の展開のために，より一般的な枠組みを設定する．

8.2.1 空間経済

経済的空間は $R \geq 2$ 個の地域から成り立ち,経済には,労働者と農業者の2種類の生産要素が存在し,労働者 H と農業者 L とを賦存量として持つ.労働者は地域間を完全に移動可能であるが,農業者は移動不可能であると仮定する.2つの生産要素の解釈は,便宜上のものであり,柔軟に解釈されてよい.重要な点は,移動可能な生産要素は労働と関連しており,一方,非貿易財であるビジネスサービスなどの他の要素は移動不可能である点である.経済は,農業部門(A)と製造業部門(M)との2つの部門から成り立っている.これらの2部門の名称は,慣例的なものであり,ここでの目的にとって重要なことは,以下で指定される,2部門それぞれの市場と技術的特性である.まず,製造業部門は,唯一の投入要素として労働者を用いて,収穫逓増の下で,7.3.1項で説明された差別化の原理に従い,水平的に差別化された多様な財を生産する.一方,農業部門は,唯一の投入要素として農業者を用いて,収穫一定の下で同質な財を生産する.地域 r における農業者のシェア v_r は固定的で,$r=1,\cdots,R$ に対して $0 \leq v_r \leq 1$ と表される.一方,地域 r における労働者のシェア λ_r は可変的で,$r=1,\cdots,R$ に対して $0 \leq \lambda_r \leq 1$ と示される.

実際の消費と生産はともに,特定の地域で行われるが,以下では,便宜上その地域を明示的に言及することなく,選好と技術を一般的に表す.

消費者 選好はすべての労働者に対して同一であり,以下のコブ=ダグラス型の効用関数によって表される.

$$U = Q^\mu A^{1-\mu} / \mu^\mu (1-\mu)^{1-\mu} \qquad 0 < \mu < 1 \tag{8.1}$$

ここで,Q は製造業部門の製品の消費指数であり,A は農業部門の財の消費指数である.μ は消費支出のうちの製造業部門の製品に対する支出シェアである.製造業部門が M 種類の製品を供給するとき,指数 Q は以下のように与えられる.

$$Q = \left(\int_0^M q_i^\rho \mathrm{d}i \right)^{1/\rho} \qquad 0 < \rho < 1 \tag{8.2}$$

ここで,q_i は製品 $i \in [0, M]$ の消費量を表している.したがって,各消費者は**多様性への選好**(preference for variety)を持っている.すなわち,すべての製品が等しく価格付けされているときには,消費者の最も選好される選択は,全製品を等しく消費することである.(8.2)式のパラメータ ρ は,差別化された製品の多様性に対する欲求の強さの逆数を表している.ρ が1に近づくとき,多様な製品は完全代

替に近づく．ρ が減少するとともに，消費をすべての多様な製品へ分散させたいという欲求は増大する．ここで，以下のように定義すると，

$$\sigma \equiv \frac{1}{1-\rho}$$

σ は2つの製品間の代替の弾力性を表し，1から∞の間の値をとる．

もし Y が消費者の所得を，p^A が農業財の価格を，p_i が製品 i の価格を表すならば，需要関数は，以下の式で与えられる．

$$A = (1-\mu)Y/p^A \tag{8.3}$$

$$q_i = \frac{\mu Y}{p_i} \frac{p_i^{-(\sigma-1)}}{P^{-(\sigma-1)}} = \mu Y p_i^{-\sigma} P^{\sigma-1} \qquad i \in [0, M] \tag{8.4}$$

ここで，P は以下で与えられる，差別化された製品の価格指数である．

$$P \equiv \left[\int_0^M p_i^{-(\sigma-1)} \mathrm{d}i \right]^{-1/(\sigma-1)} \tag{8.5}$$

したがって，(8.4) 式の最後の項からわかるように，1つの製品に対する需要は，価格指数とともに増大する．つまり，より低い（より高い）価格指数は生産物市場がより競争的である（競争的でない）ことを意味する．言い換えれば，企業の需要は，価格指数を介して競争相手の集計的な行動を考慮している．より一般的に言えば，$\mu Y P^{\sigma-1}$ は需要シフト要因として働く．

(8.3) 式と (8.4) 式を (8.1) 式に代入すると，以下の間接効用関数が求まる．

$$V(Y, P, p^A) = Y P^{-\mu} (p^A)^{-(1-\mu)} \tag{8.6}$$

生産者 農業部門においては，1単位の生産物が1単位の農業労働によって生産される．製造業部門の差別化された各製品は同一の技術で生産される．具体的には，q_i を生産するには，以下で与えられる l_i 単位の労働を必要とする．

$$l_i = f + c q_i \tag{8.7}$$

ここで，f と c はそれぞれ，固定労働投入量と限界労働投入量である．明らかに，この技術は規模の経済の下にある．一般性を失わずに，$c=1$ となるように製造業部門における労働の単位を選択する．収穫逓増は存在するが範囲の経済は存在しないので，1つの製品は1つの企業によって生産される．実際，どの企業も，すでに市場に存在している製品を模倣するよりも，差別化された別の製品を生産することによって，より高い市場シェアを得ることができる．これは，企業の数が製品の数と同じであり，各企業の産出量は対応する製品の需要に等しくなることを意味する．

農業部門の財は，任意の2地域間において輸送費ゼロで輸送されると仮定する．したがって，農業財をニューメレールとして選択し，$p^A=1$ と設定する．対照的に，製造業部門の財は，氷塊型の技術にしたがって正の費用で輸送される．すなわち，1単位の差別化された製品が地域 r から地域 s に発送されるとき，$1/\tau_{rs}$ の量の製品のみが目的地に到着すると仮定する．ここで，$r \neq s$ では $\tau_{rs}>1$ であり，$\tau_{rr}=1$ である．[1]

すべての製品は効用関数の中で等しく重み付けされているので，製品指数 i を無視して，地域指数 r のみに焦点を当てる．したがって，もしも1つの製品が地域 r で生産され，工場渡し (fob) 価格 p_r で販売されるならば，地域 $s(\neq r)$ に立地する消費者によって支払われる引き渡し (cif) 価格 p_{rs} は，次式となる．

$$p_{rs}=p_r\tau_{rs} \tag{8.8}$$

したがって，もし企業数の地域間分布が $(M_1,\cdots,M_R)$ であるならば，(8.5) 式を用いて，地域 r の価格指数 P_r は，以下のように与えられる．

$$P_r=\left\{\sum_{s=1}^{R}\phi_{sr}M_s p_s^{-(\sigma-1)}\right\}^{-1/(\sigma-1)} \tag{8.9}$$

ここで，$\phi_{sr}=\tau_{sr}^{-(\sigma-1)}$ と定義され，「空間割引」因子と解釈できる．すなわち，地域 s から地域 r への輸送費が高いほど，地域 s に立地する企業が直面する地域 r からの実際の需要は低下する．言い換えれば，ϕ_{rs} は**交易自由度**（freeness of trade）を表し，$\phi_{rs}=0$ は地域 r から地域 s への輸送費が無限に高く，交易ができないことを意味し，一方，$\phi_{rs}=1$ は差別化された財の輸送には輸送費がまったくかからず，交易は自由に行われることを意味する．

次に，w_r が地域 r に居住する労働者の名目賃金率を表すとしよう．なお，農業財の価格が1であるので，農業者の賃金はすべての地域で1となる．したがって，

---

[1] なぜ農業財の輸送費をゼロと仮定し，一方，製造業部門の財の輸送費を正と仮定するのか，読者は，不思議に思われるかもしれない．CP モデルの主たる目的は，製造業部門の財の輸送費の着実な低下が空間経済の構造にどのように影響を及ぼすかを精査することであることを思い出してほしい．この影響に焦点を当てるために，農業者の賃金がすべての地域で等しいと設定することはよくあることである．これは，農業財の輸送費ゼロの仮定により保証されている．しかしながら，この仮定は一般性を欠くことも確かである．なぜならば，農業財の輸送費をある正の一定値に保ち，製造業部門の財の輸送費をある閾値以下に減少していくと，製造業の集中過程は止まり，製造業部門の企業と人口は再分散していく（Fujita and Mori, 2005）．第9章でこの問題に戻る．

自由参入退出の下では，均衡利潤はゼロとなるので，地域 r の所得は次のようになる．

$$Y_r = \lambda_r H w_r + v_r L \tag{8.10}$$

(8.4) 式から，地域 r に立地している1つの企業の製品への総需要は次のようになる．

$$\begin{aligned} q_r &= \sum_{s=1}^{R} \mu Y_s (p_r \tau_{rs})^{-\sigma} P_s^{\sigma-1} \tau_{rs} \\ &= \mu p_r^{-\sigma} \sum_{s=1}^{R} \phi_{rs} Y_s P_s^{\sigma-1} \end{aligned} \tag{8.11}$$

この式に関して，少し説明が必要である．$\mu Y_s (p_r \tau_{rs})^{-\sigma} P_s^{\sigma-1} \tau_{rs}$ の項は，地域 r に立地する企業による地域 s への製品の発送量を示している．ここで，地域 s における消費は $\mu Y_s (p_r \tau_{rs})^{-\sigma} P_s^{\sigma-1}$ であるから，τ_{rs} をかけなければならない．というのは，企業の生産物の一部が輸送の途中で融けてしまうので，需要される量を消費地に届けるためには，企業はより多くの生産物を発送しなければならないのである．(8.11) 式は重力モデルのような性質を持っている．実際，(8.11) 式の各項は，地域 r で生産された製品に対する地域 s での需要を与えており，地域 s の所得 Y_s に対して正に，$\phi_{rs} = \tau_{rs}^{-\sigma}$ で測る地域 s への近接性に対して正に反応する．ϕ_{rs} が上昇することは，地域 r で生産された1つの製品に対する地域 s での需要が上方にシフトすることを意味し，地域 s が地域 r により「近接」することを示している．単純化して言えば，地域 s で起きることが地域 r の企業にとってより重要となる．最後に，地域 s における市場競争の度合いは価格指数 $P_s^{\sigma-1}$ の値で計測され，域内と域外の企業によって課される価格に依存する．

連続体の企業が存在するから，各企業は無視できるほど小さく，さらに2つの企業間の相互作用はゼロである．しかしながら，市場全体の状況は各企業に影響を及ぼす．これは，企業同士は（無限の需要弾力性を持つという古典的な経済的意味において）完全競争的ではないが，しかし同時に，企業はお互いに戦略的な相互作用を持たない，という設定を与えている．各企業は市場に対して無視できるほどの小さなインパクトしか持たないので，各企業の製品の価格の変化による消費者所得 (Y_r) と他の企業の価格および地域価格指数 (P_r) に対する影響は無視できる．その結果として，(8.11) 式からわかるように，各企業は，消費者の空間的分布にかかわらず，一定の価格弾力性 σ を持った右下がりの需要に直面することがわかる．この非常に便利な性質は，氷塊型輸送費の仮定に決定的に依存しており，輸送費は需要水準に影響を与えるが，弾力性には影響しない．

地域 r に立地する企業の利潤関数は，次式で与えられる．
$$\pi_r = p_r q_r - w_r(f+q_r) = (p_r - w_r)q_r - w_r f \tag{8.12}$$

以下では，最初に，企業の立地と労働者が固定された下での，短期の市場均衡を考える．短期と長期の区別は，ここでは経済主体の立地の調整が市場価格の調整よりも緩慢であるという事実によって正当化できる．言い換えれば，所与の人口分布の下での，すべての地域における均衡価格と賃金を決定する．その後に，企業と労働者が地域間にどのように分布しているかを研究する．

8.2.1.1 短期均衡

(8.11) と (8.2) 式を用いて，利潤最大をもたらす価格 p_r のための1階の条件を解くと，以下の共通の均衡価格が得られる．
$$p_r^* = \frac{\sigma}{\sigma-1} w_r \qquad r = 1, \cdots, R \tag{8.13}$$

これは，企業と消費者の分布に対して独立な，$\sigma/(\sigma-1)$ に等しい相対的なマークアップ率を企業が採用することを意味する．製品の差別化がより強ければ，マークアップ率はより高くなり，それゆえ，均衡価格はより高くなる．一方で，均衡価格は地域賃金 w_r を通じて，地域 r に立地する企業と労働者の数に依存する．

(8.13) 式を利潤関数に代入すると，次式が得られる．
$$\pi_r = \frac{w_r}{\sigma-1} q_r - w_r f = \frac{w_r}{\sigma-1} [q_r - (\sigma-1)f] \tag{8.14}$$

自由参入退出の下で利潤はゼロとなり，したがって，企業の均衡産出量は次式によって与えられる定数となる．
$$q^* \equiv q_r^* = (\sigma-1)f \qquad r = 1, \cdots, R \tag{8.15}$$

この産出量は企業と労働者の分布から独立しており，すべての地域で同じであることに留意してほしい．(8.15) 式を (8.7) 式に代入して，$c=1$ と置けば，均衡では，企業の労働投入量は企業の分布とは無関係になり，以下で与えられる．
$$l^* \equiv l_r^* = \sigma f \qquad r = 1, \cdots, R$$

したがって，製造業部門の企業の総数は一定で H/l^* となる．一方，対応する企業の分布は，次式で表され，労働者の分布のみに依存している．
$$M_r = \lambda_r H/l^* = \lambda_r H/\sigma f \qquad r = 1, \cdots, R \tag{8.16}$$

以上のように，企業総数（あるいは製品数）は一定であるので，CP モデルは，製造業部門の空間的分布は説明できるが，成長は取り扱えない．成長の問題に関して

は第11章で本格的に取り扱う.

地域の価格指数 (8.9) 式に, (8.13) 式の均衡価格と (8.16) 式の M_r を代入すると, 次式が得られる.

$$P_r = \left[\sum_{s=1}^{R} \phi_{sr} \frac{\lambda_s H}{\sigma f} \left(\frac{\sigma}{\sigma-1} w_s\right)^{-(\sigma-1)}\right]^{-1/(\sigma-1)}$$
$$= \kappa_1 \left[\sum_{s=1}^{R} \phi_{sr} \lambda_s w_s^{-(\sigma-1)}\right]^{-1/(\sigma-1)} \quad r=1,\cdots,R, \quad (8.17)$$

ここで, κ_1 は以下で定義される定数である.

$$\kappa_1 \equiv \frac{\sigma}{\sigma-1} \left(\frac{H}{\sigma f}\right)^{-1/(\sigma-1)}$$

この式から, 地域価格指数 P_r は輸送費の値と熟練労働者の空間的分布に依存していることが容易にわかる. 地域 r に立地する企業の見地からは, $\phi_{sr}\lambda_s H$ が地域 s に立地している競争相手企業の「有効な」数と解釈できることに注意してほしい. 実際, 地域 r へのアクセスが悪い地域に多くの企業が立地していても, それらの企業は地域価格指数 P_r に対してわずかなインパクトしか与えない. 反対に, ϕ_{sr} が 1 に近いときには, 地域 s に立地している競争相手企業の有効な数は, 企業の実数 $\lambda_s H$ にほぼ等しい.

経済が拡大するとき, 企業規模は影響を受けないけれども, 市場レベルでは規模の効果が存在する. 成長は, 製品の数の増大として実現される. 労働者/消費者の数の増加が大きければ大きいほど, 企業数の増加が大きくなり, その結果として製品の数が増大する. 同時に, 価格指数が下がり, したがって, すべての消費者の厚生は増大する.

最後に, 労働者の所与の分布の下での労働市場の清算条件について考える. 地域 r で得られる賃金は, そこに立地している企業が非負の利潤制約の下で支払うことができる最大の賃金である. (8.13) 式の均衡価格を (8.11) 式に代入して, 賃金の関数として以下の需要関数を得る.

$$q_r(w_r) = \mu \left(\frac{\sigma}{\sigma-1}\right)^{-\sigma} w_r^{-\sigma} \sum_{s=1}^{R} \phi_{rs} Y_s P_s^{\sigma-1} \quad (8.18)$$

(8.15) 式より, 利潤がゼロのとき, この式は $(\sigma-1)f$ に等しくなるので, $q_r(w_r) = (\sigma-1)f$ と置いて, w_r について解くことにより, 均衡賃金を以下のように得る.^{訳注)}

336　第 8 章　独占的競争下の産業集積

$$w_r^* = \kappa_2 \left[\sum_{s=1}^{R} \phi_{rs} Y_s P_s^{\sigma-1} \right]^{1/\sigma} \quad r=1,\cdots,R \tag{8.19}$$

ここで，κ_2 は以下のように定義する．

$$\kappa_2 \equiv \frac{\sigma-1}{\sigma} \left(\frac{\mu}{(\sigma-1)f} \right)^{1/\sigma}$$

定義より，$\lambda_r>0$ のとき，w_r^* は地域 r における均衡賃金である．

(8.6) 式の間接効用関数において，$Y=w_r^*$ および $p^{\mathrm{A}}=1$ と置くことにより，地域 r の実質賃金が次式のように得られる．

$$V_r = \omega_r = \frac{w_r^*}{P_r^\mu} \quad r=1,\cdots,R \tag{8.20}$$

言い換えれば，間接効用は実質賃金と同じである．

最後に，ワルラス法則から，上述したすべての均衡条件が満たされるならば，農業部門の市場もまた均衡していることがわかる．

8.2.1.2　長期均衡

労働者の均衡分布は，労働者が各地域 $1,\cdots,R$ で達成できる厚生水準の比較から得られる．各地域における労働者の厚生は，そこで獲得できる賃金とともに，そこにおける生活費用に依存する．ある地域における名目賃金が低い場合でも，もしもその地域に多数の企業が立地しており価格指数が低ければ，実質賃金は高くなる．

具体的には，労働者の所与の空間分布の下で，労働者が移住するインセンティブが存在するのかどうか，もし存在するのであれば，どの方向へ移住するのかを問う．いずれの労働者も他の地域でより高い効用水準を得ることができないとき，経済は**空間均衡**（spatial equilibrium）にある．すなわち，もし以下のような正の定数 ω^* が存在するならば，$(\lambda_1^*,\cdots,\lambda_R^*)$ は空間均衡である．

$$\omega_r \leq \omega^* \quad (r=1,\cdots,R \text{ に対して})$$
$$\omega_r = \omega^* \quad (\lambda_r^*>0 \text{ の場合})$$

したがって，労働者が住んでいない地域では，そこで企業が支払うことのできるゼロ利潤実質賃金 w_r は，均衡実質賃金 w_r^* よりも低い（あるいは等しい）．(8.20) 式で定義される関数 $\omega_r(\lambda_1,\cdots,\lambda_R)$ は，以下で定義されるコンパクト集合において，

訳注）　ただし，(8.19) 式の右辺の $Y_s(s=r)$ や各々の P_s は w_r を含んでいるので，(8.19) 式は w_r^* の陽関数とはなっていない．

$(\lambda_1, \cdots, \lambda_R)$ に関して連続であるので,

$$\Lambda \equiv \left\{ (\lambda_1, \cdots, \lambda_R); \sum_{r=1}^{R} \lambda_r = 1 \quad \text{かつ} \quad \lambda_r \geq 0 \right\}$$

Schmeidler (1973) により,均衡が常に存在することがわかる.

よく用いられている移住モデルに従い,労働者はより高い(低い)効用水準を提供する地域に引き付けられる(地域から離れていく)という,以下の近視眼的な動学過程を仮定する.

$$\dot{\lambda}_r = \lambda_r (\omega_r - \bar{\omega}) \qquad r = 1, \cdots, R$$

ここで,$\dot{\lambda}_r$ は λ_r を時間で微分したもの,ω_r は分布 $(\lambda_1, \cdots, \lambda_R)$ に対応する均衡実質賃金,$\bar{\omega} \equiv \sum \lambda_s \omega_s$ はすべての地域の平均実質賃金である.言い換えると,労働者は低賃金の地域から高賃金の地域へと移動する.

空間均衡は,均衡からの人口分布のいかなる微小な乖離に対しても,上述した移住方程式の下で,もとの分布に戻るならば,安定である.その調整過程では,各地域の企業数は,(8.16)式の労働市場清算条件が満たされるように瞬時に調整されると仮定している.労働者がより高い賃金の地域に移動した後に,労働者を持つどの地域においても,各企業の利潤がちょうどゼロになるように賃金が再調整される.[2]

40年以上前に,Muth (1971) は,個人の移住は,都市・地域発展において鶏なのか,あるいは卵なのかという疑問を投げかけた.NEGモデルでは,労働者が自分の足で行う立地選択に導かれる過程によって,企業は創造されたり破滅されたりする,と考えられている.したがって,NEGモデルは,労働者は鶏であると仮定しているようである.しかし,アメニティなどの外生的なものに対する選好は,NEGモデルの個人の立地選択においては中心的な役割を果たさない.このモデルでの移住は,企業が収穫逓増の下で生産を行い,輸送費を負担するという枠組みの下で,生産物・労働市場間の相互作用から生ずる実質賃金の差異にもとづいている.さらに,Picard, Thisse, and Toulemonde (2004) は,最大利潤を求める企業が行う立地の決定によって経済活動の分布が変化し,一方,労働者の調整は瞬時になさ

---

[2] ここで,連続体として経済主体(労働者と企業)を取り扱うことの,もう1つの正当性を見ることができる.つまり,このようなモデル戦略は,労働者や企業の立地選択においては整数の性質を最大限に活かし,一方,生産の地域シェアの変化においては微分方程式によって表現することを可能とする.

れるときにも，クルーグマンの結論は正しいことを示した．この場合には，労働者の効用に代わって，企業家の利潤が地域間で等しくなるときに，均衡は生じる．したがって，NEGモデルでは，「誰」が卵か鶏かであるかはあまり重要ではないと言える．[3]

8.2.2 2地域の場合

CPモデルは，その分析上の複雑さのために，典型的には，地域1と地域2の2地域経済を仮定し，簡単化された設定の下で理論分析を行っている．外生的な比較優位を避けるために，我々は，農業者は2つの地域に等しく分布している（$V_1=V_2=1/2$）と仮定する．できる限り対称性を維持するために，$\tau_{12}=\tau_{21}\equiv\tau$と仮定する．[4]

この文脈で，前述した均衡方程式は以下のようになる．

$$Y_r = \lambda_r H w_r^* + L/2 \qquad r=1,2 \tag{8.21}$$

$$P_r = \kappa_1[\lambda_r(w_r^*)^{-(\sigma-1)} + \tau^{-(\sigma-1)}\lambda_s(w_s^*)^{-(\sigma-1)}]^{-1/(\sigma-1)} \qquad s \neq r \tag{8.22}$$

$$w_r^* = \kappa_2(Y_r P_r^{\sigma-1} + \tau^{-(\sigma-1)}Y_s P_s^{\sigma-1})^{1/\sigma} \qquad s \neq r \tag{8.23}$$

$$\omega_r = w_r^* P_r^{-\mu} \qquad r=1,2 \tag{8.24}$$

便宜上，以下では，$\lambda\equiv\lambda_1$と置き，よって$\lambda_2=1-\lambda$となる．Mossay (2006) は，ある所与のλの下で，一意に短期均衡が存在することを証明している．さらに，陰関数定理により，Y_r, P_r および w_r の均衡値はλに関して連続である．(8.21)式から (8.23) 式の均衡条件を用いて，地域全体における名目賃金の合計 $\lambda w_1^* + (1-\lambda)w_2^*$ は，一定であることを容易に示すことができる．利潤はゼロであるから，経済全体の総所得 $Y_G \equiv Y_1 + Y_2$ は，製造業部門の空間分布や市場統合の程度から，独立である．したがって，経済主体の移動は経済全体の所得に影響を与えない．これらの結果は，経済活動の立地が労働者の厚生に影響を与える唯一のチャンネルは，価格指数を通じてであることを示している．対照的に，経済主体の移動は，地域の所得に影響を与えるが，1つの地域の利得は他方の地域の損失である．

---

[3] CPモデルとその関連モデルにおいて，第4章で議論したいくつかの理由により，企業は特定の場所に属していない．つまり，企業はある立地点を他の立地点に自由に代替できる．

[4] CPモデルの数学的な特性はRobert-Nicoud (2005) によって詳細に研究されている．

特定の $\lambda \in (0, 1)$ の下で,

$$\varDelta(\lambda) \equiv \omega_1(\lambda) - \omega_2(\lambda) = 0$$

であれば，経済は空間均衡にある．もしも $\varDelta(0) \leq 0$ のときには $\lambda = 0$ で，あるいは，$\varDelta(1) \geq 0$ のときには $\lambda = 1$ で空間均衡となる．もし $\varDelta(\lambda)$ が増加している（減少している）ならば，立地選択は戦略的補完性（代替性）を示す．

安定性は，8.2.1項で定義した以下の動学過程によって分析される．

$$\dot{\lambda} = \lambda \varDelta(\lambda)(1-\lambda) \tag{8.25}$$

$\varDelta(\lambda)$ が正で $\lambda \in (0, 1)$ ならば，労働者は地域2から地域1に移動し，負であるならば，逆方向に移動する．明らかに，どの空間均衡も (8.25) 式の下で定常状態にある．

(8.21) 式から (8.24) 式の非線形システムは，解析的に解くことはできない．したがって，λ に関して解の特徴を知ることは簡単ではない．均衡の性質を分析するために，コンピュータを用いたシミュレーション分析が Krugman (1991b) によってなされた．[5] 結果を示したのが図8.1である．この図から，以下のことがわかる．τ が大きな値 ($=\tau_1$) のときには，製造業部門の完全分散 ($\lambda = 1/2$) が唯一の均衡であり，それは安定である．τ が中間の値 ($=\tau_2$) をとるときには，新たに，すべて非対称である4つの均衡が出現する．しかしながら，2つの内点均衡は不安定である．したがって，3つの安定均衡が存在する．すなわち，対称な完全分散と，地域1または地域2に製造業部門が集中している核-周辺構造である．最後に，τ が十分に低い値 ($=\tau_3$) のときには，対称均衡は不安定になり，核-周辺構造が唯一の安定した均衡である．

以上のシミュレーション結果は，これ以降の分析の手引きとなる．

8.2.2.1　核-周辺構造

製造業部門が1つの地域，例えば地域1に集中すると仮定し，$\lambda = 1$ と置く．これが均衡かどうかを確かめるためには，労働者が地域2に移住したとき，効用を増すことができるかどうかを尋ねればよい．より正確に言うと，地域2で得られるであろう実質賃金が地域1で得られる実質賃金を上回ることはないという条件を決定したい．

(8.21) 式から (8.24) 式のシステムで $\lambda = 1$ に設定すると，次式が得られる．

---

5)　詳細については Fujita, Krugman, and Venables (1999, chap.5) を参照．

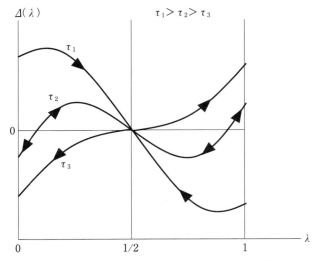

図 8.1 τ のいろいろな値の下での移住動学

$$Y_1 = Hw_1^* + L/2 \quad かつ \quad Y_2 = L/2$$
$$P_1 = \kappa_1 w_1^* \quad かつ \quad P_2 = \kappa_1 \tau w_1^* \tag{8.26}$$

次に，(8.26) 式を (8.23) 式に代入し，$r=1$ と置くことで以下が得られる．
$$w_1^* = \kappa_2 [Y_1(\kappa_1 w_1^*)^{\sigma-1} + Y_2(\kappa_1 w_1^*)^{\sigma-1}]^{1/\sigma}$$
この式から，$w_1^* = (\mu/H)(Y_1 + Y_2)$，あるいは以下の式が得られる．

$$w_1^* = \frac{\mu}{1-\mu} \frac{L}{H}$$

これは，企業が集積している地域 1 の賃金が，農業者 - 労働者比率 (L/H) および消費者支出における製造業の財への支出シェア (μ) とともに上昇することを示している．ここで，両部門間の移動は存在しないので，w_1^* は農業者の所得を超える必要はない．しかしながら，自由に移動できる個人は，移動できない個人よりも，より高い所得を持つと予想するのは自然である．この予想は，もし以下の条件が満たされるならば，満たされる．

$$\mu\left(\frac{L}{H}+1\right) > 1$$

次に，(8.13) 式から，すべての製品に共通の均衡価格が以下のように求まる．

$$p_1^* = \frac{\sigma}{\sigma-1}\frac{\mu}{1-\mu}\frac{L}{H}$$

この式は，以下を意味する．

$$P_1^* = \kappa_1 \frac{\sigma}{\sigma-1}\frac{\mu}{1-\mu}\frac{L}{H} \qquad P_2^* = \tau P_1^* > P_1^*$$

要するに，製造業の集積している地域1における製造業財の価格指数が，製品差別化の程度，農業者-労働者比率，および消費者支出における製造業財への支出シェアとともに上昇することを示している．

最後に，製造業部門が地域1に集中しているとき，各地域の名目所得は以下のようになる．

$$Y_1^* = \frac{\mu}{1-\mu}L + \frac{L}{2} \qquad \text{かつ} \qquad Y_2^* = \frac{L}{2}$$

したがって，経済全体の総所得は，以下で与えられる．

$$Y_G = \frac{L}{1-\mu} \tag{8.27}$$

これは，農業者数とともに増加する．

(8.20) 式より，地域1での均衡実質賃金は，次式で与えられる．

$$\omega_1 = \kappa_1^{-\mu}(w_1^*)^{1-\mu} = \left(\frac{\sigma}{\sigma-1}\right)^{-\mu}\left(\frac{H}{\sigma f}\right)^{\mu/(\sigma-1)}\left(\frac{\mu}{1-\mu}\frac{L}{H}\right)^{1-\mu}$$

これは，すべての製品が地域1で生産されるから，τ と独立である．

製造業の地域1への集中は，ω_1 が ω_2 より大きいか，あるいは等しいならば，均衡である．したがって，もしも地域2で1つの企業が操業した場合，その企業が支払いうる地域2での均衡賃金 ω_2 はどうなるのかを決定する必要がある．そのために，価格指数の (8.22) 式と名目賃金の (8.23) 式を実質賃金の (8.24) 式に代入すると，次式が得られる．

$$\omega_2 = \kappa_1^{\rho-\mu}\kappa_2(w_1^*)^{\rho-\mu}\tau^{-\mu}(Y_1\tau^{-(\sigma-1)} + Y_2\tau^{\sigma-1})^{1/\sigma}$$

(測度 0 の 1 つの製品以外の) すべての製品は，地域1から移入されているので，地域2での均衡実質賃金は，τ に依存する．

以上より，以下の式が容易に得られる．

$$\frac{\omega_2}{\omega_1} = \left[\frac{1+\mu}{2}\tau^{-\sigma(\mu+\rho)} + \frac{1-\mu}{2}\tau^{-\sigma(\mu-\rho)}\right]^{1/\sigma} \tag{8.28}$$

輸送費がかからないとき ($\tau=1$) には，当然のこととして $\omega_2/\omega_1 = 1$ となり，立地

は関係なくなる．さらに，(8.28) 式の右辺の [ ] 内の第1項は，τ に関して常に減少する．$\mu \geq \rho$ のときには，第2項もまた減少する（あるいは，$\mu = \rho$ のときには変化しない）ので，比率 ω_2/ω_1 は，常に τ に関して減少する．したがって，すべての $\tau > 1$ に対して，$\omega_2 < \omega_1$ となることを意味する．つまり，以下の条件が成立するときは，

$$\mu \geq \rho$$

核 – 周辺構造はすべての $\tau > 1$ の下で安定均衡である．この条件は，**ブラックホールの条件**（black hole condition）と呼ばれている．製品が非常に差別化されている（つまり，ρ が μ に対して小さい）ので，各製品への需要は輸送費の差異にそれほど敏感でなく，したがって集積力がとても強くなる．実際，このブラックホールの条件が満たされているときには，集積力が大変強力なので，集積した方の地域は移動可能なすべての企業をひきつける「ブラックホール」となる．

理論的により興味深いのは，次の場合である．

$$\mu < \rho, \tag{8.29}$$

すなわち，製品がそれほど差別化されておらず，各製品への需要は十分に弾力的であり，したがって，集積力がそれほど強くない場合である．もし (8.29) の条件が成立しているならば，(8.28) 式の第2項は $\tau \to \infty$ のとき無限大となり，比率 ω_2/ω_1 は図8.2のように描くことができる．

この図から，$\omega_2/\omega_1 = 1$ となる唯一の解 $\tau_s > 1$ が存在することがわかる．したがって，集積は $\tau \leq \tau_s$ において安定均衡である．言い換えると，製造業部門に属するすべての企業がいったん1つの地域にともに立地すると，他地域への生産物の輸送費が十分に低い場合には，そこに立地し続ける．これは，集積地にいる各企業は他の地域であまりビジネスを失うことなしに，集積のすべての便益を享受できるからである．この値 τ_s は，いったん企業が完全に集積すると，それより小さなすべての τ の下で引き続き同一地域にとどまろうとするので，**サステイン・ポイント**（sustain point）と呼ばれている．[6] 一方，輸送費が十分に高いときには（$\tau > \tau_s$），企業は移出の多くの部分を輸送費として失うので，核 – 周辺構造はもはや均衡ではなくなる．

以上の結果を要約すると，以下のようになる．

---

[6] この用語は，第1章で議論した輸送費の長年にわたる下落を前提としている．

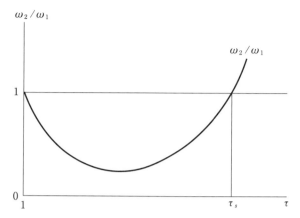

図 8.2 サステイン・ポイントの決定

命題8.1 2地域経済を考える.
(i) もし $\mu \geq \rho$ ならば,核 - 周辺構造は常に安定均衡である.
(ii) もし $\mu < \rho$ ならば,以下の式に対して一意的な解 $\tau_s > 1$ が存在し,

$$\frac{1+\mu}{2}\tau^{-\sigma(\mu+\rho)} + \frac{1-\mu}{2}\tau^{-\sigma(\mu-\rho)} = 1 \tag{8.30}$$

核 - 周辺構造はすべての $\tau \leq \tau_s$ に対して安定均衡である.

(8.30) 式から,τ_s が製品の差別化の程度 (σ) と消費における製造業財への支出シェア (μ) にのみ依存していることがわかるが,これは注目すべきことである.

8.2.2.2 対称構造

すでに見てきたことから,輸送費が高く,(8.29) の条件が満たされているときには,製造業部門は地理的に分散化すると推測される.この推測を検証するために,対称形状 ($\lambda = 1/2$) を考える.この場合,(8.21) 式から (8.24) 式のシステムによって,以下の4つの均衡条件が得られる.

$$Y_1 = Y_2 = (H/2)w^* + L/2$$

ここで,w^* は対称形状の下での共通のゼロ利潤賃金であり,

$$Hw^* + L = Y_G = L/(1-\mu)$$

であるから,ゼロ利潤賃金は,

$$w^* = \frac{\mu}{1-\mu}\frac{L}{H}$$

となり，集積の下での賃金に等しい．これは，次のような含意を持っている：製造業が集積した核地域で生産された製品は，分散化の下で，各地域で生産された製品よりも安価である．興味深いことであるが，この結果は，食品雑貨類の価格は大都市で安く，その都市住民は多様な製品へアクセスできるという，Handbury and Weinstein（2011）の実証分析結果によって確認されている．

2地域共通の価格指数は，次式で与えられる．

$$P^* = \kappa_1 \left[\frac{1}{2}(w^*)^{-(\sigma-1)} + \frac{1}{2}(w^*\tau)^{-(\sigma-1)}\right]^{-1/(\sigma-1)}$$
$$= \kappa_1 2^{1/(\sigma-1)} w^* (1+\tau^{-(\sigma-1)})^{-1/(\sigma-1)}$$

これは，τ の同じ値に対して，核 - 周辺構造の下における価格指数 P_1^*（P_2^*）より大きい（小さい）．また，共通の実質賃金は，次式で与えられる．

$$\omega^* = w^*(P^*)^{-\mu}$$

なお，$\omega_1^* = \omega_2^* = \omega^*$ であるので，対称構造はすべての $\tau>1$ の下で空間均衡となる．

図8.1からわかるように，所与の $\tau>1$ に対して，もしも $\Delta(\lambda)$ の傾きが $\lambda=1/2$ で負（正）であるならば，対称均衡は安定（不安定）である．この条件を調べるためには，すべての均衡条件を用いてかなり面倒な計算をする必要があるが，Fujita, Krugman, and Venables（1999, chap.5）は，次のような結果を得ている．最初に，(8.29) 式が満たされないときには，対称均衡は常に不安定である．しかしながら，(8.29) 式が満たされるときには，もし τ が以下で与えられる閾値 τ_b より大きい（小さい）ならば，この均衡は安定（不安定）である．

$$\tau_b = \left[\frac{(\rho+\mu)(1+\mu)}{(\rho-\mu)(1-\mu)}\right]^{1/(\sigma-1)} \tag{8.31}$$

この式で与えられる τ_b の値は，明らかに1より大きい．輸送費が十分に低くて $\tau<\tau_b$ の場合には，2地域間の対称形状は安定均衡ではなくなるので，τ_b は**ブレイク・ポイント**（break point）と呼ばれる．2つの閾値 τ_b と τ_s が同じパラメータに依存することは興味深い．(8.31) 式から，τ_b が製造業部門の支出シェア（μ）と製品の差別化の度合い（$1/\rho$）とともに増大することは，明らかである．

図8.3は，実（点）線によってすべての安定（不安定）均衡を描いている．本章の補論において，$\tau_b<\tau_s$ であることが示されている．したがって，この図からわかるように，複数の安定均衡，すなわち集積と分散の両者が安定均衡である輸送費の

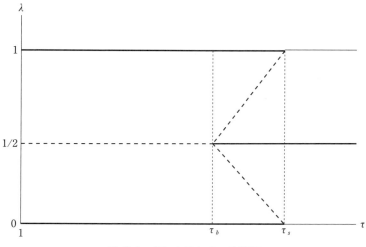

図 8.3 CP モデルでの分岐図

範囲が存在する．より正確に言うと，$\tau > \tau_s$ においては，経済は常に完全分散となる．一方，$\tau < \tau_b$ においては，核-周辺構造が常に出現し，初期条件に依存した勝ち組の地域，すなわち，初期に製造業部門がより大きなシェアを持つ地域が，しまいには全体のシェアを占めるに至る．最後に，$\tau_b \leq \tau \leq \tau_s$ においては，完全集積と完全分散の両方が安定均衡である．この領域では，輸送費がサステイン・ポイントを下回るようになっても，ブレイク・ポイントを上回っている限り，経済は引き続き完全分散となるので，**経路依存性**（hysteresis）を示す．しかしながら，輸送費が十分に低下して，$\tau = \tau_b$ となったとき，製造業部門の集積が突然出現する．なお，**分岐**（bifurcation）のカタストロフィ的な動きは，同一の消費者の仮定に依存している．Tabuchi and Thisse（2002）は，消費者が移住行動において異質的である場合には，その推移が滑らかになることを示している．したがって，突然の集積の現象は，現実には必ずしも保証されていない．

地域2の労働者が地域1に移動し始めるときに，彼らの名目賃金は減少する，ということがわかる．実際，Y_G が一定であるので，以下の式を得る．

$$\frac{dY_G}{d\lambda} = w_1^* + \lambda \frac{dw_1^*}{d\lambda} - w_2^* + (1-\lambda)\frac{dw_2^*}{d\lambda} = 0$$

この式を $\lambda = 1/2$ で評価すると，以下の式が得られる．

$$\left.\frac{\mathrm{d}w_1^*}{\mathrm{d}\lambda}\right|_{\lambda=1/2}+\left.\frac{\mathrm{d}w_2^*}{\mathrm{d}\lambda}\right|_{\lambda=1/2}=0$$

したがって，λ が1/2を少し超えるときには，労働者を引き寄せる（失う）地域の名目賃金は減少（上昇）しなければならない．しかしながら，価格指数がより一層減少（上昇）するので，賃金減少（上昇）は相殺される．言い換えれば，労働者はより多くの所得を得るために移動するのではなく，より安価な多様な製品を通じて厚生を上げる．

地域間経済統合は経済活動の地理的集中を高めるという考えは，一見すると，経済主体は距離費用の低下により，立地選択においてより鈍感になっているはずなので，直感に反した考えのように思えるかもしれない．[7] つまり，経済活動はどこにでも立地できるので，特に周辺地域に立地するのではないかと考えられるかもしれない．しかしながら，命題8.1は，何も新しいことを言っているわけではなく，40年以上も前にKaldor（1970, 241）が以下のように述べている．

地域間で交易が行われるようになると，より発達した産業を持つ地域は，より有利な条件で他の地域の農業エリアにおける製品需要にこたえることができる．その結果，遅れた地域の産業の中心はその市場を失い，消滅する傾向にある．

さらに，企業は好きなところへ行けるけれども，収穫逓増と多様性にもとづく集積力の効果が発現し始めると，企業は徐々に順応性を失い始める．これは，**パテ-粘土地理学**（putty-clay geography）と位置付けられる．すなわち，多くの地域は，最初はみんな似ているかもしれないが，のちに大きく異なったものに分岐して行くことができる．これらの諸力を大変強力にさせるものは，輸送費用とコミュニケーション費用の急激な低下の下での，累積的な集積過程である．その結果，空間全体は「すべりやすく」なると同時に，それぞれの立地点は「粘着性」をもってくるという，新しいタイプの経済地理学が生まれる．さらに，都市は大きな経済主体によって取られた行動の結果として生ずるという第4章で説明したヘンダーソンのモデ

---

7) ここで議論した2つの形状は字義どおりに解釈されるべきではない．分散とは，産業が多数の地域，特に小規模あるいは中規模都市に拡散していることを意味し，もう1つの極端な場合である集積とは，産業が少数の高度に都市化された地域に集中している状況を意味する．

ルとは異なり，この章では，集積は自身の利益を追求する企業や労働者が下した個々の決定の意図されない結果である．この文脈では，政策担当者は経済活動の立地構造にほとんど影響を与えることができない，と思えるかもしれない．しかしながら，Krugman（2007）が観察したように，生産要素の移動は地域間の小さな初期の差異を拡大する．そうだとすると，金銭的外部性をうまく利用して，正しいときに「正しい」方向へ立地形成をわずかにプッシュすることにより，経済活動の空間分布に永続的な影響を与えることができるので，政策は極めて重要である．

CPモデルでは，集積は，外部性にもとづく収穫逓増に基礎を置くのではなく，不完全競争と個別企業の規模の経済から内生的に生ずる，金銭的外部性に基礎を置く．競争は不完全であるので，金銭的外部性は，価格は個人の決定の社会的価値を完全には反映していないという事実に，その原点がある．結果として，労働者と企業の移動は，すべての経済主体の厚生に意図せざる影響を与える．[8] 第4章の4.3節と4.4節で説明した都市形成のモデルとのもう1つの主な違いは，都市間交易に正の輸送費がかかるので，CPモデルにおける都市は立地点を有している，ということである．しかし，本章でのCPモデルは2つの立地点しか考えていない．第10章で，複数の都市集積を生み出すために，モデルがいかに拡張できるかを説明する．

8.2.3　2つの生産要素を持つ製造業
8.2.3.1　市場の結果

前述のCPモデルは，多くの点で満足とは言えない．主たるものを取り上げれば，次のとおりである．(i) このモデルは取り扱いが難しく，解析的に解を導くことができない．(ii) 2つの経済部門と2つの地域のみを考えている．(iii) このモデルは，空間経済における他の費用（例えば，集積の出現よって発生する混雑費用など）を考慮していないし，集積の他の便益（例えば，第4章で説明した様々な集積の便益）を無視している．(iv) 農業部門は極めて限定された役割しか与えられていない．その主な役割は，交易バランスの均衡を保証するためのものである．また，輸送費の経済活動の立地に対する全般的な影響を確かめようとするモデルで，なぜ農

---

[8] 技術的外部性がある場合には，価格は，財の社会的価値を完全には反映していないことに留意してほしい．しかしながら，第4章で見てきたように，社会的な費用便益にもとづいて決定を行う大きな経済主体が存在する場合には，この問題はなくなり，それぞれの小さな経済主体に社会的に最適な移住決定を可能にする．

業財の交易には輸送費がかからないのか，という問いに答えることは難しい．それにもかかわらず，なぜ地域格差が存在するのかを説明する主要なチャンネルをクルーグマンは特定化したと確かに言える．

最初の解析的な困難さの点に関しては，Forslid and Ottaviano (2003) が CP モデルの簡約版を提案した．このモデルでは，製造業部門における各企業の固定費用は，（広告・販売促進や R&D に従事している）熟練労働者への費用を表していると見なされている．さらに，各企業は，製品を生産するために非熟練労働者（あるいは，農村労働者）を用いる．具体的には，各々の製品の生産には，熟練労働（労働者）の固定的投入量 f と非熟練労働（農業者）の限界投入量 $c=1$ が必要とされると仮定される．この場合，限界労働投入量はニューメレールによって計られる．このモデルの設定の下では，短期均衡の完全な解析的な解を求めることができる．なぜならば，ここでは，限界費用と均衡価格は熟練労働者の賃金に依存しない，したがって，立地に依存しないからである．これは，必ずしも現実的とは言えないが，CP モデルの取り扱いを容易にする．

実際，(8.12) 式は次のようになる．

$$\pi_r = (p_r - 1)q_r - w_r f \qquad r = 1, 2$$

(8.4) 式で表される需要は対称で，等弾力性を持ち，限界費用は w_r の代わりに 1 であるから，均衡価格は今や企業および地域間で同じであり，以下となる．[9]

$$p_1^* = p_2^* = \frac{\sigma}{\sigma - 1}$$

したがって，移入された製品の引き渡し価格 τp_r^* もまた両地域で同じである．その結果として，地域価格指数は以下のようになる．

$$P_r = \frac{\sigma}{\sigma - 1} \left(\frac{H}{f}\right)^{-1/(\sigma-1)} (\lambda_r + \phi \lambda_s)^{-1/(\sigma-1)} \qquad s \neq r \tag{8.32}$$

ここで，$\phi \equiv \tau^{-(\sigma-1)}$ であり，0（無限大の輸送費）と 1（ゼロの輸送費）の間の値をとる．

この式は，空間的摩擦が地域 r で競争する現実の企業数 $(n_r + n_s)$ を，地域 r の価格指数の水準を決定する競争相手の有効な数 $(n_r + \phi n_s)$ に変換するプロセスをう

---

[9] 農業財が両地域で生産される限りは，そうである．この条件は，$\max\{H, L\} < (1-\mu)(1-\mu/\sigma)(H+L)$ のときに，常に満たされる．Baldwin et al. (2003, 4.2.2 節) を参照．

まく単純に表している．例えば，より低い輸送費は，より低い価格指数を導くので，その他地域の競争相手の数の増加と同じになる．

自由参入の下で，地域 $r=1,2$ に立地する企業の均衡産出量は，
$$q_r^* = (\sigma-1)fw_r \quad r=1,2$$
となる．これは，(8.15) 式と異なり，企業が立地する地域での熟練労働者の名目賃金とともに増大する．

(8.4) 式から，地域 $r=1,2$ で生産される各製品に対する地域 $s=1,2$ における需要は，以下で与えられる．
$$q_{rs} = \frac{p_{rs}^{-\sigma}}{M_r p_{rs}^{-(\sigma-1)} + M_s p_{ss}^{-(\sigma-1)}} \mu Y_s$$

ここで，地域所得 Y_r は，
$$Y_r = L/2 + \lambda_r H w_r \quad r=1,2$$
である．

その結果として，差別化された各製品に対する市場清算条件は，以下のようになる．
$$q_r^* = q_{rr} + \tau q_{rs} \quad s \neq r$$
この式から，以下を得る．
$$w_r = \frac{\mu}{\sigma}\left[\frac{1}{\lambda_r + \phi\lambda_s}\left(\frac{L}{2H} + \lambda_r w_r\right) + \frac{\phi}{\phi\lambda_r + \lambda_s}\left(\frac{L}{2H} + \lambda_s w_s\right)\right]$$

このように，名目賃金 w_r と w_s に関する連立 1 次方程式が得られる．その解は以下のようになる．
$$w_1^*(\lambda) = \frac{\mu/\sigma}{1-\mu/\sigma}\frac{L}{2H}\frac{2\phi\lambda + [1-\mu/\sigma + (1+\mu/\sigma)\phi^2](1-\lambda)}{\phi[\lambda^2 + (1-\lambda)^2] + [1-\mu/\sigma + (1+\mu/\sigma)\phi^2]\lambda(1-\lambda)}$$
$$w_2^*(\lambda) = \frac{\mu/\sigma}{1-\mu/\sigma}\frac{L}{2H}\frac{2\phi(1-\lambda) + [1-\mu/\sigma + (1+\mu/\sigma)\phi^2]\lambda}{\phi[\lambda^2 + (1-\lambda)^2] + [1-\mu/\sigma + (1+\mu/\sigma)\phi^2]\lambda(1-\lambda)}$$

両者とも，労働者-農業者比率 (L/H) とともに増大する．ここで，$\sigma>1$ であり，$\mu<1$ であるから，常に $\mu/\sigma<1$ であることに留意してほしい．

8.2.2項のように，経済全体の総所得は一定であり，ここでは以下のように与えられる．
$$Y_G = [\lambda w_1^*(\lambda) + (1-\lambda)w_2^*(\lambda)]H + L = \frac{\mu/\sigma}{1-\mu/\sigma}L + H$$

これは (8.27) 式に対応する．総所得は，労働者と農業者の両者とともに増大する．

これは，より大きな人口を持つ経済は，より高い所得を生み出すことを意味する．

両地域における均衡名目賃金の比率は，以下のように λ の関数となる．

$$\frac{w_1^*(\lambda)}{w_2^*(\lambda)} = \frac{2\phi\lambda + [1-\mu/\sigma+(1+\mu/\sigma)\phi^2](1-\lambda)}{2\phi(1-\lambda) + [1-\mu/\sigma+(1+\mu/\sigma)\phi^2]\lambda}$$

上式より，もし以下の条件が満たされるならば，また，その限りにおいて，より多くの労働者が集まる地域は，地方と比べて，より高い賃金を提供することがわかる．

$$\phi > \frac{1-\mu\sigma}{1+\mu\sigma}$$

言い換えれば，2つの地域が十分に統合されているときには，大きな地域の方がより高い名目賃金を提供する．

さらに，(8.20) 式と (8.32) 式を用いると，以下が得られる．

$$\Omega(\lambda) \equiv \frac{\omega_1(\lambda)}{\omega_2(\lambda)} = \frac{w_1^*/P_1^\mu}{w_2^*/P_2^\mu} = \left[\frac{\lambda+\phi(1-\lambda)}{(1-\lambda)+\phi\lambda}\right]^{\frac{\mu}{\sigma-1}}$$
$$\times \frac{2\phi(\sigma-1)\lambda+[(\sigma-\mu\rho-1)+\phi^2(\sigma+\mu\rho-1)](1-\lambda)}{2\phi(\sigma-1)(1-\lambda)+[(\sigma-\mu\rho-1)+\phi^2(\sigma+\mu\rho-1)]\lambda}$$

定義により，

$$\Delta(\lambda) = \omega_2(\lambda)[\Omega(\lambda)-1]$$

であるから，以下の結論を得る．

$\Omega(\lambda) \gtreqless 1$ に応じて，$\Delta(\lambda) \gtreqless 0$

したがって，$\Omega(\lambda)$ を用いることにより，地域間における間接効用の差を，熟練労働者の分布の陽表的な関数として表すことができる．これは，もとの核-周辺モデルでは得られなかったものである．もちろん，$\Omega(1/2)=1$ であるので，$\lambda=1/2$ は常に空間均衡である．

λ に関して $\Omega(\lambda)$ を分析することで，均衡形状がもとのモデルで得られたものと類似していることを示すことができる．最初に，もとのモデルで導出が困難であったブレイク・ポイント τ_b を決定する．$\Omega(1/2)=1$ であるので，与えられた τ の下で，以下の式が満たされるならば，その場合に限って，

$$\Omega'(1/2) < 0$$

となり，対称均衡は安定である．以下の方程式，

$$\Omega'(1/2) = 0$$

は，ϕ に関して以下の2つの根を持つことが容易にわかる．

$$\phi_1 = \frac{(\sigma-\mu-1)(\sigma-\mu)}{(\sigma+\mu-1)(\sigma+\mu)} \quad \text{かつ} \quad \phi_2 = 1$$

明らかに，$\phi_1 < \phi_2$ である．$\mu \geq \sigma-1$ のとき，常に $\phi_1 < 0$ であり，したがって対称均衡は決して安定ではない．これは，この条件が8.2.2項で得られたブラックホールの条件 $\mu \geq \rho \equiv (\sigma-1)/\sigma$ と同様なものであることを意味する．$\mu < \sigma-1$ のときには，$\partial\Omega/\partial\lambda$ を $\lambda=1/2$ と $\phi=0$ で評価すると，負になる．したがって対称形状は $\phi < \phi_1$ に対して安定である．言い換えると，対称均衡は，τ が以下の τ_b より大きいならば，安定である．

$$\tau_b = \left[\frac{(\sigma+\mu-1)(\sigma+\mu)}{(\sigma-\mu-1)(\sigma-\mu)}\right]^{1/(\sigma-1)} > 1 \tag{8.33}$$

これは (8.31) 式に対応する．逆に，$\tau < \tau_b$ ならば，対称均衡は安定でなくなる．

次に，$\Omega(1)=1$ と設定すると，以下の式が得られる．

$$\frac{1+\mu/\sigma}{2}\tau^{-(\sigma-1+\mu)} + \frac{1-\mu/\sigma}{2}\tau^{\sigma-1-\mu} = 1 \tag{8.34}$$

これは (8.30) 式に対応する．この式を τ について解くと，核‐周辺構造が $\tau \leq \tau_s$ に対して安定均衡となる，サステイン・ポイント τ_s を得ることができる．

したがって，Forslid and Ottaviano (2003) のモデルは，クルーグマンのモデルと主な特徴を共有しており，一方，モデルの取り扱いがかなり容易であることがわかる．このため，第11章でもこのモデルを利用する．

8.2.3.2 将来予見行動と CP モデル

今までのところでは，労働者は現在の効用水準についてだけ関心を払うと仮定してきた．したがって，このことは歴史のみが重要であるということを意味する．これは，実際の移住の決定は，一般的に，現在と将来の効用フローや，サーチ，ミスマッチ，およびホームシックなどによる様々な費用をベースになされているということを考えれば，かなり限定的な仮定である．それゆえ，経済の将来に関しての労働者の予想が，集積過程にどのように影響を及ぼすのかを知ることは重要である．この節では，移住者が将来における効用フローの価値を最大にするとき，経済空間の形成における歴史と期待の間の相互作用を分析するうえで，どのように核‐周辺モデルを用いることができるかを検討する．今までに，CP モデルにはいくつかの空間均衡がありうることを見てきた．この場合，実現される可能性のある均衡を絞り込むために，均衡の安定性が用いられてきた．だが，安定性の研究には，動学的

調整過程の特定化が必要になる．8.2.2項で見たように，クルーグマンは，近視眼的な調整動学である（8.25）式を用いている．労働者は全員一緒に移動できないことから，このような調整過程は，サーチ，ミスマッチやホームシックなどのような移動費用の存在を暗黙裡に仮定している．将来に対する割引率が高い，移住費用が高い，あるいは両方の場合には，近視眼的な動学は良い近似法である．しかしながら，労働者が自分の将来について強い関心を持っている，あるいは移住費用が低い場合には，事態はおおいに異なってくる．

Oyama（2009a, 2009b）は，ポテンシャル・ゲームの概念を用いて，歴史と期待の問題間の関係に，光を当てている．[10] 連続体のプレーヤーは，地域1ないし地域2に住むという，2つの戦略のうち1つを選択するというゲームを考える．利得関数は，それぞれの地域における実質賃金である $\omega_1(\lambda)$ と $\omega_2(\lambda)$ によって与えられる．プレーヤーの利得は，自身の選択ばかりでなく，戦略1を選択する労働者のシェア λ によって決定される．$\omega_1(\lambda)$ と $\omega_2(\lambda)$ は λ の連続関数であるから，すべての $\lambda \in [0,1]$ に関して，以下のような関数が存在する．

$$F(\lambda) \equiv \int_0^\lambda \Delta(x)\mathrm{d}x = \int_0^\lambda [\omega_1(x) - \omega_2(x)]\mathrm{d}x$$

これは，CPモデルの**ポテンシャル関数**（potential function）と呼ばれている．関数 F は，2地域間における間接効用の差の積分であるから，地域2に対して地域1に住むことから生み出される余剰と解釈できる．このポテンシャル関数の大域的な最大値は，以下で説明される将来予見動学の下での，安定均衡を与えることが知られている．

CPモデルの均衡は，関数 F の局所的な最大値であり，したがって，1階の条件を満たしている（Oyama, 2009a）．前節で分析したように，ϕ が1よりわずかに小さいときには，$\Delta(\lambda)$ は正の傾きを持つ．これは，関数 F が区間 $[0,1]$ において厳密な意味で凸であることを意味する．この場合には，関数 F は2つの局所的な最大値を持つ．それゆえに，CPモデルは $\lambda=0$ と $\lambda=1$ の2つの均衡を持つ．反対に，ϕ が0よりわずかに大きいときには，$\Delta(\lambda)$ は負の傾きを持つ．これは，関数 F が厳密な意味で凹であることを意味する．したがって，関数 F は一意の内点で最大となり，それは，CPモデルの唯一の均衡である．低い（高い）輸送費に対するポテンシャル関数は凸（凹）であるので，このように大きく異なる輸送費に対する

---

10) ポテンシャル・ゲームのサーベイに関してはSandholm（2001）を参照されたい．

8.2 核‐周辺モデル

CP モデルの均衡の対照的な性質をうまく示すことができる．

次に Krugman (1991c) によって提唱され，Ottaviano (1999) と Oyama (2009b) によって CP モデルへ応用された動学的調整過程を説明する．労働者は，$\gamma(>0)$ に等しい時間選好率を持ち，無限に生きる，と仮定する．ここでは，移住の動学に焦点を当てたいので，各時間において支出と所得が等しいと仮定する．したがって，差別化された財の異時点間の裁定取引は存在しない．以下の場合を想定する．初期時間においては，製造業部門のシェアは地域 2 の方が大きいが，労働者は「最終的には地域 1 がすべての製造業部門をひきつける」と信じている．したがって，時間 $\theta=0$ から始まって，最終的には将来時間 $\theta=T$ において，すべての労働者が地域 1 に集中する，すなわち，以下のような $T>0$ が存在する，という信念の整合性を検証する．

$$\dot{\lambda}(\theta)>0 \quad \theta\in[0,T) \tag{8.35}$$
$$\lambda(\theta)=1 \quad \theta\geq T$$

$\lambda=1$ のときに，地域 1 で労働者が享受する効用水準を $\bar{\omega}$ とする．そうすると，上述の労働者の期待の下で，

$$\omega_1(\theta)=\bar{\omega} \quad \theta\geq T$$

となる．

移住者は，一般的に，他の移住者に負の外部性を与える．したがって，労働者がある地域から他の地域に移動するとき，移住率に依存する効用損失を被ると仮定する．具体的には，時間 θ での移住者にとっての効用損失は，$|\dot{\lambda}(\theta)|/\delta$ に等しいと仮定する．ここで δ は正の定数であり，その意味は後ほど説明される．したがって，(8.35) 式の下では，時間 $\theta\in[0,T)$ において地域 2 から地域 1 へ移住する労働者の時間 0 での将来の効用は以下の式で与えられる．

$$U(\theta)\equiv\int_0^\theta e^{-\gamma s}\omega_2(s)\mathrm{d}s+\int_\theta^\infty e^{-\gamma s}\omega_1(s)\mathrm{d}s-e^{-\gamma\theta}\dot{\lambda}(\theta)/\delta$$
$$=\int_0^\theta e^{-\gamma s}\omega_2(s)\mathrm{d}s+\int_\theta^T e^{-\gamma s}\omega_1(s)\mathrm{d}s+e^{-\gamma T}\bar{\omega}/\gamma-e^{-\gamma\theta}\dot{\lambda}(\theta)/\delta$$

最後の式において，最初の項は，地域 1 に移動する前に地域 2 で蓄積された効用を表し，第 2 項は，移住後に地域 1 で得られる効用を表し，最後の項は，時間 θ における移住費用を表している．

均衡経路においては，地域 2 に居住する労働者が，時間 T を越えたところまで移住時期を遅らせる誘因が生じないためには，以下の条件が満たされる必要があ

る.[11]

$$\lim_{\theta \to T} \frac{|\dot{\lambda}(\theta)|}{\delta} = 0$$

したがって，以下の式を得る．

$$U(T) = \int_0^T e^{-rs}\omega_2(s)\mathrm{d}s + e^{-rT}\bar{\omega}/\gamma$$

次に，任意の $\theta < T$ に対して，$W_r(\theta)$ を以下のように定義する．

$$W_r(\theta) \equiv \int_\theta^T e^{-r(s-\theta)}\omega_r(s)\mathrm{d}s + e^{-r(T-\theta)}\bar{\omega}/\gamma \qquad \theta \in [0, T) \tag{8.36}$$

上式は，時間 θ に地域 $r=1,2$ に居住する労働者の，移動費用を含む将来効用フローの割引合計を表している．定義より以下の式を得る．

$$\begin{aligned} U(\theta) - U(T) &= \int_\theta^T e^{-rs}[\omega_1(s) - \omega_2(s)]\mathrm{d}s - e^{-r\theta}\dot{\lambda}(\theta)/\delta \\ &= e^{-r\theta}\Delta W(\theta) - e^{-r\theta}\dot{\lambda}(\theta)/\delta \end{aligned} \tag{8.37}$$

ここで，$\Delta W(\theta) \equiv W_1(\theta) - W_2(\theta)$ である．労働者は移住の時間 θ を自由に選択できるので，均衡経路上では，以下が成立する必要がある．

$$U(\theta) = U(T) \qquad \theta \in [0, T)$$

したがって，(8.73) 式より，以下が得られる．

$$\dot{\lambda}(\theta) = \delta \Delta W(\theta) \qquad \theta \in [0, T) \tag{8.38}$$

それゆえに，各時間 $\theta < T$ において，移動の私的限界費用は私的限界便益と等しい．この式において，δ は移住の調整速度を表し，δ がより大きいほど，労働者の移動性はより高くなる．

(8.36) 式を用いて，θ に関して効用ギャップ $W_1(\theta) - W_2(\theta)$ を微分し，2 つ目の運動法則を得る．

$$\mathrm{d}(\Delta W)/\mathrm{d}\theta = \gamma \Delta W(\theta) - \Delta \omega(\theta) \qquad \theta \in [0, T) \tag{8.39}$$

なお，すべての労働者は，時間 $\theta \geq T$ については，効用フロー $\bar{\omega}$ を予想するので，任意の $\theta \geq T$ に対して，$\Delta \omega(\theta) = 0$ である．Ottaviano (1999) が議論したように，(8.39) 式は，移住過程において，地域 2 よりむしろ地域 1 に居住する場合の「年金額」$(\gamma \Delta W)$ は，「配当金」$(\Delta \omega)$ に「キャピタルゲイン」$[\mathrm{d}(\Delta W)/\mathrm{d}\theta]$ を加え

---

[11] この信念は，移住者が，時間 T に達するまでは，戻ったり，再移住したりする可能性を認めることに留意されたい．詳細な分析に関しては Oyama (2009a) を参照．

8.2 核-周辺モデル

たものであることを示している．結果として，我々は変数 λ と W を含み，境界条件 $\lambda(T)=1$ と $\Delta W(T)=0$ を持つ，2 つの連立微分方程式を得る．

安定均衡の分析において，ポテンシャル関数が果たす役割を示すために，最初に $\Delta(\lambda)>0$ と仮定する．そうすると，移住についての意思決定が現在の効用格差のみに基づいているときには，労働者は地域 2 から地域 1 へ移住するインセンティブを持つことになる．$dF/d\lambda = \Delta(\lambda) > 0$ であるから，1 人の労働者の移動は，λ の値を微小 $d\lambda$ だけ増大させ，ポテンシャル関数 F の値を増大させる．言い換えれば，近視眼的な動学 (8.25) の下で，調整過程はポテンシャル関数 F を登っていき，この関数の局所的な最大値の 1 つに到達するが，それは，局所的に安定である．このように，進化的に安定な均衡，すなわち，関数 F の局所的な最大値は，不安的な均衡，すなわち，関数 F の局所的な最小値ないし鞍点と区別される．

他方では，労働者が将来に対して強い関心を持つ（γ が小さい）場合，あるいは移動性が高い（δ が大きい）場合には，(8.38) 式と (8.39) 式の調整過程の下で，関数 F の一意の大域的な最大値に収束する，どのような経路も，初期の形状 $\lambda(0)$ に関係なく，均衡経路である．[12] この経路に沿って，ある時間 t で経済はポテンシャル関数を下降させ，局所的な最小値に達するかもしれない；しかしながら，十分に長い時間 t において，経済は，ポテンシャル関数が大域的に最大になる点に移動する．反対に，近視眼的な動学の下では，経済は常にポテンシャル関数が高い方向に動く．よって，ポテンシャル関数の局所的な最大値に収束するかもしれない．これは，近視眼的な動学を用いることにより，脆弱な結果が生み出されるかもしれないことを示している．[13] ここでは，核になる地域は，歴史ではなく，労働者の予想によって決定される．

2 つの地域が初期時点で異なる労働者数を持っているときに，空間経済の将来に対して抱く共通の予想が，初期人口の少ない地域へ集積を導くことがありうるのか，

---

12) モデルが対称であるときには，ポテンシャルが 2 つの大域的な最大値を持つことはよく知られている．モデルが非対称であるときは，F は ϕ の中間値に対して凸でも凹でもない．その結果として，F はいくつかの大域的な最大値を示すことがありうる．しかしながら，これは測度ゼロのパラメータに対応しており，我々はこの場合を無視して差し支えない．

13) 対称なモデルにおいては，区間 $[\tau_s, \tau_b]$ の間に 5 個の均衡が存在する．均衡 $\lambda = 0, 1/2, 1$ は，ポテンシャル関数の局所的な最大値であり，したがって，近視眼的な動学の下で安定である．それに反して，他の 2 つの均衡は局所的な最小値である．

つまり，人口の多い地域の歴史的に承継された優位性が逆転することがありうるのだろうか．Oyama (2009a) は，ϕ が1に近いときには，そうなることを示している．農業者の人口が地域2より地域1の方が多いと仮定しよう．そうすると，すべての労働者が初期時点で地域2に立地しているときでさえ，空間経済を地域1での完全集積に向かわせる**自己実現的な予想**（self-fulfilling expectations）は存在する．しかしながら，初期時点で，より多くの労働者と農業者がともに地域1に立地しているときには，逆は成立しない．すなわち，この場合には，空間経済を地域2での完全集積に向かわせる自己実現的な予想は，存在しない．したがって，輸送費が低いとき，初期時点で労働者の少ない地域が外生的かつ恒久的に比較優位を持つときのみ，予想は歴史を覆すかもしれない．この場合，労働者は，$\lambda < 1/2$ の期間に，間接効用フローの減少を経験するであろう．λ が1/2より大きくなった後でのみ，間接効用フローは成長し始める．別の言い方をすれば，労働者は，最初の効用損失に引き続き，効用増大を経験するであろう．効用損失は効用増大の前に生じるので，さほど割引かれない．しかしながら，地域1の外生的な比較優位の下では，$\lambda = 1$ のもたらす集積の便益が十分に大きいので，移動の局面で被る労働者の損失が補償される．

対照的に，ϕ がわずかに正のときには，ポテンシャル関数 F は，すべての均衡経路が収束する，ある内点 $\lambda^* \in (0, 1)$ で一意の大域的な最大値を持つ．言い換えれば，輸送費が十分に高いときには，製造業部門（M）の安定均衡分布は地域1の外生的な比較優位を反映している．したがって，安定均衡の決定において，歴史のみが重要となる．

要約すれば，上述した結果は，CPモデルにおける複数の安定均衡は，労働者の移住行動が，近視眼的の場合，あるいは将来予見行動の下では，さらにCPモデルの設定が完全に対称であるときにのみ生じる，ことを示している．^{訳注)}さもなければ，内点均衡と境界均衡は，同時に安定ではない．したがって，区間 $[\tau_s, \tau_b]$ 内で生じる複数の安定均衡は，大部分は，対称の仮定にもとづく人為的なモデル構成によるものである，と結論付けることができる．[14]

なぜ都市が存在するのかの理由が明確になったとしても，なぜ特定の場所が繁栄し活気があるのかの理由を説明することは，ずっと難しい．この観点から，上述の

訳注) 複数の安定均衡の問題は，今まで多くの注目を浴びたトピックである．Baldwin et al., 2003; Davis and Weinstein, 2002を参照．

結果は興味深い．すなわち，それは，どこに集積が生じるのかを予測するのに役立つからだ．

8.3 核-周辺モデルの厚生分析

地域政策の設計に関する文献において，次の点が見落とされてきた．つまり，全体的な効率の最大化を求める計画立案者も，市場も，ともに同じ集積力と分散力に依存している，という点である．最適計画と市場均衡は，ともに経済の基本的な特性に依存しているから，上述した集積力と分散力が，両方の場合において斟酌されなければならない．2つの解が異なるのは，それら2つの力の間のトレードオフを解決するために用いられる，制度的な仕組みのせいである．そのような差異はしばしばほとんど理解されていないので，公衆や政策担当者の中には，経済活動の社会的最適パターンは市場力の自由な働きが生み出すものとは無関係である，と信じる者もいる．しかし，本節において，集積は社会的に効率的でもありうることを示す．これは，輸送費が十分に低いときに，そうなる．その理由を理解することは容易である．すなわち，企業にとっては，企業集中が創りだした大規模な市場を利用して，規模の経済を活かすことができるし，一方で，輸送費が，十分に低ければ，周辺地域の住民も核地域で生産される多様な製品にアクセスできる．同時に，大多数の消費者は，差別化された多様な財やサービスの大部分に直接アクセスできる．一方，周辺地域の少数の消費者はそれらを移入するのみである．

表記を簡単にするために，8.2.2項のCPモデルのようにいくつかの規準化を行う．最初に，$\sigma f=1$となるように，製造業部門の財の単位を選択する．また，企業数は連続体としての実数で与えられるから，(8.7)式において$c=1$の代わりに$c=(\sigma-1)/\sigma$となるように実数Mの単位を選択する．そうすると，以下を得ることができる．

$$p_r^*=w_r \tag{8.40}$$

---

14) 地域1が，地域2よりはるかに多くの数の農業者を賦存しているときには，近視眼的な動学を用いて，Sidorov and Zhelobodko (2013) は，労働者の集積が地域1にのみ生じることを示した．地域1が，地域2よりかすかに多いときには，地域1における集積が，地域2の集積より広範囲の輸送費にわたり持続される（Tabuchi and Thisse, 2002をも参照）．

および

$$l_i^* = \sigma f = 1$$

したがって，(8.16) 式は以下のようになる．

$$M_1 = \lambda H \qquad M_2 = (1-\lambda)H$$

次に，どの空間均衡，つまり，集積 (A) であっても分散 (D) であっても，価格と賃金は一定であることを示す．実際，分散均衡においては，次式を得る．

$$w_1 = w_2 \equiv w^D = \frac{\mu}{1-\mu}\frac{L}{H} \tag{8.41}$$

一方，製造業部門が，例えば，地域1に集積しているときには，8.2.2項で議論したように，次式が得られる．

$$w_1 \equiv w^A = \frac{\mu}{1-\mu}\frac{L}{H} = w^D$$

さらに，$H=\mu$ および $L=1-\mu$ となるように，労働者の労働の単位，および農業者の労働の単位を，それぞれ適当に選択する．そうすると，価格と賃金は以下のように求まる．

$$p_r = 1 \qquad w_r = w^D = w^A = 1$$

したがって，両方の均衡において，地域の製品の価格は両地域で同じ1に等しい．これは実質賃金が，価格指数を通じて企業の空間分布のみに依存して変化することを意味し，以下のようになる．

$$\omega_r = (\lambda_r + \phi\lambda_s)^{\mu/(\sigma-1)} \qquad r \neq s \tag{8.42}$$

分散 (D) 下において，地域 $r(s \neq r)$ で生産したある製品の，地域 r に住んでいる労働者の均衡消費を $q_{rr}^D(q_{sr}^D)$ とする．q_{rr}^D と q_{sr}^D は，それぞれ以下のように与えられる．

$$q_{rr}^D = \mu P_r^{\sigma-1} = \frac{2}{1+\phi} \qquad q_{sr}^D = \mu P_r^{\sigma-1}\tau^{-\sigma} = \frac{2\tau^{-\sigma}}{1+\phi}$$

したがって，$q_{rr}^D = \tau^\sigma q_{sr}^D$ を得る．分散下においては，労働者と農業者は，自地域生産（移入）の製品を同じ量だけ消費することに注意されたい．

集積 (A) 下においては，地域1と2に立地している消費者の均衡消費は，以下のようになり，異なる．

$$q_{11}^A = \mu P_1^{\sigma-1} = 1 \qquad q_{12}^A = \tau^{-1}q_{11}^A = \tau^{-1}$$

$\tau > 1$ であるから，消費水準に関して次のようなランキングが得られる．

$$q_{rr}^D > q_{11}^A > q_{12}^A > q_{sr}^D$$

これらの不等号は，集積 (A) および分散 (D) の下での消費構造に，したがって，それぞれの厚生水準に光を当てている．最初に，集積の下では，輸送費のために，核地域に居住している労働者と農業者は，周辺地域に居住している人々よりも各製品をより多く消費する ($q_{11}^A > q_{12}^A$)．第2に，分散の下では，労働者と農業者は，自地域で生産された製品を，他地域で生産された製品より，より多く消費する ($q_{rr}^D > q_{sr}^D$)．第3に，不等号，$q_{rr}^D > q_{11}^A$ は，それほど容易には得られない．輸送費が高いため，労働者と農業者は，移入した製品の代わりに自地域で生産された製品を選ぶ．結局，集積下よりも分散下で，自地域において生産された製品をより多く消費することになる．最後に，製品間に代替効果が存在しないため，周辺地域に居住している農業者は，移入された製品を，分散下でよりも集積下でより多く消費する ($q_{12}^A > q_{sr}^D$)．

8.3.1 集積は分散をパレート支配するのか，または逆が成立するのか

集積が地域1に存在するとき，労働者の実質賃金を ω_1^A で表す．分散の場合には，実質賃金は両地域で同じであり，$\omega_1^D = \omega_2^D = \omega^D$ となる．(8.42) 式を用いると，ω_1^A と ω^D は次のようになることは容易にわかる．

$$\omega_1^A = 1 \qquad \omega^D = \left(\frac{1+\phi}{2}\right)^{\mu/(\sigma-1)} \tag{8.43}$$

最初に，$\phi < 1$ であるから，ω_1^A は常に ω^D より高い．したがって，労働者は常に集積の方を分散よりも選好する．ここで，農業者の厚生を考えてみよう．核地域に立地している農業者の効用水準は労働者と同じである．したがって，集積が生じるときには，厚生は増大する．対照的に，周辺地域に居住している農業者の厚生は悪化する．実際，地域2に居住する農業者は，$\omega_2^A \geq \omega^D$ のときに，分散よりも集積の方を選好する．ここで，

$$\omega_2^A = \tau^{-\mu} \tag{8.44}$$

である．(8.43) 式を用いて，$\tau^{-\mu} \geq [(1+\phi)/2]^{\mu/(\sigma-1)}$ の場合に限り，$\omega_2^A \geq \omega^D$ となる．しかしながら，$\phi = \tau^{-(\sigma-1)}$ であり，$\tau > 1$ であるから，$\tau^{-\mu} \geq [(1+\phi)/2]^{\mu/(\sigma-1)}$ とは決してならないことが容易にわかる．

要約すると，$\omega_1^A > \omega^D > \omega_2^A$ であるから，集積も分散もどちらも，パレート優位ではない．したがって，2つのグループの農業者の間で，利害の対立が生じる．1つの地域への企業と労働者の集積は，当該地域の価格指数を低下させるが，すべての製品は他地域に輸送されなければならないので，他地域の価格指数を上昇させる．

簡単に言えば，労働者が1つの地域から他地域に移動するときに，彼らは核地域にいる農業者に正の外部効果を与えるが，周辺地域にいる農業者には負の外部効果を与える．したがって，市場のみの力の下では，経済活動のパレート優位な配分は生まれない．

8.3.2 損失者への補償

均衡価格と賃金にもとづく補償原理は，集積 (A) または分散 (D) の下で，社会的厚生水準を上昇させられるかどうかを決定するために用いられる．これら2つの空間形状のみに注目するのは，これら2つのみが安定な市場均衡となりうるからである．一般性を損なうことなしに，労働単位によって補償スキームを計算することができる．実際，選好がホモセティクであるので，個人が支払ったり受け取ったりする補償は，その個人の労働タイプへの補償に，その所有する労働単位の数を掛けたものに等しい．この計算は，CP モデルの主たる特徴の1つである，一般均衡の枠組みでのみ行うことができる．

集積が起きていると仮定しよう．「A は D より選好されるか？」という問いに答えるために，次の2つのアプローチは区別されなければならない．1つのアプローチは，Kaldor (1939) による．つまり，D（分散）よりも A（集積）で得をする人々が，A で損する人々を，D のときと同じ効用水準が達せられるように補償することができるときに，A は D より選好されると言う．もう一方のアプローチは，Hicks (1940) による．つまり，A（集積）よりも D（分散）の下で得をしている人々が，D で損をしている人々を，A のときと同じ効用水準が達せられるように補償することができないときに，A は D より選好されると言う．Scitovsky (1941) は，A が D より選好されることを言うためには，両方の基準が満たされなければならない，とした．[15]

どちらの場合においても，支払われる補償額を決定するために，均衡価格と賃金を所与と見なす．その結果として，補償が実行可能であるためには，補償後の純所得の下での各製品に対する個人消費の合計は，各企業の供給量と等しくならなければならない．この場合には，もし物的バランス条件が本当に保持されるならば，均

---

15) 集積形状と分散形状では，価格と賃金は同じである．したがって，2つの補償メカニズムは歪みがない．しかしながら，他の形状と比較するときには，価格と賃金が異なるので，そうは言えない．

衡価格は同じままである．補償が計算される均衡賃金を企業が支払えるようにするためにも，これらの条件が満足されなければならない．

1. 集積は分散に対して潜在的パレート改善をもたらすのか

より正確に言えば，集積が実現しているときに，核地域に居住している人々からの所得再分配が，核地域の消費者の厚生水準を分散の下よりも悪くすることなしに，周辺地域に居住している農業者の効用水準を分散下での水準に保つことが可能なのであろうか．

この議論を次の 3 段階に分ける．(i)周辺地域にいる人々を補償するために必要な所得移転を計算し，(ii)補償後に物的バランス条件が保持されることをチェックし，そして(iii)核地域に居住している各タイプの労働者の所得移転後の厚生水準が，補償なしの分散下での厚生水準を超えるための条件を決定する．

(i)周辺地域の農業者がちょうど補償されるためには，それら農業者は，集積の下における補償後の効用水準が分散下の効用水準にちょうど等しくなる，追加所得 C_A を与えられなければならない．すなわち，次式が成立しなければならない．

$$\tau^{-\mu}(1+C_A) = \omega^D = \left(\frac{1+\phi}{2}\right)^{\frac{\mu}{\sigma-1}}$$

この解は，次式で表され，$\phi<1$ であるから正の値である．

$$C_A = \left(\frac{1+\phi}{2\phi}\right)^{\frac{\mu}{\sigma-1}} - 1 \tag{8.45}$$

したがって，核地域に居住する消費者が支払うべき総補償は，

$$\frac{1-\mu}{2}C_A$$

となる．これは輸送費とともに増大する．

核地域のすべての居住者は同じ厚生水準を持ち，同じ価格や賃金に直面しているので，各居住者は以下で与えられる同額の T_A を支払わなければならない．

$$T_A = \frac{1-\mu}{1+\mu}C_A \tag{8.46}$$

補償後における核地域の各居住者の所得は $1-T_A>0$ である．

(ii)次に，以下の補償後の総所得

$$Y_1 = \frac{1+\mu}{2}(1-T_A) \qquad Y_2 = \frac{1-\mu}{2}(1+C_A)$$

に対応した消費パターンの下で，物的バランスが保たれるかを検討しなければならない．集積形状の下で，補償後の各製品の総消費は，周辺地域の農業者の総消費と核地域の消費者の総消費との合計によって与えられる．各製品に対する総需要（それは地域1ですべて生産される）は，(8.40) 式と (8.41) 式より，以下の式で表される．

$$q_1 = \mu(P_1^{\sigma-1} Y_1 + \phi P_2^{\sigma-1} Y_2)$$

ここで，(8.22) 式を用いて，

$$P_1 = \mu^{1/(1-\sigma)} \qquad P_2 = \tau \mu^{1/(1-\sigma)}$$

である．

これらを q_1 に代入すると，以下の式が得られる．

$$q_1 = \frac{1+\mu}{2}(1-T_A) + \frac{1-\mu}{2}(1+C_A) = 1$$

ここで，2番目の等号は (8.45) 式と (8.46) 式から得られる．したがって，q_1 はまさに対応する企業の均衡生産に等しい．言い換えれば，均衡産出量は，補償を計算するために用いた均衡賃金 ($w_r=1$) を各企業に支払わせることを可能にする．

ワルラス法則から当然の結果として，農業財に対する市場清算条件も成立する．

(iii) 最後に，もし補償後の厚生水準が分散下での厚生水準を越える，すなわち，

$$1 - T_A > \left(\frac{1+\phi}{2}\right)^{\frac{\mu}{\sigma-1}}$$

であるならば，核地域に居住するすべての消費者は，集積形状の方を選好する．(8.45) 式と (8.46) 式を用いて，これは以下の不等式と同値である．

$$F(\tau) \equiv \left(\frac{1+\phi}{2}\right)^{\frac{-\mu}{\sigma-1}} - \left(\frac{1+\mu}{2} + \frac{1-\mu}{2}\tau^\mu\right) > 0 \tag{8.47}$$

補論Bで示されているように，もし $F(\tau)=0$ となる唯一の $\tau_K > 1$ が存在して，$\tau < \tau_K$ のときに限り，$F(\tau) > 0$ となる．したがって，経済が分散から集積に移るときに，$\tau < \tau_K$ のときに限り，カルドアの意味において，状態 A は状態 D よりも選好される．対照的に，$\tau \geq \tau_K$ のときには，状態 D は状態 A よりも選好される．

2. 分散は集積に対して潜在的パレート改善をもたらすのか

言い換えれば，分散が実現しているときに，周辺地域に居住している農業者からの所得再分配が，周辺地域の農業者の厚生を集積の下よりも悪くすることなしに，核地域に居住している人々の効用水準を集積下での水準に保つことが可能なのであ

補償の支払いは，地域間所得不平等の空間分布を生み出し，$Y_1 > Y_2$ となる．そうすると，分散形状に対応する賃金と価格の下では，生産物および労働市場をバランスさせることができない．その結果として，経済が分散から集積に移るときに，地域2の農業者は，分散下での市場価格と賃金で核地域に居住している消費者を補償することができない．この場合には，ヒックスの意味において，状態 A は状態 D よりも選好される．

それゆえに，$\tau < \tau_K$ のときには，どちらの基準の下でも，集積は分散より選好される．対照的に，$\tau \geq \tau_K$ のときには，2つの補償基準の下で同じく選好される経済状態はないので，Scitovsky (1941) の意味において，不確定の状態になる．したがって，次の結論を得る．

命題8.2 輸送費が十分に低いときには，カルドアとヒックスの両方の意味において，集積は分散より社会的に選好される．それ以外のときでは，2つの形状間の優劣をつけることは不可能である．

Charlot et al. (2006) は，実際に観察される μ と σ の下で，τ_K は τ_b よりも低いことを示している．この場合には，社会的に望ましい閾値を超える輸送費の値の下で，市場は集積を生み出す．したがって，市場が過大あるいは不十分な集積を生み出すかどうかに関して，CPモデルで一般的な結論を引き出すことはできない．

この不確定性は，特定な社会厚生関数を用いることで解決できる可能性がある．Charlot et al. (2006) は，次のような，個人間の不平等に対して異なる態度を表すことのできるCES型の厚生関数を考慮する．n 個の経済主体より成る経済を考え，経済状態が s のときの主体 i の効用を $u_i(s)$ とすると，CES型の社会厚生関数は以下のように与えられる．

$$W(s) = \begin{cases} \dfrac{1}{1-\eta} \sum_{i=1}^{n} [u_i(s)]^{1-\eta} & (\eta \neq 1 \text{に対して}) \\ \sum_{i=1}^{n} \log u_i(s) & (\eta = 1 \text{に対して}) \end{cases} \quad (8.48)$$

ここで，$\eta \geq 0$ は不平等に対する回避の程度を示す．特に，$\eta = 0$（つまり，不平等に対する回避がゼロ）のときには，関数 W は，すべての労働者の（間接）効用の合計を最大にする功利主義的厚生関数と同じになる．他の極端な場合として，$\eta \to \infty$（つまり，不平等に対する回避が無限大）のときには，関数 W は，最も不

利な労働者の（間接）効用のみを評価する，ロールズ的厚生関数となる．中間のηの値は，個人間の経済的不平等に対する異なる社会的態度を表す．我々の設定の下では，3つの労働者のグループがある．ηがゼロから無限大に上昇するときに，それら3つのグループ間において，不利な条件に置かれた人々への偏りが増大する．

予想されたように，集積の相対的なメリットは，社会的価値観，すなわち，ηの値に決定的に依存する．もし社会が個人間の不平等に対してあまり関心を持たなければ，輸送費が（経済の基礎的なパラメータに依存する）ある閾値より低ければ（高ければ），集積（分散）は社会的に望ましい．たとえこれらの結果が，個人の効用のうえに定義された社会的選好から導かれたとしても，それらが，地域ベースの観点から見た政策提案を導くことに注目する価値がある．なぜならば，市場は核‐周辺構造において，地域的に対照的な所得分布を生み出すからである．

さらに，製品が大きく差別化されているときには，集積は常に分散より社会的に選好されることを示すことができる．実際，製品どおしが極めて不十分な代替である場合には，労働者は多様性に対して強い選好を持つ．したがって，移入された製品の消費が域内の製品の消費よりも，わずかに少ないのみである．そういうわけで，分散下でよりも，より少数の個人が集積下で移入された製品を消費するので，集積は分散より望ましい．対照的に，製品間に高い代替性がある場合，輸送費が十分に高いときには，域内の製品に対する消費者の偏好が強いので，分散は集積より望ましい．

8.4　都市より成る地域と企業および消費者の集積

CPモデルにおいて，異なる均衡パターンの存在は，ある生産要素，すなわち農業者の地理的な非移動性にかかっている．このアドホックな仮定を緩和することは，集積が常に生じることを意味する．なぜなら，経済主体の完全な集積が特定な費用を生み出さないから，輸送費を節約させる．この節では，異なる観点からこの問題に取り組む．大規模な人々の定住は，ほとんど必然的に都市の形態をとり，そこでは，労働者は都市人口の規模とともに増大する都市費用を被る（第3章参照）．このことを考慮するために，CPモデルを次のように修正する．

2つの単一中心都市（$r=1,2$），1種類のタイプの労働，および土地と製造業部門の財からなる経済を想定する．各都市は大きな土地を持ち，1次元の空間Xに沿って伸びている．均質で移動可能な単位量の家計／労働者（$L=1$）が存在し，

8.4 都市より成る地域と企業および消費者の集積

各労働者は1単位の労働を所有する．都市1に居住する労働者のシェアをλとすると，都市1と都市2の労働者はそれぞれ$L_1=\lambda$と$L_2=1-\lambda$となる．労働者の厚生は2つの財の消費に依存する．8.2.2項のように，製造業部門は，独占的競争と収穫逓増の下で生産され，水平的に差別化された連続体としての製品よりなる財を供給する．各製品は，8.2.2項で説明した氷塊型輸送技術にしたがって，1つの都市からもう1つの都市へ輸送される．2番目の財は土地であり，それは完全に移動不可能である．各立地点$x \in X$で利用可能な土地の総計は1に等しい．各々の労働者は，1に規準化された固定された大きさの敷地を消費する．都市rに立地するすべての企業は，$x=0 \in X$に位置するCBDで操業する．

都市rの居住均衡では，労働者L_rはCBDを中心に均等に分布する．通勤費用の水準は賃金率とともに増加するという考えを具体化するために，時間・氷塊型の通勤費用を仮定する．つまり，CBDからの距離xの地点に居住する労働者の有効労働供給は以下のように与えられる．

$$s(x)=1-2tx<1 \qquad x \in [0, L_r/2]$$

ここで，$t>0$は単位距離当たりの通勤時間である．$s(x)$が都市rにおける労働者数に関係なく常に正であるように，$t<1/2$と仮定する．そうすると，都市rにおける総有効労働供給は以下のように与えられる．

$$S_r=2\int_0^{L_r/2} s(x)\mathrm{d}x = L_r(1-tL_r/2) \qquad r=1,2 \tag{8.49}$$

したがって，労働者数とともに平均通勤距離が増大するので，有効労働供給は，労働者数とともに増大するが，その増加率は逓減する．このモデル化の戦略は，都市の成長は都市インフラ建設のために資源を民間消費から奪う，という考えを反映したものである．

土地の機会費用をゼロに規準化する．よって，w_rが都市rのCBDにおける企業が労働者に支払った賃金率とすれば，$L_r/2$に居住する労働者が得る，通勤費用を差し引いた正味の賃金は，以下のようになる．

$$s(L_r/2)w_r = (1-tL_r)w_r$$

すべての労働者は同一であるから，都市費用を差し引いた正味の賃金は，立地点に関係なく等しくなければならない．したがって，以下の式が，成立する必要がある．

$$s(x)w_r - R_r(x) = s(L_r/2)w_r$$

ここで，$R_r(x)$はCBDからの距離xにおける地代である．$R_r(L_r/2)=0$であるから，都市rにおける均衡地代は以下のように与えられる．

366　第8章　独占的競争下の産業集積

$$R_r^*(x) = t(L_r - 2x)w_r \qquad r=1,2$$

したがって，総地代 ALR_r は以下のようになる．

$$ALR_r = 2\int_0^{L_r/2} R_r^*(x)\mathrm{d}x = tL_r^2 w_r/2$$

各都市は，互いに独立した区域であり，1つの都市の土地全体は，その中に住む全労働者によって等しく所有されている．したがって，各労働者は，賃金に加えて，$ALR_r/L_r = tL_r w_r/2$ の地代報酬を受け取るので，可処分所得は以下の式で与えられる．

$$y_r = (1 - tL_r/2)w_r \qquad r=1,2$$

消費者の選好は8.2節と同じであり，都市 r の労働者の実質賃金は以下のようになる．

$$\omega_1 = \frac{y_r}{P_r} \qquad r=1,2 \tag{8.50}$$

ここで，P_r は都市 r の価格指数（8.22）である．

一般性を損なうことなしに，条件 $c\sigma/(\sigma-1)=1$ を満たすように，製造業部門の財の単位を選ぶ．したがって，$p_r^* = w_r$ となる．さらに，$\sigma f = 1$ となるように，労働の単位を選択する．結果として，各企業の労働需要は以下となる．

$$l_r^* = \sigma f = 1 \qquad r=1,2$$

8.4.1 輸送費と通勤費用のトレードオフ

都市 r に立地する企業数を M_r とすると，これは，この都市 r における総有効労働供給に等しく，以下が成立する．

$$M_r = S_r \qquad r=1,2 \tag{8.51}$$

経済で生産される製品の総数を λ で微分すると，以下の式が得られる．

$$\frac{\mathrm{d}(M_1+M_2)}{\mathrm{d}\lambda} = \frac{\mathrm{d}(S_1+S_2)}{\mathrm{d}\lambda} = t(1-2\lambda)$$

したがって，製品の総数は，労働者の空間分布が対称に近づくにつれて増大し，対称分布において最大になる．実際，経済が分散化すればするほど，総通勤費用は減少し，したがって，より多くの労働が製造業部門で利用できる．逆に，企業と労働者が都市1により集中するとともに，総通勤費用はより高く，総輸送費はより低く，製品数はより少なくなる．

差別化された財に対する市場清算条件から以下の賃金方程式を得る．

8.4 都市より成る地域と企業および消費者の集積

$$w_1^\sigma = P_1^{\sigma-1} S_1 w_1 + \phi P_2^{\sigma-1} S_2 w_2$$
$$w_2^\sigma = \phi P_1^{\sigma-1} S_1 w_1 + P_2^{\sigma-1} S_2 w_2$$

ここで，対応する価格指数は

$$P_1 = \left(S_1 w_1^{-(\sigma-1)} + \phi S_2 w_2^{-(\sigma-1)}\right)^{\frac{-1}{\sigma-1}}$$
$$P_2 = \left(\phi S_1 w_1^{-(\sigma-1)} + S_2 w_2^{-(\sigma-1)}\right)^{\frac{-1}{\sigma-1}}$$

によって与えられる．

労働者の所与の都市間分布，すなわち S_1 と S_2 に対して，これらの4つの方程式は一意に解 $\{P_1, P_2, w_1, w_2\}$ を持つ．

輸送費と通勤費用がどのように相互に作用するかを解明するために，次の3つの段階を考える．

(i) $\phi \equiv w_1/w_2$ を賃金比率とすると，2つの都市間の交易収支は

$$B(\phi) = S_1 S_2 \left(\frac{\phi \phi^{-(\sigma-1)}}{S_1 \phi \phi^{-(\sigma-1)} + S_2} - \frac{\phi \phi^\sigma}{S_1 + S_2 \phi \phi^{\sigma-1}}\right)$$

によって与えられる．

労働供給比率は以下のように定義される．

$$\varepsilon \equiv \frac{S_1}{S_1 + S_2} = \frac{\lambda(2-t\lambda)}{2-t[\lambda^2 + (1-\lambda)^2]}$$

$d\varepsilon/d\lambda > 0$ であるから，ε と λ の間には1対1の関係が存在する．したがって，ある所与の $\varepsilon \in (0,1)$ に対して，ϕ の均衡値は方程式 $B(\phi)=0$ の解である．その方程式は陰関数表示の以下の式によって与えられる．

$$\varepsilon(\phi) = \frac{1}{\frac{\phi^{1-2\sigma} - \phi \phi^{1-\sigma}}{1 - \phi \phi^{-\sigma}} + 1}$$

$\varepsilon(\phi)$ は区間 $(0,1)$ において厳密な意味で増加するから，区間 $(0,1)$ において増加する逆関数 $\phi(\varepsilon)$ を持つ．その結果として，$\phi(1/2)=1$ であるから，名目賃金は小さい都市よりも大きな都市でより高くなる．したがって，より大きな都市に居住する労働者は，より高い報酬を得るが，負担する都市費用もより高くなる．

(ii) 分子と分母を $S_1 + S_2$ で徐すと，比率 w_2/w_1 は以下のように示すことができる．

$$\frac{\omega_2}{\omega_1} = \frac{1-t(1-\lambda)/2}{1-t\lambda/2}\frac{\omega_2/P_2}{\omega_1/P_1}$$

$$= \underbrace{\frac{1-t(1-\lambda)/2}{1-t\lambda/2}}_{\mathcal{U}(\lambda)}\underbrace{\left[\frac{\varepsilon+\phi(1-\varepsilon)\psi^{\sigma-1}}{\phi\varepsilon\psi^{-(\sigma-1)}+1-\varepsilon}\right]^{\frac{-1}{\sigma-1}}}_{\mathcal{T}(\lambda)}$$

λ が変化するときに，2つの都市間の相対的な魅力度 ω_2/ω_1 に対して，$\mathcal{U}(\lambda)$ は通勤の及ぼすインパクトを，$\mathcal{T}(\lambda)$ は輸送の及ぼすインパクトを説明している．$\mathcal{T}(\lambda)$ は各都市で生産される製品の数を通じて t によって影響され，t とともに減少する．

(iii) $\psi(\varepsilon)$ は ε とともに増加し，$\varepsilon(\lambda)$ も λ とともに増加するから，以下を容易に示すことができる．

$$\frac{d\mathcal{U}(\lambda)}{d\lambda}>0 \qquad \frac{d\mathcal{T}(\lambda)}{d\lambda}<0$$

$\mathcal{U}$ が増加するときに，通勤費用の相対的なシェアが上昇するので，都市1は都市2に対して魅力的でなくなる．言い換えれば，λ が上昇するので，分散力が強くなる．$\mathcal{T}=(w_2/P_2)/(w_1/P_1)$ であるから，$\mathcal{T}$ の減少は，消費の点からみて都市1が都市2よりも魅力的になることを意味する．したがって，上の2つの不等式は，都市1の人口の増加は，通勤費用を通じての分散力と，輸送費を通じての集積力をともに強くすることを示している．

均衡結果がどのように決定されるかは，2つの分布，A と D，の下で，それぞれ達成される労働者の以下の厚生を比較することによって示される．

$$V^A = (M^A)^{\frac{\sigma}{\sigma-1}} \qquad V^D = (M^D)^{\frac{\sigma}{\sigma-1}}\left(\frac{1+\phi}{2}\right)^{\frac{1}{\sigma-1}}$$

集積することによって，労働者は製造業部門の財の輸送費を節約できるが，狭い範囲の製品を消費することになる．対照的に，分散化することによって，労働者は広い範囲の製品を消費することができるが，他の都市で生産された製品を輸送するための費用を負担しなければならない．

8.4.2 均衡パターン

8.4.2.1 分散

CPモデルの節で説明したように，$\lambda=1/2$ は常に空間均衡である．この形状では，都市費用は低く，製品の範囲は広いが，輸送費は大きい．その安定性を調べるため

には，対称形状が安定でなくなるブレイク・ポイントを決定しなければならない．ω_r を L_r で微分し，その結果を $\lambda=1/2$ で評価すると，以下の式が得られる．

$$\left.\frac{\mathrm{d}\omega_r}{\omega_r}\right|_{\lambda=1/2} = -\frac{tL_r/2}{1-tL_r/2}\frac{\mathrm{d}L_r}{L_r} + \frac{\mathrm{d}w_r}{w_r} - \frac{\mathrm{d}P_r}{P_r} \tag{8.52}$$

賃金方程式と価格指数に同じアプローチを適用することにより，以下の式が得られる．

$$\left(\frac{\sigma}{\varPhi}-1\right)\left.\frac{\mathrm{d}w_r}{w_r}\right|_{\lambda=1/2} = (\sigma-1)\left.\frac{\mathrm{d}P_r}{P_r}\right|_{\lambda=1/2} + \left.\frac{\mathrm{d}S_r}{S_r}\right|_{\lambda=1/2} \tag{8.53}$$

および

$$\left(\frac{1-\sigma}{\varPhi}\right)\left.\frac{\mathrm{d}P_r}{P_r}\right|_{\lambda=1/2} = (1-\sigma)\left.\frac{\mathrm{d}w_r}{w_r}\right|_{\lambda=1/2} + \left.\frac{\mathrm{d}S_r}{S_r}\right|_{\lambda=1/2} \tag{8.54}$$

ここで，$\varPhi \equiv \dfrac{1-\phi}{1+\phi} < 1$ \hfill (8.55)

方程式 (8.53) と (8.54) を $\mathrm{d}w_r/w_r$ と $\mathrm{d}P_r/P_r$ について解くと，以下の式が得られる．

$$\left.\frac{\mathrm{d}w_r}{w_r}\right|_{\lambda=1/2} = \frac{\varPhi}{\sigma(\varPhi+1)-\varPhi}\left.\frac{\mathrm{d}S_r}{S_r}\right|_{\lambda=1/2} \tag{8.56}$$

$$\left.\frac{\mathrm{d}P_r}{P_r}\right|_{\lambda=1/2} = -\frac{\sigma\varPhi}{(\sigma-1)[\sigma(\varPhi+1)-\varPhi]}\left.\frac{\mathrm{d}S_r}{S_r}\right|_{\lambda=1/2} \tag{8.57}$$

さらに，(8.49) 式から次式が得られる．

$$\frac{\mathrm{d}S_r}{S_r} = \frac{1-tL_r}{1-tL_r/2}\frac{\mathrm{d}L_r}{L_r} \tag{8.58}$$

(8.56)，(8.57)，および (8.58) 式を (8.52) 式に代入することにより，$\lambda=1/2$ で評価した ω_r の弾力性を以下のように導くことができる．

$$\left.\frac{L_r}{\omega_r}\frac{\mathrm{d}\omega_r}{\mathrm{d}L_r}\right|_{\lambda=1/2} = \frac{4-2t}{4-t}\left[\frac{(2\sigma-1)\varPhi}{(\sigma-1)[\sigma(\varPhi+1)-\varPhi]} - \frac{t}{2(2-t)}\right] \tag{8.59}$$

この式から即座に以下のことが言える．

$$\left.\frac{L_r}{\omega_r}\frac{\mathrm{d}\omega_r}{\mathrm{d}L_r}\right|_{\lambda=1/2} < 0 \quad \Leftrightarrow \quad \frac{(2\sigma-1)\varPhi}{(\sigma-1)[\sigma(\varPhi+1)-\varPhi]} < \frac{t}{2(2-t)}$$

したがって，以下の条件が満たされるならば，対称均衡は安定である．

$$\varOmega(\varPhi) \equiv \frac{(2\sigma-1)\varPhi}{(\sigma-1)[\sigma(\varPhi+1)-\varPhi]} < \varGamma(t) \equiv \frac{t}{2(2-t)}$$

$\partial\Omega(\Phi)/\partial\Phi>0$ および $\Phi\in(0,1)$ なので，$\Omega(\Phi)<1/(\sigma-1)$ である．したがって，もし $\Gamma(t)<1/(\sigma-1)$，あるいは，同値であるが，もし $t<4/(\sigma+1)$ ならば，以下の式を満たす Φ の値が一意に存在する．

$$\left.\frac{L_r}{\omega_r}\frac{\mathrm{d}\omega_r}{\mathrm{d}L_r}\right|_{\lambda=1/2}=0 \tag{8.60}$$

$\partial\Phi/\partial\tau>0$ であるから，(8.60) を満たす τ が一意に存在し，それを τ_b で示す．(8.60) 式を τ に関して解くと，以下の (8.61) 式で与えられる τ_b が求められる．さらに，$\tau<\tau_b$ においては，

$$\left.\frac{L_r}{\omega_r}\frac{\mathrm{d}\omega_r}{\mathrm{d}L_r}\right|_{\lambda=1/2}<0$$

が成立するので，対称均衡は安定である．

一方，$t\geq 4/(\sigma+1)$ であるときには，すべての $\tau\in(1,\infty)$ に対して，

$$\left.\frac{L_r}{\omega_r}\frac{\mathrm{d}\omega_r}{\mathrm{d}L_r}\right|_{\lambda=1/2}<0$$

となる．この場合には，ブレイク・ポイントは存在しない．したがって，τ の値に関係なく，対称形状は安定である．

これらの結果を要約すると，次の命題が得られる．

命題8.3 2つの都市より成る2地域経済を考えよう．

(i) もし $t\in\left[\dfrac{4}{\sigma+1},\dfrac{1}{2}\right)$ であるならば，対称均衡は常に安定である．

(ii) もし $t\in\left(0,\min\left\{\dfrac{4}{\sigma+1},\dfrac{1}{2}\right\}\right)$ であるならば，以下によって与えられるブレイク・ポイントが一意に存在して，

$$\tau_b=\left\{\frac{(2\sigma-1)+(\sigma-1)\Gamma(t)}{(2\sigma-1)[1-(\sigma-1)\Gamma(t)]}\right\}^{\frac{1}{(\sigma-1)}}>1 \tag{8.61}$$

すべての $\tau<\tau_b$ に対して，対称形状は安定である．

言い換えれば，通勤費用が低く，輸送費が高いときには，対称形状は不安定である．実際に，労働者が集積しているときには，経済全体における製品の範囲は縮むけれども，彼らは広範囲の自地域製品への良いアクセスから便益を得ている．したがって，$\tau\geq\tau_b$ のときには，すべての製品が自地域で生産されることによる純便益

は，集積することで労働者が支払わねばならない高い都市費用を越えるほど十分に大きい．なお，製品間の代替性が低い（高い）ときには，広範囲の製品に対する良いアクセスからの便益は高まる（低下する）ことに留意されたい．したがって，ブレイク・ポイントが存在するためには，製品は十分に差別化されていなければならない．対照的に，通勤費用が高いときには，対称形状は常に安定である．

前述の分析は，輸送費に焦点を当ててきたが，上記の命題は通勤費用に焦点を当て直して再解釈できる．具体的には，t_b を以下のように定義すると，もし $\sigma > 3$ であり，$t > t_b$ であるならば，対称形状は安定である．

$$t_b \equiv \frac{4(2\sigma-1)\Phi}{(\sigma^2+2\sigma-1)\Phi + \sigma(\sigma-1)} \tag{8.62}$$

容易にわかるように，(8.62) 式は (8.61) 式の逆関係にある．したがって，前述の結果は，まさに輸送費の代わりに通勤費用によって表現した命題8.2の双対である．

8.4.2.2 集積

次に，集積の場合（$\lambda = 1$）を考察する．この形状では，労働者に支払われる賃金と都市費用は最も高く，製品の範囲は最も狭く，一方で，交易がないので輸送費はゼロである．

価格指数間には，以下のような関係がある．

$$P_2 = \tau P_1$$

一方で，賃金方程式から以下の関係が導かれる．

$$w_2 = \tau^{\frac{(1-\sigma)}{\sigma}} w_1$$

これらの2つの関係は，実質賃金比率が以下によって与えられることを意味する．

$$\left.\frac{\omega_2}{\omega_1}\right|_{\lambda=1} = \frac{\tau^{-\frac{(2\sigma-1)}{\sigma}}}{1-t/2} \tag{8.63}$$

上式から以下の関係が導かれる．

$$\left.\frac{\omega_2}{\omega_1}\right|_{\lambda=1} < 1 \quad \Leftrightarrow \quad \tau > (1-t/2)^{\frac{-\sigma}{(2\sigma-1)}}$$

したがって，以下の命題を得る．

命題8.4 2地域経済を考えよう．以下で τ_s を定義すると，

$$\tau_s \equiv (1-t/2)^{\frac{-\sigma}{(2\sigma-1)}} \tag{8.64}$$

集積形状は，$\tau > \tau_s$ のとき，しかもそのときのみ，安定である．

言い換えれば，他方の地域からの製品の輸送費が非常に高いときには，労働者は喜んで唯一の都市内に集積して，高い通勤費用を支払い，狭い範囲の製品を消費することを受け入れる．

以前と同様に，命題8.4は通勤費用によって再解釈することができる．具体的には，t_s を以下のように定義すると，任意の $t < t_s$ に対して，集積形状は安定均衡である．

$$t_s \equiv 2\left(1 - \tau^{\frac{-(2\sigma-1)}{\sigma}}\right) \tag{8.65}$$

(8.65) 式は (8.64) 式の逆関数であることに留意してほしい．

8.2.2項と同じく，ブレイク・ポイントとサステイン・ポイントは異なる．それらの値が得られているので，直接両者を比較できる．この目的のために，サステイン・ポイントとブレイク・ポイントの比をとり，t がゼロに近づく極限をとると，以下のようになる．

$$\lim_{t \to 0} \frac{\tau_s}{\tau_b} = 1$$

サステイン・ポイントとブレイク・ポイントの比を t に関して微分すると，以下の式が得られる．

$$\frac{d}{dt}\left(\frac{\tau_s}{\tau_b}\right) \equiv \Delta(t) = -8\sigma^2 + (\sigma+1)(3\sigma-1)t$$

ブレイク・ポイントが存在するためには，t は $4/(\sigma+1)$ より小さくなければならない．また，$\Delta(t)$ は t とともに増大する．さらに，以下が成立する．

$$\Delta\left(\frac{4}{\sigma+1}\right) < 0 \qquad \Delta\left(\frac{1}{2}\right) < 0$$

したがって，すべての $t < 4/(\sigma+1)$ に対して，$\Delta(t) < 0$ である．よって，t のすべての許容値に対して，$\tau_s < \tau_b$ である．言い換えれば，CPモデルの場合と同様に，$\tau \in [\tau_s, \tau_b]$ のときに，集積と分散はともに安定均衡である．

上述の結果は，8.2.2項で導出した結果と幾分似ている．しかしながら，両者間には，輸送費が十分に大きいときには集積は安定均衡であるという，1つの根本的かつ際立った差異が存在する．さらに，輸送費が低下するにつれて，都市費用が優位な力になるので，結局は産業の分散を導く，という点も異なる．言い換えれば，

CPモデルで得られた空間形状の変化の順と，逆の結果が得られる．この節のモデルでは，対称形状は $\tau < \tau_b$ のときに安定であるが，CPモデルでは，$\tau > \tau_b$ のときに安定である．同様に，集積形状は $\tau > \tau_s$ のときに安定均衡であるが，一方，クルーグマンのモデルでは，それは $\tau < \tau_s$ のときに安定均衡となる．

さらに，任意の $t < t_s$ において集積形状が安定均衡であることは，経済歴史家が観察したことと一致している (Bairoch, 1988; Hohenberg and Lees, 1985)．経済活動の集積は，都市内の通勤費用が十分に小さいときに，生じやすい．

CPモデルでは，集積の形成によって生じる費用は，周辺地域に居住する移動不可能と仮定された農業者への製造業財の供給費用と関連している．逆にここでは，集積の形成は，それ自体の費用，すなわち，より高い通勤費用およびより狭い範囲の製品をもたらす．したがって，経済活動の空間的な集中は，2つのモデルにおいて，異なる諸力と関連している．これは，集積力と分散力の相互作用は，諸力の性質とともに，大きく変化する可能性のあることを示唆している．

CPモデルとは違って，上記の結果は，より統合された経済はより集積する必要はないことを示している．それどころか，分散することによって企業と労働者は都市費用の重荷を軽くすることができるので，低い輸送費は経済活動の分散化を導く．潜在的な都市の数が非常に多ければ，輸送費の継続的な低下は，生産のますますの分散化を導き，ついには都市の消滅をもたらす (Anas, 2004)．2つのモデルの結果におけるこの差異には，ただし書きが必要である．CPモデルはマクロな空間レベルで生じる問題の分析のために設計されている．したがって，クルーグマン流の空間集積は，オランダのランスタッドにおけるように，中規模都市の密なネットワークによって形成されているのかもしれない．対照的に，この節で展開された都市・地域モデルは，都市の内部構造に焦点を当てるので，ミクロな空間レベルでの問題を分析するのに有用であると思われる．さらに，上述したモデルは，4.2節で説明した外部経済による集積の経済を考慮していない．同様に，交易不可能なビジネス対ビジネスサービスやビジネス対消費者サービスを考慮していない．最後に，このモデルは，企業が遠く離れた周辺地域ではなく，核地域にある都市の郊外へ移転するかもしれないという可能性を無視している．

しかしながら，この節と8.2節の2つのアプローチは，対立するものではない．都市・地域モデルは，4.4節で分析した都市システムの基本的な構成要素のいくつかを捉えている．したがって，都市間交易が地域間や国家間交易の大きな部分を占めている場合には，このモデルは，CPモデルが無視した新しい現象に光を当てる

ことができる．つまり，市場統合の過程は商品の輸送費に影響するが，労働者の通勤費用には直接に影響を与えない．したがって，グローバル化は，経済空間の一極集中をもたらすとは必ずしも言えない．

8.5 空間的発展の逆U字型曲線

前述したCPモデルと都市・地域モデルは，輸送費の低下がもたらす経済活動の立地への影響に関して，反対の結論を導く．しかし，もちろん，それはNEGモデルが役に立たないことを意味しない．Krugman and Venables (1995) は，CPモデルの結論の再考を我々に促したのである．すなわち，製造業部門の集積度と輸送費の水準との間の関係は単調減少ではなく，逆U字型であるかもしれない．適切な問いは，上述の2つのモデルの結論を，経済統合と地域格差との間に逆U字型の関係を生み出せるようなより一般的な枠組みを用いて，折り合いをつけることができるかどうか，である．言い換えれば，財の移動費用の継続的低下とともに，第1段階で，経済活動は少数の大規模都市地域に集中し始め，そして第2段階で，小規模あるいは中規模の都市からなる多数の地域に向けて再分散することになるだろう．第6章と同様に，労働者と企業はともに土地を消費し，敷地規模は内生的に決まる．しかしながら，8.4節と異なり，通勤は存在しない．分析の単純化のために，この仮定を採用する．

経済には，土地と製造業財の2つの消費財と，土地と労働の2つの生産要素が存在する．選好は，以下のコブ＝ダグラス型の効用関数によって表される．

$$U = \frac{Q^\mu S^{1-\mu}}{\mu^\mu (1-\mu)^{1-\mu}}$$

ここで，Sは土地の消費を表す．言い換えれば，(8.1) 式における農業財は土地に代わる．もしyが消費者の所得を，Rが地代を表すならば，各財への需要関数は，以下のように与えられる．

$$Q = \mu y p^{-\sigma} P^{\sigma-1} \qquad S = \frac{(1-\mu)y}{R}$$

したがって，間接効用関数 (8.6) は以下のようになる．

$$V(y, P, R) = y P^{-\mu} R^{-(1-\mu)} \tag{8.66}$$

各地域は，1に規準化される同じ総量の土地を持っている．経済におけるすべての土地は，すべての家計が均等に所有している．したがって，地域rが得る総地代

8.5 空間的発展の逆U字型曲線

は，その地域の労働シェアに比例する．よって，労働者の総量もまた1に規準化すると，地域 r の所得は以下によって与えられる．

$$Y_r = w_r L_r + (R_r + R_s) L_r \tag{8.67}$$

各々の製品は，規模に関して収穫逓増の下で単一の企業によって生産される．固定投入量は，土地と労働のコブ＝ダグラス型の合成財であり，$0 \leq \alpha \leq 1$ は土地のシェアである．限界労働投入量は1に等しい．したがって，地域 $r=1,2$ に立地して産出量 q_r を生産する企業の総費用は，以下によって与えられる．

$$C_r(q) = f R_r^\alpha w_r^{1-\alpha} + q_r w_r$$

この式において，最初の項は（内生的な）固定費用に対応する．すなわち，$\alpha=0$ のときには，この関数はCPモデルの費用関数と同一となる．

利潤最大化価格を用いることにより，ゼロ利潤条件は，企業の産出量，地代および地域 r の賃金の間に

$$q_r = f(\sigma-1)\left(\frac{R_r}{w_r}\right)^\alpha$$

という関係を生み出す．

労働の分布は，$L_1 \geq L_2 = 1 - L_1$ と固定されていると仮定する．地域 r に立地する企業の数を M_r とする．各企業は，固定労働投入量と産出量に依存する可変労働投入量を必要とする．労働に対する市場清算条件より，以下の関係を得る．

$$L_r = \delta_1 M_r \left(\frac{R_r}{w_r}\right)^\alpha \tag{8.68}$$

ここで，$\delta_1 \equiv f(\sigma-\alpha) > 0$ である．したがって，労働需要は企業数と正の，そして賃金と負の関係にある．

土地に対する市場清算条件から，同様に，以下の関係を得る．

$$1 = \delta_2 M_r \left(\frac{w_r}{R_r}\right)^{1-\alpha} + \frac{\mu Y_r}{R_r} \tag{8.69}$$

ここで，$\delta_2 \equiv f\alpha > 0$ である．したがって，企業による土地需要は企業数とは正の関係，そして地代とは負の関係になる．

一般性を損なうことなしに，地域1の労働をニューメレールと仮定すると，$w_1=1$ であり，したがって，w_2 は2つの地域間の相対賃金である．

(8.67)，(8.68)，および (8.69) 式を用いて，地域1における企業数 M_1，地代 R_1，および所得 Y_1 を w_2 の関数として以下のように導くことができる．

$$M_1(w_2) = \delta_1^{\sigma-1} L_1^{1-\sigma} \left\{ \frac{\mu}{[(1-\mu)\delta_1 + \delta_2][L_1 + \mu L_2 + (1-\mu)L_2 w_2]} \right\}^\alpha$$

$$R_1(w_2) = L_1 \frac{[(1-\mu)\delta_1 + \delta_2][L_1 + \mu L_2 + (1-\mu)L_2 w_2]}{\mu \delta_1}$$

$$Y_1(w_2) = L_1 \frac{\delta_1(L_1 + \mu L_2) + \delta_2 L_1 + [(1-\mu)\delta_1 + \delta_2]L_2 w_2}{\mu \delta_1}$$

同様に，L_1 と L_2 を入れ替えることによって地域2の企業数，地代，および所得を得ることができる．CPモデルと異なり，企業の総数 $M_1(w_2) + M_2(w_2)$ は製造業部門の地域間分布および輸送費の水準とともに変化する．

前述のモデルは，CPモデルと同じ諸力を埋め込んでいる．その主な特徴は，次のような付加的な分散力である．すなわち，地域へ労働者（および企業）が流入すると，その地域の地代は高くなる．その結果として，CPモデルと違って，単一の地域，例えば，地域1における企業と労働者の集積は，空間均衡ではなくなる．実際，$Y_2/L_2 > 0$ および $R_2 = 0$ であるから，(8.66)式から地域2の間接効用は，無限大となる．したがって，均衡では，地域2には空地は存在しなく，$\lambda = 1$ は決して空間均衡ではない．

CPモデルの節で議論したように，分散は常に空間均衡である．したがって，分散が安定的でないときには，製造業部門は部分的に集積している．Pflüger and Tabuchi (2010) は，間接効用関数を $\lambda \equiv L_1$ で微分し $\lambda = 1/2$ で評価すると，以下の式が得られることを示した．

$$\Lambda(\phi) \equiv A\phi^2 - 2B\phi + D(1-D)$$

ここで，$D \equiv 1 - \alpha\mu - (1-\mu)\sigma < 1$ である．一方，A と B は，Pflüger and Tabuchi (2010) が与えたパラメータ α，μ および σ によって決定される，2つの（正または負）定数である．通常のように，もし $\Lambda(1/2) < 0$（$\Lambda(1/2) > 0$）ならば，対称均衡は安定（不安定）である．明らかに，$\Lambda(0)$ の符号は D の符号によって与えられる．さらに，労働者と企業の立地は地代のみによって導かれるので，$\Lambda(1) < 0$ となり，したがって，製造業部門は前節で説明したように分散する．

$D < 0$ と仮定する．そうすると，$\Lambda(0) < 0$ となる．これは，σ が十分に大きいことを意味する．もし $\Lambda(B/A) > 0$ であるならば，方程式 $\Lambda(\phi) = 0$ は2つの実根（$\phi_1 < \phi_2$）を持つ．この場合には，もし $0 < B/A < 1$ であるならば，ϕ_1 と ϕ_2 は区間 $(0,1)$ にある．

命題8.5 $D < 0$ と仮定し，さらに $0 < B/A < 1$ であり，$\Lambda(B/A) > 0$ と仮定する．

8.5 空間的発展の逆U字型曲線　377

そうすると，$\phi<\phi_1$ のときには，分散が起こる．もしも，$\phi_1<\phi<\phi_2$ ならば，製造業部門は部分的に集積する．最後に $\phi>\phi_2$ のときには，再び分散が生じる．

補足説明をすると，$\Lambda(0)>0$ のときには，$\Lambda(1)<0$ なので，Λ の軌跡は，ある点 $\bar{\phi}\in(0,1)$ でゼロになるにちがいない．したがって，$\phi<\bar{\phi}$ において，部分集積となる．一方，ϕ が $\bar{\phi}$ を超えるときには，製造業部門は分散する．これは，土地が住居のみに利用されるときに，そうなる．[16] したがって，我々は命題8.3と8.4と同様な結果に立ち戻る．

命題8.5では，集積は統合過程の第2局面で起こる．統合過程の第1と第3局面の分散は極めて異なる理由により出現する．前者の局面では，CPモデルのように，製造業部門は，生産物の輸送費が高いので，分散する．一方，後者の局面では，都市・地域モデルのように，小地域は低い地代によって比較優位を持つため，分散が起こる．製造業部門の財の輸送費がそれほど高くないときには，価格指数と賃金率は2つの地域でほぼ同じになる．対照的に，地域1の土地価格は地域2の土地価格を超える．したがって，労働者と企業は，低い地代に引かれて，地域1から地域2へ移動する．この過程は，両地域が対称になった時点で，停止することになる．以上のように，経済統合と空間的不均等は単調ではない．経済統合の第1段階は，地域格差を拡大するが，いったんある閾値に達すると，さらなる統合は，格差を是正し始める．これは，周辺地域における産業復興と核地域における産業の空洞化を意味する．

経済統合と空間的不均等との間の逆U字型の関係は，いくつかの他の文脈の中にも表れている．例えば，Oyama et al.(2011) は，(i)異なる規模を持つ2つの地域，および(ii)既存の企業で労働者として働くか，または新しい製品を生産する企業家になるかの2つの選択肢を持つ，移動不可能で異質な個人を結合させた枠組みを展

---

[16] この結果は，$\alpha=0$ と仮定する Helpman (1998) によって得られた結論と似ている．この場合に，もし $(1-\mu)\sigma<1$ で，$\phi=0$ のときには，完全集積が存在する．さらに，$A<0$ と $B>0$ を示すことができる．それゆえに，$A/B<0$ と $\Phi(\phi)=0$ は $(0,1)$ において，単一の根を持つ．したがって，ϕ が継続的に増加するとき，製造業部門は $\bar{\phi}$ に達するまでさらに分散化する．この値を超えると，分散が起こる．もし $(1-\mu)\sigma>1$ ならば，分散が唯一の安定均衡である．

開している．言い換えれば，空間的な移動を職業上の移動によって置き換えている．この論文では，大きな地域は，その大きさに見合う以上の多くの企業が集積することが示されている（第9章を参照）．しかしながら，これは，大きい地域が低い輸送費から常に便益を得ることを意味しない．実際，経済統合の過程は2つの対照的な局面に分解される．輸送費が相対的に高いときに生じる第1局面では，産業基盤は大きい方の地域では成長するが，小さい方の地域では縮小する．小さい地域に居住する消費者はより広範囲の製品にアクセスできるので，この地域の企業は自国市場で実質的な市場シェアを失い，したがって，企業家になるインセンティブを失う．対照的に，大きい地域の企業は，個人を企業家にさせる市場拡大効果から便益を得る．その結果として，統合過程の第1局面では，地域間の相違は広がり，空間的不平等が生じる．輸送費が十分に低いときに生じる第2局面では，上述したことと完全に逆のことが起こる．輸送費が十分に低下すると，一方では，小さい地域の企業は，より大きい市場から便益を得ることが可能となり，より多くの個人を企業家にさせる．他方では，低い輸送費は，他地域との競争をより激化させるので，大きい地域におけるビジネスの利潤が減少する．したがって，統合過程の第2局面では，経済統合は地域間収斂を促進する．このように，より豊かな設定の下における研究により，少なくとも経済統合が十分に達成された段階では，経済効率と空間的平等の2つの目的が同時に達成できる可能性があることがわかる．これは，Fujita, Krugman, and Venables (1999, 260) の「貿易費用の低下は，最初に国家間のグローバルな不平等を生み出し，次いでそれを解消させる」という結論と一致している．

　Williamson (1965) は，空間的な発展は逆U字型曲線に従うと述べている．経済史の最近の研究は，この推測を支持するようである．例えば，Kim (1995) は，1860, 1914, 1947, 1967年および1987年のアメリカの20産業に対してジニ係数を計測することによって，製造業部門において経済統合と地理的集中の間に逆U字型の関係があることを見つけた．Combes et al. (2011) は，フランスの87県に対してタイル指数を計測し，1860, 1895, 1930, 1983年および2000年の工業とサービス部門の雇用はこの曲線に従うことを見つけた．Rosès (2003) は，スペインを8つのマクロ地域に分割し，スペインの地域が国民経済の形成に向けて統合され始めた19世紀の間に，最も動態的な産業部門がより集中していることを示した．Rosès, Martínez-Galarraga, and Tirado (2010) は，この分析を発展させ，スペインにおいて逆U字型関係が存在することを確認した．この曲線のターニング・ポイントは

1970年代中頃のスペイン経済の国際統合後に生じたことが分かった．このように，一連の実証研究は，空間経済の発展が逆U字型曲線に従うことを十分に立証している．

CPモデルはマクロ地域を分析するために設計されたモデルであることを再度強調する価値がある．それぞれのマクロ地域は，4.4節で考察されたようないくつかの特化した都市を含んでいる可能性がある．したがって，全体としての地域は，それぞれの都市が特化しているときでも，多様化しているかもしれない．さらに，大都市はしばしば多核的である (Glaeser and Kahn, 2004)．例えば，Baum-Snow (2010) は，通勤費用の低下により，労働者が分散するばかりでなく，企業は，遠方の距離で同じ集積の経済の便益を受けられるようになったと報告している．副都心の存在により，都市費用の圧力が緩和され，したがって，地域間あるいは国際再立地過程の進行がゆっくりとなる (Cavailhès et al., 2007)．これら2類型の分散の間の相違点は，対象となっている空間規模に依存している．すなわち，この節では都市内スケールであり，CPモデルでは地域間スケールである．

8.6 川上および川下産業の共集積

CPモデルにおいて，集積は，人々が多様な製品を好むために同じ地域内により多くの人々が集中することにもとづく，循環的因果過程の結果生じる．しかしながら，もし労働者が粘着的であるならば，集積は生じることができない．その代わり，各地域は初期の賦存量にもとづいて差別化された製品の生産に特化し，産業内貿易が輸送費のすべての値の下で生じる．

しかしながら，産業集積は，労働が移動不可能なときでさえも，一般的に観察される現象である．集積の出現を説明するもう1つの方法は，最終財部門が差別化された中間財を用いることを認めることである．この場合，特定地域における最終財部門の集積は，その地域に中間財産業の集中が起こるために生じる．また逆のことも言える (Krugman and Venables, 1995; Venables, 1996)．この節では，核－周辺モデルの要素と4.2.1項で示したモデルの要素を組み合わせて，どのようにこの過程が働くのかを示す．[17] ここで示すアプローチの核となる問題は，部門間移動が完全であるという単純化の仮定の下で，ある地域に居住する労働者が，異なる部門

---

[17] 我々はここでは最終財部門はコブ＝ダグラス型の生産関数において労働を用いると仮定する．

間にどのように配分されるのかということである．各々の地域で，労働の所与の配分は，労働市場を通じて共通の賃金を生み出す．その賃金の下で，企業はその場所にとどまるのか，または移動するのかを選択する．均衡では，最終財部門あるいは中間財部門のどの企業も立地を変更するインセンティブを持たない．

8.6.1 中間財・最終財部門

経済は，最終財，中間財および農業財を生産する3つの部門から成り立つ．労働者は空間的に移動不可能であるので，多様な製品に対する好みはもはや集積力とはならず，したがって，最終財部門の製品は同一であると仮定するのが便利である．選好は，すべての労働者間で同一であり，以下の効用関数 (8.1) 式によって表される．

$$U = Q^\mu A^{1-\mu}/\mu^\mu (1-\mu)^{1-\mu} \qquad 0 < \mu < 1$$

ここで，Q は最終財部門が生産する同質財の消費を，A は農業部門の生産物の消費を表す．

労働者は移動不可能であるので，単一タイプの労働のみを考える．最終財は同質であるので，収穫一定と完全競争の下で生産されると仮定する．最終財は，以下のコブ＝ダグラス型生産関数によって生産される．

$$X^{\mathrm{M}} = l^{1-\alpha} I^\alpha \qquad 0 < \alpha < 1 \tag{8.70}$$

ここで，X^{M} は最終財の生産量であり，l は労働量，I は以下の式で定義される多様な中間財の消費指数を表す．

$$I = \left(\int_0^M q_i^\rho \mathrm{d}i \right)^{1/\rho} \qquad 0 < \rho < 1 \tag{8.71}$$

ここで，q_i は中間財 i の量であり，M は中間財の数である．より小さな ρ は，中間財の差別化の度合いが大きいことを意味する．

対照的に，中間財部門は収穫逓増と (4.2.1項で示した) 独占的競争の下で生産を行うと仮定する．中間財部門の各製品は，q_i の量を生産するのに，以下の式で与えられる l_i 単位の労働を必要とするという，同じ技術によって生産される．

$$l_i = f + q_i \tag{8.72}$$

ここで，f は労働の固定投入量である．

最後に，8.2節のように，農業部門の生産においては，1単位の産出には1単位の労働を必要とする．

2つの消費財に対する需要関数は，次式のとおりである．

$$A = (1-\mu)Y/p^A \tag{8.73}$$
$$Q = \mu Y/p^M \tag{8.74}$$

ここで，p^M は最終製造業財の価格である．

I 部門の価格指数は，(8.5) 式と同様に以下で与えられる．

$$P \equiv \left(\int_0^M p_i^{-(\sigma-1)} di\right)^{-1/(\sigma-1)} \tag{8.75}$$

ここで，$\sigma \equiv 1/(1-\rho)$ であり，p_i は中間財 i の価格である．所与の賃金率 w の下で，M 部門の単位生産費用は，以下のようになる．

$$c^M = \alpha^{-\alpha}(1-\alpha)^{-(1-\alpha)} w^{1-\alpha} P^{\alpha} \tag{8.76}$$

一方，産出量 X^M に対応する最終製造業部門の投入財の需要は，以下のようになる．

$$L^M = (1-\alpha)c^M X^M w^{-1} \tag{8.77}$$
$$q_i = \alpha c^M X^M p_i^{-\sigma} P^{\sigma-1} \qquad i \in [0, M] \tag{8.78}$$

2 つの地域，1 と 2 を持つ経済を考えよう．各地域は $L>0$ の労働者を賦存量として持っている．8.2 節のように，A 部門の財の地域間の輸送費はゼロと仮定し，この財をニューメレールとして扱う（$p^A = 1$）．製造業部門（中間財部門）の製品は，氷塊型輸送費 $\tau^M > 1$（$\tau^I > 1$）に従い正の費用で，ある地域からもう 1 つの地域へと輸送される．L_r^M，L_r^I および L_r^A は地域 $r(=1,2)$ に居住し，それぞれ，製造業部門，中間財部門，農業部門で働いている労働者である．

8.2.2 項と同様に，地域 $r=1,2$ で生産される中間財のすべての製品の共通な均衡価格は，以下のようになる．

$$p_r^I = \frac{\sigma}{\sigma-1} w_r$$

したがって，ゼロ利潤の下で I 部門の各企業の産出量は $q^* = (\sigma-1)f$ であり，労働投入量は σf である．

地域 $r=1,2$ における中間財部門の財の価格指数は，以下で与えられる．

$$P_r = k[L_r^I(w_r)^{-(\sigma-1)} + L_s^I(w_s \tau^I)^{-(\sigma-1)}]^{-1/(\sigma-1)} \qquad s \neq r \tag{8.79}$$

ここで，$k \equiv \frac{\sigma}{\sigma-1}(\sigma f)^{1/(\sigma-1)}$ である．

地域 r に立地した I 企業の共通産出量は，

$$q_r = \alpha\left(\frac{\sigma}{\sigma-1}w_r\right)^{-\sigma}[c_r^M X_r^M P_r^{\sigma-1} + c_s^M X_s^M (\tau^I)^{-(\sigma-1)} P_s^{\sigma-1}] \qquad s \neq r \tag{8.80}$$

であり，X_r^M は地域 $r=1,2$ での最終製造業部門の生産量を表す．

8.6.2 中間財と最終財部門の空間的統合

最終財と中間財の両方の産業がある1つの地域，例えば地域1に集中していると仮定すると，$L_2^M = L_2^I = 0$ および $L_2^A = L$ となる．したがって，地域1は製造業部門の最終財を移出し，地域2は農業部門の財を移出することになる．また，地域1に居住する労働者は，中間財部門あるいは最終財部門のいずれかで働くと仮定するので，$L_1^A = 0$ となり，したがって，$w_1^* \geq w_2^* = 1$ となる．

これに対応する地域価格指数は，(8.79) 式から以下のように得られる．

$$P_1 = k[L_1^I(w_1^*)^{-(\sigma-1)}]^{-1/(\sigma-1)}$$
$$= k\frac{\mu}{1-\mu}(L_1^I)^{-1/(\sigma-1)} \tag{8.81}$$

$$P_2 = P_1 \tau^I \tag{8.82}$$

ただし，(8.81) 式の最終項において，以下の (8.83) 式を用いている．

最初に，農業財の市場清算条件について考えよう．$Y_1 = Lw_1^*$ および $Y_2 = L$ であるので，農業財の地域需要は，それぞれ以下のようになる．

$$A_1 = (1-\mu)Lw_1^* \quad \text{かつ} \quad A_2 = (1-\mu)L$$

$X_1^A = 0$ および $X_2^A = L$ であるので，需要と供給の均衡より以下の (8.83) 式を得る．

$$w_1^* = \frac{\mu}{1-\mu} \tag{8.83}$$

地域1における農業生産が正の利潤とならないためには，$w_1^* \geq 1$ となる必要があり，これは以下のときに満たされる．

$$\mu \geq 1/2 \tag{8.84}$$

次に，以下が成立するので，

$$p_1^M = c_1^M \quad \text{かつ} \quad p_2^M = p_1^M \tau^M = c_1^M \tau^M$$

(8.74) 式を用いて，最終財に対する地域需要は以下のようになる．

$$Q_1 = \mu Lw_1^*/c_1^M \quad \text{かつ} \quad Q_2 = \mu L/c_1^M \tau^M$$

最終財は地域2に移出されるので，その市場清算条件は，(8.83) 式を用いて，以下のようになる．

$$X_1^M = Q_1 + Q_2 \tau^M$$
$$= \frac{\mu}{1-\mu}\frac{L}{c_1^M}$$

つまり,

$$X_1^M c_1^M = \frac{\mu}{1-\mu}L \tag{8.85}$$

地域2における最終財の生産が正の利潤を持たないためには,以下の条件が満たされる必要がある.

$$c_2^M \geq p_2^M = c_1^M \tau^M$$

(8.76)式を用いることにより,もし以下の条件が満たされるならば,上式は成立する.

$$\tau^I \geq \left(\frac{\mu}{1-\mu}\right)^{(1-\alpha)/\alpha} (\tau^M)^{1/\alpha}$$

次に,中間財部門について考えよう.(8.80)式,(8.85)式,および $X_2^M=0$ より,以下の式が得られる.

$$q_1 = \alpha \left(\frac{w_1^*}{\rho}\right)^{-\sigma} c_1^M X_1^M P_1^{\sigma-1}$$
$$= \alpha \rho^\sigma \kappa^{\sigma-1} L (L_1^I)^{-1}$$
$$q_2 = \alpha \left(\frac{1}{\rho}\right)^{-\sigma} c_1^M X_1^M (\tau^I)^{-(\sigma-1)} P_1^{\sigma-1}$$
$$= \alpha \rho^\sigma \kappa^{\sigma-1} L (L_1^I)^{-1} \left(\frac{\mu}{1-\mu}\right)^\sigma (\tau^I)^{-(\sigma-1)}$$

最初の均衡条件は,$q_1 = q^* = (\sigma-1)f$ であり,これより,以下が得られる.

$$L_1^I = \alpha L$$

2番目の均衡条件,すなわち地域2におけるI企業が利潤を生みださない条件は,$q_2 \leq q^*$ を意味し,これは次の条件と等しい.

$$\tau^I \geq \left(\frac{\mu}{1-\mu}\right)^{1/\rho}$$

以上を要約して,以下の命題を得る.

命題8.6 $\mu \geq 1/2$ を仮定すると,同じ地域への中間財部門と最終財部門の共集積は,もし以下の2つの条件が満たされるならば,均衡である.

$$\tau^I \geq \left(\frac{\mu}{1-\mu}\right)^{(1-\alpha)/\alpha} (\tau^M)^{1/\alpha} \tag{8.86}$$

$$\tau^I \geq \left(\frac{\mu}{1-\mu}\right)^{1/\rho} \tag{8.87}$$

したがって，中間財の輸送費が最終財の輸送費に対して相対的に高いときに，あるいはビジネス・サービスが交易できないときに，完全な地域特化が起こる．すなわち，最終財部門と中間財部門の両方が1つの地域に完全に集中し，もう一方の地域は，農業部門に特化する．最終財の輸送費が低下する場合，(8.86) の条件式は，それほど厳しいものではない．一方，$\mu/(1-\mu) \geq 1$ であるから，中間財の輸送費が，(8.87) 式で与えられる閾値を超えなければならない．明らかに，その閾値は，中間財がより差別化されているときに上昇する．核-周辺構造を支持する (τ^I, τ^M) の領域は，図8.4の斜線の部分で表されている．

(8.86) の条件式は，製造業部門が地域2で操業を開始しても利潤が得られないことを意味する．なぜならば，地域1から中間財を移入すると高い輸送費のために大きな費用がかかるが，一方，地域1から地域2への製品の移出は，τ^M の値が相対的に低いために費用があまりかからないからである．(8.87) の条件式は，中間財部門のどの企業も地域2に立地したがらないことを意味する．なぜならば，高い輸送費で地域1に製品すべてを移出しなければならないからである．最終財の輸送費がより安くなる（τ^M が1に近づく）ときでさえも，両部門が同じ地域内に立地する状況から抜け出せないことを強調しておきたい．そのような罠から抜け出すためには，中間財の輸送費が，ある臨界値を下回るまで低下しなければならない．これは，特化したサービスの場合のように，中間財の供給がフェイス・トゥ・フェイスのコミュニケーションを必要とするときには，τ^I が高いので，その実現は容易ではない．

(8.86) 式と (8.87) 式が成立している限り，μ は上昇してもよい．なぜならば，$w_1^* = \mu/(1-\mu)$ および $w_2^* = 1$ であるので，この上昇は核地域と周辺地域との間の賃金格差を拡大させる．さらに，実質賃金格差も拡大することを，容易に示すことができる．また，中間財の役割が経済の中で大きくなる（α が上昇する）につれて，(8.86) 式の条件はより成立しやすくなる．しかしながら，最終財の消費のシェア μ が増大していくと，地域1の労働費用がより高くなるので，最終財部門は，最終的にはその活動の一部を周辺地域に分散化させる．

中間財の輸送費が十分に低下して (8.86) 式がもはや満たされなくなり，しかし，(8.87) 式は依然として有効であるとき，I企業は地域1に集中したままであるが，最終財部門の一部の企業は地域2へ移動すると予想できる．この場合，地域2で最終財部門が必要とする中間財は，地域1から移入される．最後に，中間財の輸送費が非常に低くなる（τ^I が1に近づく）ときには，対称形状が唯一の安定均衡とな

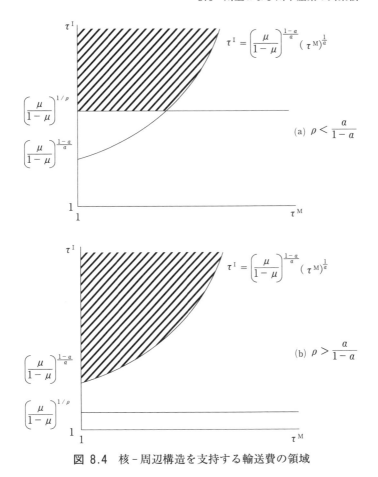

図 8.4 核-周辺構造を支持する輸送費の領域

ると予想される.ただし,それらのことを正確に示すには,さらなる分析が必要である.

この節を終える前に,Toulemonde (2006) が,この節で説明した垂直的リンケージと類似した,集積を導く別のチャンネルを明らかにしていることを指摘しておきたい.そのモデルでは,労働者は移住しないが,非熟練であるときに,彼らの中のあるものは,製造業部門で働くために熟練労働者になる選択をする.その結果として,彼らは高所得を得るので,製造業部門の財への需要が増大し,したがって,その地域の経済は拡大し,企業にとってより魅力的になる.同時に,この地域への

新たな企業の立地は，労働者にスキルを向上させようとする強いインセンティブを与える．このように，空間的移動が部門間移動によって置き換えられた，新たな累積的因果関係を明らかにしている．さらに，このモデルは，少数の場所に集中する傾向のある熟練労働者のソーティングに対して，理論的解釈を与えている（Combes, Duranton, and Gobillon, 2008）．これが起こるためには，労働者は移動する必要はなく，職場内訓練を受けるだけでよい．

8.7 結論

2×2×2の設定における財・労働市場間の相互作用に焦点を当てることによって，クルーグマンは新古典派の貿易理論の伝統を残しながら，独占的競争，収穫逓増，および輸送費を結合し，新貿易理論の核心とした．CPモデルのユニークな点は，労働の地域間移動を導入したことである．したがって，クルーグマンは，Ohlin（1933）がずいぶん前に要求した統合モデルを提示したと言える．

CPモデルの歴史的な妥当性を評価するために，産業革命の地理的側面に特別な注意を払ったPollard（1981）に立ち戻ろう．彼の主な結論は，以下のように要約できる．まず，産業革命以前には，

> ヨーロッパ内における地域間のギャップは，もっと後の時期よりも，ずっと小さく，また，ヨーロッパの内陸部で見られるような一部の産業活動は，ほとんどどこでも見られた．（Pollard, 1981, 201）

したがって，産業社会以前における空間経済は，対称形状によりかなり正確に近似できる．一方，産業革命以降に対して，彼は以下のように観察している．

> 工業地域は隣接の農業地域を植民地化し，そこにおける最も活動的で順応性の高い一部の労働者を自地域に連れてくる．植民地化された地域は，先在する産業を犠牲にしてでも，農産物の供給に特化するよう仕向けられる．そうすることによって，植民地化された地域は，工業化することから恒久的にそらされる．（Pollard, 1981, 11）

言い換えれば，新産業地域に向けて労働者と企業が同時に移動した．このようにし

8.7 結論

て,クルーグマンのモデルと同様に,産業革命の結果,核 – 周辺構造がヨーロッパで出現した.

輸送費の低下は,企業が立地についてより無差別になることを示唆していると思われるかもしれない.しかしながら,自然条件に拘束されない自由に動ける経済活動は,内生的に生まれる第2のメカニズムにますます依存するようになる.この現象の背後には少なくとも2つの理由が存在する.第1に,輸送費が低下するにつれて,企業は生産において規模の経済を享受するために,少数の立地点に生産活動を集中させようとするインセンティブを持つようになる.第2に,低い輸送費は価格競争を激化させるので,価格競争を緩和するために,企業は製品を差別化するように仕向けられる.これは,さらに,企業が最大規模の潜在的顧客に最良のアクセスを持つ立地点を求めるように仕向ける.第7章で議論した結果を考慮すると,以上の内生的メカニズムは,製品差別化が集積に対して強い力となることを示唆している.

核 – 周辺構造は,労働者の移住と最終財部門の不完全競争により,あるいは労働者が移動不可能なときには不完全競争の中間財部門の存在により,出現する.この結果は,空間経済にとって大変重要であり,したがって,いかにそれが採用された枠組みの特異性に依存しているかを知ることは重要である.第1に,CES型効用関数と氷塊型輸送費の利用は,需要がすべての空間にわたって一定の弾力性を持つという便利な設定を可能にする.しかしながら,そのような結果は,需要弾力性が距離とともに変化するという,空間価格理論の研究と相容れない.第2に,氷塊型費用は,輸送が資源消費型であるという事実を捉えることができる.しかし,これは,工場渡し価格の増大が輸送費の比例的増大を付随させることを意味するが,しばしば非現実的である.最後に,モデルは極めて特定の仮定に基づいているが,それらは解析的に解を求めることが困難であり,数値解析に頼ることが求められる.

これらの問題を解決するために,次章では,独占的競争の線形モデルを用いてNEGモデルを再構築したOttaviano, Tabuchi, and Thisse(2002)を見てみる.彼らの設定は,クルーグマンが用いたモデルとかけ離れるが,単純で解析的な解を得ることができるという利点がある.その結論は,クルーグマンが導いた結論とまったく同じではないが,このOttaviano et al.(2002)のモデルも,輸送費が十分に低いときには,核 – 周辺構造を生み出す.したがって,クルーグマンが導出した結論は,効用関数の異なる定式化の下においても頑健であるように思える.

第4章で分析した都市システムのモデルと異なり,都市間における正の輸送費を

導入すると，企業と消費者を特定の地点に立地させることが可能となる．しかしながら，内生的に決まる不定の数の地域・都市に NEG モデルを拡張することは，手ごわい研究になると思われる．その理由は，輸送費の限界的な逓減とともに，既存の安定均衡は消滅して，新しい安定均衡が出現する可能性があるからである．都市が等距離である単純なモデルを用いて，Tabuchi, Thisse, and Zeng (2005) は，都市の数が初期に減少し，その後増加することを示した．要するに，統合過程の初期段階では，経済を形成する都市の数は減る傾向にある（集積局面）．しかしながら，ひとたび輸送費が十分に低下すれば，多数の都市間で企業と労働者が再配分され，人口集積によって引き起こされる混雑問題を解決する（分散局面）．経済全体の人口規模が固定されているとき，集積局面（分散局面）では，存在する都市が成長（縮小）する．この結果は，8.5節で説明した逆U字型曲線と一致する．

補論

A. ブレイク・ポイントがサステイン・ポイントより小さいことの証明

以下の証明は，Frédéric Robert-Nicoud による．表記を簡便にするために，以下のように定義し，

$$\phi \equiv \tau^{-(\sigma-1)} \tag{8A.1}$$

τ_b と τ_s に対応する ϕ の値をそれぞれ ϕ_b と ϕ_s とする．$\sigma>1$ であるから，ϕ は τ に対して逆比例し，区間 $[0,1]$ に属する．

(8.30) 式と (8A.1) 式を用いて，ϕ_s が以下の方程式の解であることを示すことは容易である．

$$\phi^{-\mu\rho-1}[(1+\mu)\phi^2+1-\mu]-2=0$$

さらに，以下のように設定する．

$$f(\phi) \equiv \phi^{-\mu\rho-1}[(1+\mu)\phi^2+1-\mu]-2$$

そうすると，$f(0) \to \infty$ および $f(1)=0$ であることは簡単にわかる．さらに，$f(\phi)$ は以下の唯一の点で最小値を持つ．

$$\phi^* = \left[\frac{(1-\mu)(1+\mu\rho)}{(1+\mu)(1-\mu\rho)}\right]^{1/2} < 1$$

最後に，$f'(0)<0$ および $f'(1)>0$ を示すことができる．ϕ が 0 から 1 まで変わるときに，すべてのこれらの事実から，$f(\phi)$ は，任意の大きな値から $\phi^*>\phi_s$ で最小に達するまで減少することを意味する（なぜならば $f(\phi^*)<0$ であるから）．さら

に，$f(\phi)$ は，増加するが負の値をとり，$\phi=1$ でゼロの値に達する．

(8.31) 式と (8A.1) 式を用いて，以下の式を得る．

$$\phi_b = \frac{(\sigma-1+\sigma\mu)(1+\mu)}{(\sigma-1-\sigma\mu)(1-\mu)}$$

ϕ_b で $f(\phi)$ を評価すると，$f(\phi_b)<0$ を得る．さらに，$f(\phi_s)=0$ および $f(\phi)$ は区間 $(0,\phi^*)$ で減少するので，以下のようになる．

$$\phi_b > \phi_s$$

これは，以下の望ましい不等号を生み出す．

$$\tau_b < \tau_s$$

B. 以下の関数は，

$$F(\tau) \equiv \left(\frac{1+\phi}{2}\right)^{-\mu/(\sigma-1)} - \left(\frac{1+\mu}{2} + \frac{1-\mu}{2}\tau^\mu\right)$$

次のように書き換えられる．

$$g(\phi) \equiv \left(\frac{1+\phi}{2}\right)^{\mu/(1-\sigma)} - \left(\frac{1+\mu}{2} + \frac{1-\mu}{2}\phi^{-\mu/(\sigma-1)}\right)$$

これは区間 $(0,1)$ で定義される．$g(1)=0$ であり，一方，$\phi \to 0$ のとき，$g(\phi) \to -\infty$ であることに注意されたい．$g(\phi)$ は，区間 $(0,1)$ に属する，以下で与えられるたった1つの極値を持つことは容易に示すことができる．

$$\phi^* = \frac{1}{2(1-\mu)^{-\frac{\rho-1}{\rho-1+\mu}}-1}$$

以下が成立するので，

$$\lim_{\phi \to 1} g(\phi) = \frac{\mu^2}{2(1-\sigma)} < 0$$

$g(\phi)$ は，$\phi=1$ の左近傍で減少している．次に，これは，ϕ が1から0まで減少するとき，$g(\phi)$ は，最初増加し，次に ϕ^* で最大値に達し，そしてそのあと減少することを意味する．その結果として，もし $\phi > \phi_K$ ならば，$g(\phi)>0$ となり，たった1つの値 $\phi_K<1$ に対して $f(\phi)=1$ である．τ_K を ϕ_K に対応する τ の値とする．したがって，もし $\tau < \tau_K$ ならば，$F(\tau)>0$ となる．

第9章　市場規模と産業クラスター

9.1　はじめに

　アダム・スミス以来，市場規模が分業，ひいては経済発展にとって重要であることはよく知られている．この章において，関連しているが異なるアイデア，すなわち，市場規模は企業の立地選択の基本的な決定要因の1つであることを取り扱いたい．経済学者も地理学者もともに，大規模な市場は当該地域に設立された企業の利潤を増大させる傾向があることに同意している．第1に，企業が支払う総輸送費を最小化する立地先を選択する立地問題に関して，Weber（[1909] 1927）は，他の市場と投入源の加重合計を上回るウェイトを持つ市場——または投入源——は，常に企業の最適立地点であるということを示した．[1] 同じように，重力方程式は，大規模市場に良いアクセスを持つ立地先が企業に大きな利潤機会を与えると主張する．[2] 生産量の増大もまた平均生産費用を下落させるから，企業の利潤は収穫逓増によってさらに高まる．その結果として，小規模市場より大規模市場の方がより多くの企業を引き付けると予想するのは，妥当であると思える．このアイデアは，企業が自らの製品を販売することができる市場に最良なアクセスを持つ場所に立地する傾向があるとする，アメリカ人地理学者 Harris（1954）によって発展させられた市場ポテンシャル理論と一致する．[3] 国の発展にとって市場規模が重要であるということは，経済歴史家 Pollard（1981, 249）によっても強調されている．彼は，

---

[1]　ウェイトとは，企業から企業へ発送される量に該当する財の輸送費率を掛けたものとして解釈されるべきである（Beckmann and Thisse, 1986）．

[2]　このような利潤機会は，地域に立地する企業家のシェアで計測されるかもしれない．Sato, Tabuchi, and Yamamoto（2012）は，日本の都道府県において，人口密度が10％増大すると，企業家になる人々のシェアがおおよそ1％増大することを示している．

[3]　ある地域の市場ポテンシャルとは，各地域のGDPにその他地域までの距離の逆数でウェイト付けしたものの合計である，としてハリスが定義したことを思い出してほしい．

輸出主導型発展の実例は存在するが,「自国市場の堅牢な基礎なしに産業複合体を構築することは明らかに難しい」と述べている.自国市場が大きいことは,国内に立地する家計と企業との間の相互作用や行動によってしばしば説明されている.

完全競争と規模に対して収穫一定の下では,国の規模は重要ではない.このことは,なぜ新古典派の貿易モデルが,国際間における生産性または賦存生産要素の相対量の差異に基づき構築されてきたのかを説明している.しかしながら,企業が収穫逓増の下で操業し,財の輸送に費用がかかることを認めるならば,事態は異なってくる (Dixit and Norman, 1980; Helpman and Krugman, 1985). 実際に,企業は,どこに立地するかを選択するときに,空間経済学の核心である**近接性と競争とのトレードオフ** (proximity-competition trade-off) に直面する.一方で,企業は,より有効に規模の経済を利用でき,輸送費を節約できる大きい市場への近接性から便益を得る.他方で,より多くの企業が同じ地域に立地選択するとき,企業はより厳しい競争に直面する.利潤最大化行動をとる企業はまた,その製品を配達するときに,企業が負担する輸送費を最小化するので,その他の条件が等しければ,より大きな市場に立地するであろう.

それにもかかわらず,より多くの企業が大きい市場に立地するとともに,競争が激化し,マークアップ率が抑えられ,需要が分割される.正の輸送費の存在の下では,競争相手から離れて立地することにより価格競争を緩和できるので,そのような競争圧力は,企業が集積するのを抑える傾向にある.これは,空間競争の価格効果に相当する.

したがって,企業の地理的分布は2つの対立する力,すなわち,**市場アクセス効果** (market-access effect) と**市場クラウディング効果** (market-crowding effect) との間の相互作用の結果である.後者は空間競争理論において強調され(第7章参照),前者は新貿易理論において強調されてきた (Dixit and Norman, 1980; Helpman and Krugman, 1985). したがって,我々は2地域モデルを考えているが,働く力は空間競争理論におけるものと同じである.主たる差異は,ここでは,集積形成への新しい経路をとらえることのできる,一般均衡的な枠組みで分析することである.例えば,投資の立地先を変更することによって,資本所有者は各国内での競争の激しさに影響を与え,外国製品の市場浸透をより容易に,あるいはより困難にする.これは,また,各市場における操業利潤に影響を与える.さらに,企業の立地に影響を及ぼす需要の空間分布は,資本のレンタル率の決定を通して,企業の空間分布に依存する所得の空間分布とともに変化する.

9.1 はじめに

　Redding and Venables（2004）によって始められた種々の実証研究は，地域の経済パフォーマンスと市場ポテンシャルとの間に正の相関があることを確認した．実証研究を注意深く論評した後で，Redding（2011）は，「市場アクセスと経済活動の空間分布との間には単なる関連性だけでなく，因果関係も存在する」と結論している．例えば，経済活動の驚くべき地理的集中の1つは，アメリカの「サンベルト」として知られているものである．国全体の面積の6分の1を占めるその地域は，100年近くにわたり，国全体の製造業の産出額のおよそ5分の4を占めていた．Klein and Crafts（2012, 800）は，「市場ポテンシャルは，1880-1920年の期間を通じてアメリカにおける製造業の立地に重要なインパクトを与え，…それは要素賦存量以上に重要であった」ことを示している．同じ流れで，Head and Mayer（2011, 282）は，1965-2003年の期間における市場近接性と経済発展との間の関係を分析し，「市場ポテンシャルは1人当たり所得を増加させる強力な原動力である」と要約している．これは，外見上は逆説に見えるかもしれない．しかしながら，財の輸送費の低下により競争が激化したため，今日の企業は，高い輸送費による自然な防壁によって保護されている世界にいたときよりも，優位性のわずかな差に関心を持つようになった．

　2008年ノーベル経済学賞の式典でスウェーデン王立科学アカデミーは，次のように述べている．「伝統的に，貿易理論と経済地理学は経済学の別々の分野として進化してきた．しかしながら，最近になって，新しい理論的な洞察により，両者がますます統合されるようになってきており，同じ基礎的な力が，生産要素の所与の国際的分布の下における各国の特化（貿易理論）と各国の生産要素の長期立地（経済地理学）を同時に決定するということが強調されている」．この章の構成は，この進展を反映している．

　9.2節において，Ottaviano, Tabuchi, and Thisse（2002）によって展開された独占的競争の線形モデルを紹介する．CESモデルと線形モデルは「代替」関係ではなく「補完」関係とみなされるべきである．線形の均衡条件式を得るので，均衡解を完全に解析的に求めることができる．その解は，経済統合の競争促進効果により誘発することを明確な方法でとらえている．より正確に言えば，線形モデルは，市場価格と交易フローが市場規模と経済統合の度合いによってどう影響されるのか，を示すことができる．9.3節と9.4節では，このモデルを，消費者の地理的分布が固定されているときの産業立地の研究のために用いる．これは，Lösch（1940, chap. II）によって研究され，それ以来立地論の中で広範囲に研究された主題である．し

かしながら，両者の間には差異がある．標準的な立地論では，空間は直線または平面によって表されるが（Beckmann and Thisse, 1986），ここでの空間は，貿易理論のように，2つの地域または国によって表現されている．空間的な観点からすれば，2地域モデルは単純すぎるが，ここで用いられる設定は，ミクロ経済学的な内容においてより豊かである．

　最初に，すべての企業はそれぞれ差別化された製品を同一の技術の下に生産するという意味において，同質な企業の場合を考察する．この場合の主たる結論は，規模の大きい国はその大きさに見合う以上のシェアの資本を引き寄せるという自国市場効果である．この結果は，資本は必ずしも豊富な国から乏しい国へ流れるわけではない，という Lucas（1990）の逆説に1つの合理的な説明を与えている．さらに，輸送費が低下するときには，自国市場効果はより大きく働く，すなわち，市場統合は資本の空間分布のギャップを拡大するという結果も得る．この結果は，貿易障壁を国間での収束の障害物とみなす，標準的な貿易理論の第2の結論と矛盾するものである．概して言えば，これら2つの結果は，多くの貿易理論の予想と反対の結果となっている．輸送費の着実な低下は，大きい地域に企業集積を円滑に導くということにも留意してほしい．8.3節で検討した CP モデルで観察したことと違って，消費者の移動不可能性が大地域の市場の急激な拡張を妨げるから，経済活動が突然に集積することはありえない．

　次に，異質的企業の場合には，自国市場効果がどれほどみられるかを検討する．そうすることで，企業が同質であるときには現れなかった空間選択の過程を明らかにする．これは，輸送費が低下するとともに，より効率的な企業が大きい地域に集中し，一方でより非効率な企業が小さい地域に立地するというものであり，データで観察されている（Syverson, 2004; Foster, Haltiwanger, and Syverson, 2008）．これは，地域格差の拡大に対するもう1つの理由を提示している．すなわち，異質な企業がこのように選別されて立地することにより，大きい地域はさらに生産的となり，小さい地域はさらに生産性が低くなる．

　独占的競争の線形モデルの主たる落とし穴は，所得効果が働かないことである．言い換えれば，資本レンタル率の均衡値は，需要の空間分布にインパクトを与えず，需要分布は労働者の分布のみに依存する．これが，9.5節で CES モデルに戻る理由であり，そこでは，賃金が内生化された完全な一般均衡モデルで自国市場効果を分析する．Takahashi, Takatsuka, and Zeng（2013）が示したように，このアプローチはより複雑になるが，より豊かな結果を導き出す．第1に，自国市場効果はそ

9.1 はじめに

こでも働く.第2に,大国の賃金は,小国の賃金を上回る.これらの状況の下では,大国で生産された製品の価格は,小国で生産された製品の価格を上回る.その結果として,大きい市場に立地する各企業の輸出量は,小さい市場に立地する各企業の輸出量より少なくなる.この文脈において,大国はその大きさに見合う以上のシェアの製品を生産し,小国は大国に資本を輸出するから,国際収支は均衡する.

最後の9.6節では,産業クラスターに注目する.いくつかの産業地区では,ハイテク活動が行われているが (Saxenian, 1994),他の地区では,より伝統的で,労働集約的な活動が行われている.後者の例は,「第三のイタリア」の中に多くみられる——陶磁器のタイルに特化したサッスオーロ,毛織物で有名なプラート,靴を生産しているモンテグラナーロ,木材家具で有名なノガーラなど (Pyke et al., 1990, chaps. 4 and 5).また, Hanson (1996, 1266) は,「ニューヨーク市に主なアパレル生産者が存続しているという事実は,おそらく,地域特化の経済を見つけることができる最も説得力のある証拠である」と的確に指摘している.我々の研究戦略は地域特化の経済をブラックボックスとして見ることである(4.2節参照).手っ取り早い方法は,それらの特定化の詳細を精査することなしに,経済活動の空間分布に対する地域特化の経済に共通する含意を探索することである. Porter (1998, chap. 7) によれば,産業クラスターの形成は,地域特化の経済の大きさ,価格競争の激しさ,および輸送費の水準,の3つの異なる力の相対的な強さに依存しているようである. Belleflamme, Picard, and Thisse (2000) に従って,我々は,グローバル経済の中で地域特化の経済が,市場競争によって生成される分散力と相互作用しながら,どのようにして様々なクラスターを形成するのかという点に議論を集中させたい.実際,地域特化の経済が集積力をもたらすとしても,一方では,地理的近接性が生産物市場において価格競争を激しくさせるということはよく知られている (7.3節参照).言い換えれば,企業は地域独占力を享受するために,お互いに分散立地する誘因を持つ.したがって,企業は,一緒になって立地すれば費用を低く抑えられるのに対して,分散立地すれば,より高い価格で自分たちの生産物を売ることができる.

しかしながら,これでこの物語は終わりではない.たとえ価格競争が生産物の差別化によって緩和されても,輸送費が高いときには,企業は離れて遠くに立地したがる.なぜなら,需要の空間分布は,企業立地やクラスターの規模によって影響を受けないと想定されているから,集積による費用削減効果は,移出の下落による影響を上回らないかもしれない.対照的に,企業は域内市場の独占者となることによ

って，より高い利潤を上げることができる．したがって，企業が集積立地するためには，輸送費は十分に低くなければならない．言い換えれば，クラスターの形成による地域優位性（地域特化の経済）を享受するためには，企業はほとんどすべての市場に等しく生産物を供給（グローバリゼーション）できなければならない．したがって，この節は，6.3節で研究したような企業間の域内相互作用と，NEG を融和させる試みとみなされるかもしれない．

9.6節の主たる目的は，他の点では対称である経済の中に，非対称な産業クラスターが出現する条件を見出すことである．特に，クラスター支持者の信条とは逆に，我々は，クラスターの規模と効率が，地域特化の経済の強さのみに依存しないことを示す．地域経済が，いかにグローバル経済に埋め込まれているかも重要である．2番目の目的は，大きいクラスターはあまりにも大きすぎるのか，という最新の政策論争の中心にある問いに付加的な洞察を与えることである．我々の答えは，否である．第6章とよく似ているが，その理由は，各々の企業は，他の企業から受け取る便益には関心を持つけれども，他の企業にもたらす生産性向上の利得を無視するからである．最後に，企業の分布は，9.6節では経済の供給面によって決められるが，より前の節では需要面で決定されていることに留意してほしい．

9.2 独占的競争の下での交易

この章の目的は，市場統合が市場全域で企業の空間的分布にいかに影響を及ぼすのかを研究することであることを思い出してほしい．記号の簡略化のために，目的にとってあまり重要でないパラメータを規準化する．

9.2.1 独占的競争の線形モデル

ここでは $2\times2\times2$ のモデルを考察する．すなわち，グローバル経済は，2つの部門（農業と製造業），2つの地域または国（$r=1,2$），および2つの生産要素（資本と労働）から構成される．グローバル経済全体の人口は，1に規準化する．地域1はより大きな人口を持ち，地域1の消費者のシェア（および大きさ）を $\theta\in(1/2,1)$ で表す．各個人は1単位の労働と1単位の資本を賦存量として持ち，両者はともに非弾力的に供給される．したがって，θ は，また，労働と資本の地域1のシェア（および大きさ）を表す．要するに，要素賦存量の相対比は2つの地域で同じであり，規模においてのみ異なる．これらの状況の下では，ヘクシャー＝オ

9.2 独占的競争の下での交易 397

リーンの世界であれば，交易は起こらない．

消費者は移動不可能であり，彼らが居住する地域で労働を供給する．対照的に，消費者は，より高いレンタル率を求めて，自由に，どこへでも資本を供給することができる．資本投資から得られる収益は本国へ送還される．言い換えれば，資本の空間的分布は，内生的に均衡値として決定される．

以下において，賃金は外生的に与えられており地域間で同一と設定することにより，市場統合が資本の空間的分布に与えるインパクトに集中する．これは，農業財が両地域で生産され，かつ，両地域間を輸送費ゼロで交易される，という仮定によって保証される．労働はニューメレールとして選択され，したがって，賃金 w は 1 と設定する．

製造業部門は，単位連続体の水平的に差別化された製品を生産し，各製品は指標 $i \in [0, 1]$ によって示される．各製品は，収穫逓増と独占的競争の下で，単一の企業によって生産される．範囲の経済は存在せず，したがって，企業は単一の製品を生産する．消費者は多様性を好むので，どの企業も，存在する製品の複製でなく，独自の製品を生産することにより市場のより高いシェアを獲得できる．操業するに当たり，企業は 1 単位の資本を必要とするとともに，生産に正比例する労働量を雇用する．したがって，製品 i の q 単位を生産する総費用は，$C(q) = r + cq$ である．ここで，r は（内生的な）資本のレンタル率であり，c は限界生産費用である．この設定は「フットルースな資本」(FC) モデルとして知られている．

製品 $i \in [0, 1]$ の q_i 単位の消費から得られる効用は，次のように与えられる．

$$u(q_i) = \alpha q_i - \frac{\beta}{2} q_i^2 - \frac{\gamma}{2} q_i \int_0^1 q_j \mathrm{d}j \tag{9.1}$$

したがって，製品 i の限界効用は，それ自身の消費とともに，また，製造業財の総消費とともに減少する．最後の項の存在は，選好が加法的でないことを意味する．部分効用 (9.1) は，線形効用の中に入れ子状に収まる．

任意の所与の価格の組 (p_i) が与えられたとき，消費者は，製造業財の消費量の組 (q_i) とニューメレールの消費量 q_0 を，予算制約式の下で，(9.2) 式の効用を最大化するように選択する．

$$U(q_0; q_i, i \in [0, 1]) = \alpha \int_0^1 q_i \mathrm{d}i - \frac{\beta}{2} \int_0^1 q_i^2 \mathrm{d}i - \frac{\gamma}{2} \int_0^1 q_i \left(\int_0^1 q_j \mathrm{d}j \right) \mathrm{d}i + q_0 \tag{9.2}$$

予算制約式は次式で与えられる．

$$\int_0^1 p_i q_i di + q_0 = 1 + r + \bar{q}_0$$

ここで，右辺は消費者の所得である．初期賦存量 $\bar{q}_0$ は十分に大きいので，農業財の消費は常に正であると仮定する．この仮定は，消費者が各財に対して嗜好を持つという考えをとらえたものである．

効用関数 U の各パラメータは次のように解釈される．パラメータ α はニューメレールに対して製造業財を選好する度合いを表している．それに対し，$\gamma > 0$ は製品 i と他の製品との間の代替性の程度を表している．より大きい γ は，それぞれの製品があまり差別化されていないことを意味しており，代替性の強い他の製品の消費は，製品 i の消費による効用を減少させる．次に，パラメータ β について検討する．消費者が合計 Q の量の製造業財を消費すると仮定し，$[0, x]$ に属する各製品は Q/x だけ消費され，$(x, 1]$ に属する残りの製品の消費量はゼロであるとする．この消費パターンを (9.2) 式で評価すると，次式が得られる．

$$U(q_0, q_{i \leq x}) = \alpha Q - \frac{\beta}{2x} Q^2 - \frac{\gamma}{2} Q^2 + q_0$$

この関数 U は x に関して増加するので，製品の多様性が最大となる $x = 1$ で効用は最大となり，以上から，2次形式の効用関数は多様性への選好を示しており，β の値はその強さを表す．すなわち，β の大きい値は，消費者が製品の全範囲にわたり消費を均等化することをより好むことを意味する．[4]

予算制約式を (9.2) 式に代入し，効用を $q(i)$ について最大化することにより，以下の製品 i に対する個人の逆需要関数が得られる．

$$p_i = \alpha - \beta q_i - \gamma \int_0^1 q_j dj \tag{9.3}$$

上述したように，いくつかの規準化を導入することにより，記号を簡略化する．最初に，需要関数の切片 α を $\alpha - c$ に置き換えることによって，限界生産費用をゼロに規準化する．したがって，価格とマークアップ率は等しい．一般性を損なうことなしに，農業財の単位を切片 $\alpha - c$ が1となるように選択する．また，製造業財

---

4) この解釈の背後にある直感は，産業集中の計測で用いられるハーフィンダール指数の背後にあるものと極めてよく似ている．差別化された財の総消費を一定としたとき，U における2次の項の絶対値は，消費を少数の種類の製品に集中するとともに増加し，よって，効用を減少させる．

の単位を $\beta=1$ となるように選び，結果として，製品 i に対する需要関数は以下によって与えられる．

$$q_i = \frac{1}{1+\gamma} - p_i + \frac{\gamma}{1+\gamma}P \tag{9.4}$$

ここで，P は以下によって定義された価格指数である．

$$P \equiv \int_0^1 p_j \mathrm{d}j$$

企業全体のサイズが 1 に規準化されているので，P はまた平均価格である．[5]

価格指数 P はすべての他の企業によってなされる価格決定の総インパクトを計測する尺度として見なされる．すなわち，P が高い（低い）ほど，競争はより緩やかである（激しい）ので，製品 i に対する需要は増大（減少）する．したがって，(9.4)式は，自身の製品価格が絶対ターム（**自己価格効果**）において上昇するときのみでなく，平均価格（**差別価格効果**）に対して上昇するときにも，その製品に対する需要は減少するという考えを表している．各々の企業は，自身の価格の選択が価格指数に直接には影響を与えないので，価格指数を所与として取り扱う（**価格指数受容仮定**）．ただし，各々の企業は，全体としての市場が価格指数の値を通して自身の製品需要に対して，したがって，価格選択に対して，無視できない影響を持っていることを認識している．言い換えれば，モデルは，競争促進効果を包含する需要体系を導く．8.2 節の CES 型効用関数のモデルと違って，モデルの構造パラメータの中の変化を通じて競争を激化させたり，あるいは緩やかにさせたりすることで，各製品に対する需要の弾力性に影響を与える．

最後に，2 地域間で 1 単位の製造業財の輸送には，ニューメレールの $t>0$ 単位を必要とすると仮定する．輸送費 t は企業によって支払われる．このモデル戦略は標準的な立地論に沿っている．

立地論では，典型的には，企業は同質財を生産すると仮定されているのに，なぜ

---

[5] 線形の需要関数を用いる前述のモデルは極めて制限的であると思われるかもしれない．しかしながら，線形の需要関数は，おそらく，CES 関数から導出される弾力性一定の需要関数より特異ではない．さらに，Greenhut, Norman, and Hung (1987) は，線形需要に直面する空間的独占モデルから導かれる多くの性質は，凹または負の指数関数より非凸である需要関数の下で成立することを示した．これは，独占的競争の企業が，あたかも残差需要に対して独占者のように行動するので，言及するだけの価値がある．

企業立地モデルに製品の差別化を導入する必要があるのか，と思われるかもしれない．[6]この製品差別化の仮定は，以下の『経済史の理論』(Hicks, 1969, 56) によって強調された本質的な経済現象を捉えている．商業の拡大は商品量の増大を第一義としているのではない．（中略）利用できる商品の多様性が増大し，それに伴って生活の幅も広がっていく．「商人と取引きしている人々に帰属する利益の主要なものは，まさにこの種の利得であることはほとんど疑うことができない．［ヒックス著・新保博訳『経済史の理論』(1970, 85)］」．

第8章のように，企業が移動不可能なときの短期均衡と企業が移動可能なときの長期均衡との間を区別することにより，市場統合が実現されるいろいろなチャンネルを解きほぐす．以下では，地域1に焦点を当てる．対称的な表現が地域2についても成立する．

9.2.2 市場価格と交易フロー

ヘクシャー＝オリーンに準拠した貿易理論では，資本と労働の相対的賦存量が同じ2つの地域ないし国の間では，貿易は起こらない．しかしながら，企業は収穫逓増，および範囲の経済の存在しない状況下で生産するので，貿易により企業は国内市場・海外市場の両方でそれぞれの製品を販売する．これらの経済環境の下では，貿易により企業はより低い平均費用で生産できる．さらに，ヒックスが観察したように，貿易により，多様性を好む消費者はより広範囲の財から便益を得ることができる．

地域1に立地する企業のシェアをλで表す．これらの企業は連続体としてのプレーヤーとともに非協力ゲームを行う．各企業は自己の製品価格を販売する地域に応じて選択するという意味で，地域市場は分割されている．実証的証拠により，国際市場ではこの仮定は強く支持される．あまり知られていないが，国内でも市場分割は起こっている (Engel and Rogers, 2001; Parsley and Wei, 2001)．言い換えれば，**空間的価格差別** (spatial price discrimination) は存在する．CPモデルにおいては，氷塊型輸送費は利潤関数に掛け算の形で入るので，需要はどの販売先でも同じ弾力性を持つ．したがって，工場渡し価格と差別価格政策の両方は同じ均衡価格

---

[6] 実際に，NEGモデルの多くの結果は，同質財を販売する量設定の企業からなる寡占的競争の下でも導出されることがわかる (Thisse, 2010)．しかしながら，このアプローチは，実証的含意があまり興味深くないので，それらの2つの分野において独占的競争よりもあまり注意を引きつけなかった．

と産出量を生み出す．氷塊型輸送技術の下での空間的 CES モデルにおいては，2つの価格政策が同値であることは，あまり知られていない（Greenhut et al., 1987, chap.7）．この同値性は，加法型の輸送費を持つ線形モデルでは，もはや成り立たない．したがって，これは企業の空間的価格行動の研究に道を開いてくれる．[7]

各々の企業はそれぞれの地域市場にとっては無視できる大きさしか持たないので，各企業は，地域価格指数を与えられたものとして利潤を最大化する価格を選択する．生産物市場が清算されるとき，価格指数の均衡値はすべての企業の価格決定と整合的である．なぜならば，域内企業は対称的であるので，彼らは同じ価格でそれぞれの製品を販売する．したがって，製品の指数 i は省略できる．地域 1 に立地する企業は，以下で与えられる域内操業利潤を最大化するように域内価格 p_{11} を選択する．

$$\pi_{11}=\theta\left(\frac{1}{1+\gamma}-p_{11}+\frac{\gamma}{1+\gamma}P_1\right)p_{11}$$

ここで，価格指数 P_1 は以下のように与えられる．

$$P_1=\lambda p_{11}+(1-\lambda)p_{21}$$

ここで，価格 p_{21} は域外企業によって設定された価格である（限界費用 c はゼロに規準化されたことを思い出してほしい）．

価格 p_{11} に対して π_{11} を最大化することによって，P_1 に対応する最適な価格が以下のように得られる．

$$p_{11}^*(P_1)=\frac{1+\gamma P_1}{2(1+\gamma)}$$

したがって，各企業は，域内価格指数がより高いときには，価格競争がより緩いので，より高い価格を課す．このように，各々の企業は，各市場に関しては唯一の統計値 P_1 を知ればよいことがわかる．

地域 1 へ移出する域外企業は，以下で与えられる地域 1 での操業利潤を最大にするように，価格 p_{21} を選択する．

$$\pi_{21}=\theta\left(\frac{1}{1+\gamma}-p_{21}+\frac{\gamma}{1+\gamma}P_1\right)(p_{21}-t)$$

域外企業はすべて対称的であるので，その価格は同じであり，以下で与えられる．

---

[7] ここで，空間的価格政策を取り扱った，1970年および1980年代に展開された膨大な研究の存在に留意されたい（サーベイに関しては Greenhut et al., 1987を参照）．それらの研究成果は，NEG モデルや応用貿易理論におけるほとんどの学者によって無視されてきた．

$$p_{21} = p_{11}(P_1) + \frac{t}{2}$$

この関係を前述の P_1 の式に代入すると，価格指数 P_1 は域内価格 p_{11} の関数であることがわかる．つまり，地域1の企業によって選択される均衡価格は，不動点の条件 $p_{11}(P_1(x)) = x$ によって決定される．この不動点の値は，以下で与えられる．

$$p_{11}^* = \frac{2 + \gamma t(1-\lambda)}{2(2+\gamma)}$$

一方，域外企業が生産する各々の製品価格は以下のように表される．

$$p_{21}^* = p_{11}^* + \frac{t}{2}$$

したがって，CES関数と異なり，独占的競争の線形モデルは，可変的マークアップを生む．特に，企業数 (λ) が増えるとともに域内競争が激しくなるので，市場価格 p_{11} は λ の増加とともに低下する．さらに，輸送費 (t) が上昇すると，市場は域外企業との競争からより守られるので，t の上昇とともに p_{11} は低下する．これらの結果は空間競争理論による予測結果と一致している（4.5節参照）．

さらに，移入された製品の（引き渡し）価格は域内生産のそれよりも高いが，交易は各地域で競争を激化させる．正の輸送費によって生じる交易障壁のために，両地域において域内企業価格は平均価格以下であるが，一方域外企業の価格は平均価格以上である．しかしながら，$p_{21}^* - t = p_{11}^* - t/2$ で表される移入された製品の生産者（工場渡し）価格は域内で生産された製品価格 p_{11}^* より低い．言い換えれば，遠い場所で生産された製品の市場浸透を促進するための**フライト・アブソープション**（freight absorption）（輸送費の部分的自己負担）が存在する．したがって，フライト・アブソープションは，移入製品と域内製品の相対価格に，移入製品に有利なようにバイアスをかける．さらに，以下の価格差，

$$p_{12}^* - p_{11}^* = \frac{t}{2} + \frac{\gamma t(2\lambda - 1)}{2(2+\gamma)}$$

は，$p_{21}^* - p_{22}^*$ を上回る．これは，地域2の企業が，市場規模の差異のために，地域1の企業より多く輸送費を吸収することを意味する．

交易が生み出す競争促進効果が実現するためには，輸送費はあまり高すぎてはいけない．すなわち，$p_{12}^* - t > 0$ が成立する必要がある．この条件は，もし以下の条件が満たされれば，λ の値に関係なく成立する．

$$t < t_{trade} \equiv \frac{2}{2+\gamma} \tag{9.5}$$

より差別化された製品の下では，不等式 (9.5) はより成立しやすくなり，したがって，2地域間の交易を促進させる．このことは，製品の差別化が交易の主たる誘因の1つであるとする Krugman (1979) と符合している．

地域1の1つの企業が地域2の消費者に供給する量は，

$$q_{12}^* = \frac{2+\gamma t\lambda - (2+\gamma)t}{2(2+\gamma)} \tag{9.6}$$

である．したがって，市場統合は企業の域内販売を減少させるが，移出を増加させる．

地域1の消費者は，域外からの製品よりも，より広範囲の域内製品により良いアクセスを持っているので，$q_{12}^*(\lambda) > q_{21}^*(\lambda)$ が観察される．

地域1の移出総額は，以下の式で与えられる．

$$X_{12} \equiv \lambda(1-\theta) p_{12}^* q_{12}^* = \lambda(1-\theta) q_{12}^* (q_{12}^* + t)$$

ここで，(9.6) 式から，$p_{12}^* = q_{12}^* + t$ となる．したがって，(9.4) 式を用いて，次式が得られる．

$$\frac{d}{dt} q_{12}^*(q_{12}^* + t) = (2q_{12}^* + t)\frac{dq_{12}^*}{dt} + q_{12}^*$$
$$= -2\frac{(3-2\lambda)(1+t\lambda) + t\lambda^2}{9} < 0$$

地域2の移出総額 X_{21} に対して同じことが成立する．したがって，交易総額 $X_{12} + X_{21}$ は輸送費とともに減少する．これは重力モデルの予測と符合する．

最後に，地域1に立地する企業の規模は，以下のように与えられる．

$$q_1^* \equiv \theta q_{11}^* + (1-\theta) q_{12}^* = \theta q_{12}^* + (1-\theta)(q_{22}^* - t/2)$$

したがって，以下の式を得る．

$$q_1^* - q_2^* = (2\theta - 1)\frac{t}{2} > 0$$

つまり，より大きな地域に立地する企業の規模は，より小さな地域に立地する企業の規模より大きい．

先へ進む前に，線形モデルは有限の上限価格を有していることを思い起こそう．これは，競争の強さと交易の性質との間の関係，さらには企業や資本の地域間分布に影響を与える．例えば，大きい地域に企業が集中していると，そこにおける競争

が強まるが，一方で，対応する上限価格は低下し，域外製品の市場浸透は難しくなる．終局的には，大地域から小地域への一方向の交易のみの交易パターンを生む可能性があり，これは小地域の犠牲の下に大地域の魅力を強化する（Behrens, 2005a）.[8] 対照的に，第9章で用いた標準的な CES モデルでは，すべての差別財が双方向で交易される．

9.3 自国市場効果

次に，異なる市場規模を持つ地域間に資本がどのように配分されるかを検討する．単純化のために，各々の地域には，物的資本を求める極めて多くの潜在的な企業家がいると仮定する．競争的資本市場において，資本の収益率は企業家の入札過程によって決定され，均衡では，どの企業も厳密に正の利潤を得ることができなくなる．すなわち，企業の操業利潤は，資本収益によって完全に吸収される．言い換えれば，活動企業の総数は外生的であるが，均衡利潤がゼロであるから，あたかも自由参入が存在しているかのように，すべてが働いている．

議論を先に進める前に，前章で議論したモデルとの主たる違いを説明しておくことは有益である．ここで展開するアプローチでは，人的資本が物的資本で置き換えられる．後者は最も高い名目収益を求めるが，これに反して，前者は実質所得に関心を持つ．この差異により，モデルの分析が大いに単純化できる．以下で見られるように，これら2つの生産要素の移動性の違いは，空間経済の組織化において異なる結果を導き出す．

9.3.1 企業の立地

地域1に投資された1単位の資本の収益を r_1 で表す．そうすると，資本の任意の所与の配分 λ の下で，地域1の各企業が得る利潤は $\pi_1 - r_1$ によって与えられる．ここで，操業利潤 π_1 は以下のように定義される．

$$\pi_1 \equiv \pi_{11} + \pi_{21} = \theta(p_{11}^*)^2 + (1-\theta)(p_{12}^* - t)^2$$

前述したように，資本に対する企業家の入札過程は，企業が厳密に正の利潤を得られなくなったときに終了する．すなわち，企業の操業利潤は資本収益によって完全

---

8) 企業が異質であるときの交易フローの決定についての興味深い分析に関しては，Melitz and Ottaviano（2008）も参照．

に吸収される．

$$r_1(\lambda) = \pi_1(\lambda)$$

資本市場の清算は，資本所有者が資本をもう一方の地域へ移動させても，より高い収益を得ることができないことを意味する．正確には，内点均衡 $\lambda^* \in (0,1)$ は $r_1^* = r_2^* = r^*$ であり，一方，λ のすべての値に対して r_1 が r_2 を上回るときに，$\lambda^* = 1$ で端点均衡となる．

資本所有者は最も高い収益率を求めるから，移動のインセンティブは利潤の差異 $\pi_1 - \pi_2$ によって与えられる．(9.5) 式より，この差異は，以下で与えられる点において一意的にゼロとなる．

$$\lambda^* - \frac{1}{2} > \theta - \frac{1}{2} > 0 \tag{9.7}$$

以下で説明されるように，2つのタイプの空間均衡が生じうる．

部分的な集積 $\lambda^* < 1$ のときに，相互交易を伴う部分的な集積が地域1に起こる．この条件は，以下の不等式と同値である．

$$\frac{\theta}{1-\theta} < \frac{2(2-t) + \gamma t}{2(2-t) - \gamma t} \tag{9.8}$$

これに関して，いくつかのコメントを述べる．最初に，より大きい地域は，その人口シェア θ を上回る企業のシェアを占める．実際，(9.5) の条件の下で，以下の不等式が成立する．

$$\lambda^* - \frac{1}{2} > \theta - \frac{1}{2} \quad \Leftrightarrow \quad t < \frac{4}{2+\gamma} \tag{9.9}$$

Helpman and Krugman (1985) によって導出されたこの結果は，**自国市場効果**（home market effect: HME）と呼ばれている．小さい地域は資本移出地域（国）である．

HME が働く理由に関してさらなる洞察を得るために，条件 (9.9) を次のように書き直す．

$$2(2-t)(\theta - 1/2) - t\gamma(\lambda^* - 1/2) = 0$$

この式は，企業の均衡分布が，2つの項の間の相互作用によって決定されることを示している．最初の項は，消費者の空間分布 θ に依存する．$(\theta - 1/2)$ の係数は正であるから，輸送費を考えるとこの項は，大きい地域の**市場アクセス**における有利さを示している．2番目の項は，企業の地域間あるいは国際間の分布 λ^* に依存す

る．$(\lambda^*-1/2)$ の係数は負であるから，この項は，より多くの企業が立地する地域においては市場クラウディングが不利に働くことを示している．製品がより差別化されている（γ がより小さい）と，市場クラウディングのウェイトが減少し，大きい地域により企業を集中させることになる．極限の場合，つまり独占（$\gamma=0$）の企業の操業利潤は他の企業の立地状況に左右されないので，市場アクセスのみが重要になる．

輸送費 t は，市場アクセス効果と市場クラウディング効果の両方に影響を与えることに，注目してほしい．特に，低い輸送費 t は市場アクセス効果を強め，市場クラウディング効果を弱める．その結果，市場統合の深化とともに HME が拡大され，$d\lambda^*/dt>0$ となる．すなわち，低い輸送費は，より大きい地域に企業をより集中させる．これは次のように理解することができる．経済統合が進むにつれ，より小さい市場へ移出しやすくなり，したがって，企業は規模の経済をより強く利用できるようになる．その一方で，経済統合が深化するにつれて，競争が緩やかな小さい市場の持つ地理的な孤立による有利性を減少させる．これら2つの効果は集積をさらに推しすすめる．したがって，輸送費が低下すると，小さい地域は製造業の衰退を招き，大きい地域が利益を得る．要するに，相対的な需要に対する小さい恒久的なショックは，地域間特化によって大きな結果の違いを生む，ということである．ただし，大きい地域で企業数が増加すると，域内競争は激化し，域外企業がそこに移転するのを止めさせる力が働くので，HMEの存在は先験的には明白ではないことに留意してほしい．いずれにしても，HMEの働きは，本書の中で随所に見られる重要な結果の1つである，「低い輸送費は経済活動の地理的集中を促進させる」ということを再認識させる．

(9.6) 式と $\lambda^*>\theta$ を用いて，$\lambda^*(1-\theta)p^*_{12}q^*_{12}$ が $(1-\lambda^*)\theta p^*_{21}q^*_{21}$ を上回ることを容易に示すことができる．よって，以下の命題を得る．

命題9.1 より大きい地域は，収穫逓増の下で生産された製造業財の純移出地域（国）である．

したがって，HMEは，2つの地域は部分的に特化する．すなわち，より大きい地域は製造業財の生産に，一方，より小さい地域は農業財の生産に特化するという，需要の大きさによって誘因された交易パターンをHMEは生み出す．この交易パターンは，リカードの比較優位とは全く無関係であり，市場アクセスと市場クラウデ

ィングとの間の相互作用に依存している．最初に Krugman（1980）によって得られたこの命題は，地域の規模における優位性を具体化するチャンネルの1つを表している．自国市場効果によって生じた製造業財における交易不均衡を，同質な製品を生産する部門が吸収する．

完全な集積 以下の条件のときに，完全な集積（$\lambda^* = 1$）が起きる．

$$\frac{\theta}{1-\theta} > \frac{2(2-t) + \gamma t}{2(2-t) - \gamma t}$$

言い換えれば，2つの地域が規模に関して大きく異なり，輸送費が十分に低いときに，あるいはその両方のときには，すべての企業はより大きい地域に立地する．これは厚生に関する重要な含意を持っている．地域1の生活費用は地域2よりも低いので，地域1に居住している労働者は，地域2に居住している労働者よりも豊かに暮らせる．この厚生上の差異は，地域2の労働者がそこに居住することに対して支払う「代償」である．

要約すると，以下のような結論に達する．

命題9.2 もし (9.8) 式が成り立つならば，資本の均衡分布において，より大きい地域はその大きさに見合う以上の資本シェアを持っている．さらに，もし (9.8) 式が成り立たなければ，資本はより大きい地域に完全に集積することになる．

HME は，独占的競争の下にある市場で働く．しかしながら，市場構造の差異にかかわらず，HME は，7.3節で議論したモデルから得られた結果と強い類似性を持つことを強調したい．両節において，消費者は分散化しているが，企業は最も高い需要ポテンシャルを持つ地域に，すなわち，NEG モデルではより大きい市場を持つ地域に，空間競争モデルでは市場の中心，あるいは中央値に引きつけられる．HME はまた，大国は小国よりも広範囲の製品を輸出するという事実に対して，筋道の立った説明を与える（Hummels and Klenow, 2005）．

最後に，ここでのモデルにおいては，CP モデルにおける累積的な効果は存在しないことにも注意されたい．その理由は，生産要素としての資本は移動可能であるけれども，すべての要素所有者は移動不可能であるからである．その結果として，地域の市場規模は，CP モデルと違って成長することはできない．ここでの HME

は，地域間における所与の非対称性を反映している．実際，2つの地域が対称 ($\theta=1/2$) のときには，HME は消えてなくなり，資本分布は労働分布のミラーイメージ ($\lambda^*=\theta$) となる．

9.3.2 大きい地域はあまりにも多くの企業を集積させるのか

企業が1つの地域から他の地域へ移動するときには，企業は負の金銭的外部性を全経済に対して及ぼすことになる．より正確に言えば，企業は，移動先と移動元の両地域における生産物と資本市場に対しての，移動の影響を考慮しない．したがって，立地決定が真の社会的費用を反映していない市場価格にもとづいているので，HME は社会的余剰を低下させるかもしれない．特に，大きい市場における企業集中は，資源の浪費を招くのであろうか．この問いへの答えを分析するために，次のようなファースト・ベストの状況を考える．つまり，社会的厚生の最大化を目的とする計画立案者は，(i) 各地域に自由に企業を割り当てる，(ii) 限界費用の価格付け（限界生産費用の規準化により，$p_{11}^i=0$，$p_{12}^i=t$）の下で企業が被る損失への支払いに対して労働者からの一括払い移転を利用する，および (iii) 労働者間で個人間所得移転を利用する，ことができると仮定する．資本供給は完全に非弾力的であるので，ファースト・ベストにおける資本のレンタル料はゼロである．

個人の選好は準線形であるから，適切な厚生関数は，すべての消費者余剰の合計値である．(9.3) 式を用いると，各人の消費者余剰は次式で与えられる．

$$CS = \int_0^1 q_i \mathrm{d}i - \frac{1}{2}\int_0^1 q_i^2 \mathrm{d}i - \frac{\gamma}{2}\left(\int_0^1 q_i \mathrm{d}i\right)^2 - \int_0^1 p_i q_i \mathrm{d}i$$
$$= \frac{1}{2}\int_0^1 q_i^2 \mathrm{d}i + \frac{\gamma}{2}\left(\int_0^1 q_i \mathrm{d}i\right)^2$$

したがって，地域1における消費者余剰 CS_1 の合計は以下のようになる．

$$CS_1 = \frac{\theta}{2}[\lambda(q_{11}^o)^2 + (1-\lambda)(q_{21}^o)^2]$$
$$+ \frac{\theta\gamma}{2}[\lambda^2(q_{11}^o)^2 + (1-\lambda)^2(q_{21}^o)^2 + 2\lambda(1-\lambda)q_{11}^o q_{21}^o] \quad (9.10)$$

ここで，q_{11}^o, q_{21}^o は以下のように与えられる．

$$q_{11}^o = \frac{1}{1+\gamma} + \frac{\gamma t}{1+\gamma}(1-\lambda) \qquad q_{21}^o = \frac{1}{1+\gamma} - t + \frac{\gamma t}{1+\gamma}(1-\lambda)$$

計画立案者は，消費者が域外製品の購入を欲する（q_{12}^o と q_{21}^o が正である）限り

は交易を行う.つまり,t が $t_{opt}\equiv 1/(1+\gamma)$ よりも小さいならば,交易を行う(ここで,$t_{opt}<t_{trade}$ である).実際に,価格の地域間差異 $p_{21}^o-p_{11}^o=t$ は,1 単位の差別化された財を交易するときの正確な社会的費用を反映している.一方,市場競争においては,企業は販売を促進するために,輸送費の一部分のみを消費者に転嫁する.したがって,市場は過剰な交易を生み出すかもしれない.

社会厚生関数 $W=CS_1+CS_2$ を λ に関して最大化すると,資本のファースト・ベストの配分が以下のように得られる.

$$\lambda^o=\frac{1}{2}+\frac{2-t}{2\gamma t}(2\theta-1)$$

これから,市場競争の場合と同じく,ファースト・ベストの解は HME の特性を持っていることがわかる.しかしながら,$\lambda^o<1$ の限りでは,λ^o は λ^* より小さいから,市場競争の下では,より大きい地域に過剰な数の企業が立地している.なぜそうなるのだろうか.その答えは Ottaviano and Van Ypersele (2005) によって与えられている.最初に,利潤最大化企業は,域外市場に製品を提供するために企業に課される輸送費を最小にする立地先を選択することに注意しよう.したがって,企業は,小さい地域から大きい地域へ移出するときに(逆のときよりも),より大きな輸送費を吸収しなければならないから,企業は大きい地域に立地するインセンティブを持つ(9.2.2 項を参照).大きな地域における市場競争はより熾烈であるから,この分散力は,多くの企業が小さい地域に分散していくほどには強くない.

しかしながら,以下の条件が満たされているときには,すべての企業を大きい地域に集中させるのが効率的である.

$$\theta>\frac{1}{2}+\frac{\gamma t}{2-t}$$

これは,輸送費が非常に低い,あるいは,製品間の代替性が低いときに成立する.この場合には,市場は効率的な解を導く.それに対して,低い輸送費のときには,$\lambda^*-\lambda^o$ が t とともに増加するから,小さい地域の製造業の衰退が過度に進む.

命題 9.3 完全な集積が社会的に最適でない場合には,HME は大きい地域に企業の過度な集中を導く.

9.3.3 非交易財の立地

製造業部門のシェアは先進国経済では極端に縮小してきている.そこで,生産さ

れた場所で消費されなければならないという特徴を持つサービスの立地を取り上げ，そのときにHMEがどのように働くのかを考察しよう．言い換えれば，多くの製造業財と異なり，サービスは非交易財である．以下では，9.2節の枠組みを再解釈して，差別化された製造業財を差別化されたサービスで置きなおし，製造業財はここでは同質であり，ゼロの輸送費で交易されると仮定する．

この場合には，地域1のサービスへの需要は地域2からは生まれない．したがって，地域1の企業は λ の企業のみと競争することになる．よって，地域1の均衡価格は以下のように与えられる．

$$p_{11}^* = \frac{1}{2+\gamma\lambda}$$

立地インセンティブは，$(\pi_{11}+\pi_{12})-(\pi_{22}+\pi_{21})$ に代わって，$\pi_{11}-\pi_{22}$ で与えられる．この立地インセンティブは，以下の λ においてゼロとなる．

$$\lambda^* = \frac{1}{2} + \frac{1}{2}\frac{\sqrt{\theta}-\sqrt{1-\theta}}{\sqrt{\theta}+\sqrt{1-\theta}}\frac{4+\gamma}{\gamma} \geq \frac{1}{2}$$

したがって，資本の地域間配分は，大きい地域ではより大きくなる．しかしながら，HMEが存在するとは限らない．実際，以下の場合においてのみ，HMEが働く．

$$\lambda^* - \frac{1}{2} > \theta - \frac{1}{2} \Leftrightarrow \left(\sqrt{\theta}+\sqrt{1-\theta}\right)^2 < 1 + \frac{4}{\gamma}$$

明らかに，2番目の不等式の左辺は，θ が1/2から1に増加するとき，2から1に減少する．一方，右辺は，$\gamma<4$ のときに限り，2を超える値をとる．言い換えれば，サービス間の代替性が低いときには，常にHMEは働く．

対照的に，もし $\gamma>4$ ならば，上述の不等式は，θ が十分に大きいときのみに，成立する．具体的には，以下の不等式が成り立つときのみ，HMEは働く．

$$\theta > \frac{1}{2} + \frac{1}{2}\sqrt{1-\left(\frac{4}{\gamma}\right)^2}$$

この場合には，地域1は，サービスの差別化度合いが小さいことによって引き起こされる競争効果を打ち負かすことができるほどに，十分に大きい．これに反して，2つの地域の大きさが極めて同じのときには，逆のHMEが働く．つまり，大きい地域は，企業の比例的以上のシェアを確保するために必要な十分に大きな販路を供給しない．したがって，Behrens (2005b) が指摘したように，交易は，HMEが働くために必要でもないし十分でもない．

9.4 異質的企業

9.4.1 費用の異質性

類似の製品を販売する企業が,異なる技術を利用し,異なる規模を持ち,さらに異なる効率の度合いを示すことに関して,多くの実証的証拠が存在する (Bernard et al., 2007; Mayer and Ottaviano, 2007). それゆえに,HME がこのような文脈でどのように働くのかを問うことは自然なことである. この節では,企業が以下のように2つの異なる限界費用を持つと仮定する. 一方は,1単位の製造業財を生産するのに $m>0$ 単位の労働を必要とする高費用企業 ($v=h$) であり,もう一方は,ゼロに規準化された低単位の労働を必要とする低費用企業 ($v=\ell$) である. 生産量が q であるとき,高費用と低費用企業はそれぞれ次のような費用構造を持つ.

$$C^h(q)=r+mq \qquad C^\ell(q)=r$$

経済全体における低費用と高費用企業の(連続体としての)数をそれぞれ μ と $1-\mu$ によって表す. ここで,$0\leq\mu\leq 1$ である. 前節では,$\mu=1$ とした.

短期では,資本の地域間分布と各地域における低費用および高費用企業のシェアは固定されている. そこで,$0\leq\lambda\leq 1$ を地域1に投資されている資本量とする. さらに,地域1における v タイプ企業 ($v=h,\ell$) のシェアを $0\leq s^v\leq 1$ で示すと,$\lambda=\mu s^\ell+(1-\mu)s^h$ となる.

同じ地域に立地した高費用企業と低費用企業は同じ価格を設定しないので,地域1の価格指数は以下の式で与えられる.

$$P_1=\mu s^\ell p_{11}^\ell+\mu(1-s^\ell)p_{21}^\ell+(1-\mu)s^h p_{11}^h+(1-\mu)(1-s^h)p_{21}^h$$

短期均衡では,消費者は効用を最大化し,企業は利潤を最大化し,そして財と要素市場は清算する. 地域1に立地する v 企業は対称的であるから,同じ価格を課し,以下で示される同じ利潤を得る.

$$\pi_1^\ell=\theta p_{11}^\ell q_{11}^\ell+(1-\theta)(p_{12}^\ell-t)q_{12}^\ell$$

および

$$\pi_1^h=\theta(p_{11}^h-m)q_{11}^h+(1-\theta)(p_{12}^h-m-t)q_{12}^h$$

域内と域外企業によって設定される地域1の均衡価格は,以下のように与えられる.

$$p_{11}^\ell=\frac{1+\gamma P_1^*}{2(1+\gamma)} \qquad p_{21}^\ell=p_{11}^\ell+\frac{t}{2}$$

および

$$p_{11}^h = p_{11}^\ell + \frac{m}{2} \qquad p_{21}^h = p_{11}^\ell + \frac{m+t}{2}$$

ここで,均衡価格指数は,以下のようになる.

$$P_1^* = \frac{1+(1+\gamma)[(1-\mu)m+t(1-\lambda)]}{2+\gamma}$$

ここで以下の点を指摘しておく.(i) 域内企業数 λ とともに,地域1での競争が激化するので,そこでの価格は低下する.(ii) 低費用企業の数 μ の増大とともに,両市場がより競争的になるので,2地域におけるすべての価格は低下する.(iii) 輸送費 (t) の低下は,同質な企業の場合と同じ理由で,両市場の価格を低下させる.(iv) 域内の低費用企業によって設定される価格 (p_{11}^ℓ) は,地域1における最も低い価格であり,一方,最も高い価格は域外の高費用企業によって設定される価格である.

前述の節と同様に,もし m と t があまり大きくなくて,以下の条件が成立する場合,

$$t+m < \frac{2}{2+\gamma} \tag{9.11}$$

双方向の交易が存在する.これは,企業が同質的である ($m=0$) ときには,(9.5)の不等式と一致する.条件 (9.11) の下では,地域1に立地する各タイプの企業によって得られる操業利潤は以下のように与えられる.

$$\pi_1^\ell = \theta(p_{11}^\ell)^2 + (1-\theta)\left(p_{22}^h - \frac{t}{2}\right)^2$$
$$\pi_1^h = \theta\left(p_{11}^\ell - \frac{m}{2}\right)^2 + (1-\theta)\left(p_{22}^h - \frac{m+t}{2}\right)^2$$

Okubo, Picard, and Thisse (2010) は,$[0,1]$ における s^h と s^ℓ に関する利潤差 $\pi_1^h - \pi_2^h$ と $\pi_1^\ell - \pi_2^\ell$ との行動を研究することによって,どの空間形状が長期均衡であるかを決定している.彼らの分析結果は,以下のように要約できる.

(i) 2地域が極めて異なる規模を持つときには,近接性の便益が競争効果に勝るので,すべての企業は,大きい地域に集積する ($s^\ell = s^h = 1$).地域1は十分に大きいので,市場へのアクセスが常に支配的な力となる.逆の理由で,小さい地域での集積は決して均衡ではない.

(ii) 市場規模の差異が小さくなるとともに,一部の高費用企業は,小さい地域

に移転する ($s^\ell=1$ および $0<s^h<1$)．そうすることによって，低費用企業の競争に対して防護をする一方で，地域2のより競争の少ない域内市場から便益を得る．

(iii) 規模の非対称性がさらに小さくなるとともに，高費用企業が地域1からなくなり，長期均衡は完全な選択となる．すなわち，すべての高費用企業は小さい地域に立地し，すべての低費用企業は大きい地域に立地する ($s^\ell=1$ および $s^h=0$)．

(iv) 最後に，市場規模の非対称性がさらに十分に小さくなるとともに，一部の低費用企業は小さい地域に移転する．なぜなら，それら移転した企業は，大きい地域に残っている多くの低費用企業との競争を緩和できるし，一方で，地域1に近い大きさの市場を持つ地域2において，費用優位から便益を得ることができる ($0<s^\ell<1$ および $s^h=1$)．

HMEはこの文脈で今なお働くのであろうか．この問いに答えるために，上記の4つの均衡形状を順に検討する．

(i) 集積形状において，$\lambda^*-1/2$ は $1/2$ に等しく，一方，$\theta-1/2$ は $1/2$ より小さいので，前者は後者を上回る．

(ii) 高費用企業の部分的選択を含む形状においては，以下の式が成立する．

$$\lambda^*-\frac{1}{2}=\frac{2-t-m(2+\gamma\mu)}{\gamma t}(2\theta-1) \tag{9.12}$$

不等式 (9.11) の下で，$(2\theta-1)$ に掛かる項は常に $1/2$ より大きい．(9.12) 式は，企業が同質である ($m=0$) ときの不等式 (9.7) と同一であることに注意してほしい．

(iii) 完全な選択を持つ形状においては，以下の式が成立する．

$$\lambda^*-\frac{1}{2}=\mu-\frac{1}{2}$$

不等式 (9.11) を用いると，この式は $\theta-1/2$ を上回る．

(iv) 最後に，低費用企業の部分的選択を含む形状においては，以下の式が成立する．

$$\lambda^*-\frac{1}{2}=\frac{2-t+\gamma m(1-\mu)}{\gamma t}(2\theta-1)$$

$(2\theta-1)$ に掛かる項は，(9.12) 式の対応する項を上回る．したがって，それはまた $1/2$ を上回る．要約すれば，均衡形状においては，常に以下の不等式が成立する．

$$\lambda^*>\theta$$

したがって，以下の命題が得られる．

命題9.4 企業の異質性の程度に関係なく，HMEが働く．さらに，大きい地域は常に小さい地域より低費用企業の高いシェアを持つ．

輸送費の低下は，市場規模の非対称性の増大と同じく，企業の立地と選択に影響を与える．特に，市場統合が深化するとともに，高費用企業が移転を始める前に，低費用企業は小さい地域から大きい地域に完全に移ってしまう．言い換えれば，輸送費の低下は，最初に低費用企業を大きい地域に立地させる．そして，低費用企業がすべて移転した後に，高費用企業も小さい市場から移転する．その結果として，大きい地域における低費用企業のシェアは，高費用企業のシェアを常に上回り，一方で，反対のことが小さい地域で起きる．したがって，輸送費の低下とともに，高費用企業が小さい地域から撤退し始める前に，低費用企業はその地域から撤退する．

これらの結果は，異なる大きさの地域間における相対的な競争性について重要な含意を持っている．すなわち，大きい市場は小さい市場よりも，常に生産的である．このことは，9.1節で紹介した実証研究と整合的である．しかしながら，貿易の自由化は，必ずしも地域間格差を拡大しない．実際，貿易の自由化と地域間生産性ギャップとの間の関係は，逆U字型の関係にある．輸送費が極めて高い値から下落するとき，低費用企業が大きい地域に移転するから，生産性ギャップは拡大する．対照的に，低費用企業と高費用企業とが地域的に完全に分離しているときには，輸送費の低下は，各地域の平均生産性に影響を与えない．最後に，輸送費がさらに下落すると，高費用企業も大きい地域に移動するので，その地域の生産性を低下させ，したがって，生産性ギャップを減少させる．

2つ以上のタイプの企業を取り扱うことは，技術上の困難さを生み出す．しかしながら，主な結果は，保持される．つまり，市場をまたぐ企業の空間的な選択は，それぞれの生産性に基づいたカスケード状の過程に従う．特に，連続体としての企業タイプが存在する場合には，常に完全な空間的淘汰が存在する（Nocke, 2006）．

9.4.2 質の異質性

水平的に差別化された製品の仮定は，多くのNEGモデルによって共有されている．ただし，NEGモデルは，異なる都市や地域で入手できる製品の間には，質においても差別化が存在するという事実を無視している．上述したモデルは，水平的ならびに垂直的に差別化された製品を取り扱えるように，容易に修正することがで

きる．すべての消費者がそれらのランキングに同意するときに，2つの製品は垂直的に差別化された財である，ということを思い出してほしい．したがって，垂直的な差別化は，製品に対する選好度が，質の分布によって表現されると仮定することによってとらえることができる．これは，所与の一連の価格の下において，製品間に違った需要を生み出す．このことは，部分効用の (9.1) 式を以下の式で取り替えることにより達成することができる．

$$u(q_i) = \alpha^v q_i - \frac{\beta}{2} q_i^2 - \frac{\gamma}{2} q_i \int_0^1 q_j \mathrm{d}j$$

ここで，α^v は質のパラメータである．消費者が特定の製品に対して支払う意思のある最大の価格は，質のパラメータ α^v とともに上昇することを容易に示すことができる．

上述したアプローチを利用するために，すべての製品を高品質と低品質の，2種類の製品に分けることができると仮定する．この場合に，効用 (9.2) は，以下の式によって置き換えられる．

$$U(q_0; q_{vi}, v = h, \ell \text{ および } i \in [0, 1])$$
$$= \alpha^h \int_0^\mu q_i \mathrm{d}i + \alpha^\ell \int_\mu^1 q_i \mathrm{d}i - \frac{\beta}{2} \int_0^1 q_i^2 \mathrm{d}i - \frac{\gamma}{2} \int_0^1 q_i \left(\int_0^1 q_j \mathrm{d}j\right) \mathrm{d}i + q_0$$

ここで，$\alpha^h > \alpha^\ell$ であり，μ は高い質の製品のシェアである．α^h と α^ℓ との間の差異は，以下の式で与えられる需要関数の中に表現されている．

$$q_i^h = \frac{\alpha^h}{1+\gamma} - p_i + \frac{\gamma}{1+\gamma} P \qquad q_i^\ell = \frac{\alpha^\ell}{1+\gamma} - p_i + \frac{\gamma}{1+\gamma} P$$

ここで，$\alpha^h > \alpha^\ell$ であるから，高品質の製品に対する需要は，低品質の製品に対する需要よりも常に大きい．これは，高品質の企業に，より大きい市場力を賦与し，したがって，低費用企業が高費用企業よりも低い価格を設定するように，高品質の企業に高い価格を設定させる．

もし両タイプの企業が同じ費用関数 ($C^v = r$) を持つと仮定するならば，$\alpha^h = 1$ および $\alpha^\ell = 1 - m$ と設定することによって，高品質（低品質）の企業が低費用（高費用）の企業の場合と，形式的に同値であることを示せる．したがって，質の異質性と費用の異質性は，類似の結果を導く．特に，命題9.4が成り立つ．したがって，大きい地域はより多くの製品にアクセスできる（HME）ばかりでなく，小さい地域に比べて大きい地域には，高品質の製品を生産する企業がより多く集まっている．

この結果は，Berry and Waldfogel (2010) や Handbury and Weinstein (2011) によって報告されている実証的証拠と一致している．しかしながら，垂直的な差別化が存在するときには，企業の淘汰作用により，大きい市場に残る企業の数は少ないことに留意してほしい．これは，低品質の企業が，小さい地域に立地することにより，高品質の企業から身を守ろうとするからである．[9]

9.5 一般均衡における自国市場効果

9.3節で行った分析枠組みの主な問題点の1つは，農業財の輸送費がゼロであるという点である．NEGモデル開発の初期段階では解析上便利であったが，このような仮定は，交易をするために様々な障害が企業立地に与える影響を把握するための設定としては奇妙である．さらに，もう1つの問題点は，NEGモデルでは選好が準線形で表されているから，資本収益の水準が製造業財の需要に，したがって，企業の地域間分布に対して何ら影響を与えないという点である．これらすべてが，線形モデルに強い部分均衡の色彩を付与している．前者の問題をうまく回避するには，1部門のみの経済を仮定する方法と農業財の輸送に費用が掛かるとする2つの方法がある．どちらの場合も，賃金は地域間で異なる．一方，後者の問題を回避する方法として，第8章で用いた選好構造に戻る．選好はもはや準線形ではなく，海外投資によって得られた所得は，資本所有者が生活し消費する本国へ送還されるので，資本のレンタル率の水準は，この部門の立地先ともとの両地域における製造業財の需要に影響を与える．その結果として，資本所有者の居住地は今や重要となる．ヘクシャー＝オリーン型の比較優位が存在しないということは，この節で展開する分析にとって重要である．なぜなら，それによって，資本所有者の立地が所得の地域間分布に，したがって，企業の空間分布に与えるインパクトが中立化されるからである．明示的に言及しない限り，表記は以前の節で用いたものと同じである．

9.5.1 1部門経済の場合

Takahashi et al. (2013) に従い，製造業部門のみからなる経済を仮定する．選好

---

[9] Picard and Okubo (2012) は，高付加価値財を販売する企業がより多くの消費者を持つ地域に集中するということが起こる，より広い分析枠組みを開発した．しかしながら，企業の空間分布は，嗜好分布の特性に決定的に依存している．特に，逆のHMEも生じうる．

9.5 一般均衡における自国市場効果

は以下によって与えられる．

$$U = \left(\int_0^M q_i^\rho \, di \right)^{1/\rho}$$

製品 i の需要は，以下のようになる．

$$q_i = Y p_i^{-\sigma} P^{\sigma-1}$$

ここで，P は (8.5) 式で与えられる財の価格指数である．

製造業部門の各企業は，資本の単位固定資本投入量と $(\sigma-1)/\sigma$ の限界労働投入量を必要とする．地域2における労働はニューメレールとして選択され，したがって，$w_2 = 1$ であり，一方 $w_1 = w$ は内生的に決まる．9.3節では $w_1 = w_2 = 1$ であったことを想起してほしい．

地域 r に立地する企業の利潤関数は，次式で与えられる．

$$\pi_1 = \left(p_1 - \frac{\sigma-1}{\sigma} w \right) q_1 - r_1 \qquad \pi_2 = \left(p_2 - \frac{\sigma-1}{\sigma} \right) q_2 - r_2$$

ここで，q_r は (8.11) 式で与えられる．1階の条件から $p_1^* = w$ と $p_2^* = 1$ が得られる．

$\phi = \tau^{-(\sigma-1)} > 1$ とする．(8.11) 式の均衡消費と価格を利潤関数に代入することによって，以下の資本のレンタル率を得る．

$$r_1(\lambda) = \frac{1}{\sigma} \left[\frac{w^{1-\sigma} Y_1}{\lambda w^{1-\sigma} + \phi(1-\lambda)} + \frac{\phi w^{1-\sigma} Y_2}{\lambda \phi w^{1-\sigma} + (1-\lambda)} \right] \tag{9.13}$$

$$r_2(\lambda) = \frac{1}{\sigma} \left[\frac{\phi Y_1}{\lambda w^{1-\sigma} + \phi(1-\lambda)} + \frac{Y_2}{\lambda \phi w^{1-\sigma} + (1-\lambda)} \right] \tag{9.14}$$

ここで，地域所得は内生的に決まり，以下によって与えられる．

$$Y_1 = \theta[\lambda r_1 + (1-\lambda) r_2 + w] \tag{9.15}$$

$$Y_2 = (1-\theta)[\lambda r_1 + (1-\lambda) r_2 + 1] \tag{9.16}$$

これらの式は，地域所得が資本のレンタル率——投資収益は本国へ送還されることを想起してほしい——と地域1の賃金率の両方に依存することを示している．その結果として，資本収益と賃金が各地域の製造業財の需要，したがって，企業の総利潤に影響を与える．所得効果によって生み出される一般均衡効果は9.2.2項では存在しなかった．

(9.13) 式から (9.16) 式を用いることで，資本市場清算は以下の式を意味する．

$$r = r_1 = r_2 = \frac{Y_1 + Y_2}{\sigma}$$

この式を (9.15) 式と (9.16) 式に代入することによって，均衡地域所得と資本収益率は賃金率 w の関数として以下のように表すことができる．

$$Y_1 = \frac{\theta[\sigma w + (1-\theta)(1-w)]}{\sigma - 1}$$

$$Y_2 = \frac{(1-\theta)[\sigma - \theta(1-w)]}{\sigma - 1}$$

$$r = \frac{\theta w + 1 - \theta}{\sigma - 1}$$

最初に (9.15) 式と (9.16) 式を加算し，次に r を代入することによって，以下のような地域1の労働所得を得る．

$$\lambda \frac{\sigma - 1}{\sigma}(Y_1 + Y_2) = \lambda(\theta w + 1 - \theta)$$

これは，また，θw に等しいので，$\lambda(\theta w + 1 - \theta) = \theta w$ の方程式を解くことによって，地域1の均衡賃金率と企業数との間の，以下の関係を得ることができる．

$$\lambda^* = \frac{\theta w^*}{\theta w^* + 1 - \theta}$$

これは，以下と同値である．

$$w^* = \frac{\lambda^*(1-\theta)}{(1-\lambda^*)\theta}$$

これらの関係は，大きい地域における製造業部門の規模と賃金率はともに正の関係にある，ということを示している．実際，労働供給は完全に非弾力的なので，大きい地域に企業が集まると，域内労働市場の競争は激化し，企業は労働者により高い賃金を支払うことになる．これは，次に，製造業財に対するより大きい需要を生み出し，したがって，地域2の企業にとって地域1は魅力的になる．この累積的な因果関係の過程は，CPモデルにおける累積的過程と類似性がある．しかしながら，製造業部門が大きい地域に完全に集積する前に，その過程は停止する可能性が高い．なぜなら，より多くの企業の立地に伴う賃金の上昇が，移転過程にブレーキをかけるからである．その結果として，地域1における大きい市場の優位性が高賃金によって相殺され，利潤の均等化は内点均衡で達成される．なお，$w^* = 1$ となるのは，$\lambda^* = \theta$ のときのみである．すなわち，賃金の均等化が起こるのは，資本の地理的分布が労働の地理的分布と同じであるときのみである，ということに留意してほしい．

地域1の均衡賃金の決定が残っている．この地域の労働市場清算は以下を意味す

9.5 一般均衡における自国市場効果

る．

$$\theta = \lambda \frac{\sigma-1}{\sigma} q_1$$

企業の均衡産出量 q_1^* をこの式に代入すると，賃金について以下の陰関数の方程式が得られる．

$$\mathcal{F}(w) \equiv \mathcal{G}_0(w) + \mathcal{G}_1(w)\phi + \mathcal{G}_2(w)\phi^2 = 0$$

ここで，$\mathcal{G}_0(w)$，$\mathcal{G}_1(w)$，$\mathcal{G}_2(w)$ は以下で与えられる．

$$\mathcal{G}_0(w) = (w-1)\theta(1-\theta)$$
$$\mathcal{G}_1(w) = w^{2-\sigma}[(1-\theta)w^{2\sigma-3} - \theta]\sigma$$
$$\mathcal{G}_2(w) = \theta(\sigma-1+\theta)w - (1-\theta)(\sigma-\theta)$$

前述の賃金方程式は $\sigma=2$ のとき以外は，解析的な解は存在しない．しかしながら，Takahashi et al.(2013) は，$(0,1)$ における ϕ の任意の所与の値に対して，この方程式は唯一の解 w^* を持ち，かつこの解は $w^*>1$ であることを示している．言い換えれば，大きい地域の賃金率は小さい地域の賃金率を上回っている．

以下の式に注目してほしい．

$$\lambda^* - \theta = \frac{\theta w^*}{\theta w^* + 1 - \theta} - \theta = \frac{\theta(1-\theta)(w^*-1)}{\theta w^* + 1 - \theta}$$

これは，$w^*>1$ であるから，正である．したがって，λ^* は θ を上回る．言い換えれば，大きい地域で支払った賃金が小さい地域で支払った賃金を上回るときでさえも，市場アクセスは，生産要素価格や経済活動の立地の決定において相変わらず決定的な役割を果たす．

$\mathcal{F}(w)$ の行動を調べることによって，9.3節で得られた HME の拡大効果は，ここでは観察されないことを Takahashi et al.(2013) は明らかにした．すなわち，資本の均衡シェアと均衡賃金は，8.5節と同じように，逆 U 字型の空間的発展経路に従うことを示した．言い換えれば，労働者が移動不可能である場合には，1 つの地域で企業の集中が増すと，この地域の賃金上昇を引き起こすのである．これは 2 つの相反する力を生じさせる．一方では，消費者がより高い所得を享受するので，核地域の最終需要を増加させることである．Krugman (1991b) が述べているように，最終需要は集積力である．ただし，ここでは，それは人口規模の増大によって誘発されるのではなく，賃金の上昇によって誘発される．もう一方では，賃金水準の上昇は，新しい分散力を生み出す．それは，先進国の製造業の衰退に関する多くの論争の中心である，高い労働費用である．低賃金が低い需要を相殺するときには，企

業は経済活動を周辺地域に移転させる．

9.2節と9.3節で用いた線形モデルにおいては，資本収益は同質財に支出された．したがって，資本所有権の地域間分布は企業の立地にとって重要ではなかった．しかしながら，この節では，資本収益は製造業財の需要に影響を与えるから，全く異なる結論になる．もし大きい地域における資本所有者の相対的賦存量が θ の値を上回れば（下回れば），賃金率が高い（低い）にもかかわらず，より多くの（少ない）企業が，この地域に立地するであろう．したがって，スイスのように小さいが豊かな国は，大国の犠牲の上に，企業の比較的大きなシェアを誘致するかもしれない．

この小節を終えるに当たり，2地域間の交易はバランスがとれていないことを述べておきたい．小さい地域に居住している消費者は，大きい地域に対しての投資から収益を得るので，小さい地域は移出する以上に移入する．つまり，国民総生産は国内総生産を上回る．危機以前のアイルランドがこの典型的なケースであった．

9.5.2 農業財の輸送に費用がかかる場合

8.2.2項で検討したような，2部門経済を考察しよう．そこでは，製造業の各企業は，資本の単位固定投入と労働の単位限界投入を必要とする．しかしながら，前と違って，ここでは，ある地域から他の地域への農業財の輸送には費用がかかると仮定する．具体的には，製造業（農業）財の1単位を他の地域に到着させるためには，その財の $\tau^M > 1 (\tau^A > 1)$ 単位が発送されなければならない．前節と同じく，賃金は地域間で均等になる必要はなく，$w_1 = w$ および $w_2 = 1$ と置く．農業財は収穫一定と完全競争の下で生産されるので，地域1のその価格は $p_1^A = w$ であり，一方，地域2のその価格は $p_2^A = 1$ である．さらに，8.2.1項と同様に，各企業の均衡産出量が以下のようになることは容易に示すことができる．

$$q_1^* = \frac{(\sigma-1)r_1}{w} \qquad q_2^* = (\sigma-1)r_2 \tag{9.17}$$

どのような条件の下で，HMEは働くのだろうか．もし地域1が農業財を移入するならば，これは，この財を生産するためにそこで利用できる労働が十分にないからである．この場合には，$p_2^A = 1$ であるから，$p_1^A = w = \tau^A > 1$ である．[10] さらに，均衡においては，$r_1 = r_2$ である．したがって，(9.17) 式から，地域1の企業は地

---

10) これは，地域1の労働が地域2より効率的である（したがって，前者の賃金が後者のそれより高い）と設定をすることと，形式的には同値である．

域2の企業より小規模であり（$q_1^* < q_2^*$），より少ない労働者しか雇用しない．これら2つのことが整合的であるためには，地域1は製造業の企業を比例的シェア以上に持っている必要がある．Takatsuka and Zeng (2012a) は，農業財の輸送費があまり高くなければ（$\tau^A < \bar{\tau}$），大きい地域における高賃金は HME が生じるのを防げないことを示している．さらに，地域2は農業財を地域1へ移出し，一方で，両地域は製造業財を交換する．言い換えれば，産業内交易も部門間交易も存在する．

　農業財の輸送費が高い（$\tau^A > \bar{\tau}$）場合には，農業財は移入されなくなる．この場合には，$p_1^A = w^* = \bar{\tau} > 1$ である．しかしながら，個人の所得比率 $(r+\bar{\tau})/(r+1)$ は，賃金比率 $\bar{\tau}$ より小さい．したがって，A 部門において，地域1の労働者のシェアは地域2の労働者のシェアより小さい．その結果として，製造業部門で利用される労働のシェアは，地域2より地域1の方が大きい．地域1の企業は地域2の企業より小規模であるから，地域1に立地する企業の数は θ を上回る．したがって，HME は依然として働いている（Takatsuka and Zeng, 2012a）．要約すれば，輸送費 τ^A の値に関係なく，大きい地域は製造業部門の大きさに見合う以上のシェアを常に持っている．

　上述の2つの小節の結果を総合すると，HME は費用ゼロで交易される同質財の有無に依存しない，ことが明らかである．より重要なことは，1要素モデルと2要素モデルとの間の差異である．前者では，企業の総数は可変的であるが，一方，後者では，資本供給が完全に非弾力的であるので，それは固定されている．加えて，資本移動は貿易における不均衡をもたらしうる．なぜなら，貿易の赤字は，海外直接投資によって生み出されたニューメレールの移転によって補填されるからである．しかしながら，2要素モデルでは，資本のレンタル率は内生的に決まり，9.2節と9.3節で用いられたモデルでは存在しなかった所得効果を通じて，製造業の需要に影響を与えることに留意してほしい．

9.5.3 文献ノート

4.5節では，1次元あるいは2次元空間に均等に分布している，所有者に同質財を販売する産業立地について研究した．独占的競争の空間モデルと呼ばれているこのモデルでは，資本供給は完全に弾力的であり，利子率は外生的である．一方，FC モデルでは，資本供給は完全に非弾力的であり，利子率は内生的に決まる．その結果として，前者では固定費用は外生的であるが，後者では内生的である．命題4.4によって示されたように，市場均衡では過剰な企業が参入しており，したがっ

て，企業間距離が短かすぎることを意味する．これは，命題9.3に示されているように，大きい地域における企業の過大な集中と対応している．我々の知る限りでは，FCモデルと独占的競争の空間モデルとの間の相互関係は，これまでは探求されていなかった．

ポール・クルーグマンの先駆的な論文 Krugman（1980）は，労働のみの1要素モデルを考え，各地域における企業数はゼロ利潤の条件によって決定される．この文脈では，潜在的な企業は参入するかどうかを選択するのみであり，労働は移動しないから企業は立地を選択しない．言い換えれば，各地域で操業する企業の数は，市場規模の差異と市場統合の程度によって起こる利潤機会に由来する．Helpman and Krugman（1985, chap.10）は，農業部門をこのモデルに付加し，そこでは，農業部門の生産物は，輸送費ゼロで交易されると仮定されており，地域間の賃金均等が保証される．この場合には，9.3節で示したように，HMEは存在する．対照的に，Davis（1998）は，農業財と製造業財の輸送費が同じであるときには，HMEが存在しないことを示した．Takatsuka and Zeng（2012b）は，任意の正の輸送費を取り扱うモデルを開発した．彼らは，そのモデルを用いて，農業財の輸送費があまり高くなく，農業財が小さい地域から大きい地域に交易されるときのみ，HMEが働くことを示した．それ以外の場合では，農業財は交易されず，したがって，製造業財の移出と移入が等しくなる．この状況では，HMEはもはや存在しない．すなわち，企業の分布は労働の分布を正確に反映している．

資本は移動可能であり，労働は移動不可能である，2要素モデルが，Martin and Rogers（1995）によって開発された．彼らは，(8.1)式で与えられた選好を仮定し，したがって，資本のレンタル率の水準が製造業財の需要に影響を与える．その線形版が Ottaviano and Thisse（2004）によって開発された．企業が立地を選択するという標準的な立地理論と整合的である FC モデルは，Baldwin et al.（2003）によって広範囲に研究された．そのモデルは，種々の公共政策の効果を分析する際に，基礎的な枠組みとして用いられた．特に Baldwin and Krugman（2004），Ottaviano and Ypersele（2005），Behrens et al.（2007），Behrens and Picard（2008）等の財政競争に関連した分析において利用されてきた．最近の研究の多くは，実証分析であり，9.4節で紹介した賃金方程式に焦点を当てている．Head and Mayer（2004）や Redding（2011）は，主たる論文について含蓄に富みかつ詳細なサーベイを提供している．

上述のモデルに関する，以下の2つの応用は，言及する価値がある．最初に，輸

送費は経済地理学の核となる構成要素ではあるが，輸送部門は分析上抽象的に扱われている．つまり，運賃率はパラメータとしてみなされ，市場によって決められるのではない．Behrens, Gaigné, and Thisse (2009) は，空間的集積度が上昇するとともに，輸送サービスに対する需要がより非弾力的となり，したがって，運送業者の市場力を上昇させることを示している．製造業の企業が輸送費の変化に応じて自由に立地を変えられるときには，輸送業者数の増加，あるいは輸送における限界費用の下落は，製造業の漸進的な集積を引き起こす．輸送業者が，輸送容積にコミットし，両方向の輸送サービスを提供するときには，貿易不均衡とともに運送率は非対称になる．その結果として生じる運送率の差は，HMEを一層弱め，追加の分散力を創りだす (Behrens and Picard, 2011)．

第2に，上述したモデルは，1つの工場または2つの工場かどちらかを選択する，多国籍企業に拡張することができる．前者の場合には，企業は単一の工場の固定的生産費用を負担するので，集中が見られる．一方，後者の場合には，企業は自社の生産物を他の地域に輸送する費用を節約できるので，近接性が決定的となる．CESを用いて，Toulemonde (2008) は，(i) 低輸送費の下では，すべての企業は1つの工場を持ち，(ii) 中間的な輸送の下では，単一工場と多工場企業が同時に存在し，(iii) 高輸送費の下では，すべての企業は2つの工場を操業することを示している．したがって，市場統合は，少数で大規模の工場への生産集中を導き，かつ貿易を外延的および内延的に拡大する．

最後に，いくつかの論文は，市場近接性と経済発展との間の関係を研究する新戦略を提示してきた．それらは，過去における交易関係の崩壊を生み出した，予想外の歴史的事件の影響を研究している．Redding and Sturm (2008) と Nakajima (2003) は，第2次世界大戦後の東ドイツや北朝鮮への近接性が失われたことで，新しい国境の近くに立地していたドイツや日本の都市に不利益を与えたことを示した．

9.6 産業クラスター

9.6.1 いつクラスターは出現するのか

HMEは，大きい市場の魅力を強調するが，ある市場は他の市場よりなぜ大きいのかを説明していない．この節では，9.2節の線形モデルに戻り，同じ産業内で機能する地域特化の経済が，他の点では対称である ($\theta=1/2$) グローバル経済の中で，どのように企業の非対称分布を生み出すのかを明らかにする．言い換えれば，

企業がクラスターの形成によって技術的な近接性から便益を得られることがわかったので，両地域間に市場規模の差異がないときに，企業が1地域に（部分的に）集積する条件を同定できる．さらに，このアプローチは，グローバルな金銭的外部性と，地域的な技術的外部性とを組み合わせることを可能にする．したがって，地域間における経済成果の差異が，市場ポテンシャルによってばかりでなく，域内に立地する企業間の相互作用と行動によって説明されることを認識することができる．独占的競争のモデルは，特に，多数の小規模企業から成る産業クラスターの出現の研究に適していることに留意してほしい．

地域特化の経済をモデル化するにあたり，Chipman (1970) に従い，地域 r に立地する企業の限界生産費用 c_r が，そこに立地する製造業の企業数とともに減少すると仮定する．不完全ではあるが，このブラックボックス・アプローチは，4.2節で検討したような地域特化の経済の存在をとらえることができる．我々がこのモデル化戦略を採用するのは，6.3節で検討されたような，地域間における市場競争と地域内における非市場的相互作用を同時に研究する困難さを考慮した場合の便利さという理由だけではない．同時に，クラスターは，競争とともに，グローバル経済において特定の地域が演じる役割を明示的に考慮することなしには理解できない，という理由もあるのである．

各々の企業は市場と比較して無視できるほど小さいので，各企業は限界費用 c_r をパラメータとして扱う．しかしながら，自身の立地選択が自己の生産費用に影響を与えることは知っている．したがって，異なる地域に立地する企業は，技術的に異質である．9.4節と違うもう1つの点は，異質性の度合いが内生化されていることである．なぜなら，それは，2地域間における企業分布とともに変わるからである．

所与の企業分布 λ の下で，地域1に立地する企業は，以下のように定義された操業利潤を最大化する．

$$\pi_1 = (p_{11}-c_1)q_{11} + (p_{12}-c_1-t)q_{12}$$

9.2節で説明した方法を応用することによって，以下の均衡価格を得る．

$$p_{11}^* = \frac{c_1}{2} + \frac{2+[\lambda c_1+(1-\lambda)(c_2+t)]}{2(2+\gamma)}$$

$$p_{12}^* = \frac{c_1+t}{2} + \frac{2+[\lambda(c_1+t)+(1-\lambda)c_2]}{2(2+\gamma)}$$

もし以下の条件が成立するならば，双方向の交易が生じる．

$$t+\max\{c_1,c_2\}<\frac{2}{2+\gamma} \tag{9.18}$$

この場合に，地域1における企業の均衡操業利潤は次式のようになる．

$$\pi_1(\lambda)=\frac{1}{4(2+\gamma)^2}\{[2(1-c_1)-\gamma(1-\lambda)(c_1-c_2)-t]^2+[1+\gamma(1-\lambda)]^2 t^2\}$$

次に，地域特化の経済は，以下の1次関数に従うと仮定する．

$$c_r(\lambda)=c-\alpha\lambda$$

ここで，α は $0<\alpha<c$ であり，地域特化の経済の強さを表し，α が大きいほど，地域特化の経済は強い．

$\Delta\lambda\equiv 2\lambda-1$ と置くことにより，問題の対称性を利用することができる．定義より，$c_1(\Delta\lambda)+c_2(\Delta\lambda)=2c-\alpha$ と $c_1(\Delta\lambda)-c_2(\Delta\lambda)=-\alpha(\Delta\lambda)$ を得る．その結果として，操業利潤は，次式のように書き換えることができる．

$$\pi_1(\Delta\lambda)=\frac{1}{16(2+\gamma)^2}\{[4-2(2c+t-\alpha)-\alpha\gamma(\Delta\lambda)^2+\alpha\gamma(\Delta\lambda)]^2+[2+\gamma-\gamma(\Delta\lambda)]^2 t^2\}$$

その結果，以下の均衡条件

$$r_1-r_2=\pi_1(\Delta\lambda)-\pi_2(\Delta\lambda)=\Delta\pi(\Delta\lambda)=0$$

は，次式のようになる．

$$\Delta\pi(\Delta\lambda)=\frac{\Delta\lambda}{4(2+\gamma)}\{\alpha[4-2(2c+t-\alpha)-\alpha\gamma(\Delta\lambda)^2]-\gamma t^2\}=0$$

この式は，次のように，$\Delta\lambda$ の3次関数として書き直すことができる．

$$\Delta\pi(\Delta\lambda)=\frac{\alpha^2\gamma}{4(2+\gamma)}\Delta\lambda[\Lambda-(\Delta\lambda)^2]=0 \tag{9.19}$$

ここで Λ は，以下で定義される定数である．

$$\Lambda\equiv\frac{\alpha[4-2(2c+t-\alpha)]-\gamma t^2}{\alpha^2\gamma} \tag{9.20}$$

一方，(9.19) 式の左辺の傾きは，

$$\frac{\mathrm{d}(\Delta\pi)}{\mathrm{d}(\Delta\lambda)}=-\frac{\alpha^2\gamma}{4(2+\gamma)}[3(\Delta\lambda)^2-\Lambda]$$

で与えられる．

(9.19) 式からわかるように，対称形状 ($\Delta\lambda=0$) は常に均衡である．第8章で見たように，複数均衡が存在する場合には，選択の指標として安定性を用いる．現在の文脈では，安定分析のための動学は，自然に定められる．もしある地域が他の地

域よりも高い利潤を提供することを企業が知れば，企業はその地域に立地点を移動させたいと考える．言い換えれば，前節のように，地域1と2の間の利潤の差異が原動力となる．もし $\Delta\pi$ が正で，$0<\lambda<1$ であるならば，地域2から地域1へ移動する企業も出てくるであろう．逆に，もし $\Delta\pi$ が負であるならば，反対方向へ移動する．均衡からの任意の限界的乖離に対して，上記の運動方程式が企業分布を初期のそれに戻すならば，均衡は安定的である．それゆえに，集積した形状（$\lambda=1$）は，それが均衡であるときには，安定的である．一方，内的均衡（$0<\lambda<1$）は，$\Delta\pi(\Delta\lambda)$ の傾きがその均衡の近傍で負である場合に，安定的である．

複数の安定的な均衡が現在の設定で生じる可能性がある．すべての企業が1つの地域に集積する（端点解）か，または，操業利潤を均等化するように，企業が2地域間に分布する（内点解）かのどちらかである．後者の場合では，企業は均等に分布する（$\Delta\lambda=0$）か，あるいは，不均等に分布するかの，2つのケースがありうる．

(9.19)式を用いて，均衡解は次のように特徴付けられる．(i) $\Lambda<0$ のとき，$\Delta\pi=0$ の方程式は，唯一の実数解 $\Delta\lambda=0$ を持ち，そこでは，傾きが負である．したがって，$\Delta\lambda=0$ は唯一の安定均衡である．(ii) $\Lambda>0$ のとき，$\Delta\pi=0$ の方程式は，3つの実数解，$\Delta\lambda=0$ および $\Delta\lambda=\pm\sqrt{\Lambda}$ を持つ．この場合には，次の2つのケースのうち1つが生じる．(iii) もし $0<\Lambda<1$ ならば，非対称な2つの解，$\Delta\lambda=\pm\sqrt{\Lambda}$ は均衡である．$\Delta\lambda=\pm\sqrt{\Lambda}$ で評価した $\Delta\pi$ の傾きは，$0<\Lambda<1$ なので，負であるから，両者は安定である．対照的に，対称均衡は，$\Delta\pi(0)>0$ であるから不安定である．(iv) $\Lambda>1$ のときには，非対称な内的均衡解は存在しない．$\Delta\pi(1)>0$ かまたは，$\Delta\pi(-1)>0$ であるから，$\Delta\lambda=\pm1$ のみが安定均衡である．

以上は次の命題に要約される．

命題9.5 2地域経済は常に（地域の記号づけによらない）唯一の安定な空間均衡を持つ．これは以下の3つの場合に分けられる．
(i) $\Lambda\leq0$ ならば，分散（$\Delta\lambda=0$）.
(ii) $0<\Lambda<1$ ならば，部分的な集積（$\Delta\lambda=\pm\Lambda$）.
(iii) $1\leq\Lambda$ ならば，集積（$\Delta\lambda=\pm1$）.

図9.1において，安定均衡は太線で，不安定均衡は点線で示されている．

2つの地域経済の対称性にもかかわらず，均衡において，異なる数の企業を含む産業クラスターが出現しうる．この場合，（地域1のクラスターがより大きい場合）

9.6 産業クラスター

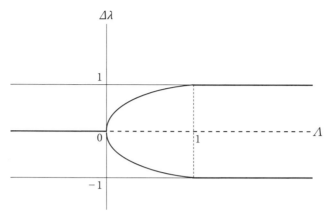

図 9.1 安定均衡

地域1における企業数は,

$$\lambda^* = \frac{1+\sqrt{\Lambda}}{2} > \theta = \frac{1}{2}$$

である.

　安定均衡においてより大きな数の企業を持つ地域は，企業のより大きな初期シェア（差異の大きさにかかわらず）を持つ地域である．この結果は，現代経済の主要な空間的な特徴の1つである，パテ-粘土型経済地理の出現を示している．より正確に言えば，輸送費用および通信費用の低下は，特定の経済活動がどこに立地するかについて，かなりの柔軟性を許容する．しかし，ひとたび空間的差異ができてしまうと，立地はまったく柔軟性のないものになる．つまり，図9.1に表示された分岐の近くで生じる小さなショックは，どちらか1つの地域に集中をもたらす．したがって，以前には類似していた地域が，おおいに異なる生産構造を持つようになる．

　λ^*はΛのみに依存するから，各々のパラメータの空間均衡へのインパクトは，(9.20) 式によって与えられたΛを通じて分析することができる．最初に，次の結果を得る．

$$\frac{\partial \Lambda}{\partial t} = -\frac{2(\alpha+\gamma t)}{\alpha^2 \gamma} < 0$$

これは，輸送費の低下がクラスター間の非対称度をより高めることを示している．言い換えれば，低い輸送費用は，他の地域を犠牲にして，経済を1地域により集積させる．この過程は，第8章で説明したCPモデルで観察された場合とは異なり,

スムーズであるということを指摘する必要がある．

さらに，以下の結果を得る．

$$\frac{\partial \Lambda}{\partial \alpha} = -\frac{\Lambda}{\alpha} + 2\frac{1}{\alpha(2+\gamma)} + \frac{t^2}{\alpha^3}$$

これは，α が十分に小さくて，以下の条件が満たされる場合には，

$$\alpha < \frac{2(2+\gamma)t^2}{4(1-c)-t} \tag{9.21}$$

地域特化の経済の度合いが大きくなればなるほど，集積度が高まることを示している．ここで，不等式（9.21）の右辺は不等式（9.18）によって正である．対照的に，不等式（9.21）が満たされないときには，地域特化の経済がより強くなるほど，より分散化を引き起こすことがわかる．この驚くべき結果は，次のように説明できる．生産費用がそれほど高くないとき，小さなクラスター内の企業は，需要の非弾力的な部分で価格を選び，一方で大きなクラスター内の企業は，弾力的な部分で価格を設定する．したがって，生産費用の低下によって，α の増加は小さなクラスターよりも大きなクラスターでの競争を大きく強め，一部の企業を大きなクラスターから小さなクラスターへと移動させる．要約すると，より強い地域特化の経済は，必ずしも大きなクラスターの成長を促進させるわけではない．クラスターの規模は，実際にグローバル市場の働きをも含む，より豊かな相互作用によって決定される．

9.6.2　大きなクラスターは大きすぎるか

ここでは，社会厚生関数を2地域の消費者余剰の合計として定義してきた．(9.10) 式で表した消費者余剰において，価格と量をファースト・ベストの値で置き換えることにより，次式を得る．

$$W = CS_1 + CS_2 = -\frac{A}{4}(\Delta\lambda)^4 + \frac{A}{4}\Gamma(\Delta\lambda)^2 + B$$

ここで，$A \equiv \dfrac{\alpha^2 \gamma}{1+\gamma} > 0$，$B$ は定数であり，

$$\Gamma \equiv \frac{1+\gamma}{2\gamma} + \frac{\Lambda}{2} \tag{9.22}$$

である．ファースト・ベストの立地パターンは，$\Delta\lambda$ に関して W を最大化することによって得られる．

命題9.5のときと同様に，証明は以下の3つのステップを踏む．第1に，最大値が内点解であるとき，以下を得る．

$$\frac{dW}{d(\Delta\lambda)} = -A\Delta\lambda[(\Delta\lambda)^2 - \Gamma] = 0$$

および

$$\frac{d^2W}{d(\Delta\lambda)^2} = -A[3(\Delta\lambda)^2 - \Gamma] < 0$$

$\Gamma \leq 0$ のとき，2階の条件が満たされているから，$\Delta\lambda = 0$ によって与えられる唯一の最大値が存在する．第2に，$0 < \Gamma < 1$ のとき，W は $\Delta\lambda = 0$ で最小値に達し，そして $\Delta\lambda = \pm\sqrt{\Gamma}$ で最大化される．そこでは2階の条件が満たされている．最後に，$1 \leq \Gamma$ のとき，社会厚生関数は $\Delta\lambda = \pm 1$ で最大化される．要約すると，以下の命題が得られる．

命題9.6 ファースト・ベストの配分は，以下のようになる．
 (i) もし $\Gamma \leq 0$ ならば，分散．
 (ii) もし $0 < \Gamma < 1$ ならば，部分的な集積．
 (iii) もし $1 \leq \Gamma$ ならば，集積．

したがって，ファースト・ベストな解は，企業が市場均衡において価格および立地点を自由に選択することができるときに生じるパターンと類似のパターンを示す．非対称なクラスターの場合では，企業の社会的に最適な分布は，

$$\lambda^o = \frac{1 \pm \sqrt{\Gamma}}{2}$$

によって与えられる．

$0 < \Lambda \leq 1$ の値に対して，Γ が Λ を上回ることは (9.22) 式から導出できる．一方，$\Lambda = 0$ のとき，$\Gamma > 0$ である．さらに，関数 Γ は t に対して厳密な意味で減少関数であるので，輸送費の低下は最適なクラスター間により非対称性を生み出す．[11] したがって，我々は次の命題を得る．

命題9.7 市場均衡は，決してファースト・ベストの最適解よりも集中しすぎていることはない．

---

11) (9.22) を用いて，Γ に対する α のインパクトは，以前に議論した Λ に対するインパクトと，類似であることは容易に確かめることができる．

したがって，効率性の観点からみて地域特化の経済の強さにかかわらず，均衡においては，より大きなクラスターが，多すぎる企業数を集中させていることはない．特に，市場解が完全な集積となったり，ファースト・ベストの解が完全な分散になったりしない限りは，計画立案者は，市場解で生じるよりもさらに非対称なクラスターを設定する．これにはいくつかの説明が必要である．ファースト・ベストの最適解では，価格は限界費用に等しく設定され，一方で，企業分布は集積の便益と総輸送費との間の差を最大にするように選択される．対照的に，市場均衡では，企業は価格競争を緩和し，高利潤を得るために空間的な分離を好む．これら2つの効果が組み合わされて，市場解と最適解との間の不一致が生み出される．これは7.3節で分析したことの再確認でもある．すなわち，価格競争は強い分散力となる．

多くの地域計画立案者が議論することとは異なり，最適な形状は，市場の結果よりも，より不均等な企業の分布を含む傾向がある．地域特化の経済が先端的な経済部門においてますます重要さを増すならば，研究開発における知識のスピルオーバーが果たす役割の拡大によって示唆されたように，ハイテク企業の地理的分布において観察される地域的不均等は，資源の不経済な配分を意味しないかもしれない．逆に，現存するクラスターの規模は小さすぎるかもしれない．

しかしながら，分散が均衡と最適解の両方に一致しない限り，地域余剰間の差異は，企業の立地に関する地域間の争いを生み出し，財政競争を生じさせるかもしれない．実際，より大きなクラスターを持つ地域は，より大きな地域特化の経済，そしてその結果としての低価格，さらには移入財に対する低輸送費から便益を得る．これは，計画立案者が地域間の公平さではなく，全体の効率のみに焦点をおいているから生じるのである．この政策は，より工業化されていない地域の消費者に補償するための所得移転が利用可能であるとき，妥当な政策となる．しかしながら，そのような再分配の手段が利用可能でないときは，全体の効率性と地域間の公平性との間にトレードオフが生じる．

9.7 結論

この章は，規模の優位と関連する，次の3つの異なる命題に興味を集中した．(i) より大きい地域は，その大きさに見合う以上の企業シェアを持つ．(ii) より大きい地域は，収穫逓増の下で生産された製造業財の純移出地域である．(iii) より大きい地域の賃金は小さい地域の賃金を上回る．これら3つの特性は同値である必

要はない.したがって,規模の優位がどのようにして経済優位を生み出すかは多様であり,そして相反する理由が存在しうる.

この章で提示した最も著しい含意の1つは,経済統合の過程において,小さな初期の優位が大きく分極化された空間の形成を導くかもしれない,ということである.そのような初期の優位は,生産要素の移動可能性,または生産物の輸送可能性が高いときに,あるいは両方が高いときに,増幅される.地域特化の経済は,規模の差異がないときでさえも,内生的に出現する非対称なクラスターを生み出すに十分である.

いくつかの注意を順に述べよう.最初に,市場ポテンシャルは,マクロ空間レベルで地域または国の経済パフォーマンスに正の影響を与える.しかし,これはミクロレベルでは必ずしも明らかではない.実際,ひとたび市場近接性が高品質の輸送インフラにより維持されるならば,距離は製品の輸送において重要ではなくなり,したがって,市場ポテンシャルはあまり重要でなくなるであろう(Combes, Duranton, and Gobillon, 2011).この場合には,第6章で議論したような域内相互作用が,より重要となるであろう(Fingleton, 2011).スピルオーバー効果の特徴である強い距離減衰効果のために,地域特化の経済は,地域内では強い集積力であるように思われる.地域間の輸送費が低いときには,これは特に正しい.この場合には,(部分的な)集積が生じる.なぜなら,企業は,高水準の地域特化の経済を享受しながら,一方では,遠方の市場で製品のかなりの割合を販売できるからである.したがって,これまでの章と同じように,しかし,必ずしも同じ理由ではないが,輸送費が低ければ経済活動は集中化したパターンを取る傾向がある.

製品の差別化が進めば集積が進むということは,新しいことではない.この事実は,第7章と第8章で議論したことと一致している.その理由はいつも同じである.すなわち,製品の差別化の程度が高いほど,企業は価格競争を緩和でき,分散力を抑えて集積力が発揮される.この集積力は,非常に異なる空間レベルにおいて重要であり,現代経済において強力な存在であると思われる.したがって,地理的な規模や作用する力は異なるけれども,同じ原因は同じ結果を導く.興味深いことに,同じ傾向が,ファースト・ベストにおいても成立する.

我々は,財の差別化が,地域間交易や生産要素の移動性を研究するうえで,自然な枠組みを提供することを繰り返し論じてきた.ただし,これまでに用いられてきたNEGモデルの1つの基礎的な特徴を見落とすべきではない.それは,これまでの2つの章で得られたすべての結果が,収穫逓増と不完全競争の組み合わせにより

導出されたものであり，必ずしも独占的競争である必要はない．例えば，同質財を生産し，量において競争するクールノー的企業は，固定的な生産費用を賄うことのできる正のマークアップ率を持つ．それゆえに，驚くべきことではないが，この章と前の章で得られた主要な結果は，この文脈においても成立する (Thisse, 2010).

さらに，大抵の文献で見落とされていることであるが，当然高い評価に値するにもかかわらず，この章で用いたような NEG 型モデルは，2つの立地点の設定のうえに組み立てられているという重大な欠点を持つ．実際，企業の立地は，いろいろな方向に企業を引き寄せる力のシステムのバランスによって決められる，ということはよく知られている．多立地点の設定が引き起こす新しい基礎的な要因は，ある2都市間の空間的な摩擦は同じではないということである．その結果として，相互作用の全ネットワーク内における各々の都市の相対的な位置が重要となる (Behrens et al., 2009; Combes, Mayer, and Thisse, 2008).

多立地経済で得られるもう1つの鍵となる洞察は，基礎を成すパラメータに少しでも変化が生じると，一般に空間経済を表すグラフの特性とともに変わる複雑なインパクトを与えるということである．2立地点のみが存在するときには，構造パラメータのどんな変化でも，必然的に1つかまたは両方の立地点に直接影響を及ぼす．対照的に，2つ以上の立地点が存在するときには，2地点のみに直接影響を及ぼす構造パラメータのどんな変化でも，残りの都市にも間接的に影響する空間的スピルオーバー効果を生み出す可能性が強い．より多くの研究がここで求められるが，誰もその回答が単純であるとは予想すべきではない．

最後に一言述べる．我々は，金銭的外部性が企業の過度の集中を導き，一方で，技術的外部性の下では（負の外部性がない場合には）不十分な集積が形成されることを見てきた．結果におけるこの差異は，これら2つのタイプの外部性を区別することが，いかに重要であるかを示すものである．すでに言及したように，それら2つの種類の外部性は，同じ空間規模で作用するのではない．いかにうまく一般的なモデルの中に結合するかは，空間集積の問題をよりよく理解しない限りは，解決の難しい課題である．

第Ⅳ部　都市システム，地域成長，および企業の多国籍化

第10章 フォン・チューネンへの回帰：空間経済における都市の出現

10.1 はじめに

都市は経済集積現象の最も顕著で重要な側面を構成しており，前章までに都市を様々な観点から研究してきた．しかしながら，我々は1つの重要な論点，すなわち，都市の立地についてまだ触れていない．費用なしの都市間交易を仮定するなら，都市は浮島のようなものであり，その立地は問題とならない．多くの目的に対して，この仮定は，便利で単純化をもたらす都合の良いものであった．しかし，本書の主たる関心が，多くの側面と次元において空間を経済学の中に取り戻すことであるから，都市がどこに，なぜ形成されるのかという問いを探求することなしに，この研究を終えることはできない．より大切なことは，この問題は，将来の我々の経済にとってますます重要になるということである．世界経済がボーダレス化している中で，繁栄し成長する都市の立地は，人々の厚生を決定するうえで一層重要な要因になるに違いない．

もし現実の世界で都市の立地が無規則に決まっているならば，都市の立地に関する経済理論を発展させることには見込みがないし，必要もない．しかしながら，現実は全く正反対である．実際，前世紀を通じて，経済地理学者や歴史学者は，世界中で実際に見られる都市システムの構造に関して，驚くべき規則性があることをたゆみなく主張してきた（J. Marshall, 1989, chap.5; Hohenberg and Lees, 1985, chap.2を参照）．その努力は，Christaller（[1933] 1966）やLösch（[1940] 1954）が先駆けとなり，いわゆる「中心地理論」として結実した．彼らの目的は，都市の階層システムにおける経済活動の空間的分布を説明することであった．具体的には，$i=1,\cdots,n$によって指標化される異なる財は，入れ子状の市場地域によって特徴付けられ，異なる企業によって供給される．中心地理論は，財iが供給される都市には，財iより序列の低いすべての財を供給する企業も立地していることを示すことを目標とする．中心地理論の大部分は，空間的に規則的な構造の重ね合わせが可能となる条件を識別することに向けて研究が進められてきた．しかしながら，その理

論は，幾何学的な考察を重視しすぎていた．実際，それらのモデルには，異なる財を供給する様々な企業が１つの都市に集まるための経済的な力は存在しておらず，なぜ中心地が出現するのかを理解することは困難である．

我々の知る限りでは，異なる財が異なる企業によって供給されているクラスターの存在に対する初めての経済的な基礎づけとして，Eaton and Lipsey (1982) が多目的の買物をモデル化した．[1] 実際，よく知られているように，消費者は様々な欲求を満たすべく外出の経路を決める．例えば，同じ外出において，消費者は異なる財を購入し，友人に会い，映画館を訪れ，郵便局に行ったり，あるいはただぶらぶら歩いたり，見て回ったりする．消費者が外出費を削減するために購入活動をグループ化することは，ある企業が他の財を販売する別の企業とともに立地することにより生まれる需要外部性を生み出す．

Eaton and Lipsey は，購入頻度の異なる財１と財２を販売する２つの企業が，ともに立地している状態が唯一の均衡であるための条件を明らかにした．同様の枠組みを用いて，Quinzii and Thisse (1990) は，財１と財２を販売する２つの企業の社会的に最適な配置は，常にクラスタリングを含むということを証明した．したがって，これらの結果から当初の直感が正しいことがわかった．だが，そのような論文で考察された中心地形成の空間競争的アプローチは，財の数が増えるとともに急速に分析が難しくなる．なぜなら，道順チェーンの形成は，販売店間の代替に関して，特定の構造を持たらすからである．この構造が特別に難解な組み合わせの問題を解決することを要求するので，消費者が買い物における最適な空間経路を決定することは非常に難しい．そこで，各々の企業にとっての需要関数が，いかに複雑で込み入ったものになるかを想像することは難しくない．したがって，別のアプローチが必要になる．さらに，中心地理論は，空間経済の構成についていくつかの基本的な洞察を与えるが (Mulligan, 1984)，それは主として記述的である．そこで，この章では，都市の立地が重要である都市システムの形成に関する，ミクロ経済学

---

1) この考えは，以下のように，Thünen ([1826] 1966) がこの考えを以下のように提示したということを再度記す．「例えば，田舎者が生産物を売るために首都を訪れ，酒を買うことを決心したとしよう．自分の農場から２マイル離れた地元の町で買うより 0.5 ターラー高くても，首都でこの酒を買うことのほうが彼にとっては安くつくのである．なぜなら，彼は地元のお酒を買うためには，わざわざその目的のためだけの旅行をしなければならないからである．」（英語版の p.287）

的アプローチを展開する．

この目的のために，空間経済学の原点であるチューネンの孤立国に立ち戻る．第3章で説明されたように，Thünen（1826）は以下の仮定にもとづき，理論を展開した．

航行可能な川や運河が通っておらず，肥沃な平地の中心に位置する大きな街を想定する．平地の土地はどこでも耕作可能で，同じように肥沃である．街からはるかに離れたところで平地は未開の原野となり，この国と外部との一切の接触は断たれている．

この平地には他に街がない．したがって，中心の街は農村地域に製造業の製品を供給する代わりに，逆に農村地域から農産物を受け取る（英語翻訳版のp.7）．

それ以来，チューネン・モデルに関して無数のバリーエーションが提案されたが，いずれもある基本的な問題に触れていない．その問題とは，なぜすべての製造業製品はただ1つの都市で生産されなければならないのかということである．我々の知る限りでは，Fujita and Krugman（1995）によって，都市の存在と農業土地利用が内生的に決定されるモデルが初めて提唱され，チューネンの分析が完全なものとなった．その論文はこの分野におけるギャップを埋めただけでなく，さらに重要なことに，空間経済における都市システムの出現の研究に対してミクロ経済学的アプローチを提案した．実際，単一中心経済が均衡として存在しうる条件を解明することから，どこに，いつ新都市が出現するのかという基本的な問題の解決が，ごく自然に導かれた．

10.2節では，Fujita and Krugman（1995）が単一中心経済について導いた結論を紹介する．この基本構造は8.2節で紹介した核－周辺モデルの構造と非常に似通っている．すなわち，集積は消費者側における財の多様性（バラエティ）に対する選好から生じる．（7.2節も参照）．一方，ここではすべての労働者は同一であり，立地や部門間（典型的には農業と製造業）で完全に移動可能であると仮定する．農業財の生産には，土地と労働の両方が必要であり，分散力は農業部門における土地市場の存在にある．したがって，農家は製造業財をも消費するから，製造業財に対する需要の空間的分散が生じる．さらに，立地空間は1次元の連続空間である（同じ仮定をこの章でも採用する）．このような設定により，チューネン・モデルとNEGで用いられる独占的競争のディキシット＝スティグリッツ・モデルを統合す

ることができる. もし人口規模が経済のパラメータに依存している閾値を超えないとするならば, 単一中心経済は空間均衡であることが示される.

Ellison et al. (2010) は, 異なる産業間における共集積の説明において, 投入産出リンケージの妥当性を実証した. したがって, 10.3節では, 8.3節と同様に, 消費者側の多様性に対する選好を, 生産における中間財の多様性で置き換える. Fujita and Hamaguchi (2001) の枠組みを用いて, もし中間財の輸送費が消費財の輸送費に対して相対的に高いならば, 最終財部門と中間財部門の両方が1つの都市に立地している単一中心経済が, 空間均衡となることを示す. それらにはある類似点があるけれども, この設定と10.2節での設定は同一ではなく, その類似点と相違点について議論する. 対照的に, いったん最終財に比べて中間投入財の輸送費が安くなれば, ただし大幅に安くなりすぎなければ, 労働者人口がある一定水準を超えない限り, 中間財部門は集積したままであるのに対して, 最終財は各地点で生産され消費される. この場合には, 中間財を伴う集積過程は10.2節で説明したものとほとんど同様になる. 両方の場合には, 都市は, 垂直的リンケージを通じてリンクされた異なる部門に属する企業をもてなすから, 都市は, 多様化される.

このように10.2節と10.3節では, 単一中心の形状が均衡であるためには, 総人口はあまり大きくなりえない. これは, 人口が大きくなり, ある閾値に達すると, 新都市が出現することを示唆している. 人口成長が続くときには, さらに多くの都市が出現し続ける. 10.4.2項では, 10.2節の枠組みを用いて, Fujita and Mori (1997) が提唱した中心地理論の進化型アプローチを用いて, この考えをより正確にする. 主な結論は, 人口が連続的に増加するにつれて, 類似の都市が (多かれ少なかれ) 等距離で形成される, ということである. これは中心地理論の鍵となる以下の考えの理論的な証明を提供している.

人間の定住地の正常なパターンでは, 主として農業人口の消費財の必要性に応じて都市が成長する. (Marshall, 1989, p.15)

都市化の主な原因として人口成長を強調するのは, 大きな人口増加の下に起った19世紀および20世紀の西欧やアメリカ合衆国などにおける都市化の歴史的な事例に基づいている. 予想されるように, 人口成長は現存する都市の発展を促進するだけでなく, 新都市を創建するための誘因を与える. 10.4.3項では, NEGの標準的な思考実験に立ち戻り, 都市の数や規模が輸送費の水準に伴ってどのように変化する

かを見るために，Tabuchi and Thisse (2011) のモデルに焦点を当てる．CP モデルの場合と同様に，輸送費が下がるにしたがって，都市の数は減少するとともに，各都市における消費者と企業の数は増大する．しかしながら，その空間過程は，CP モデルから得られるものよりも豊かである．

この章では，空間的広がりを持たない，企業と労働者の集まりとして都市を考える．このことは，土地市場が農業部門でしか役割を果たさないために，労働者はいかなる都市費用も払わないことを意味する．これは極めて厳しい制約であるが，本章で示したモデルは，前章までに説明された空間経済の様々な側面を統合する最初の試みとしてみなすことができる．空間経済の理解を堅固なものにするためにはこのような漸進的な統合が必要とされる．さらに，この章では，第 4 章や第 5 章とは異なり，企業や労働者の活動を統合することによって新都市を組織化する土地開発業者や地方政府のような経済主体は考慮されない．都市の形成は，誰かが事前に計画したものではなく，自分のみの利益を追求する経済主体の相互作用の結果である．言い換えると，ここでの都市は，自己組織化の過程によって創られた，複雑なシステムである．

本章では，（消費財あるいは中間投入財として用いられる）ただ 1 つのグループの差別化された財のみが考慮されている．その結果として，すべての都市は同じタイプの財を生産し，同じような規模を持っている．クリスタラー流の階層構造を持つ都市システムを生み出すためには，(i) 異なる選好の強さ，(ii) 異なる輸送費，および (iii) 異なる技術を持つ差別化された財の異なるグループを導入する必要がある．この拡張は，本章の結論において議論される．

10.2 多様性に対する選好の下での都市の形成

連続空間における都市の形成を調べるにあたって，8.2 節で説明したモデルを変更して用いる．具体的には，ここではすべての労働者は完全に移動可能だと仮定されているので，移動できない要素として，農業部門への投入財として用いられる土地を，新しく導入する．

10.2.1 枠組み

同一の肥沃度と同一の単位密度を持つ土地からなる，1 次元の無限の立地空間 X を仮定する．空間は連続的であるので，すべての変数は立地点の連続関数とし

て表現される．例えば，立地点rにおける名目賃金率はw_rの代わりに$w(r)$と表す．

8.2節と同様に，製造業部門（M）と農業部門（A）の2つの部門がある．一方，8.2節とは異なり，この経済における労働者は同一であり，自由に居住地と職業を選択できると仮定する．各労働者は，製造業部門でも農業部門でも同様に用いることができる，1単位の労働を賦存されている．この経済には，総数Lの労働者の他に，それぞれ保有する土地に住んでいる土地所有者が存在する．これは，各地点の地代は，その場所で土地所有者によって消費されることを意味する．すべての消費者（労働者と土地所有者）は（8.1）式で与えられる同じ効用関数を持ち，また（8.3）式と（8.4）式で与えられる需要曲線を持つ．農業財は，固定的な技術係数の下で土地と労働を用いて生産される．両者の投入係数は，農業財と土地の単位を適当に選択することによって，1に規準化される．農家は都市を取り囲む後背地に一様に分布している．製造業部門では，企業の技術は，（8.7）式によって与えられる．ここでは，係数cを適当に規準化して，$c\sigma/(\sigma-1)=1$と設定する．

本章では，第8章と第9章で用いた記号の定義と少し異なるけれども，輸送パラメータを表すのにτを用いる．輸送費は農業財と製造業財ともに正の値であると仮定する．もし1単位の農業財が$r \in X$から$s \in X$に輸送されるならば，その一部分である$\exp(-\tau^A|r-s|)$しか目的地に到着しない．明らかに，目的地までの距離の増大とともに，到着する部分は減少する．製造業部門においても，同様に$\exp(-\tau^M|r-s|)$によって与えられる．これらの輸送費は，農家が農業財と製造業財との交易のために都市へ行かなければならないという場合を，うまく描写している．[2]

10.2.2　単一中心経済の形成

チューネンを思い起こして，図10.1に描かれたような単一中心経済を想定しよう．ここでは，製造業財のすべてが$r=0$にある単一都市で生産されており，農業財は都市を囲む$-r_b$からr_bの農地で生産されている．ここで，r_bはモデルによって決定される農地の境界距離を表す．都市はすべての種類の製造業の製品を農村へ移出

---

[2]　表記を単純化するために，本章では輸送パラメータとしてτを用い続ける．しかし，正式な定義は異なる．第8章と第9章では，$\tau=1$は輸送費がかからないことを意味する．ここでは，ゼロの指数は1であるから，輸送費ゼロは$\tau=0$を意味する．

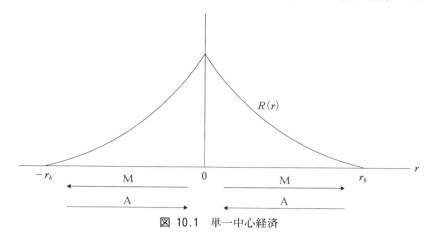

図 10.1 単一中心経済

し，都市住民が必要とする農産物を移入している．我々は，この単一中心の形状が空間均衡であるための条件を明らかにしたい．この問題を，2段階に分けて解明する．まず，すべての企業が都市に立地していると仮定して，すべての財，生産要素，および地代の均衡価格を決定する．次に，都市から離れて立地したいと欲する企業が存在しないための条件を求める．空間形状は対称であるので，分析を $r \geq 0$ の領域に限定する．

10.2.2.1 均衡価格

p^A は都市における農業財の価格，p^M は差別化された製造業財の都市における共通価格とする．想定されている都市と農業後背地との間の交易パターンが実現するためには，立地点 $r \in X$ における各財の価格は以下のようになる必要がある．

$$p^A(r) = p^A \exp(-\tau^A r) \tag{10.1}$$
$$p^M(r) = p^M \exp(\tau^M r) \tag{10.2}$$

$R(r)$ と $w(r)$ は，r における地代と賃金率とする．1単位の土地と1単位の労働から，1単位の農業財が生産されると仮定されているので，各農地における地代は，農業財価格から1単位の労働への賃金を引いたものに等しい．

$$R^*(r) = p^A(r) - w(r) \tag{10.3}$$

したがって，地代の変化はいかに農業財価格と賃金が距離とともに変化するかに依存する．

農業境界 r_b では，地代はゼロに等しいので，$p^A(0) \equiv p^A$ と簡略化すれば，

442　第10章　フォン・チューネンへの回帰：空間経済における都市の出現

$$w^*(r_b) = p^A \exp(-\tau^A r_b) \tag{10.4}$$

となる．一般性を損なうことなしに，都市における賃金 $w^*(0) \equiv w^*$ を以下のように規準化する．

$$w^* = 1$$

次に，製造業部門では，ここでの文脈で (8.13) 式を言い換えると，都市での各製品の均衡価格は $p^M = 1$ となる．L^M を都市製造業部門の労働者数とすると，$2r_b$ の広さの農地は $2r_b$ の労働者を必要とするので，以下の式が成り立つ．

$$L^M = L - 2r_b$$

さらに，製造業財は都市でしか生産されないので，$\tau_{rs} = \exp(\tau^M|r-s|)$ を (8.17) 式に適用すると，立地 $r \in X$ における製造業財の価格指数は以下のようになる．

$$P(r) = \left(\frac{L - 2r_b}{\sigma f}\right)^{-1/(\sigma-1)} \exp(\tau^M r) \tag{10.5}$$

すなわち，輸送費が増加するので，都市からの距離に伴って価格指数は高くなる．

以上をもとに，すべての均衡価格を決定しよう．そのために，以下の2つの均衡条件を用いる．(i) 農業財に対して市場が清算されている．(ii) 各立地点におけるすべての労働者の実質賃金が等しい．

まず，都市内で発生する所得は $w^* L^M = L - 2r_b$ に等しい．したがって，(8.3) 式を用いて，都市における農業財の需要は以下のようになる．

$$D^A = (1 - \mu) \frac{L - 2r_b}{p^A}$$

この需要は総人口 L の増加とともに増加する．供給面では，立地 r における1単位の土地は $p^A(r)$ に等しい総収入を生み出し，農業財に対する需要を $(1-\mu)$ だけ増加させる．したがって，μ 単位の農業財が都市に向けて輸送される．都市に到着するのはその一部分 $\exp(-\tau^A r)$ のみなので，都市における農業財の総供給は，以下のようになる．

$$S^A = 2\mu \int_0^{r_b} \exp(-\tau^A r) dr$$

これは後背地の規模 r_b の増大に伴って増加する．市場清算条件より，都市における農業財の均衡価格は以下のように求められる．

$$p^A = \frac{1-\mu}{2\mu} \frac{L - 2r_b}{\int_0^{r_b} \exp(-\tau^A r) dr} \tag{10.6}$$

次に,農家と労働者との間の実質賃金が等しいことに注目しよう.(10.4)式は農業境界に居住する農家が得る名目賃金を示している.(10.1)式,(10.4)式,および(10.5)式を用いると,農家の実質賃金は以下のようになる.

$$\omega(r_b) = w(r_b)[P(r_b)]^{-\mu}[p^A(r_b)]^{-(1-\mu)}$$
$$= P^{-\mu}(p^A)^{\mu}\exp[-\mu(\tau^A+\tau^M)r_b]$$

一方,$w^*=1$なので,都市労働者の実質賃金は,以下のようになる.

$$\omega = P^{-\mu}(p^A)^{-(1-\mu)} \tag{10.7}$$

したがって,労働者と農家との間の実質賃金は等しいことから,次のようにp^Aが決まる.

$$p^A = \exp[\mu(\tau^A+\tau^M)r_b] \tag{10.8}$$

さらに,(10.6)式と(10.8)式をあわせることによって,以下の式が示せる.

$$L-2r_b = \frac{2\mu}{1-\mu}\frac{1-\exp(-\tau^A r_b)}{\tau^A}\exp[\mu(\tau^A+\tau^M)r_b] \tag{10.9}$$

この式の左辺はr_bの増加とともに減少し,一方で右辺はr_bの増加とともに増加するので,(10.9)式はr_bについて唯一の解を持つことを証明できる.また(10.9)式から,総人口Lが0から上昇し続けると,r_bの均衡値は0から∞まで増加することがわかる.その結果として,人口増加は農村の後背地を拡大させ,製造業財と農業財は長い距離を通じて交易される.

最後に,(10.5)式と(10.8)式を(10.7)式に代入し,(10.9)を用いることにより,農家と労働者間に等しい均衡実質賃金を得ることができる.

$$\omega^* \equiv k_1[1-\exp(-\tau^A r_b)]^{\mu/(\sigma-1)}\exp[\mu\rho(\mu-\rho)(\tau^A+\tau^M)r_b] \tag{10.10}$$

ここで,

$$k_1 \equiv \rho^{\mu}\left(\frac{2\mu}{(1-\mu)\sigma f\tau^A}\right)^{\mu/(\sigma-1)}$$

である.

一方,均衡では,$\omega^* = w^*(r)[P(r)]^{-\mu}[p^A(r)]^{-(1-\mu)}$とならなければいけないので,均衡名目賃金は以下のようになる.

$$w^*(r) = \exp([\mu\tau^M - (1-\mu)\tau^A]r) \tag{10.11}$$

したがって,もしτ^M/τ^Aが$(1-\mu)/\mu$を下回っていれば,賃金勾配は負となる.これは製造業財の消費シェアが小さいときに生じやすい.いったんこのシェアが十分に大きくなると,賃金勾配は正となる.これは,製造業財に支払う高い輸送費を相殺するために,遠くの農家の賃金は上昇しなければならないことを意味する.

10.2.2.2 単一中心形状の持続可能性

今までは,すべての企業が都市に立地すると仮定してきた.しかしながら,単一中心形状が空間均衡であるためには,都市から離れて地方に工場を設立するような誘因を持つ企業が存在しないことを示さなければならない.

$w^M(r)$ を,経済のその他の条件が一定で変化しないときに,r に立地した企業が支払うことができる最高の賃金を表す,ゼロ利潤賃金率とする(この賃金は,すでに8.2節で,離散の立地空間において導入された).定義より,$w^M(r) \leq w^*(r)$ である限り,r に移動する誘因を持つ都市企業は存在しない.これら2変数を直接比較する代わりに,それらの比率を単調変換したものを用いた方がより便利である.

具体的には,企業のポテンシャル関数を以下のように定義する.

$$\Omega(r) = \left[\frac{w^M(r)}{w^*(r)}\right]^\sigma \quad (\text{すべての } r \geq 0 \text{ に対して}) \tag{10.12}$$

そうすると,単一中心形状は,以下の条件が満たされれば,空間均衡である.

$$\Omega(r) \leq 1 \quad (\text{すべての } r \geq 0 \text{ に対して})$$

なぜならば,ゼロ利潤の下にある企業にとって,労働者が現実に稼得している以上を提示できる立地点が存在しないからである.$w^*(r)$ は (10.11) 式によって与えられているので,$w^M(r)$ の決定が残っている.

Y を都市で製造業部門が生み出した総所得とし,$Y(r)$ を $r \leq r_b$ で,農業生産活動が生み出した総所得とする.そうすると,(8.19) を用いて,以下の式を得る.

$$w^M(r) = \kappa_2 \Big\{ Y P^{\sigma-1} \exp[-(\sigma-1)\tau^M r] \\ + 2\int_0^{r_b} Y(s)[P(s)]^{\sigma-1}\exp[-(\sigma-1)\tau^M|r-s|]ds \Big\}^{1/\sigma} \tag{10.13}$$

ここで,κ_2 は (8.19) で定義した式と同じである.明らかに,$Y = w^* L^M = L - 2r_b$ であり,(10.8) 式で与えられた p^A を用いて,$Y(r) = p^A(r) = p^A \exp(-\tau^A r)$ である.したがって,価格指数 $P(r)$ に対して (10.5) 式を,同様に Y に対して (10.9) 式を用いるとき,(10.13) 式を以下のように書き換えることができる.

$$w^M(r) = \kappa_2 \left(\frac{\sigma f}{\rho^{\sigma-1}}\right)^{1/\sigma} \Big\{ \exp[-(\sigma-1)\tau^M r] + \frac{1-\mu}{2\mu} \cdot \frac{2\tau^A}{1-\exp(-\tau^A r_b)} \\ \times \int_0^{r_b} \exp[-\tau^A|s| - (\sigma-1)\tau^M(|r-s|-|s|)]ds \Big\}^{1/\sigma} \tag{10.14}$$

10.2 多様性に対する選好の下での都市の形成

(10.11) 式と (10.14) 式を (10.12) 式に代入すると以下を得られる.

$$\Omega(r) = \mu \exp\{-\sigma[\mu \tau^M - (1-\mu)\tau^A]r\}$$
$$\times \left\{ \exp[-(\sigma-1)\tau^M r] + \frac{1-\mu}{2\mu} \cdot \frac{2\tau^A}{1-\exp(-\tau^A r_b)} \right.$$
$$\left. \times \int_0^{r_b} \exp[-\tau^A |s| - (\sigma-1)\tau^M(|r-s|-|s|)] ds \right\}^{1/\sigma} \tag{10.15}$$

補論で示されているように,この式はさらに便利な以下の形に書き換えられる.

$$\Omega(r) = \exp(-\eta r) \left\{ 1 + (1-\mu)(\sigma-1)\tau^M \times \int_0^r (\exp[2(\sigma-1)\tau^M s]) \right.$$
$$\left. \times \left(1 - \frac{1-\exp(-\tau^A s)}{1-\exp(-\tau^A r_b)} \right) ds \right\} \tag{10.16}$$

この式には, r_b は一度しか現れないことに注目しよう.なお,η は以下のように定義された定数である.

$$\eta \equiv \sigma[(\mu+\rho)\tau^M - (1-\mu)\tau^A] \tag{10.17}$$

(10.16) 式を用いて,$\sigma=4, \mu=0.5, \tau^A=0.8, \tau^M=1$ の値のときのポテンシャル $\Omega(r)$ と r の関係を図示したのが図10.2である.r_b の任意の値に対して,(10.16) 式はポテンシャル曲線と呼ばれる曲線によって示される.r_b は人口規模 L によって一意的に決定されるので,各々のポテンシャル曲線は人口規模 L の値と密接に関連している.

単一中心形状が均衡であるためには,L の値に対応するポテンシャル関数がいずれの地点でも 1 を超えてはならない.この条件がいつ満たされるかを決定するためには,(10.16) 式の動きを調べなければならない.まず,都市に立地している企業は $r=0$ でゼロ利潤賃金に等しい賃金を払わなければならないので,$\Omega(0)=1$ は明白である.したがって,関数 $\Omega(r)$ が $r=0$ の近傍で 1 を上回らない,すなわち,以下で示される $r=0$ における $\Omega(r)$ の傾き

$$\Omega'(0) = \sigma[(1-\mu)\tau^A - \mu(1+\rho)\tau^M] \tag{10.18}$$

は,非正でなければならない.すなわち,

$$\frac{1-\mu}{\mu(1+\rho)} \tau^A \leq \tau^M \tag{10.19}$$

が成り立たなければならない.(10.18) 式は L と独立であるので,すべてのポテンシャル曲線において同じ値を持つことに注意しよう.

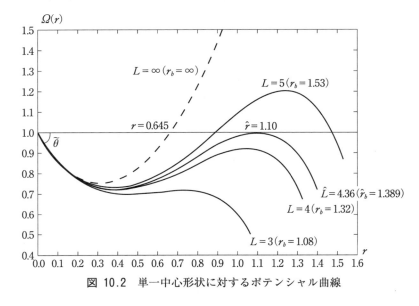

図 10.2 単一中心形状に対するポテンシャル曲線

　もし (10.19) 式が厳密な不等号で成立するならば，ポテンシャル関数は $r=0$ で尖点を持つことになる (図10.2を参照)．これは，都市における企業と労働者の集積が生み出す**ロックイン効果** (lock-in effect) に対応している．この場合，都市には十分に大きな需要シェアが集中しているので，どの企業にとっても，都市から少しだけ離れて立地しても利益にはならない．不等式 (10.19) からわかるように，これは，(i) 製造業財の輸送費が農業財の輸送費に比べて高く，(ii) 製造業の製品間の代替性が高く，(iii) 製造業財への支出シェアが大きいときに，起こる．

　しかしながら，(10.19) 式は単一中心形状が均衡であるための局所的な十分条件であるが，大域的な十分条件ではない．大域条件を調べるためには，(10.16) 式に立ち戻らなければならない．図10.2に示されているように，r_b が増加するにつれて，ポテンシャル曲線は ($r=0$ の点を除いて) 上方にシフトするということはたやすく示すことができる．r_b は L とともに増加するので，これは労働力の増加とともに対応するポテンシャル曲線が上方にシフトすることを意味する．これは以下のように説明できる．人口が多くなれば，より広い農地を必要とし，r_b は大きくなる．したがって，他のすべての製造業企業が都市に残っているときには，1つの企業が地方に立地を移動させるならば，その製品の需要は増大すると予想される．結局，L が十分大きくなるときにはポテンシャル関数は 1 を上回る．

10.2 多様性に対する選好の下での都市の形成

その可能性を調べるために,すべてのポテンシャル曲線の上位包絡線を表す,$r_b \to \infty$(したがって,$L \to \infty$)に対応する極限ポテンシャル曲線を導入する.(10.16) 式において,$r_b \to \infty$ の極限をとり,整理すると以下の式が得られる.

$$\bar{\Omega}(r) = (1-K)\exp(-\eta r) + K\exp(\gamma r) \tag{10.20}$$

ここで,K と γ はそれぞれ定数で以下のように定義される.

$$K \equiv \frac{\rho(1-\mu)\tau^M}{\rho(1-\mu)\tau^M + (\rho-\mu)(\tau^A + \tau^M) - \Omega'(0)/\sigma}$$

$$\gamma \equiv \sigma(\rho-\mu)(\tau^A + \tau^M)$$

(10.20) 式の導出においては,(10.17) 式を以下のように書き換えて用いられる.

$$\eta \equiv (1-\mu)(\sigma-1)\tau^M - \Omega'(0)$$

$\bar{\Omega}'(0) = \Omega'(0)$ であり,考察するのは $\Omega'(0) \leq 0$ の場合のみなので,極限ポテンシャル曲線の傾きは原点で非正である.さらに,$\bar{\Omega}(r)$ は 2 つの指数関数の合計であるから,多くとも 1 つの転換点($\bar{\Omega}'(r)=0$)を持つ.したがって,$\bar{\Omega}(\infty) > 1$ の場合にのみ,ある $r > 0$ において $\bar{\Omega}(r)$ は 1 を上回る.$\Omega'(0) \leq 0$ は $\eta > 0$ を意味するので,(10.20) 式から,$\bar{\Omega}(\infty) = K\exp(\gamma \times \infty)$ が得られ,したがって,$K\exp(\gamma \times \infty) > 1$ の場合にのみ,ある正の r において $\bar{\Omega}(r)$ は 1 を上回る.

もしも $\rho < \mu$ ならば,$\gamma < 0$ であり,したがって,$K\exp(\gamma \times \infty) = 0$ となる.もし $\rho = \mu$ ならば,$\gamma = 0$ および $K \leq 1$ であり,したがって,$K\exp(\gamma \times \infty) = K \leq 1$ となる.したがって,

$$\rho \leq \mu \tag{10.21}$$

のときには,すべての $r > 0$ において $\bar{\Omega}(r) \leq 1$ となる.これは,すべての $r > 0$ において $\Omega(r) < 1$ であることを意味している.条件 (10.21) は,製造業財が非常に差別化されている(ρ が小さい)か,または労働力の大部分が都市で働いている(μ が大きい)ときに,成り立つ.どちらの場合にも,総人口 L がいくら大きくなっても,都市は製造業部門にとって利潤を最大にする立地点である.条件 (10.21) は 8.2.3 項で議論されたブラックホールの条件に対応していることに留意してほしい.すなわち,都市にはすべての製造業分野の生産活動が集積し,ますます大都市となる.

より興味深いのは,逆の,以下の場合である.

$$\rho > \mu \tag{10.22}$$

この場合には,$\gamma > 0$ かつ $0 < K$ となるので,$K\exp(\gamma \times \infty) = 0$ となる.したがって,ある $r > 0$ において,$\bar{\Omega}(r)$ は 1 を上回ることになる.したがって,L が増加し

続けると，そのうち，ある $r>0$ において，ポテンシャル関数 $\Omega(r)$ は1を上回る．したがって，製造業の製品があまり差別化されていない（ρ が大きい）とき，あるいは，都市人口が相対的に小さい（μ が小さい）ときには，L が十分に大きくなるにつれて，製造業財に対して十分に大きな需要が農業地域に生まれる．そうすると，1つの企業が都市から離れて立地すれば，地方市場において独占的な利益を受けることができるので，その企業は都市から離脱することになる．

図10.2は，ポテンシャル関数が $L=\widehat{L}$ のとき，ある臨界距離 $\widehat{r}$ でちょうど1に等しい場合を描いている．人口が $\widehat{L}$ 以上に増加すると，立地点 $\widehat{r}$ に立地したどの一企業にとっても都市よりも高い利潤が得られることになり，したがって，新都市がそこに出現することを示唆している．しかしながら，この新たな都市の誕生についての分析は，10.4節まで延期する．一方，図10.2において，ポテンシャル関数が決して1を上回らない，アーバン・シャドー（urban shadow）の区域（$0<r<0.645$）の存在に注目してほしい．これは，この区域内では新都市が決して出現しないことを意味する．

以上の結果から，以下の結論を導くことができる．[3]

命題10.1 単一中心経済が空間均衡であるためには，以下の条件が満たされなければならない．

$$\frac{1-\mu}{\mu(1+\rho)}\tau^A \leq \tau^M$$

(i) もし上記の条件が満たされ，かつ，$\rho \leq \mu$ ならば，単一中心形状は人口規模にかかわらず，常に空間均衡である．

(ii) もし上記の条件が満たされ，かつ，$\rho > \mu$ ならば，臨界人口規模 $\widehat{L}$ が存在して，単一中心形状はすべての $L \leq \widehat{L}$ において均衡であるが，$L > \widehat{L}$ では均衡ではない．

したがって，製造業財の輸送費が農業財の輸送費に対して相対的に低いときには，単一中心経済は出現しない．しかしながら，単一中心経済が空間均衡であるためには，τ^M が τ^A よりも高くなる必要はないことに留意してほしい．さらに，ここでは都市での居住費用は考慮されていないが，十分に大きな人口は企業の都市集積と両

---

[3] 10.4節において，命題の中で説明された空間均衡は，また安定的であることを示す．

10.2 多様性に対する選好の下での都市の形成　449

立しないかもしれない．例えば，製造業部門のシェアが低いとき，あるいは製品間の代替性が高いときには，そうなる．そのような環境下では，製造業の集積が生み出す便益は，長い距離にわたる製造業財の輸送費の上昇によって相殺される．これに反して，μ が大きいとき，あるいは σ が小さいときには都市人口による製品需要は十分に大きく，競争は十分に緩やかになり，大都市が存在しうる．

上述の設定は，Fujita and Krugman（1995）に示されている興味深い比較静学の結果と符合する．19世紀以降のイギリスや20世紀におけるアメリカやヨーロッパでみられたように，農業における技術革新が労働節約型技術の開発をもたらしたと仮定しよう．これは農業財の価格が下落することを意味する．したがって，農業技術の変化は農村地域から都市への移住を助長する．このことは，製品の多様化と企業数の増加を経て，製造業部門の拡大をもたらすとともに，都市人口の増加を招いた．このような農村から都市への移住は，歴史的な証拠と一致するだけではなく，発展途上国で今日観察されることでもある．

最後に，どちらかの財の輸送費の低下（τ^M か τ^A かどちらかの低下）を考えてみよう．これは遠方への立地をより魅力的にし，したがって，経済の中心である都市から拡大していく農業の辺境地域への，逆の移住を誘発する．ある程度まで，このことは，鉄道や水路の建設により輸送費が急激に低下した19世紀後半における，アメリカ経済の西部開発に対して理論的な根拠を与えている．

10.2.3 単一中心経済における厚生

さて，次に人口成長が経済厚生に与える影響について分析する．この分析においては，経済には2つの異なる経済主体，すなわち労働者と地主，がいることに留意しておく必要がある．労働者の厚生は，(10.10) 式で与えられる均衡実質賃金によって表される．これを r_b に関して微分すると，以下の式を得る．

$$\frac{d\omega^*}{dr_b} = \frac{\mu\omega^*}{\sigma-1}\left[\sigma(\mu-\rho)(\tau^A+\tau^M) + \frac{\tau^A}{\exp(\tau^A r_b)-1}\right] \quad (10.23)$$

一方，地主の厚生に関しては，彼らは1単位の土地に関して，$r \leq r_b$ のとき $R(r) = p^A(r) - w(r)$ で表される地代を受け取る．その結果として，彼らの実質所得 $\omega^L(r)$ は以下のようになる．

$$\omega^L(r) = [p^A(r) - w^*(r)][P(r)]^{-\mu}[p^A(r)]^{-(1-\mu)}$$

さらに，$\omega^* = w^*(r)[P(r)]^{-\mu}[p^A(r)]^{-(1-\mu)}$ であるから，以下が得られる．

$$\omega^L(r) = \omega^* \left(\frac{p^A(r)}{w^*(r)} - 1 \right) \tag{10.24}$$

(10.1) 式と (10.11) 式を (10.24) 式に代入し，(10.8) 式を用いると以下のようになる．

$$\omega^L(r) = \omega^* \{ \exp[\mu(\tau^A + \tau^M)(r_b - r)] - 1 \} \tag{10.25}$$

もしブラックホールの条件が $(\rho \leq \mu)$ を満たすならば，(10.23) 式から，人口が増加するとき，労働者の厚生は上昇することは明らかである．さらに，(10.25) 式の右辺は，r_b の増大とともに，したがって L の増大とともに増大する．したがって，労働者と地主の厚生は，人口規模の増大とともに常に上昇する．これは，人口成長がより多様な製造業製品をもたらし，農業地域の拡大による輸送費の増大の影響を上回るからである（$\rho \leq \mu$ は，製品の差別化が非常に高いことを意味している）．

ブラックホールの条件を満たさない $(\rho > \mu)$ ときには，(10.23) 式の右辺の鉤括弧の中の第1項は負となり，一方第2項は r_b とともに（したがって，L の増大とともに）無限大からゼロまで連続的に減少する．したがって，ω^* は逆 U 字型を示し，労働者の実質賃金は，人口規模の増大とともに最初は増加するが，その後は減少する．最も高い厚生水準は，以下の境界距離と結びついている，ある特定の人口規模 L^0 で達成される．

$$r_b^0 = \frac{1}{\tau^A} \left[\log \left(1 + \frac{1}{\sigma(\rho - \mu)} \frac{\tau^A}{\tau^A + \tau^M} \right) \right] \tag{10.26}$$

これは，(10.23) 式の右辺をゼロと設定することによって得られる．これは，農業後背地の拡大によって引き起こされる輸送費の増加の影響を常に上回るほどには，製品が十分に差別化されていないためである．この場合，L^0 は労働者にとっての最適人口規模である．(10.26) 式は ρ とともに減少するから，労働者に最適な人口規模は製品の差別化の度合いとともに増加する．

L が L^0 を超えて上昇するとき，農地の拡大とともに地代から得られる収入は上昇し続けるので，地主の厚生は上昇し続ける．実際，(10.23) 式と (10.24) 式を用いて，以下が得られる．

$$\frac{1}{\omega^L(r)}\frac{d\omega^L(r)}{dr_b} = \frac{\mu}{\sigma-1}\left[\sigma(\mu-\rho)(\tau^A+\tau^M)+\frac{\tau^A}{\exp(\tau^A r_b)-1}\right]$$
$$+\frac{\mu(\tau^A+\tau^M)}{1-\exp[-\mu(\tau^A+\tau^M)(r_b-r)]}$$
$$>\frac{\mu(\mu-\rho)}{\rho}(\tau^A+\tau^M)+\mu(\tau^A+\tau^M)$$
$$=\frac{\mu^2}{\rho}(\tau^A+\tau^M)>0 \qquad(10.27)$$

これはすべての r_b, したがってすべての L において満たされる.以上の結果を以下のように要約することができる.

命題10.2 単一中心経済を想定しよう.そのとき,もし人口規模が増大するならば,
(i) 地主の厚生は農地の拡大とともに常に上昇する.
(ii) $\rho \le \mu$ のとき,労働者の厚生は常に上昇する.
(iii) $\rho > \mu$ のとき,労働者の厚生はある人口規模に達するまでは上昇するが,その後は減少する.

したがって,労働者の厚生は,命題10.1で示された単一中心経済の均衡条件と,全く同一ではないが,類似のパターンを示している.都市がブラックホールではない ($\rho > \mu$) ときには,人口規模が L^o 以上に増えると,労働者の厚生の低下を引き起こすから,労働者と地主との間で利害の対立が起きる.人々は自由に移動できるので,ついには,新都市を創るために都市から離れてしまう労働者もいるであろう.この問題は10.4節で分析する.

10.3 中間財部門と最終財部門の共集積

この節では8.6節と10.2節のアイデアを結びつけることによって,都市の形成における中間財の役割に焦点を当てる.この目的のために,前に10.2節のモデルで行ったように,8.6節のモデルを修正する.したがって,ここで用いるモデルは本質的に10.2節で示したモデルと対応するものである.土地は農業部門において,固定された投入物である.製造業部門は垂直的にリンクした2つの部門,すなわち,同

一の消費財を生産する最終財部門と，最終財部門へ多様な中間財を供給する中間財 (I) 部門で構成される．このような設定は，前述したよりも豊かな結果を生むことができる．特に，非常に異なる交易パターンを有する，2つのタイプの単一中心形状が存在する．第1のタイプにおいては，両部門が共集積して多様性に富む都市を形成し，最終財を農業後背地に移出する．第2のタイプにおいては，中間財部門は都市に集中している．一方，最終財部門の一部は都市に集中立地して，都市の消費者に財を供給するが，残りは，農業部門と混合で分散立地しており，各場所においてそこで必要とされる最終財を生産する．都市は中間財のみを移出し，一方，最終財は生産された場所で消費される．最初のパターンを**統合型都市**（integrated city）と呼び，2番目のパターンを**特化型都市**（specialized city）と呼ぶことにしよう．予想されるように，前者（後者）は中間財の輸送費が高い（低い）ときに生ずる．また，経済が両部門の共集積を持つときには，人口成長のみでは均衡としてこのパターンは崩せないことを示す．対照的に，特化型都市を持つ経済においては，人口成長が続けば，そのうち新都市が形成される．本節の新しい枠組みを説明した後に，統合型都市と特化型都市の分析を順次実施する．

10.3.1 枠組み

ここで採用するアプローチは前節で用いたものとかなり似通っている．特に，空間は無限の線形空間 X によって与えられており，土地はどこでも均等に肥沃で，同一の密度1を持っている．農業部門は，1単位の労働と1単位の土地を用いて1単位の農業財を生産する．一方，最終製造業部門は，I部門が供給する中間投入物と労働を用いて，収穫一定の下で同質な消費財を生産する．この部門の生産関数は (8.70) 式によって与えられる．したがって，この部門は (8.76) 式の単位生産費用を持ち，労働と各中間財に対する需要はそれぞれ (8.77) 式と (8.78) 式で与えられる．8.6節で説明したように，各々の中間財は，規模の経済を示す (8.72) 式の技術にしたがって，ここでは，労働のみを用いて生産される．

(8.1) 式の効用関数の中の変数 Q は製造業部門の同質な生産物を表し，農業財と最終製造財に対する消費者の需要はそれぞれ (8.73) 式と (8.74) 式によって与えられる．10.2節と同様に，輸送費は氷塊型で表されると仮定する．すなわち，もし1単位の農業財（最終製造財もしくは中間財）が $r \in X$ から $s \in X$ へ発送されると，$\exp(-\tau^A|r-s|)$ ($\exp(-\tau^M|r-s|)$ または $\exp(-\tau^I|r-s|)$) だけが目的地に到着する．ここで，τ^A (τ^M, または τ^I) は正の定数である．最後に，10.2節と同様に，

すべての労働者は同一であり，自由に，3つの部門のいずれかで仕事を選び，都市かまたは地方のどちらかに住む．

ここで分析しようとしている2つのタイプの均衡には，以下で述べられたようないくつかの類似点がある．規模の経済は中間財部門にのみ生じるので，我々はこの部門が都市に立地している場合のみを考える．農業地域は$-r_b$からr_bへと，都市の周りに対称に存在すると仮定する．両方の均衡で，$p^A(r)$と$p^M(r)$をそれぞれ，都市から距離rだけ離れた場所における農業財の価格と最終製造財の価格であるとする．一方，ω^*は，農業および2つの製造業部門の労働者によって稼得された，共通の均衡実質賃金である．そうすると，rにおける均衡名目賃金は次のようになる．

$$w^*(r) = \omega^* \left[p^M(r)\right]^\mu \left[p^A(r)\right]^{1-\mu} \tag{10.28}$$

$w^*(0)=1$と規準化し，$p^M(0) \equiv p^M$および$p^A(0) \equiv p^A$と置くと，(10.28) 式から以下の式が得られる．

$$\omega^* = \left(p^M\right)^{-\mu} \left(p^A\right)^{-(1-\mu)} \tag{10.29}$$

$$w^*(r) = \left(p^M(r)/p^M\right)^\mu \left(p^A(r)/p^A\right)^{1-\mu} \tag{10.30}$$

さらに，標準的な議論を通して，都市で生産される中間財の共通の均衡価格は，$p^I=1$であることを容易に示すことができる．したがって，rにおける中間財の引き渡し価格は，以下のようになる．

$$p^I(r) = \exp(\tau^I r) \tag{10.31}$$

L^Iを中間財部門における全労働者数とする．そうすると，ゼロ利潤条件下での各々の企業の労働需要はσfに等しいので，$L^I/\sigma f$のバラエティの中間財が都市において生産される．(8.75) 式と (10.31) 式を用いて，立地rにおけるIバラエティの価格指数は，(10.5) 式と同様にして，以下のように得られる．

$$p^I(r) = \left(\frac{L^I}{\sigma f}\right)^{-1/(\sigma-1)} \exp(\tau^I r) \tag{10.32}$$

(8.76) 式を用いて，立地rにおける最終製造財の限界生産費用は以下のように与えられる．

$$\begin{aligned} c^M(r) &= \alpha^{-\alpha}(1-\alpha)^{-(1-\alpha)}\left[w^*(r)\right]^{1-\alpha}\left[P^I(r)\right]^\alpha \\ &= \kappa_3 (L^I)^{-\alpha/(\sigma-1)}\left[w^*(r)\right]^{1-\alpha}\exp(\alpha\tau^I r) \end{aligned} \tag{10.33}$$

ここで，

$$\kappa_3 \equiv \alpha^{-\alpha}(1-\alpha)^{-(1-\alpha)}(\sigma f)^{\alpha/(\sigma-1)}$$

である．

L^M を都市の最終製造業部門で働く労働力とし，$L^M(r)$ は $r \neq 0$ におけるこの部門の労働密度であるとする．このとき $w^* = 1$ なので，都市の総所得は $L^M + L^I$ に等しい．一方，$r \neq 0$ における単位土地当たり総所得は $p^A(r) + w^*(r)L^M(r)$ となる．したがって，都市および $r \neq 0$ における最終製造財に対する需要はそれぞれ以下のように与えられる．

$$Q^M = \mu(L^M + L^I)/p^M \tag{10.34}$$

$$Q^M(r) = \mu[p^A(r) + w^*(r)L^M(r)]/p^M(r) \tag{10.35}$$

次に，供給側において，(8.77) 式を用いて，都市および $r \neq 0$ で生産される最終製造財の生産量は，それぞれ以下のようになる．

$$X^M = L^M/(1-\alpha)c^M \tag{10.36}$$

$$X^M(r) = w^*(r)L^M(r)/(1-\alpha)c^M(r) \tag{10.37}$$

最終財部門は収穫一定であるから，以下の2つの条件が成立する．

$$L^M > 0 \Rightarrow p^M = c^M$$

$$L^M(r) > 0 \Rightarrow p^M(r) = c^M(r)$$

最終製造財についての市場清算条件は，均衡の形態に依存するので，その検討はこの後の2つの節で行う．

次に，以下の式で与えられる労働の市場清算条件について考える．

$$2r_b + L^M + 2\int_0^{r_b} L^M(r) dr + L^I = L \tag{10.38}$$

この表現をより便利なように書き換える．まず，自由参入の下では，中間財部門における総費用 L^I はその総収入，つまり消費財生産部門の中間財への総支出に等しく，以下によって与えられる．

$$\alpha \left[c^M X^M + 2\int_0^{r_b} c^M(r) X^M(r) dr \right]$$

(10.36) 式と (10.37) 式を用いて，この式は以下の式と等しくなる．

$$\alpha \left[\frac{L^M}{1-\alpha} + 2\int_0^{r_b} \frac{w^*(r)L^M(r)}{1-\alpha} dr \right]$$

したがって，以下の式が得られる．

$$L^I = \frac{\alpha}{1-\alpha} \left[L^M + 2\int_0^{r_b} w^*(r)L^M(r) dr \right] \tag{10.39}$$

(10.39) 式を (10.38) に代入すると，労働清算条件を以下のように書き換えることができる．

$$2r_b + \frac{L^{\mathrm{M}}}{1-\alpha} + 2\int_0^{r_b}\left[1+\frac{\alpha}{1-\alpha}w^*(r)\right]L^{\mathrm{M}}(r)\mathrm{d}r = L \tag{10.40}$$

完全競争の下に最終製造業部門における均衡条件に関して，次式を得る．
$$p^{\mathrm{M}}(r) \leq c^{\mathrm{M}}(r) \tag{10.41}$$

I企業に対する均衡条件を得るために，前節と同じアプローチをとり，(10.12)式と同様に，I企業のポテンシャル関数を以下のように定義する．

$$\Omega(r) = \left[\frac{w^{\mathrm{I}}(r)}{w^*(r)}\right]^{\sigma} \tag{10.42}$$

ここで，$w^{\mathrm{I}}(r)$ は r に立地する I 企業が支払うことができる最も高い，すなわちゼロ利潤の下での賃金率を表す．そうすると，10.2.2項と同様に，都市への I 企業の集積は，以下の条件の下で立地均衡にある．

$\Omega(r) \leq 1$ （すべての $r \geq 0$ に対して）

ゼロ利潤賃金 $w^{\mathrm{I}}(r)$ を得るために，(10.13) 式を次のように再定式化する．都市における I 財の総支出は $\alpha c^{\mathrm{M}} X^{\mathrm{M}}$ であり，$r \neq 0$ では I 財の総支出は $\alpha c^{\mathrm{M}}(r) X^{\mathrm{M}}(r)$ となる．したがって，(10.13) 式の Y を $c^{\mathrm{M}} X^{\mathrm{M}}$ に，$Y(r)$ を $c^{\mathrm{M}}(r) X^{\mathrm{M}}(r)$ に，τ^{M} を τ^{I} に，そして，μ を α に置き換えれば，次式が得られる．

$$w^{\mathrm{I}}(r) = \kappa_2' \Big\{ c^{\mathrm{M}} X^{\mathrm{M}} \exp[-(\sigma-1)\tau^{\mathrm{I}} r](P^{\mathrm{I}})^{\sigma-1}$$
$$+ 2\int_0^{r_b} c^{\mathrm{M}}(s) X^{\mathrm{M}}(s) \exp[-(\sigma-1)\tau^{\mathrm{I}}|r-s|][P^{\mathrm{I}}(s)]^{\sigma-1} \mathrm{d}s \Big\}^{1/\sigma}$$

ここで，$P^{\mathrm{I}}(s)$ は (10.32) 式で与えられ，$\kappa_2' \equiv \rho[\alpha/(\sigma-1)f]^{1/\sigma}$ である．さらに，上述の $w^{\mathrm{I}}(r)$ において，(10.36) 式と (10.37) 式より $c^{\mathrm{M}} X_0^{\mathrm{M}} = L_0^{\mathrm{M}}/(1-\alpha)$ と $c^{\mathrm{M}}(r) X^{\mathrm{M}}(r) = w^*(r) L^{\mathrm{M}}(r)/(1-\alpha)$ が得られるので，(10.42) 式の I 企業のポテンシャル関数は，以下のようになる．

$$\Omega(r) = \frac{\alpha}{(1-\alpha)L^{\mathrm{I}}[w^*(r)]^{\sigma}} \Big\{ L_0^{\mathrm{M}} \exp[-(\sigma-1)\tau^{\mathrm{I}} r]$$
$$+ 2\int_0^{r_b} w^*(s) L^{\mathrm{M}}(s) \exp[-(\sigma-1)\tau^{\mathrm{I}}(|r-s|-|s|)] \mathrm{d}s \Big\} \tag{10.43}$$

10.3.2 統合型都市の経済
10.3.2.1 均衡
ここで両方の製造業部門の全生産が都市で行われるという形状を考える．このこ

とは，都市は最終製造財を農家に移出し，農業財を移入することを意味する．したがって，以下のようになる．

$$X^M(r)=0 \qquad L^M(r)=0 \qquad (\text{すべての}r\neq 0\text{に対して}) \tag{10.44}$$

したがって，最終製造財の市場清算条件は以下のようになる．

$$X^M = Q^M + 2\int_0^{r_b} Q^M(r)\exp(\tau^M r)\mathrm{d}r$$

(10.34) 式，(10.35) 式，および (10.44) 式を用いて，上式は以下のようになる．

$$X^M = \mu\frac{L^M+L^I}{p^M} + 2\int_0^{r_b} \mu\frac{p^A(r)}{p^M(r)}\exp(\tau^M r)\mathrm{d}r \tag{10.45}$$

さらに，交易パターンを支持するためには，均衡価格の $p^A(r)$ と $p^M(r)$，および地代 $R^*(r)$ は (10.1) 式，(10.2) 式，および (10.3) 式をそれぞれ満たさなければならない．したがって農業境界 r_b における賃金もまた (10.4) 式によって与えられる．

最後に，最終財部門は収穫一定によって特徴付けられるから，都市における最終財部門の均衡条件は，以下のようになる．

$$p^M = c^M \tag{10.46}$$

これらの条件を (10.29) 式，(10.30) 式，(10.32) 式，(10.33) 式，(10.39) 式，および (10.40) 式とともに用いて，すべての変数を唯一の未知数 r_b の関数として解くことによって，以下を得る．

$$L^I = \alpha(L-2r_b) \tag{10.47}$$

$$L^M = (1-\alpha)(L-2r_b) \tag{10.48}$$

$$p^A(r) = \exp(\mu(\tau^M+\tau^I)r_b)\exp(-\tau^A r) \tag{10.49}$$

$$p^M(r) = \kappa_3 \alpha^{-\alpha/(\sigma-1)}(L-2r_b)^{-\alpha/(\sigma-1)}\exp(\tau^M r) \tag{10.50}$$

$$w^*(r) = \exp([\mu\tau^M-(1-\mu)\tau^A]r) \tag{10.51}$$

$$P^I(r) = \left(\frac{\sigma f}{\alpha}\right)^{1/(\sigma-1)}(N-2r_b)^{-1/(\sigma-1)}\exp(\tau^I r) \tag{10.52}$$

r_b を求めるために，(10.36) 式，(10.47) 式，および (10.48) 式を (10.45) 式に代入し，(10.1) 式，(10.2) 式，および (10.46) 式を用いて，以下の関係式を得る．

$$L-2r_b = \frac{2\mu}{1-\mu}\frac{1-\exp(-\tau^A r_b)}{\tau^A}\exp[\mu(\tau^A+\tau^M)r_b] \tag{10.53}$$

これは，(10.9) 式と同じである．

それゆえ，総人口 L が同じときには，10.2 節で説明した単一中心経済の均衡も，ここで考える統合型都市経済の均衡も，ともに同じ農業境界，したがって，同じ農業人口を持つ．したがって，製造業部門の労働者数は両均衡において同じである．また (10.11) 式と (10.51) 式の均衡名目賃金は同じであり，農業財の均衡価格も同じであることをたやすく示すことができる．これらの驚くべきと思われる結果の理由は，以下のとおりである．最終財部門と中間財部門が共集積している限り，全体としての経済は収穫逓増の単一の製造業部門を持つ経済と本質的には同じである．実際，経済全体としては，中間財部門における収穫逓増は最終財部門に移転されるということを，4.4 節でみてきた．

しかしながら，この類推は経済のすべてのミクロ経済的な側面に当てはまるわけではない．特に，均衡実質賃金は異なっている．現在の文脈における w^* を得るために，(10.49) 式と (10.50) 式を (10.29) 式に代入して，(10.52) 式と (10.53) 式を用いると，以下の式を得る．

$$w^* = k_2 [1 - \exp(-\tau^A r_b)]^{\alpha\mu/(\sigma-1)} \exp\{\mu[\alpha\mu/\rho - (1-\mu(1-\alpha))](\tau^A + \tau^M) r_b\} \tag{10.54}$$

ここで，$k_2 \equiv \alpha^{\alpha\mu/\rho}(1-\alpha)^{(1-\alpha)\mu} \rho^{\alpha\mu} \left(\dfrac{2\mu}{(1-\mu)\sigma f \tau^A}\right)^{\alpha\mu/(\sigma-1)}$ である．上式は (10.10) 式と異なる．しかしながら，(10.10) 式と (10.54) 式の 2 つの式は同じ構造を持ち，$\alpha = 1$ のときには同一である．[4]

次に，統合型都市経済が均衡であるための条件を確認する．最初に，(10.41) の最終製造業部門の均衡立地条件を確認しなければならない．(10.41) の $p^M(r)$ に (10.50) 式を代入し，(10.33) 式の $c^M(r)$ に (10.47) 式および (10.51) 式を代入すると，(10.41) は以下のように書き換えることができる．

$$\exp(\tau^M r) \leq \exp\{(1-\alpha)[\mu\tau^M - (1-\mu)\tau^A]r\} \exp(\alpha\tau^I r)$$

これより，同値である以下の式が得られる．

$$\frac{(1-\alpha)(1-\mu)\tau^A}{\alpha} + \frac{1-\mu(1-\alpha)}{\alpha}\tau^M \leq \tau^I$$

---

[4] つまり，(10.54) 式において $\alpha=1$ の場合には，$0^0 = 1$ と置くことで，(10.10) 式と同一になる．実際，(8.70) 式の生産関数において $\alpha=1$ のときには，差別化された多様な製品が消費者によって直接集められるのか，それとも完全競争的な M 部門を通じて集められるのかは，集計においては何の影響も及ばさない．

次に，I 企業の均衡立地条件を検討する．(10.44)，(10.47)，(10.48)，(10.51)，(10.52) および (10.53) 式を用いて，(10.43) 式のポテンシャル関数を以下のように表すことができる．

$$\Omega(r) = \exp\{-\sigma[\mu\tau^M - (1-\mu)\tau^A + \rho\tau^I]r\}$$

したがって，以下の条件が満たされる場合のみ，均衡条件 $\Omega(r) \leq 1$ が成立する．

$$(1-\mu)\tau^A - \mu\tau^M \leq \rho\tau^I$$

以上より，以下の命題を得る．

命題10.3 統合型都市経済は，輸送費 τ^A，τ^M と τ^I が以下の2つの条件を満たす場合に，空間均衡である．

$$\frac{(1-\alpha)(1-\mu)}{\alpha}\tau^A + \frac{1-\mu(1-\alpha)}{\alpha}\tau^M \leq \tau^I \tag{10.55}$$

および

$$\frac{1-\mu}{\rho}\tau^A + \frac{\mu}{\rho}\tau^M \leq \tau^I \tag{10.56}$$

これら2つの条件が満たされるパラメータ領域は，$(1-\alpha)/\alpha > 1/\rho$ の場合について，図10.3の影の領域で示されている．[5]

この図は，統合型都市経済が均衡であるためには，中間財の輸送費が消費財の輸送費に比べて十分に高くなければならないことを示している．この場合には，2つの部門間の垂直的リンケージが強い集積力を創り出しているからであり，8.6節で見たものと一致する結果となっている．一方，(10.51) 式の賃金関数が示すように，$\mu\tau^M < (1-\mu)\tau^A$ のとき，すなわち，農業財の輸送費に比べて，消費製造財の輸送費が十分に安いときには，農業地域の方が両製造業部門の労働費用において比較優位を持っている．しかしながら，中間財の輸送に高い費用がかかる場合には，都市に集中している中間財サプライヤーへの最終製造業部門の近接性の方が，農業地域における労働費用の比較優位を上回る．

(10.55) と (10.56) 式が L と独立であることに着目しよう．これは，人口規模の増加は，経済の空間パターンには影響を与えないで，都市の成長とより広い農業

---

[5] 反対の不等号の場合には，図10.3の垂直軸上の2つの切片が逆になるだけであり，この差異は均衡に関しての議論を行ううえで重要ではない．

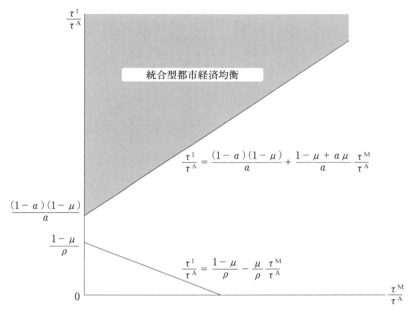

図 10.3 統合型都市経済均衡のパラメーター領域

地域をもたらし，新都市が形成されることはないことを意味している．命題10.3で提示された条件は命題10.1のものとは異なるが，10.2節で提示されたブラックホールの条件（10.21）に対する，中間財の対照物と見なすことができる．しかしながら，以下で見るように，厚生の政策的含意はそれぞれ異なる．

10.3.2.2　厚生

人口成長は経済主体の厚生にどのように影響を与えるのであろうか．明らかに，地主の実質所得と労働者の実質賃金に関連する（10.24）と（10.25）式は，各々の立地点 r において保持されている．$p^A(r)$ と $w^*(r)$ は変化しないので，（10.24）式と（10.25）式はここでも妥当する．したがって，（10.54）を微分した以下の式の符号を確定しなければならない．

$$\frac{d\omega^*}{dr_b} = \frac{\mu\omega^*}{\sigma-1}\left\{\sigma\left[\alpha\mu - \frac{\sigma-1}{\sigma}(1-\mu(1-\alpha))\right](\tau^A+\tau^M) + \frac{\alpha\tau^A}{\exp(\tau^A r_b)-1}\right\} \quad (10.57)$$

これは $\alpha=1$ のとき，（10.23）式と同一である．10.2.3節で説明したように，

(10.25) 式と (10.57) 式を用いて，同様に以下を示すことができる.

$$\frac{1}{\omega^L(r)}\frac{d\omega^L(r)}{dr_b} > \frac{\mu^2(\sigma+\alpha-1)}{\sigma-1}(\tau^A+\tau^M) > 0$$

これは，r_b の値と無関係である．したがって，命題10.2に対応して，以下のように結論づけることができる．

命題10.4 統合型都市経済を想定する．そのとき，もし人口規模が増大すれば，
(i) 地主の厚生は農業地域内で常に上昇する．
(ii) $\rho \leq \alpha\mu/[1-\mu(1-\alpha)]$ (10.58)
が成立する場合，労働者の厚生は常に上昇する．
(iii) $\rho > \alpha\mu/[1-\mu(1-\alpha)]$ (10.59)
が成立する場合，労働者の厚生はある人口規模に達するまで上昇するが，それを超えると減少する．

この命題が，多様性の選好にもとづいていた単一中心経済の場合（$\alpha=1$ の特別な場合において同一になる場合）に得られた命題10.2と，非常に類似していることは言及するに値する．対照的に，命題10.1と命題10.3で示した均衡の持続性の条件は非常に異なっている．とくに，人口規模の増大がある閾値を超えると労働者の厚生を減少させてしまうが，決して統合型都市経済を崩壊させないことを我々は知っている．この場合，労働者の厚生は大都市の成長とともに減少していくが，他の主要な都市が現れないという「主都の罠」の状況に経済はある．今日，（マニラ，またはナイロビといった）発展途上国の巨大都市は，このような主都の例であろう．

しかしながら，主都の罠は10.2節の設定では決して生じない．なぜなら，$\rho \leq \mu$ の場合には，L が増加するときに，単一中心形状は均衡のままであるが，すべての経済主体の厚生もまた上昇するからである．他方では，$\rho > \mu$ の場合には，労働者の厚生は人口規模がある水準を超えると減少するが，しかしながら，単一中心形状は人口規模が十分に大きくなると均衡でなくなる．これは，新都市が出現し，労働者の厚生は再び上昇し始めることを意味している．

このように結果に違いが生じるのは，10.2節の多様性を選好するモデルでは，消費者自身が差別化された多様な財を直接購入するとされているが，ここでは最終製造業部門が多様な中間財を集めて同質の消費財を生産し，消費者に販売するとされているからである．前者の場合には，個々の差別化された製品の生産者が，分散化

された消費者に対して彼らの生産物を直接販売するが,一方,後者の場合には,個々の差別化された中間財の生産者がその生産物を都市に完全に集中した最終製造業部門へ販売する.したがって,驚くべきことではないが,中間財の生産者を含む統合型都市のロックイン効果は,多様性に対する選好にもとづいた単一中心経済よりもはるかに強い.

10.3.3 特化型都市の経済
10.3.3.1 均衡

さて,次に中間財部門のみが完全に都市に集積した特化型都市の経済を考える.対照的に,最終製造財の生産は,地域全体に分散立地しており,各地点は自給自足である.したがって,都市は後背地に向けて多様なI財を移出し,逆に後背地は農業財を移出する.

最終製造財は各々の立地点で自給自足体制なので,以下の式が成り立つ.

$$X^M = Q^M$$
$$X^M(r) = Q^M(r) \quad (r \neq 0 \text{ に対して})$$

最終製造財の均衡価格はゼロ利潤の条件によって決定される.

$$p^M(r) = c^M(r) \quad (r \leq r_b \text{ に対して})$$

農業財の均衡価格は(10.1)式によって与えられる.一方で経済の外縁地点 r_b における賃金は(10.4)式で与えられる.

以前と同様に,上述および10.3.1節の条件式を用いて,全変数を唯1つの未知数 r_b の関数として以下のように求めることができる.

$$L^I = \frac{2\alpha\mu}{1-\mu}[1-\exp(-\tau^A r_b)]\exp\{[\alpha\mu(\tau^A+\tau^I)r_b/[1-\mu(1-\alpha)]\} \tag{10.60}$$

$$L^M = \frac{\mu(1-\alpha)}{1-\mu(1-\alpha)} L^I \tag{10.61}$$

$$L^M(r) = \frac{\mu(1-\alpha)}{1-\mu(1-\alpha)} \exp\{\alpha\mu(\tau^A+\tau^I)(r_b-r)/[1-\mu(1-\alpha)]\} \tag{10.62}$$

$$p^A(r) = \exp[\alpha\mu(\tau^A+\tau^I)r_b/(1-\mu(1-\alpha))]\exp(-\tau^A r) \tag{10.63}$$

$$p^M(r) = \kappa_3 (L^I)^{-\alpha/(\sigma-1)} \exp\{[\alpha\tau^I-(1-\alpha)(1-\mu)\tau^A]r/[1-\mu(1-\alpha)]\} \tag{10.64}$$

$$w^*(r) = \exp\{[\alpha\mu\tau^I-(1-\mu)\tau^A]r/[1-\mu(1-\alpha)]\} \tag{10.65}$$

$$P^I(r) = \left(\frac{\sigma f}{L^I}\right)^{1/(\sigma-1)} \exp(\tau^A r)$$

r_b を得るために,(10.61),(10.62)および(10.65)式を労働市場清算条件(10.40)式に代入して,以下を得る.

$$L-2r_b = \frac{2\mu}{1-\mu+\alpha\mu}\left\{\frac{\alpha}{1-\mu}\frac{1-\exp(-\tau^A r)}{\tau^A}\right.$$
$$\left.+(1-\alpha)\frac{[1-\exp(-\kappa r_b)]}{\kappa}\right\}\exp(\kappa r_b)$$

ここで,$\kappa \equiv \alpha\mu(\tau^A+\tau^I)/[1-\mu(1-\alpha)]$ である.

10.2.2.2で説明したように,r_b は一意に決定され,厳密な意味で L とともに増加することは容易に示される.

特化型都市経済が空間均衡であるためには,2つの追加的な条件が満たされる必要がある.最初に,最終製造財については自給自足であり交易がないという仮定は,この財の均衡価格の空間的変化率がこの財の輸送費を決して上回らないならば,成立する.すなわち,

$$\frac{|dp^M(r)/dr|}{p^M(r)} \leq \tau^M \qquad (r \leq r_b \text{ に対して})$$

(10.64)式より,この条件は以下のようになる.

$$\frac{|\alpha\tau^I-(1-\alpha)(1-\mu)\tau^A|}{1-\mu(1-\alpha)} \leq \tau^M$$

つまり,

$$\frac{(1-\alpha)(1-\mu)}{\alpha}\tau^A - \frac{1-\mu(1-\alpha)}{\alpha}\tau^M \leq \tau^I \leq \frac{(1-\alpha)(1-\mu)}{\alpha}\tau^A + \frac{1-\mu(1-\alpha)}{\alpha}\tau^M$$

となる.

第2に,I企業のポテンシャル関数はいずれの立地点においても1を超えてはならない.(10.60),(10.61),(10.62)および(10.65)式を(10.43)式に代入すると,以下のポテンシャル関数が得られる.

$$\Omega(r) = \frac{\alpha\mu}{1-\mu(1-\alpha)}\exp\left\{-\sigma\left[\frac{\alpha\mu\tau^I-(1-\mu)\tau^A}{1-\mu(1-\alpha)}\right]r\right\} \cdot \left\{\exp[-(\sigma-1)\tau^I r]\right.$$
$$\left.+\frac{2(1-\mu)\tau^A}{\alpha\mu(1-\exp(-\tau^A r_b))}\int_0^{r_b}\exp[-\tau^A|s|-(\sigma-1)\tau^I(|r-s|-|s|)]ds\right\}$$

補論で説明されているように,この式を以下のように書き換えることができる.

$$\Omega(r) = \exp(-\tilde{\eta}r)\left\{1 + \frac{(1-\mu)(\sigma-1)\tau^{\mathrm{I}}}{1-\mu(1-\alpha)}\int_0^r \exp[2(\sigma-1)\tau^{\mathrm{I}}s]\right.$$
$$\left.\times\left(1 - \frac{1-\exp(-\tau^{\mathrm{A}}s)}{1-\exp(-\tau^{\mathrm{A}}r_b)}\right)\mathrm{d}s\right\} \tag{10.66}$$

ここで，$\tilde{\eta}$ は以下で与えられる定数である．

$$\tilde{\eta} \equiv \frac{\sigma\{[\alpha\mu + \rho(1-\mu(1-\alpha))]\tau^{\mathrm{I}} - (1-\mu)\tau^{\mathrm{A}}\}}{1-\mu(1-\alpha)}$$

(10.16) 式と (10.66) 式を比較すると，2 つの式は本質的に同じ構造を持っている ($\alpha=1$ のときは同一である) ことがわかる．したがって，I 企業の立地は 10.2.2.2 節と同様に分析できる．まず，

$$\frac{\Omega'(0) = \sigma[(1-\mu)\tau^{\mathrm{A}} - \alpha\mu(1+\rho)\tau^{\mathrm{I}}]}{1-\mu(1-\alpha)}$$

であるから，ポテンシャル曲線が原点で非正の傾きを持つには，以下の不等号が要求される．

$$\frac{1-\mu}{\alpha\mu(1+\rho)}\tau^{\mathrm{A}} \leq \tau^{\mathrm{I}}$$

次に，$r_b \to \infty$ に対応する極限ポテンシャル曲線 $\bar{\Omega}(r)$ を用いて，以下のことを示すことができる．もし $\rho \leq \alpha\mu/[1-\mu(1-\alpha)]$ であれば，いかなる $r_b > 0$ の下においても，すべての $r \leq r_b$ において，$\Omega(r) < 1$ となることを示すことができる．反対に，$\rho > \alpha\mu/[1-\mu(1-\alpha)]$ のときには，ポテンシャル曲線は図10.2と同様なパターンを描くことになる．つまり，特定の立地点 $\hat{r}$ で，ポテンシャル関数がちょうど1に等しくなる，臨界人口規模 $\hat{L}$ が存在する．したがって，経済の人口規模 L が $\hat{L}$ を超えれば，十分に大きい r において，$\Omega(r) > 1$ となる．これは特化型都市の経済が空間均衡でなくなることを意味する．以上の結果を要約すると，以下の命題を得る．

命題10.5 特化型都市の経済が空間均衡となるためには，以下の 2 つの条件が満たされなければならない．

$$\frac{(1-\alpha)(1-\mu)}{\alpha}\tau^{\mathrm{A}} - \frac{1-\mu(1-\alpha)}{\alpha}\tau^{\mathrm{M}} \leq \tau^{\mathrm{I}} \leq \frac{(1-\alpha)(1-\mu)}{\alpha}\tau^{\mathrm{A}} + \frac{1-\mu(1-\alpha)}{\alpha}\tau^{\mathrm{M}} \tag{10.67}$$

および

$$(1-\mu)\tau^{\mathrm{A}} \leq [1-\mu(1-\alpha)]\tau^{\mathrm{I}} \tag{10.68}$$

(i) もし条件（10.67）と（10.68）が満たされ，そしてもし
$$\rho \leq \alpha\mu/[1-\mu(1-\alpha)] \tag{10.69}$$
ならば，特化型都市の経済は人口規模にかかわらず空間均衡である．

(ii) もし条件（10.67）と（10.68）が満たされ，そしてもし
$$\rho > \alpha\mu/[1-\mu(1-\alpha)] \tag{10.70}$$
ならば，ある正の臨界人口規模 $\hat{L}$ が存在して，特化型都市の経済はすべての $L \leq \hat{L}$ に対して空間均衡であり，一方 $L > \hat{L}$ のときには，空間均衡ではない．

図10.4は，2つの均衡条件（10.67）と（10.68）が満たされている輸送費の領域を示している．

この図は，最終製造財の輸送費と比べて，中間財の輸送費が十分に低いときに，特化型都市の経済は空間均衡であることを示している．しかしながら，中間財の輸送費は低すぎてもいけない．なぜなら，その場合には，I企業は低賃金の労働を利用するために，後背地へ移動してしまうからである．しかしこれでこの物語は終わりではない．中間投入物が十分に代替的である（すなわち，（10.70）式が満たされる）ときには，この形状は人口規模があまり大きくならないときにのみ空間均衡である．したがって，特化型都市の経済は，命題10.1で説明した単一中心経済の均衡パターンと非常に似通った均衡パターンを示す．特に条件（10.69）は新しいブラックホール条件であり，$\alpha=1$ のときには以前と同じく $\rho \leq \mu$ となる．

10.3.3.2 厚生

再び，人口成長が労働者と地主の厚生に与える影響について研究する．最初に，（10.63）と（10.64）式を（10.29）式に代入し，（10.60）式を用いて，以下の均衡実質所得を得る．

$$\omega^* = k_2[1-\exp(-\tau^A r_b)]^{\alpha\mu/(\alpha-1)} \exp\left[\frac{\alpha\mu/\rho-(1-\mu(1-\alpha))}{1-\mu(1-\alpha)}\alpha\mu(\tau^A+\tau^I)r_b\right] \tag{10.71}$$

さらに，（10.24）式はここでも成立するから，（10.63）と（10.64）式を（10.24）式に代入し，（10.60）式を用いて，以下の地主の均衡実質所得を得る．

$$\omega^L(r) = \omega^*\left\{\exp\left[\frac{\alpha\mu(\tau^A+\tau^I)}{1-\mu(1-\alpha)}(r_b-r)\right]-1\right\}$$

次に，（10.71）式を r_b に関して微分し，以下を得る．

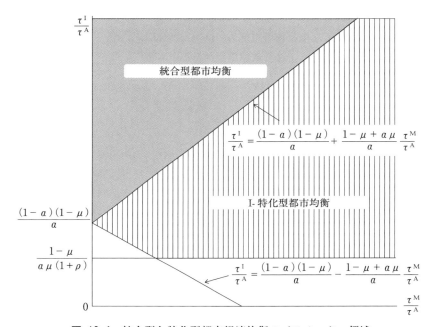

図 10.4　統合型と特化型都市経済均衡のパラメーター領域

$$\frac{d\omega^*}{dr_b} = \frac{\mu\omega^*}{\sigma-1}\left\{\frac{\alpha}{1-\mu(1-\alpha)}\sigma[\alpha\mu-\rho(1-\mu(1-\alpha))](\tau^A+\tau^M)+\frac{\alpha\tau^A}{\exp(\tau^A r_b)-1}\right\}$$

さらに，10.3.2.2項と同じアプローチを用いて，以下の関係が得られる．

$$\frac{1}{\omega^L(r)}\frac{d\omega^L(r)}{dr_b} > \frac{\alpha}{1-\mu(1-\alpha)}\frac{\mu^2(\alpha+\sigma-1)}{\sigma-1}(\tau^A+\tau^M) > 0$$

上の2つの式は10.3.2.2項で得られた式と類似している．実際，$\mu(1-\alpha)<1$ であるから，命題10.4はまた，特化型都市経済においても成立している．しかしながら，その水準を超えると労働者の厚生の減少が始まる臨界人口規模は，2つの空間均衡において必ずしも同じではない．

それら2つの空間均衡において，人口成長の影響は同じであるかのように見えるが，ここで言及するに値する差異がある．もし経済が統合型都市を含むならば，人口規模がある臨界水準を超えて増大すると，労働者の厚生は減少し続ける．対照的に，特化型都市を含む経済の空間均衡においては，人口成長はやがて新都市の誕生を導き，したがって，労働者の厚生を高める．これは経済が「主都の罠」から抜け

出すために実行可能な戦略を示唆している．実際，図10.4を見れば，中間財の輸送費を削減させる政策により，統合型都市経済から特化型都市経済の均衡領域に移行できることがわかる．そこでは，人口成長は新都市の形成を伴い，したがって，労働者の厚生も上昇する．

10.4 都市システムの出現と構造

都市がブラックホールでないとき，単一中心形状は，人口規模が十分に大きくなると，空間均衡でなくなる．図10.2を見てわかるように，人口規模が $\hat{L}$ の水準に達するとき，ポテンシャル曲線は立地点 $\hat{r}$ でちょうど1の値をとる．そのとき，そこには集積が存在しないが，企業にとってその立地点は現存の都市と同じくらい魅力的になる．なぜならば，そこに立地する企業は，後背地に奥深く位置する大きな地方市場と，直接的なアクセスを持てるからである．これは，$\hat{r}$ への任意の小規模な（しかし正の）数の企業の移転が，そこに新都市の創出を導く集積メカニズムのきっかけとなり得ることを示唆している．同時に，現存の都市において縮小のメカニズムが働くが，現存の集積の持つロックイン効果が働くので，その都市が消滅することはない．それゆえに，新都市は現存の都市の全人口を奪うことはない．対称的に，同じことが $r<0$ の側においても生じるので，経済は実際には，1都市の形状から3都市のシステムに移行する．しかしながら，当面，$r>0$ の地域に焦点を当てる．

人口が増加し続けるとき，増大する人口に食料を供給するために，農業開拓地帯は，新都市から離れて，さらに遠くに移動して行く．それゆえに，以前と同じ理由で，人口が新しいある閾値に達するとき，ポテンシャル曲線は新しい立地点で1の値を示す．これはその立地点に新都市が誕生することを意味する．成長し続ける人口と無限の空間の下で，新都市は最も近い現存の都市からある一定の距離のところに，周期的に出現する．このようにして都市システムが形成されていき，そこでは都市はだいたい等距離に立地している．

この節では，上述のアイデアをより正確にするために，10.2節の枠組みを用いる．命題10.1で説明したように，単一中心パターンが安定均衡でなくなるときに，経済は新都市の出現を伴う新しい安定均衡へと移行する．この移行は，自身の利益のみに動機付けられた，無数の経済主体の決定によって達成される．このように，本節でのアプローチは，第4章で採用したアプローチ（つまり，大きな経済主体による

都市開発）と全く対照的である．

ところで，均衡の安定性を調べるためには，経済が均衡でないときの経済主体の行動について説明しなければならない．したがって，第1段階として，経済主体が取る調整過程を通じて，新しい均衡へどのように移行がなされるのかを説明する．次に，この移行過程を用いて，成長し続ける人口と無限の同質空間との組み合わせが，どのようにして都市の規則的なネットワークの形成を導くのかを示す．正式な分析は長く複雑であり，詳細は引用した文献にあるので，ここでは，完全な説明は差し控えて，主要なアイデアの紹介にとどめる．

10.4.1 調整過程

再び，経済全体の人口がゆっくりと成長すると仮定する．ここでの目的は，この人口成長の結果として，空間経済がどのように進化するかを研究することである．以前に議論したように，現存の空間システムが不安定になったとき，新たな都市の出現という形で生まれ，空間形状の変化が起こる．安定性を評価するために，調整過程を特定しなければならない．この調整過程の背後にある直感的な考えは第8章で用いられたものと類似しており，より高い実質賃金を提示する立地点に向けての労働者の移住によって調整がなされるということである．しかしながら，いくつかの相違点がある．まず，ここでは，新都市の潜在的な立地点は無限にあり，したがって可能な空間形状は以前よりはるかに多くなる．さらに，人口の増大とともに，経済は，異なる空間均衡に対応する製造業の空間分布の変化を，繰り返し経験していく（対照的に，第8章では空間均衡の単一の変化のみに焦点を当てた）．

ここでの研究戦略は，各時間 t における可能な空間均衡の選択装置として，空間均衡の「構造的な安定性」を用いることである．具体的には，ある所与の時間 t における空間均衡の安定性を調べるにあたり，まず人口 $L(t)$ が一時的に固定されていると仮定し，次に，人口分布均衡のわずかな動揺のインパクトを ξ で表される「仮想時間」上において分析する．これを行うために，現実の都市の立地点と新しい都市の任意の数の特定の潜在的立地点，両者を合わせて K 個の，都市の立地点の集合を考える．調節過程の各時間 ξ における k 番目の都市の人口を $L_k(\xi) \geq 0$ とする．固定された時間 t の下で，仮想時間 ξ 上における労働者人口の運動方程式は以下で与えられる．

$$\frac{dL_k(\xi)}{d\xi} = L_k(\xi)[\omega_k(\xi) - \bar{\omega}(\xi)]L(t) \qquad k=1,\cdots,K \qquad (10.72)$$

ここで，$\omega_k(\xi)$ は都市 k における実質賃金の仮想時間 ξ での一時的均衡値であり，$\bar{\omega}(\xi)$ は，以下で与えられる，この経済における全労働者と農家の平均実質賃金である．

$$\bar{\omega}(\xi) = \left\{ \sum_{k=1}^{K} L_k(\xi) \omega_k(\xi) + \left[L(t) - \sum_{k=1}^{K} L_k(\xi) \right] \omega^A(\xi) \right\} / L(t)$$

ここで，$\omega^A(\xi)$ は時間 ξ におけるすべての農業労働者に共通の均衡実質賃金である．労働者と農家の総人口は $L(t)$ に等しいので，全農家数 $L^A(\xi)$ は以下の式に従わなければならない．

$$\frac{dL^A(\xi)}{d\xi} = L^A(\xi)[\omega^A(\xi) - \bar{\omega}(\xi)]L(t) \tag{10.73}$$

(10.72) と (10.73) 式は，それぞれ全居住地域における労働者と農家の移住の運動方程式を表している．ただし，時間 ξ とともに農業地域の周辺部は動くから，居住地域全体も変動する．

　時間 t における空間均衡の安定性は以下の条件を満たす必要がある．任意の数 K の都市の立地点（K は均衡における現実の都市数より小さくない）およびそれら K 個の都市の任意の立地点の組（ただし，現実の都市の立地点は変化しない）に対して，その空間均衡は，(10.72) と (10.73) 式の動学システムの下で安定的である．この定義は，無限の数の可能な都市立地点の場合を含んでいる．

　このように定義された安定性の確認は，一見，とても手ごわい仕事のように思える．しかしながら，所与の空間均衡の下で，もしポテンシャル曲線が，現存の都市の立地点以外においては，厳密に 1 より小さければ，その空間均衡は安定的であり，したがって，新しい都市はどこにも生まれないことを示すことができる（Fujita and Mori, 1995; 1997）．直感的には，このことは以下のように理解することができる．経済が均衡であるときには，各々の都市における労働者の実質賃金と農家の実質賃金はすべての立地点で等しくなる．したがって，以下で定義されたポテンシャル曲線

$$\Omega(r) = \left(\frac{w^M(r)}{w^*(r)} \right)^\sigma = \left(\frac{\omega^M(r)}{\omega^*(r)} \right)^\sigma$$

が，現存の都市以外のすべての立地点 r において $\Omega(r) < 1$ であるならば，企業が非負の利潤を獲得しながら，労働者に均衡実質賃金を提供することができる場所は，現存の都市以外にはないのである．

10.4.2 都市のネットワークとしての都市システム

小規模の人口(したがって,ポテンシャル曲線はすべての $r \neq 0$ において1を超えない)の下での,単一中心形状を持つ経済を考えよう.この場合には,均衡形状は安定的であり,新たな都市は出現できない.しかし10.2節で見てきたように,人口規模が増大するにつれて,ポテンシャル曲線は上方にシフトしていく.最終的に,この曲線は,人口規模がある水準 $\hat{L}$ に達するときに,ある立地点 $\hat{r}$ で1の値をとり,この立地点は都市と同じ利潤を上げることができる.もし人口規模が $\hat{L}$ 以上に大きくなると,ポテンシャル曲線は $\hat{r}$ で1を超える.したがって,$\hat{r}$ はいまや都市よりも利益をもたらし,いくつかの企業がそこに進出することになる.言い換えると,新たな都市が $\hat{r}$ で形成される.もちろん,同じことが $-\hat{r}$ の立地点においても生じる.このようにして,人口規模 $\hat{L}$ で,単一中心均衡は対称な3中心パターンに変形する.もし集積メカニズムに内包されている乗数効果が十分強力であれば,結果として生じる変化は,両翼に2つの大きな都市の出現を伴う,カタストロフィ的なものになる.この点に関して,Fujita, Krugman, and Venables (1999, 168) は,このようなカタストロフィ的な推移が起きるための十分条件として,以下の2つを示している.

$$\mu \tau^M \geq (1-\mu)\tau^A \tag{10.74}$$

および

$$\mu \geq \frac{\rho}{1+\rho} \tag{10.75}$$

(10.74)式は,支出シェアでウェイト付けされた製造業財の輸送費が,農業財の輸送費と比較して,十分大きいことを意味している.この場合,消費者は都市に立地することにより,実質所得を上げることができる.(10.75)式は,消費における製造業財のシェアが,ある閾値以上でなければならないことを意味している.この閾値は,製品の差別化の度合いが高まれば(つまり,ρ が小さくなれば),より小さくなる.実際に,製造業財への消費シェアが小さいと,企業と消費者にとって大規模な集積を形成するのに十分なインセンティブがなくなる.もちろん μ は ρ より大きくなることはできない.そうでないと,集積力が強力すぎて,現存の都市はブラックホールのようになり,新都市が出現することができなくなる.

均衡が3都市以上であるとき,解析的な結果を引き出すことは非常に難しくなる.そこで,Fujita and Mori (1997) によって得られた数値シミュレーションの結果に

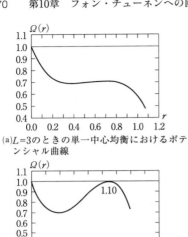

(a) $L=3$のときの単一中心均衡におけるポテンシャル曲線

(b) $L=4.36$で分岐前の単一中心均衡におけるポテンシャル曲線

(c) $L=4.36$で分岐後の3都市システムにおけるポテンシャル曲線

(d) $L=6$のときの3都市システムにおけるポテンシャル曲線

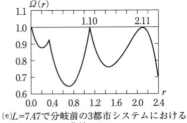

(e) $L=7.47$で分岐前の3都市システムにおけるポテンシャル曲線

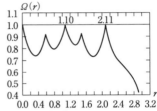

(f) $L=7.47$で分岐後の5都市システムにおけるポテンシャル曲線

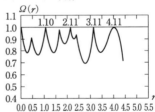

(g) $L=13.625$で分岐前の7都市システムにおけるポテンシャル曲線

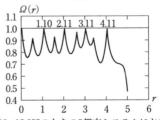

(h) $L=13.625$のときの9都市システムにおけるポテンシャル曲線

図 10.5 空間経済における都市システムの発展過程

10.4 都市システムの出現と構造　471

限定する．経済のパラメータは（10.74）式と（10.75）式を満たす図10.2に対応する値をとる．

　図10.5は人口 L が上昇し続けるときの，都市システムの発展を描いている．図10.5（a）は人口 $L=3$ の下での単一中心均衡のポテンシャル曲線を描いており，すべての $r>0$ において，$\Omega(r)<1$ となっているから，単一中心形状は安定均衡である．一方，人口 L が臨界値4.36の値をとるときの図10.5（b）では，$r=1.10$ において対応するポテンシャル曲線が1の値をとるので，単一中心形状は構造的に不安定になる．この特定の L の値で，空間経済は単一中心から3中心パターンへと，カタストロフィ的な変化をする．図10.5（c）に描かれた，人口 $L=4.36$ で分岐後の3都市システムにおける対応するポテンシャル曲線が示すように，この新しい均衡は安定的である．

　図10.5（d）において，最初の分岐と第2番目の分岐の間に相当する $L=6$ のときの3中心均衡は安定的であることを示している．図10.5（e）において，L は新しい臨界値7.47をとり，対応するポテンシャル曲線は $r=2.11$ で1の値をとる．これは3中心パターンが構造的に不安定になることを示している．このとき再び，3中心パターンが5中心形状に変化する，カタストロフィ的な分岐が起こる．図10.5（f）は，その分岐後のポテンシャル曲線を描いている．

　同様に，L が上昇し続けるにつれて，空間経済のカタストロフィ的な変化の結果として，1対ずつの先端都市が生じる．図10.5（g）と（h）は，$r=4.11$ において新都市が出現し，7中心形状から9中心形状へ分岐するもう1つの例を描いている．

　これらの図は，都市の数が増加するにつれて，中心地理論において推量されたように，都市システムは非常に規則的な都市ネットワークに近づくことを示唆している．

10.4.3　都市の数と規模

　前節では，成長する人口が都市システムの形成に及ぼす影響について考察した．そこで，この節では，Tabuchi and Thisse（2011）に従い，NEGの標準的な思考実験に立ち戻る．すなわち，減少する輸送費が製造業部門が集積している都市の数と都市規模にどのように影響するのかを考える．

　空間は単位長さの円 $(0,1]$ で与えられる．収穫逓増，独占的競争，および正の輸送費の下で差別化された製造業財を生産する1つの産業が存在する．[6]CPモデルのように，総労働力の規模は固定されており，農業と製造業に所与のシェアにしたが

って分割している．各々の農家または製造業労働者は1単位の労働を供給する．農家は都市間を移動できず，空間にわたって一様に分布しているが，製造業労働者は都市間を自由に移動できる．ある地点において正の数の労働者と企業が集積するならば，そこに都市は出現する．円 $(0,1]$ に沿って分布する都市の数と都市規模は，内生的に決まる．

消費者の選好は準線形で，以下のように与えられている．

$$U = \alpha \log Q + A$$

ここで，$Q = \left(\int_0^M q_i^\rho di \right)^{1/\rho}$ $(0 < \rho < 1)$ であり，一方，$\alpha > 0$ は製造業財への支出割合である．都市の数を C で表す．各地点 $x \in (0,1]$ に居住する消費者の予算制約は以下のとおりである．

$$\sum_{c=1}^{C} n_c p(x_c, x) q(x_c, x) + A = w(x) + \bar{A}$$

ここで，n_c は都市 c において製造業財を生産する企業の数，$q(x_c, x)$ は地点 $x \in (0,1]$ に居住する各消費者が地点 $x_c \in (0,1]$ の都市 c において生産された各製品の消費量，$p(x_c, x)$ は，その製品の引き渡し価格，$w(x)$ は立地点 x に居住する各労働者の所得，そして $\bar{A}$ は農業財の初期の賦存量である．

次に，$\tau(x_c, x) \equiv \tau^{\min\{|x_c-x|, 1-|x_c-x|\}}$ を，x_c の都市に立地した企業が製品を生産し，そして立地点 $x \in (0,1]$ に1単位の生産物を届けるために必要な総費用とする．この表現において，限界生産費用は1に規準化されている．ここでは，氷塊型輸送費は指数関数の代わりに，企業と消費者との間の距離の冪乗関数で表されている．

異なる階層の都市同士が入れ子状になるためには，階層 k の都市の数は，階層 $k-1$ の都市の数の n 倍，また階層 $k+1$ の都市の数の $1/n$ 倍となるような，整数 n が存在しなければならない．以下では，$n=2$ の特別な場合，つまり2の冪乗よりなる中心地システムを考える．

最初に，同じ規模の総数 C の都市が，等距離にある場合を考察する．Tabuchi and Thisse (2011) は，すべての $C = 2^n$ に対して，次のような閾値 $\tau_h(C) > 0$ が存在することを示している．もしも $\tau > \tau_h(C)$ に対して均衡が $2C$ の等距離都市を含むときには，τ が $\tau_h(C)$ を少しだけ下回るようになったとき，都市の均衡数は C に等しくなる．つまり，τ のある値に対して，もし 2^n の等距離都市が存在するなら

---

6) Tabuchi and Thisse (2011) は，また複数の産業の場合も議論している．

ば，τ が十分に減少した場合に，都市の数は半減する．言い換えれば，輸送費が連続的に低下してゆくとき，対称均衡において，都市の数は減少するとともに，都市の規模は増大する．

さらに，Tabuchi and Thisse (2011) は，以下のような対称ブレイク閾値 τ_b の存在を示している．τ が連続的に低下するとき，都市システムにおいては次の2つのパターンが繰り返される．(i) $\tau_h(2^{n-1}) < \tau < \tau_b(2^n)$ のときには，小都市と大都市が交互に現れる 2^n の都市を含む均衡が存在する．(ii) $\tau_b(2^{n-1}) < \tau < \tau_h(2^{n-1})$ のときには，均衡は 2^{n-1} の等距離で対称な都市によって形成される．例として，$C=16$ の対称都市のパターンを考え，輸送費 τ を連続的に低下させよう．まず，ブレイク・ポイント $\tau_b(16)$ に達するまでは，都市システムは同じままである．次に，τ が $\tau_b(16)$ より少し低下すると，対称形状は不安定になり，その結果，都市システムは，規模の交代を伴う16の都市を含むことになる．さらに，τ が低下し続けると，大都市は成長するが，小都市は縮小する．ひとたび $\tau_b(16)$ に達すると，小都市は消滅し，都市システムは，8個のより大きくかつ同一の都市だけから成り，都市間距離と都市規模はともに倍になる．τ が閾値 $\tau_b(1)$ に達するまで，同じパターンが4都市と2都市まで繰り返される．

以上のことを要約すると，τ の低下とともに，都市システムは以下のような分岐を繰り返していく．小都市が空間経済から徐々に消滅して行き，都市の数が減少するとともに，より少数の都市がより広範囲の活動を集積していく．結果として得られた地理は，パテ－粘土型のものである．すなわち，労働者と企業は自由にどこへでも移動して新たな都市を形成することができるが，ひとたび都市が形成されると，その都市は，道路や住居，それに公的施設のような耐久的なインフラがなくても，動かない明確な立地点を持つことになる．最後に，都市階層の最上位に位置する都市は，全過程において，その高いランクを維持しているが，一方で低いランクの町は，徐々に大都市のアーバン・シャドーに入り，最終的には消滅することになる．このことすべては，「都市は驚異的な強靭性を有している」という事実と一致する (Hohenberg 2004).

10.5 結論

本章では，第8章の標準的なモデルに，すべての労働者は移動可能であるという仮定とともに，土地市場を加えることで，都市化の過程を研究することができるこ

とがわかった．その都市化の過程で，各々の企業は，大きな市場を持つ都市への近接性と，農村地域における低い競争の持つ優位性とを，相互に対照している．様々な強い仮定にもかかわらず，本章のモデルは，地理学者と歴史学者によって強調されたいくつかの基本的な力をとらえている．驚くまでもなく，都市の数は総人口の規模とともに増大している．都市化に対する主な要因として人口成長を強調するのは，経済史とも，また，アダム・スミスのような古典派の経済学者による観察とも合致している．実際に，アダム・スミスは次のように観察している．

スコットランド北部の高地のように，まったくの荒野の中に一軒家やごく小さな村落が点在する地域では，すべての農夫は，彼の家族のために肉屋であり，パン屋であり，そしてまたビール醸造家であらねばならない（Adam Smith（[1776] 1965, 17）．

言い換えれば，新都市の出現によって労働の分業が拡大するために，人口密度は十分に高くならなければならない．本章では，労働の分業がより細かくなれば，消費者がより多様な財を入手できるということによって表現されている．

おそらくそれ以上に驚くべきことは，次々に生まれてくる新しい都市は，規則正しいネットワークを形成して行き，そこでは，差別化された多様な製品が交易されていることである．これは，中心地理論の主要な原理とも合致している．しかしながら，以下の点にも留意する価値がある．つまり，都市は農村地域の基盤としての役割を果たしているのみならず，それぞれの都市は異なる製品の生産に特化しているので，都市相互間にも交易が行われている．これは，それぞれの都市が2つの機能，すなわち農業後背地への製造財の供給と他の都市との交易，を持つことを意味する．この事実は多くの経済史家の研究によって示されている（Hohenberg and Lees 1985, chap.2）．

しかしながら，本章で説明されたモデルでは，1つのタイプの都市のみが都市化の過程において出現する．したがって，本章で考えたモデルは，都市システム全体は階層構造を持つという基本的な側面を把握できていない．しかしながら，我々は，本章で展開されたアプローチをさらに発展させれば，この難問に取り組むうえで極めて役に立つと考えている．実際，この方向性の最初のステップは，Fujita, Krugman and Mori (1999) によってなされている．彼らは，効用関数 (8.1) の中に，異なる代替の弾力性を持つ，複数の製造業財のグループを導入して

いる．ただし，単純化のために，輸送費はすべての財について等しいと仮定されている．この拡張されたモデルにおいて，以下の条件が満たされている場合を考える．

$$\sum_{k=1}^{K} \frac{\mu_k}{\rho_k} \geq 1$$

この条件は，$K=1$ のときには，ブラックホール条件 $\mu \geq \rho$ と一致していることに留意してほしい（8.2.3項参照）．この条件の下で，彼らは，人口規模が増大するにつれて，クリスタラー型の規則正しい階層的な中心地システムが形成されていくことを示している．この都市システムにおいて，「高次の都市」はより多数の製造業財のグループを供給する．しかし，都市は差別化された製品の生産に特化しているので，都市間には両方向の交易が存在する．このことは，水平的な関係が中心地理論の錐体構造の上に重ねられるという，込み入った交易パターンを生み出すことになる．予想されるように，高次の都市は低次の都市よりも多様な財を移出する．だが，同じ次数の都市間の水平的な関係は，低次の都市との交易よりも重要かもしれない．したがって，ここで得られた都市階層はクリスタラーが研究した以上に，豊かな交易パターンを示している．

同様なアプローチにしたがって，Tabuchi and Thisse（2011）は，複数の産業の場合に10.4.3項で提示したモデルを，数値解析的に解いた．彼らの主要な結論は，以下のように要約できる．輸送費が連続的に低下するとき，小都市は，順次，1つずつの産業を失っていく．さらに，代替の弾力性が高い産業ほど，低次の都市に集積している．実際，熾烈な競争に直面する企業は，より分散することで競争を回避するという選択をし，一方緩やかな競争の下にある企業は，規模の経済が活用できる大都市に集積する．したがって，経済統合がより深く進むにつれて，大都市はより多くの企業と労働者を引き寄せるが，小都市はそれらを失うという形で，都市の相対的な規模は変化していく．1つの産業が小都市から大都市に移動するときに，都市システムの構造変化が生じる．結局，輸送費が十分に低下すると，小都市は消滅してしまい，空間経済は少数の大都市によって形成される．

補論

我々は，(10.15) 式を以下のように書き換える．

$$\Omega(r) = \mu A(r) \exp(-\eta r) \tag{10A.1}$$

ここで，η は（10.17）式によって定義され，一方 $A(r)$ は以下で定義される．

$$A(r) \equiv 1 + \frac{1-\mu}{2\mu} \frac{\tau^A \exp[(\sigma-1)\tau^M r]}{1-\exp(-\tau^A r_b)}$$
$$\times 2 \int_0^{r_b} \exp[-\tau^A |s| - (\sigma-1)\tau^M (|r-s|-|s|)] ds$$
$$= 1 + \frac{1-\mu}{2\mu} \frac{\tau^A}{1-\exp(-\tau^A r_b)}$$
$$\times \left\{ \int_{-r_b}^{r} \exp[-\tau^A |s| + (\sigma-1)\tau^M (s+|s|)] ds + \exp[2(\sigma-1)\tau^M r] \int_r^{r_b} \exp(-\tau^A s) ds \right\}$$

(10A.1) 式の対数をとり,両辺をそれぞれ r で微分すると,次式が得られる.

$$\frac{\Omega'(r)}{\Omega(r)} = -\eta + \frac{A'(r)}{A(r)}$$

さらに,(10A.1) を用いて,

$$\Omega'(r) = -\eta \Omega(r) + \mu \exp(-\eta r) A'(r) \tag{10A.2}$$

が得られる.ここで,

$$A'(r) = \frac{1-\mu}{\mu} \frac{(\sigma-1)\tau^M}{1-\exp(-\tau^A r_b)} \exp[2(\sigma-1)\tau^M r] \int_r^{r_b} \exp(-\tau^A s) ds$$

である.

初期条件 $\Omega(0)=1$ の下で微分方程式 (10A.2) を解くと,以下の解が得られる.

$$\Omega(r) = \exp(-\eta r) \left[1 + \mu \int_0^r A'(s) ds \right]$$

これは (10.16) 式と同一である.

第11章 グローバル化，成長，およびサプライチェーンのフラグメンテーション

11.1 はじめに

　グローバル化は多面的なプロセスである．本章では，これからの経済にとって非常に重要と考えられる，2つのことを扱う．第1は，知識のスピルオーバーは，技術進歩の空間的拡散において重要な役割を果たすというアイデアに基づいている．我々の目標は，知識のスピルオーバーは，特に，その空間的な広がりを通じて，様々な地域の成長にどのような影響を及ぼすかを理解することである．第2に，最近のコミュニケーション費用の劇的な減少は，サプライチェーンの空間的フラグメンテーションを通じて，企業の組織に深く影響を及ぼすと認められる．さらに，これは，空間経済全体の構成に影響を及ぼす．したがって，本章の共通のテーマは，空間における知識および情報の伝搬が，経済活動の立地にどのように影響するかを調べることである．ここで，スピルオーバーとコミュニケーションの間の重要な違いに注意されたい．前者では，他者から受け取った情報は，その情報を生んだ主体にとっては，その活動の意図せぬ結果である．後者では，地理的に離れた主体同士が情報を交換することを選択したのであり，コミュニケーション費用が発生する．

　第8章で見たように，市場統合は核地域の出現を伴い，その富の一部は周辺地域の犠牲の下に得られる．その結果，製造業部門が集中する地域の厚生は上昇するが，他の地域では減少する．しかしながら，これまでのところ，そのような結果は，企業と財の種類の総数が一定の，静学モデルの脈絡の中で得られた．したがって，企業数が時間とともに増加する動的な設定において，核-周辺構造の特性がどのようになるかを把握することが重要である．言い換えれば，我々は次の質問に対処したい．成長と立地は互いにどのように影響するのか．より正確には，地域間の格差が時間の経過とともに広がるのか減るのか，また，そのような格差の拡大ないし縮小が起こる主な理由は何であるかを知りたい．人類の長い歴史から見れば，富める地域と貧しい地域の現在見られるような大きな格差が生まれたのは比較的最近であるが（Bairoch, 1993, chap.9），地域間格差が将来どのように変わる可能性がある

かを理解することは重要である．一般に，地域間の大きな格差は社会的に望ましくないと考えられているので，この問題は政策の観点から確かに重要である．地域間の格差が将来とも存続し続けると思える場合，あるいは，将来の経済成長と集中によって周辺地域に住む人の厚生が劣悪化すると思われる強い理由がある場合には，政府および国際機関は，国々と地域間における富のより公平な分配を促進する政策の設計をより積極的に推し進めるべきである．

　成長は地域的に起こると長い間主張されてきた．その理由は，技術的，社会的なイノベーションは地域的に集中して起こる傾向にある一方，その空間的な波及はゆっくりだからである．例えば，Hirschman（1958, 183）は，以下のように主張した．

　　経済発展はすべての地点で同時には起こらないし，また，それがひとたび現われると，大きな力が経済成長の空間的集中を，最初に始まった点の周りで，さらに促進させることは当然のことと考える．

同様に，Hohenberg and Lees（1985, 179）は次のように主張した．

　　1840年以降におけるイギリス，ベルギー，フランス，ドイツおよびイタリア北部での都市産業の急成長にもかかわらず，経済発展は空間的に選択的に起こった．一部の地域は非工業化する一方で，他の地域は新技術によって一変した．

　　知識の蓄積が経済成長の中心となることがひとたび認識されれば，成長における都市集積の役割は明らかになる．Sachs（2000）は以下のように述べている．

　　イノベーションは規模に関する収穫逓増を示す．つまり，高度な技術を有する地域は，さらなるイノベーションのための最適な場所である．新しいアイデアは，通常，既存のアイデアの組換えから作り出され，……したがって，アイデアが豊富な環境は，イノベーションの連鎖反応をもたらす．

Glaeser（2011, 8）は，この現象の活力を以下のように強調した．

　　エンジニアからエンジニアへ，デザイナーからデザイナーへ，また，トレーダー

からトレーダーへの知識の広がりは，画家から画家へのアイデアの広がりと同じであり，そこでは，都市の密度が中心的な役割を果たした．

多様な才能が自然に1カ所に集まることはめったにない．むしろ，それは，過去においては，ベニス，アムステルダムや江戸，現在では，ニューヨーク，ロンドン，それに上海のような繁栄した都市の魅力により引き起こされる．実際，Feldman and Florida (1994) は，20世紀後半においては，研究開発（R&D）を指向する企業や大学が設立された地域にイノベーションが集まったと述べている．さらに，そのような専門的な資源の集中が，地域のイノベーションや成長する潜在能力を強化すると述べている．

したがって，成長と地理の関係は，イノベーション活動の地域特化が，固有の機能とそれらの地域で開発された能力の組み合わせの結果として見られるとき，より強くなる．すなわち，革新と集積は密接な関係がある．特に，19世紀後半以降の経済成長における都市の役割は，経済史家によって強調されている（Hohenberg and Lees, 1985, chaps.6 and 7）．都市は，技術的，社会的なイノベーションが，市場および市場外の相互作用を通じて開発される主要な社会的機関であり，それにより，成長が局地化されるという事実が強化される．別の言い方をすれば，集積とは経済成長の地理的な発現である．

空間と時間は，このように経済発展の過程で本質的に融合される．しかし，それらの相互作用の研究は大変な課題である．集積と成長のいずれも，それ自体が複雑な現象なので，どのような統合的な分析も，多くの概念上，分析上の困難に直面すると考えねばならない．したがって，当然のことだが，この分野はまだ揺籃期にあり，本格的な貢献は少ない．そうであっても，地域成長の分野の完全なサーベイを提供することは本章の範囲を超えている．代わりに，我々は，相互作用における主な要因に光を当て，この重要な領域の将来の研究を促すことを願って，これまでの章に強く関係する，いくつかの結果を示すことにした．最近の成長理論と新経済地理学の両方が，独占的競争にもとづく同じ基本的な枠組みを共有しているので，2つの分野の融合のための強固な基盤が存在する．実際，最近，成長と立地の間の相互作用を研究した最近のいくつかの研究は，この形式的な類似性を利用している．詳細なサーベイについては，Baldwin and Martin (2004) を参照されたい．第8章と同じく，R&D部門で働いている熟練労働者は地域間を移動できるのに対して，製造部門と農業部門で働いている非熟練労働者は移動しないと仮定する．これまで

の地域成長のモデルは,典型的には労働者の移住を無視していたのに対して,経済地理学はしばしば近視眼的な移住のプロセスに依存している.したがって,2つの分野をつなぎ合わせるためには,熟練労働者の消費と立地の決定は経済の将来発展に対する空間的な予測に依存するので,移住の問題を洗練された方法で対処することが求められる.これらの困難にもかかわらず,妥当であると思える暫定的ないくつかの結論を導き出すことができる.

成長 11.2節で,我々は,クルーグマン型の核-周辺モデルと,グロスマン=ヘルプマン=ローマー型の水平的に差別化された製品による内生的成長モデルとの,自然な組合せにもとづく,単純な2地域経済の内生的成長モデルを提案する.成長は差別化された製品の数が増えることで引き起こされるが,新しい製品の生産に必要な設計図は熟練労働者によって創られる.正確に言えば,差別化された特定の製品を生産する企業の固定費は,対応する製品の特許を開発する費用と等しく,それは,そのために必要な,移住可能な熟練労働者の投入費用で表現される.対照的に,それらの企業の限界費用は,移動しない非熟練労働者の投入費用で表現される.具体的には,熟練労働者を用いて新しい製品の特許を創り出す研究開発部門を,核-周辺モデルに追加する.

このモデルは,これまでの章で扱われてきた,いくつかの問題を統合する試みとみなすことができる.より正確には,(i) 第8章で扱った,熟練労働者の移住によって生じる需要効果,および,(ii) 第6章と9章で研究した,知識のスピルオーバーの存在によって生じる製品開発の費用効果を組み合わせたものである.これらの2つの効果は,次に,差別化された製品数の増大をもたらし,それが第2の需要効果を生む.したがって,このモデルは,「一般性を持った」基準となる枠組みを提供し,また,その解は完全に解析的に得られる.わかりやすくするため,特許,製品数および企業の総数が一定の割合で増大し,熟練労働者の空間的な分布が時間的に不変な,定常状態の空間的均衡に焦点を当てる.この章で得られる最も刺激的な結果の1つは,差別化された製品数の変化で測定される経済成長率は,熟練労働者の均衡空間分布とともに変わるということである.言い換えれば,経済成長はイノベーション部門の空間的な構成に依存する.

11.3節では,1つの地域で開発された特許は別の地域へ移動できないと仮定する.よく知られているように,新しいアイデアおよび技術の採用に対する様々な社会的・文化的障害が存在する.それは,特定の地域が技術的なフロンティアで生産す

ることを妨げている．例えば，特許を申請する企業は，関連するすべての既存の特許に言及する必要がある．このため，おおよその知識の経路を再現できるようになる（Jaffe et al., 1993）．Peri（2005）は，18カ国147地域のサンプルを使用して，地域境界をまたぐたびに，特許の引用の頻度が80％減ることを示している．Prager and Thisse（2012, 39）によって観察されたように，効果的な知識移転が起こるためには，少なくとも2つの条件が満たされている必要がある．第1に，知識を所有する人々はそれを喜んで共有したいと思っている．これは必然的に起こるかもしれないが，時間がかかるかもしれない．第2には，後進地域は，それを模倣し，さらにそれを適切に変換することで，新しい知識を同化することができなければならない．さらに，外国へ移転するのが難しい暗黙知に起因して，外国での青写真の効果的な実行は一層難しくなる（Teece, 1977）．そのように知識の地域粘着性の強い世界において，製品の輸送費が十分に低い場合には，イノベーション部門と製造業部門の両方が同じ地域へ完全に集中している，核−周辺構造は安定している．

このように，R&D部門の存在は，CPモデルの中心である循環的な因果関係を増幅し，地域間および国際レベルでの強い求心力を生むように思われる．そのような結果は，成長と集中は互いに強化し合いながら起こるという考えを裏付けているように見える（Henderson, 2003b）．この結果が，いくつかの先進工業国における経済政策の議論の中心に位置していることは興味深い．確かに，我々の均衡分析は，成長と公平の間のトレードオフの存在を支持しているように見える．しかしながら，一方では，我々の厚生分析は，集積によって成長がさらに加速されることにより，パレート優越な結果をもたらす可能性のあることも示している．具体的には，経済が分散から集積に移るに従い，イノベーションはより速いペースで起こる．結果として，集積によって引き起こされる成長加速への効果が十分に強いならば，周辺に住んでいる人々さえ，分散の下でよりも高い厚生を実現する．このパレート最適な結果は，市場相互作用の純粋な結果であり，所得移転を一切必要としないことを強調しておく必要がある．

確かに，経済の核地域に住んでいる非熟練労働者は，周辺地域より高い厚生を享受している．したがって，ここで新しいのは，集積がさらに成長を加速することにより，誰もがより豊かになることができる状況である．しかしながら，核と周辺間における厚生水準のギャップは拡大する．別の言い方をすれば，金持ちはより裕福になり，貧しい人々もそうなるが，決して追いつくことはない（Moretti, 2012）．したがって，周辺に住む非熟練労働者も含めてすべての労働者の厚生水準が上がる

ので，ロールズの正義の原理によると，成長と公正の間に矛盾は存在しない．我々の設定では，地域間の所得格差は，熟練労働者の空間的な分布の違いを反映したものであり，この結果は様々な実証研究の結果と一致している（Combes, Duranton, and Gobillon, 2008; Mion and Naticchioni, 2009; Moretti, 2012）．核と周辺の間の厚生ギャップは，熟練労働者が集積することによって加速された成長により引き起こされる．この場合，生産性は周辺地域の人々と同じであっても，核地域の非熟練労働者はそこにいることによって得をする．

グローバル化 グローバル化は大きな政治的論争を引き起こしているが，このプロセスの主要な側面の1つは，**垂直的な**（vertical）海外投資による企業活動のフラグメンテーションである．垂直投資は，企業がその一連の生産工程を異なる国々あるいは地域間に分割する場合に発生する．具体的には，現代の企業は，別々の活動を異なった場所で組織し，実行する．それは，製品の構想から始まり，その配送で終了する，**サプライチェーン**（supply chain）全体を形成する．この生産工程の空間的フラグメンテーションは，技術，生産要素賦存量あるいは要素価格の場所による違いを利用しようとするものである（Feenstra, 1998）．豊かな国々の一部の政策決定者や一般市民は，ルーチン化された生産活動を低賃金国へ移転することで，熟練労働者や非熟練労働者の間の賃金格差を増大させる要因として，垂直投資を見る傾向がある．様々なグループや非政府組織の中には，フラグメンテーションをもたらす貿易および資本の自由化は，国際的な経済的格差を一層促進し，開発途上国にとって不利益になるとみなす人々がいる．我々の目的は，垂直投資と多国籍企業の存在は，低所得の人々と国にとって必ずしも不利益につながらないことを示すことである．

地理的に離れると，交通費用の他にも，別のタイプの空間的摩擦を発生させる．すなわち，**コミュニケーション費用**（communication costs）である．実際，本社と工場が物理的に離れていると，情報の伝達が不十分で不完全のままであるから，企業内部の活動調整にはさらに費用がかかる．さらに，距離を隔ててビジネスを行うことは，工場を取り巻く環境についての不確実性が増す．これは，本社と工場の間のより高い調整費用，したがって，より高いコミュニケーション費用を意味する．最後に，工場が遠くにある場合よりも，本社の近くに立地する場合の方が，工場のマネージャーの活動を観察しやすいことは明らかである．違った言い方をすれば，コミュニケーション費用は，工場のマネージャーに生じる情報レントの縮退形式で

あると解釈される．要約すると，より低いコミュニケーション費用は本社と工場の間の調整を容易にし，それゆえに，フラグメンテーションを容易にする．

11.4節では，企業が2つのユニットから成る，CPモデルを用いる．すなわち，本社と工場は同じ場所に立地する必要はない．労働の空間的な分割の状態は，コミュニケーション費用と交通費用がともにより低くなるにしたがって，どのように変化し，労働者の様々なグループがどのような影響を受けるかを，11.5節で研究する．第4章と6章で議論された理由により，本社は大きな都市集積に設立されていると仮定する．そのような脈絡では，国際的なフラグメンテーションを引き起こすためには，企業内の調整費用が十分低くて，遠方の工場の操業費用が高すぎない必要がある．さらに，遠くの工場が大きな市場へ供給できるためには，交通費用は十分に低くなければならない．低賃金の地域が工場設立にとって十分に魅力的になるためには，交通費用の十分な下落とともに，新しい情報・通信技術の発達が必要である．興味深いことに，正にこれが我々がこの10年間に目撃したことである．

高いコミュニケーション費用の場合には，すべての工場は本社と同一の地点に立地することが示される．この場合，すべての企業の活動は先進国の国内で行われる．ひとたび，コミュニケーション費用が十分に減少すると，産業全体の企業のうち，一部は多国籍企業となり，残りの企業は国内立地を続ける．すべての企業はもともと同一であるので，均衡において2つのタイプの企業が生まれることは必ずしも自明ではない．コミュニケーション費用の水準の低下にしたがって，企業が多国籍化をめざすインセンティブが上昇し，外国投資に対する姿勢の違いが生まれる．終局的に，コミュニケーション費用がさらに十分に低い水準に達した場合，先進国は企業の戦略的な機能だけを残した，脱工業化された核となる．

興味深いことに，輸送費の着実な低下は，コミュニケーション費用の水準に応じて，対照的な生産立地パターンを生む．両方の費用が高い場合には，CPモデルと全く同様に，輸送費の低下とともに核となる国への工場集積が進む．しかしながら，ここでの集積過程は，激しい挙動を示すことはなく，以前のCPモデルようにすべてが突然に起こるのではなく，徐々に進行する．一方，コミュニケーション費用が低い場合には，事態は全く異なる．この場合，輸送費が高いときには，ほとんどの工場は核となる国に立地している．しかしながら，ひとたび，輸送費がある閾値以下に下がると，工場の再配置プロセスが始まり，核となる国は徐々に工場のシェアを失って行く．以上より，我々のモデルは，先進国は，新しい競争力のある製品を開発することができるR&D部門を有しない限り，グローバル化とともに産業の空

洞化を引き起こすという考えを支持している（11.2節と11.3節を参照されたい）．

　より多くの工場が周辺地域へ移動するとともに，そこに居住する非熟練労働者はより裕福となるが，核地域に住んでいる非熟練労働者の暮らしは悪化する．全く予想外だったことは，企業のフラグメンテーションによって，核地域の熟練労働者も損失を受けることである．要するに，企業が周辺地域に工場を徐々に移転するとき，核地域に住んでいる両方のタイプの労働者の状況は悪化する．各々の企業は，自己の利潤追求のためにフラグメンテーションを進めるが，あたかも「多国籍化を進めよう」ということが大規模な囚人のジレンマに従うように，そのような戦略は，核地域のすべてに損害を与える可能性がある．したがって，市場経済が不完全競争であることがひとたび認識されると，フラグメンテーションのプロセスは，核地域に住んでいる熟練労働者および非熟練労働者の両方に損害を与える可能性がある．対照的に，それは周辺地域の労働者には有利である．結果として，フラグメンテーションは，豊かな国と貧しい国の間の格差を埋めることに寄与する．

　したがって，サプライチェーンの地理的フラグメンテーションは，反グローバリゼーション主義者が予想するものとは大きく異なる，再配分の結果をもたらす可能性がある．さらに，それは，サプライチェーンの地理的フラグメンテーションが先進国における熟練労働者と非熟練労働者の間の格差拡大の根源にあるという，通俗的な考えと対立する．しかしながら，我々の結果は別の一般的な考えを支持している．すなわち，IT革命は，周辺地域の雇用創出と核地域の雇用喪失につながる．ただし，これは，失業を引き起こす代わりに，核地域に住んでいる労働者の低い実質賃金の形を取る．

　最後の節では，グローバル市場で操業している企業によって採用されている様々な組織形態に対応するために，11.4節で開発した設定をどのように変更すればよいかを示す．正確に言うと，企業が輸出するか，あるいは，水平ないし垂直型投資を通じて生産の一部をオフショアするかの条件を見つける．特に，輸送費が高く，コミュニケーション費用が低い場合，企業は複数の工場を持つことを選択することを示す．最近の文献の多くは，企業が海外市場でビジネスを行う様々な方法を理解するために，生産性の不均一性が重要であることを強調している（Helpman, 2011）のに対し，我々は，企業が同じ技術を共有している場合に，空間的な組織の様々な形態の共存を説明することができる，統一された枠組みを提供する．我々の分析は，さらに，グローバル化の過程で働く様々な効果を解きほぐすためには，コミュニケーション費用と輸送費の両方に対処することが必要であることを示す．

方法論的な観点から，本章の中で使用される2つのモデルは，2つの生産要素を用いる製造業部門を有するCPモデルにもとづいている．

11.2 地域の成長と知識のスピルオーバー

我々の目的は，成長が差別化された製品の数の増加によって引き起こされ，その一方で，新しい製品の生産に必要な青写真を創る熟練労働者は自由に地域を越えて移動できるという，単純な設定を分析することである．製造の固定費用は熟練労働の投入として表され，一方，限界費用は非熟練労働者の投入として表される．8.2.3項と類似したモデルを使用する．主要な違いは，新しい製品の特許が開発されるR&D部門の導入である．したがって，本節では，1つの製品を生産する企業の固定費は，対応する特許を取得するための費用と等しい．本章を通して，tによって時間を示す（この記号は，これまで，輸送費を記述するのに用いられていた）．

11.2.1 企業と消費者

経済は，1と2の2つの地域と，農業部門（A），製造業部門（M）およびイノベーション部門（R）の3つの生産部門で構成されている．また，非熟練労働者（L）と高度熟練労働者（H）の2つの生産要素がある．農業部門と製造業部門は非熟練労働者を雇用し，R&D部門は熟練労働者を雇用する．各々の非熟練労働者は，単位時間当たり1単位の労働を賦与されており，地域間を移動しない．すべての地域には，同数の非熟練労働者（$L/2$）がおり，Lは時間とともに変化しない定数である．熟練労働者は，それぞれ1単位の労働を賦与されており，ある正の費用で地域間を移動することができる（11.2.3項で詳述）．経済における熟練労働者の総数は時間にわたって一定である．一般性を失うことなく，Lを非熟練労働者の熟練労働者に対する相対的な大きさとして解釈することができるように，その総数を1に規準化する．労働者の総数は時間にわたって一定であるが，我々は，特許数とともに増大する，**知識資本**（knowledge capital）の変数を導入することによって，経済成長が可能になることを示す．すべての熟練・非熟練労働者は無限に生き，共通の時間選好率$\gamma>0$を持っている．

すべての労働者は，(8.1)式で与えられる，同じ瞬時的効用関数を持っている．
$$u=Q^\mu A^{1-\mu}/\mu^\mu(1-\mu)^{1-\mu} \qquad 0<\mu<1$$
ここで，Aは農業財の消費指数であり，Qは以下の式で与えられる製造業製品の消

費指数を表す．

$$Q = \left(\int_0^M q_i^\rho \mathrm{d}i \right)^{1/\rho} \quad 0 < \rho < 1$$

農業財は収穫一定と完全競争の下で生産されている．さらに，この財は，2つの地域間で費用をかけずに送ることができ，したがって，その価格を，時間と地点にかかわらず，1に規準化できる．それゆえに，p_i が製品 i の価格であり，消費者の支出が ε であるならば，その消費者の需要関数は以下のようになる．

$$A = (1-\mu)\varepsilon$$
$$q_i = \mu\varepsilon p_i^{-\sigma} P^{\sigma-1} \quad i \in [0, M]$$

ここで $\sigma = 1/(1-\rho)$ は任意の2つの製品間の代替弾力性であり，P は以下の式で与えられる製造業部門の物価指数である．

$$P \equiv \left(\int_0^M p_i^{-(\sigma-1)} \mathrm{d}i \right)^{-1/(\sigma-1)}$$

したがって，間接効用関数は以下のようになる．

$$v = \varepsilon P^{-\mu}$$

8.2.1項で得られた対応する式と比較して，個人所得 Y が支出 ε に置き換えられていることがわかる．消費者は無限に生きることになっているので，各時点で収支を等しくする必要はない．

ここで，空間と時間における，任意の1人の消費者の行動について記述する．この消費者が $t \in [0, \infty)$ についての支出経路 $\varepsilon(t) \geq 0$ と，$t \in [0, \infty)$ についての立地経路 $r(t) \in \{1, 2\}$ を選ぶ場合，この消費者の時間 t における，間接効用は以下で与えられる．

$$v(t) = \varepsilon(t)[P_{r(t)}(t)]^{-\mu} \tag{11.1}$$

ここで，$P_{r(t)}(t)$ は，時間 t における，地域 $r(t)$ での，製品の価格指数である．[1] もし $r(t_-) \neq r(t)$ ならば，彼は時間 t に移住したことを意味し，そのような移動の連鎖を $t_h (h = 1, 2, \cdots)$ で示す．[2]

地域間の移動は，移住者に，負の影響を及ぼす様々な精神的な調整を強いる．したがって，消費者が時間 t に移住する場合，生涯効用を単位として表された費用

---

1) 消費者が非熟練労働者であるならば，$r(t)$ はすべての t について1か2である．
2) 消費者が熟練労働者であるならば，複数回移住することもありうる．

(つまり効用損失) $C_m(t)$ を被ると仮定する．内生的成長論の標準的なアプローチに従い，時間0における，この消費者の生涯効用は以下によって定義される．

$$U(0) = V(0) - \sum_h e^{-\gamma t_h} C_m(t_h) \tag{11.2}$$

ここで，

$$V(0) \equiv \int_0^\infty e^{-\gamma t} \log v(t) dt \tag{11.3}$$

上式の $V(0)$ は，移住費用を考慮しない場合の生涯効用である．

次に，消費者の予算制約を示す．消費者は，異時点間の文脈において，グローバルで完全競争の資本市場においてニューメレールを借り入れる（貸し出す）ことにより，各時間 t において，所得より多く（少なく）支出することができる．その資本市場では，各時間 t に利子率 $v(t)$ をもたらす，債券が取引されている．資本市場は完全に統合されているので，利子率は両方の地域で共通である．ここで，消費者の異時点間の予算制約すなわち，支出の現在価値は資産価値と等しい，を示す．$w_{r(t)}(t)$ を，消費者が，t において，地域 $r(t)$ に住む場合に受け取る賃金率とする．そうすると，労働所得の現在価値は以下となり，

$$W(0) = \int_0^\infty \exp\left(-\int_0^t v(s)ds\right) w_{r(t)}(t) dt \tag{11.4}$$

消費者の異時点間の予算制約は以下のようになる．

$$\int_0^\infty \exp\left(-\int_0^t v(s)ds\right) \varepsilon(t) dt = A + W(0) \tag{11.5}$$

ここで，A は消費者の当初資産の価値である．

次に，任意の立地経路 $r(\cdot)$ を考える．$\varepsilon(\cdot)$ が，(11.5) 式の下で (11.2) 式を最大化する支出経路を表している場合，1階の条件は以下のようになる．

$$\dot{\varepsilon}(t)/\varepsilon(t) = v(t) - \gamma \quad t \geq 0 \tag{11.6}$$

ここで，$\dot{\varepsilon}(t) \equiv d\varepsilon(t)/dt$ である．(11.6) 式がすべての消費者に当てはまらなければならないので，次の関係が成り立たなければならないことは明らかである．

$$\dot{E}(t)/E(t) = v(t) - \gamma \quad t \geq 0 \tag{11.7}$$

ここで，$E(t)$ は時間 t における，グローバル経済の総支出を表す．

次に，経済の生産側に注目する．CPモデルと同じく，農業部門Aは，収穫一定の下で操業されており，1単位の同質の製品は，1単位の非熟練労働者を使用して生産される．それは，2つの地域間で費用がかからずに交易でき，ニューメレールに選ばれる．さらに，農業財への消費シェア $(1-\mu)$ が十分に大きいので，農業

財が常に両方の地域で生産されると仮定する.[3] この場合, 任意の時間 t において, 非熟練労働者の賃金率は, 各々の地域で1に等しい.

$$w_1^t = w_2^t = 1 \quad t \geq 0 \tag{11.8}$$

製造業部門では, 各々の製品を生産するには, その製品に対応した特許の使用が必要となり, それは研究開発部門で開発されている. ひとたび, 企業が, (この企業の固定費に相当する) 市場価格で特許を得たならば, 1単位の非熟練労働者の使用により, その製品を1単位生産することができる. その製品が, 1つの地域から他の地域に移出された場合, $1/\tau$ の部分だけ目的地に到着する. ここで, $\tau > 1$ である. したがって, 製品 i が, 地域 r で生産され, 工場渡し価格 p_r で販売されている場合, 地域 $s \neq r$ に立地する消費者によって支払われる価格 p_{rs} は $p_{rs} = \tau p_r$ となる.

E_r を, ある時点における地域 r での総支出とし, P_r を, その地域で製造された製品の価格指数とする. そうすると, 8.2.1項と同様に, 地域 r で生産された各々の製品の総需要は以下となる.

$$q_r = \mu E_r p_r^{-\sigma} P_r^{-\sigma} + \mu \phi E_s p_r^{-\sigma} P_s^{\sigma-1} \tag{11.9}$$

ここで, $\phi \equiv \tau^{-(\sigma-1)}$ は, 空間割引因子であり, $r, s = 1, 2$ および $r \neq s$ である. 利潤は以下で与えられる.

$$\pi_r = (p_r - 1) q_r$$

これより, 8.2.3項と同様にして, 地域 r で生産されたすべての製品に共通の均衡価格が以下のように得られる.

$$p_r^* = \frac{\sigma}{\sigma - 1}$$

したがって, M_r が, その時点で地域 r において生産されている製品の数 (それはこの地域で開発された特許の数と異なっていてもよい) である場合, 以下のようになる.

$$P_r = \frac{\sigma}{\sigma - 1} (M_r + \phi M_s)^{-1/(\sigma-1)} \tag{11.10}$$

ここで, $r, s = 1, 2$ および $r \neq s$ である. したがって, 地域 r で生産されたどの製品の均衡生産量も以下に等しい.

---

3) これが成立する十分条件は, $1 - \mu > \rho/(1+\rho)$ である.

11.2 地域の成長と知識のスピルオーバー

$$q_r^* = \frac{\sigma-1}{\sigma}\mu\left(\frac{E_r}{M_r+\phi M_s} + \frac{\phi E_s}{\phi M_r+M_s}\right) \tag{11.11}$$

また，均衡利潤は以下で与えられる．

$$\pi_r^* = q_r^*/(\sigma-1) \tag{11.12}$$

次に，非熟練労働市場の清算条件を検討する．L_r^M が，地域 r の製造業部門における非熟練労働の需要である場合，

$$L_r^M = M_r q_r^*$$

であり，(11.11) 式より，

$$L_1^M + L_2^M = \frac{\sigma-1}{\sigma}\mu(E_1+E_2)$$

となり，$E = E_1 + E_2$ であるので，

$$L_1^M + L_2^M = \frac{\sigma-1}{\sigma}\mu E \tag{11.13}$$

である．農業財の総需要は $A = (1-\mu)E$ であるので，A 部門の非熟練労働需要は

$$L^A = (1-\mu)E \tag{11.14}$$

となる．均衡においては，

$$L^A + L_1^M + L_2^M = L$$

でなければならず，したがって，(11.13) 式と (11.14) 式から，均衡での，総支出は

$$E^* = \frac{L}{1-\mu/\sigma}$$

となり，これは L が一定なので時間的に変化しない．したがって，(11.7) 式より，

$$v^*(t) = \gamma \quad (\text{すべての } t \geq 0 \text{ に対して}) \tag{11.15}$$

となり，均衡利子率は主観的割引率に等しい．この結果と (11.6) 式を用いて，以下が直ちに得られ，

$$\varepsilon = \gamma[A+W(0)] \tag{11.16}$$

消費者の支出も定数であることがわかる．

11.2.2 研究開発部門

イノベーション部門に目を向けると，新しい製品のための特許は，技術スピルオーバーからの恩恵を受けながら，熟練労働者を用いた完全競争の下に研究所によって生み出される．内生的成長理論 (Romer, 1990; Grossman and Helpman, 1991, chap.3）に従って，研究者の生産性が，過去のアイデアと方法の知識資本とともに増加し，この知識資本には（おそらく地方）公共財の性質があると，仮定する．

第6章で仮定したように，知識資本は，異なった情報を持っている熟練労働者の間の相互作用の結果として形成されると，仮定する．より正確には，ある地域が，ある大きさ $\lambda \leq 1$ の熟練労働者を有し，各労働者 $j \in [0,\lambda]$ が h_j で与えられる個人知識資本（例えば，彼の人的資本や彼が読んだ論文の数）を持っている場合，知識資本の合計 K は次の CES 関数で与えられる．

$$K = \left(\int_0^\lambda h_j^\beta dj\right)^{1/\beta} \qquad 0 < \beta < 1$$

ここで，$1/\beta$ は，知識創造における，熟練労働者の補完性の測度であり，β が低いほど，K は高くなる．この関数は，4.2.1項で考慮された，中間財の投入関数を思い出させる．

簡略化のために，知識資本の水準が，熟練労働者にわたって同じであり，特許のストックの合計と等しいと仮定する．

$$h_j = M \tag{11.17}$$

こうすると，以下が得られる．

$$K = M\lambda^{1/\beta}$$

これは，熟練労働者の規模 λ の増加とともに，逓増的に増加する．言い換えると，研究開発部門は，λ に関して収穫逓増を示す．

次に，知識の空間的拡散において，距離減衰効果があると仮定する．そうすると，知識資本は，2つの地域で同じである必要はない．より正確には，地域 r に住んでいる熟練労働者のシェアを λ_r とすると，この地域の知識資本は以下によって与えられる．

$$K_r = \left(\int_0^{\lambda_r} h_j^\beta dj + \eta \int_0^{1-\lambda_r} h_j^\beta dj\right)^{1/\beta} \qquad 0 \leq \eta \leq 1 \tag{11.18}$$

ここで，パラメータ η は，知識のスピルオーバーの「空間的広がり」の測度である．それは，地域 r の熟練労働者の知識へのアクセスの度合いと新しい知識やアイデアを吸収する能力に依存する．$\eta = 1$ である場合，知識の伝搬に距離減衰効果はなく，したがって，知識は純粋な公共財である．対照的に，$\eta = 0$ である場合，知識は地方公共財である．つまり，η は知識伝搬における空間割引因子の性質を持っている．実証研究は，このようなスピルオーバーの存在とその局地的な性質を示している（Peri, 2005; Henderson, 2007）．

11.2 地域の成長と知識のスピルオーバー

(11.17) 式と (11.18) 式より，以下を得る．
$$K_r = M[\lambda_r + \eta(1-\lambda_r)]^{1/\beta} \tag{11.19}$$
$\eta=1$ である場合，$K_r=M$ であり，一方，$\eta=0$ であるときは $K_r=M\lambda_r^{1/\beta}$ である．地域 r における熟練労働者の生産性は，この地域の知識資本 K_r と等しいと仮定する．したがって，地域 r において単位時間当たりに開発される特許の数は，以下で与えられる．
$$m_r = K_r \lambda_r \tag{11.20}$$
ところで，以下で得られる結果が成立するためには，(11.19) 式のような特定の関数形を仮定する必要はない．以下で与えられる，より一般的な関数を仮定すれば十分である．
$$K_r = Mk(\lambda_r + \eta(1-\lambda_r)) \tag{11.21}$$
ここで，$k(\cdot)$ は以下の条件を満たす，厳密に凸の増加関数である．
$$k(0) = 0 \quad かつ \quad k(1) = 1$$
(11.21) 式は，各地域の知識資本は，熟練労働者の分布にのみ依存し，地域固有の特性に依存しないという意味で，両地域は対称の関係にあることを意味している．(11.20) 式に (11.21) 式を代入すると，地域 r における次の特許生産関数が得られる．
$$m_r = Mk(\lambda_r)\lambda_r \tag{11.22}$$
ここで，$k(\lambda_r) \equiv k(\lambda_r + \eta(1-\lambda_r))$ である．

特許の期間が無限であると仮定する．したがって，特定の製品を生産する企業は永久に独占的な地位を享受する．グローバル経済における製品（あるいは，同等に特許）の数について，以下の運動方程式が得られる．
$$\dot{M} = m_1 + m_2 = M[\lambda k_1(\lambda) + (1-\lambda)k_2(\lambda)]$$
ここで，$\lambda \equiv \lambda_1$ $(1-\lambda \equiv \lambda_2)$ および $k_1(\lambda) \equiv k(\lambda + \eta(1-\lambda))$ $(k_2(\lambda) \equiv k(1-\lambda+\eta\lambda))$ である．

以下のように定義すると，
$$g(\lambda) \equiv \lambda k_1(\lambda) + (1-\lambda)k_2(\lambda)$$
上の運動方程式は以下のようになる．
$$\dot{M} = g(\lambda)M \tag{11.23}$$
ここで，$g(\lambda)$ は，熟練労働者の分布が λ であるときの，経済における特許および製品数の**成長率**（growth rate）を表している．経済の成長率は，このように，経済全体における知識資本だけでなく，研究開発部門の空間分布に依存している．

$g(\lambda)$ が1/2と以下に関して対称であり,

$$g(0)=g(1)=1$$

であることは容易に確認できる．一方，$\eta<1$ の場合には以下のようになる．

$$g'(\lambda)\quad \lambda\in(0,1) \text{ のとき,} \quad \lambda \gtreqless \frac{1}{2} \text{に応じて,} \quad g'(\lambda) \gtreqless 0 \text{ かつ } g''(\lambda)>0$$

これは，与えられたどのような $\eta<1$ の下でも，イノベーション部門が1つの地域により集積するにつれて，製品の数はより高い増加率で増大する一方，逆に，この部門がより分散すると，より高い率で減少することを意味する．

スピルオーバーがグローバルな場合 ($\eta=1$) は，以下のようになる．

$$g(\lambda)=1 \quad \lambda\in[0,1]$$

この場合には，研究開発部門の空間分布はもはや問題とはならない．$\eta<1$ の場合には，さらに η が上昇するにつれて，$g(\lambda)$ は上方にシフトし，$\eta=1$ のとき，それは最大値に達する．要するに，スピルオーバーがグローバルな場合 ($\eta=1$)，あるいは，研究開発部門が1つの地域に集積する場合 ($\lambda=1$)，成長率は最大値に達し，$\eta=0$ で $\lambda=1/2$ の場合に，最小となる．したがって，知識の空間的拡散における距離減衰効果の存在は，グローバル経済の成長を遅くする．

次に，熟練労働者の賃金構造を検討する．特許生産関数 (11.22) において，地域 r に立地する各 R-企業は，自分自身は無視できるほど小さいので，その地域の知識資本 K_r を与えられたものとして取る．したがって，企業の視点では，地域 r における熟練労働の限界生産性は，$K_r=Mk_r(\lambda)$ に等しく，ここでは，それは熟練労働の平均生産性に等しい．熟練労働者の賃金が w_r で表される場合，地域 r における，新たな特許の費用は以下で与えられる．

$$w_r/Mk_r(\lambda)$$

企業は自由に研究開発部門に参入できる．したがって，Π_r が，地域 r で開発された特許の市場価格，すなわち，対応する製品を生産する企業の資産価値とすると，ゼロ利潤条件は，

$$\Pi_r=w_r/Mk_r(\lambda)$$

となる．したがって，地域 r における熟練労働者の均衡賃金は

$$w_r^*=\Pi_r Mk_r(\lambda) \tag{11.24}$$

となる．加えて，製造業への自由参入は，Π_r が，新しい特許を使って，新しい製品の生産を開始した M-企業の資産価値に等しくなることを意味する．ただし，この値は，特許および企業の地域間移動性に関する条件を指定しないでは決定できな

い．それらの条件は，以下の2つの節で議論される．

　労働者のタイプごとの，個人支出の決定が残っている．時間ゼロにおいて，製造におけるすべての企業は，すべての熟練労働者によって等しく共有されていると仮定する．[4] それゆえに，非熟練労働者の初期賦存量はゼロである．さらに，(11.4) 式と (11.8) 式より，非熟練労働者の生涯賃金の現在価値は

$$W(0) = \int_0^\infty e^{-\gamma t} dt = \frac{1}{\gamma}$$

となる．したがって，(11.16) 式より，各時間における非熟練労働者の支出は一定であり，以下で与えられる．

$$\varepsilon^* = 1 \tag{11.25}$$

一方，各熟練労働者について，以下を得る．

$$\varepsilon^* = \gamma[A_H + W(0)] \tag{11.26}$$

ここで，$M_r(0) \geq 0$ を地域 r における製造企業の数の初期値であるとすると，各熟練労働者の初期賦存量 A_H は以下で与えられる．

$$A_H = M_1(0)\Pi_1(0) + M_2(0)\Pi_2(0) \tag{11.27}$$

(熟練労働者の数が 1 に等しいことを思い出されたい.) $W(0)$ の値は，熟練労働者がたどる，特定の立地経路の下で，(11.4) 式と (11.24) によって決定される．

11.2.3 移住行動

8.5.3項と同じく，移住費用は以下で与えられる．

$$C_m(t) = |\dot{\lambda}(t)|/\delta \tag{11.28}$$

ここで，$\dot{\lambda}(t)$ は，時間 t における，1つの地域から別の地域への熟練労働者の移住のフローを表し，$\delta > 0$ は労働者の移住速度の調整のパラメータである．熟練労働者が地域 2 から 1（1 から 2）へ移る場合，$\dot{\lambda}(t)$ は正（負）である．

　$\bar{\lambda} \in (0,1)$ のような定常状態の均衡を考える．一般性を失うことなく，熟練労働者の初期分布 λ_0 は $\bar{\lambda}$ より小さいと仮定する．この場合，一般の予想は，$\bar{\lambda} - \lambda_0$ の大きさの熟練労働者が地域 2 から地域 1 へ徐々に移住するということである．より正確には，ある時間 $T > 0$ が存在して，地域 2 から 1 への熟練労働者のフローが 0 で始まり，T で終わると想定する．ゆえに，

---

4) 時間ゼロにおいて，すべての M-企業が，両方のタイプの労働者によって等しく共有される場合にも，我々の結果は本質的に同じである．

$$\dot\lambda(t) > 0 \quad t \in (0, T)$$
$$\lambda(t) = \bar\lambda \quad t \geq T \tag{11.29}$$

である.この場合,地域2に住む,すべての熟練労働者は,彼らの移住時間以外は同一である.したがって,それぞれの移住時間 t にもとづいて,彼らを特定することができる.時間 $t \in [0, T)$ において地域2から1に移動する熟練労働者の生涯賃金を $W(0; t)$ とすると,以下で与えられる.

$$W(0; t) = \int_0^t e^{-rs} w_2(s) \mathrm{d}s + \int_t^\infty e^{-rs} w_1(s) \mathrm{d}s \tag{11.30}$$

したがって,そのような移住者の生涯効用は,(11.2)式と(11.28)式を用いて,以下で与えられる.

$$U(0; t) = V(0; t) - e^{-rt}\dot\lambda(t)/\delta \tag{11.31}$$

ここで,$V(0; t)$ は移住費用込みの生涯効用である.(11.1)式と(11.3)式を用いて,$V(0; t)$ を,以下のように表すことができる.

$$V(0; t) = \frac{1}{\gamma}\log\gamma + \frac{1}{\gamma}\log[A_H + W(0; t)]$$
$$-\mu\left[\int_0^t e^{-rs}\log P_2(s) \mathrm{d}s + \int_t^\infty e^{-rs}\log P_1(s) \mathrm{d}s\right] \tag{11.32}$$

さらに,均衡において,地域2に住んでいる熟練労働者は,T を超えて移住を遅らせたくないので,以下が成立しなければならない(Fukao and Bénabou, 1993).

$$\lim_{t \to T} C_m(t) = 0$$

したがって,(11.31)式の極限を取って,

$$U(0; T) = V(0; T)$$
$$= \frac{1}{\gamma}\log\gamma + \frac{1}{\gamma}\log[A_H + W(0; t)]$$
$$-\mu\left[\int_0^T e^{-rs}\log P_2(s) \mathrm{d}s + \int_T^\infty e^{-rs}\log P_1(s) \mathrm{d}s\right] \tag{11.33}$$

を得る.

均衡では,すべての移住者が,彼らの移住時間について無差別であるので,すべての $t \in (0, T)$ について,$U(0; t) = U(0; T)$ でなければならない.それゆえに,(11.31)式,(11.32)式および(11.33)式を使って,すべての $t \in (0, T)$ について,以下が成立する.

$$\dot{\lambda}(t) = \delta e^{rt}[V(0;t) - V(0;T)]$$
$$= \frac{\delta}{\gamma} e^{rt} \log\left[\frac{A_H + W(0;t)}{A_H + W(0;T)}\right] + \delta\mu e^{rt} \int_t^T e^{-rs} \log\left[\frac{P_2(s)}{P_1(s)}\right] ds \quad (11.34)$$

この式は，期待 (11.29) の下での，熟練労働者の均衡移住の動学を記述している．

11.3 集積と成長

この節では，まず，地域およびグローバル経済の動学を研究する．次に，様々なグループの労働者の経済厚生的含意を検討する．製品の開発と生産を，同じ地域内で行わなければならない場合を考える．したがって，λ は，地域1における研究開発と製造業部門の両方のシェアを表している．2つの段階を追って進む．最初の段階では，固定された熟練労働者の地域シェアの下でのモデルの定常状態の成長経路（略して ss-成長経路）の特性を明らかにする．2段階目で，どの ss-成長経路が本当に均衡経路であるか，つまり，移住が可能であったとしても実際には移住が起こらない ss-成長経路を決定する．

11.3.1 成長動学

仮定により，各時間 t に地域 r で生産される製造業部門 M の製品数は，過去にこの地域で開発された特許の累積数と等しい．任意の $\lambda \in [0,1]$ を選択して固定する．そうすると，特許の生産関数 (11.22) を用いて，以下を得る．
$$\dot{M}_r(t) = k(\lambda_r)\lambda_r M(t) \quad (11.35)$$
一方，(11.23) 式より，時間 t における特許の総数は，
$$M(t) = M_0 e^{g(\lambda)t} \quad (11.36)$$
となる．ここで，M_0 は経済における特許総数の初期値である．したがって，(11.35) 式は以下のように書き換えることができる．
$$\dot{M}_r(t) = k(\lambda_r)\lambda_r M_0 e^{g(\lambda)t}$$
この微分方程式を解いて，以下を得る．
$$M_r(t) = [M_r(0) - \theta_r(\lambda)M_0] + \theta_r(\lambda)M_0 e^{g(\lambda)t} \quad (11.37)$$
ここで，
$$\theta_r(\lambda) \equiv \frac{k(\lambda_r)\lambda_r}{g(\lambda)}$$
は，特許総数の増加への，地域 r の貢献の割合を表す．$\theta_1(\lambda) + \theta_2(\lambda) = 1$ であるの

で，(11.37) 式から，以下のようになる．

$$\lim_{t\to\infty}\frac{M_r(t)}{M(t)}=\theta_r(\lambda) \quad \text{かつ} \quad \lim_{t\to\infty}\frac{\dot{M}_r(t)}{M_r(t)}=g(\lambda) \tag{11.38}$$

ここで，収束過程は単調である．

λ は固定されているので，成長率は，以下のときかつそのときに限り，一定である．

$$M_r(0)=\theta_r(\lambda)M_0 \tag{11.39}$$

この場合，そして，この場合だけ，以下が成立し，

$$\frac{M_r(t)}{M(t)}=\theta_r(\lambda) \quad \text{かつ} \quad \frac{\dot{M}_r(t)}{M_r(t)}=g(\lambda) \tag{11.40}$$

したがって，(11.39) 式より，

$$M_r(t)=\theta_r(\lambda)M(t)=\theta_r(\lambda)M_0 e^{g(\lambda)t} \tag{11.41}$$

となる．言い換えれば，任意の固定された $\lambda \in [0,1]$ の下では，各地域の特許の当初の数が (11.39) 式から与えられる場合，かつ，その場合のみ，ss-成長経路が存在する．(11.39) 式が成立しない場合には，(11.38) 式は，定数 λ の下での成長経路は，$t\to\infty$ のときに対応する，ss-成長経路に近づくことを示してしている．

11.3.1.1 移住が許されない場合の ss-成長経路

固定された λ の下での ss-成長経路を決定するためには，時間 t における，製造企業の資産価値がわかる必要がある．(11.41) 式を (11.10) 式と (11.11) 式に代入すると，以下が得られる．

$$P_r=\frac{\sigma}{\sigma-1}\{M[\theta_r(\lambda)+\phi\theta_s(\lambda)]\}^{-1/(\sigma-1)} \tag{11.42}$$

$$q_r^*=\frac{\sigma-1}{\sigma}\frac{\mu}{M}\left[\frac{E_r}{\theta_r(\lambda)+\phi\theta_s(\lambda)}+\frac{\phi E_s}{\phi\theta_r(\lambda)+\theta_s(\lambda)}\right] \tag{11.43}$$

さらに，(11.12) 式と (11.43) 式から以下が得られる．

$$\begin{aligned}\Pi_r(t)&=\int_t^\infty e^{-\gamma(s-t)}\pi_r^*(s)\mathrm{d}s\\ &=\frac{\mu}{\sigma[\gamma+g(\lambda)]M(t)}\left[\frac{E_r}{\theta_r(\lambda)+\phi\theta_s(\lambda)}+\frac{\phi E_s}{\phi\theta_r(\lambda)+\theta_s(\lambda)}\right]\end{aligned} \tag{11.44}$$

ここで，(11.25) 式と (11.26) 式から，E_r は以下で与えられる．

$$E_r = \frac{L}{2} + \lambda_r \gamma [A_H + W_r(0)] \tag{11.45}$$

λ が固定されているので，E_r は時間的に不変である．それゆえに，（11.41）式と（11.44）式を用いて，以下が得られ，

$$M_r(t)\Pi_r(t) = \frac{\mu}{\sigma} \frac{\theta_r(\lambda)}{\gamma + g(\lambda)} \left[\frac{E_r}{\theta_r(\lambda) + \phi\theta_s(\lambda)} + \frac{\phi E_s}{\phi\theta_r(\lambda) + \theta_s(\lambda)} \right] \tag{11.46}$$

これも時間的に不変である．

与えられた λ の下での，$A_H(\lambda)$ と $W_r(0;\lambda)$ の均衡値の決定が，まだ残っている．（11.46）式を賃金関数（11.27）に代入すると，λ の関数として，熟練労働者の均衡資産価値 $A_H^*(\lambda)$ が以下のように得られる．

$$A_H^*(\lambda) = \frac{\mu}{\sigma} \frac{E^*}{\gamma + g(\lambda)} \tag{11.47}$$

さらに，（11.40）式と（11.46）式を（11.24）式に代入すると，

$$\begin{aligned} w_r(t) &= \Pi_r(t)M(t)k_r(\lambda) = \Pi_r(t)M_r(t)k_r(\lambda)/\theta_r(\lambda) \\ &= \frac{\mu}{\sigma} \frac{k_r(\lambda)}{\gamma + g(\lambda)} \left[\frac{E_r}{\theta_r(\lambda) + \phi\theta_s(\lambda)} + \frac{\phi E_s}{\phi\theta_r(\lambda) + \theta_s(\lambda)} \right] \end{aligned} \tag{11.48}$$

となり，これは時間的に不変である．したがって，以下が得られる．

$$\begin{aligned} W_r(0;\lambda) &= \int_0^\infty e^{-\gamma t} w_r(t) \mathrm{d}t \\ &= \frac{\mu}{\sigma} \frac{k_r(\lambda)}{\gamma[\gamma + g(\lambda)]} \left[\frac{E_r}{\theta_r(\lambda) + \phi\theta_s(\lambda)} + \frac{\phi E_s}{\phi\theta_r(\lambda) + \theta_s(\lambda)} \right] \end{aligned} \tag{11.49}$$

（11.47）式と（11.49）式を（11.45）式に代入すると，各地域の総支出が得られる．

$$E_r = \frac{L}{2} + \frac{\mu}{\sigma} \frac{\lambda_r}{\gamma + g(\lambda)} \left\{ \gamma E^* + k_r(\lambda) \left[\frac{E_r}{\theta_r(\lambda) + \phi\theta_s(\lambda)} + \frac{\phi E_s}{\phi\theta_r(\lambda) + \theta_s(\lambda)} \right] \right\}$$

この式と（11.46）式の 2 つの 1 次方程式を E_r と E_s について解き，その解を（11.48）式に代入すると，λ の関数として，地域 r における均衡賃金が得られる．

$$w_r^*(\lambda) = \frac{\mu}{\sigma} \frac{k_r(\lambda)}{\gamma + g(\lambda)} \left[\frac{E_r^*(\lambda)}{\theta_r(\lambda) + \phi\theta_s(\lambda)} + \frac{\phi E_s^*(\lambda)}{\phi\theta_r(\lambda) + \theta_s(\lambda)} \right] \tag{11.50}$$

これより，地域 r における，均衡生涯賃金が以下のように得られる．

$$W_r^*(0;\lambda) = \frac{w_r^*(\lambda)}{\gamma} \tag{11.51}$$

最後に，（11.47）式と（11.51）式を（11.16）式に代入すると，地域 r に住んでい

る熟練労働者の均衡支出が得られる．
$$\varepsilon_r^H(\lambda) = \gamma[A_H^*(\lambda) + W_r^*(0;\lambda)] \tag{11.52}$$

11.3.1.2　移住が許されている場合のss-成長経路

　ここで，どの時間 $t \geq 0$ においてもいずれの熟練労働者も移住する誘因を持たない，均衡ss-成長経路を決定する．この目標を達成するために，2つの地域における効用水準の比較だけでなく，名目賃金率と物価指数も比較する必要がある．確かに，ss-成長経路に沿って，1つの地域において名目賃金率がより高く，他方の地域において物価指数がより低い場合には，各熟練労働者は，生涯のある期間には1つの地域に住み，残りの期間には別の地域に住むことで，生涯効用を改善できる．

　任意の λ の値について，(11.1)式において支出関数 (11.52) を適用すると，各時間 t における，地域 r での，各熟練労働者の間接効用関数を以下のように得ることができる．
$$v_r(t;\lambda) = \gamma[A_H^*(\lambda) + W_r^*(0;\lambda)][P_r(t)]^{-\mu} \tag{11.53}$$
次に，$p_{1/2}(\lambda)$ を以下で定義される物価指数比率とすると，
$$p_{1/2}(\lambda) \equiv \frac{P_1(t)}{P_2(t)} = \left[\frac{\phi\theta_1(\lambda) + \theta_2(\lambda)}{\theta_1(\lambda) + \phi\theta_2(\lambda)}\right]^{1/(\sigma-1)} \tag{11.54}$$
これは時間的に不変である．上式と (11.42) 式を用いて，
$$\Phi(\lambda) \equiv \frac{v_1(t;\lambda)}{v_2(t;\lambda)} = \frac{A_H^*(\lambda) + W_1^*(0;\lambda)}{A_H^*(\lambda) + W_2^*(0;\lambda)}[p_{1/2}(\lambda)]^{-\mu}$$
が得られる．これも時間的に不変である．ゆえに，
$$V_1(0;\lambda) - V_2(0;\lambda) = \frac{1}{\gamma}\log \Phi(\lambda)$$
であり，したがって，以下の関係が成立する．
$$\Phi(\lambda) \gtreqless 1 \text{に応じて} \quad V_1(0;\lambda) \gtreqless V_2(0;\lambda)$$

　したがって，固定された λ の下での，ss-成長経路において，移住の誘因が生まれないためには，$\lambda \in (0,1)$ の場合には，$\Phi(\lambda)=1$ でなければならない．一方，$\lambda=1$ の場合には $\Phi(\lambda) \geq 1$ でなければならない．しかしながら，上で論じた理由により，この必要条件は，ss-成長経路での移住が起こらないためには，十分ではない．そのような十分条件を見出すためには，熟練労働者のすべての可能な立地経路を考慮する必要がある．そのために，$\varphi(\cdot)$ を，各 $t \geq 0$ について，$\varphi(t)=1$ もしくは $\varphi(t)=0$ となるような，$[0,\infty)$ 上の区分的連続関数とする．ここで，$\varphi(t)=1$ は，

問題になっている熟練労働者が，時間 t に地域 1 に住んでいることを意味し，一方，$\varphi(t)=0$ は，地域 2 に住んでいることを意味している．$\lambda \in [0,1]$ の下での与えられた ss-成長経路において，1 人の熟練労働者が立地経路 $\varphi(\cdot)$ を選択した場合，その生涯効用を $V(\lambda, \varphi(\cdot)) \equiv V(0; \lambda, \varphi(\cdot))$ とする（1 人の労働者の移住は λ の値に影響しない）．そうすると，(11.1) 式，(11.3) 式および (11.16) 式を用いて，以下を得る．

$$V(\lambda, \varphi(\cdot)) = \frac{1}{\gamma}\log \gamma + \frac{1}{\gamma}\log[A_H^*(\lambda) + W(\lambda, \varphi(\cdot))]$$
$$- \mu\left\{\log[p_{1/2}(\lambda)]\int_0^\infty e^{-rt}\varphi(t)\mathrm{d}t + \int_0^\infty e^{-rt}\log P_2(t)\mathrm{d}t\right\}$$

ここで，生涯賃金収入 $W(\lambda, \varphi(\cdot))$ は，以下のように定義される．

$$W(\lambda, \varphi(\cdot)) \equiv W(0; \lambda, \varphi(\cdot))$$
$$= \int_0^\infty e^{-rt}\varphi(t)w_1^*(\lambda)\mathrm{d}t + \int_0^\infty e^{-rt}[1-\varphi(t)]w_2^*(\lambda)\mathrm{d}t$$

記号表記の都合上，

$$\bar{\varphi} \equiv \gamma\int_0^\infty e^{-rt}\varphi(t)\mathrm{d}t$$

と置くと，$\bar{\varphi}$ は地域 1 で費やされた「実効時間」を表している．さらに，$V(\lambda, \bar{\varphi}) \equiv V(\lambda, \varphi(\cdot))$ および $W(\lambda, \bar{\varphi}) \equiv W(\lambda, \varphi(\cdot))$ と表記すると，上の 2 つの関数を以下のように，書き直すことができる．

$$V(\lambda, \bar{\varphi}) \equiv \frac{1}{\gamma}\log \gamma + \frac{1}{\gamma}\log[A^*(\lambda) + W(\lambda, \bar{\varphi})]$$
$$- \frac{\mu}{\gamma}\bar{\varphi}\log[p_{1/2}(\lambda)] - \mu\int_0^\infty e^{-rt}\log P_2(t)\mathrm{d}t \tag{11.55}$$

$$W(\lambda, \bar{\varphi}) = \frac{1}{\gamma}[\bar{\varphi}w_1^*(\lambda) + (1-\bar{\varphi})w_2^*(\lambda)] \tag{11.56}$$

最後に，(11.56) 式を (11.55) 式に代入して，以下を得る．

$$V(\lambda, \bar{\varphi}) = \frac{1}{\gamma}\log[\gamma A_H^*(\lambda) + \bar{\varphi}w_1^*(\lambda) + (1-\bar{\varphi})w_2^*(\lambda)]$$
$$- \frac{\mu}{\gamma}\bar{\varphi}\log[p_{1/2}(\lambda)] - \mu\int_0^\infty e^{-rt}\log P_2(t)\mathrm{d}t \tag{11.57}$$

したがって，熟練労働者にとって，最適な立地経路を選択することは，(11.57) 式

を最大化する，地域1で過ごす実効時間の割合を選択することに等しい．

定義より，$0 \leq \bar{\varphi} \leq 1$ である．さらに，すべての $t \geq 0$ について，$\varphi(t) = 1$ の場合のみ，$\bar{\varphi} = 1$ であり，同様に，すべての $t \geq 0$ について，$\varphi(t) = 0$ の場合のみ，$\bar{\varphi} = 0$ となる．したがって，

$$V_r(0; \lambda) = \int_0^\infty e^{-rt} \log [v_r(t; \lambda)] dt$$

であるから，$V(\lambda, 1) = V_1(0; \lambda)$ と $V(\lambda, 0) = V_2(0; \lambda)$ となる．したがって，いかなる内側の分布 $\lambda \in (0, 1)$ においても，以下の場合のみ，λ の下での，ss-成長経路において移住の誘因が起こらない．

$$V(\lambda, 1) = V(\lambda, 0) = \max_{\bar{\varphi} \in [0, 1]} V(\lambda, \bar{\varphi}) \tag{11.58}$$

一方，核-周辺分布である $\lambda = 1$ の下での，ss-成長経路は，以下の場合のみ，移住の誘因の存在しない ss-成長経路である．

$$V(1, 1) = \max_{\bar{\varphi} \in [0, 1]} V(1, \bar{\varphi}) \tag{11.59}$$

どのようなパラメータの下に条件（11.58）あるいは（11.59）が成立しうるかを調べるために，$\bar{\varphi}$ について（11.57）を2回微分する．

$$\frac{\partial V(\lambda, \bar{\varphi})}{\partial \bar{\varphi}} = \frac{1}{\gamma} \frac{w_1^*(\lambda) - w_2^*(\lambda)}{\gamma A_H^*(\lambda) + \bar{\varphi} w_1^*(\lambda) + (1-\bar{\varphi}) w_2^*(\lambda)} - \frac{\mu}{\gamma} \log [p_{1/2}(\lambda)] \tag{11.60}$$

$$\frac{\partial^2 V(\lambda, \bar{\varphi})}{\partial \bar{\varphi}^2} = -\frac{1}{\gamma} \frac{[w_1^*(\lambda) - w_2^*(\lambda)]^2}{[\gamma A_H^*(\lambda) + \bar{\varphi} w_1^*(\lambda) + (1-\bar{\varphi}) w_2^*(\lambda)]^2} \leq 0 \tag{11.61}$$

最初に，内側の ss-成長経路の場合を検討する．任意の与えられた $\lambda \in (0, 1)$ の下で（11.58）式が成立するためには，$V(\lambda, \cdot)$ は，$[0, 1]$ において，厳密に凹でない必要がある．（11.61）式を考えると，以下の場合のみである．

$$w_1^*(\lambda) = w_2^*(\lambda)$$

これは，$V(\lambda, \cdot)$ が，$[0, 1]$ において，直線であることを示している．その下で，（11.58）式が成立するのは，$[0, 1]$ において（11.60）式がゼロである場合のみであり，それゆえに，

$$p_{1/2}(\lambda) = 1 \tag{11.62}$$

であり，2つの地域は同じ物価指数を持つ．$\lambda = 1/2$ の場合のみ，（11.62）式が成立することは容易に確認される．したがって，以下のように結論を出すことができる．

命題11.1 均衡 ss-成長経路が核‐周辺構造でないとすれば，2つの地域は全く対称 $\lambda=1/2$ である．

つまり，$\lambda \neq 1/2$ で $V(\lambda, 0) = V(\lambda, 1)$ の場合には，1つの地域において賃金率はより高く，物価指数は他の地域においてより低い．そうすると，熟練労働者は，「立地を変えること」（つまり，2地域間を適当に住み替えること）で，同一地域にずっと住み続けるより，生涯効用を増加させることができる．このように，立地を変える動機は，労働者の将来予見行動からだけでなく，(11.16)式に示されているように，時間を通じての消費支出の平均化を導く貯蓄機会の現存からも生まれる．

次に，$\lambda=1$，すなわち，核‐周辺形状の下における ss-成長経路の分析を始める．(11.61)式は，$V(1,\bar{\varphi})$ が $[0, 1]$ において凹であることを意味するので，

$$\left.\frac{\partial V(1,\bar{\varphi})}{\partial \bar{\varphi}}\right|_{\bar{\varphi}=1} \geq 0$$

の場合のみ，つまり，(11.60) 式を用いて，

$$\frac{w_1^*(1)-w_2^*(1)}{\gamma A_H^*(1)+w_1^*(1)} \geq \mu \log [p_{1/2}(1)] \tag{11.63}$$

の場合のみ，(11.59) 式が成立する．$\lambda=1$ である場合，以下が得られる．

$$\theta_1(1)=1 \quad \theta_2(1)=0 \quad g(1)=1 \quad k_1(1)=1 \quad k_2(1)=k(\eta)$$

ゆえに，(11.47)，(11.50)，(11.54) の各式および $\lambda=1$ の下での均衡地域支出 ($E_1^*=L/2+\mu L/(\sigma-\mu)$ および $E_2^*=L/2$) を用いて，以下が得られる．

$$w_1^*(1)=A_H^*(1)$$
$$w_2^*(1)=A_H^*(1)k(\eta)[(\sigma+\mu)\phi+(\sigma-\mu)\phi^{-1}]/2\sigma$$
$$p_{1/2}(1)=\phi^{1/(\sigma-1)}$$

これらの式を，(11.63) 式に代入すると，

$$\frac{1-[k(\eta)/2\sigma][(\sigma+\mu)\phi+(\sigma-\mu)\phi^{-1}]}{\gamma+1} \geq \frac{\mu}{\sigma-1}\log\phi$$

つまり，以下の条件が得られる．

$$\Gamma(\phi) \equiv 1-k(\eta)\left[\frac{1+\mu/\sigma}{2}\phi+\frac{1-\mu/\sigma}{2}\phi^{-1}\right]+\frac{\mu(\gamma+1)}{\sigma-1}\log\phi^{-1} \geq 0 \tag{11.64}$$

知識スピルオーバーの存在は $\eta>0$ を意味し，それゆえに，$k(\eta)>0$ である．この場合，$\Gamma(\phi)=0$ が，$(0,1)$ に属する唯一の解 $\bar{\phi}_s$ を持つことは，容易に確かめら

れる．$\Gamma(0)=-\infty$ かつ $\Gamma(1)>0$ であるので，$\phi\in(\bar{\phi}_s,1)$ において $\Gamma(\phi)>0$ であり，一方，$\phi<\bar{\phi}_s$ において $\Gamma(\phi)<0$ となる．したがって，以下のように結論できる．

命題11.2 核-周辺構造が，$\phi\geq\bar{\phi}_s$ の場合のみ，均衡 ss-成長経路となるような，唯一のサステイン・ポイント $\bar{\phi}_s<1$ が，常に存在する．

この結果は，8.2.3項で得られたものと類似している．すなわち，研究開発部門および製造部門は，輸送費が十分低ければ，どちらかの地域に集積する．対照的に，対称の ss-成長経路は，任意の輸送費の値の下で均衡である．一方，$k(\eta)$ は η とともに増加するので，(11.64)式から，以下が得られる．

$$\frac{d\bar{\phi}_s}{d\eta}>0$$

言い換えれば，スピルオーバーの空間的範囲が広がるときに，研究開発における周辺の不利の度合いは軽減され，したがって，核-周辺構造は，輸送費のより狭い範囲でのみ持続可能である．

最後に，移行プロセスの自己実現的な性質により，成長経路の安定の概念の定義が，より困難になることに留意されたい．実際，同一のモデルの下で，熟練労働者の同じ初期分布から出発して，複数の完全予見の解決策が存在する．したがって，$\lambda\in\{0,1/2,1\}$ の下での ss-成長経路に対して，λ のある近傍 Λ が存在して，各々の $\lambda_0\in\Lambda$ について，ある期待に基づいた均衡経路はこの ss-成長経路へ収束する一方，別の期待にもとづいた別の均衡経路は，その同じ ss-成長経路から遠ざかる可能性がある．この場合，ss-成長経路は安定，それとも，不安定と言えるのであろうか．そのような困難から逃れる自然な方法は，均衡経路が，問題になっている ss-成長経路に収束する場合，満たされなければならない予想に，あらかじめ，いくつかの適当な制約を課すことである．完全予見を仮定しているので，これは，均衡経路自体に対して，制限を課すことと等価である．Fujita and Thisse（2003）は，(11.29)式を一般化して，次のような単純な条件を提案している．$\bar{\lambda}\in[0,1]$ の下での均衡 ss-成長経路の安定性について考えるために，$\lambda_0\neq\bar{\lambda}$ である1つの $\lambda_0\in[0,1]$ に注目する．初期条件 $\lambda(0)=\lambda_0$ を満たす，均衡経路 $\lambda(t)$ が，以下の条件を満たす $0<T\leq\infty$ を有する場合，この経路は $\bar{\lambda}$ の下での単調収束仮説を満たしていると定義する．

$\lambda_0 < \bar{\lambda}$ のとき　$\dot{\lambda}(t) > 0$　　　($t \in (0, T)$ に対して)

$\lambda(t) = \bar{\lambda}$　　　($t \geq T$ に対して)

$\lambda_0 > \bar{\lambda}$ のとき　$\dot{\lambda}(t) < 0$　　　($t \in (0, T)$ に対して)

$\lambda(t) = \bar{\lambda}$　　　($t \geq T$ に対して)

次に，$\bar{\lambda}$ の下での均衡 ss-成長経路は，もしも $\bar{\lambda}$ の近傍 Λ が存在して，任意の初期条件 $\lambda_0 \in \Lambda (\lambda_0 \neq \bar{\lambda})$ に対して $\bar{\lambda}$ の下での単調収束仮説を満たす均衡経路が存在するならば，安定であると定義する．そうでなければ，均衡 ss-成長経路は不安定であると定義する．

以上の定義の下に，$\phi \geq \bar{\phi}_s$ の場合には，核 - 周辺構造の下での ss-成長経路は，常に安定であることを示すことができる．対照的に，対称な ss-成長経路の安定性分析は，はるかに複雑である．例えば，

$$\frac{\mu}{\sigma-1}\left(1 + \frac{\gamma}{g(1/2)}\right) \geq 1$$

ならば，対称な ss-成長経路は，輸送費の水準にかかわらず不安定である．この場合，核 - 周辺構造の下での ss-成長経路が均衡でないときには，熟練労働者の全体的な分布を経時的に一定に保ちながら，熟練労働者の交差移住が周期的に発生する経路が存在することを示すことができる．

先に進む前に，逆のケース，つまり，特許が地域間で費用なしに移転できる場合，上の結果はどのようになるかについて疑問に思うかもしれない．この場合には，研究開発部門の中で発生する集積力は，非常に強くて，この部門は常に1つの地域に集中することがわかる．さらに，輸送費が高い（低い）場合，製造部門は，部分的に（完全に）研究開発部門と同じ地域に集積する．詳細については Fujita and Thisse (2003) を参照されたい．

11.3.2　我々は格差に注意を払う必要があるのか

上述の分析は，集積が生じたときは，成長のペースが速くなることを示している．したがって，成長が流動的な活動の集積によって促進された場合，周辺地域が敗者となるので，経済成長と空間的公平性の間に矛盾があると結論づけたくなる．これはゼロサム・ゲームにおいてはそうであるが，我々のものはそうではない．その正反対である．そのうち明らかになるように，我々のゲームにおいてはすべてが勝者になる可能性がある．ただし，いくつかの地域は，他よりも，より多く得をするかもしれない．これは，世界成長が十分に力強くて，周辺地域に住んでいる非熟練労

働者を含めて,すべての人々がより豊かになる可能性があるからである.

成長と公正の間のトレードオフの主要な論点を研究するために,経済が分散して ($\lambda=1/2$) 均衡にある場合と,核‐周辺 ($\lambda=1$) の均衡にある場合の,2つを比較する.分散均衡分析では,両方のタイプの労働者が住んでいる地域にかかわらず同じ効用水準にあるため,空間的公平の観点からは,これは最善である.分散均衡は,安定ではない可能性があるが,熟練労働者の流動性を制御することによって,それを安定化することが考えられる.

次に,核‐周辺構造 ($\lambda=1$) を考える.考慮するべき人々には,3つのグループがある.地域1と2に住んでいる各々の非熟練労働者のグループと,熟練労働者である.非熟練労働者については,$r=1,2$ について $w_r^L = \varepsilon_r^L = 1$ であるので,(11.1) 式は以下のようになる.

$$v_r^L(t;\lambda) = [P_r(t)]^{-\mu}$$

(11.10) 式と (11.41) 式を用いて,以下のようになる.

$$\frac{v_1^L(t;1)}{v_1^L(t;1/2)} = \left(\frac{2}{1+\phi}\right)^{\mu/(\sigma-1)} \exp\left\{\frac{\mu}{\sigma-1}\left[1-k\left(\frac{1+\eta}{2}\right)\right]t\right\}$$

これは,$k \leq 1$ だから,常に1を超えている.ゆえに,$k \leq 1$ および $\phi < 1$ となり,

$$V_1^L(0;1) - V_1^L(0;1/2) = \frac{\mu}{\gamma(\sigma-1)}\left[\frac{1-k\left(\frac{1+\eta}{2}\right)}{\gamma} + \log\left(\frac{2}{1+\phi}\right)\right] > 0$$

である.したがって,核に住む非熟練労働者にとっては,常に分散より集積の方が好ましい.

周辺に住む非熟練労働者については,

$$\frac{v_2^L(t;1)}{v_2^L(t;1/2)} = \left(\frac{1+\phi}{2\phi}\right)^{-\mu/(\sigma-1)} \exp\left\{\frac{\mu}{\sigma-1}\left[1-k\left(\frac{1+\eta}{2}\right)\right]t\right\}$$

であり,以下が得られる.

$$V_2^L(0;1) - V_2^L(0;1/2) = \frac{\mu}{\gamma(\sigma-1)}\left[\frac{1-k\left(\frac{1+\eta}{2}\right)}{\gamma} - \log\left(\frac{1+\phi}{2\phi}\right)\right]$$

角括弧で囲った中の最初の項は,研究開発部門の集積による**成長効果**(growth effect)を表している.より正確には,$g(1) = k(1) = 1$ かつ $g(1/2) = k((1+\eta)/2)$ であるから,最初の項の分子は,核地域に研究開発部門が集積することによって引き起こされる,経済における製品の種類の成長率の増加を表している.それゆえに,

初項は，集積がもたらす，消費者の生涯厚生への影響を表している．それは，$\eta<1$，つまり，スピルオーバーが完全にグローバルでない場合に限り，厳密に正である．2番目の項は，周辺地域に住むことの不利な点を表しており，それは，地域2における製品物価指数の相対的な増加によって測定されている．

明らかに，周辺に住んでいる非熟練労働者にとっては，以下の場合のみ，分散より集積が好ましい．

$$\frac{1-k\left(\frac{1+\eta}{2}\right)}{\gamma}>\log\left(\frac{1+\phi}{2\phi}\right)$$

すなわち，1つの地域への研究開発部門の集積によって促進される，成長の加速効果が十分に大きい場合である．このように，核-周辺構造がグローバル経済の十分な高成長率に結びつく場合には，周辺地域に住む非熟練労働者も分散構造より核-周辺構造を選好する．これは，より低い割引率（γ），より弱いスピルオーバー効果（η），およびより低い輸送費の下で，可能性が高くなる．

熟練労働者の考察が残されている．(11.47)式，(11.50)式，(11.51)式および(11.53)式を用いて，

$$\frac{v_1^H(t;1)}{v_1^H(t;1/2)}=\frac{v_1^L(t;1)}{v_1^L(t;1/2)}$$

が得られ，それゆえに，

$$V_1^H(0;1)-V_1^H(0;1/2)=V_1^L(0;1)-V_1^L(0;1/2)$$
$$=\frac{\mu}{\gamma(\sigma-1)}\left[\frac{1-k\left(\frac{1+\eta}{2}\right)}{\gamma}+\log\left(\frac{2}{1+\phi}\right)\right]>0$$

である．したがって，熟練労働者が核地域に集積することにより，彼らの厚生は，核に住む非熟練労働者と同じ量だけ，増大する．

上記の結果をまとめて，以下のように結論づけることができる．

命題11.3 次の不等式

$$\frac{1-k\left(\frac{1+\eta}{2}\right)}{\gamma}>\log\left(\frac{1+\phi}{2\phi}\right)$$

が成立する場合，またその場合のみ，核－周辺構造の成長経路の下の，3つの労働者グループの厚生水準は，対称構造の下における成長経路をパレート支配する．

核－周辺構造の下においては，核と周辺に立地する非熟練労働者の間に厚生の格差が存在する．実際，$\lambda=1$の場合，

$$\frac{v_1^L(t;1)}{v_2^L(t;1)} = \phi^{-\mu/(\sigma-1)} = \tau^\mu$$

が得られ，厚生格差は以下のようになる．

$$V_1^L(0;1) - V_2^L(0;1) = \frac{\mu}{\gamma} \log \tau > 0$$

したがって，核－周辺構造の下における高い成長率は，非熟練労働者の間に不平等を発生させる．彼らは住んでいる地域によって違った扱いを受ける．製品がより差別化され，輸送がより困難になるにつれて，厚生格差が広がることに注意されたい．

11.4 グローバル化とオフショアリング

Caves (1971) 以来，対外投資において，水平と垂直を区別することは一般的である．複数の工場が異なる場所で，同じ財を生産する場合に，企業は**水平的**（horizontal）投資を行う．水平投資を行う多国籍企業にとって，その費用は規模の経済の削減による損失であり，利益は各市場へ直接参入できることによる近接性の向上によってもたらされる．対照的に，企業が異なった場所で別々の活動を連携して行う場合，企業は**垂直的**（vertical）投資を行う．それは，製品の構想で始まり，配送で終わるサプライチェーンを形成する．生産の空間的フラグメンテーションは，技術や生産要素の賦存量あるいは要素価格の，空間による違いを利用することを目的としている．したがって，水平モデルと垂直モデルは，別々の問題に対処しているのであり，競争関係にあるとみなすべきではない（Navaretti and Venables, 2004）．以下において，サプライチェーンの地理的な分割による，垂直投資について研究する．

経済は，1および2の2カ国，熟練労働者と非熟練労働者の2つの生産要素，および，製造業部門と農業部門の2つの部門で構成されている．製造業部門は，収穫逓増の下に水平に差別化された製品を生産する．それぞれの製品は1つの企業によって生産され，それは，**本社**（headquarters: HQ）と製造**工場**（plant）の，2つ

の別のユニットから成る．ウィリアムソン流に，HQ は熟練労働者を用いて，企業に特有の資産であるサービスを生産し，工場は HQ サービスと非熟練労働者を用いて製品を生産すると想定する．企業の HQ と生産工場は一緒に立地する必要はない．両方が同じ国に立地している場合には，企業は**国内**（national）企業である（地理的に統合されている）．そうでない場合には，企業は**多国籍**（multinational）企業である（地理的に分離している）．したがって，ここでは，企業の空間的フラグメンテーションは，（もし，起こった場合）垂直だけである．製造部門の製品の輸出は，氷塊型の費用 $\tau_M > 1$ を伴う．各企業は，国外で生産することによる費用の節約と，オフショアリングの費用を比較する．

農業部門は，唯一の投入である非熟練労働を使用して，収穫一定の下で，均質な製品を生産する．国 r における 1 単位の産出には，同じ国における非熟練労働 $a_r \geq 1$ 単位が必要である．一般性を失うことなく，$a_1 = 1$ および $a_2 \geq 1$ と設定する．もしも $a_2 > 1$ であれば，農業部門の非熟練労働者は，国 2 より国 1 において，より生産性が高い．この仮定の目的は，2 国間における生産性の違いを反映させることである．国 1 および国 2 の非熟練労働者の数をそれぞれ L_1 と L_2 で表す．標準的な対称性の仮定を維持するために，両国は，効率単位で測られた非熟練労働を同じ量だけ持っており，それは 1/2 に規準化されている．

$$L_1 = \frac{L_2}{a_2} = \frac{1}{2} \tag{11.65}$$

農業部門の産出は，国内と同じく，2 つの地域間で費用なしで取引され，したがって，その価格は 2 つの地域で同一である．それは，ニューメレールとして選ばれ，$p^A = 1$ とする．農業財への支出シェアは十分に大きく，この財は常に両方の国で生産されると仮定する．この場合，非熟練労働者の均衡賃金は

$$w_1^L = 1 \quad \text{かつ} \quad w_2^L = 1/a_2 \leq 1 \tag{11.66}$$

となる．したがって，空間的フラグメンテーションを説明する，要因価格差の誘因が存在しうる．しかしながら，要素価格差のみでは，企業の多国籍化を引き起こすには十分ではないことが明らかとなる．

企業は垂直的統合されていると仮定されているが，地理的には分離している可能性がある．これは，垂直に関係している企業が独立しているがともに立地している，8.6 節で研究されたパターンと対照的である．HQ は広範囲の集積の経済から利益を得るので（Davis and Henderson, 2008），最も一般的に観察されるサプライチェーンの国境を越えたフラグメンテーションのパターンの 1 つは，次のようなもので

ある.戦略的な機能(経営,R&D,マーケティングおよびファイナンス)を,必要とする熟練労働者と専門的なサービスが得られる少数の裕福な都市部(ここでは国1)に集中する一方,一部の企業はそれらの生産活動を低賃金国(ここでは国2)に**オフショア**(offshore)している.これを実現するためには,熟練労働者は国1にいる必要がある.結果として,この国はグローバル経済の核であり,国2は周辺とみなすことができる.[5]

各HQは,熟練労働者を一定量 f 必要とし,熟練労働者の総数は1に規準化する.そうすると,企業はそれぞれのHQを持つので,経済における企業の総数は $m=1/f$ で与えられる.生産工場は収穫一定の下で操業する.[6] より正確には,1つの企業の工場が国 r に立地する場合,q 単位の生産には,以下で得られる l_r 単位の非熟練労働者が必要である.

$$l_r = c_r q \qquad r=1,2$$

ここで $c_r>0$ は,工場の非熟練労働に対する限界所要労働力である.c_r の値は,HQによって工場に提供されるサービスの有効性とともに,減少する.特に,HQサービスの有効性は,HQと工場との距離に負の影響を受ける.なぜなら,必要な情報をコード化することが難しいかもしれないビジネスを離れて行うことから,工場の現地の環境についてのより多くの不確実性が生まれる.さらに,工場がHQの近くに立地する場合には,国外の場合よりも,工場長の努力を監視しやすくなる.これらすべては,HQと工場の間のより高い調整費用,したがって,より高いコミュニケーション費用を意味する.

工場が,そのHQとともに国1に立地する場合,

$$c_1=1$$

であり,工場が国2に立地する場合,

$$c_2=\tau_c>1$$

と仮定する.後者は,企業内のコミュニケーションにとってのすべての距離の障害

---

5) Krugman and Venables (1995) や8.6節では,労働は移動できない.一方,中間財部門と最終財部門に属する企業では,労働は移動可能である.ここでは,労働は移動できないが,生産工場では,労働は移動可能である.

6) 各国ごとに異なる固定生産費用,f_1 および f_2 を導入して,モデルを拡張することができる.この場合,$f_1>f_2$ ($f_1<f_2$) ならばより多くの(より少ない)企業が,多国籍になることを選択することを示すことができる.

11.4 グローバル化とオフショアリング 509

を表している.[7] この仮定は2つの重要な意味を持つ. まず, 上で説明されたように, HQ と工場の物理的な分離は, 企業が負担する追加費用を発生させる. 言い換えると, 外国の工場を管理することは, 国内工場より費用がかかる. 次に, 供給される HQ サービスが同じである限り, 自国であろうと外国であろうと工場における非熟練労働者の生産性は等しい. これは, 工場の立地がどこであっても, 企業が同じ方法で生産を組織できるからである.[8]

すべてが国内企業である場合, 国1は製品を輸出し, その一方で, CPモデルにおけるように, 国2は農産品を輸出している. すべてが多国籍企業の場合, 国1から国2への企業内の貿易が存在し, 後者が前者に製品を輸出している. ただし, どの国が農産品を輸出するかは, これらの2つのタイプの輸出品の相対価格に依存する. これらの2つの極端なケースの間に, すべての貿易タイプ (すなわち, 産業内貿易, 企業内貿易, 異業種間貿易) を含んだ, 非常に豊富な貿易パターンが存在している.

w_1 を, 国1における熟練労働者の賃金とする. そうすると, (11.65) 式と (11.66) 式の国民所得は

$$Y_1 = w_1 + \frac{1}{2} \quad \text{および} \quad Y_2 = \frac{1}{2} \tag{11.67}$$

となる. したがって, 国1は国2より豊かであり, それは, 世界経済が核-周辺構造を示していることを意味する. (11.9) 式の E_1 と E_2 を Y_1 と Y_2 で置き換えると, 国 r で生産された各製品の総需要は

$$q_r = \mu Y_r p_r^{-\sigma} P_r^{\sigma-1} + \mu \phi_M Y_s p_s^{-\sigma} P_s^{\sigma-1}$$

で与えられる. ここで, $P_r(P_s)$ は, 国 r (s) の製品の価格指数を表し, また,

$$\phi_M \equiv \tau_M^{-(\sigma-1)}$$

である.

国1にある国内企業の利益は以下で与えられる.

---

7) モデルは, 様々な差別化された HQ サービスを含むように拡張することができるが, これらのサービスは異なる費用で移送することができる.
8) このように, 企業は, アプリオリにはすべて同じである. もちろん, 企業はアプリオリに異質であると仮定することもできる. しかし, 同質の企業が, 均衡において異なる組織の形態を選びうるということは, それほど明白ではない. したがって, まず, 同質な企業を研究する方が, 理論的には好ましいと考える.

$$\pi_{11} = p_1 q_1 - w_1 f - q_1$$

したがって，それらの企業によって設定される均衡価格は

$$p_1^* = \frac{\sigma}{\sigma-1} \tag{11.68}$$

である．同様に，国1にHQがあり国2に工場がある多国籍企業の利益は次のとおりである．

$$\pi_{12} = p_2 q_2 - w_1 f - \frac{\tau_C}{a_2} q_2$$

したがって，国2にある工場における均衡工場渡し価格は

$$p_2^* = \frac{\sigma}{\sigma-1} \frac{\tau_C}{a_2} \tag{11.69}$$

である．(11.68)式と (11.69)式を比較すると，2つの国のいずれかで生産される同じ製品の均衡価格が，異なることが明らかである．これは，非熟練労働者の賃金の違いのためだけでなく，生産が分散している場合，企業間に発生する，HQサービスの高いコミュニケーション費用（τ_C）のためでもある．

θを国内企業のシェアとする．そうすると，国1および2の均衡価格指数が以下で与えられることは，容易に確認できる．

$$P_1^* = \frac{\sigma}{\sigma-1} m^{-1/(\sigma-1)} [\theta + (1-\theta) \phi_C \phi_M]^{-1/(\sigma-1)} \tag{11.70}$$

$$P_2^* = \frac{\sigma}{\sigma-1} m^{-1/(\sigma-1)} [\theta \phi_M + (1-\theta) \phi_C]^{-1/(\sigma-1)} \tag{11.71}$$

ここで，

$$\phi_C \equiv \left(\frac{\tau_C}{a_2} \right)^{-(\sigma-1)} \tag{11.72}$$

である．一定の $a_2 > 1$ の下で，ϕ_C は 0（法外に高いコミュニケーション費用の場合）から $a_2^{\sigma-1} > 1$（ゼロのコミュニケーション費用の場合）まで変化する．ゆえに，ϕ_C は企業内におけるコミュニケーション費用と賃金格差の，両方を説明している．したがって，このパラメータは，オフショア生産にとっての阻害要因と利点の両方をとらえる指標として解釈することができる．ϕ_C が1を超えるためには，$w_2^L (=1/a_2)$ が十分に小さくなければならないことが確認できる．$w_1^L = w_2^L (a_2 = 1)$ の場合，ϕ_C は常に1より小さい．

2国間における，与えられた工場分布 $\theta \in [0,1]$ の下での，各企業タイプごとの

均衡利潤は以下のように得られる．

$$\pi_{11}^* = \frac{\mu f}{\sigma} \left[\frac{w_1 + 1/2}{\theta + (1-\theta)\phi_C \phi_M} + \frac{1/2}{\theta + (1-\theta)\phi_C \phi_M^{-1}} \right] - w_1 f \tag{11.73}$$

$$\pi_{12}^* = \frac{\mu f}{\sigma} \left[\frac{w_1 + 1/2}{\theta \phi_C^{-1} \phi_M^{-1} + (1-\theta)} + \frac{1/2}{\theta \phi_C^{-1} \phi_M + (1-\theta)} \right] - w_1 f \tag{11.74}$$

利潤ゼロの条件は，以下によって与えられる．

$$\max\{\pi_{11}^*, \pi_{12}^*\} = 0$$

上の3つの式から明らかなように，熟練労働者に支払われる賃金は，工場が獲得した営業利益に由来している．したがって，企業の空間的なフラグメンテーションは，周辺から核への，利益の国際移転を生じさせる．

国内企業と多国籍企業の両方を含む，混合した工場分布（$0 < \theta^* < 1$）の場合を，最初に分析する．その後で，企業が，すべて国内企業の場合，およびすべて多国籍企業の場合を，両極端のケースとして扱う．混合分布が均衡となるためには，国内企業と多国籍企業の両方とも利潤ゼロ，すなわち，$\pi_{11}^* = \pi_{12}^* = 0$ とならなければならない．任意の $\theta \in (0, 1)$ の下で，条件 $\pi_{11}^* = 0$ によって，

$$w_1 = \frac{\mu}{\sigma} \frac{\theta + (1-\theta)\phi_C(\phi_M + \phi_M^{-1})/2}{[\theta + (1-\theta)\phi_C\phi_M - \mu/\sigma][\theta + (1-\theta)\phi_C\phi_M^{-1}]} \tag{11.75}$$

が得られ，一方，条件 $\pi_{11}^* = \pi_{12}^*$ より，

$$2w_1 + 1 = \frac{\phi_C \phi_M^{-1} - 1}{1 - \phi_C \phi_M} \cdot \frac{\theta + (1-\theta)\phi_C\phi_M}{\theta + (1-\theta)\phi_C\phi_M^{-1}} \tag{11.76}$$

となる．(11.75) 式を (11.76) 式へ代入し，θ について解くと，以下が得られる．

$$\theta(\phi_C, \phi_M) \equiv \frac{\frac{1 + \mu/\sigma}{2}\phi_M^{-1} + \frac{1 - \mu/\sigma}{2}\phi_M - \phi_C}{\phi_M^{-1} + \phi_M - (\phi_C^{-1} + \phi_C)} \tag{11.77}$$

これは，分子がゼロの場合を除いて，明確に定義されている．(11.77) 式は，与えられた輸送費 ϕ_M とコミュニケーション費用 ϕ_C の下での，国内企業のシェアを表している．もともとすべての企業は同一であるが，異なる方法でビジネスを行うことを選択している．このように，多くの産業を特徴づけている，組織の多様性を説明するのに，企業の生産性の事前における多様性を仮定するは必要はない．

Fujita and Thisse (2006) は，平面 (ϕ_M, ϕ_C) の正の象限が，それぞれ均衡の1つのタイプに対応する，3つの領域に分割されることを示している．図11.1の右下の領域では，コミュニケーション費用が非常に高いので，企業は国内企業である．

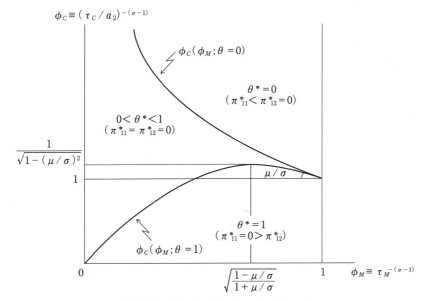

図 11.1　工場分布のパラメータ領域

　一方，右上の領域では，コミュニケーション費用が十分に低いので，すべての企業が多国籍企業となっている．それらの中間の領域では，国内企業と多国籍企業が併存している．多国籍企業は，オフショアリングの生産によって，国内企業よりも低い製造費用およびゼロの輸送費で周辺市場に製品を供給できる．しかしながら，国内企業は，輸送費およびコミュニケーション費用を負担することなく，より大きな市場（つまり核）に製品を供給できるので，すべての企業が多国籍企業になるわけではない．言い換えると，それぞれ一定数の企業が，異なる国で生産を行うことで，競争を緩和する．これは，7.3節で議論された差別化の原理に合致している．唯一の支配的な戦略が存在する，かなり極端な場合にのみ，すべての企業は同じ操業方式を採用する．

　それゆえに，一般に信じられていることに反して，企業が異なる組織形態を採用する可能性を説明するうえで，生産性の違いを仮定する必要はない．しかしながら，誤解を避けるために，一言述べておきたい．企業が生産性において不均一であることは，疑う余地のない事実である．企業の不均一性が貿易の研究のために重要ではないと主張するつもりは，全くない．しかし，我々の主張は，この事実に頼ること

なしに多くの知見を得ることができるということである．もちろん，実証研究では，生産性の違いを考慮することは重要である．

2つの隅の領域（$\theta^* = 0$ と $\theta^* = 1$）と内部の領域（$0 < \theta^* < 1$）を分けている2本の境界線は，方程式 $\theta(\phi_C, \phi_M) = 0$ と $\theta(\phi_C, \phi_M) = 1$ を，ϕ_C に関して解くことによって，以下のように得られる．

$$\phi_C(\phi_M; \theta = 0) = \frac{1+\mu/\sigma}{2}\phi_M^{-1} + \frac{1-\mu/\sigma}{2}\phi_M$$

$$\phi_C(\phi_M; \theta = 1) = \left(\frac{1-\mu/\sigma}{2}\phi_M^{-1} + \frac{1+\mu/\sigma}{2}\phi_M\right)^{-1}$$

前述の議論は，与えられた地域における産業構造は，多くの特化した企業，あるいは，少数の垂直に統合された企業の，いずれかになる可能性が大きいことを示している（McLaren, 2000）．輸送費とコミュニケーション費用は，それぞれ特定の種類の業務費用に対応しているので，国際化は，より多くのオフショアリングと，より少ない空間統合への動きを伴っているに違いない．企業は，中間の活動の多くを移転ないしオフショアリングして，コアコンピタンス（中核業務）に集中する傾向がある．したがって，特化した多様なビジネスサービスの近くでの供給は，企業にとってより重要となる．都市の産業構造は，この傾向を反映している．

11.5　企業の空間的フラグメンテーション

この節で，NEGの標準的な思考実験，すなわち，輸送費の減少が企業の立地戦略に及ぼす影響を考察する．ただし，ここでは，新しい思考実験として，企業の多国籍化におけるコミュニケーション費用の影響，が加わる．コミュニケーション費用と賃金格差のそれぞれ，および両方の水準が，国内企業と多国籍企業のシェアの決定において，非常に重要であることを示す．

11.5.1　コミュニケーション費用の低下

今，ある ϕ_C と ϕ_M の下で $0 < \theta^* < 1$ であると仮定して，コミュニケーション費用の低下を考える．仮に工場の分布 $\theta^* \in (0, 1)$ が固定されているものとすると，ϕ_C の上昇は，単純な直接効果がある．多国籍企業は，(11.69)式において限界費用が低くなるのでより低い価格を設定するが，国内企業は同じ価格 (11.68) を設定する．その結果，多国籍企業は，国内企業の犠牲の下に，それぞれの国での市場シェ

アを拡大させる．利潤は，コミュニケーション費用が低下する前にゼロであったので，これは以下を意味する．

$$\pi_{11}^* < 0 < \pi_{12}^*$$

言い換えれば，国内企業は負の利潤となり，一方，多国籍企業は正の利潤を得る．ここで，一部の工場を国2に移転すれば（つまり θ が減少すれば），国内企業の利潤は回復し，多国籍企業は利潤を減少させる．これは，以下を意味する．

$$\frac{\partial \pi_{11}^*}{\partial \theta} < 0 \quad かつ \quad \frac{\partial \pi_{12}^*}{\partial \theta} > 0$$

確かに，国内企業の数が減少すれば，核となる国1での競争が緩和されるので，国内企業は，利潤を増加させる．逆に，周辺の国2では競争がより厳しくなるので，多国籍企業の利潤は減少する．このように，任意の与えられた値 ϕ_M の下で，コミュニケーション費用が下がっていけば，周辺国にある工場のシェアが漸増していく (Fujita and Thisse, 2006)．

図11.2(a)に示されているように，コミュニケーション費用が十分に高い（つまり ϕ_C が小さい）ときには，すべての工場は核の国に立地している．しかしながら，コミュニケーション費用が減少し続けると，そのうち，工場は，より低い単位費用で生産することができる周辺の国に，再立地していく．国2の人口規模は変わらないので，この過程は漸進的である．最終的には，非常に低いコミュニケーション費用は，賃金格差を拡大し，すべての工場が周辺国に立地してしまう．図11.2に示されているように，$\theta^* = 0$ の領域は $\{0 < \phi_M < 1; 1 < \phi_C < a_2^{\sigma-1}\}$ の部分集合であり，したがって，賃金格差が存在する場合にのみ，周辺国に工場の集積が起こる．

上記の議論は以下のようにまとめられる．

命題11.4 輸送費が，任意に与えられた正の値に固定されているものとする．コミュニケーション費用が十分に高い場合には，すべての工場は本社とともに立地する．コミュニケーション費用が十分に低くなると，核に立地する工場のシェアは減少し始める．コミュニケーション費用がさらに減少し続けると，すべての企業が多国籍になるまで，再立地プロセスは徐々に進む．

この命題は，6.6節に示された結果と非常によく似ている．そこでは，コミュニケーション費用が高い場合には，フロント・オフィスとバック・オフィスはともに

11.5 企業の空間的フラグメンテーション　515

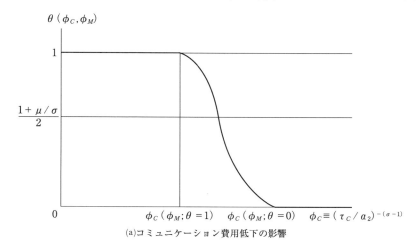

(a)コミュニケーション費用低下の影響

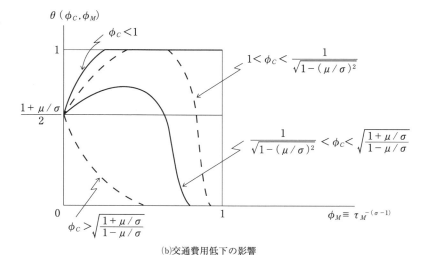

(b)交通費用低下の影響

図 11.2　コミュニケーション費用と交通費用の低下の工場分布への影響

CBDに立地している．本節では，コミュニケーション費用が高い場合，本社と工場は同じ屋根の下で一緒に活動する．逆に，コミュニケーション費用が低い場合，ある活動は，地代が低い都市周辺あるいは賃金が低い周辺国へ分散していく．具体的な設定の違いにもかかわらず，基本的なアイデアは同じである．

国2の農業生産性が上昇すると，a_2 は減少する．したがって，(11.66)式において，w_2^L が増加し，賃金格差は縮小する．11.4節の分析は，(11.72)式に定義された ϕ_C のみに依存しているので，高い生産性はコミュニケーション費用の増加と形式的に等価である．いずれの場合にも，国2は海外投資家にとって魅力を減じる．

11.5.2 輸送費の低減

輸送費の低下の影響は，それが，コミュニケーション費用の値に非線形に依存するため，より複雑である．様々なケースが，図11.2(b)に描かれている．$\phi_C<1$ の場合には，輸送費が下がるとともに，本社と工場の一層の集積が起こることが，容易に確認できる．この結果は，CPモデルで得られたものを思い出させるが，集積のプロセスは，ここでは，漸進的である（図11.2(b)の左上の太線を参照）．$a_2=1$ である場合（非熟練労働者の賃金格差がない場合）には，常に $\phi_C<1$ である．したがって，賃金格差がない場合には，輸送費の低下は常に核内に工場の集積を促進する．

$\phi_C>1$ の場合は，より複雑である．これは，周辺国における非熟練労働者の生産性が核となる国におけるよりも低い（$a_2>1$）場合のみ，起こりうる．3つのケースが存在する．まず，

$$1<\phi_C<\frac{1}{\sqrt{1-(\mu/\sigma)^2}}$$

のケースである．図11.2(b)の左上の破線で示されているように，輸送費が減少すると，国内企業のシェアは $(1+\mu/\sigma)/2$ から1まで上昇し続ける．言いかえれば，CPモデルにおける場合と同じ力が支配的に働くので，工場の核への漸進的な集積のプロセスが見られる．しかしながら，ϕ_M が十分に大きくなる（輸送費が十分に低くなる）と，同じ上の破線で示されているように，周辺国への工場の急激な再立地が起こる．これは，輸送費が非常に低いので，国2に立地して，そこでの低い賃金を利用することが，企業にとって最適だからである．

2番目のケースは

$$\frac{1}{\sqrt{1-(\mu/\sigma)^2}} < \phi_C < \sqrt{\frac{1+\mu/\sigma}{1-\mu/\sigma}}$$

である．図11.2(b)の実線のカーブで示されているように，輸送費の減少につれて，θ が，$\phi_C[\phi_M(\theta);\theta] = \phi_C$ が成立する値に達するまで，工場は国1に集積を続けて行く．しかしながら，輸送費のさらなる減少は，すべての工場が周辺国に移転し終わるまで，核となる国における工場シェアは漸次的に下落していく．3番目のケースは

$$\sqrt{\frac{1+\mu/\sigma}{1-\mu/\sigma}} < \phi_C$$

である．図11.2(b)の左下の破線のカーブで示されているように，輸送費がひどく高い場合には，国1に集中している工場の数はちょうど $(1+\mu/\sigma)/2$ に等しい．輸送費が下がっていくにつれて，ますます多くの工場が周辺国に移っていき，そのうち，すべての工場が周辺国に集まる．

これらの結果は以下のようにまとめられる．

> **命題11.5** $\phi_C \geq 1$ である場合，輸送費の着実な減少は，核における工場の漸進的な集積に結びつく．$\phi_C < 1$ である場合，2つのサブケースが発生する．ϕ_C があまりにも小さすぎない場合，輸送費の着実な減少は，最初に，核となる国の工場の漸進的な集積を引き起こすが，そのうち，周辺国への工場の移転をもたらす．ϕ_C が十分に大きい場合，輸送費の低減は周辺国への工場の移転プロセスを直ちに引き起こす．

したがって，コミュニケーション費用の存在を考慮すると，輸送費の低下はサプライチェーンの空間的フラグメンテーションに非線形の影響を及ぼす．

11.5.3 オフショア生産で，誰が得をし，誰が損をするのか？

グローバル化のプロセスが，労働者の様々なグループに対して，大きく異なった意味合いを持っている可能性があることは，前述から明らかである．この節では，核となる国の非熟練労働者，周辺国の非熟練労働者，および，核となる国の熟練労働者を区別して考える．コミュニケーション費用の低減と輸送費の削減は，労働者の厚生に同じ影響を及ぼさない可能性がある．しかしながら，以下では，本節のモデルが新たに導入した，情報通信技術の発達によって生じるコミュニケーション費

用の減少に，分析を限定している．

非熟練労働者の名目賃金は ϕ_C から独立しているので，コミュニケーション費用の低減の厚生への影響は，物価指数の変化によって決定される．(11.70) 式を用いて，

$$\frac{\partial P_1^*}{\partial \phi_C} = -\frac{P_1^*}{\sigma-1} \frac{(1-\theta^*)\phi_M + (1-\phi_C\phi_M)\partial\theta^*/\partial\phi_C}{\theta^* + (1-\theta^*)\phi_C\phi_M}$$

が得られる．海外の工場がない $\theta^*=1$ の場合には，コミュニケーション費用の減少は，国1での物価指数に影響を及ぼさない．しかしながら，ϕ_C が十分に上昇（つまりコミュニケーション費用が十分に低下）して，海外工場が生まれて $\theta^*<1$ の場合には，2つの逆の効果が働いているので，分析はそれほど簡単ではない．その直接効果は，コミュニケーション費用が減少するために，周辺国で作られている製品の製造費用が低下することである．間接効果は，周辺国でさらに多くの製品が製造されるので，それらの製品は，国1の労働者にとってより高価になることである．したがって，正味の効果は，あらかじめ明らかではない．しかしながら，後者の効果が前者より優勢であることを，以下のようにして示すことが可能である．明らかに，

$$-\frac{\partial \theta^*(\phi_C, \phi_M)}{\partial \phi_C} \lessgtr \frac{(1-\theta^*)\phi_M}{1-\phi_C\phi_M} \quad \text{に応じて} \quad \frac{\partial P_1^*}{\partial \phi_C} \lessgtr 0$$

である．少し面倒な計算によって，

$$-\frac{\partial \theta^*(\phi_C, \phi_M)}{\partial \phi_C} > \frac{(1-\theta^*)\phi_M}{1-\phi_C\phi_M}$$

が示される．したがって，

$$\partial P_1^*/\partial \phi_C > 0 \quad (0<\theta^*<1 \text{ のとき})$$

となり，間接効果が直接効果を上回ることがわかる．一方，すべての企業が多国籍 ($\theta^*=0$) であるときは以下のようになる．

$$\frac{\partial P_1^*}{\partial \phi_C} = -\frac{P_1^*}{(\sigma-1)\phi_C} < 0$$

次に，国2における物価指数に関しては，(11.71) 式を用いて以下が得られる．

$$\frac{\partial P_2^*}{\partial \phi_C} = -\frac{P_2^*}{\sigma-1} \frac{(1-\theta^*) - (\phi_C-\phi_M)\partial\theta^*/\partial\phi_C}{\theta^*\phi_M + (1-\theta^*)\phi_C}$$

上式において，$\theta^*=1$ の場合には，$\partial\theta^*/\partial\phi_C=0$ であり，直ちに，$\partial P_2^*/\partial\phi_C=0$ であることがわかる．一方，$0<\theta^*<1$ の場合には，

11.5 企業の空間的フラグメンテーション

$$\frac{\partial \theta^*}{\partial \phi_C} = \frac{\partial \theta^*(\phi_C, \phi_M)}{\partial \phi_C}$$

となり，これは負の値であることが，すでに示されている．したがって，

$$\frac{\partial P_2^*}{\partial \phi_C} < 0 \qquad (0 < \theta^* < 1 \text{ のとき})$$

が得られる．最後に，$\theta^* = 0$ の場合には，

$$\frac{\partial P_2^*}{\partial \phi_C} = -\frac{P_2^*}{(\sigma-1)\phi_C} < 0$$

となる．

　名目賃金が ϕ_C から独立しているので，実質賃金は製品の物価指数の漸進的変化のみによって決定される．最初に，周辺国の非熟練労働者について考察する．$\theta^* = 1$ である限り，彼らの実質賃金はコミュニケーション費用の減少に影響を受けない．$\theta^* \in (0, 1)$ である場合，$\partial P_2^*/\partial \phi_C < 0$ であり，それゆえに，周辺に住む非熟練労働者はより裕福になる．最後に，すべての企業が多国籍であるとき，$\partial P_2^*/\partial \phi_C < 0$ が依然として成立しているので，周辺国に住んでいる非熟練労働者の実質賃金が上がり続けることを意味する．以上より，すべての工場が核にいる限り，コミュニケーション費用の低下は周辺における非熟練労働者に影響を与えないと，結論できる．対照的に，再立地のプロセスが始まると，さらなるコミュニケーション費用の低下は，周辺の非熟練労働者をより裕福にする．これは驚くべきことではない．コミュニケーション費用が減少し続ける場合，単位生産費用が減少するので，ますます多くの差別化された製品が周辺で生産される．したがって，周辺国内の物価指数も減少する．

　次に，核に住んでいる非熟練労働者について考察する．海外に工場がない場合，コミュニケーション費用の低下は，国1の物価指数および，それゆえに，そこに住む非熟練労働者の厚生に影響を及ぼさない．しかしながら，$\theta^* \in (0, 1)$ である場合，(以前見たように) $\partial P_1^*/\partial \phi_C > 0$ であるから，核における非熟練労働者の暮らし向きは悪くなる．最後に，すべての工場が海外にある場合，核に住んでいる非熟練労働者は，海外の工場がより低い費用で操業できるので，コミュニケーション費用の低下から便益を得る．結果として，国1の非熟練労働者の厚生は上昇する．

　最後に，コミュニケーション費用の減少が熟練労働者の厚生に与える影響を調べてみよう．まず，彼らの名目賃金を決定する必要がある．(11.77) 式を (11.73) 式に代入し，少し面倒な計算の後に，以下が得られる．

$$w_1^* = \frac{\mu/\sigma}{1-\mu/\sigma} \tag{11.78}$$

(11.75) 式において, $\theta=1$ と置くと, (11.78) 式が得られる一方, (11.74) 式において, $\pi_{12}^*=0$ および $\theta=0$ と置いて, w_1 について解いても (11.78) 式が得られる. したがって, 工場分布のパターンにかかわらず, 熟練労働者の名目賃金は (11.78) 式で与えられ, それは輸送費とコミュニケーション費用から独立している. このいくらか予想外の結果は以下のように説明することができる. 最初に, 効率単位で測られた非熟練労働者の名目賃金が両地域で1に規準化されているので, 名目所得は (11.67) 式によって与えられ, それは ϕ と ϕ_c に, 直接には依存しない. 次に, コミュニケーション費用が減少する場合, (11.69) 式は, 国2に工場を持った企業がより競争力を持つことを意味する. しかし, 同じことがすべての多国籍企業に当てはまるので, コミュニケーション費用の縮小は, 該当企業の競争力を減少させることにもなる. 現在の文脈では, これらの2つの相反する効果はちょうど相殺され, 企業の営業利益は影響を受けないことを示している. 同じ議論が輸送費の減少にも当てはまるので, 営業利益の水準は, 輸送費やコミュニケーション費用の変化の影響を受けない, と結論づけることができる. これは, 次に, 熟練労働者の, 利潤ゼロにおける均衡賃金が一定にとどまることを意味する. したがって, 核に住んでいる非熟練労働者について見てきたことが, 熟練労働者にも当てはまる. 要するに, 工場が周辺へ移動するに従って, 核となる国における厚生が減少すると, 結論することができる.

以上の議論は, 以下のように要約することができる.

命題11.6 コミュニケーション費用が漸次低下して行くと仮定する. 最初に, 企業活動が統合されており, すべて核となる国に集積している限り, すべての労働者は影響されない. いったん, 企業が工場を徐々に周辺国に再立地させ始めれば, 核となる国での熟練労働者と非熟練労働者の厚生は悪くなり, 一方, 周辺国に住んでいる非熟練労働者の厚生はよくなる. 最後に, すべての工場が海外に移転した後には, すべての労働者は, コミュニケーション費用の削減の恩恵を受ける.

ルーチンワーク化された活動のオフショアリングが, 政策論争で中心的位置を占めるようになっている現在, 上記の結果はさらなる議論に値する. 実際, 上記の命

題は，核となる国に住んでいる非熟練労働者だけが国際化の負の影響を受ける，という広く行きわたった考えと対立している．我々はこの相違の理由は，各企業は市場全体と比較して無視できるほどに小さいので，自身の再立地が引き起こす一般均衡効果を無視する，という事実にあると考える．各々の企業が同様に行動するので，コミュニケーション費用の低下とともに，すべての企業はコミュニケーション費用が低下する前より低い営業利益しか上げられない状況になる．その結果，熟練労働者も，企業の空間的フラグメンテーションから損害を受ける可能性がある．空間規模が非常に異なってはいるが，同様の現象は，ずっと前に都市周辺部への活動の再立地が発生した場合にも見られたが，それは都心部にとっては多くの場合有害であった．

まだ，話の終わりではない．様々な先進国において，一部の政策決定者は，企業が生産活動を再立地することをより困難にすることによって，非熟練労働者の仕事が削減されないようにすることを提案している．しかし，この議論は，そのような政策を採用すれば，企業がHQと工場の両方を周辺地域に再配置するための，インセンティブになる可能性がある，という事実を無視している．この場合，企業が彼らの生産活動だけをオフショアする場合よりも，核に住んでいる消費者の厚生は悪くなる（Robert-Nicoud, 2008）.

11.6 多国籍化における多様な戦略

以上の2つの節では，特別なタイプの海外直接投資（FDI）が検討された．したがって，11.5節で証明された命題が，企業によって実施されうる代替的な戦略（Helpman, 2011）の下で，頑健的であるかどうか把握することは重要である．以下においては，上記のモデルが，観察される広範囲の状況に合わせて，十分に適応性があることを示す．したがって，我々の主要な結果は，前節で考慮された特定の脈絡をはるかに越えて，実際的な妥当性を有している．

11.6.1 中間財生産のオフショアリング

11.4節では，生産は，国内あるいは海外のどちらか一方でのみ行われる．これは，空間的フラグメンテーションの極端な形に対応している．実際には，企業はサプライチェーンの一部をオフショアする可能性がある．つまり，中間投入物が海外の子会社において生産され，それが国内の工場で最終財を生産するために使用される．

この場合，企業は1つのHQと2つの工場を持ち，1つの工場は国内で最終財を生産し，もう1つの工場は海外で中間財を生産する．したがって，貿易構造は，国2から国1への企業内貿易を含む一方，最終財は国1からのみ輸出される．

1単位の最終財の生産は，α単位の，中間投入物として使用される同じ財が必要であると仮定する．q単位の最終財が国内で生産された場合，中間投入の生産をオフショアしている企業の総費用は，(11.66)式より，以下によって与えられる．

$$C(q) = \alpha \frac{\tau_C}{a_2} q + q = \left(\alpha \frac{\tau_C}{a_2} + 1 \right) q$$

ここで，τ_Cは，HQとその海外の子会社との間のコミュニケーション費用と，子会社からHQまでの中間財の出荷費用の両方を表している．対照的に，地理的に統合された企業の総費用は

$$C(q) = (\alpha + 1) q$$

である．$\alpha+1$を1で置き換えられるように，その製品の単位を選び，

$$\frac{\alpha \frac{\tau_C}{a_2} + 1}{\alpha + 1} \equiv \gamma_C$$

と置き，τ_C/a_2をγ_Cで置き換えれば，11.4節と11.5節の分析を繰り返すことができる．τ_Cとγ_Cは同方向に動くので，命題11.4，11.5および11.6は，この新たな設定においても成立する．

中間財の出荷費用と企業の部門間のコミュニケーション費用が減少していくに従い，ますます多くの企業はオフショアする戦略を採用する．言い換えれば，より低い輸送費およびコミュニケーション費用は，企業内貿易，したがって，垂直的投資を促進する (Egger, 2008)．さらに，ここでは，企業内貿易は双方向である．親会社は子会社から中間財を輸入する一方，子会社は親会社からHQサービスを輸入している．

11.6.2 水平的投資

現実を少し観察すれば，一部の企業は輸出をし，また他の企業は海外の子会社から現地市場に供給していることがわかる．明らかに，高い輸送費は，水平的投資を促進する一方，垂直的投資を抑制する．また，2つ目の工場の開設に要する固定費用が高くなるに従い，複数工場を選択する企業は少なくなる．明らかに，ここでは，近接性と集中のトレードオフが発生する．(i) 複数の工場をもつ企業は，外国市場

に製品を出荷する費用を節約し，(ii) 単一工場の企業は，2つ目の工場を設立する費用を節約する（Markusen, 1984）．さらに，海外市場の規模が大きくなるに従い，水平的投資がより魅力的になる．なぜなら，企業は，販売量が大きければ，2つ目の工場の固定費を分散させられるからである．これらすべてが，1958年のヨーロッパ共同市場の開始後すぐに，なぜアメリカの自動車製造業者がヨーロッパに投資したのかを説明している．彼らは，関税障壁内に立地することで，高い貿易費用を回避しながら，統合と成長市場に近づいたのだ．

11.4節は，企業が，コミュニケーション費用や要素価格差を考慮する場合，より広範な選択肢の組み合わせに直面することを示している．具体的には，企業は3つに区分できる．(i) 1つの工場を持ち，HQとともに国内にある企業．(ii) 海外に1つの工場を持つ企業．(iii) 2つの工場を持ち，そのうち1つはHQとともに，他方は海外に立地している企業．各々の工場は立地する国の市場に同じような製品やサービスを供給している．[9] Fujita and Gokan (2005) は，輸送費およびコミュニケーション費用の減少が工場の数と立地へ与える影響を研究するために，11.4節のモデルを拡張している．最初に，その輸送費が高い値に固定されていると仮定する．そうすると，コミュニケーション費用が着実に減少するにつれて，生産パターンは次の順序で変化していく．最初に，すべての企業は核となる国にHQと工場を持つ．次に，一部の企業は，国内とともに海外で工場を操業することを選択する．最終的には，すべての企業は国内と海外に工場を持つ．これは高い輸送費が，複数工場を持つ動機を企業に与えるからである．しかしながら，コミュニケーション費用が十分に低い場合に限り，企業はそうすることを選択する．このパターンは，自動車産業の特徴であるサプライチェーンと一致している．均質な企業でも，異なる生産立地モードを選択する可能性があることに注意されたい．つまり，すべての企業が同じ生産性を持つ場合においても，輸出企業とFDI企業とが同じ産業の中で共存することもありうる．

対照的に，輸送費が低い場合，収穫逓増と輸送費の間のトレードオフは，すべての企業は1つの工場で集中的に操業することを意味する．この場合，コミュニケーション費用が着実に減少する場合，上記のように，生産工場は核地域から周辺地域に徐々に移動する．このような進化は，中国や東南アジアにおける家電製品生産の

---

[9] Melitz (2003) におけるように，輸出が固定費を含む場合，4番目のカテゴリーが現れる可能性がある．(iv) 国内市場だけに供給している企業．

一層の集中を説明している．

　最後に，1990年代に利用できるようになった企業レベルのデータセットは，同じ産業部門の中で，企業の生産性が大きく異なることを明らかにした．この事実を反映したモデルは，新しくて重要な結果を生みだす．この点に関して，Helpman, Melitz, and Yeaple（2004）による研究は言及する価値がある．これらの著者は，生産性の最も低い企業は国内市場だけにサービスを提供し，より高い平均生産性を持つ企業は輸出をする一方，最も生産性が高い企業は海外直接投資をすることを示している．つまり，貿易や直接投資に向けた企業の姿勢を生産性の程度によって分類することができる．

11.6.3 複雑な統合

　現代の多国籍企業が，対外投資の多様な形式を組み合わせた，**複雑な統合戦略**（complex integration strategies）を開発していることは，これまでにもたくさん書かれている（Yeaple, 2003）．これが具体的にどのように機能するかを説明するために，3つの国より成るグローバル経済を考えてみよう．国1に本社を置く企業は，例えば，国2においては水平投資，国3においては垂直投資をする可能性がある．これは，最終財の輸送費が中間財の輸出費と比べて高く，コミュニケーション費用は低く，1と2は高賃金国である一方，3は低賃金国である場合に，起こりうる．こうした状況の下では，国3から国1および国2への企業内貿易，国1あるいは国2から国3への最終財の貿易が行われる．そのような戦略は，高賃金国から低賃金国への投資の流れとともに，先進国間の投資の流れを説明することができる．

　企業は，低賃金国に中間財の生産をオフショアすることができるので，2つ目の生産工場の開設のための追加の固定費用を負担することができるという点で，2つのタイプの投資は相互に依存していることを確認されたい．オフショアリングがない場合，企業の生産活動はすべて国1で行われ，最終製品は国2と国3へ輸出されることになるかもしれない．

11.6.4 アウトソーシング

　これまでのところ，企業は垂直に統合されており，海外部門は親会社が所有していると仮定されていた．しかしながら，企業は，最終製品の製造を，独立した他の企業にライセンスしたり，海外の第三者企業から中間財を購入することもできる．企業の境界を定義する，「製造か購入か」の決定は，海外投資であろうと国内投資

であろうと，等しく妥当する．いずれにおいても，企業は内在化のための費用と便益を比較する必要がある．例えば，企業に特有の中間投入の生産を，第三者である唯一の供給者にアウトソーシングする，典型的な例を考えてみよう．この場合，企業とその供給者は，互いに人質となる．言い換えると，両者は，供給者が企業から受け取る支払いについて交渉する，**双方独占**（bilateral monopoly）の関係にある．この問題の解は，よく知られているように，各パーティーの交渉力およびそれらの外部オプションの値に依存する．中間投入の製造方法について，企業が供給者よりも少ない情報しか持っていない場合，双方独占の解は，プリンシパル・エージェントの枠組みで分析できる．

以上の様々な考察は，それらが貿易の性質と強さに影響を及ぼすので，企業が選択する組織の形式に関する研究にとって，重要である（Helpman, 2011）．[10] しかしながら，アウトソーシング問題に対する特定の解を選択することは，多くの場合，輸送費やコミュニケーション費用の上昇または下落に本質的に等しい結果を生み出す．したがって，「製造か購入か」の決定は，上に示したものにあまり多くを追加してないと言えるだろう．

11.7 結論

この章の最初の部分で示した結果は，Myrdal（1957, 26）の次の主張を支持している．「私が伝えたい主な考えは，市場の力の働きは，通常，地域間の不平等を減少させるのではなく，増大させる傾向があるということである」．輸送費が十分に低い場合，製造業およびイノベーション活動は1つの地域に集中する一方，他の地域は農産物の生産に特化する．これは，製造部門における企業の数が時間の経過とともに増加し続けるとしても同じである．実際，我々の分析は，集積と成長が互いを補強するという考えを強く支持している．我々の分析の興味深い含意は，分散を促進する政策はグローバルな経済成長を損なう可能性があるということである．

それにもかかわらず，地域格差の拡大は，必ずしも周辺地域の貧困化を意味するというわけではない．確かに，集積が十分な成長の進展に貢献しない場合，核地域へのさらなる経済活動の集中は，周辺地域に住み続ける人々の厚生を低下させる．

---

10) 産業組織論は，ずっと以前に，同一産業内において異なる組織形態を持つ企業の共存の可能性を強調していたことに注意されたい．

しかし，逆のケースでは，集積と成長および公平性が相容れないとは，必ずしも言えない．集積が経済全体の十分な成長をもたらす場合には，周辺地域に住んでいる人々も，分散構造の下よりも核-周辺構造において，より豊かになる．ただし，核地域における非熟練労働者は，周辺地域の非熟練労働者よりも，より豊かである．したがって，正義の狭い解釈，つまり，平等主義にもとづいた場合にのみ，集積と公平性の間に競合がある．議論のこの段階では，答えは社会的価値に依存するとしか言いようがない．しかし，答えがどのようなものであっても，現代経済がどのように発展するか，発展する可能性があるかということについて我々の知識を向上させるためには，地域や都市の成長を理解することが重要であると，言える．

この章の後半は，前半と異なるが補完的な方向を目指している．強い研究開発部門の不在の中で，輸送費の着実な下落は，第2次世界大戦後の保護政策の衰退によって，その度合いを増した．さらに最近では，コミュニケーション費用のほとんどが消失したことによって，核地域は悪影響を受ける可能性がある．低賃金国への生産活動の漸次的な再立地は，先進工業国がイノベーションを十分に生み続けることができない場合には，先進工業国の衰退をもたらす大きな流れとなる．

明らかに，海外投資と貿易の流れは，企業が選択する操業モードを通じて，混じり合っている．それらの選択は，もともとは同一の企業間であっても，同じである必要はなく，中間財および最終財の輸送費，企業の部門間のコミュニケーション費用，要素価格差およびそれぞれの国における売上に影響を受ける．したがって，市場を通じての結果は，異なる変数間の相互作用から生じる．これは，貿易と多国籍企業が操業する方法の関係の詳細に注目する論文が，最近増加していることを説明している．さらに，我々は，それらの文献において一般に見過ごされている事実を強調しておきたい．すなわち，国際レベルで起こっていることは，都市規模においても同様に起きている可能性があるし，その逆も言える．前者の場合に重要である要素価格差は賃金率であるが，後者の場合には地代の差が活動の再立地を推進する（第6章を参照）．どちらの場合にも，情報技術の発展は，サプライチェーンのフラグメンテーションの鍵となっている．

Helpman（2011）によると，「グローバル化を理解するためには，まず，何が国境を超えて貿易と生産の構造を形成するか，理解する必要がある」．我々はヘルプマンに同意するが，1つの点が彼の議論には欠けていると思われる．それは，空間である．グローバル化は，国家以上に地域や都市に影響を及ぼす．なぜなら，成長は局所的なプロセスであり，革新のペースに影響を及ぼす新しいアイデアは，少数

の場所にのみ開花する．空間的な波及効果は空間的に限定されており，知識吸収能力の大きな格差によって妨げられる．したがって，持続的かつ大きな経済格差が，国家間および国家内に発生する．グローバル化の影響を完全に理解するためには，我々は経済活動の空間分布を異なる空間規模で考慮しなければならない．

終わりに，間違いなく，無形財やサービスの貿易の成長とコンピュータを使った技術の開発は，サプライチェーンの構造だけでなく，都市，地域，国の競争力に影響を与える要因についての考え方を変える（*The Economist*, 2012）．それでも，我々は，「空間のないボーダレスの世界という考えは，今もって非現実的であり，遠い将来までそうであろう」という，Krugman（2007, 33）の意見に賛同する．経済学では，常に，すべてが他のものすべてに依存すると考えられている．そうではあるが，この本の中で示された結果および多くの文献の中で報告されている圧倒的な実証的証拠は，すべての地理的なスケールにおいて近くにあるものは遠くにあるものより多くの影響を及ぼすという考えを支持している．

例証として，我々自身の経験を述べてみたい．この本の改訂において，インターネットを介して，数カ月間にわたりファイル交換を行うことにより，著しく仕事が進んだ．しかしながら，多くの問題が未解決のまま残った．しばらくして，我々は，2人のお気に入りの都市のうちの1つ（つまりパリ）で，それらの問題についてフェイス・トゥ・フェイスで議論することに決めた．実際，そうすることによって，未解決の問題を数日で解決することができ，第2版の完成に至った．これは，以下の，Glaeser（2011, 248）の見解と一致している．「インターネットは素晴らしいツールである．しかしそれは，フェイス・トゥ・フェイスで獲得された知識と結合したとき，最も有効に作動する」．このように，距離と場所は今もって重要であると認める，幅広い合意があるようである．

参考文献

Abdel-Rahman, H. (2000). City systems: general equilibrium approaches. In: J.-M. Huriot and J.-F. Thisse (eds.). *Economics of Cities. Theoretical Perspectives.* Cambridge: Cambridge University Press, 109-37.

Abdel-Rahman, H., and Anas, A. (2004). Theories of systems of cities. In: J. V. Henderson and J.-F. Thisse (eds.). *Handbook of Regional and Urban Economics. Cities and Geography.* Amsterdam: North-Holland, 2293-339.

Abdel-Rahman, H., and Fujita, M. (1990). Product variety, Marshallian externalities, and city sizes. *Journal of Regional Science* 30: 165-83.

Abdel-Rahman, H., and Fujita, M. (1993). Specialization and diversification in a system of cities. *Journal of Urban Economics* 33: 189-222.

Acemoglu, D. (1996). A microfoundation for social increasing returns in human capital accumulation. *Quarterly Journal of Economics* 111: 779-804.

Alesina, A., and Spolaore, E. (1997). On the number and size of nations. *Quarterly Journal of Economics* 112: 1027-55.

Allais, M. (1943). *A la recherche d'une discipline économique.* Reprinted as: *Traité d'économie pure.* Paris: Imprimerie nationale, 1952.

Alonso, W. (1960). Theory of the urban land market. *Papers and Proceedings of the Regional Science Association* 6: 149-57.

Alonso, W. (1964). *Location and Land Use.* Cambridge, MA: Harvard University Press. (大石泰彦監訳/折下功訳『立地と土地利用:地価の一般理論について』朝倉書店, 1966年)

Alonso, W. (1994). Comment on 'Interaction between regional and industrial policies: evidence from four countries'. *Proceedings of World Bank Annual Conference on Development Economics,* 299-302.

Anas, A. (1983). Discrete choice theory, information theory, and the multinomial logit and gravity models. *Transportation Research B* 17: 13-23.

Anas, A. (1990). Taste heterogeneity and spatial urban structure: the logit model and monocentric theory reconciled. *Journal of Urban Economics* 28: 318-35.

Anas, A. (2004). Vanishing cities: what does the new economic geography imply about the efficiency of urbanization? *Journal of Economic Geography* 4: 181-99.

Anas, A., Arnott, R., and Small, K. A. (1998). Urban spatial structure. *Journal of Economic Literature* 36: 1426-64.

Anderson, J., and van Wincoop, E. (2004). Trade costs. *Journal of Economic Literature* 42: 691–751.

Anderson, S. P., and de Palma, A. (1988). Spatial price discrimination under heterogeneous products. *Review of Economic Studies* 55: 573–92.

Anderson, S.P., de Palma, A., and Thisse, J.-F. (1992). *Discrete Choice Theory of Product Differentiation*. Cambridge, MA: MIT Press.

Anderson, S.P., and Neven, D. (1991). Cournot competition yields spatial agglomeration. *International Economic Review* 32: 793–808.

Arnott, R.J. (1979). Optimal city size in a spatial economy. *Journal of Urban Economics* 6: 65–89.

Arnott, R. (1981). Aggregate land rents and aggregate transport costs. *Economic Journal* 91: 331–47.

Arnott, R. (1995). Time for revisionism on rent control. *Journal of Economic Perspectives* 9: 99–120.

Arnott, R., and Stiglitz, J. (1979). Aggregate land rent, expenditure on public goods, and optimal city size. *Quarterly Journal of Economics* 93: 471–500.

Arrow, K., and Debreu, G. (1954). Existence of an equilibrium for a competitive economy. *Econometrica* 22: 265–90.

Arthur, W.B. (1994). *Increasing Returns and Path Dependence in the Economy*. Ann Arbor: The University of Michigan Press. （有賀裕二訳『収益逓増と経路依存：複雑系の経済学』多賀出版，2003年）

Asami, Y. (1990). A determination of bid rents through bidding procedures. *Journal of Urban Economics* 27: 188–211.

Asami, Y., Fujita, M., and Smith, T.E. (1990). On the foundations of land use theory: discrete versus continuous population. *Regional Science and Urban Economics* 20: 473–508.

Asami, Y., Fujita, M., and Thisse, J.-F. (1993). A land capitalization approach to the efficient provision of urban facilities. *Regional Science and Urban Economics* 23: 487–522.

Au, C.C., and Henderson, J.V. (2006). Are Chinese cities too small? *Review of Economic Studies* 73: 549–76.

Audretsch, D.B., and Feldman, M.P. (2004). Knowledge spillovers and the geography and innovation. In: J.V. Henderson and J.-F. Thisse (eds.). *Handbook of Regional and Urban Economics. Cities and Geography*. Amsterdam: North-Holland, 2713–39.

Aumann, R.J. (1964). Markets with a continuum of traders. *Econometrica* 32: 39–50.

Bacolod, M., Bull, B.S., and Strange, W.C. (2009). Skills in the city. *Journal of Urban Economics* 65: 136–53.

Bairoch, P. (1988). *Cities and Economic Development: From the Dawn of History to the*

Present. Chicago: University of Chicago Press.
Bairoch, P. (1993). *Economics and World History: Myths and Paradoxes*. Chicago: University of Chicago Press.
Bairoch, P. (1997). *Victoires et déboires. Histoire économique et sociale du monde du XVIe siècle à nos jours*. Paris: Editions Gallimard.
Baldwin, R.E., Forslid, R., Martin, P., Ottaviano, G.I.P., and Robert-Nicoud, F. (2003). *Economic Geography and Public Policy*. Princeton, NJ: Princeton University Press.
Baldwin, R.E., and Martin, P. (2004). Agglomeration and regional growth. In: J.V. Henderson and J.-F. Thisse (eds.). *Handbook of Regional and Urban Economics. Cities and Geography*. Amsterdam: North-Holland, 2671-711.
Baldwin, R. E., and Krugman, P. R. (2004). Agglomeration, integration and tax harmonization. *European Economic Review* 48: 1-23.
Baumeiter, R.F., and Leary, M.R. (1995). The need to belong: desire for interpersonal attachments as a fundamental human motivation. *Psychological Bulletin* 117: 497-529.
Baumont, C., and Huriot, J.-M. (2000). Urban economics in retrospect: continuity or change? In: J.-M. Huriot and J.-F. Thisse (eds.). *Economics of Cities. Theoretical Perspectives*. Cambridge: Cambridge University Press, 74-107.
Baum-Snow, N. (2010). Changes in transportation infrastructure and commuting patterns in US metropolitan areas, 1960-2000. *American Economic Review: Papers & Proceedings* 100: 378-82.
Becattini, G. (1990). The Marshallian industrial district as a socio-economic notion. In: F. Pyke, B. Becattini and W. Sengenberger (eds.). *Industrial Districts and Interfirm Cooperation in Italy*. Geneva. International Institute for Labour Studies, 37-51.
Beckmann, M.J. (1957). On the distribution of rent and residential density in cities. Yale University, mimeo.
Beckmann, M.J. (1969). On the distribution of urban rent and residential density. *Journal of Economic Theory* 1: 60-8.
Beckmann, M.J. (1972a). Von Thünen revisited: a neoclassical land use model. *Swedish Journal of Economics* 74: 1-7.
Beckmann, M.J. (1972b). Spatial Cournot oligopoly. *Papers and Proceedings of the Regional Science Association* 28: 37-47.
Beckmann, M.J. (1973). Equilibrium models of residential land use. *Regional and Urban Economics* 3: 361-8.
Beckmann, M.J. (1976). Spatial equilibrium in the dispersed city. In: Y.Y. Papageorgiou (ed.). *Mathematical Land Use Theory*. Lexington, MA: Lexington Books, 117-25.
Beckmann, M.J., and Thisse, J.-F. (1986). The location of production activities. In: P. Nijkamp (ed.). *Handbook of Regional and Urban Economics*, Volume 1.

Amsterdam: North-Holland, 21-95.
Behrens, K. (2005a). How endogenous asymmetries in interregional market access trigger regional divergence. *Regional Science and Urban Economics* 35: 471-92.
Behrens, K. (2005b). Market size and industry location: traded vs nontraded goods. *Journal of Urban Economics* 58: 24-44.
Behrens, K., and Picard, P. (2011). Transportation, freight rates, and economic geography. *Journal of International Economics* 85: 280-91.
Behrens, K., Gaigné, C. and Thisse, J.-F. (2009). Industry location and welfare when transport costs are endogenous. *Journal of Urban Economics* 65: 195-208.
Behrens, K., Lamorgese, A.R., Ottaviano, G.I.P., and Tabuchi, T. (2009). Beyond the home market effect: market size and specialization in a multi-country world. *Journal of International Economics* 79: 259-65.
Belleflamme, P., Picard, P., and Thisse, J.-F. (2000). An economic theory of regional clusters. *Journal of Urban Economics* 48: 158-84.
Ben-Akiva, M., de Palma, A., and Thisse, J.-F. (1989). Spatial competition with differentiated products. *Regional Science and Urban Economics* 19: 5-19.
Bénabou, R. (1994). Working of a city: location, education and production. *Quarterly Journal of Economics* 106: 619-52.
Berglas, E. (1976). On the theory of clubs. *Papers and Proceedings of the American Economic Association* 66: 116-21.
Berliant, M. (1985). Equilibrium models with land: a criticism and an alternative. *Regional Science and Urban Economics* 15: 325-40.
Berliant, M., and Fujita, M. (1992). Alonso's discrete population model of land use: efficient allocation and land use. *International Economic Review* 33: 535-66.
Bernard, A., Jensen, J., Redding, S. and Schott, P. (2007). Firms in international trade. *Journal of Economic Perspectives* 21(3): 105-30.
Berry, S., and Waldfogel, J. (2010). Product quality market size. *Journal of Industrial Economics* 48: 1-31.
Blaug, M. (1985). *Economic Theory in Retrospect*. Cambridge: Cambridge University Press. (久保芳和・真実一男ほか訳『新版 経済理論の歴史』東洋経済新報社, 1982年)
Borukhov, E., and Hochman, O. (1977). Optimum and market equilibrium in a model of a city without a predetermined center. *Environment and Planning A* 9: 849-56.
Brakman, S., and Heijdra, B.J. (2004). *The Monopolistic Competition Revolution in Retrospect*. Cambridge: Cambridge University Press.
Braudel, F. (1979). *Civilisation matérielle, économie et capitalisme, XVe-XVIIIe siècle: le temps du monde*. Paris: Armand Colin. English translation: *Civilization and Capitalism 15th-18th Century: The Perspective of the World*. New York: Harper

Collins (1985). (村上光彦訳『物質文明・経済・資本主義：15-18世紀 3-1（世界時間 1)』みすず書房，1996年)

Brueckner, J.K., Thisse, J.-F., and Zenou, Y. (1999). Why is Central Paris rich and Downtown Detroit poor? An amenity-based theory. *European Economic Review* 43: 91-107.

Buchanan, J.M. (1965). An economic theory of clubs. *Economica* 33: 1-14.

Cantillon, R. (1755). *Essai sur la nature du commerce en général (Essay on the Nature of Trade in General)*. London: Fletcher. English translation by H. Higgs. Reprinted in 1964. New York: A.M. Kelley. (津田内匠訳『商業試論』名古屋大学出版会，1992年)

Casetti, E. (1971). Equilibrium land values and population density in an urban setting. *Economic Geography* 47: 16-20.

Cavailhès, J., Gaigné, C., Tabuchi, T., and Thisse, J.-F. (2007) Trade and the structure of cities. *Journal of Urban Economics* 62: 383-404.

Cavailhès, J., Peeters, D., Sekeris, E., and Thisse, J.-F. (2004). The periurban city. Why to live between the suburbs and the countryside? *Regional Science and Urban Economics* 34: 681-703.

Caves, R.E. (1971). International corporations: the industrial economics of foreign investment. *Economica* 38: 1-27.

Chamberlin, E. (1933). *The Theory of Monopolistic Competition*. Cambridge, MA: Harvard University Press. (青山秀夫訳『独占的競争の理論：価値論の新しい方向』至誠堂，1966年)

Charlot, S., and Duranton, G. (2004). Communication externalities in cities. *Journal of Urban Economics* 56: 581-613.

Charlot, S., Gaigné, C., Robert-Nicoud, F., and Thisse, J.-F. (2006). Agglomeration and welfare: the core-periphery model in the light of Bentham, Kaldor, and Rawls. *Journal of Public Economics* 90: 325-47.

Chipman, J.S. (1970). External economies of scale and competitive equilibrium. *Quarterly Journal of Economics* 85: 347-85.

Christaller, W. (1933). *Die Zentralen Orte in Süddeutschland*. Jena: Gustav Fischer Verlag. English translation: *The Central Places of Southern Germany*. Englewood Cliffs, NJ: Prentice-Hall (1966). (江沢譲爾訳『都市の立地と発展』大明堂，1969年)

Ciccone, A., and Hall, R.E. (1996). Productivity and the density of economic activity. *American Economic Review* 86: 54-70.

Coase, R. (1937). The nature of the firm. *Economica* 4: 386-405.

Combes, P.-P., Duranton, G., and Gobillon, L. (2008). Spatial wage disparities: sorting matters! *Journal of Urban Economics* 63: 723-42.

Combes, P.-P., Duranton, G., and Gobillon, L. (2011). The identification of agglomeration economies. *Journal of Economic Geography* 11: 253-266.

Combes, P.-P., Duranton, G., Gobillon, L., Puga, D., and Roux, S. (2012). The productivity advantages of large cities: distinguishing agglomeration from firm selection. *Econometrica* 80: 2543-94.

Combes, P.-P., Lafourcade, M., Thisse, J.-F., and Toutain, J.-C. (2011). The rise and fall of spatial inequalities in France. A long-run perspective. *Exploration in Economic History* 48: 243.71.

Combes, P.-P., Mayer, T., and Thisse, J.-F. (2008). *Economic Geography. The Integration of Regions and Nations.* Princeton, NJ: Princeton University Press.

Cournot, A. (1838). *Recherches sur les principes mathématiques de la théorie des richesses.* Paris: Hachette. English translation: *Researches into the Mathematical Principles of the Theory of Wealth.* New York: Macmillan (1897).

Cremer, H., de Kerchove, A.-M., and Thisse, J.-F. (1985). An economic theory of public facilities in space. *Mathematical Social Sciences* 9: 249-62.

Darnell, A.C. (1990). *The Collected Economics Articles of Harold Hotelling.* Heidelberg: Springer-Verlag.

d'Aspremont, C., Gabszewicz, J.J., and Thisse, J.-F. (1979). On Hotelling's "Stability in Competition." *Econometrica* 47: 1045-50.

Davis, D. R. (1998). The home market, trade and industrial structure. *American Economic Review* 88: 1264-76.

Davis, D. R., and Weinstein, D. (2002). Bones, bombs, and breakpoints: the geography of economic activity. *American Economic Review* 92: 1269-89.

Davis, J. C., and Henderson, J.V. (2008). The agglomeration of headquarters. *Regional Science and Urban Econometrics* 38: 445-60.

Deardorff, A.V. (1984). Testing trade theories and predicting trade flows. In: R.W. Jones and P.B. Kenen (eds.). *Handbook of International Economics.* Volume 1. Amsterdam: North Holland, 467-517.

Debreu, G. (1959). *Theory of Value.* New York: Wiley. (丸山徹訳『価値の理論：経済均衡の公理的分析』東洋経済新報社, 1977年)

De Fraja, G., and Norman, G. (1993). Product differentiation, pricing policy and equilibrium. *Journal of Regional Science* 33: 343-63.

de Palma, A., Ginsburgh, V., Labbé, M., and Thisse, J.-F. (1989). Competitive location with random utilities. *Transportation Science* 23: 244-52.

de Palma, A., Ginsburgh, V., Papageorgiou, Y.Y., and Thisse, J.-F. (1985). The principle of minimum differentiation holds under sufficient heterogeneity. *Econometrica* 53: 767-81.

de Palma, A., Lindsey, R., Quinet, E., and Vickerman, R. (2011). *A Handbook of*

Transport Economics. Cheltenham, UK: Edward Elgar.

Diamond, J. (1997). *Guns, Germs, and Steel. The Fate of Human Societies*. New York: W. W. Norton.（倉骨彰訳『銃・病原菌・鉄：1万3000年にわたる人類史の謎（上・下）』草思社, 2000年）

Dixit, A. K., and Norman, V. (1980). *Theory of International Trade*. Cambridge: Cambridge University Press.

Dixit, A.K., and Stiglitz, J.E. (1977). Monopolistic competition and optimum product diversity. *American Economic Review* 67: 297-308.

Dos Santos Ferreira, R., and Thisse, J.-F. (1996). Horizontal and vertical differentiation: the Launhardt model. *International Journal of Industrial Organization* 14: 485-506.

Drèze, J. (1974). Investment under private ownership: optimality, equilibrium stability. In: Drèze (ed.). *Allocation under Uncertainty: Equilibrium and Optimality*. New York, Wiley, 261-96.

Drèze, J. (1985). (Uncertainty and) the firm in general equilibrium theory. *Economic Journal* 95 (supplement: conference papers): 1-20.

Dunn, E. S. (1954). The equilibrium of land-use pattern in agriculture. *Southern Economic Journal* 21: 173-87.

Duranton, G., and Puga, D. (2000). Diversity and specialization in cities: why, where and when does it matter? *Urban Studies* 37: 533-55.

Duranton, G., and Puga, D. (2001). Nursery cities: urban diversity, process innovation, and the life-cycle of products. *American Economic Review* 91: 1454-63.

Duranton, G., and Puga, D. (2004). Micro-foundations of urban increasing returns: theory. In: J.V. Henderson and J.-F. Thisse (eds.). *Handbook of Regional and Urban Economics. Cities and Geography*. Amsterdam: North-Holland, 2063-117.

Duranton, G., and Puga, D. (2005). From sectoral to functional urban specialization. *Journal of Urban Economics* 57: 343-70.

Eaton, B.C., and Lipsey, R.G. (1977). The introduction of space into the neoclassical model of value theory. In: M. Artis and A. Nobay (eds.). *Studies in Modern Economics*. Oxford: Basil Blackwell, 59-96.

Eaton, B.C., and Lipsey, R.G. (1979). Comparison shopping and the clustering of homogeneous firms. *Journal of Regional Science* 19: 421-35.

Eaton, B.C., and Lipsey, R.G. (1982). An economic theory of central places. *Economic Journal* 92: 56-72.

Eaton, B.C., and Lipsey, R.G. (1997). *On the Foundations of Monopolistic Competition and Economic Geography*. Cheltenham: Edward Elgar.

The Economist (2012). The Third Industrial Revolution, April 21st.

Egger, P. (2008). On the role of distance for outward FDI. *Annals of Regional Science* 42: 375-89.

Ekelund, Jr., R.B., and Hébert, R.F. (1999). *Secret Origins of Modern Microeconomics: Dupuit and the Engineers*. Chicago: The University of Chicago Press.

Ellison, G., and Glaeser, E.L. (1999). The geographic concentration of industry: does natural advantage explain agglomeration? *American Economic Review: Papers & Proceedings* 89: 311-16.

Ellison, G., Glaeser, E.L., and Kerr, W.R. (2010). What causes industry agglomeration? Evidence from coagglomeration patterns. *American Economic Review* 100: 1195-213

Engel, C., and Rogers, J. (2001). Deviations from purchasing power parity: causes and welfare costs. *Journal of International Economics* 55: 29-57.

Enke, E. (1951). Equilibrium among spatially separated markets: solution by electric analogue. *Econometrica* 19: 40-7.

Ethier, W. (1982). National and international returns to scale in the modern theory of international trade. *American Economic Review* 72: 389-405.

Feenstra, R.C. (1998). Integration of trade and disintegration of production in the global economy. *Journal of Economic Perspectives* 12(4): 31-50.

Feldman, M. P., and Audretsch, D. B. (1999). Innovation in cities: science-based diversity, specialization and localized competition. *European Economic Review* 43: 409-29.

Feldman, M. P., and Florida, R. (1994). The geographic sources of innovation: technological infrastructure and product innovation in the United States. *Annals of the Association of American Geographers* 84: 210-29.

Fingleton, B. (2011). The empirical performance of the NEG with reference to small areas. *Journal of Economic Geography* 11: 267-79.

Fischer, Cl. (1982). *To Dwell among Friends: Personal Networks in Town and City*. Chicago: University of Chicago Press.

Flatters, F., Henderson, V., and Mieszkowsi, P. (1974). Public goods, efficiency, and regional fiscal equalization. *Journal of Public Economics* 3: 99-112.

Florian, M., and Los, M. (1982). A new look at static spatial price equilibrium models. *Regional Science and Urban Economics* 12: 579-97.

Forslid, R., and Ottaviano, G.I.P. (2003). An analytical solvable core-periphery model. *Journal of Economic Geography* 3: 229-40.

Foster, L., Haltiwanger, J., and Syverson, C. (2008). Reallocation, firm turnover, and efficiency: selection on productivity or profitability? *American Economic Review* 98: 394-425.

Fujita, M. (1988). A monopolistic competition model of spatial agglomeration: a differentiated product approach. *Regional Science and Urban Economics* 18: 87-124.

Fujita, M. (1989). *Urban Economic Theory: Land Use and City Size*. Cambridge: Cambridge University Press. （小出博之訳『都市空間の経済学』東洋経済新報社，1991年）

Fujita, M. (2012). Thünen and the new economic geography. *Regional Science and Urban Economics* 42: 907-12.

Fujita, M., and Gokan, T. (2005). On the evolution of the spatial economy with multi-unit, multi-plant firms: the impact of IT development. *Portuguese Economic Review* 4: 93-105.

Fujita, M., and Hamaguchi, N. (2001). Intermediate goods and the spatial structure of an economy. *Regional Science and Urban Economics* 31: 79-109.

Fujita, M., and Krugman, P. (1995). When is the economy monocentric? : von Thünen and Chamberlin unified. *Regional Science and Urban Economics* 25: 505-28.

Fujita, M., Krugman, P., and Mori, T. (1999). On the evolution of hierarchical urban systems. *European Economic Review* 43: 209-51.

Fujita, M., Krugman, P., and Venables, A. J. (1999). *The Spatial Economy. Cities, Regions and International Trade*. Cambridge, MA: MIT Press. （小出博之訳『空間経済学』東洋経済新報社，2000年）

Fujita, M., and Mori, T. (1995). Structural stability and evolution of urban systems, Working Paper No. 171, Department of Regional Science, University of Pennsylvania.

Fujita, M., and Mori, T. (1997). Structural stability and evolution of urban systems. *Regional Science and Urban Economics* 27: 399-442.

Fujita, M., and Mori, T. (2005). Transport development and the evolution of economic geography. *Portuguese Economic Journal* 4: 129-59.

Fujita, M., and Ogawa, H. (1982). Multiple equilibria and structural transition of non-monocentric urban configurations. *Regional Science and Urban Economics* 12: 161-96.

Fujita, M., and Smith, T. E. (1987). Existence of continuous residential land-use equilibria. *Regional Science and Urban Economics* 17: 549-94.

Fujita, M., and Thisse, J.-F. (1991). Spatial duopoly and residential structure. *Journal of Urban Economics* 30: 27-47.

Fujita, M., and Thisse, J.-F. (2003). Does geographical agglomeration foster economic growth? And who gains and loses from it? *Japanese Economic Review* 54: 121-45.

Fujita, M., and Thisse, J.-F. (2006). Globalization and the evolution of the supply chain: who gains and who loses? *International Economic Review* 47: 811-36.

Fujita, M., Thisse, J.-F., and Zenou, Y. (1997). On the endogenous formation of secondary employment centers in a city. *Journal of Urban Economics* 41: 337-57.

Fujita, M., and Tokunaga, S. (1993). Impact of landownership on residential land use equibria. In T.R. Lakshmanan and P. Nijkamp (eds.). *Structure and Changes in the Space Economy: Festschrift in Honor of Martin J. Beckmann*. Berlin: Springer-Verlag, 178-215.

Fukao, K., and Bénabou, R. (1993). History versus expectations: a comment. *Quarterly Journal of Economics* 108: 535-42.

Gabszewicz, J.J., and Thisse, J.-F. (1986). Spatial competition and the location of firms. In: J.J. Gabszewicz, J.-F. Thisse, M. Fujita and U. Schweizer. *Location Theory*. Chur: Harwood Academic Publishers, 1-71.

Gabszewicz, J.J., and Thisse, J.-F. (1992). Location. In: R.E. Aumann and S. Hart (eds.). *Handbook of Game Theory with Economic Applications*, Volume 1. Amsterdam: North-Holland, 281-304.

Garretseen, H., and Martin, R. (2010). Rethinking (new) economic geography models: taking geography and history seriously. *Spatial Economic Analysis* 5: 127-60.

Gaspar, J., and Glaeser, E.L. (1998). Information technology and the future of cities. *Journal of Urban Economics* 43: 136-56.

Gehrig, T. (1998). Competing exchanges. *European Economic Review* 42: 277-310.

Glaeser, E.L. (1998). Are cities dying? *Journal of Economic Perspectives* 12: 139-60.

Glaeser, E.L. (2011). *Triumph of the City*. London: Macmillan. (山形浩生訳『都市は人類最高の発明である』NTT 出版, 2012年)

Glaeser, E.L., and Gottlieb, J.D. (2009). The wealth of cities: agglomeration economies and spatial equilibrium in the United States. *Journal of Economic Literature* XLVII: 983-1028.

Glaeser, E.L., and Kahn, M.E. (2004). Sprawl and urban growth. In: J.V. Henderson and J.-F. Thisse (eds.). *Handbook of Regional and Urban Economics. Cities and Geography*. Amsterdam: North-Holland, 2481-527.

Glaeser, E.L., Kallal, H.D., Scheinkman, J. A., and Shleifer, A. (1992). Growth in cities. *Journal of Political Economy* 100: 1126-52.

Glaeser, E.L., and Kohlhase, J. E. (2004). Cities, regions and the decline of transport costs. *Papers in Regional Science* 83: 197-228.

Glaeser, E. L., Kolko, J., and Saiz, A. (2001). Consumer city. *Journal of Economic Geography* 1: 27-50.

Goldstein, G.S., and Gronberg, T.J. (1984). Economies of scope and economies of agglomeration. *Journal of Urban Economics* 16: 91-104.

Goldstein, G.S., and Moses, L.N. (1975). Interdependence and the location of economic activities. *Journal of Urban Economics* 2: 63-84.

Greenhut, M.L., Norman, G., and Hung, C.-S. (1987). *The Economics of Imperfect Competition: A Spatial Approach*. Cambridge: Cambridge University Press.

Grossman, G., and Helpman, E. (1991). *Innovation and Growth in the World Economy*.

Cambridge, MA: MIT Press.（大住圭介監訳『イノベーションと内生的経済成長：グローバル経済における理論分析』創文社，1998年）
Gupta, B., Pal, D., and Sarkar, J. (1997). Spatial Cournot competition and agglomeration in a model of location choice. *Regional Science and Urban Economics* 27: 261-82.
Hägerstrand, T. (1953). *Innovation Diffusion as a Spatial Process*. Chicago: University of Chicago Press.
Hamilton, B.W. (1980). Indivisibilities and interplant transportation cost: do they cause market breakdown? *Journal of Urban Economics* 7: 31-41.
Handbury, J. and Weinstein, D. E. (2011). Is New Geography right? Evidence from price data. NBER Working Paper 17067.
Hanson, G.H. (1996). Localization economies, vertical organization, and trade. *American Economic Review* 86: 1266-78.
Harris, C. (1954). The market as a factor on the localization of industry in the United States. *Annals of the Association of American Geographers* 64: 315-48.
Hartwick, J., and Schweizer, U., and Varaiya, P. (1976). Comparative statics of a residential economy with several classes. *Journal of Economic Theory* 13: 396-413.
Head, K. (2011). Heuristic algorithm for priority traffic signal control. Transportation Research Record: *Journal of the Transportation Research Board*.
Head, K. and Mayer, T. (2004). The empirics of agglomeration and trade. In： J.V. Henderson and J.-F. Thisse (eds.). *Handbook of Regional and Urban Economics* Vol.4. Amsterdam: North-Holland, 2609-69.
Head, K. and Mayer, T. (2011). Gravity, market potential and economic development. *Journal of Economic Geography* 11(2): 281-94.
Heffley, D.R. (1972). The quadratic assignment problem: a note. *Econometrica* 40: 1155-63.
Heffley, D.R. (1976). Efficient spatial allocation in the quadratic assignment problem. *Journal of Urban Economics* 3: 309-22.
Helpman, E. (1998). The size of regions. In: D. Pines, E. Sadka and I. Zilcha (eds.). *Topics in Public Economics: Theoretical and Applied Analysis*. Cambridge: Cambridge University Press, 33-54.
Helpman, E. (2011). *Understanding Global Trade*. Cambridge, MA: Harvard University Press.（本多光雄・井尻直彦・前野高章・羽田翔訳『グローバル貿易の針路をよむ』文眞堂，2012年）
Helpman, E., and Krugman, P. R. (1985). *Market Structure and Foreign Trade*. Cambridge, MA: MIT Press.
Helpman, E., Melitz, M., Yeaple, S. (2004). Export versus FDI with heterogeneous firms. *American Economic Review* 94: 300-16.
Helsley, R.W., and Strange, W.C. (1990). Matching and agglomeration economies in a

system of cities. *Regional Science and Urban Economics* 20: 189-212.

Helsley, R.W., and Strange, W.C. (1997). Limited developers. *Canadian Journal of Economics* 30: 329-48.

Helsley, R.W., and Strange, W.C. (2004). Knowledge barter in cities. *Journal of Urban Economics* 56: 327-45.

Henderson, J.V. (1974). The sizes and types of cities. *American Economic Review* 64: 640-56.

Henderson, J.V. (1977). *Economic Theory and the Cities*. New York: Academic Press. (折下功訳『経済理論と都市』勁草出版サービスセンター, 1987年)

Henderson, J.V. (1985). The Tiebout model: bring back the entrepreneurs. *Journal of Political Economy* 93: 248-64.

Henderson, J.V. (1987). Systems of cities and inter-city trade. In: P. Hansen, M. Labbé, D. Peeters, J.-F. Thisse and J.V. Henderson. *Systems of Cities and Facility Location*. Chur: Harwood Academic Publishers, 71-119.

Henderson, J.V. (1988). *Urban Development: Theory, Fact and Illusion*. Oxford: Oxford University Press.

Henderson, J.V. (1997a). Medium size cities. *Regional Science and Urban Economics* 27: 583-612.

Henderson, J.V. (1997b). Externalities and industrial development. *Journal of Urban Economics* 42: 449-70.

Henderson, J.V. (2003a). Marshall's scale externalities. *Journal of Urban Economics* 53: 1-28.

Henderson, J.V. (2003b). Urbanization and economic growth: the so-what question. *Journal of Economic Growth* 8: 47-71.

Henderson, J.V. (2007). Understanding knowledge spillovers. *Regional Science and Urban Economics* 37: 497-508.

Henderson, J.V., Kuncoro, A., and Turner, M. (1995). Industrial development in cities. *Journal of Political Economy* 103: 1066-90.

Henderson, J.V., and Mitra, A. (1996). The new urban landscape: developers and edge cities. *Regional Science and Urban Economics* 26: 613-43.

Henderson, J.V., and Thisse, J.-F. (2001). On strategic community development. *Journal of Political Economy* 109: 546-69.

Herbert, J.D., and Stevens, B.H. (1970). A model of the distribution of residential activity in urban areas. *Journal of Regional Science* 2: 21-36.

Hicks, J.R. (1940). The valuation of social income. *Economica* 7: 105-24.

Hicks, J.R. (1969). *A Theory of Economic History*. Oxford: Clarendon. (新保博訳『経済史の理論』日本経済新聞社, 1970年)

Hildenbrand, W. (1974). *Core and Equilibria in a Large Economy*. Princeton, NJ:

Princeton University Press.
Hirschman, A.O. (1958). *The Strategy of Development*. New Haven, CN: Yale University Press.（麻田四郎訳『経済発展の戦略』巌松堂出版，1982年）
Hochman, O., Pines, D., and Thisse, J.-F. (1995). On the optimal structure of local governments. *American Economic Review* 85: 1224-40.
Hohenberg, P. (2004). The historical geography of Europe: an interpretative essay. In: J. V. Henderson and J. -F. Thisse (eds.). *Handbook of Regional and Urban Economics: Cities and Geography*. Amsterdam: North-Holland, 3021-52.
Hohenberg, P., and Lees, L.H. (1985). *The Making of Urban Europe (1000-1950)*. Cambridge, MA: Harvard University Press.
Hoover, E.M. (1936). *Location Theory and the Shoe and Leather Industries*. Cambridge, MA: Harvard University Press.（西岡久雄訳『経済立地論』大明堂，1968年）
Hoover, E. M. (1937). Spatial price discrimination. *Review of Economic Studies* 4: 182-91.
Hoover, E.M. (1948). *The Location of Economic Activity*. New York: McGraw-Hill.（春日茂男・笹田友三郎訳『経済活動の立地：理論と政策』大明堂，1970年）
Hotelling, H. (1929). Stability in competition. *Economic Journal* 39: 41-57.
Hotelling, H. (1938). The general welfare in relation to problems of taxation and of railway and utility rates. *Econometrica* 6: 242-69.
Hummels, D., and Klenow, P.J. (2005). The variety and quality of a nation's exports. *American Economic Review* 95: 704-23.
Imai, H. (1982). CBD hypothesis and economies of agglomeration. *Journal of Economic Theory* 28: 275-99.
Ingram, G.K., and Carroll, A. (1981). The spatial structure of Latin American cities. *Journal of Urban Economics* 9: 257-73.
Ioannides, Y.M. (2012). *From Neighborhoods to Nations: The Economics of Social Interactions*. Princeton, NJ: Princeton University Press.
Irmen, A., and Thisse, J. -F. (1998) Competition in multi-characteristics spaces: Hotelling was almost right. *Journal of Economic Theory* 78: 76-102.
Isard, W. (1949). The general theory of location and space-economy. *Quarterly Journal of Economics* 63: 476-506.
Isard, W. (1956). *Location and Space-Economy*. Cambridge, MA: MIT Press.（木内信蔵監訳／細野昭雄ほか訳『立地と空間経済』朝倉書店，1964年）
Jacobs, J. (1969). *The Economy of Cities*. New York: Random House.（中江利忠・加賀谷洋一訳『都市の原理』鹿島出版会，2011年）
Jackson, M. O. (2008). *Social and Economic Networks*. Princeton, NJ: Princeton University Press.
Jackson, M.O., and Wolinsky, A. (1996). A strategic model of social and economic

networks. *Journal of Economic Theory* 71: 44-74.
Jaffe, A. B., Trajtenberg, M., and Henderson, R. (1993). Geographic localization of knowledge spillovers as evidenced by patent citations. *Quarterly Journal of Economics* 108: 577-98.
Jofre-Monseny, J., Marín-López, R., and Viladecans-Marsal, E. (2011). The mechanisms of agglomeration: evidence from the effect of inter-industry relations on the location of new firms. *Journal of Urban Economics* 70: 61-74.
Jones, C. I., and Romer, P. M. (2010). The new Kaldor facts: ideas, institutions, population, and human capital. *American Economic Journal: Macroeconomics* 2: 224-5.
Jovanovic, M. (2009). *Evolutionary Economic Geography: Location of Production and the European Union*. London: Routledge.
Kaldor, N. (1935). Market imperfection and excess capacity. *Economica* 2: 35-50.
Kaldor, N. (1939). Welfare propositions of economics and interpersonal comparisons of utility. *Economic Journal* 49: 549-51.
Kaldor, N. (1970). The case for regional policies. *Scottish Journal of Political Economy* 17: 337-48.
Kaldor, N. (1985). *Economics without Equilibrium*. Armonk, NY: M.E. Sharpe.
Kanemoto, Y. (1980). *Theory of Urban Externalities*. Amsterdam: North-Holland.
Kim, S. (1995). Expansion of markets and the geographic distribution of economic activities: the trends in U. S. regional manufacturing structure, 1860-1987. *Quarterly Journal of Economics* 110: 881-908.
Klein, A., and Crafts, N. (2012). Making sense of the manufacturing belt: determinants of U.S. industrial location, 1880-1920. *Journal of Economic Geography* 12: 775-807.
Koopmans, T.C. (1957). *Three Essays on the State of Economic Science*. New York: McGraw-Hill.
Koopmans, T.C., and Beckmann, M.J. (1957). Assignment problems and the location of economic activities. *Econometrica* 25: 1401-14.
Krugman, P.R. (1979). Increasing returns, monopolistic competition, and international trade. *Journal of International Economics* 9: 469-79.
Krugman, P.R. (1980). Scale economies, product differentiation, and the pattern of trade. *American Economic Review* 70: 950-959.
Krugman, P.R. (1991a). *Geography and Trade*. Cambridge, MA: MIT Press.（北村行伸・高橋亘・妹尾美起訳『脱「国境」の経済学：産業立地と貿易の新理論』東洋経済新報社，1994年）
Krugman, P. R. (1991b). Increasing returns and economic geography. *Journal of Political Economy* 99: 483-99.
Krugman, P.R. (1991c). History versus expectations. *Quarterly Journal of Economics*

106: 651-67.

Krugman, P.R. (1995). *Development, Geography, and Economic Theory*. Cambridge, MA: MIT Press. (高中公男訳『経済発展と産業立地の理論:開発経済学と経済地理学の再評価』文眞堂, 1999年)

Krugman, P.R. (1998). Space: the final frontier. *Journal of Economic Perspectives* 12: 161-74.

Krugman, P.R. (2007). The new economic geography: where are we? In: M. Fujita (ed.). *Regional Integration in East Asia from the Viewpoint of Spatial Economics*. London: Macmillan, 23-34.

Krugman, P.R., and Venables, A.J. (1995). Globalization and the inequality of nations. *Quarterly Journal of Economics* 110: 857-80.

Labbé, M., Peeters, D., and Thisse, J.-F. (1995). Location on networks. In: M. Ball, T. Magnanti, C. Monma and G. Nemhauser (eds.). *Handbook of Operations Research and Management Science: Networks*. Amsterdam: North-Holland, 551-624.

Labys, W.C., and Yang, C.W. (1997). Spatial price equilibrium as a foundation to unified spatial commodity modeling. *Papers in Regional Science* 76: 199-228.

Launhardt, W. (1885). *Mathematische Begründung der Volkswirtschaftslehre*. Leipzig: B. G. Teubner. English translation: *Mathematical Principles of Economics*. Aldershot: Edward Elgar (1993). (本間祥介訳『経済学の数学的基礎』中央経済社, 1971年)

Laurent, J. (ed.) (2005). *Henry George's Legacy in Economic Thought*. Cheltenham, UK: Edward Elgar.

Lederer, P.J., and Hurter, A.P. (1986). Competition of firms: discriminatory pricing and location. *Econometrica* 54: 623-40.

Lerner, A., and Singer, H.W. (1937). Some notes on duopoly and spatial competition. *Journal of Political Economy* 45: 145-86.

Liu, H.-L., and Fujita, M. (1991). A monopolistic competition model of spatial agglomeration with variable density. *Annals of Regional Science* 25: 81-99.

Lösch, A. (1940). *Die Räumliche Ordnung der Wirtschaft*. Jena: Gustav Fischer. English translation: *The Economics of Location*. New Haven, CN: Yale University Press (1954). (篠原泰三訳『新訳版 レッシュ経済立地論』大明堂, 1991年)

Lucas, R.E. (1988). On the mechanics of economic development. *Journal of Monetary Economics* 22: 3-22.

Lucas, R.E. (1990). Why doesn't capital flow from rich to poor countries? *Papers of the American Economic Association* 80: 92-6.

Lucas, R.E. (2001). Externalities and cities. *Review of Economic Dynamics* 4: 245-74.

Lucas, R. E., and Rossi-Hansberg, E. (2002). On the internal structure of cities. *Econometrica* 70: 1445-1476.

Magrini, S. (2004). Regional (di) convergence. In: J.V. Henderson and J.-F. Thisse (eds.). *Handbook of Regional and Urban Economics: Cities and Geography*. Amsterdam: North-Holland, 2243-92.

Manne, A. (1964). Plant location under economies of scale: decentralization and computation. *Management Science* 11: 213-35.

Manski, C. (2000). Economic analysis of social interactions. *Journal of Economic Perspectives* 14(3): 115-36.

Marchand, B. (1993). *Paris, histoire d'une ville*. Paris: Editions du Seuil. (羽貝正美訳『パリの肖像19-20世紀』日本経済評論社, 2010年)

Markusen, J.R. (1984). Multinationals, multi-plant economies and the gain from trade. *Journal of International Economics* 16: 205-16.

Marshall, A. (1890). *Principles of Economics*. London: Macmillan. 8th edition published in 1920. (馬場啓之助訳『経済学原理』東洋経済新報社, 1965年)

Marshall, J.U. (1989). *The Structure of Urban Systems*. Toronto: University of Toronto Press.

Martin, P., and Rogers, C.A. (1995). Industrial location and public infrastructure. *Journal of International Economics* 39: 335-51.

Martin, R. (1999). Editorial: The "new" economic geography: challenge or irrelevance. *Transactions of the Institute of British Geographers* 24: 389-91.

Matsuyama, K. (1995). Complementarities and cumulative process in models of monopolistic competition. *Journal of Economic Literature* 33: 701-29.

Mayer, T., and Ottaviano, G.I.P. (2007). *The Happy Few: The Internationalisation of European Firms*. Brussels: Bruegel Blueprint Series.

McFadden, D. (1974). Conditional logit analysis of qualitative choice behavior. In: P. Zarembka (ed.). *Frontiers in Econometrics*. New York: Academic Press, 105-42.

McLaren, J. (2000). "Globalization" and vertical structure. *American Economic Review* 90: 1239-54.

McMillan, J., and Rothschild, M. (1994). Search. In: R.J. Aumann and S. Hart (eds.). *Handbook of Game Theory with Economic Applications*, Volume 2. Amsterdam: North-Holland, 905-27.

Meade, J.E. (1972). The theory of labour-managed firms and of profit-sharing. *Economic Journal* 62: 402-28.

Melitz, M. (2003). The impact of trade on intraindustry reallocations and aggregate industry productivity. *Econometrica* 71: 1695-725.

Mills, E.S. (1967). An aggregative model of resource allocation in a metropolitan area. *American Economic Review* 57: 197-210.

Mills, E.S. (1970). The efficiency of spatial competition. *Papers and Proceedings of the Regional Science Association* 25: 71-82.

Mills, E.S. (1972a). *Studies in the Structure of the Urban Economy*. Baltimore: The Johns Hopkins University Press.
Mills, E.S. (1972b). *Urban Economics*. Glenview, Ill: Scott, Foresman and Company.
Mion, G., and Naticchioni, P. (2009). The spatial sorting and matching of skills and firms. *Canadian Journal of Economics* 42: 28-55.
Mirrlees, J. (1972). The optimum town. *Swedish Journal of Economics* 74: 114-35.
Mirrlees, J. (1995). Welfare economics and economies of scale. *Japanese Economic Review* 46: 38-62.
Mohring, H. (1961). Land values and measurement of highway benefits. *Journal of Political Economy* 49: 236-249.
Moretti, E. (2012). *The New Geography of Jobs*. New York: Houghton Mifflin Harcourt. (池村千秋訳『年収は「住むところ」で決まる:雇用とイノベーションの都市経済学』プレジデント社, 2014年)
Mossay, P. (2006). The core-periphery model: a note on the existence and uniqueness of short-run equilibrium. *Journal of Urban Economics* 59: 389-393.
Mossay, P., and Picard, P. (2011). On spatial equilibria in a social interaction model. *Journal of Economic Theory* 146: 2455-77.
Mougeot, M. (1978). The welfare foundations of regional planning: general equilibrium and Pareto optimality in a special economy. *Regional Science and Urban Economics* 8: 175-194.
Mulligan, G. (1984). Agglomeration and central place theory: a review of the literature. *International Regional Science Review* 9: 1-42.
Murata, Y., and Thisse, J.-F. (2005). A simple model of economic geography à la Helpman-Tabuchi. *Journal of Urban Economics* 58: 137-55.
Muth, R.F. (1961). The spatial structure of the housing market. *Papers and Proceedings of the Regional Science Association* 7: 207-20.
Muth, R.F. (1969). *Cities and Housing*. Chicago: University of Chicago Press. (折下功訳『都市住宅の経済学』鹿島出版会, 1971年)
Muth, R.F. (1971). Migration: chicken or egg? *Southern Economic Journal* 37: 295-306.
Myrdal, G. (1957). *Economic Theory and Underdeveloped Regions*. London: Duckworth. (小原敬士訳『経済理論と低開発地域』東洋経済新報社, 1981年)
Nagurney, A. (1993). Network Economics: *A Variational Inequality Approach*. Dordrecht: Kluwer Academic Publishers.
Nakajima, K. (2008). Economic division and spatial relocation: The case of postwar Japan. *Journal of the Japanese and International Economies* 22:383-400.
Navaretti, G.B., and Venables, A.J. (2004). *Multinational Firms in the World Economy*. Princeton, NJ: Princeton University Press.
Nelson, P. (1970). Information and consumer behavior. *Journal of Political Economy* 78:

311-29.

Nerlove, M.L., and Sadka, E. (1991). Von Thünen's model of the dual economy. *Journal of Economics* 54: 97-123.

Nocke, V. (2006). A gap for me: entrepreneurs and entry. *Journal of the European Economic Association* 4: 929-55.

Norman, G., and Thisse, J.-F. (1996). Product variety and welfare under soft and tough pricing regimes. *Economic Journal* 106: 76-91.

Ogawa, H., and Fujita, M. (1980). Equilibrium land use patterns in a non-monocentric city. *Journal of Regional Science* 20: 455-75.

O'Hara, D.J. (1977). Location of firms within a square central business district. *Journal of Political Economy* 85: 1189-207.

Ohlin, B. (1933). *Interregional and International Trade*. Cambridge, MA: Harvard University Press). Revised version published in 1968. (木村保重訳『貿易理論: 域際および国際貿易』晃洋書房, 1980年)

Ohmae, K. (1995). *The End of the Nation State*. New York: The Free Press. (山岡洋一・仁平和夫訳『地域国家論: 新しい繁栄を求めて』講談社, 1995年)

Okubo, T., Picard, P., and Thisse, J.-F. (2010). The spatial selection of heterogeneous firms. *Journal of International Economics* 82: 230-37.

Ota, M., and Fujita, M. (1993). Communication technologies and spatial organization of multi-unit firms in metropolitan areas. *Regional Science and Urban Economics* 23: 695-729.

Ottaviano, G.I.P. (1999). Integration, geography, and the burden of history. *Regional Science and Urban Economics* 29: 245-56.

Ottaviano, G.I.P., and Robert-Nicoud, F. (2006). The "genome" of NEG models with vertical linkages: a positive and normative synthesis. *Journal of Economic Geography* 6: 113-39.

Ottaviano, G.I.P., Tabuchi, T., and Thisse, J.-F. (2002). Agglomeration and trade revisited. *International Economic Review* 43: 409-36.

Ottaviano, G.I.P., and Thisse, J.-F. (2004). Agglomeration and economic geography. In: J. V. Henderson and J.-F. Thisse (eds.). *Handbook of Regional and Urban Economics: Cities and Geography*. Amsterdam: North-Holland, 2563-608.

Ottaviano, G.I.P., and van Ypersele, T. (2005) Market size and tax competition. *Journal of International Economics* 67: 25-46.

Oyama, D. (2009a). History versus expectations in economic geography reconsidered. *Journal of Economic Dynamics & Control* 33: 394-408.

Oyama, D. (2009b). Agglomeration under forward-looking expectations: potentials and global stability. *Regional Science and Urban Economics* 39: 696-713.

Oyama, D., Sato, Y., Tabuchi, T., and Thisse, J.-F. (2011). On the impact of trade on the industrial structures of nations. *International Journal of Economic Theory* 7: 93-109.

Papageorgiou, G.J., and Casetti, E. (1971). Spatial equilibrium residential land values in a muticentric city. *Journal of Regional Science* 11: 385-89.

Papageorgiou, Y.Y., and Pines, D. (1990). The logical foundations of urban economics are consistent. *Journal of Economic Theory* 50: 37-53.

Papageorgiou, Y.Y., and Pines, D. (1999). *An Essay in Urban Economic Theory*. Dordrecht: Kluwer Academic Publishers.

Papageorgiou, Y.Y., and Smith, T.R. (1983). Agglomeration as local instability of spatially uniform steady-states. *Econometrica* 51: 1109-19.

Papageorgiou, Y.Y., and Thisse, J.-F. (1985). Agglomeration as spatial interdependence between firms and households. *Journal of Economic Theory* 37: 19-31.

Parsley, D.C., and Wei, S.-J. (2001). Explaining the border effect: the role of exchange rate variability, shipping costs and geography. *Journal of International Economics* 55: 87-105.

Peri, G. (2005). Determinants of knowledge flows and their effects on innovation. *Review of Economics and Statistics* 87: 308-22.

Perroux, F. (1955). Note sur la notion de pôle de croissance. *Économique appliquée* 7: 307-20.

Pflüger, M., and Tabuchi, T. (2010). The size of regions with land use for production. *Regional Science and Urban Economics* 40: 481-89.

Picard, P.M., and Okubo, T. (2012). Firms' locations under demand heterogeneity. *Regional Science and Urban Economics* 42: 961-74.

Picard, P.M., Thisse, J.-F., and Toulemonde, E. (2004). Economic geography and the distribution of profits. *Journal of Urban Economics* 56: 144-67.

Pirenne, H. (1925). *Medieval Cities*. Princeton: Princeton University Press. (佐々木克巳訳『中世都市：社会経済史的試論』創文社，1970年)

Polèse, M. (2010). *The Wealth and Poverty of Regions: Why Cities Matter*. Chicago: University of Chicago Press.

Pollard, S. (1981). *Peaceful Conquest: The Industrialization of Europe 1760-1970*. Oxford: Oxford University Press.

Ponsard, C. (1983). *History of Spatial Economic Theory*. Heidelberg: Springer-Verlag.

Porter, M.E. (1998). *On Competition*. Cambridge, MA: A Harvard Business Review Book. (竹内弘高訳『競争戦略論』ダイヤモンド社，1999年)

Prager, J.-C., and Thisse, J.-F. (2012). *Economic Geography and the Unequal Development of Regions*. London: Routledge.

Puga, D. (1999). The rise and fall of regional inequalities. *European Economic Review* 43: 303-34.

Puga, D. (2010). The magnitude and causes of agglomeration economies. *Journal of Regional Science* 50: 203-19.

Pyke, F., Becattini, B., and Sengenberger, W., eds. (1990). *Industrial Districts and Interfirm Cooperation in Italy*. Geneva, International Institute for Labour Studies.

Quigley, J.M., and Raphael, S. (2004). Is housing unaffordable? Why isn't it more affordable? *Journal of Economic Perspectives* 18/(1): 191-214.

Quinzii, M., and Thisse, J.-F. (1990). On the optimality of central places. *Econometrica* 58: 1101-19.

Rappaport, J., and Sachs, I.D. (2003). The United States as a coastal nation. *Journal of Economic Growth* 8: 5-46.

Redding, S. (2011). Economic geography: a review of the theoretical and empirical literature. In: D. Bernhofen, R. Falvey, D. Greenaway and U. Kreickemeie (eds.). *The Palgrave Handbook of International Trade*. London: Palgrave Macmillan.

Redding, S., and Sturm, D. (2008). The cost of remoteness: evidence from German division and reunification. *American Economic Review* 98: 1766-97.

Redding, S., and Venables, A. J. (2004). Economic geography and international inequality. *Journal of International Economics* 62: 53-82.

Reilly, W.J. (1931). *The Law of Retail Gravitation*. New York: Pilsbury.

Rice, P., and Venables, A.J. (2003). Equilibrium regional disparities: theory and British evidence. *Regional Studies* 37: 675-86.

Roback, J. (1982). Wages, rents, and the quality of life. *Journal of Political Economy* 90: 1257-78.

Robert-Nicoud, F. (2005). The structure of simple "New Economic Geography" models (or, On identical twins). *Journal of Economic Geography* 5: 201-34.

Robert-Nicoud, F. (2008). Offshoring of routine tasks and (de)industrialisation: Threat or opportunity—And for whom? *Journal of Urban Economics* 63: 517-35.

Romer, P. (1986). Increasing returns and long-run growth. *Journal of Political Economy* 94: 1002-37.

Romer, P. (1990). Endogenous technological change. *Journal of Political Economy* 98: S71-S102.

Romer, P. (1992). Increasing returns and new developments in the theory of growth. In: W.A. Barnett, B. Cornet, C. d'Aspremont, J.J. Gabszewicz and A. Mas-Colell (eds.). *Equilibrium Theory with Applications*. Cambridge: Cambridge University Press, 83-110.

Rosenstein-Rodan, P.N. (1943). Problems of industrialization of Eastern and South-Eastern Europe. *Economic Journal* 53: 202-11.

Rosenthal, S.S., and Strange, W.C. (2004) Evidence on the nature and sources of agglomeration economies. In: J.V. Henderson and J.-F. Thisse (eds.). *Handbook of*

Regional and Urban Economics. Cities and Geography. Amsterdam: North-Holland, 2119-71.

Rosés, J. R. (2003). Why isn't the whole of Spain industrialized? New economic geography and early industrialization, 1797-1910. *Journal of Economic History* 63: 995-1022.

Rosés, J.R., Martinez-Galarraga, J., and Tirado, D.A. (2010). The upswing of regional income inequality in Spain (1860-1930). *Exploration of Economic History* 47: 244-57.

Sachs, J. (2000). A new map of the world. *The Economist,* June 24, 2000, 99-101.

Salop, S.C. (1979). Monopolistic competition with an outside good. *Bell Journal of Economics* 10: 141-56.

Samuelson, P.A. (1939). The gains from international trade. *Canadian Journal of Economics* 5: 195-205.

Samuelson, P.A. (1952). Spatial price equilibrium and linear programming. *American Economic Review* 42: 283-303.

Samuelson, P.A. (1954a). The transfer problem and transport cost, II: analysis of effects of trade impediments. *Economic Journal* 64: 264-89.

Samuelson, P.A. (1954b). The pure theory of public expenditures. *Review of Economics and Statistics* 36: 387-89.

Samuelson, P.A. (1962). The gains form international trade once again. *Economic Journal* 72: 820-9.

Samuelson, P.A. (1983). Thünen at two hundred. *Journal of Economic Literature* 21: 1468-88.

Sandholm, W.H. (2001). Potential games with continuous player sets. *Journal of Economic Theory* 97: 81-108.

Sato, Y., Tabuchi, T., and Yamamoto, K. (2012). Market size and entrepreneurship. *Journal of Economic Geography* 12: 1139-66.

Saxenian, A. (1994). *Regional Advantage: Culture and Competition in Silicon Valley and Route 128.* Cambridge, MA: Harvard University Press. （大前研一訳『現代の二都物語：なぜシリコンバレーは復活し，ボストン・ルート128は沈んだか』講談社，1995年）

Schmeidler, D. (1973). Equilibrium points of nonatomic games. *Journal of Statistical Physics* 7: 295-300.

Schulz, N., and Stahl, K. (1989). Good and bad competition in spatial markets for search goods: the case of linear utility function. *Annales d'Economie et de Statistique* 15/16: 113-36.

Schulz, N., and Stahl, K. (1996). Do consumers search for the highest price? equilibrium and monopolistic optimum in differentiated products markets. *Rand Journal of*

Economics 27: 542-62.
Schweizer, U. (1986). General equilibriumin space. In: J.J. Gabszewicz, J.-F. Thisse, M. Fujita and U. Schweizer, *Location Theory*. Chur: Harwood Academic Publishers, 151-85.
Schweizer, U., and Varaiya, P.V. (1976). The spatial structure of production with a Leontief technology. *Regional Science and Urban Economics* 6: 231-51.
Schweizer, U., Varaiya, P.V., and Hartwick, J. (1976). General equilibrium and location theory. *Journal of Urban Economics* 3: 285-303.
Scitovsky, T. (1941). A note on welfare proposition in economics. *Review of Economic Studies* 9: 143-51.
Scitovsky, T. (1954). Two concepts of external economies. *Journal of Political Economy* 62: 143-51.
Scotchmer, S. (1986). Local public goods in an equilibrium: how pecuniary externalities matter. *Regional Science and Urban Economics* 16: 463-81.
Scotchmer, S. (2002). Local public goods and clubs. In: A. Auerbach and M. Feldstein (eds.). *Handbook of Public Economics* 4. Amsterdam: North-Holland, 1997-2042.
Serk-Hanssen, J. (1969). The optimal number of factories in a spatial market. In: H.C. Bos (ed.). *Towards Balanced International Growth*. Amsterdam: North-Holland, 269-81.
Sidorov, A., and Zhelobodko, E. (2013). Agglomerations and spreading in an asymmetric world. *Review of Development Economics* 17: 201-19.
Smith, A. (1776). *An Inquiry into the Nature and Causes of the Wealth of Nations*, Straham and Cadell, London. Fifth edition reprinted in 1965. New York. The Modern Library. (大河内一男監訳『国富論』中央公論社, 1976年)
Smith, H., and Hay, D. (2005). Streets, malls, and supermarkets. *Journal of Economics and Management Strategy* 14: 29-59.
Smith, W.D. (1984). The function of commercial centers in the modernization of European capitalism: Amsterdam as an information exchange in the seventeenth century. *Journal of Economic History* 44: 985-1005.
Solow, R.M. (1956). A contribution to the theory of economic growth. *Quarterly Journal of Economics* 70: 65-94.
Solow, R.M. (1973). On equilibrium models of urban locations. In: J.M. Parkin (ed.). *Essays in Modern Economics*. London: Longman, 2-16.
Spence, M. (1976). Product selection, fixed costs, and monopolistic competition. *Review of Economic Studies* 43: 217-35.
Spulber, D.F. (2007). *Global Competitive Strategy*. Cambridge: Cambridge University Press.
Sraffa, P. (1926). The laws of return under competitive conditions. *Economic Journal*

36: 535-50.

Stahl, K. (1982). Differentiated products, consumer search, and locational oligopoly. *Journal of Industrial Economics* 31: 97-114.

Stahl, K. (1987). Theories of urban business location. In: E.S. Mills (ed.). *Handbook of Regional and Urban Economics*, Volume 2. Amsterdam: North-Holland, 759-820.

Starrett, D. (1974). Principles of optimal location in a large homogeneous area. *Journal of Economic Theory* 9: 418-48.

Starrett, D. (1978). Market allocations of location choice in a model with free mobility. *Journal of Economic Theory* 17: 21-37.

Starrett, D. (1988). *Foundations of Public Economics*. Cambridge: Cambridge University Press.

Stern, N. (1972). The optimal size of market areas. *Journal of Economic Theory* 4: 154-73.

Stigler, G.J. (1961). The economics of information. *Journal of Political Economy* 69: 213-25.

Stiglitz, J. (1977). The theory of local public goods. In: M.S. Feldstein and R.P. Inman (eds.). *The Economics of Public Services*. London: Macmillan, 273-334.

Stollsteimer, J.F. (1963). A working model for plant numbers and locations. *Journal of Farm Economics* 45: 631-45.

Storper, M. (2013). *Keys to the City: How Economics, Institutions, Social Interactions and Politics Affects Regional Development*. Princeton, NJ: Princeton University Press.

Streeten, P. (1993). The special problems of small countries. *World Development* 21: 197-202.

Stuart, C. (1979). Search and the spatial organization of trading. In: S. Lipman and J.J. McCall (eds.). *Studies in the Economics of Search*. Amsterdam: North-Holland, 17-33.

Syverson, C. (2004). Market structure and productivity: a concrete example. *Journal of Political Economy* 112: 1188-222.

Tabuchi, T. (1986). Urban agglomeration economies in a linear city. *Regional Science and Urban Economics* 16: 421-36.

Tabuchi, T. (1998). Agglomeration and dispersion: a synthesis of Alonso and Krugman. *Journal of Urban Economics* 44: 333-51.

Tabuchi, T., and Thisse, J.-F. (2002). Taste heterogeneity, labor mobility and economic geography. *Journal of Development Economics* 69: 155-177.

Tabuchi, T., and Thisse, J.-F. (2011). A new economic geography model of central places. *Journal of Urban Economics* 69: 240-52.

Tabuchi, T., Thisse, J.-F., and Zeng, D.-Z. (2005). On the number and size of cities.

Journal of Economic Geography 5: 423-48.

Takahashi, T., Takatsuka, H., and Zeng, D.-Z. (2013). Spatial inequality, globalization, and footloose capital. *Economic Theory* 53: 213-38.

Takatsuka, H., and Zeng, D.-Z. (2012a). Mobile capital and the home market effect. *Canadian Journal of Economics* 45: 1062-82.

Takatsuka, H., and Zeng, D.-Z. (2012b). Trade liberalization and welfare: differentiated-good versus homogeneous-good markets. *Journal of the Japanese and International Economies* 26: 308-25.

Takayama, T., and Judge, G.G. (1971). *Spatial and Temporal Price and Allocation Models*. Amsterdam: North-Holland.

Tauchen, H., and Witte, A.D. (1984). Social optimal and equilibrium distribution of office activity: models with exogenous and endogenous contacts. *Journal of Urban Economics* 15: 242-61.

Teece, D.J. (1977). Technology transfer by multinational firms: the resource cost of transferring technological know-how. *Economic Journal* 87: 242-61.

Teitz, M.B. (1968). Towards a theory of urban facility location. *Papers and Proceedings of the Regional Science Association* 21: 35-52.

Thisse, J.-F. (2010). Toward a unified theory of economic geography and urban economics. *Journal of Regional Science* 50: 281-96.

Thisse, J.-F., and Zoller, H.G. (1983). *Locational Analysis of Public Facilities*. Amsterdam: North-Holland.

Thünen, J.H. von (1826). *Der Isolierte Staat in Beziehung auf Land-wirtschaft und Nationalökonomie*. Hamburg: Perthes. English translation: *The Isolated State*. Oxford: Pergammon Press (1966). (近藤康男・熊代幸雄訳『孤立国』日本経済評論社, 1989年)

Tiebout, C.M. (1956). A pure theory of local public expenditures. *Journal of Political Economy* 64: 416-24.

Tiebout, C.M. (1961). An economic theory of fiscal decentralization. In: NBER, *Public Finances: Needs, Sources and Utilization*. Princeton, NJ: Princeton University Press.

Tirole, J. (1988). *The Theory of Industrial Organization*. MIT Press.

Toulemonde, E. (2006). Acquisition of skills, labor subsidies, and agglomeration of firms. *Journal of Urban Economics* 59: 420-439.

Toulemonde, E. (2008). Multinationals: too many or too few? The proximity-concentration trade-off. *Open Economies Review* 19: 203-19.

Toulemonde, E. (2011). The proximity. concentration trade-off with asymmetric countries. *The Manchester School* 79: 972-93.

Venables, A.J. (1996). Equilibrium locations of vertically linked industries.

International Economic Review 37: 341-59.
Vickrey, W. (1977). The city as a firm. In: M.S. Feldstein and R.P. Inman (eds.). The Economics of Public Services. London: Macmillan, 334-43.
Vickrey, W., Anderson, S.P., and Braid, R.M. (1999). Spatial competition, monopolistic competition, and optimum product diversity. *International Journal of Industrial Organization* 17: 953-63.
Warsh, D. (2006). *Knowledge and the Wealth of Nations*. New York: Norton.
Weber, A. (1909). *Über den Standort der Industrien*. Tübingen: J.C.B. Mohr. English translation: *The Theory of the Location of Industries*. Chicago: Chicago University Press, 1929. (篠原泰三訳『工業立地論』大明堂，1986年)
Wheaton, W.C. (1974). A comparative static analysis of urban spatial structure. *Journal of Economic Theory* 9: 223-37.
Wheaton, W.C. (1977). Income and urban residence: an analysis of consumer demand for location. *American Economic Review* 67: 620-31.
Whitaker, J.K. (1998). Henry George on the location of economic activity. In: M. Bellet and C. L. Harmet (eds.). *Industry, Space and Competition*. Cheltenham: Edward Elgar, 174-84.
Wildasin, D.E. (1986). *Urban Public Finance*. Chur: Harwood Academic Publishers.
Wildasin, D.E. (1987). Theoretical analysis of local public economics. In: E.S. Mills (ed.). *Handbook of Regional and Urban Economics*, Volume 2. Amsterdam: North-Holland, 1131-78.
Williamson, J.G. (1965). Regional inequality and the process of national development: a description of the patterns. *Economic Development and Cultural Change* 14: 3-45.
Wilson, A.G. (1967). A statistical theory of spatial distribution models. *Transportation Research* 1: 253-69.
Wolinsky, A. (1983). Retail trade concentration due to consumers' imperfect information. *Bell Journal of Economics* 14: 275-82.
Yeaple, S.R. (2003). The complex integration strategies of multinationals and cross country dependencies in the structure of foreign direct investment. *Journal of International Economics* 60: 293-314.
Young, A. (1928). Increasing returns and economic progress. *Economic Journal* 38: 527-42.
Zenou, Y. (2009) *Urban Labor Economics*. Cambridge: Cambridge University Press.

訳者あとがき

　本書は，Masahisa Fujita and Jacques-F. Thisse, *Economics of Agglomeration: Cities, Industrial Location, and Globalization* (Second Edition), Cambridge University Press, 2013の全訳である．2002年に出版された原著の第1版は，アメリカやヨーロッパだけでなく，世界各国で空間経済学の専門書または大学院のテキストとして好評を博してきた．さらに，2013年に出版された原著第2版では，近年の空間経済学の研究の展開を反映して，第Ⅲ部の「要素移動と産業立地」を全面的に改訂し，第Ⅳ部の「都市システム，地域成長，および企業の多国籍化」に新しく「グローバル化」の章を加えて，「都市」，「産業立地」と「グローバル化」をキー概念として，様々な空間規模における経済集積の出現をより包括的に理論的に体系化している．刊行されて間もないが，すでに第1版以上の高い評価を得ている．

　本書末の「著者紹介」にあるように，著者の藤田昌久教授とジャック・F・ティス教授は，「空間経済学」という新分野を開拓し，都市・地域経済学および空間経済学の分野で世界の経済学界をリードしてきた経済学者であり，国際学界において重要な役割を担っている．このように世界的に著名な藤田教授とティス教授との長年にわたる共同研究と親密な友好関係のもとに，本書は生まれたものであり，ここにその経緯を簡単に紹介しておこう．

　二人の交友は，1983年6月に，ベルギーのブリュッセル郊外にあるルーヴァン・カトリック大学の世界的に有名な CORE (Center for Operation Research and Econometrics) に勤めていたティス教授が，アメリカの学者との交流を深めるべく米国中の著名な大学を組織的に訪問旅行した際に，フィラデルフィアのペンシルベニア大学（ペン大）を訪れたことから始まった．その当時，藤田教授はペン大の地域科学部で，一般均衡理論的なアプローチから都市・地域経済における空間構造の自己組織化について研究していた．一方，ティス教授は，企業の戦略的行動を分析する IO（産業組織論）的なアプローチから立地論の再構築を目指していた．二人は出会うと同時に，お互いの学問的興味が一致していること，両者のアプローチは極めて補完的であることを認め合い，ただちに共同研究に着手することを合意した．以来30年にわたる二人の共同研究と知的探求の成果が，本書の土台を成してい

る．

　まず，翌1984年春に，藤田教授がベルギーのCOREに1カ月近く滞在して共同研究を進め，その成果の1つとして，従来の空間競争モデルに土地市場を取り入れて両者を融合した，"Spatial Competition with a Land Market: von Thünen and Hotelling Unified" と題する論文が1986年の *Review of Economic Studies* に掲載された．両者の研究協力と友好関係は，1985年の秋学期にティス教授がペン大地域科学部の招待客員教授として家族とともに滞在したことを契機として一層深まり，本書の第Ⅰ部「空間経済学の基礎」と第Ⅱ部「大都市圏の構造」を執筆するうえで土台となる多くの共同研究が1980年代末まで続けられた．

　一方，1990年代に入り，ポール・クルーグマン教授による核-周辺モデルが発表されて以来，いわゆる New Economic Geography（NEG，新経済地理学）の研究が一挙に注目を浴びるに至った．藤田教授はクルーグマン教授や当時ロンドン経済大学で教鞭をとっていたアンソニー・ベナブルズ教授等とともに，NEGのアプローチによる空間経済学の研究を進め，その成果の一部は藤田・クルーグマン・ベナブルズ共著の *The Spatial Economy* として Cambridge University Press より1999年に出版された（邦訳『空間経済学：都市・地域・国際貿易の新しい分析』，小出博之訳，東洋経済新報社，2000年）．一方，同時期に，ティス教授は，東京大学の田渕隆俊教授等とともに，Martin and Rogers (1995) により提案された，いわゆる線形NEGモデルを様々に発展させて，空間経済学の研究を精力的に進めていった．

　藤田・クルーグマン・ベナブルズの *The Spatial Economy* では，都市は点として取り扱われており，従来の都市経済学における都市内の空間構造の分析は一切行われていない．さらに，線形NEGモデルも取り扱われていない．そこで，*The Spatial Economy* の出版直後に，線形モデルを含むNEGモデルと従来の立地論および都市経済学を融合し，より包括的な空間経済学の理論を体系的にまとめた専門書を目指して，藤田教授とティス教授による共同執筆が開始された．その共同執筆は，当時藤田教授の勤めていた京都大学経済研究所，ティス教授が兼務していたブリュッセル郊外のCOREとパリのÉcole nationale des ponts et chaussées（国立土木学校）の間を，互いに数カ月ずつ訪問し合いながら進められ，2002年に *Economics of Agglomeration: Cities, Industrial Location, and Regional Growth* として Cambridge University Press より出版された．

　前述したように，この *Economics of Agglomeration* は世界各国で空間経済学の専門書ないし大学院のテキストとして好評を博してきたが，2002年の出版以降も，

空間経済学の，特に NEG の分野において，さらに著しい発展が見られた．藤田教授とティス教授も，空間集積と内生的成長理論を融合した論文，"Does Geographical Agglomeration Foster Economic Growth" を 2003 年に *Japanese Economic Review* で発表し，さらには，グローバル・サプライチェーンを NEG モデルに取り入れた論文，"Globalization and the Evolution of the Supply Chain" を 2006年に *International Economic Review* で発表した．以上のような空間経済学の最近における発展を背景として，2010年に Cambridge University Press より *Economics of Agglomeration* の改訂版を執筆するよう要請を受けた．その後3年間にわたり，両教授は再びブリュッセル，パリと京都の間を往復しながら，原著の第2版を2013年に完成した．

以上のような経緯で生まれた，藤田教授とティス教授による「新しい集積の経済学」である本書の最大の特徴は，都市・地域経済学の古典的な基本文献から最近著しい発展を見せている「空間経済学」の最新の研究成果までを踏まえて，様々な空間規模における経済集積の出現と経済効果を統一的なミクロ経済モデルによって分析し，かつわかりやすく説明している点にある．しかも，それらは，理論のための理論モデルの構築ではなく，都市・地域や国際貿易などの分野で見られる現実の経済集積の事例を取り上げ，それらを解明するための理論モデルの構築となっている点である．したがって，本書は，経済学だけでなく経営学，都市計画や経済地理学など幅広い分野の研究者・学生や実務家にとって，空間的な経済集積を理解するうえで助けとなるであろう．

翻訳に当たっては，主に都市の空間経済学的分析に関する，第1章，第4章から第7章，および第11章を太田が，主に新しい空間経済学に基づく産業集積や産業立地の分析に関する，第2章と第3章，および第8章から第10章を徳永が，それぞれ担当した．訳出では，正確であることはもとより，専門家だけにわかる表現はなるべく避けるとともに，難解な文章は，場合によっては大胆に意訳を試み，読者に読みやすい翻訳となるよう努めた．しかしながら，本書の翻訳作業は，原書の分量と内容の斬新さからして，翻訳作業は苦労の連続で，途中で何度か中断の危機に見舞われた．そのつど助けて頂いたのが，著者の一人である藤田教授である．我々の拙い訳文への，あたかも監訳者のごとき助言だけでなく，京都大学や甲南大学の東京分室での丸1日の，また RIETI 所長室でのアフター5からの藤田教授を交えた3人によるフェイス・トゥ・フェイスの集中的共同作業によって，やっとこのような形での出版に漕ぎ着けることができた．日頃の学恩も込めて深謝申し上げたい．も

ちろん，この翻訳に関する最終責任は徳永と太田が負うものである．

なお，原著第2版における誤植や誤りと思われる箇所については，できる限り著者に確認したうえで訂正してある．しかしながら，力量及ばず，まだ不十分なところがあるかもしれない．読者諸賢の御叱正をお願いしたい．

他の多くの例に漏れず，初版翻訳の計画を最初に企画した2003年1月から完成にたどり着くまでには予想外に長い時間が流れた．この間，遅れがちな訳者たちの作業を励まし，本訳書の原稿に適切なアドバイスを頂いた東洋経済新報社出版局の茅根恭子氏には，心より感謝申し上げたい．

2016年9月

徳永澄憲・太田　充

事項索引

【A～Z】

CBD →中心業務地区
CES
　——関数　277, 399, 490
　——（型）効用関数　323, 387, 399
　——（型）社会厚生関数　202, 363
　——選好　104
　——モデル　171, 323, 393, 401
CP モデル→核-周辺モデル
EU（欧州連合）　5, 29
FC モデル　397, 421
FDI →海外直接投資
GDP　5, 391
HME →自国市場効果
HQ →本社
IT 革命　484
NAFTA（北米自由貿易協定）　5, 29
NEG（新経済地理学）　3, 29, 64, 124, 170, 317, 327, 374, 387, 437
　——モデル　153, 327, 337, 387, 407, 414, 416, 431, 471, 513
R&D 部門→研究開発部門
ss（定常状態の）-成長経路　496
　　移住が許されている場合の——　498
　　移住が許されない場合の——　496
　　核-周辺形状下の——　501

【ア 行】

アウトソーシング　524
青いバナナ（地帯）　19, 325
新しい成長理論　30, 63
新しい都市経済（学）　28
アーバン・シャドー　448, 473
アメニティ　37, 58, 61, 100, 105, 337
農村——　106
歴史的——　73, 103
アロー=ドブリュー型モデル　35, 38, 69, 109, 117
安定, 対称形状　327
安定均衡　327, 342, 352, 356, 372, 388, 426
安定性, 競争における　28
異質性　28, 171
　企業の——　414
　空間的——　36, 56, 58, 61, 71, 85
　質の——　414
　情報の——　253
　費用の——　411
移住
　——者のコミュニティ　153
　成長モデルと——　480
　農村から都市への——　449
　労働者の——　117, 121, 135, 174, 185, 193, 251, 310, 323, 336, 347, 353, 467, 480, 493, 496,
移住行動　493
一般競争均衡モデル　35
移動費用　4, 178, 301, 304, 320, 327, 352, 374
イノベーション　478, 489, 492, 525
　——部門　485
因果関係
　循環的——　325, 329, 379
　累積的——　18, 386
インターネットの時代　220
裏庭資本主義　38, 46, 119, 283
エッジ・シティ　274, 316
円環型都市モデル　171
エントロピー　277
　——型関数　241, 308

事項索引

――型効用　289
欧州連合（EU）　5, 29
オフィス　222, 233
　　――・レント　233
　　バック・――　223, 260, 514
　　フロント・――　223, 260, 514
オフショア　484, 508
　　――生産　510, 517
オフショアリング　506, 512, 521, 524
　　グローバル化と――　506
　　中間財部門の――　521
卸売業者　8

【カ　行】

海外直接投資（FDI）　421, 521, 524
外生的　56, 72, 103, 239
　　――な規模の経済　115, 134
　　――比較優位　25, 116
買手独占力　128
開発業者　117, 134, 142
外部経済　17, 116, 133, 145, 373
　　――の内部化　148
外部性　56, 62, 158, 261, 269
　　技術的――　11, 18, 56, 65, 326, 347, 424, 432
　　金銭的――　18, 31, 323, 408, 424, 432
　　空間的――　39, 61, 72, 224, 239
　　コミュニケーションの――　11, 18, 217
　　需要の――　273, 307
　　マーシャルの――　17-8, 59-62, 115, 117, 124
開放都市モデル　107, 111, 135, 185, 311
買回り品　176
買い物モデル　272, 299
価格決定者→プライス・メーカー
価格指数受容仮定　399
価格システム　35, 40, 47, 286
　　競争（的）――　48, 50, 65
価格受容者→プライス・テイカー
価格メカニズム　25, 69

――の崩壊　35
核，経済の　4, 72, 310, 325
格差
　　経済成長と――　503
　　厚生の――　506
　　地域間――　477, 482, 525
　　賃金――　14, 482, 516
学習　116, 123, 132
核-周辺構造　5, 22, 316, 329, 339, 343, 384, 387, 477, 502, 505
核-周辺モデル（CPモデル）　323, 329, 379, 437, 480
　　――と成長　480
　　――，2地域の場合　338
　　将来予見行動と――　351
寡占　276, 287
寡占的競争→競争
仮想時間　467
『価値と資本』（ヒックス）　23
可動性，消費者の　121
下流企業　308
韓国　5
関税　8, 271, 523
完全競争パラダイム　15, 35
完全統合形状　244, 250, 258
完全な集積→集積
企業
　　――としての都市　134
　　――の立地　42, 58, 171, 236, 252, 278, 297, 301, 324, 376, 392, 404, 463, 513
企業城下町　6, 117, 134, 142
　　――モデル　122, 134
企業内コミュニケーション費用　223, 260
擬似輸送費用　45
技術，新古典派的な　87
技術的外部性→外部性
技術的リンケージ　71, 80, 87
規模に関する収穫逓増→収穫逓増
規模の経済　28, 119, 121, 145, 151, 177, 324, 347, 357, 387, 406, 453

事項索引   561

　　——と都市の形成　119
　　——における都市のサイズ　133
　外生的な——　115,134
　外部経済による——　116
　外部的な——　122,147
　動学的——　18
　内生的な——　116,133
　内部的な——　115
逆U字型（曲線）　328,374,388,414,419,450
共集積　438,451
　川上および川下産業の——　379
　中間財部門と最終財部門の——　309,329,451,451
行政区域　174,195,200,207
行政的障壁　154
競争
　——における安定性　28
　——パラダイム　23
　寡占的——　28,63,272,324,400
　独占的——　19,25,30,64,126,269,274,290,308,317,323,396,437,479
　不完全——　62,65,120,170,269,316,323,347,387,484
競争均衡　41,43,46,61
　——モデル　35
共同所有，土地の　182
業務地域　252,269
業務地区　20,242
共有　107,116,122,124
極限ポテンシャル曲線　447,463
局所近接度→近接度
局所的コンドルセ均衡→コンドルセ均衡
居住地均衡　96,188,203
　——の効率性　97
　——の比較均衡　96
　競争的——　165
　単一中心都市における——　90,111
居住費用関数　135,140
距離減衰効果　176,220,241,250,431,490

ギリシャ　5
均衡価格　35,40,52,67,126,162,288,334,348,402,441
　企業の——　277,307,510
　農村アメニティの——　108
均衡地代関数　75
均衡賃金　128,138,247,312,336,418
　——と地代　192
　——と都市規模　148
　熟練労働者の——　492,520
　長期——　131
　ナッシュ——　130
　非熟練労働者の——　507
均衡パターン　86,222,258,262,279,286,368
　CPモデルと——　364
近接（性）　13,16,58,70,165,177,203,223,233,283,291,298,300,333,392,412,423,431,458,474,506
　——が生み出す外部性　59
　——と競争とのトレード・オフ　392,522
　CBDへの——　72,96,102
　空間的に割り引かれた——　278
　経済主体間の——　58
　差額地代と——　168
　資源への——　15
　生産における——　19
近接度
　局所——　239,242,260
　空間減衰——　241,253
　線形——　241,250,266
　総合——　239,242,246,266
金銭的外部性→外部性
空間規模（スケール）　4,6,30,64,317,432,521,527
空間競争　25,28,120,159,165,169,240,287,336
　——モデル　121,164,175
空間均衡　55,80,240,336

562　事項索引

　　労働者の—— 336
空間経済　12,16,24,35,69,145,323,330
　　——と競争パラダイム　25,286
　　——と自然地理　58
　　——における都市の出現　435
　　——におけるトレードオフ　115,327,
　　　392
　　——のモデル化　25,61
　　外部性と——　323
　　同質的な——　41,64
空間経済学　21,26,29,55,64,91,119,123
空間減衰近接度→近接度
空間相互作用（モデル）　241,293
空間的外部性→外部性
空間的価格差別　299,400
空間的均衡　53,247,282,480
空間的相互作用理論　292
空間的統合，中間財部門と最終財部門の
　　382
空間的フラグメンテーション　477,482,
　　507,511,513,517
空間の異質性→異質性
空間不可能性定理　38,41,46,69,85,118,
　　145,170
　　経済の規模と——　53
空間割引因子（率）　332,488
クラウディング・アウト効果　13,155
クラスター（集積地）　301,303,306
　　外部経済と——　17
　　企業の——　291,302
　　空間規模と——　6
　　産業——　3,12,162,391,423,427
　　負の——　157
　　店（店舗）の——　269,301,303
　　ロックイン効果と——　306
グローバリゼーション（グローバル化）
　　3,31,374,396,477,482,506,517,526
グローバル経済　487,505
『経済科学の現状についての3つの評論』（クー
　　プマンス）　24

『経済史の理論』（ヒックス）　400
経済集積→集積も参照　4,6,12,17,59,261
　　——の内生的な形成　25
　　完全競争と——　15,115
　　都市と——　435
経済地理学　12,30,324,393,435,480
経路依存性　345
ゲーム理論　28,275,286,296
　　非協力——　121
限界効用損失（マッチング・コスト）　303
限界消費者　160
限界分析，チューネンと　26,87
限界労働投入　127,331,348,375,417
研究開発（R&D）　221,430,479
　　——部門　481,489,502,526
交易　25,37,406,474
　　——と輸送費　402
　　——の自由度　332
　　——費用　8,154,325
　　——不能な財（非交易財）　11,126,146,
　　　156,373,409
　　異質的な空間と——　57
　　一方向の——　86,404
　　競争的価格メカニズムと——　25,36
　　空間不可能性定理と——　46,48,54
　　産業内——　421
　　自国市場効果と——　406,409
　　双（両）方向の——　404,412,424,475,
　　　522
　　地域間——　15,36,46,54,60,346,431
　　同質的な空間と——　38,49
　　独占的競争下での——　396
　　都市間——　145,327,373,435,474
　　都市の特化と——　145
郊外化　72,96,261,273
公共財　174
　　——としての知識　490
　　——としての都市　177
　　混雑する——　189
　　私的財と——　174,206

事項索引 563

「島」モデルと―― 175
　純粋―― 174
　純粋でない―― 174
公共部門，都市と 173
交差移住 503
交差移転 47
交差通勤 241
工場 13, 16, 22, 38, 115, 310
　――都市 153
　――の移動 444, 523
　海外の―― 522
　コミュニケーション費用と―― 483
工場渡し価格 387, 400, 488, 510
厚生関数
　CES型―― 202, 363
　社会（的）―― 98, 201, 326, 409, 428
　ベンサム流（功利主義的）―― 98, 111, 363
　ロールズ的―― 98, 143, 364
合成財 91, 179, 196, 237, 311, 375
厚生分析，CPモデルの 357
構造的な安定性，空間均衡の 467
公平，ロールズの意味において 143
後方-前方連関関係 18
小売り 146
　――モデル 292
国際貿易理論 14, 26, 37
国内企業 507
　――と多国籍企業 507, 513
国連人口基金 10
コースの定理 133
戸籍管理制度（中国） 154
国家 29
固定労働投入 127, 331
コブ＝ダグラス型
　――効用関数 146, 330, 374
　――生産関数 87, 380
　――選好 106
コミュニケーション 221, 316, 384
　――の外部性 11, 17, 123, 217

コミュニケーション費用 477, 482, 520
　――の低下 513
　企業内―― 223, 260
コミュニティ 120, 153, 179, 183
　――形成 196
　――・モデル（コミュニティとしての都市） 122, 138
雇用センター 27, 273, 310
　2次的―― 310
『孤立国』（チューネン） 21
孤立国，チューネンの 27, 73, 86, 112, 437
孤立都市国家 177
混合地区 274, 279
混在商業地区 284
混雑 72, 136, 174, 180, 232, 347, 388
混雑する公共財→公共財 189
混雑性，地方公共財の 178
混雑費用 150, 347
コンドルセ均衡 197, 200
　局所的―― 200
　部分ゲーム完全―― 197, 199

【サ　行】

最終財 308, 329, 380
　――部門 329, 380, 387, 451
最適空間配置，企業の 163
最適数，企業の 163
最適性
　均衡都市システムの―― 119
　混在商業地区の―― 284
　等距離配置の―― 210
最適都市 111, 229
　――システム 143, 185, 189
最適密度分布 230
差額地代 70, 119
　――の内部収益化 119, 141
　近接性と―― 70, 121, 168, 203
　総―― 95, 135, 177, 189
　地方公共財と―― 193
サステイン・ポイント 342, 351, 372, 388,

502
サーチ　123, 273, 300, 319
　　——費用　123, 273
　　——理論　272
サッスオーロ　395
サービス部門　156, 378
サプライチェーン　477, 482, 517
差別化，財（製品）の　63, 71, 124, 155, 169, 269, 277, 289, 387, 394, 519
差別価格効果　399
差別化の原理　288
産業革命　5, 7, 10, 20, 29, 387
　　輸送費の低下と——　86, 97, 150, 162, 219, 250
産業クラスター→クラスター
産業集積，独占的競争下の　323
産業組織論　28, 169, 271, 323, 525
産業の空洞化　163, 377
産業立地　321, 393, 421
3中心形状　256
サンベルト（地帯）　19, 153, 325, 393
時間費用　8
自給自足（経済）　15, 37, 46, 59, 62, 250
自己価格効果　399
自国市場効果（HME）　405, 410, 415
　　——と社会的余剰　408
　　——と独占的競争　407
　　——と分散力　423
　　1部門経済の——　416
　　一般均衡と——　416
自己実現的な予想　356
自己組織化，都市の　153, 225, 261, 439
市場アクセス効果　392, 406
市場規模　31, 306, 310
　　——とクラスター　391
市場クラウディング効果　392, 406
市場周辺効果　300
市場ポテンシャル　393, 424, 431
　　——理論　391
市場領域効果　288, 300, 302

自然地理
　　第1の——　16
　　第2の——（内生地理）　16
持続性，均衡の　460
下町→ダウンタウン
質的異質性→異質性
ジニ係数　378
地主　11, 80, 113, 153, 207, 236, 253, 449, 464
資本化，土地の　175, 190, 203, 206
社会(的)階層化　73, 100, 103
社会的接触，都市と　19, 229
社会的余剰　79, 175, 408
上海　479
収穫一定　14, 27, 58, 148, 324, 452, 508
　　——と完全競争　64, 70, 124, 178, 191, 325, 380, 392, 420
収穫逓増　4, 10, 16, 22, 24, 58, 63, 117, 143, 391, 490, 506
　　——と独占的競争　17, 29, 329, 397
　　——と不完全競争　22, 28, 432
　　——と輸送費　64, 115, 120, 154, 386, 523
　　イノベーションと——　478
　　外部的な——　59, 62, 122
　　都市形成と——　24, 27, 133, 173
　　内部的な——　59
自由参入　63, 112, 126, 130, 150, 162, 176, 234, 299
　　自国市場効果と——　404
集積　3, 21, 37, 48, 58, 103, 115, 173, 224, 261, 371
　　——と外部性　17, 59, 62, 130, 224, 261, 273
　　——と経済成長　495, 525
　　——と収穫逓増　13, 117, 140
　　——の不経済　20
　　寡占と——　287
　　完全な——　407
　　企業の——　287, 408
　　空間規模と——　6

最終財部門の―― 379
　　　中間財部門の―― 379
　　　店舗の―― 272, 300
　　　発送商品と―― 299
　　　部分的な―― 376, 405
集積形状　326, 362, 373
集積地区，産業の　6
集積力，向心力　3, 62, 113, 236, 269, 324, 458
　　　――と分散力　236, 278, 357, 373, 431
　　　地域特化と――　395, 431
　　　ブラックホール条件と――　342, 469
住宅
　　　――規模と近接性のトレードオフ　90
　　　――の分布　72
　　　――の家賃　21
　　　アメニティと――　105
周辺，CP モデルにおける　325
重力　217, 293
　　　――原理　273, 292, 306
　　　――方程式　391
　　　――モデル　293, 333, 403
出荷価格→発送価格
主都の罠　460, 465
需要の外部性　273, 307
循環的因果関係　325
純粋公共財　174
　　　――の効率的な供給　181
準地代（レント）　204
商業地区　6, 276
　　　混在――　284
上限価格　403
消費
　　　――集合の凸性　37
　　　収穫逓増と――　38, 158
　　　都市の階層と――　156
消費者
　　　――と公共財　174, 176, 181
　　　――の移動性（移住性）　121, 175, 187, 193, 203, 394

　　　――の居住パターン　72, 96
　　　――の（生涯）厚生　505, 521
　　　――の付け値関数　92, 107, 203, 225, 314
　　　――の非均質性　159
　　　――の立地（決定）　121, 212, 219
　　　――分布　269, 284, 334
　　　核-周辺モデルと――　357
　　　居住地均衡と――　91, 97, 110
　　　限界――　160
　　　郊外化と――　72, 97
　　　サーチ理論と――　272, 300
　　　社会階層化と――　100
　　　独占的競争と――　323
　　　農村アメニティと――　106, 108
　　　マッチングと――　123, 128, 295, 305
　　　輸送費と――　28
　　　離散モデルと――　108, 289
　　　連続体としての――　37, 73, 91, 159
城壁都市　173
情報　219
　　　――スピルオーバー　117, 132, 220, 239, 261, 430, 477
　　　暗黙の――　219
　　　外部性としての――　17, 123
　　　距離減衰効果と――　220
　　　非競合財としての――　219
　　　不完全――　273, 317
将来予見行動　351
上流企業　308
ショッピング・センター　301, 307
シリコンバレー　6, 220
新経済地理学→ NEG
人口供給関数　135
人口成長　438
　　　――と厚生　449, 459
　　　――と都市の形成　466
人口制約　99, 231, 240, 246, 282, 285
人口密度　9, 72, 96, 182, 217, 228, 391
新古典派
　　　――（的）技術　80, 87

事項索引

――成長モデル　27
――の貿易理論　13, 37, 58, 386, 392
――モデル　325
新貿易理論　29, 63, 386, 392
『進歩と貧困』（ヘンリー・ジョージ）　181
『人文地理学原理』（ブラーシュ）　13
垂直（的）投資　482, 506, 522
垂直（的）な海外投資　482
垂直的リンケージ　358, 438, 458
水平（的）投資　506, 524
スピルオーバー（技術的外部性）　18, 22
　　――効果　431, 505
　　――と距離減衰効果　431
　　――の測度　490
　　――の内部化　133
　　研究開発部門と――　489
　　情報の――　117, 239, 261
　　知識の――　132, 221, 430, 477, 480, 485, 490
　　都市外への――　192
　　フェイス・トゥ・フェイスと――　220
税
　　一括――　196, 205
　　売上――　168
　　公共財と――　174, 184, 195
　　収穫逓増と――　141
　　比例所得――　177, 196, 198
　　ヘンリー・ジョージ定理と――　141, 181, 190
静学モデル　41, 301, 477
生産関数
　　CES 型――　→CES
　　１次同次の――　14
　　外部性と――　18, 59
　　企業の――　134, 143, 308
　　競争企業の――　124
　　固定係数型の――　80
　　コブ＝ダグラス型――　87, 379
　　コミュニティ――　136, 138
　　最終部門の――　124, 452

新古典派の――　89
都市の――　127, 131
特許の――　491, 495
生産クラブとしての都市　190
生産要素の移動性　31, 404, 431
製造業部門　397
生態学的誤謬　6
成長
　　――の上限　137
　　外部性と――　144
　　集積と――　478
　　人口の――　152
　　地域的――　478
　　通勤費用と――　156
　　都市と――　30, 96, 132, 153, 156, 191, 251, 365, 388, 435, 458, 473, 479
成長効果，研究開発部門の集積による　504
成長動学　495
成長の極　18
成長率，特許および製品数の　491
成長理論　19, 30, 63, 223, 479
　　――と知識のスピルオーバー　132
　　内生的――　480, 489
正のフィードバック　18
セルビア　5
線形近接度→近接度
線形モデル，独占的競争の　387, 396
潜在的パレート改善　361
戦略的効果　288
戦略的補完性，立地選択の　339
総合近接度　239, 242, 246, 266
相互交流，経済主体の　217, 253, 292
相互作用，企業間の　233
総差額地代　95, 135, 141, 176, 180, 186, 259
総地代，社会的余剰と　79
双中心形状　255, 258, 266
双方独占　525
損失者への補償（補償原理）　360

【タ 行】

第1の自然地理　16
第2の自然地理（内生地理）　16
第三のイタリア　395
対称均衡
　　安定な──　344, 350, 369, 376
　　不安定な──　339, 344, 351, 376, 426
対称構造　343
対称ブレイク閾値　473
代替効果，集積モデルと　12
ダウンタウンの形成　274
多核都市　253
　　──の出現　254
多項ロジット　290
多国籍（化）　483, 507, 513, 521
多国籍企業　423, 483, 507, 510, 524, 526
多様性（バラエティ）
　　──への（に対する）選好　4, 269, 275, 280, 287, 323, 330, 439
　　異質性と──　28
　　財の──　155, 269, 289
　　自然条件の──　58
　　製品の──　289, 291, 297
　　組織の──　511
　　チェンバリンの──　117, 123, 323
　　中間財における──の役割　308, 438
　　都市の──　157, 222, 253
　　立地パターンの──　105
多様な産業　154
単一中心経済　437, 440, 449, 461
　　──における厚生　449
単一中心形状　223, 244, 249, 438, 444
　　──に対するポテンシャル曲線　446
　　安定な（不安定な）──　471
　　小規模人口下の──　469
　　人口規模と──　460, 466
　　2つのタイプの──　452
単一中心都市　90, 242, 327, 364
短期均衡　334, 338, 348, 400, 411

単調収束仮説　502
端点解　426
弾力性
　　一定の──　333, 387, 399
　　価格──　277, 290
　　交差価格──　160
　　代替──　104, 125, 323, 331, 474, 486
　　等──　126, 348
　　無限の需要──　333
　　労働の需要──　312
地域科学　7, 12, 30, 144, 292
地域間交易　15, 36, 46, 60, 431
地域経済学　14, 65, 327
地域特化　6, 36, 61, 64, 144, 155, 161, 384, 395, 423, 430, 479
　　──と競争　161
　　完全な──　384
知識
　　──資本　485, 490
　　──のスピルオーバー　132, 221, 430, 477, 480, 485, 490
　　非競合財としての──　219
地代
　　──関数　75, 95
　　──形成　69
　　──と通勤費用　91, 95, 115, 327
　　──の資本化法則　187
　　──の内部化　164, 177, 307
　　均衡　54, 88, 179, 203, 234, 365
　　差額──　70, 119, 169, 176, 184, 193, 206
　　集積と──　222
　　準──　204
　　中心業務地区と──　233
　　都市の──　90, 146, 310
　　ヘンリー・ジョージ定理と──　144
地方公共財　103, 141, 174, 178
　　──の供給，土地開発業者による　187
　　──の集権的供給　183
地方政府　63, 120, 138, 146, 152, 439
中間財　117, 308, 380

――部門　124, 380, 451
中心地理論　156, 435, 471, 474
　――の進化型アプローチ　438
中心業務地区（CBD）　27, 72, 90,
　112, 222, 235, 243, 253, 327, 365, 516
中心都市
　――における雇用　219
　――の歴史的アメニティ　105
　双――　254
　単一――　90, 242, 327, 364
チューネン・モデル　27, 69, 73, 437
チューネン・リング　77
長期均衡　120, 145, 336, 400, 412
賃金　14, 21, 89, 444
　――格差　14, 384
　――とグローバリゼーション　482
　――と都市費用　365, 371
　――の均等化　418
　実質――　80, 129, 359
　高い――　115, 118, 123, 130, 137, 142,
　337, 350, 418
　都市の――　147, 442
　低い――　128, 337, 464
賃金関数　135, 138, 246, 267, 458, 497
通勤関数　237, 240, 246
付け値（関数）　71, 75, 94, 237, 239
ディキシット＝スティグリッツ・モデル
　64, 129, 324, 437
ティブー・モデル
　政治家抜きの――　177
　政治を備えた――　208
デトロイト　100-5
天然資源，資源　3, 14, 36, 57, 61
動学過程，近視眼的（マイオピック）な
　337, 352
動学的規模の経済　18
東京　6, 10, 154, 157, 274
統合型都市　452
　――（の）経済　455, 458
統合戦略，複雑な　524

統合地区　244
投資
　垂直的――　482, 506, 522
　水平的――　506, 522
同時ゲーム　296
同質的（性）　44
　――な企業　412
　――な空間　36, 41, 44, 467
　――な空間と地代　53
　――な消費者　94, 109
　――な製品（財）　271, 287, 300, 324,
　380, 400, 452
　空間不可能性定理と――　38, 47, 64
投入センター　308
『動物農場』（オーウェル）　171
独占的競争　30, 63, 323
　――と交易　396
　――とダウンタウンの形成　274
　――と氷塊型輸送費　328
　――の空間モデル　63, 421
　――モデル　19, 23, 287, 299
　自国市場効果と――　407
　収穫逓増と――　17, 329, 365, 397
　新経済地理学と――　317, 437
　新貿易理論と――　63
　線形モデルと――　396, 402
都市　9
　――の階層　156, 435
　――の数，規模　142, 148, 151, 184, 189,
　195, 371, 388, 471
　――の形成　134, 142, 155, 176, 222, 269,
　439, 451, 466
　――の地代　90, 310
　――の特化　58, 145
　企業としての――　134
　公共財としての――　177
　コミュニティとしての――　138, 169
　最適――　111, 143, 229
　自己組織化と――　153, 225, 439
　消費クラブとしての――　190

事項索引 569

城壁―― 173
　生産クラブとしての―― 190
　多核―― 253
　統合型―― 452
　民主化―― 173
都市化(経済) 9,144,191,221,346,474
　人口成長と―― 438
都市開発業者 118,189
都市開発の市場 120
都市間交易 145,327,347,373
　費用なしの―― 435
都市空間構造,外部性と 217
都市経済学 3,19,26,73,98,110,144,164, 169,187,224
都市形成
　開発業者と―― 134,142
　企業と消費者の空間的相互依存による―― 236
　収穫逓増と―― 24
　消費者間の相互作用と―― 224
都市構造 72,90
都市システム 31,142,145,150,176,373, 435,437,466,439
　――の出現 466
　核-周辺モデルと―― 387
　最適―― 143,177,185,206,223
　都市のネットワークとしての―― 469
都市周辺ベルト 106
都市費用 137,145,155,166,327,364,368, 371,439
　副都心の存在と―― 379
土地開発業者 63,146,154,176,187,307, 439
　――による地方公共財の供給 187
土地(の)資本化 175,190,203
特化型都市(の)経済 452,461,463
　――均衡 465
特化都市 150,154
特許 221,480,485,488-9,495
　――の生産関数 491

凸性→非凸性も参照
　技術の―― 38
　均衡地代の―― 76
　消費集合の―― 37
　生産集合の―― 37
　地代の―― 87
　配分集合の―― 56
取引経済効果 155
取引費用 8,58,133
トレードオフ 4,273,288,302
　規模の経済と通勤費用の―― 152,177
　求心力と遠心力の―― 218
　近接性と競争の―― 392
　近接性と住宅規模の―― 72,90
　近接性と集中の―― 522
　効率性と公平性の―― 203,430
　資金調達と混雑の―― 190
　収穫逓増と移動費用の―― 4,16,64, 128
　収穫逓増と輸送費(用)の―― 16,64, 115,162,170,523
　集積力と分散力の―― 357
　成長と公平の―― 481,504
　土地需要と通勤時間の―― 102
　取引経済効果とクラウディング・アウト効果の―― 155
　輸送費と通勤費用の―― 366

【ナ 行】

内生的成長モデル 480,489
内生的成長理論 489
内生的な経済メカニズム 36
内部化 148
　地代の―― 121,133,141,164
ナッシュ均衡 271,289,294,297,305
2次的雇用センター 310
2次(の)配置問題→配置問題
ニューメレール 51,124,129,146,152, 165,274,308,417,487,507
　公共財と―― 187

ニューヨーク　6, 10, 104, 128, 274, 395, 479
ネットワーク（効果）
　――外部性　273
　企業の――　159
　仕事の――　132
　通信――　11
　都市の――　373, 432, 467, 469
　輸送――　55
農業
　核-周辺モデルと――　326, 331, 437
　技術革新と――　7, 449
　チューネン・モデルと――　26
ノガーラ　395
ノーベル経済学賞　13, 393

【ハ　行】

配送価格　300
配送品　176
配置問題　39, 41
　1次の――　80
　2次の――　39, 46, 60, 65, 85
配分　42
　ファースト・ベストの――　429
バック・ユニット　260
　――の立地　261
発信者　218, 262
発送商品と集積　299
発送モデル　272
「パテ」型　44
パテ-粘土地理学　346, 473
ハーフィンダール指数　398
バラエティ→多様性
パリ，フランス　6, 11, 20, 103, 527
パレート
　――改善，潜在的　361-2
　――基準　326
　――最適　481
　――支配　359
　――優位（優越）　326, 360, 481

範囲の経済　155, 273, 301, 331, 397, 400
比較静学　72, 96, 111, 449
比較優位　25, 56, 61, 116, 157, 338
　ヘクシャー＝オリーン型の――　62, 396, 400, 416
　リカードの――　26, 56, 116, 157, 406
非競合（的）財　174, 219
ピグー税　190
ヒックス流分析　23
ビッグプッシュ　18
ヒッチコック＝クープマンスの輸送問題　55
非凸性　37, 48
　技術の――　121
　配分集合の――　48
　輸送における――　302
非排除性　174
氷塊型輸送費　50, 74, 324, 333, 365, 381, 387, 400, 472, 507
氷塊技術　47, 50, 332
標準（の）最適化手法　290
貧困化，周辺地域の　525
ファースト・ベスト　408
　――の配置　284
　――の配分　409, 429
フェイス・トゥ・フェイス　8, 132
　――のコミュニケーション　17, 123, 132, 219, 384
不完全競争　12, 22, 28, 62, 120, 269, 484
　――と金銭的外部性　18, 323
　――と集積　270
　核-周辺構造と――　387
　収穫逓増と――　28, 170, 269
不完全統合形状　245, 249, 253
複合産業都市　154
複雑な統合戦略　524
複占逐次モデル（ホテリングの）　295
　2人のアイスクリーム売りの問題　271
フットルースな資本モデル→FCモデル
部分ゲーム完全コンドルセ均衡　197

部分的な集積→集積
プライス・テイカー（価格受容者） 38,
　71,75,98,115,147
プライス・メーカー（価格決定者） 62
フライト・アブソープション 402
フラグメンテーション，空間的な 477,
　482,507,511,513,517
ブラックホール条件 342,351,447,450,
　459,464,475
プラート 395
ブルガリア 5
ブレイク・ポイント 344,350,369,372,
　388
フロント・オフィス 260,514
フロント・ユニット 260
分割可能（な活動） 26,43,70,73
分岐（図） 345,427,471,473
分散，経済活動の 4,368
分散化 343,366,373,384,407,428,460
分散構造 505,526
分散力，遠心力 21,113,162,234,236,
　262,278,288,310,315,324,357,368,373,
　395,409,419,423,430,437
閉鎖都市モデル 113
ヘクシャー=オリーン・モデル 62,396,
　400,416
ヘンリー・ジョージ定理 141,144,168,
　179,181
補完効果 12
補完性 18,339,490
北米自由貿易地域（NAFTA） 5,29
保護関税 271
保護貿易 3
ポテンシャル関数 352,445,448,455,458,
　462
　極限—— 447
ポテンシャル・ゲーム 352
ポートフォリオ理論 157
本社（HD） 310,482,506,516

【マ　行】

マーシャルの外部性→外部性も参照 17,
　35,59,115,117,123
マッチング 116,123,128,295
　——・コスト（限界効用損失） 303
　労働市場の—— 128
『ミクロ静学』（ヴィックリー） 169
店のクラスター→クラスター
密度，密度関数 69,73
　企業の—— 235,276
　消費者の—— 95,165,284
　都市の—— 479
　土地の—— 74,225,274,451
密度分布
　企業の最適—— 230,235
　逆U字型の人口—— 218
　単峰型の人口—— 224,229
民主化都市 173
メガロポリス 20
モンテグラナーロ 395

【ヤ　行】

有限，戦略的に振る舞う企業数 289
雪だるま効果 17,62,325
輸送費用（輸送費） 7,16,23,26,29,48,
　195,276,288,372,376
　——と収穫逓増 16,64,115
　——と集積 11
　中間財の—— 384,438,452
　チューネンと—— 74
　氷塊型—— 74,400
　不完全競争と—— 28
　リカード理論と—— 26,70
　立地と—— 391,483
輸送問題，ヒッチコック=クープマンスの
　55
要素移動 321
4つのT 8

572 事項索引

【ラ，ワ 行】

リカードの比較優位→比較優位
リカード・モデル　61
利潤ゼロ（条件）　112,191,511,520
立地
　——ゲーム　295
　——と集積力　3
　——のない土地　175
　アメニティと——　101
　外部性と——　17,61,218,232
　共有と——　116
　近接性と——　13,239,294,392
　空間不可能性定理と——　46
　厚生と——　297
　コミュニケーション費用と——　222,236,251
　差別化の原理と——　288,400
　自国市場効果と——　394
　新経済地理学と——　29
　戦略的補完性と——　339
　知識および情報の伝搬と——　477
　中心業務地区と——　90,147,260,311
　独占的競争と——　63
　都市の——　435,466
　土地（のない）抜きの——　121,175
　2次的雇用センターと——　310
　配置理論と——　39,65
　発送モデルと——　299
　比較優位と——　56
　非交易財の——　409
　分割可能な経済活動の——　73
　マッチングと——　128
　輸送費と——　8,41,70,154,170,366,513
立地レント　112
累積的因果関係　18,386
連続的土地利用理論　108
労働　134
　移住行動と——　356,493
　オフショアリングと——　506
　グローバル化と——　482
　熟練——　123,335,348,385,480,482,484,490,498,517
　内生的成長理論と——　480,489
　非熟練——　158,348,479,481,484,517,526
　マッチングと——　116
ロジット関数　111
ロジット・モデル　290,293
ロックイン効果　17,446,461
ロールズ
　——のアプローチ　98,143,164
　——の計画解　202
ロンドン　6,10,103,128,154,479
ワルラス法則　336,362

人名索引

A

Abdel-Rahman, H.　125, 155
Acemoglu, D.　132
Alesina, A.　195, 207
Allais, M.　36
Alonso, W.（アロンゾ）　27-8, 71-2, 90, 111, 154
Anas, A.　7, 18, 111, 155, 261, 293, 373
Anderson, J.　8
Anderson, S.P.　169, 171, 277, 295, 299-300
Arnott, R.　7, 95, 175, 182, 205-6
Arrow, K.（アロー）　24, 35, 37, 69
Arthur, W.B.　18
Asami, Y.（浅見泰司）　76, 109-11, 164
Au, C.C.　154
Audretsch, D.B.　158, 221
Aumann, R.J.　159, 297

B

Bacolod, M.　158
Bairoch, P.　5, 7, 10, 17, 72, 96, 137, 150, 162, 173, 191, 373, 477
Baldwin, R.E.　348, 356, 422, 479
Baumeiter, R.F.　218
Baumol, W.（ボーモル）　182
Baumont, C.　112
Baum-Snow, N.　379
Beckmann, M.J.（ベックマン）　39, 55-6, 63, 65, 80, 86-7, 102, 111, 161, 168, 218, 225, 391, 394
Behrens, K.　404, 410, 422-3, 432
Belleflamme, P.　395
Benabou, K.　103, 494
Ben-Akiva, M.　295

C

Berglas, E.　144, 190
Berliant, M.　109, 111-2
Bernard, A.　411
Berry, S.　416
Blaug, M.　26
Borukhov, E.　222
Braid, R.M.　169
Brakman, S.　324
Braudel, F.　4
Bruekner, J.K.　103-5
Buchanan, J.M.　120, 174, 190
Bull, B.S.　158

C

Cantillon, R.　253
Carroll, A.　103
Casetti, E.　111
Cavailhès, J.　106, 379
Caves, R.E.　506
Chamberlin, E.（チェンバリン）　63, 117, 123, 323
Charlot, S.　158, 326, 363
Chipman, J.S.　59, 424
Christaller, W.（クリスタラー）　156, 170, 435, 439
Ciccone, A.　144
Combes, P.-P.　32, 171, 328, 378, 386, 431-2, 482
Cournot, A.（クールノー）　55
Crafts, N.　393
Cremer, H.　195, 203

D

Darnell, A.C.　144
d'Aspremont, C.　288

Davis, D.R.　356, 422
Davis, J.C.　507
Deardorff, A.V.　48
Debreu, G.（ドブリュー）　24, 35-9, 69
De Fraja, J.　295
de Kerchove, A.-M.　195
de Palma, A.　9, 169, 171, 289, 295, 300
Diamond, J.　15
Dixit, A.K.（ディキシット）　63-4, 126, 129, 323, 392, 447
Dos Santos Ferreira, R.　168
Drèze, J.　145
Dunn, E.S.　27, 73
Duranton, G.　62, 116, 158, 171, 261, 386, 431, 482

E

Eaton, B.C.（イートン）　29, 144, 169, 299, 307, 436
Egger, P.　522
Ekelund, R.B., Jr.　26
Ellison, G.　59, 144, 438
Engel, C.　400
Enke, E.　55
Ethier, W.　124

F

Feenstra, R.C.　482
Feldman, M.P.　158, 221, 479
Fingleton, B.　431
Fisher, C.S.　217
Flatters, F.　205
Florian, M.　55
Florida, R.　479
Forslid, R.　348, 351
Foster, L.　394
Fujita, M.（藤田昌久）　21, 30, 91, 95, 102, 109, 111-3, 125, 139, 144, 155, 164, 182, 190, 192, 233, 242, 249-50, 258, 260, 269, 286-7, 310, 328, 332, 339, 344, 378, 437-8,
449, 468-9, 474, 502-3, 511, 514, 523
Fukao, K.（深尾京司）　494

G

Gabszewicz, J.J.　169, 288
Gaffney, M.（ギャフニー）　182
Gaigné, C.　423
Gaspar, J.　221
Gehrig, T.　307
George, H.（ヘンリー・ジョージ）　141, 144, 168, 171, 179, 181, 189, 194, 205
Glaeser, E.L.（グレイザー）　8-9, 59, 98, 104, 132, 144, 152-3, 221-2, 379, 478, 527
Gobillon, L.　171, 386, 431, 482
Gokan, T.　523
Goldstein, G.S.　81, 86-7, 155
Gottlieb, J.D.　152
Greenhut, M.　23, 399, 401
Griliches, Zvi（グリリカス）　182
Gronberg, T.J.　155
Grossman, G.（グロスマン）　480, 489
Gupta, D.　300

H

Hägerstrand, T.　220
Hall, R.E.　144
Haltiwanger, J.　394
Hamaguchi, N.　438
Hamilton, B.W.　56-7
Handbury, J.　344, 416
Hanson, G.H.　395
Harris, C.（ハリス）　391
Hartwick, J.　112
Haussmann, G.-E.（オスマン）　207
Hay, D.　307
Head, K.　393, 422
Hébert, R.F.　26
Heffley, D.R.　56
Heijdra, B.J.　324
Helpman, E.（ヘルプマン）　29, 145, 327,

377, 392, 405, 422, 480, 484, 489, 521, 524-6
Helsley, R.W.　128, 133, 192
Henderson, J.V.　19, 30, 103, 120, 144, 146, 150, 154, 171, 175, 177, 191, 205, 261, 274, 481, 490, 507
Henderson, R.　221
Herbert, J.D.　111
Hicks, J.R.（ヒックス）　23, 326, 360, 363, 400
Hildenbrand, W.　109
Hirschman, A.O.　18, 478
Hochman, O.　144, 194, 222
Hohenberg, P.　72, 97, 103, 132, 206, 219, 260, 273, 373, 435, 473, 478-9
Hoover, E.（フーヴァー）　16, 22, 36, 58, 144
Hotelling, H.（ホテリング）　20, 22, 28, 36, 62, 159, 168-70, 270-1, 287
Hummels, D.　407
Hung, C.-S.　399
Huriot, J.-M.　112
Hurter, A.P.　300

I

Imai, H.（今井晴雄）　222, 242, 249
Ingram, G.K.　103
Ioannides, Y.M.　19
Irmen, A.　295
Isard, W.（アイザード）　22-5, 72

J

Jackson, M.O.　219, 224
Jacobs, J.　157
Jaffe, A.B.　221, 481
Jofre-Monseny, J.　144
Jones, C.I.　47, 132
Jovanovic, M.　31
Judge, G.G.　55

K

Kahn, M.E.　379
Kaldor, N.（カルドア）　18, 28, 62-3, 120-1, 159, 326, 346, 360, 363
Kanemoto, Y.（金本良嗣）　144, 175, 249
Kerr, W.R.　144
Kim, S.　378
Klein, A.　393
Klenow, P.J.　407
Kohlhase, J.E.　8
Koopmans, T.（クープマンス）　22, 24, 39, 55-6, 65, 80, 86, 270
Krugman, P.R.（クルーグマン）　22, 29, 64, 145, 157, 170, 323-5, 329, 339, 344, 347, 353, 374, 378-9, 392, 403, 405, 407, 419, 422, 437, 449, 469, 480, 508, 527
Kuncoro, A.　144

L

Labbé, M.　170
Labys, W.C.　55
Launhardt, W.（ラウンハルト）　16, 26, 73, 168, 271
Laurent, J.　144
Leary, M.R.　218
Lederer, P.J.　300
Lees, L.H.　72, 97, 103, 132, 206, 219, 260, 273, 373, 435, 474, 478-9
Lerner, A.　271
Lipsey, R.G.（リプシー）　144, 169, 299, 307, 436
Liu, H.-L.　286
Los, M.　55
Lösch, A.（レッシュ）　16, 22, 36, 63, 120, 170, 393
Lucas, R.E.（ルーカス）　12, 14, 18-9, 132, 219, 223, 394

M

Magrini, S.　14
Manne, A.　170
Manski, C.　19
Marchand, B.　207
Marín-López, R.　144
Markusen, J.R.　523
Marshall, A.（マーシャル）　17, 59, 117, 123, 132
Marshall, J.U.　435, 438
Martin, P.　422, 479
Martin, R.　6
Martínez-Galarraga, J.　378
Matsuyama, K.（松山公紀）　18, 324
Mayer, T.　328, 393, 411, 422, 432
McFadden, D.　290
McKenzie, L.（マッケンジー）　35
McLaren, J.　513
McMillan, J.　303
Meade, J.E.　145
Melitz, M.　404, 523-4
Mieszkowsi, P.　205
Mills, E.S.　15, 18, 28, 81, 87, 90, 111, 119, 143-4, 182
Mion, G.　482
Mirrlees, J.　37, 98, 111, 144, 153
Mitra, A.　274
Modigliani, F.（モディリアーニ）　182
Mohring, H.　111
Moretti, E.　481-2
Mori, T.（森知也）　328, 332, 438, 468-9
Moses, L.N.　81, 86-7
Mossay, P.　233, 338
Mougeot, M.　55
Mulligan, G.　436
Murata, Y.（村田安寧）　327
Musgrave, R.（マスグレイブ）　182
Muth, R.F.　28, 90, 111, 337
Myrdal, G.（ミュルダール）　18, 325, 525

N

Nagurney, A.　55
Nakajima, K.（中島賢太郎）　423
Naticchioni, P.　482
Navaretti, G.B.　506
Nelson, P.　272
Nerlove, M.L.　80
Neumann, J. von（ノイマン）　80
Neven, D.　300
Nocke, V.　414
Norman, G.　169, 295, 399
Norman, V.　392

O

Ogawa, H.（小川英明）　30, 242, 250, 258
O'Hara, D.J.　222
Ohlin, B.（オリーン）　13, 386
Ohmae, K.（大前研一）　98
Okubo, T.（大久保敏弘）　412, 416
Ota, M.（太田充）　260
Ottaviano, G.I.P.　348, 351, 353-4, 387, 393, 404, 409, 411, 422
Oyama, D.（尾山大輔）　325, 352-4, 356, 377

P

Pal, D.　300
Papageorgiou, G.J.　111
Papageorgiou, Y.Y.　20, 30, 112, 229, 270, 283
Parsley, D.C.　400
Peeters, D.　170
Penn, W.（ウィリアム・ペン）　153
Peri, G.　221, 481, 490
Perroux, F.　18
Pflüger, M.　328, 376
Picard, P.　337, 395, 412, 416, 422-3
Pigou, A.C.（ピグー）　190, 299
Pines, D.　112, 144, 194

人名索引　577

Pirenne, H.　191
Plato（プラトン）　20
Polèse, M.　200
Pollard, S.　386, 391
Ponsard, C.　23
Porter, M.E.　395
Prager, J.-C.　481
Puga, D.　62, 116, 144, 158, 171, 261, 328
Pyke, F.　395

Q

Quigley, J.M.　327
Quinzii, M.　436

R

Raphael, S.　327
Rappaport, J.　58
Redding, S.　393, 422-3
Reilly, W.L.　292
Ricardo, D.（リカード）　26, 56, 58, 70, 157, 406
Rice, P.　152
Roback, J.　190
Robert-Nicoud, F.　338, 388, 521
Rogers, C.A.　422
Rogers, J.　400
Romer, P.（ローマー）　19, 27, 47, 132, 219, 480, 489
Rosenstein-Rodan, P.N.　18
Rosenthal, S.S.　144
Rosès, J.R.　378
Rossi-Hansberg, E.　223
Rothschild, M.　303

S

Sachs, J.　59, 478
Sadka, E.　80
Salop, S.C.（サロップ）　63, 168
Samuelson, P.A.（サミュエルソン）　26, 40, 47, 55, 74, 80, 174, 181, 324

Sandholm, W.H.　352
Sarkar, J.　300
Sato, Y.（佐藤泰裕）　391
Saxenian, A.　220, 395
Schmeidler, D.　337
Schultz, N.　306-7
Schumacher, H.　21
Schumpeter, J.（シュンペーター）　23
Schweizer, U.　56, 86-7, 90, 112
Scitovsky, T.（シトフスキー）　18, 182, 360, 363
Scotchmer, S.　120, 193-4, 205
Selten, R.（ラインハルト・ゼルテン）　297
Serk-Hanssen, J.　144
Sidorov, A.　357
Singer, H.W.　271
Small, K.A.　7
Smith, A.（アダム・スミス）　10, 21, 29, 116-7, 122, 128
Smith, H.　307
Smith, T.E.　109, 111, 233
Smith, T.R.　229
Smith, W.D.　219
Solow, R.（ソロー）　27, 92, 111, 182
Spolaore, E.　195, 207
Spulber, D.F.　8
Sraffa, P.　24
Stahl, K.　301, 306
Starrett, D.（スターレット）　25, 36-7, 46, 53, 144, 187
Stern, N.　168
Stevens, B.H.　111
Stigler, G.J.　219
Stiglitz, J.（スティグリッツ）　63, 126, 129, 141, 175, 182, 205, 323, 437
Stollsteimer, J.F.　170
Storper, M.　31
Strange, W.C.　128, 133, 144, 158, 171
Streeten, P.　207

Stuart, C.　272
Sturm, D.　423
Syverson, C.　394

T

Tabuchi, T.（田渕隆俊）　155, 259, 327-8, 345, 357, 376, 387-8, 391, 393, 439, 471-3
Takahashi, T.（高橋寿明）　394, 416, 419
Takatsuka, H.（高塚創）　394, 421-2
Takayama, T.（高山崇）　55
Tauchen, H.　220
Teece, D.J.　481
Teitz, M.B.　176
Thisse, J.-F.　30, 103, 155, 164, 168-71, 192, 194-5, 205, 270, 283, 287-8, 295, 310, 327-8, 337, 345, 357, 387-8, 391, 393-5, 400, 412, 422-3, 432, 436, 439, 471-3, 481, 502-3, 512, 514
Thünen, J.H. von（チューネン）　21, 26, 69, 436-7
Tideman, N.（タイドマン）　182
Tiebout, C.M.（ティブー）　174, 176, 208
Tirado, D.A.　378
Tirole, J.　288
Tobin, J.（トービン）　182
Tokunaga, S.（徳永澄憲）　112
Toulemonde, E.　337, 385, 423
Trajtenberg, M.　221
Turner, M.　144

V

van Wincoop, E.　8
Van Ypersele, T.　409
Varaiya, P.V.　86-7, 112

Venables, A.J.　152, 329, 339, 344, 374, 378-9, 393, 469, 508
Vickrey, W.（ヴィックリー）　118, 143-4, 169, 182
Vidal de la Blache, P.（ブラーシュ）　13
Viladecans-Marsal, E.　144

W

Waldfogel, J.　416
Warsh, D.　64
Weber, E.　327, 391
Wei, S.-J.　400
Weinstein, D.　344, 356, 416
Wheaton, W.C.　111
Whitaker, J.K.　181
Wildasin, D.　98, 205
Williamson, J.G.　378
Wilson, A.G.　293
Witte, A.D.　220
Wolinsky, A.　219, 224, 302, 306

Y

Yamamoto, K.（山本和博）　391
Yang, C.W.　55
Yeaple, S.R.　524
Young, A.　128
Ypersele, T.　409, 422

Z

Zeng, D.-Z.（曽道智）　388, 394, 421-2
Zenou, Y.　19, 103, 112, 310, 316
Zhelobodko, E.　357
Zoller, H.G.　205

著者紹介

　藤田昌久は，日本学士院会員，国際地域学会フェローであり甲南大学教授，京都大学経済研究所特任教授を併任．20年間にわたるペンシルベニア大学での在職中，より最近では，京都大学と甲南大学において，空間経済理論への主要な貢献をしてきている．藤田教授は以下の3冊の本の著者あるいは共同執筆者である．*Spatial Development Planning*, North-Holland, 1978; *Urban Economic Theory*, Cambridge University Press, 1989（小出博之訳『都市空間の経済学』東洋経済新報社, 1991年）は，都市経済学に関して最も信頼すべき大学院の教科書として今日でも使われている．*The Spatial Economy*, 1999, co-authored with Paul Krugman and A.J. Venables（小出博之訳『空間経済学』東洋経済新報社, 2000年）は，新しい経済地理学の分野を定義している．

　ジャック・F・ティスは，計量経済学会および国際地域学会のフェローであり，ルーヴァン・カトリック大学（ベルギー）およびロシア国立研究大学高等経済学院の経済学の教授である．彼は，*American Economic Review*, *Econometrica*, *Journal of Political Economy*, *International Economic Review*, *Management Science*, *Exploration in Economic History* および *Journal of Economic Geography* など多数の雑誌に寄稿している．また，*Discrete Choice Theory of Product Differentiation*（1992; co-authored with S. P. Anderson and A. de Palma），*Economic Geography*（2008; co-authored with P.-P. Combes and T. Mayer）および *Economic Geography and the Unequal Development of Regions*（2012, co-authored with J.-C. Prager）の共同執筆者でもある．

　藤田とティスの両教授は，*Economics of Agglomeration: Cities, Industrial Location, and Regional Growth*（Cambridge University Press, 2002）の第1版を共同執筆した．

訳者紹介

徳永澄憲（とくなが・すみのり）
現　職　麗澤大学大学院経済研究科・経済学部教授，筑波大学名誉教授
1952年　愛媛県に生まれる．
1982年　筑波大学大学院社会科学研究科修了，1992年ペンシルベニア大学大学院博士課程修了(Ph.D.)
主著
Impacts, Reconstruction, and Regional Revitalization: the Great East Japan Earthquake and the Indian Ocean Tsunami, Springer Science + Business Media Singapore, Singapore, 2017（共編著）．
"Empirical Analysis of Agglomeration Economies in the Japanese Assembly-type Manufacturing Industry for 1985-2000," *Review of Urban and Regional Development Studies* 26(1): 57-79, 2014（共著）．
"Market Potential, Agglomeration and Location of Japanese Manufactures in China," *Letter in Spatial and Resource Science* 4(1): 9-19, 2011（共著）．

太田　充（おおた・みつる）
現　職　筑波大学システム情報系准教授
1961年　静岡県に生まれる．
1984年　北海道大学工学部建築工学科卒業，1991年ペンシルベニア大学大学院博士課程修了(Ph.D.)
主著
「大都市圏における近年のテレコミューティング（在宅勤務）と都市構造の均衡分析」『地域学研究』41(1): 1-14, 2011.
「2種類の企業による都市の均衡形状に関する研究」『地域学研究』41(4): 853-865, 2011.
"Communication Technologies and Spatial Organization of Multi-unit Firms in Metropolitan Areas," *Regional Science and Urban Economics* 23: 695-729, 1993（共著）．

集積の経済学
都市、産業立地、グローバル化

2017年2月9日　第1刷発行
2018年8月9日　第2刷発行

著　者──藤田昌久／ジャック・F・ティス
訳　者──徳永澄憲／太田　充
発行者──駒橋憲一
発行所──東洋経済新報社
　　　　〒103-8345　東京都中央区日本橋本石町1-2-1
　　　　　　電話＝東洋経済コールセンター　03(5605)7021
　　　　　　https://toyokeizai.net/

装　丁………橋爪朋世
印　刷………丸井工文社
編集担当……茅根恭子
Printed in Japan　　ISBN 978-4-492-31493-7

　本書のコピー、スキャン、デジタル化等の無断複製は、著作権法上での例外である私的利用を除き禁じられています。本書を代行業者等の第三者に依頼してコピー、スキャンやデジタル化することは、たとえ個人や家庭内での利用であっても一切認められておりません。
　落丁・乱丁本はお取替えいたします。